中国工程科技知识中心建设项目

汉语科技词系统

（黑色金属卷）

钢 铁 研 究 总 院
中国科学技术信息研究所　编著
中 国 工 程 院

科学技术文献出版社
SCIENTIFIC AND TECHNICAL DOCUMENTATION PRESS

·北京·

图书在版编目（CIP）数据

汉语科技词系统. 黑色金属卷 / 钢铁研究总院，中国科学技术信息研究所，中国工程院编著. —北京：科学技术文献出版社，2017.4
ISBN 978-7-5189-1823-2

Ⅰ.①汉… Ⅱ.①钢… ②中… ③中… Ⅲ.①科学名词—检索系统 ②黑色金属—名词术语—检索系统 Ⅳ.① G254.92

中国版本图书馆 CIP 数据核字（2016）第 198006 号

二维码一扫
相关内容尽知晓

汉语科技词系统（黑色金属卷）

| 策划编辑：周国臻 | 责任编辑：张　丹 | 责任校对：赵　瑗 | 责任出版：张志平 |

出 版 者	科学技术文献出版社
地　　址	北京市复兴路15号　邮编　100038
编 务 部	（010）58882938，58882087（传真）
发 行 部	（010）58882868，58882874（传真）
邮 购 部	（010）58882873
官方网址	www.stdp.com.cn
发 行 者	科学技术文献出版社发行　全国各地新华书店经销
印 刷 者	北京教图印刷有限公司
版　　次	2017 年 4 月第 1 版　2017 年 4 月第 1 次印刷
开　　本	787×1092　1/16
字　　数	983千
印　　张	37.5
书　　号	ISBN 978-7-5189-1823-2
定　　价	178.00元

版权所有　违法必究

购买本社图书，凡字迹不清、缺页、倒页、脱页者，本社发行部负责调换

《汉语科技词系统》指导委员会
主任委员 陈左宁　潘云鹤
委　　员 干　勇　王海舟　宋德雄　赵志耘　郭铁成　刘琦岩

《汉语科技词系统》编写委员会
主任委员 戴国强
委　　员 潘　刚　韩　伟　焦　艺　孙　卫　胡志民　蔡志勇　李春萌
　　　　　　赵瑞雪　丁群安　杨志维　方　利　茅益明　唐广波　傅智杰
　　　　　　董　诚　韩红旗　张运良

《汉语科技词系统（黑色金属卷）》编写组
主　　编 韩　伟
副 主 编 姚长青　茅益明　韩红旗　张运良
参编人员 唐广波　王　卓　成　煜　于　水　张志恒　张敬国　韩　强
　　　　　　李昭东　孙新军　冯　宇　王小江　周世同　左　越　巫宇峰
　　　　　　吴静怡　王　鑫　吕殿雷　石　韬　孟德荣　张　贵　李　颖
　　　　　　张均胜　徐　硕　曾　文　李琳娜　王莉军　刘沠颖　高影繁
　　　　　　刘志辉　桂　婕　许德山　张兆锋　石崇德　何彦青　徐红姣
　　　　　　杨　岩　于永胜　悦林东　姜秀兰　曹建飞

前　言

2012年3月,在财政部的支持下,中国工程院启动了中国工程科技知识中心(简称"知识中心")建设项目。知识中心是经国家批准建设的国家工程科技领域公益性、开放式的知识资源集成和服务平台建设项目,是我国工程科技领域首个全领域、数据融合打通、统一服务的知识服务平台,是国家信息化建设的重要组成部分。

经过中国工程院及相关协建单位的开创性探索和共同建设,知识中心在数据资源建设与联盟、关键共性技术研发、系统平台建设与服务等方面开展了卓有成效的工作,取得了重要的阶段性成果。

知识组织是对各类信息资源进行整理、加工、索引、分类的一系列活动。建设知识组织系统,可以规范知识单元表示,揭示知识关联,有助于高效地组织信息和知识,快捷地为用户提供服务,是实现高水平知识服务的基础条件。为此,知识中心专门设立了知识组织系统建设子项目,主要目标是研发统一的知识组织系统构建、管理和应用基础工具,汇聚并建成国内权威的工程科技领域词汇知识共建共享服务平台,为知识中心的知识服务平台建设提供支撑。

汉语科技词系统(简称词系统)是中国科学技术信息研究所基于前期在知识组织系统建设方面的积累,结合国际上的发展趋势,面向领域情报分析和知识服务实际应用,提出的一种知识组织系统工具。它吸收了词典、叙词表和本体等思想,是一种属性和关系可灵活配置的概念语义网络,也是一种轻量化的本体,可以方便地向本体转化。

为了更好地服务于广大工程科技工作者和相关服务机构,我们决定正式出版词系统系列图书,并逐渐将建设成熟的专业领域词系统予以发布,使这一建设成果能够支持我国工程科技信息服务行业的发展。

在知识中心词系统建设过程中,项目组除了吸收大量领域专家的专业知识,还参考了相关工具书、标准、教科书等，以保证知识的准确性和权威性，在此向这些所有相关的专家、作者、编者和出版单位表示诚挚的感谢。

本书的编写是一项非常艰巨的工作，在出版之际，感谢在本书撰写过程中付出辛勤劳动的科研人员，感谢支持和关心这项工作的各级领导和同行专家，尤其是感谢中国科学技术信息研究所能将知识组织系统研究中多年积累的经验、成果，继承和分享到知识中心建设中。由于时间有限，工作量较大，对于本书在编写过程中存在的错误之处，欢迎各位同行和广大读者批评和指正，我们将在后续的版本中进行更新和修正。最后，我们衷心地希望本书的出版能够推动其他领域词系统及知识组织系统的相关研究和实践的发展，促进我国工程科技领域知识组织系统研究和建设。

中国工程院院士 陈左宁

分卷前言

科技名词伴随科学技术而生,反映着科学研究的发展,带有时代的信息,铭刻着文化观念,是人类科学知识在语言中的结晶,在科技发展和社会进步中起着重要作用。著名物理学家、我国科技名词工作元老严济慈先生在20世纪30年代曾写道:"凡百工作,首重定名;每举其名,即知其事,斯为上矣。"著名物理学家、全国科学技术名词审定委员会(原全国自然科学名词审定委员会)首任主任钱三强院士也曾指出:"科技名词术语是科学概念的语言符号。人类在推动科学技术向前发展的历史长河中,同时产生和发展了各种科技名词术语,作为思想和认识交流的工具,进而推动科学技术的发展。"

当今,世界科学技术迅速发展,新学科、新概念、新理论、新方法不断涌现,相应地出现了大批新的科技名词术语。统一和规范科技名词术语,并对科技信息资源进行科学有效的加工分析处理,对科学知识的传播,新学科的开拓,新理论的建立,国内外科技交流,学科和行业之间的沟通,科技成果的推广、应用和生产技术的发展,科技图书文献的编纂、出版和检索,科技情报的传递等方面,都是不可缺少的。进入21世纪以来,以计算机和互联网为代表的信息技术,正以惊人的速度改变着人类的工作、生活、学习乃至思维方式。知识信息更迭速度不断加快,周期不断缩短,各类科技信息资源数量激增、内容广泛、形式多样,对科技信息内容自动分类、标引、分析及语义交换等信息智能处理的需求越来越突出,知识组织系统建设的迫切性亦日益增加。

知识组织系统建设也是中国工程科技知识中心建设和服务过程中的一项重要任务。通过工程科技相关领域以术语词汇为核心的知识组织系统建设,有助于明确知识框架,优化数据资源配置,提高知识加工效率和一致性,增强知识导航和知识服务的效果;能够更好地组织中国工程科技知识中心的数据资源,为国家工程科技领域重大决策、重大工程科技活动、企业创新与人才培养提供知识服务。

汉语科技词系统是吸收叙词表和本体思想的一种知识组织系统,它从对科技信息资源的加工分析处理需求出发,提供中英文、定义、关系、属性、多维分类和形式化概念描述等多层面的知识,为科技信息资源深度内容分析提供资源。汉语科技词系统是汉语科技词汇深层次知识组织与应用服务工具的集成体系,其知识组织核心内容包括词汇属性描述、词间关系组织、词汇类别信息模型等,其核心工具包括词汇和关系的自动获取工具、系统编辑和管理平台系统,以及相关应用服务接口等。

金属材料可分为黑色金属材料和有色金属材料。黑色金属材料又称为钢铁材料,包括工业纯铁、铸铁和钢等(也包括铁基的高温合金、精密合金等)。广义的黑色金属还包括铬、锰及其合金材料。钢铁材料具有资源丰富、生产规模大、易于加工、性能多样可靠、价格低廉、使用方便和便于回收等特点,是工业生产和人们生活中广泛使用的材料。钢铁工业曾经是世界工业化进程中最具成长性的产业之一,钢铁材料被认为是现代工业革命的基石。进入21世纪,钢铁材料仍然是人类生产和生活中不可替代的关键材料,是衡量一个国家综合国力和工业水平的重要指标。新中国成立尤其是改革开放以来,我国钢铁工业持续快速发展,自1996年起,钢铁产量连续20年居世界首位,有力推动了我国工业化和现代化的进程,显著增强了综合国力,支撑了世界大国的地位。其对国防工业、能源工业、石化工业、造船工业、交通业、建筑业、装备制造业等都起到了很大的支撑与推动作用。近年来,随着世界经济格局的深度调整,美、欧、日等发达国家和地区经济复苏缓慢,发展中经济体继续经历结构调整,全球钢铁工业面临需求增长放缓的局面。在此背景下,产能过剩、贸易摩擦、环境保护等成为严重制约全球钢铁工业发展和调整的共同课题。我国钢铁工业产能严重过剩,必须积极稳妥地进行结构调整,化解过剩产能,促进钢铁行业提质增效,实现可持续发展,推动我国钢铁工业转型升级成功。

在中国工程科技知识中心建设项目"知识组织系统建设"资助和中国工程院领导下,中国科学技术信息研究所和钢铁研究总院成立了由知识组织专家、领域专家和知识工程师等组成的团队,编著了这本《汉语科技词系统(黑色金属卷)》。《汉语科技词系统(黑色金属卷)》系统地整理了黑色金属领域的相关词汇,并且以核心词为中心进行延伸,使整个领域结构清晰,有很强的系统性和科学性。同时,将基本理论与应用相结合,使其更加实用。本词系统的编写目的是推动黑色金属领域的研究和发展,扩展科学知识,使行业发展紧随时代前沿。在本词系统中融合了本领域国内外研究进展和最新的科研成果,以核心词为主线,全面系统地介绍了该领域的发展情况,主要内容包括:词间基础信息、中英文注释、词间关系建立、词条属性描述、分类信息表述等。

完成覆盖所有领域的汉语科技词系统建设需要较长的时间和过程,随着科学技术的不断发展,科技词系统建设也需要不断地补充和完善。希望本着实事求是的原则、严谨的科学态度做好科技词系统建设工作,成熟一批公布一批,提供给各界使用。同时也特别希望得到科技界、教育界、经济界、文化界、新闻出版界等各方面同志的关心、支持和帮助,共同为早日完成更多领域的汉语科技词系统建设和出版而努力。

中国工程院院士

目 录

第一部分　词系统背景知识 1

1 汉语科技词系统的理论进展 3
1.1　汉语科技词系统的适应性 3
1.2　关系空间和属性空间 3
1.3　面向知识服务应用的词系统建设 4

2 汉语科技词系统协同构建平台进展 6
2.1　集成的新应用 6
2.2　平台功能方面的完善 8

3 汉语科技词系统应用探索 12
3.1　新材料领域 12
3.2　医药卫生领域 13

4 知识结构设计（以金属材料为例） 16
4.1　设计理念 16
4.2　金属材料词系统属性类型说明 16
4.3　金属材料词系统关系类型说明 17

第二部分　黑色金属领域概述 21

1 发达国家现状及趋势 23

2 国内现状与成就 26
2.1　综合情况 26
2.2　行业技术发展 27
2.3　行业技术创新体系建设 28
2.4　产业链建设 30
2.5　发展趋势 31
2.6　现存主要问题 32
2.7　对策及措施 33

第三部分 黑色金属领域汉语科技词系统实例 ·· 35
1 格式说明 ·· 37
2 实例正文 ·· 40

第四部分 附　录 ·· 575
A 实例词条音序 ·· 577
B 实例词条笔画索引 ·· 583

第一部分

词系统背景知识

1 汉语科技词系统的理论进展

汉语科技词系统在经过新能源汽车、新一代工业生物技术、智能材料与结构技术、重大自然灾害监测与防御、新能源等几个领域的系统建设之后,已经基本确定面向情报分析的领域知识组织系统构建的理论方法。自2014年参与中国工程科技知识中心(简称"知识中心")项目以来,尤其是新材料和皮肤病问答专业领域词系统的建设及对材料测试分析本体的尝试,使得团队对词系统本身的认识及其在知识服务中的应用取得了新的进展,这些进展有助于黑色金属和有色金属两个领域词系统的建设。

1.1 汉语科技词系统的适应性

汉语科技词系统在适应性方面的调整主要是对知识中心的支持。汉语科技词系统设计之初,是为了支撑情报分析服务。但是,词系统也可以支撑知识中心的知识组织系统建设相关工作。知识组织系统建设是知识中心建设和服务过程中的一项重要任务。通过工程及相关领域以术语词汇为核心的知识组织系统建设,汇聚领域内规范化的术语词汇,是高效深入的信息服务和知识服务系统建设中的重要环节。预期通过知识组织系统的建设能够明确知识框架,优化数据资源配置,提高知识加工效率和一致性,增强知识导航和知识服务的效果。通过知识组织系统建设能够更好地组织知识中心的数据资源,为国家工程科技领域重大决策、重大工程科技活动、企业创新与人才培养提供知识服务。

知识中心的协建单位涉及多个行业、多个专业领域,既包括中国农业科学院农业信息研究所、中国医学科学院医学信息研究所、工业和信息化部电子科学技术情报研究所、中国地质图书馆等传统图书情报研究单位,也有如钢铁研究总院、中国环境科学研究院和北京低碳清洁能源研究所等领域专业研究单位。同时,各单位的基础不一,有的长期从事词表、本体等知识组织系统建设,有的过去没有相关建设经验。在这样的现状下,对所有的分中心做统一的要求,建设划一标准的知识组织系统是不现实的。

而汉语科技词系统相关的理论方法和工具平台对构建不同层次的知识组织系统均有支撑。除建设标准的融合叙词表、词典和本体的领域科技词系统外,由于关系、属性的可定义特点使得只需简单配置就可以支持叙词表建设,而词系统本身对属性的支持,可以支撑本体的建设,同时通过相关研究使得词系统向本体转换的工具也得以开发。因此汉语科技词系统可以支撑知识中心从词表到本体的建设,同时由于数据结构的一致性,便于从整体上进行集成整合。

1.2 关系空间和属性空间

汉语科技词系统建设中非常核心的一项工作是关系空间和属性空间的设计,一个良好的领域词系统的关系空间和属性空间的建设,是构建词系统的质量、效率及在知识应用中发挥作用的重要保障。

在汉语科技词系统的发展过程中,为了保持体例的一致性及从集成的角度出发,提出了20种扩展关系、16种属性作为推荐的基本类型,并且指出可能存在领域特性,这一思想指导了后续若干领域词系统的建设。但是随着领域词系统的建设向纵深发展,越来越多领域之间的差异性体现得更为明显,为此团队适时调整了原有的思路,提出在领域词系统建设上以领域特色为主、以通用关系为辅的建设思路,以适应不同领域的特点。团队通过调研发现即使在工程科技领域不同学部、学部内的不同学科关注的重点也不尽相同。

关于词系统关系空间和属性空间的大小,也有重新认识的过程,在新能源汽车领域词系统的建设过程中关系包括了15个一级类型、78个二级类型,属性中包括了10个一级类型、45个二级类型。在之后的过程不断扩充,如在黑色金属领域词系统,在建设过程中关系扩展到109种,属性类型扩展到93种。这些扩展相比只有用、代、属、分、参、族等简单的词和概念关系及一些简单属性,知识在丰富程度上得到了极大的提升,为知识服务提供了较好的基础。但是在建设过程中,知识工程师也反映在近百种关系和属性中进行选择是一件复杂的工作,很多情况下难以找到最合适的,且也难以区分部分属性和关系类型的细微差别。另外,从统计上考虑,存在较大的不平衡性,所以适当减少关系和属性类型有利于减少加工难度。因此,如何选择关系和属性,需要结合应用。

1.3 面向知识服务应用的词系统建设

针对不同的应用,词系统建设应该做针对性分析处理,各类应用包括但不限于如下几类。

1.3.1 数据资源组织和检索

利用建好的汉语科技词系统对数据资源进行标引加工,并基于标引加工的结果提供基本的检索服务。

知识组织服务主要是知识资源的主题标引和多领域标引。主题标引以特定的专业汉语科技词系统为来源,精选代表性词汇加以标注,可以进一步以标注词汇代替资源进行简化计算。多领域标引则以多个汉语科技词系统标引资源中全部有关词汇,并以计算机可理解的形式加以描述,便于进一步利用。

知识检索主要利用汉语科技词系统对用户的检索需求进行明确化交互、对检索结果进行扩检和缩检,对检索结果进行分类展示或聚类展示等。

1.3.2 知识导航

知识导航是利用已有汉语科技词系统的分类体系或高位概念对知识服务提供的科技文献、科学数据等资源和百科、图片等片段化条目知识进行组织,并在知识服务中按照分类体系进行逐层展开的树形关联导引,帮助用户逐步定位找到所需资源和知识。知识导航是重要的交互手段之一,适用于对专业了解较为深入的用户,能够与检索功能有效互补,是知识中心专业分中心的基本建设要求之一。

1.3.3 其他知识服务

知识服务是在对信息资源提炼、加工、集成的基础上,为用户提供的有针对性的、解决具体问题的知识产品或服务的活动。人类从噪声中分拣出数据,转化为信息,升级为知识,升华为智慧,知识服务是信息服务的高级版本,是面向增值和创新的服务。知识服务种类众多,以下仅列举部分。

(1) 针对知识问答提供知识的精准匹配

将重要问答知识与查询词条一一对应,针对查询给出标准的问答结果。

(2) 针对深度搜索提供检索结果的筛选和重新组织

在通用的检索策略得到的检索结果之上,利用已有的汉语科技词系统对查询结果进行再次甄别,识别出不符合检索领域的结果,使得检索结果更加精准,可以进一步用于情报分析。

(3) 针对知识地图提供领域知识概貌

利用汉语科技词系统的主要层次结构,提供对领域知识概览的支持;利用网状结构,提供对领域知识脉络展示支持。

(4) 针对科技评价提供评价对象,界定评价范围

提供主要体现工程科技有关技术的术语作为评价对象,便于确定科技评价中趋势分析等处理的对象范围,做好科技评价工作。

(5) 针对热度发现提供概念关联支撑

提供词汇之间的关联,使得表现不同的词汇之间能够通过概念层面建立联系,可以进一步提高热度分析的准确度。

(6) 针对文本聚类分析,提供聚类特征和降维工具

文本聚类分析中,经常以词汇作为基本特征,但是常常面临多维度问题,而利用汉语科技词系统之间的关联,可以有效降维。

(7) 机器翻译和跨语言检索

对不同语种的资源进行机器翻译,便于对资源进行初选,有助于提供统一检索服务。

2 汉语科技词系统协同构建平台进展

汉语科技词系统协同构建平台经过近些年的发展和实际应用,吸收了一些最新的、成熟的研究成果,采纳了领域用户和行业专家的建议,集成了可视化展示、关系推荐、选词等新的应用,在分领域管理、按用户分配和交互操作便利性等方面对功能进行了完善,目前已经具有较高的成熟性、易用性。

2.1 集成的新应用

最新的汉语科技词系统协同构建平台集成了"汉语科技词系统建设与应用工程""本体发布与服务平台"和"汉语科技词系统语料库平台"等项目的研究成果,完成了一些新应用的集成工作。在构建领域词表功能上,主要集成了"汉语科技词系统构建与应用工程"的词条的加工流程、词表的管理、用户管理等;在系统的前台浏览检索上,主要集成了"本体发布与服务平台"的关系可视化功能,用户在页面中可以直观地查看词条的关系和属性信息;在后台加工中,主要集成了语料库计算功能,在词表加工人员针对领域词表加工时,可以通过导入领域语料,在计算后获取领域词条,并且导入到词表中;在增加词条关系的时候,可以通过语料库关键词共现功能,获取与当前词条的共现词条,然后建立关系,在增加词条关系时,系统会提示计算后的关键词共现,大幅度提高了加工人员的加工效率(如图1-1所示)。

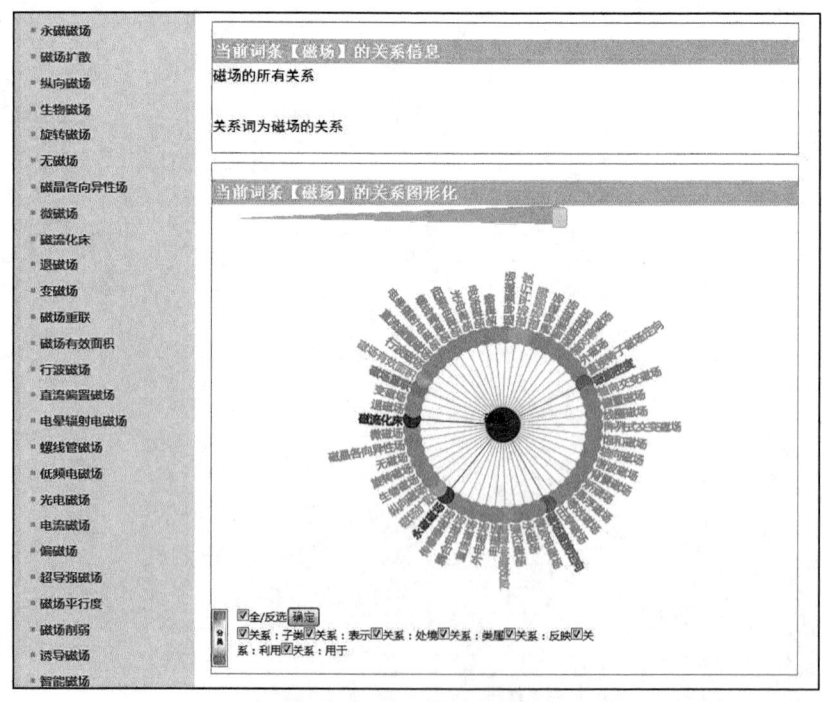

图1-1 关系可视化功能

其中的语料计算应用主要是实现词语推荐和词条关系推荐功能。用户导入一批语料,并计算语料中关键词的词频,然后导出词频计算结果。用户将结果拿给专家检查后,由专家将检查后,觉得是核心词的词语保留,将修改过的词频结果重新导入到系统中,并计算核心词在语料中的共现情况。在用户增加词条的关系时,将与该词条共现次数较多的词语推荐给用户。语料计算功能,包括"语料管理"(如图1-2所示)"数据计算"(如图1-3所示)"关键词共现统计"和"关键词词频统计"(如图1-4所示)功能,并提供计算结果供用户做选词参考。

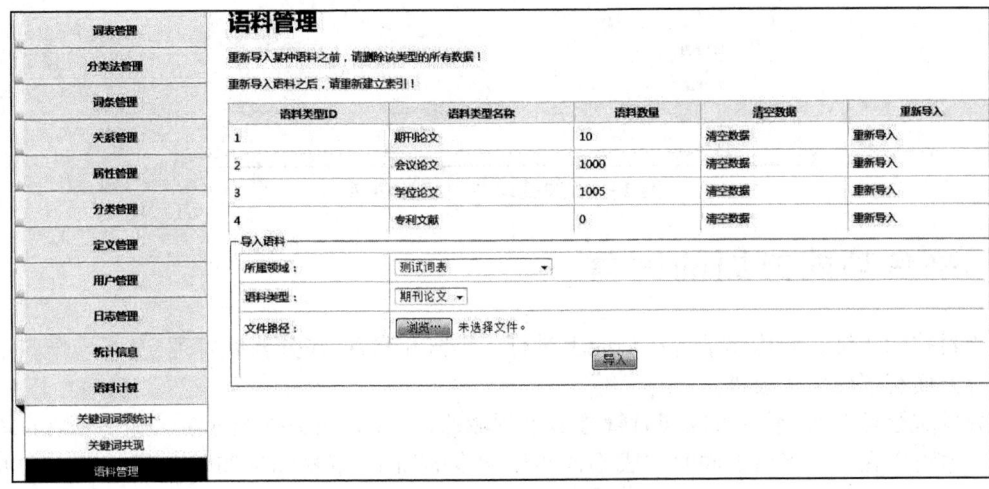

图1-2 语料管理功能

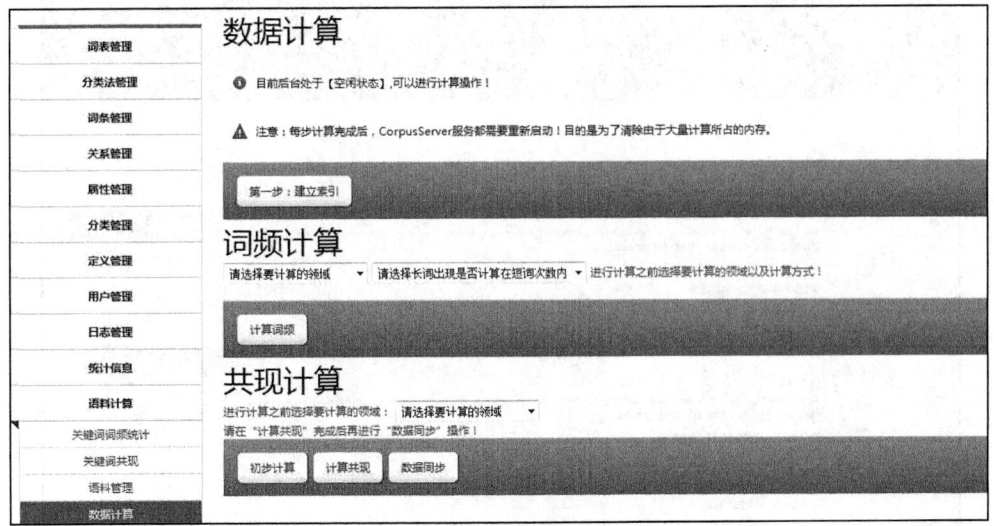

图1-3 语料计算功能

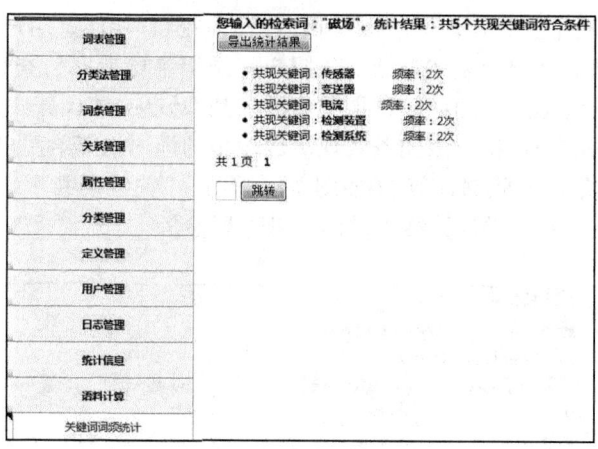

图 1-4 关键词共现统计功能

2.2 平台功能方面的完善

汉语科技词系统协同构建平台在功能上进行了丰富和完善,在分领域管理、交互操作和用户管理分配等方面有了较大的改进。

在分领域管理方面,平台可以同时管理多个领域的词表(如图 1-5 所示)。多个领域的知识工程师和专家可以在一个平台上同时完成不同领域词表的加工、审核和发布等工作。用户也可以对同一个词语在多个领域的词表内进行检索。

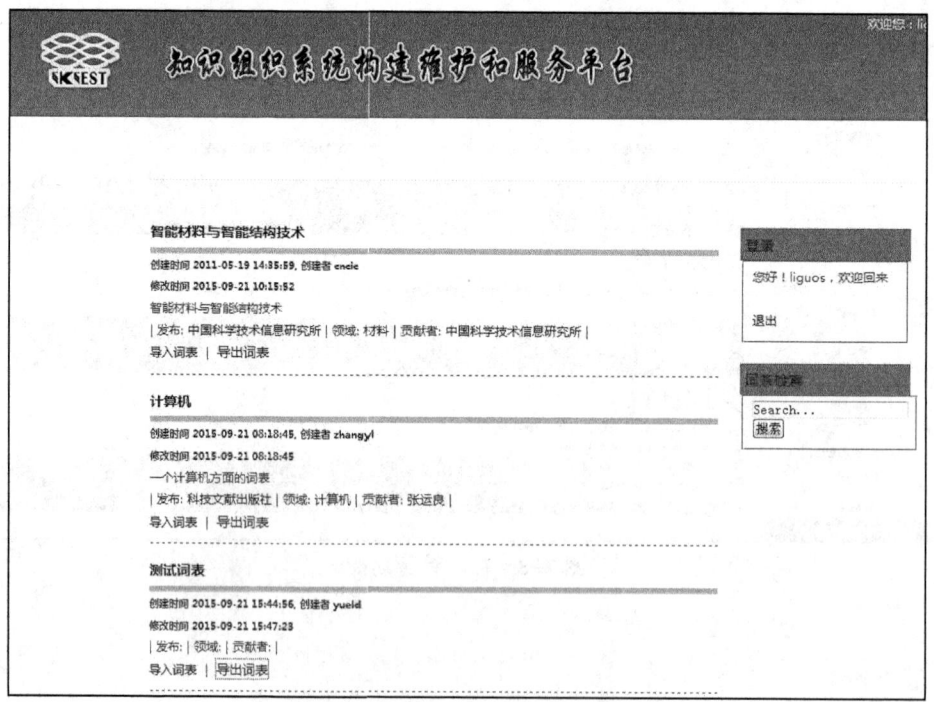

图 1-5 平台同时管理多个领域词表页面

平台支持多种分类法的管理,每一个领域词表可以同时支持多种分类法,一个分类法也可以运用到多个领域的词表中;运用分类法管理,增加分类法链接,可以为系统或者某部词表增加、修改和删除分类法的功能;在分类法列表,点击某部分类法的名称,可以进入该分类法的分类类目管理页面,在此页面可以对分类类目进行增加、删除和修改操作(如图1-6和图1-7所示)。

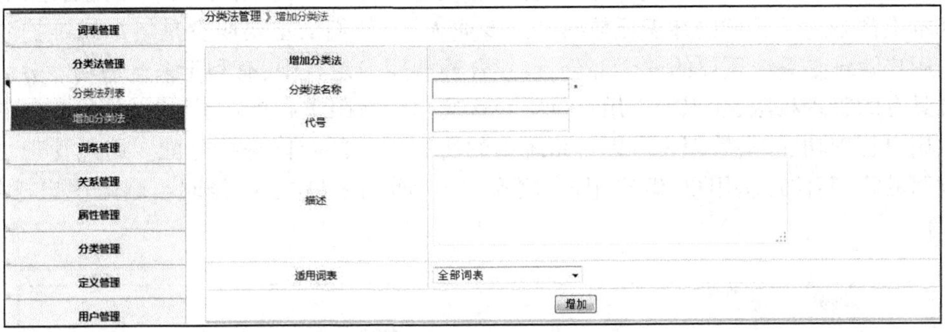

图1-6 分类法管理

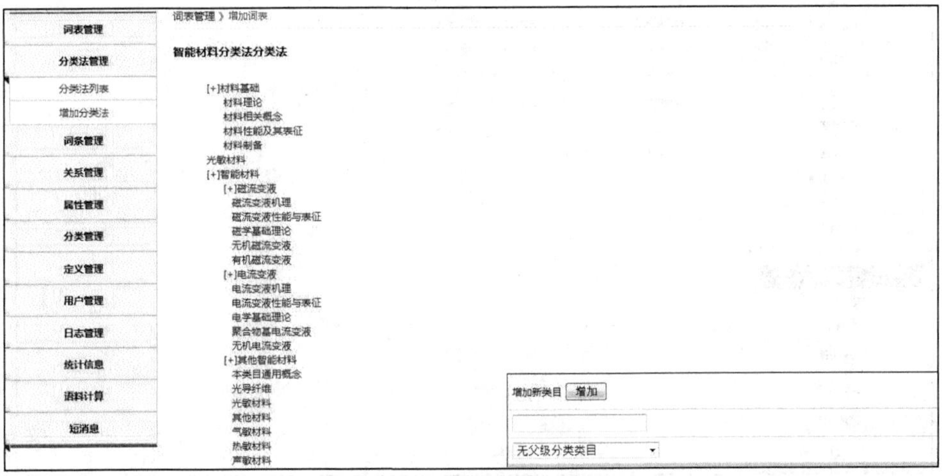

图1-7 分类表实例

汉语科技词系统协同构建平台能够提供友好的用户界面,不但使普通浏览用户能尽快定位到自己感兴趣的信息,而且使后台编辑用户的工作量最大限度地减少;系统具有良好的运行效率,能够达到提高生产率的目的;系统应有良好的可扩展性,可以较容易地加入其他系统的应用;平台的设计具有一定的超前性、灵活性,能够适应企业生产配置的变化。本系统重点实现对词条的加工及信息展示,支持多批次数据处理,包含数据导入、词条管理、关系管理、属性管理、分类管理、定义管理、数据导出和语料计算等功能。

汉语科技词系统协同构建平台为各级用户均提供基本的可视化词系统构建界面,方便用户浏览、导入和导出词表,协助用户完成选词、词间关系推荐和构建等基本操作。系统的操作简单,清晰,提供交互操作的功能,各个功能系统展示清晰,便于用户操作。例如,检索结果的分页浏览及对检索结果的排序处理。

汉语科技词系统协同构建平台在词表管理中增加了词表的导入、导出功能,系统支持 CSV 格式的文件导入、导出,导出的类型包括包含词条、包含词条关系、包含词条属性、包含词条定义及包含所有。在系统的统计信息中增加了统计汇总功能,根据词表统计词表中的词条、关系、属性的数量,同时统计3种类型的草稿、候选、审核状态,以饼图形式显示各类型所占的比例。

此外,汉语科技词系统协同构建平台在用户管理方面进行了完善。目前的用户主要包括两类:一类是普通浏览用户,既支持相关领域的专业人士,也支持一般的使用者;另一类是管理用户,这一类用户基本上都是对本领域的知识比较熟悉的专业人士,他们的主要职责是增加或维护系统的数据内容。用户管理是系统重要的一个部分,设置合理的用户组权限,有利于系统的功能分配。平台对管理员具有的管理权限、知识加工用户权限和普通用户权限重新进行了设计,使得权限的分配更合理。在用户管理功能里,管理员可以对系统中的所有用户的权限进行分配。用户管理主要有以下几个方面的管理:添加新用户、编辑用户、删除用户、增加用户权限、修改与删除用户权限(如图1-8所示)。

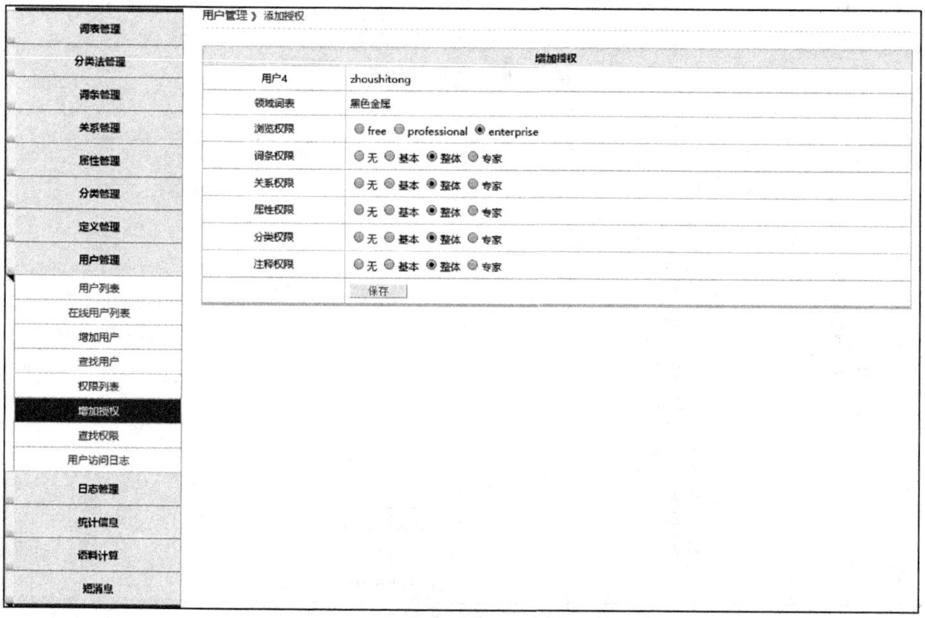

图1-8 用户管理及用户权限修改功能

汉语科技词系统协同构建平台目前具有的功能分为前台和后台两部分。

其中,前台具备的主要功能如下:

①用户注册:实现了输入用户名、输入手机号和输入邮箱的功能,以及输入密码、确认密码和选填的功能;还实现了验证码、选择用户类型、注册信息和取消注册的功能;

②登录:实现了输入用户名、密码登录系统的功能,以及取消登录和新用户注册功能;

③主页:实现了输入查询信息进行查询的功能,以及查看词表信息的功能;

④词条浏览:实现了根据分类法、词条首字母浏览词条的功能,以及查看词条详细信息、关系、属性等信息的功能。

后台具备的主要功能如下:

①词表管理:实现了词表的增加、浏览、删除、修改功能,以及设置默认词表功能;还实现了导入、导出词表功能。

②分类法管理:实现了分类法的浏览、增加、修改、删除功能,以及所属词表的设置功能。

③词条管理:实现了词条的浏览、增加、修改、删除基本信息功能,以及词条的草稿、候选、审核状态的修改功能和删除词条的管理;词条增加关系、属性、定义、分类描述的功能,还实现了按分类浏览词条及词条加工概况浏览的功能。

④关系管理:实现了词条关系的修改、删除、浏览功能,以及词条关系的草稿、候选、审核状态的修改管理;还实现了删除的词条关系的管理,以及关系类型的增加、修改、删除功能和逆关系类型的增加、删除等功能。

⑤属性管理:实现了词条属性草稿、候选、审核状态的修改功能和删除状态的词条属性管理功能;还实现了属性类型的增加、修改、删除功能,还实现了查找词条属性功能。

⑥分类管理:实现了词条分类草稿、候选、审核状态的修改功能,以及删除的词条分类管理功能和查找词条分类的功能。

⑦定义管理:实现了词条定义草稿、候选、审核状态的修改功能,以及词条删除状态的管理和查找词条定义功能。

⑧用户管理:实现了系统的所有用户的增加、修改、删除的功能,以及查看在线用户,查找用户功能;还实现了用户权限的增加、修改、删除功能,以及用户访问日志的查看、删除功能。

⑨日志管理:实现了系统中的词表日志、分类法日志、词条日志、词属性日志、词关系日志、词注释日志、词分类日志、用户日志的查看和删除功能。

⑩统计信息:实现了系统数据的统计浏览功能、工作质量详细统计功能、工作量详细统计功能,以及统计汇总功能;还实现了统计汇总功能中图形化展示的功能。

⑪语料计算:实现了语料的清空与导入功能、数据计算功能,以及关键词词频统计、统计结果的导出功能;还实现了关键词共现计算、结果导出功能。

⑫短消息:实现了短消息的查看、删除功能,发件箱消息的查看、删除功能,以及写消息功能和联系人查看、增加、删除功能。

3 汉语科技词系统应用探索

3.1 新材料领域

3.1.1 背景

制造业是国民经济的主体,是科技创新的主战场,是立国之本、兴国之器、强国之基,而材料是所有制造业的基石。新材料已成为高新技术的重要组成部分,渗透到国民经济、国防建设和社会生活的各个领域。2015 年,国务院印发了《中国制造 2025》,明确提出将新材料作为我国实现制造强国的重点发展领域。

科技情报对科技发展与创新意义重大,其中科技文献调研是获取科技情报的一种重要方法,对新材料领域进行科技情报调研是我国发展新材料领域的基础,从数量巨大且日益快速增长的新材料领域文献中获取准确、及时、快速、全面和简短的科技情报任务是一项迫切的任务。基于知识组织系统的新材料领域应用示范旨在以新材料领域的知识组织系统为基础,从大量的文献中快速、准确地分析出行业的发展趋势、各种技术的成熟度状况、各个主题的演化趋势等,为调研人员进行文献调研提供必要的技术支撑。

3.1.2 知识组织系统的基本情况

项目组采用了多种自动化方法组合从相关词系统、论文、报告、百科等抽取新材料方面的词汇、关系、定义等信息,然后对抽取的知识进行归类、组合,在此基础上投入人力对相关知识进行加工,完成了新材料词系统的建设工作。

目前,建设的新材料词系统涵盖新能源材料、纳米材料、石墨烯、压电材料、超导材料、高分子材料等领域,共包含词条 11 738 条,其中核心词条不少于 2286 条,基础词 9452 条,知识总量 10 393 条(包括定义 472 条、关系 2749 条、属性 3066 条、中英对译 1820 条、分类信息 2286 条)。

3.1.3 应用实践及效果

知识组织系统在新材料领域的应用示范中的作用主要体现在:①依据知识组织系统的科技文献的重新组织:传统的以中图分类法为基础的文献组织是一种粗粒度的组织方式,在新材料领域的应用示范中我们尝试了以词系统为基础的这种更细粒度的文献组织方式;②以知识组织系统为基础的科技文献数据库的检索及导航:在文献数据库检索时,不仅采用了传统的输入提示的方式,还可以以词系统为基础,进行用户输入检索词的更宽泛(上位词、下位词等)的输入提示;③以知识组织系统为基础的科技文献的主题分析、主题演化趋势分析及技术成熟度分析:在构造相应的分析模型时,我们对相应的概率主题模型进行了改进,将词系统加入进概率主题模型的构造过程中,通过实验证实了该方法的有效性。

目前,新材料领域应用示范系统的主要功能有:①学术论文的搜索;②科研人员的搜索及学术名片的展示;③学术期刊的搜索及学术名片的展示;④科研机构的搜索及学术名片的展示;⑤研究领域的技术趋势分析及主题演化趋势分析。系统已经部署到钢铁研究总院相应的平台上并有了一段时间的试用,实验及用户体验均表明:基于知识组织系统的应用示范不仅能从更细的粒度,多维、多面地对科技文献信息进行组织,还能为用户提供更加精准的搜索服务,而且能提高科技文献信息的分析效果。

3.2 医药卫生领域

2015年3月6日,国务院办公厅发布了《全国医疗卫生服务体系规划纲要(2015—2020年)》。在我国医疗卫生现状一节中,纲要明确指出:医疗卫生服务体系碎片化的问题比较突出。公共卫生机构、医疗机构分工协作机制不健全,缺乏联通共享,各级各类医疗卫生机构合作不够、协同性不强,服务体系难以有效应对日益严重的高发病等健康问题。同时也指出,面对2020年全面建成小康社会的宏伟目标,医疗卫生服务体系的发展面临新的历史任务。从整体布局出发,针对信息资源配置提出了开展健康中国云服务计划,积极应用移动互联网、物联网、云计算、可穿戴设备等新技术,推动惠及全民的健康信息服务和智慧医疗服务,推动健康大数据的应用,逐步转变服务模式,提高服务能力和管理水平。

医药领域词系统的应用,作为支撑智慧医疗服务,提高医疗卫生服务能力和管理水平的知识组织有效手段,其不可替代的作用已不再是争议的话题。医药卫生领域词系统相关体系,向远可以追溯到1960年美国公开的《医学主题词表》(Medical Subject Headings,简称MeSH);目前,全世界广泛应用的是一体化医学语言系统(Unified Medical Language System,简称UMLS)。可以说,没有UMLS的应用,医疗卫生的智慧服务则无从谈起。

虽然UMLS是世界通用的医疗卫生知识组织工具,但在精准医疗时代,由于它的综合性与普适性,以及高成本性,很难满足细分领域与中国本土的特殊需求,更不能满足快速构建等工程化需求。为此,面向医疗卫生的词系统构建与应用成为针对上述问题的最佳实践。

3.2.1 背景

随着经济的发展,人们开始关注高质量的生活,对健康问题日益重视。医疗信息在现代医疗中的位置愈发重要,是提高医疗工作效率、提高医疗质量、服务水平和创新医疗服务模式的重要手段。近几年,精准医疗成为世界的焦点。2016年两会期间,科技部公布了精准医疗的"国家指南"。全球与国家战略的大背景,大幅度提高了以词系统为主的知识组织工具在医疗卫生领域应用的意识。伴随百姓对医疗卫生问答系统的普遍需求,相关问答系统随处可见,但效果还远远不能达到人们的预期。而词系统的应用提升了其智能处理程度,尤其是其可靠性与精准性,以及实时性方面受到了极大关注,极具发展潜力。

3.2.2 知识组织系统的基本情况

(1)《医学主题词表》

1960年,美国国立医学图书馆(NLM)编辑发行了第一版《医学主题词表》(Medical Subject Headings,MeSH)。该表收集了1.6万多个主题词,并设立各种参照、注释和副主题词82个。主题词和副主题词是规范化词汇。MeSH是一部动态词表,为了保持与科学发展同步,每年都有一定数量的词汇增删变动。它是NLM对医学文献标引的依据,也是用户检索《医学索引》的入口。

(2)一体化医学语言系统

一体化医学语言系统(UMLS)是由NLM主持的一项长期研究和开发计划。该研究计划的宗旨是建立一个计算机化的可持续发展的生物医学检索语言集成系统和机读情报资源指南系统,使医疗卫生专业人员和研究工作者能够通过多种检索交互程序,克服由于语言差异性和跨国数据库相关情报的分散性所造成的诸多情报检索问题,帮助用户在连接各种各样的情报源——包括计算机化的病案记录、书目数据库、事实数据库及专家系统——的过程中,对其中的电子式生物医学情报做一体化检索提供帮助。

(3)皮肤病问答词系统构建

参考 Mesh 和 UMLS,考虑中文特性,建设了皮肤病问答词系统,包含问答、疾病、药品和机构及它们之间的关联,突出关联展示的作用。数据建设的内容主要为建设侧重疾病、药品、问答和医疗机构信息。通过前期调研,选择专著、网络资源和专题数据库 3 种途径的信息进行收集加工整理。数据具体来源包括:①专著:皮肤病领域已出版专著,包括《常见皮肤性病诊疗精要》《皮肤病临床诊断与治疗方案》《皮肤科疾病诊疗技术》《皮肤病并诊断与鉴别诊断》和《疑难皮肤性病学》等;②网络资源:全国科学技术名词审定委员会网站、百度百科等;③专题数据库:中国医学科学院医学信息研究所的公众健康网。经过采集和加工,共加工完成了疾病数据 2300 条、药品数据 5218 条、问答数据 2140 条和医疗机构信息 2368 条。

3.2.3 应用实践及效果

词系统在医疗卫生领域自动问答的应用被视为非常有潜力发展方向之一。以下是对该案例的相关介绍。

医药领域问答应用示范服务平台(HQA)针对人们对自身健康日益重视的现状,依托于手机移动平台,以疾病诊断为其核心功能,提供相关的疾病治疗、预防等相关信息,帮助手机用户快速查询到疾病信息并依此做出相关处理。相对于传统面对面(医生-患者)诊断模式,使用 HQA 的用户(只需要携带手机)可以随时随地地查询疾病相关信息,方便快捷。HQA 是自动问答系统,更加节省人力物力,智能化、精准化。

整个系统的需求细化为若干个小功能,如图 1-9 所示。该图反映了系统为用户提供的功能,以及与系统交互的人或者外部系统(角色)。

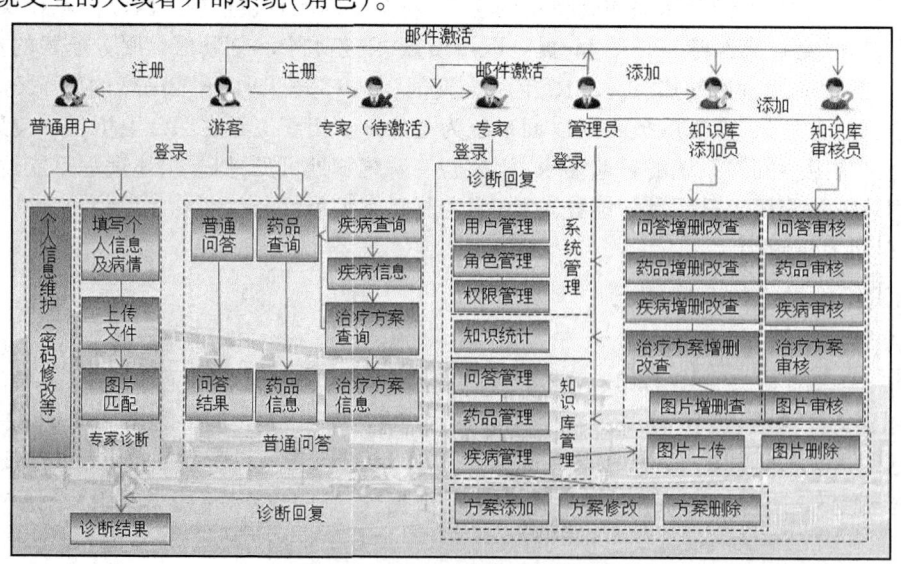

图 1-9 整个系统的功能权限

按照设计,在原有词系统底层框架的基础上,开发移动知识服务平台。移动用户可以通过智能设备,如智能手机,随时随地访问提供领域语义和企业现场所需的知识。研究组结合已有的信息资源(疾病词表),确立了皮肤病领域的问答子系统。

　　手机的普及和手机 4G 的兴起,使得以往只在计算机网络的服务开始在手机上发展起来。HQA 针对人们对自身健康日益重视的现状,依托于手机移动平台,以疾病诊断为其核心功能,提供相关的疾病治疗、预防等相关信息,帮助手机用户快速查询到疾病信息并依此做出相关处理。相对于传统面对面(医生-患者)诊断模式,使用 HQA 的用户(只需要携带手机)可以随时随地的查询疾病相关信息,方便快捷。HQA 是自动问答系统,更加节省人力物力,智能化、精准化。

4 知识结构设计(以金属材料为例)

4.1 设计理念

金属材料本身最为重要的固有关联是材料的性能、结构、组织、成分和工艺,此外材料要与其他领域打通,尤其是按照领域上下游的关联打通,需要关联材料的应用,即可以用于制造哪些部件产品。将所有的性能指标放到属性中描述,而其他的关联主要是放在关系设计上。

4.2 金属材料词系统属性类型说明

共设计一级类型6种,二级类型35种,具体如表1-1所示。其中28种属性专业含义非常清晰,不会产生混淆。

表1-1 金属材料词系统属性类型

序号	一级类型	二级类型	说明
1	特征	优点	具有正面影响的特征
2		缺点	具有负面影响的特征
3		数值	极大、极小或者区间范围等约定特征所有的数值,用科学计数法(用excel格式)表示,如200000000000000000表示为2E+17
4		特点	无法归入其他3种的特征
5	状况	现状	描述对象当前或近年的状况,描述对象的比较笼统的具体应用领域也在此描述
6		前景	描述对象未来的良好发展预期
7	时间	起始时间	最初出现或者开始的时间
8	因素	影响因素	对于主体产生或者有影响的关键因素
9	力学性能	弹性模量	自本属性以下均为材料专业性能指标,可以有具体的取值,不是用高低、大小等度量,如果有关特性只能用这些相对值度量,请加入特征中,具体内涵为专业知识,本文不做解释
10		切削模量	
11		比例极限	
12		弹性极限	
13		强度极限	
14		抗拉强度	
15		抗弯强度	

续表

序号	一级类型	二级类型	说明
16		抗压强度	
17		抗剪强度	
18		抗扭强度	
19		屈服强度	
20		断面收缩率	
21		延伸率	
22		冲击韧性	
23		疲劳极限	
24		平面应变断裂韧度	
25		条件断裂韧度	
26	其他物理特性	密度	
27		硬度	
28		熔点	
29		比热容	
30		热导率	
31		热膨胀系数	
32		电阻率	
33		电导率	
34		电阻温度系数	
35		磁性能	

4.3 金属材料词系统关系类型说明

共设计一级类型 5 种,二级类型 38 种,具体如表 1-2 所示,所有关系均成对出现。

表 1-2 金属材料词系统关系类型

序号	一级类型	二级类型	说明
1	等同关系	全称是	左侧简称,右侧全称,与"缩略为"成对出现,只建一条即可,另一条自动生成
2		缩略为	左侧全称,右侧简称,与"全称是"成对出现,只建一条即可,另一条自动生成

续表

序号	一级类型	二级类型	说明
3	等同关系	学名是	左侧俗称,右侧学名,与"俗称为"成对出现,只建一条即可,另一条自动生成
4		俗称为	左侧学名,右侧俗称,与"学名是"成对出现,只建一条即可,另一条自动生成
5		基本等同	左右两侧意义基本相同或相近;与自身可逆,只建一条即可,另一条自动生成
6		并列	左右两侧词并列存在,都有共同的类属,关系可以从类属/类分中推导,仅对重要的并列进行建设;与自身可逆,只建一条即可,另一条自动生成
7	层次关系	参与构成	左侧成分,右侧整体,与"构成成分"成对出现,只建一条即可,另一条自动生成;与"参与组成"不同之处在于成分无独立性
8		构成成分	左侧整体,右侧成分,与"参与构成"成对出现,只建一条即可,另一条自动生成
9		参与组成	左侧部件,右侧整体,与"组成部件"成对出现,只建一条即可,另一条自动生成;与"参与构成"不同之处在于部件有独立性
10		组成部件	左侧整体,右侧部分,与"参与组成"成对出现,只建一条即可,另一条自动生成
11		材料-组织	左侧材料,右侧组织,材料领域固有关系,与"组织-材料"成对出现,只建一条即可,另一条自动生成
12		组织-材料	左侧组织,右侧材料,材料领域固有关系,与"材料-组织"成对出现,只建一条即可,另一条自动生成
13		主体-附件	左侧主体,右侧附件,体现附属关系,一般是部件等实体,与"附件-主体"成对出现,只建一条即可,另一条自动生成
14		附件-主体	左侧附件,右侧主体,体现附属关系,一般是部件等实体,与"主体-附件"成对出现,只建一条即可,另一条自动生成
15		类属	左侧是小概念,右侧是大概念,层次结构,与"类分"成对出现,只建一条即可,另一条自动生成
16		类分	左侧是大概念,右侧是小概念,层次结构,与"类属"成对出现,只建一条即可,另一条自动生成;与"概念-实例"的区别在于右侧不同

续表

序号	一级类型	二级类型	说明
17	层次关系	概念-实例	左侧是概念,右侧是具体实例,与"实例-概念"成对出现,只建一条即可,另一条自动生成;与"类分"的区别在于右侧的不同
18		实例-概念	左侧是具体实例,右侧是对应概念,与"概念-实例"成对出现,只建一条即可,另一条自动生成
19	应用关系	材料-部件成品	左侧是材料,右侧是可以用材料来制造的部件成品,与"部件成品-材料"成对出现,只建一条即可,另一条自动生成
20		部件成品-材料	左侧是可以用材料来制造的部件成品,右侧是材料,与"材料-部件成品"成对出现,只建一条即可,另一条自动生成
21		材料-加工设备	左侧是材料,右侧是加工材料成为产品的设备,与"加工设备-材料"成对出现,只建一条即可,另一条自动生成
22		加工设备-材料	左侧是加工成为产品的设备材料,右侧是材料,与"材料-加工设备"成对出现,只建一条即可,另一条自动生成
23		用于	表示材料或产品可以应用的具体行业领域等,左侧是材料或产品,右侧是具体的行业领域,与"使用"成对出现,只建一条即可,另一条自动生成
24		使用	左侧是具体的行业领域,右侧是材料或产品,与"用于"成对出现,只建一条即可,另一条自动生成
25	生产关系	工艺-材料	左侧是生产材料的工艺,右侧是具体的材料,与"材料-工艺"成对出现,只建一条即可,另一条自动生成
26		材料-工艺	左侧是具体的材料,右侧是生产材料的工艺,与"工艺-材料"成对出现,只建一条即可,另一条自动生成
27		材料-原料	左侧是具体材料,右侧是生产材料的原料,与"原料-材料"成对出现,只建一条即可,另一条自动生成
28		原料-材料	左侧是生产材料的原料,右侧是具体材料,与"材料-原料"成对出现,只建一条即可,另一条自动生成
29		工艺-设备工具	左侧是生产材料的工艺,右侧是适应该工艺的设备工具,与"设备工具-工艺"成对出现,只建一条即可,另一条自动生成
30		设备工具-工艺	左侧是适应该工艺的设备工具,右侧是生产材料的工艺,与"工艺-设备工具"成对出现,只建一条即可,另一条自动生成

续表

序号	一级类型	二级类型	说明
31	生产关系	组织-工艺	左侧是具体的材料的组织,右侧是生产这种组织材料的工艺,与"工艺-组织"成对出现,只建一条即可,另一条自动生成
32		工艺-组织	左侧是生产组织材料的工艺,右侧是对应具体的材料的组织,与"组织-工艺"成对出现,只建一条即可,另一条自动生成
33	测度关系	物理量-单位	左侧是物理量,右侧是其单位,与"单位-物理量"成对出现,只建一条即可,另一条自动生成
34		单位-物理量	左侧是物理量的单位,右侧是对应物理量,与"物理量-单位"成对出现,只建一条即可,另一条自动生成
35		物理量-度量工具	左侧是物理量,右侧是其度量工具,与"度量工具-物理量"成对出现,只建一条即可,另一条自动生成
36		度量工具-物理量	左侧是度量工具,右侧是物理量,与"物理量-度量工具"成对出现,只建一条即可,另一条自动生成
37		物理量-度量方法	左侧是物理量,右侧是其度量方法,与"度量方法-物理量"成对出现,只建一条即可,另一条自动生成
38		度量方法-物理量	左侧是物理量度量方法,右侧是具体物理量,与"物理量-度量方法"成对出现,只建一条即可,另一条自动生成

第二部分

黑色金属领域概述

钢铁工业曾经是世界工业化进程中最具成长性的产业之一,在过去的100多年中,钢铁工业得到了飞速的发展,无论在产值、产品结构,还是工业技术方面都有了前所未有的提高。进入21世纪,钢铁仍然是人类不可替代的原材料,是衡量一个国家综合国力和工业水平的重要指标。

1 发达国家现状及趋势

就钢铁新材料产业而言,世界发达国家并没有过分追求规模的扩张,而是致力于掌控资源、调整生产流程、企业合理布局、装备和企业的大型化、持续技术创新、高附加值与低成本品种研发、节能减排等。目前,世界钢铁企业加大了产业链垂直整合,保证原料供给、控制生产成本和确保企业利润,全球钢铁工业中心正快速向亚洲转移,亚洲高炉-转炉长流程生产工艺与电炉短流程比重持续上升,欧盟和北美所占比重持续下降。

例如,全球最大的安赛乐米塔尔集团的60多家钢铁企业或靠近海港、河港,或坐落在工业中心,或分在资源丰富地区,下设六大部门:美洲碳钢扁平材事业部、欧洲碳钢扁平材事业部、欧美长材事业部、亚洲非洲及独联体事业部(AACIS)、不锈钢事业部、钢材加工服务事业部。拥有独立的研发部门,主要负责新产品开发、钢材切边技术研发,并提供钢材相关配套服务和解决方案,以满足市场对新钢种的需求。

德国蒂森克虏伯公司实施多元化发展战略,经营范围涉及钢铁(碳钢、不锈钢)、汽车技术、电梯制造、技术服务及贸易等领域,2010年名列世界500强第123位。蒂森克虏伯下属的蒂森克虏伯钢铁公司其高附加值产品占总量的80%以上,是世界一流钢铁企业的代表。高质量扁钢和不锈钢贵金属是蒂森克虏伯的尖端产品。

日本新日铁公司主要瞄准厚板、中厚板、棒线材、冷轧带卷(薄板)、热轧带卷(薄板)、型钢、电工钢、电镀锌板、镀锌板、预涂层板等高端品种,持续开展技术创新,以期保持全球品种高端化和低成本化的引领地位。

韩国浦项制铁公司(POSCO)成立于1968年,为全球最大的钢铁制造厂商之一,生产各种先进的钢铁产品,包括热轧钢卷、钢板、钢条、冷轧钢板、电导钢片和不锈钢产品等,连续多年被美国Morgan Stanley投资银行评定为"全球最具竞争力的钢铁制造商",POSCO凭借其在急剧变化的全球商业环境中的技术竞争优势,锐意成为21世纪的全球领先钢铁制造商。

工业发达国家的特殊钢企业主要发展附加值较高的特殊钢精品,如日本的特殊钢企业高端产品约占25%、中端产品占51%。日本、美国、德国、法国、英国、意大利、韩国和瑞典的特殊钢产量约占世界特殊钢产量的一半以上,特殊钢产业总体水平最高的国家是日本,其他国家在某些特殊钢品种上居领先地位。例如,瑞典是世界上"特殊钢比重"最高的国家,其SKF公司的轴承钢、山德维克公司的工模具钢在国际上具有很高的知名度;法国的不锈钢、精密合金,奥地利的工模具钢,美国和英国的高温合金等都居国际一流水平。工业发达国家特殊钢产业主要有以下五方面特征:专业化分工,名牌战略,特殊钢质量性能呈高级化,深加工能力强,后部检验、精整、热处理设备齐全先进。

全球大型钢铁企业均全力投入支持质量控制、检测与标准体系建设。①在质量控制方面,国际上大型的钢铁企业对相关技术和设备从需求分析、研究、中试到投用全流程的投入均较大,对生产流程各个环节的管控技术的应用也保证了产品的高品质和高稳定性。以欧洲钢铁行业为例,通过

"欧盟钢铁平台",把科研机构、企业和用户通过特定的利益分享模式联合起来,特别在针对过程控制的各种在线、临线检测技术与设备的研发、中试、产品化及应用研究方面,启动了一种良性的循环。例如,位于比利时的冶金研究中心(CRM)多年来致力于开发各种在线传感器和分析设备,如用于监测高炉炉料分布的He传感器,用于监测烧结床上点火状态和焦比变化的磁传感器,监控电炉中废钢熔融过程和燃烧状态的红外照相机与飞行时间距离测量仪,监测轧辊平行度与表面磨损状态的光纤陀螺仪系统和CCD成像仪,监测镀层或非镀层产品表面粗糙度的在线显微镜等;技术开发完成后由专门的仪器设备生产公司生产出产品;应用于欧洲各大钢铁企业,进而推广到全球市场。又如韩国POSCO公司为了降低炼铁环节的操作成本和减少污染,正在开发和应用操作条件监测与诊断系统,来评价温度图形、软熔带形状、炉缸液位和循环区渗透深度等。生产高洁净钢是炼钢技术开发的重要目标,POSCO在提高铸坯表面及内部质量方面,采用了辊子对中技术,板坯鼓肚监测系统和连铸机振动诊断系统等技术,来减少中心偏析,内部偏析和表面裂纹。为了使连铸机连续稳定运行,开发了结晶器监控系统;结晶器保护渣和二次冷却的优化对减少形成表面裂纹极为重要。②在质量检验方面,国际钢铁产业的特点表现为:美国、日本等国外钢铁企业的质检人员比例高、地位高;从原料到成品检测点多,且数据全部计算机管理;样品采集、测试过程和数据信息传输的自动化和一体化水平相对较高;特别是同我国中小型企业相比,质量检验人员实验室能力方面有优势。从行业检验检测机构建设方面,美国、德国和日本直接投入建设权威的机构或者给一些水平较高的检测机构政府授权。这些机构具有明显的设备、技术和人员优势,经常性地负责或参与标准的制定和审查,并承担行业人才培训、新检测技术研发等公益性工作。③在标准体系方面,企业或行业的标准(ASTM,NIMS)占主导地位,国家标准的推广程度较低。此外,大型钢铁企业针对产品应用,将特殊用途的服役性能评价项目和指标列入产品企业标准,提高产品市场竞争力。

  此外,世界发达国家都十分重视钢铁材料产业数据库共享体系建设。其中以美国、欧洲、日本等国家投入最大,拥有数据库数量也最多,开发的数据库也较为完善。如美国所拥有的数据库不论在数量上或规模上都居世界首位。美国国家标准局(NIST)建有数十个各类数据库,其中材料数据库占很大比例,包括合金相图、陶瓷相图、材料腐蚀、材料摩擦磨损等数据库。美国国防部、商务部和CALS产业指导小组建立了大量的工程数据库,服务于海军、陆军、空军装备和国防部的研发和建设,其中涉及钢铁材料、有色金属材料、高分子材料、复合材料等多个门类。美国的综合型网络商业材料数据库MatWeb以其通用型和方便性而著称。MatWeb包含了金属材料、塑料、陶瓷、复合材料等超过58 000种材料的数据,并可根据多种方式进行数据信息的查询,如高级搜索,根据材料的类型、性质、成分、品名和制造商等搜索,检索十分方便。欧洲各国在数据库开发方面的投入也很大。早在20世纪70年代,欧共体就投资1.3亿美元开发数据库,其中包括英国、法国、德国、比利时、意大利和荷兰等在内的欧共体成员国,选择了11个材料数据库作为示范项目,以推动欧洲各国材料数据库的发展。英国有色金属数据中心、石油化学公司、钢铁公司、金属研究所国家物理实验室、Rolls-Royce公司等19个单位都建有各自的材料性能数据库,涉及材料的有钢材、橡胶、电工材料、铝合金、化学冶金、高温材料、腐蚀数据库等。法国目前共建有40多个材料数据库,内容覆盖了大部分工业材料。其中法国物理冶金热力学实验室的锆合金热力学数据Zirlo Base是为锆合金在核工业的应用而开发的。德国技术试验协会建立的金属数据库SOLMAN,收录了3000种黑色和有色金属的数据20 000多条;而Karl Wimacker研究所进行了腐蚀防护咨询软件的开发研究,建立了腐蚀数据库、材料性能库和腐蚀文献摘要库;SWDB(Sollwert-Werkstoff-Datenbank)数据库收录了标准或非标准的黑色、有色金属及其他目前正用于工程领域的金属合金的大量信息。芬兰的TVO与

VTT 工业系统于 2002 年联合开发了 TVO/VTT 材料数据库(TVO/VTT Material Database,专为管道材料数据设计),可同时获得材料的疲劳曲线、相似材料等信息,为该领域材料的各种信息查询提供了极大方便。乌克兰哈尔科夫国立工业大学研究小组开发的钢铁与合金数据库(Database of Steels and Alloys—Marochnik)包含 2412 种钢及各种合金的化学成分、关键点、布氏硬度、力学性能、工艺性能等数据。成功商业化的瑞士 KEY to METALS 数据库,提供了海量的金属材料的性能数据,包含来自全球 50 多个国家和标准的、超过 400 万条金属材料性能数据,包括钢、铁、铝、铜、钛、锰、锌、铅、镍及其他金属。功能包括材料的化学成分、机械性能、物理性能、高温与低温性能、疲劳性能与热处理细节数据查询,以及世界各国材料对比、材料匹配等其他应用功能。日本数据库建设起步较晚,但发展却异常迅速。其中日本国立材料科学研究院(NIMS)开发的材料数据库 MatNavi,号称世界最大的材料数据库之一,其包含各类材料的基础性能数据及材料的蠕变、疲劳、断裂、腐蚀等数据,存储大量金属材料的微观组织图像和 CCT 图等。韩国在 2007 年启动了 Metals Bank DB 项目,计划分两个阶段(2007—2012 年和 2013—2017 年)建成全球领先的数据库平台,该数据平台除具有材料数据库的所有基本功能外,还将配备金属产品优化功能。

2 国内现状与成就

2.1 综合情况

中国钢铁工业经过60多年的不懈努力,特别是近20年来的快速发展,在做大规模的同时,装备水平、工艺技术、品种质量大幅提升,结构不断优化,节能环保得到重视和加强,行业技术水平可与世界先进水平对标,技术创新和管理创新进步明显。

2.1.1 在关键工艺技术与重大装备方面

大中型企业主体设备在世界上是先进的,从引进、集成到自主创新,已基本实现主要工艺技术和主体装备国产化,其中大型冶金设备的国产化率达到90%以上。我国已经具备自主建设年产千万吨级的世界一流现代化钢厂的能力,以京唐钢、宝钢、湛江钢铁为代表的新一代、可循环钢铁生产流程工艺和装备技术,是继上海宝钢之后中国钢厂现代化的重要标志。

高效低成本冶炼技术、连铸及新一代控轧控冷技术,性能预测与控制及一贯制生产管理技术等关键工艺技术,促进了钢铁工业资源与能源的节约,生产效率的提高和成本的降低。矿产资源的利用水平显著提高,贫赤铁矿、褐铁矿和菱铁矿等矿产资源的选矿技术居世界领先水平,复杂难处理锰矿选矿技术也有长足进步;鞍钢、太钢、包钢、攀钢、酒钢等企业的矿山规模和选矿技术经济指标不断提高。

2.1.2 在产品创新方面

一批高端钢铁产品成功自主生产,为国民经济各主要用钢产业的发展和升级换代提供了保障,如高速铁路用百米重轨,高等级油气输送管线钢,高牌号无取向硅钢和高磁感取向硅钢,高级不锈钢,超深井、耐腐蚀、抗挤毁油套管,大规格镍基合金油管及核电蒸汽发生器用管等一批特钢产品。这些精品钢材的开发,有力保障了北京奥运会、上海世博会、广州亚运会、西气东输、三峡水电站、高速铁路工程等国家重大工程和重点建设项目的顺利实施,不断满足装备制造、汽车、建筑业、军工等高品质用钢的需要。

2.1.3 在节能减排方面

装备大型化、现代化和先进工艺技术的采用,促进了节能减排。行业重点推广应用的以"三干三利用"为代表的重点领域节能减排措施,有效促进了行业清洁生产。综合能耗指标及主要污染物排放指标大幅度下降,2013年重点统计钢铁企业平均吨钢综合能耗降至592 kg标准煤,吨钢耗新水量3.5 t,吨钢二氧化硫排放量1.38 kg。

2.1.4 在技术创新平台建设方面

目前我国钢铁行业已建成国家级重点实验室16个、工程实验室5个、工程技术中心15个、工程研究中心10个、企业技术中心39个、创新型企业17个,初步形成了以企业为主体、"产学研用"相结合的技术创新体系和机制,推动了钢铁行业技术创新平台的建设。

我国大中型钢铁企业专利申请、发明专利申请数量迅速增加,2013年申请专利10 858件,其中发明专利 4706 件,分别是 2006 年的 4.7 倍和 4.5 倍。

2.1.5 在前沿性和前瞻性技术方面

国际上先进的熔融还原技术已在国内采用,一些关键技术得以改进;薄带铸轧、薄板坯半无头连铸连轧、非石化能源等技术在钢厂规模化应用也处在国际先进行列。

2.2 行业技术发展

1996 年我国钢产量历史性地突破 1 亿吨,首次跃居世界第 1 位。之后,在经济发展和固定资产投资增长的拉动下,我国钢产量出现阶梯增长,2014 年中国钢材产量达 11.26 亿吨(2015 年 8.04 亿吨),连续多年成为世界第一产钢大国。中国钢铁工业技术的进步有力支撑了行业发展,取得了显著的成绩,主要体现在如下方面。

2.2.1 品种结构不断改善,产品质量得到提升

我国钢铁工业的持续增长有力支撑了国民经济的发展,尤其是大量高端钢铁产品的成功自主生产,为国民经济各主要用钢产业的发展和升级换代提供了保障。我国钢铁产品的开发能力不断增强,一批自主开发的关键钢材品种达到国际先进水平,成功研制和生产出了一大批钢铁精品,如高速铁路用百米重轨,高钢级油气输送管线,高牌号无取向硅钢与高磁感取向硅钢,高级不锈钢,超深井、耐腐蚀、抗挤毁油套管,大规格镍基合金油管及核电蒸汽发生器用管等。

2.2.2 基本实现工艺流程装备的大型化、自动化、国产化

大中型企业主体设备已达国际先进水平,一些工艺创新已经进入世界先进行列,已基本实现钢铁制造主要工艺技术和主体装备的国产化,其中大型冶金设备国产化率达 90%以上,吨钢投资明显下降。具备自主建设世界一流年产千万吨级现代化钢厂的能力,新一代钢铁流程工艺和装备技术实现产业化,大中型钢铁企业主流程工艺和装备基本实现了基础及过程二级计算机自动控制,工厂级、公司级的三四级计算机管理和控制也在许多工厂中实现。

(1)炼铁领域

高炉炼铁整体工艺、装备及生产技术处于世界先进水平。高炉大型化取得显著进展,目前,超过 75%的铁水是由 1000 m^3 以上高炉生产,大中型高炉利用系数、风温已优于国外水平。国产的无料钟炉顶设备、铜冷却壁设备已在大型高炉上得到成功应用,高炉炉顶煤气分析、高炉冷却水高精度温差和热流强度监测、风口燃烧监测等技术在大型高炉上成功应用。自主研发的大型烧结、焦化设备和技术也已达到国际先进水平。

(2)炼钢领域

我国转炉生产流程工艺与装备技术进步明显,初步建立起"铁水预处理、转炉炼钢、钢水精炼、恒拉速连铸"四位一体的洁净钢生产流程体系,并实现了有效运行,成为钢水质量提高,产品结构优化的可靠基础。转炉全自动吹炼技术和"负能"炼钢技术迅速发展并取得重大进步。一些企业正在积极尝试顶底复吹转炉双渣、留渣工艺的探索,也在加紧试验应用稳定造渣、滑动水口出钢等技术。电弧炉方面,我国已具备集束氧枪技术装备的自主研发制造能力。我国钢水精炼系统工艺和装备已可立足国内,RH 工艺装备实现了出口,装备制造达到了世界先进水平。恒拉速连铸、薄板坯连铸等技术的突破与提升促进了我国连铸水平的提高。

(3) 轧钢领域

我国大部分轧钢企业装备了先进的生产线和生产设备,大型冷连轧机、热连轧机、高速线材轧机、三辊轧管机、超快速冷却装置等一大批先进装备基本实现了国产化或自主集成,出现了宝钢"先进高强度薄带钢制造技术"、涟钢"薄板坯连铸连轧半无头轧制技术"等一批具有自主知识产权的技术装备成果。

2.2.3 节能减排、资源综合利用技术得到广泛应用

近年来,我国钢铁工业以装备大型化、现代化和采用先进技术促进节能减排。设备主体设施工序能耗、吨钢综合能耗不断下降。钢铁工业重点推广应用了以"三干三利用"为代表的重点领域节能减排措施,产生了较好的效果。污染综合治理与能源梯级利用系统优化,能源管控中心等技术推广应用,极大地提高了钢铁行业的清洁生产技术水平,行业综合能耗及主要污染物排放大幅度下降。

2.2.4 加大了矿产资源开发及利用技术的研究,为国内资源保障提供了支撑

(1) 矿产资源方面

采矿技术与采场结构大型化相适应,采矿装备大型化、系列化、自动化趋势明显,尤其是在自动控制、优化控制及远程控制方面取得较大突破,遥控采矿、无人工作面等在国内已有应用。贫赤铁矿选矿技术取得重大突破,开发了高效圆锥破碎机、高压辊磨机、大型搅拌磨等新型高效节能装备,不断推进破碎机、球磨机、浮选机等装备的大型化。

(2) 贫铁矿石开发与利用方面

大型铁矿山露天井下协同开采及风险防控技术首创了露天井下协同开采理论与技术,创新了高陡边坡稳定性三维评价预警防控技术,防止了大型露天矿开采过程中重大地质灾害;系统集成并开发了电磁场等强干扰环境下采空区精准探测及预警风险防控技术,将众多隐患禁区转变为可用资源区,达到国际领先水平。

随着我国钢铁工业的技术进步,前沿性和前瞻性技术逐渐成为钢铁科技创新的重要内容,并已取得部分技术国际领先的成绩,如国际上先进的熔融还原技术已在国内率先实现产业化,一些关键技术得到不断改进;薄带铸轧技术的开发、薄板坯半无头连铸连轧技术、非石化能源在钢厂规模应用等也处在国际先进行列。

2.3 行业技术创新体系建设

2.3.1 建立了独立的技术研发基地和完善的技术创新体系

我国重点钢铁企业都拥有以钢铁新技术、新工艺、新产品为主的企业研发中心,配备有雄厚的技术研发力量和完善的企业科技创新体系。

宝钢形成了具有独具特色的"研究开发""工程集成""持续改进"三位一体互动协同的技术创新运行体系。宝钢以研究院为主体的研究开发体系,以市场、现场需求为导向,依托"产销研"一体化机制,不断提升产品、技术研发能力,为提高公司产品市场竞争力,发挥技术创新核心作用;同时,围绕工程需求,以研发为先导,开展技术论证、工艺方案分析及中试验证,有效支持工程自主集成。

武钢建立了以研究院为核心力量的研发体系,重点围绕企业生产、质量、工艺上存在的技术

难题及前瞻性技术开展研究。武钢以企业工程技术人员和岗位操作人员为主体的持续改进体系，围绕现有产品质量的提高、工艺改善与操作水平提升、装备技术改进、节能降耗、资源综合利用开展攻关。武钢以技术改造、基本建设和设备系统工程技术人员为主体的技术创新固化与提升体系，淘汰落后技术装备，用先进技术改造现有技术装备，将技术创新成果转化为技术装备，使创新成果固化。

首钢积极探索长期、长效、实体式产学研合作的新模式。建立以企业为主体、市场为导向、产学研相结合的技术创新体系的要求，分别与钢铁研究总院，北京科技大学、东北大学建立了电工钢联合研发中心、汽车钢联合研发中心、宽厚板联合研发中心，探索新的模式。

太钢建立了以企业为主体、市场为导向、产学研结合的"一体、两翼、两支撑"技术创新体系，即以不锈钢研发技术创新体系为主体，以工程集成体系（IT、工业控制、工程设计）和控制与改进体系（工艺、质量、生产）为两翼，以专家、行业、客户、大学、科研院所为支撑的科技创新体系，搭建起了多方参与的技术创新平台，形成持续发展的创新能力。以技术中心（含先进不锈钢材料国家重点实验室）为技术创新主体，以品质部、制造部为主体的质量改善和保证系统；以营销部、国贸公司、新材料事业管理部为主体的市场开发系统；以系统创新部、计财部、人力资源部为主体的管理创新系统；以自动化公司、工程技术有限公司集成的成果工程化系统。

2.3.2 拥有较为雄厚的技术研发力量

宝钢研究院现拥有651人，科研人员占59.9%。其中宝钢专家14名，公司首席研究员68名，有海外背景的有15人。学历中博士146名，硕士232名，占58.1%。武钢研究院目前拥有710名员工，包括研发人员400余人，其中进站博士后3人，博士90人，正高级职称62人，高级职称100余人，享受国家、省市政府津贴的各类专家50余人。首钢技术研究院目前已经拥有博士80人，硕士177人，具有高工职称的116人，其中高级领军人才21人，提高了整体研发能力和水平。

2.3.3 加大技术创新投入力度

国内先进钢铁企业的提高竞争力主要源自持续的高水平研发投入，宝钢研发投入每年占销售收入的1.2%，鞍钢、武钢、首钢、太钢等企业的研发经费投入也远远超过全国平均水平。2001年以来，太钢研发费用占销售额的比例保持在5%左右。运用这部分资金，太钢投入2亿元，建设了从冶炼、热轧到冷轧的功能齐全、设施完善、技术先进的中间试验场；投资1.2亿元，引进42台（套）具有国际水平的高端科研仪器，为研发提供了先进的手段。重点企业的创新研发投入为企业带来汇报，宝钢汽车板、取向硅钢，武钢桥梁钢、冷轧硅钢，太钢不锈钢等品种在国内外市场占有率大幅度提升，提高了企业的竞争力。冶金企业国家级技术中心在全国的排名也名列前茅，如太钢、武钢、首钢、宝钢技术中心排名均列前10位。

2.3.4 以工艺创新为先导推动产品创新

纵观我国重点钢铁企业的技术创新过程，几乎没有一个不重视工艺创新的。宝钢围绕COREX直接熔融还原技术，建成我国第一台工业化的直接还原铁项目，自主开发出低温加热法取向硅钢制造技术；鞍钢率先独创了ASP工艺技术集成，并进行了技术输出，成为我国薄板坯连铸连轧自主集成的标志性工程；首钢通过整体搬迁，自主开发集成了新一代可循环钢铁流程工业技术的研究，已经在首钢京唐钢铁厂投入实际的运行；太钢近年来先后开发出以铁水为主原料的不锈钢精炼技术、高氮不锈钢工艺制造技术、铁素体不锈钢全流程工艺技术等，实现了不锈钢整体技术和竞争力的国际领先。

2.3.5 在引进技术的基础上注重消化吸收、二次创新

宝钢从20世纪80年代初引进日本新日铁的技术和管理,经过多年的消化吸收再创新,宝钢已基本建设成为我国钢铁精品生产基地和新技术、新工艺、新装备、新材料研发基地,形成了汽车板等一大批国内市场份额高、盈利能力强的高端精品和独有领先产品集群;高炉长寿技术、纯净钢冶炼技术、精密轧制技术、固废利用技术、烟气脱硫技术等总体水平在国内居领先地位,跻身世界一流钢铁企业行列。武钢最早从日本引进取向硅钢制造技术,经过多年的消化再创新,实现了市场占有率最高,品种、牌号最全。

2.4 产业链建设

加快建立以企业为主体、市场为导向、产学研用相结合的技术创新体制和机制。增强冶金科研院所、高校和工程设计单位创新动力,鼓励大型钢铁企业加大研发投入,推动建立企业、科研院所、高校、工程设计单位和下游用户共同参与的创新战略联盟。完善钢铁工业国家工程实验室、重点实验室、工程技术(研究)中心、企业技术中心、技术创新示范企业、高新技术产业化基地和高效钢材应用示范等技术创新平台。面对竞争日益激烈的国内外市场,各重点钢铁企业纷纷建立起市场导向型的研发体系,构建上下游产业链延伸,为客户提供一揽子解决方案。

宝钢围绕市场需求,突出 Only One 和 Number One 产品研发理念,服务国家重大工程建设和重大行业发展。汽车板作为宝钢的第一战略产品,凭借研发底蕴和技术优势,确保了国内市场的龙头地位,通过努力,宝钢已具备了超高强汽车板制造能力,强度等级(150千克级)达到了世界顶级水平;在硅钢产品自主研发方面,宝钢取得重大突破。2008年7月,宝钢第一卷取向硅钢产品下线;2009年8月,成功试制出包括B23R080在内的5个当今世界最高等级的取向硅钢并批量供货,填补了国内空白,这标志着宝钢在国内率先掌握了取向硅钢顶尖制造技术,成为世界上少数能生产此级别产品的企业之一。

武钢构建"以企业为主体,市场为导向,产学研相结合"的技术创新体系建设,在优化集团公司科技资源的基础上,先后与社会科研资源的大专院校、科研院所和上下游企业建立了技术创新战略合作关系。与华中科技大学共同组建了联合实验室,与武汉科技大学共建了新材料研究院,并积极参加了"新一代钢铁可循环流程技术创新战略联盟"的工作。

太钢在产品研发和技术创新方面率先在国内按照"产销研用"机制成立重点品种战略经营单位(SBU),成立跨部门的产、销、研一体化小组,实现产品研发与市场的快速接轨。太钢逐步形成了一批具有良好商业前景的产品集群,形成了以不锈钢为核心,包括冷轧硅钢、铁路用钢、高强韧系列钢材在内的高效、节能、长寿型产品集群,批量进入石油、化工、造船、集装箱、铁路、汽车、城市轻轨、核电、"神舟"系列飞船等重点领域和新兴行业。其中,铁路行业用钢、双相钢、耐热钢、造币钢、高牌号硅钢、车轴钢、纯铁、9%镍钢等20多个品种国内市场占有率第一,30多个品种成功替代进口。2016年以来,太钢成功开发出第三代汽车用钢,可使汽车更轻、更安全、更省油,实现了从长期国外跟踪到全球领先的转变。

2.5 发展趋势

进入21世纪,特别是"十二五"以来,中国乃至世界钢铁工业的发展环境发生了深刻变化。冶金原料优质资源开发殆尽、现有资源质量下降、原燃料价格高涨、二氧化碳减排及环境负荷等问题,来自其他材料的替代等压力,都对钢铁工业提出了更为苛刻的要求。在这个大背景下,钢铁产业技术的发展也顺应新一轮的科技革命和产业的发展,相应地出现了新的趋势,即强调在满足下游行业用钢需求的基础上实现以资源、环境友好为导向的高效流程工艺与产品生产制造技术的研发。主要表现在以下方面。

2.5.1 钢铁制造流程高效、绿色、可循环

虽然世界钢铁产业尚未出现具有突破性的新的制造流程,但立足于高效、绿色流程体系的建立,世界钢铁业已在开展相应的核心技术研究,并将研发的重点放在了节能减排、降低成本和提高企业竞争力等方面。而且,减少碳排放是当今世界的热点议题。近年来,欧盟、日本、美国等国家和地区的钢铁工业,通过研发新的低碳技术以应对未来的"碳挑战"。为此,欧盟投入巨资开展了低碳技术研究,内容包括提高能源使用效率、增加可再生能源所占比例、低碳发电、温室气体减排技术等,并结合钢铁工业实际实施了超低二氧化碳炼钢项目(ULCOS)。日本实施了"环境和谐型炼铁工艺技术项目"(COURSE50),主要开展减少高炉二氧化碳排放量技术和从高炉煤气中分离、回收二氧化碳技术开发。美国主要通过提高能源效率实现二氧化碳减排,正在进行的研究包括利用熔融氧化物电解(MOE)方式分离铁,利用氢或其他燃料炼铁。近年来,我国钢铁工业也愈加重视低碳技术和短流程工艺的研发,在薄带铸轧技术、熔融还原技术、无头轧制技术等方面做出了大量的探索。

2.5.2 钢铁材料高性能、低成本、高质量、近终型、易加工

为保持钢铁材料作为基础原材料的主导地位,提高世界钢铁工业的竞争力,国内外钢铁企业都在积极利用工艺技术的进步开发研究高技术含量、高附加值、低成本产品。例如,高强度钢(HSS)与超高强度钢(AHSS)品种,少镍少钼的高耐蚀新型不锈钢,长寿命、抗疲劳的轴承钢及工模具钢,具有耐腐蚀、耐火、耐热、耐低温、耐磨、抗震等功能的建筑用钢、装备制造用钢和交通用钢,具有抗压、防爆功能的容器钢、装甲钢,具有止裂功能的特厚板及适应不同应用要求的复合材料等。而成型方式和工艺技术的进步将进一步推动钢铁材料的发展,材料的高性能、多功能不仅对成型工艺提出了较高的要求,对应用技术和应用环境的匹配度和融合性的要求也越来越高。因此,未来钢铁材料的研究,在充分考虑材料本身的同时更加强调应用技术和应用环境与应用条件的协同发展。

2.5.3 两化融合驱动钢铁制造智能化、定制化

钢铁工业的信息化水平,不仅是改变传统钢铁产业的锐利武器,也是衡量钢铁生产现代化水平的重要标志。而钢铁工业要满足可持续协调发展的要求,必须在信息化和工业化深度融合的基础上,加快实现自动化、网络化、智能化制造进程,这是钢铁行业提高自身竞争力的战略选择,也是我国乃至世界钢铁工业发展的重要动力。

目前,世界先进国家强调人性化、安全化的管理模式,实现了生产高度自动化,正向着"无人化"车间迈进。生产车间采用信息化管理系统对车间作业计划进行数字化、智能化管理,其最终

发展方向是少人甚至是无人化运作模式。"无人化"车间是制造业由传统工业化向现代工业化转型的重要体现,其示范和推广应用对于提升钢铁制造业的整体技术水平具有重要的战略意义。

另外,无线传感器网络、物联网、云技术的开发与应用也将是钢铁工业技术发展的一个重点。利用无线传感器达到精准、快速化检测与控制,将生产线装备各类信息进行整合。很多国外钢铁企业已经搭建了融合核心业务的信息网,成为企业生产经营的重要设施,为生产线的高度信息化管理奠定了坚实的硬件基础。很多发达国家政府已经把物联网与云技术列为战略性新兴产业,在冶金装备研发领域,物联网技术、云技术也拥有较大的应用空间。借助于先进的物联网平台,企业可以自动、实时、准确、详细地获取钢铁生产中各方面的信息,并有效进行筛选与集成,为企业提供系统化的数据源,还为企业管理与系统维护提供更好的服务。物联网和云技术已经成为钢铁强国的"必争之地"。

智能机器人和无人控制系统的应用。现在世界先进国家正在展开对工业智能化制高点的争夺,特别是日本,对于工业机器人的研究已经开展了几十年,远远领先于国际平均水平。目前在钢铁产业中智能机器人应用较少,各大公司正在竞相开发这一领域,智能机器人和全工序无人控制系统将是未来一段时间应关注的另一个重点领域。

2.6 现存主要问题

钢铁工业是我国国民经济的基础产业,是技术、资金、资源、能源、劳动力密集产业,但同时是产能过剩最严重、影响最大的行业之一。目前,中国钢铁生产消费已过峰值,进入弧顶下行区。钢铁行业面临的市场环境由增量市场转变为减量市场,发生了由增到减的逆转,而钢铁企业难以在短时间内适应市场的变化,虽然出现了一些企业减产、停产,由于企业退出机制尚未建立,阻碍了关停企业彻底退出,产量的下降不能弥补需求下降的影响,产能过剩矛盾异常突出。同时,市场竞争环境有待进一步完善,钢铁行业自身存在的结构性问题也较突出。2015 年中国粗钢产能利用率仅为71.5%,钢铁产业处于产能全面过剩状态,钢铁企业生产经营困难加剧。2015 年,大中型钢铁企业亏损 645 亿元人民币,亏损面达 50.5%。除产能过剩、全行业处于整体微利甚至亏损外,困扰我国钢铁行业发展的主要问题还包括以下方面。

2.6.1 资源、环境的制约

对国际三大铁矿石供应商依赖度高,如 2012 年,我国进口铁矿石 7.44 亿吨,对外依存度高达 68%,过高的对外依赖不仅制约了我国钢铁工业的竞争力,同时也威胁着国家经济安全。通过有效的技术手段提高自有矿产资源的开采效率和利用率,是我国钢铁工业良性安全发展的基本保证。另外,钢铁工业能源消耗占全国总能耗的 1/8 左右,污染物排放占全国的 1/6 左右,巨大的排放总量加重了环境的负荷,影响了人类的生存空间。随着国家环保法的公布和新的排放标准的实施,钢铁企业将普遍面临着环保不达标的压力,而化解这些压力的根本出路是通过技术创新和系统的节能环保技术的应用以降低企业的排放量。

2.6.2 制造流程效率和能效水平低

我国钢铁生产单体工序能效和整体流程效率偏低,虽然在某几项单体工序上指标也能达到国际水平,但单体新技术和新装备基本都依靠引进,或者是引进后再逐渐国产化,缺乏原创性和前沿性的技术和设备产出，很难进一步提升，更谈不上整个制造流程上的革新。加强先进制造流程技术研究，利用现代化信息技术与智能化技术进一步完善现有流程界面技术，是实现钢铁流程高效率、高能效的重要支撑。

2.6.3 市场同质化竞争加剧，以创新为主导的差异化不明显

近几年来，产品定位的同质化加剧了市场的同质化竞争。在这种情况下，多数企业开始考虑推行差异化发展战略。差异化的形成依赖于企业的自主创新能力和生产制造能力，包括新产品、新材料的开发和持续提升能力，这就要求企业不仅要有捕捉市场需求包括未来需求的能力，还要求企业有将需求快速转化为能够满足应用的产品的能力，更要求企业有创造需求、建立新的产品消费市场的能力。围绕国民经济发展需要，满足相关产业不断提升的需求是钢铁企业的责任。

2.6.4 产品质量稳定性和一致性较差

目前，我国一些高端钢材产品的最好指标已能达到国际先进水平，但就产品质量的稳定性来看，一些产品批次间质量波动较大。提高产品质量的稳定性，一方面要强化生产流程的稳定性和生产系统的匹配；另一方面要加强产品制造过程的质量控制，实现产品微观组织的在线闭环控制。另外，加大产品质量在线检测技术的开发与应用也是实现产品质量一致性的关键。同时，加快新工艺的开发，实现工艺对质量的保证，可以从根本上解决产品质量的稳定性问题。

2.7 对策及措施

"去产能、去库存、去杠杆、降成本、补短板"是目前我国经济工作的重点，其中包括钢铁行业。随着全球经济低迷和我国进入新常态，我国钢铁行业产能严重过剩的矛盾更加突出。从我国未来经济结构调整发展趋势看，我国钢铁生产和消费已过峰值，开始进入下降趋势。钢铁工业应该是以减量化为核心的"九化协同"发展、创新发展，重塑高效的产业价值链，即减量化、绿色化、有序化、品质化、差异化、智能化、多元化、服务化和国际化。为了促进钢铁行业结构优化、脱困升级、提质增效，需要推行的主要举措包括以下几点。

2.7.1 化解产能过剩

完善激励政策，鼓励企业通过主动压减、兼并重组、转型转产、搬迁改造、国际产能合作等途径，退出部分钢铁产能。鼓励有条件的企业根据市场情况和自身发展需要，调整企业发展战略，尽快退出已停产的产能。鼓励钢铁产能规模较大的重点地区支持属地企业主动承担更多的压减任务。鼓励有条件的钢铁企业实施跨行业、跨地区、跨所有制减量化兼并重组，重点推进产钢大省的企业实施兼并重组，退出部分过剩产能。对不符合所在城市发展规划的城市钢厂，不具备搬迁价值和条件的，鼓励其实施转型转产；具备搬迁价值和条件的，支持其实施减量、环保搬迁。鼓励有条件的企业结合"一带一路"建设，通过开展国际产能合作转移部分产能，实现互利共赢。

2.7.2 推进智能制造

引导钢铁制造业与"互联网+"融合发展，与大众创业、万众创新紧密结合，实施钢铁企业智能制造示范工程，制定钢铁生产全流程"两化融合"解决方案。提升企业研发、生产和服务的智能化水平，建设一批智能制造示范工厂。推广以互联网订单为基础，满足客户多品种小批量的个性化、柔性化产品定制新模式。

2.7.3 提升品质品牌

树立质量标杆,升级产品标准,加强品牌建设,全面提升主要钢铁产品的质量稳定性和性能一致性,形成一批具有较大国际影响力的企业品牌和产品品牌。

2.7.4 研发高端品种

加强钢铁行业生产加工与下游用钢行业需求对接,引导钢铁企业按照"先期研发介入、后续跟踪改进"的模式,重点推进高速铁路、核电、汽车、船舶与海洋工程等领域重大技术装备所需高端钢材品种的研发和推广应用。

2.7.5 促进绿色发展

实施节能环保改造升级,开展环保、节能对标活动,加快企业能源管理信息系统建设。所有钢铁企业实现环保节能稳定达标,全行业污染物排放总量稳步下降。

2.7.6 扩大市场消费

推广应用钢结构建筑,结合棚户区改造、危房改造和抗震安居工程实施,开展钢结构建筑推广应用试点,大幅度提高钢结构应用比例。稳定重点用钢行业消费,促进钢铁企业与下游用户合作,推进钢材在汽车、机械装备、电力、船舶等领域扩大应用和升级。

第三部分

黑色金属领域汉语科技词系统实例

1 格式说明

所有实例的格式都由词条名称、基本信息、定义、分类信息、词条属性和词条关系几部分构成，具体解释见样例灰色文字。

◎ **奥氏体不锈钢** → 词条的中文名称。

【基本信息】→ 包括英文名、拼音和基础词/核心词区分等。
 【英文名】 austenitic stainless steel
 【拼音】 ao shi ti bu xiu gang
 【核心词】→ 表示该词条是核心词。如果是基础词则以"【基础词】"表示。

【定义】
 → 表示该词条定义，如果有多条定义，以（1）（2）等顺序标识。
 （1）在使用状态基体组织为稳定的奥氏体的不锈钢。
 【来源】→ 将有具体参考文献的定义的出处标识出来。
 （2）以奥氏体组织为基体的一类铁–铬–镍或铁–铬–锰（氮）系不锈钢。
 【来源】《中国冶金百科全书·金属材料卷》

【分类信息】→ 与两种分类法（CLC 类目、IPC 类目）关联映射。
 【CLC 类目】→ CLC 代表《中国图书馆分类法》，如果有多条类目，以（1）（2）等顺序标识。
  （1）TG172 各种类型的金属腐蚀
  （2）TG172 不锈钢、耐酸钢
  （3）TG172 其他腐蚀
  （4）TG172 钢的热处理
  （5）TG172 固体缺陷
 【IPC 类目】→ IPC 代表《国际专利分类法》，如果有多条类目，以（1）（2）等顺序标识。
  （1）C22C38/44 含钼或钨的〔2〕
  （2）C22C38/44 含镍的〔2〕
  （3）C22C38/44 含铜的〔2〕
  （4）C22C38/44 金属的
  （5）C22C38/44 含钛或锆的〔2〕

【词条属性】→ 词条属性分两级显示，以缩进表示层级。第一层表示一级属性，第二层表示二级属性，一级属性是对二级属性的归纳总结，不参与具体的属性构建，而二级属性是实际使用的属性，词条属性的详细的说明请参见第一部分 4.2 节。
 【特征】
  【缺点】 一般强度较低
  【数值】 铬质量分数为 16%～26%
  【数值】 镍的质量分数可高达 35

【特点】 无磁性
【特点】 具有面心立方晶体结构
【特点】 不能通过热处理强化
【特点】 只能采用冷加工强化手段提高强度
【优点】 具有很高的耐蚀性
【优点】 具有良好的冷加工性
【优点】 具有良好的韧性
【优点】 具有良好的塑性
【优点】 具有良好的焊接性
【状况】
　【现状】 约占不锈钢产量的70%
　【现状】 钢牌号很多
　【现状】 大量生产和使用的仅几个牌号
【时间】
　【起始时间】 1913年
【词条关系】 → 词条关系分两级显示,以缩进表示层级。第一层表示一级关系,第二层表示二级关系,一级关系是对二级关系的归纳总结,不参与具体的关系构建,而二级关系是实际使用的关系。词条关系的详细的说明请参见第一部分4.3节。
【层次关系】
　【并列】　　　马氏体不锈钢
　【材料-组织】 奥氏体
　【概念-实例】 06Cr19Ni10(0Cr18Ni9)
　【概念-实例】 1Cr17Mn6Ni15N
　【概念-实例】 1Cr18Mn8Ni5N
　【概念-实例】 1Cr18Ni9
　【概念-实例】 1Cr18Ni9Si3
　【概念-实例】 00Cr19Ni10
　【概念-实例】 0Cr19Ni9N
　【概念-实例】 0Cr19Ni10NbN
　【概念-实例】 00Cr18Ni10N
　【概念-实例】 1Cr18Ni12
　【概念-实例】 0Cr23Ni13
　【概念-实例】 0Cr25Ni20
　【概念-实例】 0Cr17Ni12Mo2
　【概念-实例】 00Cr17Ni14Mo2
　【概念-实例】 0Cr17Ni12Mo2N
　【概念-实例】 00Cr17Ni13Mo2N
　【概念-实例】 1Cr18Ni12Mo2Ti

【概念-实例】 0Cr18Ni12Mo2Ti
【概念-实例】 1Cr18Ni12Mo3Ti
【概念-实例】 0Cr18Ni12Mo3Ti
【概念-实例】 0Cr18Ni12Mo2Cu2
【概念-实例】 00Cr18Ni14Mo2Cu2
【概念-实例】 0Cr19Ni13Mo3
【概念-实例】 00Cr19Ni13Mo3
【概念-实例】 0Cr18Ni16Mo5
【概念-实例】 1Cr18Ni9Ti
【概念-实例】 0Cr18Ni10Ti
【概念-实例】 0Cr18Ni11Nb
【概念-实例】 0Cr18Ni13Si4
【构成成分】 氮、碳、钒、铌、钛、钨、钼、铬、铁
【类分】 铬锰奥氏体不锈钢
【类分】 铬镍奥氏体不锈钢
【类属】 不锈钢
【主体-附件】 晶界析出
【应用关系】
　　【材料-加工设备】 热交换器
　　【使用】 冷冲压
　　【使用】 敏化处理
【生产关系】
　　【材料-工艺】 真空脱氧脱碳法
　　【材料-工艺】 电弧炉加氩氧脱碳法
　　【材料-工艺】 三步法
　　【材料-工艺】 二步法
　　【材料-工艺】 一步法
　　【材料-工艺】 固溶处理

2 实例正文

◎ α 相

【基本信息】
  【英文名】 α phase
  【拼音】 α xiang
  【核心词】
【定义】
  为碳在 α-Fe 中的固溶体,具有体心立方晶格。
【分类信息】
  【CLC 类目】
    (1) TG135　特种机械性质合金
    (2) TG135　热力学
    (3) TG135　合金学与各种性质合金
    (4) TG135　其他特种性质合金
  【IPC 类目】
    (1) C01B21/068　与硅〔3〕
    (2) C01B21/068　以氮化硅为基料的〔6〕
    (3) C01B21/068　氧化铝;氢氧化铝;铝酸盐
    (4) C01B21/068　氢氧化铝的脱水
    (5) C01B21/068　直接电阻加热
【词条属性】
  【特征】
    【特点】 α 相是低温稳定相
    【特点】 常温的铁是 α 相
【词条关系】
  【层次关系】
    【并列】 η 相
    【并列】 δ 相
    【并列】 γ 相
    【并列】 β 相
    【类属】 相结构

◎ β 相

【基本信息】
  【英文名】 β phase
  【拼音】 β xiang
  【核心词】
【定义】
  具有体心立方结构的金属间化合物,其化学式为 $CuZn$。
【分类信息】
  【CLC 类目】
    TG135　特种机械性质合金
  【IPC 类目】
    (1) G21C　核反应堆
    (2) G21C　高熔点或难熔金属,或以它们为基的合金
    (3) G21C　锆基合金〔2〕
    (4) G21C　直接电阻加热
    (5) G21C　氧化物;氢氧化物
【词条属性】
  【特征】
    【特点】 β 相是高温稳定相
    【特点】 熔点之上的液态铁为 β 相
【词条关系】
  【层次关系】
    【并列】 α 相
    【并列】 γ 相
    【并列】 δ 相
    【并列】 η 相
    【类属】 相结构

◎ γ 相

【基本信息】
  【英文名】 γ phase
  【拼音】 γ xiang

【核心词】
【定义】
  碳在 γ-Fe 中的固溶体,具有面心立方晶格。
【分类信息】
  【CLC 类目】
    TG135　特种机械性质合金
  【IPC 类目】
    (1) C30B5/00　自凝胶的单晶生长(在保护流体下的入 27/00)〔3〕
    (2) C30B5/00　在生产具有特殊电磁性能的产品时〔3〕
    (3) C30B5/00　多步法渗入多种元素〔4〕
    (4) C30B5/00　金属材料用其他方法清洗或除油;金属材料用有机溶剂清洗,或除油的设备
    (5) C30B5/00　卤化物〔3〕
【词条属性】
【词条关系】
  【层次关系】
    【并列】　α 相
    【并列】　β 相
    【并列】　η 相
    【并列】　δ 相
    【类属】　相结构
    【组织-材料】　镍基高温合金

◎δ 相
【基本信息】
  【英文名】　δ phase
  【拼音】　δ xiang
  【核心词】
【定义】
  高温铁素体,由液态铁冷却到 1538 ℃ 发生结晶,液态铁转变为 δ-Fe,碳在 δ-Fe 中的最大溶解度为 0.17%。
【分类信息】
  【IPC 类目】
    (1) C01B33/32　碱金属硅酸盐(33/26 优先)〔3〕
    (2) C01B33/32　用喷丸硬化或其他类似的方法
    (3) C01B33/32　以所用的催化剂为特征的〔3〕
【词条属性】
  【特征】
  【特点】　在常温下相对少见
  【特点】　在一些不锈钢中,δ 铁素体可以保留到常温下
  【特点】　δ 铁素体较脆
  【特点】　在加工中易引发裂纹
  【特点】　在加工时容易引发点腐蚀
  【特点】　一般都是作为有害相加以控制的
【词条关系】
  【等同关系】
    【基本等同】　高温铁素体
    【基本等同】　脱碳相
  【层次关系】
    【并列】　α 相
    【并列】　β 相
    【并列】　γ 相
    【并列】　η 相
    【参与构成】　不锈钢
    【概念-实例】　W_3Co_3C
    【概念-实例】　W_2Co_4C
    【类属】　相结构

◎η 相
【基本信息】
  【英文名】　η phase
  【拼音】　η xiang
  【核心词】
【定义】
  含钛量较高的高温合金中出现的一种相。分子式为 Ni_3Ti。具有六方晶系。
  【来源】　《现代材料科学与工程辞典》
【分类信息】
  【IPC 类目】

（1）C23C8/64　渗碳〔4〕

（2）C23C8/64　胶体化学，如其他类不包括的胶体物料或其溶液的制备；微胶囊或微球的制造（用作乳化剂、增湿剂、分散剂或起泡剂生产试剂入 B01F17/00）

（3）C23C8/64　后处理（2/14 优先）〔4〕

（4）C23C8/64　含非金属的合金（1/08 优先）

（5）C23C8/64　氧化铝；氢氧化铝；铝酸盐

【词条属性】

　【特征】

　　【特点】　晶体结构为密排六方有序相

　　【特点】　组成固定，不易固溶其他元素

　　【特点】　形态有晶界胞状和晶内片状，或魏氏体状

　　【特点】　出现 η 相合金的强度有所下降

【词条关系】

　【层次关系】

　　【并列】　α 相

　　【并列】　β 相

　　【并列】　γ 相

　　【并列】　δ 相

　　【参与构成】　高温合金

　　【类属】　相结构

◎ σ 相

【基本信息】

　【英文名】　σ phase

　【拼音】　σ xiang

　【核心词】

【定义】

　　是含 Fe、Cr 的高温合金和耐热钢中经常出现的硬而脆的中间相，具有简单正方点阵，一个晶胞内包含 30 个原子。

【来源】　《现代材料科学与工程辞典》

【分类信息】

　【CLC 类目】

　　（1）TG172　各种类型的金属腐蚀

　　（2）TG172　有色冶金机械

　　（3）TG172　其他特种性质合金

【IPC 类目】

　　（1）B22D13/02　长形的实心物或空心物的离心铸造，如管在绕其纵向轴线旋转的铸型中铸造

　　（2）B22D13/02　在生产管状体时〔3〕

　　（3）B22D13/02　金属的（9/16 至 9/22 优先；散热片管入 F28F）

　　（4）B22D13/02　含钼或钨的〔2〕

　　（5）B22D13/02　用熔炼法〔2〕

【词条属性】

　【特征】

　　【数值】　一般要求原子大小之差小于 13%

　　【数值】　s 层+d 层电子浓度在 6.7～7.2（大约为 7）

　　【数值】　具有轴比大致等于 0.52 的复杂四方点阵

　　【数值】　每个晶胞有 30 个原子

　　【特点】　硬而脆

　　【特点】　一个组元属于周期表中第 ⅤA、第 ⅥA 族元素（体心立方），另一组元属于第 ⅦA 或第 ⅧA 族元素（面心立方、密排六方或其他结构）

　　【特点】　第三组元的加入会影响 σ 相形成的浓度和温度范围

　　【特点】　通式为 AB 或 A_xB_y

　　【特点】　由不相同的 4 层原子依次堆垛而成

　　【特点】　在高温下不稳定，容易溶入基体

【词条关系】

　【层次关系】

　　【参与构成】　Al-Cu-Mg-Si 合金

　　【类属】　拓扑密堆相

　　【类属】　316 不锈钢

　　【类属】　金属间化合物

　　【组织-材料】　Al-Cu-Mg-Si 合金

　　【组织-材料】　双相不锈钢

　　【组织-材料】　316 不锈钢

【应用关系】
　【用于】　2205 双相不锈钢

◎ 奥氏体
【基本信息】
　【英文名】　austenite
　【拼音】　ao shi ti
　【核心词】
【定义】
　碳在面心立方结构的 γ-Fe 中的间隙固溶体叫作奥氏体。一般用 γ 或 A 表示。它因纪念早期的冶金学家 William Robert Austen 而得名。
【来源】　《固体物理学大辞典》
【分类信息】
　【CLC 类目】
　（1）TG335.5　板材、带材、箔材轧制
　（2）TG335.5　金属的组织
　（3）TG335.5　金属固体相结构和相转变
　（4）TG335.5　金属的范性形变、回复和再结晶
　（5）TG335.5　钢的组织与性能
　【IPC 类目】
　（1）C22C38/00　铁基合金,如合金钢(铸铁合金入 37/00)〔2〕
　（2）C22C38/00　通过伴随有变形的热处理或变形后再进行热处理来改变物理性能(除需成型的工件外不需要再加热的锻造或轧制成型的硬化工件或材料入 1/02)〔3〕
　（3）C22C38/00　含钼或钨的〔2〕
　（4）C22C38/00　阶段冷却淬火〔3〕
　（5）C22C38/00　材料的选择
【词条属性】
　【特征】
　　【数值】　实际上碳在奥氏体中的最大溶解度为 2.11%(质量分数)
　　【数值】　γ-Fe 的八面体间隙的半径仅为 0.052 nm,比碳原子的半径 0.086 nm 小
　　【特点】　等轴状的多边形晶粒
　　【特点】　为面心立方结构,碳氮等间隙原子均位于奥氏体晶胞八面体间隙中心,以及面心立方晶胞的中心和棱边的中点
　　【特点】　碳原子溶入奥氏体中,使奥氏体晶格点阵发生均匀对等的膨胀,点阵常数随着碳含量的增加而增大
　　【特点】　碳原子溶入奥氏体中,使奥氏体晶格点阵发生均匀对等的膨胀,点阵常数随着碳含量的增加而增大
　【其他物理特性】
　　【热导率】　14.6
【词条关系】
　【层次关系】
　　【并列】　珠光体
　　【并列】　马氏体
　　【参与构成】　碳
　　【参与组成】　莱氏体
　　【类分】　残余奥氏体
　　【类属】　金相组织
　　【实例-概念】　固溶体
　　【主体-附件】　晶粒粗化
　　【组织-材料】　奥氏体不锈钢
　　【组织-材料】　电热合金
　　【组织-材料】　铸铁
　　【组织-材料】　合金铸铁
　　【组织-材料】　超高强度钢
　　【组织-材料】　灰铸铁
　　【组织-材料】　镍基高温合金
　　【组织-材料】　低合金钢
　　【组织-材料】　耐热钢
　　【组织-材料】　耐热铸铁
　　【组织-材料】　耐磨钢
　　【组织-材料】　低温钢
　　【组织-材料】　弹簧钢
　　【组织-材料】　铸钢
　　【组织-材料】　高铬铸铁
　　【组织-材料】　因瓦合金
　　【组织-材料】　带材
　　【组织-材料】　钢铁材料
　　【组织-材料】　弹簧钢丝

【组织-材料】	耐磨材料
【组织-材料】	无磁钢
【组织-材料】	连铸坯
【组织-材料】	中锰钢
【组织-材料】	建筑用钢

【应用关系】

【组织-工艺】	淬火
【组织-工艺】	热处理制度
【组织-工艺】	脆化
【组织-工艺】	快速冷却

◎ 奥氏体不锈钢

【基本信息】

【英文名】 austenitic stainless steel；austenite stainless steel

【拼音】 ao shi ti bu xiu gang

【核心词】

【定义】
（1）在使用状态基体组织为稳定的奥氏体的不锈钢。

【来源】《材料科学技术名词》
（2）以奥氏体组织为基体的一类铁-铬-镍或铁-铬-锰（氮）系不锈钢。

【来源】《中国冶金百科全书·金属材料卷》

【分类信息】

【CLC 类目】
（1）TG172　各种类型的金属腐蚀
（2）TG172　不锈钢、耐酸钢
（3）TG172　其他腐蚀
（4）TG172　钢的热处理
（5）TG172　固体缺陷

【IPC 类目】
（1）C22C38/44　含钼或钨的[2]
（2）C22C38/44　含镍的[2]
（3）C22C38/44　含铜的[2]
（4）C22C38/44　金属的
（5）C22C38/44　含钛或锆的[2]

【词条属性】

【特征】

【缺点】	一般强度较低
【数值】	铬质量分数为 16%～26%
【数值】	镍的质量分数可高达 35%
【特点】	无磁性
【特点】	具有面心立方晶体结构
【特点】	不能通过热处理强化
【特点】	只能采用冷加工强化手段提高强度
【优点】	具有很高的耐蚀性
【优点】	具有良好的冷加工性
【优点】	具有良好的韧性
【优点】	具有良好的塑性
【优点】	具有良好的焊接性

【状况】

【现状】	约占不锈钢产量的 70%
【现状】	钢牌号很多
【现状】	大量生产和使用的仅几个牌号

【时间】

【起始时间】 1913 年

【词条关系】

【层次关系】

【并列】	马氏体不锈钢
【材料-组织】	奥氏体
【概念-实例】	06Cr19Ni10（0Cr18Ni9）
【概念-实例】	1Cr17Mn6Ni15N
【概念-实例】	1Cr18Mn8Ni5N
【概念-实例】	1Cr18Ni9
【概念-实例】	1Cr18Ni9Si3
【概念-实例】	00Cr19Ni10
【概念-实例】	0Cr19Ni9N
【概念-实例】	0Cr19Ni10NbN
【概念-实例】	00Cr18Ni10N
【概念-实例】	1Cr18Ni12
【概念-实例】	0Cr23Ni13
【概念-实例】	0Cr25Ni20
【概念-实例】	0Cr17Ni12Mo2
【概念-实例】	00Cr17Ni14Mo2
【概念-实例】	0Cr17Ni12Mo2N

【概念-实例】 00Cr17Ni13Mo2N
【概念-实例】 1Cr18Ni12Mo2Ti
【概念-实例】 0Cr18Ni12Mo2Ti
【概念-实例】 1Cr18Ni12Mo3Ti
【概念-实例】 0Cr18Ni12Mo3Ti
【概念-实例】 0Cr18Ni12Mo2Cu2
【概念-实例】 00Cr18Ni14Mo2Cu2
【概念-实例】 0Cr19Ni13Mo3
【概念-实例】 00Cr19Ni13Mo3
【概念-实例】 0Cr18Ni16Mo5
【概念-实例】 1Cr18Ni9Ti
【概念-实例】 0Cr18Ni10Ti
【概念-实例】 0Cr18Ni11Nb
【概念-实例】 0Cr18Ni13Si4
【构成成分】 氮、碳、钒、铌、钛、钨、钼、铬、铁
【类分】 铬锰奥氏体不锈钢
【类分】 铬镍奥氏体不锈钢
【类属】 不锈钢
【主体-附件】 晶界析出
【应用关系】
【材料-加工设备】 热交换器
【使用】 冷冲压
【使用】 敏化处理
【生产关系】
【材料-工艺】 真空脱氧脱碳法
【材料-工艺】 电弧炉加氩氧脱碳法
【材料-工艺】 三步法
【材料-工艺】 二步法
【材料-工艺】 一步法
【材料-工艺】 固溶处理

◎ 白口铸铁
【基本信息】
  【英文名】 white cast iron
  【拼音】 bai kou zhu tie
  【核心词】
【定义】
  碳以渗碳体形态存在的铸铁,其断面为灰白色。
【来源】《中国冶金百科全书·金属材料》
【分类信息】
  【CLC 类目】
    TG251 灰口铸铁铸件
  【IPC 类目】
    (1) C22C37/00 铸铁合金〔2〕
    (2) C22C37/00 含铬的〔2〕
    (3) C22C37/00 影响金属温度,如用加热或冷却铸型(连续铸造中底部开口铸模的冷却入 11/055)〔1,7〕
    (4) C22C37/00 包括添加镁的方法〔2〕
    (5) C22C37/00 含球墨的
【词条属性】
  【特征】
  【缺点】 不能承受冷、热加工,只能直接用于铸造状态
  【特点】 碳全部或大部分以渗碳体形式存在
  【特点】 断裂时断口呈灰白色,晶粒粗大,有明显的方向性
  【特点】 具有很大的硬度和脆性
【词条关系】
  【层次关系】
  【材料-组织】 共晶碳化物
  【材料-组织】 莱氏体
  【类分】 普通白口铸铁
  【类分】 低合金白口铸铁
  【类分】 中合金白口铸铁
  【类分】 高合金白口铸铁
  【类属】 铸铁

◎ 板材
【基本信息】
  【英文名】 board plates
  【拼音】 ban cai
  【核心词】
【定义】
  经初步机械加工后的木材,其宽度为厚度

的 3 倍以上(包括 3 倍)，称为板材。
【来源】 《简明林业辞典》
【分类信息】
　【CLC 类目】
　　（1）TG386　冷冲压工艺
　　（2）TG386　高温合金轧制
　　（3）TG386　金属材料
　　（4）TG386　冷冲原理
　　（5）TG386　压力加工工艺
　【IPC 类目】
　　（1）F16B5/00　薄板或板的相互连接，或与其平行的条或杆的连接(黏结入 11/00；销钉连接入 13/00；销包括可变形元件的入 19/00；壁的护板入 E04F13/00；标牌、板、面板，或牌与支承结构紧固，易拆卸元件，如证书与标牌、板、面板或牌紧固入 G09F7/00)
　　（2）F16B5/00　镁氯氧水泥，如索勒尔水泥〔4〕
　　（3）F16B5/00　与胀套结合
　　（4）F16B5/00　富硅材料；硅酸盐〔4〕
　　（5）F16B5/00　用铆接(铆钉入 19/04)
【词条属性】
　【特征】
　　【特点】　板材是用平辊轧出，故改变产品规格较简单容易，调整操作方便，易于实现全面计算机控制和进行自动化生产
　　【特点】　板材的形状简单，可成卷生产，且在国民经济中用量最大，故必须而且能够实现高速度的连轧生产
　　【特点】　由于宽厚比和表面积都很大，故生产中轧制压力很大，可达数百万至数千万牛顿，因此轧机设备复杂庞大，而且对产品宽、厚尺寸精度和板形及表面质量的控制也变得十分困难和复杂
　　【特点】　板材产品外形扁平，宽厚比大，单位体积的表面积也很大
　　【特点】　可任意剪裁、弯曲、冲压、焊接、制成各种制品构件，使用灵活方便
　　【特点】　可弯曲、焊接成各类复杂断面的型钢、钢管、大型工字钢、槽钢等结构件，故称为"万能钢板"
【词条关系】
　【层次关系】
　　【类分】　薄板
　　【类分】　中板
　　【类分】　厚板
　　【类分】　特厚板
　　【类分】　热轧钢板
　　【类分】　冷轧钢板
　　【类分】　镀锌板
　　【类分】　镀锡板
　　【类分】　复合钢板
　　【类分】　彩色涂层钢板
　　【类分】　桥梁钢板
　　【类分】　锅炉钢板
　　【类分】　造船钢板
　　【类分】　装甲钢板
　　【类分】　汽车钢板
　　【类分】　屋面钢板
　　【类分】　结构钢板
　　【类分】　电工钢板
　　【类分】　弹簧钢板
　　【类分】　热轧板
　　【类分】　中厚板
　【应用关系】
　　【部件成品-材料】　优质碳素结构钢
　　【材料-加工设备】　二辊可逆式轧机
　　【材料-加工设备】　三辊劳特式轧机
　　【材料-加工设备】　四辊可逆式轧机
　　【材料-加工设备】　万能式轧机
　　【材料-加工设备】　二辊不可逆式叠板轧机
　　【材料-加工设备】　炉卷轧机
　　【材料-加工设备】　行星轧机
　　【使用】　精整
　　【使用】　形变热处理
　【生产关系】
　　【材料-工艺】　全纵轧法

【材料-工艺】 全横轧法
【材料-工艺】 横轧-纵轧法
【材料-工艺】 角轧-纵轧法
【材料-工艺】 平面形状控制轧法
【材料-工艺】 调宽轧制
【材料-工艺】 自由程序轧制技术
【材料-工艺】 薄板坯连铸连轧技术（CSP）
【材料-工艺】 薄板坯连续铸轧工艺（ISP）
【材料-工艺】 张力轧制
【材料-工艺】 软化退火
【材料-工艺】 连轧
【材料-工艺】 脆化
【材料-原料】 扁锭
【材料-原料】 初轧板坯
【材料-原料】 连铸板坯
【材料-原料】 压铸坯
【材料-原料】 方坯

◎ **板坯**
【基本信息】
　【英文名】 slab; strip breakdown
　【拼音】 ban pi
　【核心词】
【定义】
　钢坯的一种，为钢水通过连铸机连铸形成，一般铸坯宽厚比大于3的即称板坯，其主要用于轧制板材，但尚未开始轧制。
【分类信息】
　【CLC类目】
　（1）TF777　连续铸钢、近终形铸造
　（2）TF777　板坯连铸
　（3）TF777　优质钢
　【IPC类目】
　（1）C21D8/02　在生产钢板或带钢时（8/12优先）〔3〕
　（2）C21D8/02　用于金属薄板
　（3）C21D8/02　在生产具有特殊电磁性能的产品时〔3〕
　（4）C21D8/02　含硅的〔2〕
　（5）C21D8/02　金属在连续浇铸后立即轧制（金属轧机机座入13/22；连续铸造入B22D11/00，若进入带滚子的铸型入B22D11/06）〔3〕
【词条属性】
　【特征】
　【特点】 截面的高宽比值较大，一般大于3
　【特点】 主要用来轧制板材
　【优点】 连铸板坯可避免形成缩孔和空洞，无彻头彻尾损失，金属收得率大幅度提高
　【优点】 连铸板坯的纵向成分偏差比铸锭的小，可控制在10%以内
　【优点】 连铸板坯的组织致密，有良好的机械性能
【词条关系】
　【层次关系】
　【类分】 厚板坯
　【类分】 薄板坯
　【类属】 连铸坯
　【类属】 钢坯
　【应用关系】
　【用于】 轧制板材
　【生产关系】
　【材料-工艺】 连续铸造
　【材料-工艺】 电渣重熔

◎ **棒材**
【基本信息】
　【英文名】 bar material
　【拼音】 bang cai
　【核心词】
【定义】
　长度和截面周长比较大的直条金属材料。
【分类信息】
　【CLC类目】
　（1）TG335.13　连续轧制
　（2）TG335.13　生物材料学
　（3）TG335.13　特种机械性质合金
　（4）TG335.13　连续铸钢、近终形铸造

（5） TG335.13 非金属复合材料
【IPC 类目】
（1） C21D8/00 通过伴随有变形的热处理或变形后再进行热处理来改变物理性能（除需成型的工件外不需要再加热的锻造，或轧制成型的硬化工件或材料入 1/02）〔3〕
（2） C21D8/00 用于磁致伸缩器件的〔2〕
（3） C21D8/00 用于弹簧
（4） C21D8/00 和磁性过渡金属的，如 $SmCo_5$〔6〕
（5） C21D8/00 磁致伸缩器件〔2〕
【词条属性】
【特征】
【特点】 横截面形状为圆形、方形、六角形、八角形等简单图形
【特点】 长度相对横截面尺寸来说比较大
【状况】
【现状】 不锈钢棒材目前应用较多
【词条关系】
【层次关系】
【类分】 玻璃棒
【类分】 塑料棒
【类分】 橡胶棒
【类分】 木棒
【类分】 铜棒
【类分】 铝棒
【类分】 钢棒
【类属】 钢铁材料
【应用关系】
【使用】 精轧
【使用】 精整
【使用】 低碳钢
【生产关系】
【材料-工艺】 连轧
【材料-原料】 方坯

◎薄板坯

【基本信息】
【英文名】 thin slab; sheet billet
【拼音】 bao ban pi
【核心词】
【定义】
薄板坯是指碳素钢、优质碳素钢、低合金钢和硅钢经热轧制成的厚度 6～20 mm，宽度 100～300 mm 的板坯。
【来源】《商贸钢材大缆》
【分类信息】
【CLC 类目】
（1） TF777.7 薄板坯连铸
（2） TF777.7 板材、带材、箔材轧制
（3） TF777.7 连续轧制
（4） TF777.7 连续铸钢设备
【IPC 类目】
（1） C21D8/12 在生产具有特殊电磁性能的产品时〔3〕
（2） C21D8/12 双层炉箅
（3） C21D8/12 含铝的〔2〕
（4） C21D8/12 控制、监测、警报或类似装置的配置〔4〕
（5） C21D8/12 用于连续浇铸后立即轧制金属（其方法入 1/46；连续铸造入 B22D11/00，若进入带辊子的铸型入 B22D11/06）
【词条属性】
【特征】
【数值】 薄板坯连铸生产的板坯厚度在 40～70 mm
【特点】 由于薄板坯连铸连轧生产较传统热轧生产，较多利用铸坯热量，实现短流程生产，投资较少、投产较快，一时引起了广大钢铁生产者的注目
【状况】
【前景】 薄板坯，是钢铁生产工业近年来最重要的新型技术之一
【词条关系】
【层次关系】
【类属】 板坯
【类属】 钢坯
【应用关系】

【材料-加工设备】 电炉
【材料-加工设备】 转炉炼钢
【材料-加工设备】 钢包精炼炉
【材料-加工设备】 薄板坯连铸机
【材料-加工设备】 剪切机
【材料-加工设备】 辊底式隧道加热炉
【材料-加工设备】 粗轧机
【材料-加工设备】 均热炉
【材料-加工设备】 事故剪
【材料-加工设备】 高压水除磷机
【材料-加工设备】 小立辊轧机
【材料-加工设备】 精轧机
【材料-加工设备】 卷取机
【生产关系】
【材料-工艺】 CSP 工艺技术
【材料-工艺】 ISP 工艺技术
【材料-工艺】 FTSR 工艺技术
【材料-工艺】 CONROLL 工艺技术
【材料-工艺】 QSP 工艺技术
【材料-工艺】 TSP 工艺技术
【材料-工艺】 CPR 工艺技术

◎保护气氛
【基本信息】
【英文名】 protective atmosphere
【拼音】 bao hu qi fen
【核心词】
【定义】
保护气氛是指防止金属材料退火时因高温而氧化,利用惰性气体或还原性气体形成保护氛围,同时起到传热作用的气体。
【分类信息】
【CLC 类目】
（1） TB383 特种结构材料
（2） TB383 发光学
（3） TB383 复合材料
【IPC 类目】
（1） C22C1/04 用粉末冶金法（1/08 优先）〔2〕

(2) C22C1/04 镁基合金
(3) C22C1/04 烃与矿物油的共聚物,如石油树脂〔2〕
(4) C22C1/04 硅或硼的碳化物
(5) C22C1/04 烧瓷釉专用炉
【词条属性】
【特征】
【特点】 保护气氛可分为吸热型气氛、放热型气氛、氨分解气氛、氨燃烧气氛和氮基气氛等
【优点】 在保护气氛下,可以隔绝氧气,同时保护气氛可以作为传热介质,有利于退火材料的受热均匀
【状况】
【现状】 常见的保护气氛有水蒸气、酒精气体、氮气、氨分解氢保护等
【词条关系】
【等同关系】
【基本等同】 保护气体
【层次关系】
【构成成分】 氢气、氮气、氨气、丙烷、丁烷、丙烯
【类分】 放热型气氛
【类分】 吸热型气氛
【类分】 滴注式气氛
【类分】 氨分解气氛
【类分】 氨燃烧气氛
【类分】 氮基气氛
【生产关系】
【工艺-设备工具】 保护气氛连续炉
【工艺-设备工具】 保护气氛电渣炉
【工艺-设备工具】 保护气氛电镀槽

◎保护气体
【基本信息】
【英文名】 protective gas
【拼音】 bao hu qi ti
【核心词】
【定义】
保护气体是指焊接过程中用于保护金属熔

滴、熔池及焊缝区的气体,它使高温金属免受外界气体的侵害。

【分类信息】

【CLC 类目】

(1) TG456.7 激光焊

(2) TG456.7 生产过程与设备

【IPC 类目】

(1) C01B31/02 碳的制备(使用超高压,如用于金刚石的生成入 B01J3/06;用晶体生长法入 C30B);纯化

(2) C01B31/02 适宜用于在真空中或特殊气氛中处理炉料的

(3) C01B31/02 镁基合金

(4) C01B31/02 用熔炼法

(5) C01B31/02 镁的提取[2]

【词条属性】

【特征】

【特点】 导热性和传热性是保护气体的重要属性,并且需要密度比空气大,流速比空气低

【特点】 保护气体可以是一种气体,也可以是2种或3种气体的混合

【特点】 在激光焊接中,保护气体还能吸收激光能量的重要部分,阻止电焊上层的等离子体的形成

【优点】 保护气体在焊接过程中用于保护金属熔滴

【优点】 保护气体防止固化中的熔融焊缝发生氧化,同时也阻挡杂质和空气中的湿气,其可能会通过改变接缝的几何特性而削弱焊缝的耐腐蚀能力、产生气孔并削弱焊缝的耐久性

【优点】 保护气体也会使焊枪冷却

【优点】 适当增加保护气体的氧化性可改变焊缝组织、夹杂物分布状态和焊缝合金元素含量,大幅度降低焊缝金属的氢脆敏感性

【状况】

【现状】 惰性气体指的是氦气和氩气,根本不会与熔融焊缝发生反应,用于 MIG 焊接(金属-惰性气体电弧焊)

【现状】 活性气体,一般包括二氧化碳、氧气、氮气和氢气,这些气体通过稳定电弧和确保材料平稳地传送到焊缝来参与焊接过程,用于 MAG 焊接(金属-活性气体电弧焊)

【词条关系】

【等同关系】

【基本等同】 保护气氛

【层次关系】

【类分】 活性气体

【类分】 惰性气体

【类分】 氦气-He

【类分】 氩气-Ar

【类分】 氧气

【类分】 二氧化碳-CO_2

【类分】 氢气

【类分】 氮气

【应用关系】

【用于】 氩弧焊

【用于】 非熔化极惰性气体钨极保护焊

【用于】 气焊

【用于】 等离子焊

【用于】 CO_2 焊接

【用于】 气保护焊

◎ 贝氏体

【基本信息】

【英文名】 bainite

【拼音】 bei shi ti

【核心词】

【定义】

一般情况下,将过冷奥氏体在中温范围内形成的由铁素体和渗碳体组成的非层状组织统称为贝氏体。

【分类信息】

【CLC 类目】

(1) TG139 其他特种性质合金

(2) TG139 工具钢

(3) TG139 钢的组织与性能

(4) TG139 钢的热处理

【IPC 类目】
　　(1) C21D8/02　在生产钢板或带钢时（8/12 优先）〔3〕
　　(2) C21D8/02　含锰的〔2〕
　　(3) C21D8/02　铁基合金，如合金钢（铸铁合金入 37/00）〔2〕
　　(4) C21D8/02　含钛或锆的〔2〕
　　(5) C21D8/02　用于金属薄板
【词条属性】
　【特征】
　　【缺点】　上贝氏体的强韧性能均不佳，故在生产上应力求避免
　　【特点】　兼有珠光体转变和马氏体转变的特征
　　【特点】　贝氏体的组织形态随钢的化学成分及形成温度而异，常见的贝氏体形态有3种：粒状贝氏体、上贝氏体和下贝氏体
　　【特点】　上贝氏体在贝氏体转变区的较高温度形成，在光镜下观察呈羽毛状，故又称为羽毛状贝氏体
　　【特点】　下贝氏体在贝氏体转变区低温范围（靠近马氏体转变温度）形成
　　【特点】　下贝氏体中的铁素体形态与马氏体很相似，亦与奥氏体含碳量有关；碳含量低时呈板条状，碳含量高时呈透镜片状，碳含量中等两种形态兼有
　　【特点】　下贝氏体铁素体的亚结构为位错，不存在孪晶；且其铁素体的碳含量远高于平衡碳含量
　　【特点】　下贝氏体中的碳化物均匀分布在铁素体内，由于碳化物极细，在光镜下无法分辨，看到的是与回火马氏体极相似的黑色针状组织；在电镜下可清晰看到碳化物呈短杆状，沿着与铁素体长轴呈 55°～60° 的方向整齐排列着
　　【特点】　粒状贝氏体通常是在低碳或中碳合金钢中在一定的冷速范围内连续冷却得到
　　【特点】　粒状贝氏体由铁素体基体及分布在基体上的岛状组成物组成，小岛呈不连续条形平行排列在铁素体基体中
【词条关系】
　【层次关系】
　　【并列】　马氏体
　　【类分】　贝氏体组织
　　【类分】　贝氏体相变
　　【类分】　上贝氏体
　　【类分】　下贝氏体
　　【类属】　复相组织
　　【组织-材料】　桥梁钢
　　【组织-材料】　低碳高强管线钢
　　【组织-材料】　船板与海洋平台钢
　　【组织-材料】　建筑用钢
　　【组织-材料】　高强度钢
　　【组织-材料】　合金结构钢
　　【组织-材料】　耐磨钢
　　【组织-材料】　低碳钢
　　【组织-材料】　非调质钢
　　【组织-材料】　铬钼钒钢
　　【组织-材料】　耐磨材料
　【应用关系】
　　【组织-工艺】　淬火
　　【组织-工艺】　脆化

◎ 贝氏体钢
【基本信息】
　【英文名】　bainite steel；bainitic steel
　【拼音】　bei shi ti gang
　【核心词】
【定义】
　　使用状态下基体的金相组织为贝氏体的一类钢。
【分类信息】
　【CLC 类目】
　　(1) TG151.2　冷却时的转变
　　(2) TG151.2　钢的组织与性能
　　(3) TG151.2　黑色金属
　【IPC 类目】
　　(1) C22C38/04　含锰的〔2〕

（2）C22C38/04　用金属制作的,如金属薄板（2/26优先）

　　（3）C22C38/04　钢轨的接头（钢轨的电气连接入B60M5/00）

　　（4）C22C38/04　抗弯能力低的,即基本上是一维或二维伸展的

　　（5）C22C38/04　转辙器；交叉（操作机械入B61L）

【词条属性】

【特征】

　　【缺点】　贝氏体钢在生产过程中仍存在一些问题,如纵横向冲击性能差异较大,冲击值不稳定

　　【特点】　低碳和低合金元素含量

　　【特点】　采用正火即可使一定截面尺寸的零件得到基本上为贝氏体的组织

　　【优点】　可避免淬火过程中产生的变形、开裂、氧化和脱碳等缺陷

　　【优点】　强韧性好,综合力学性能优良

　　【优点】　低碳贝氏体钢具有优良的焊接性

【状况】

　　【现状】　Caballero等发现高碳、高硅钢在温度等于0.25倍熔点的低温进行长达许多天的等温转变可获得极细小的贝氏体组织

　　【现状】　2004年以来,国外已开发出新型无碳化物超高强度贝氏体钢,该种钢细化后的组织甚至可以和碳纳米管相媲美

　　【现状】　清华大学方鸿生等在研究中发现Mn在一定含量时,可使过冷奥氏体等温转变曲线上存在明显的上、下C曲线分离,Mn与B结合,使高温转变孕育期明显长于中温转变

　　【现状】　康沫狂等通过多年研究,提出了由贝氏体铁素体和残余奥氏体组成的准贝氏体,并成功研制了系列准贝氏体钢

　　【现状】　李凤照等根据贝氏体相变原理,通过成分控制、冷却制度优化和强韧化机制的配合,开发了多元微合金化、加入少量或微量Mo、形成隐晶或细针状贝氏体的高品质贝氏体或高级贝氏体钢

　　【现状】　张晓燕等研究了一种新型无Mo贝氏体钢空冷状态下的组织和性能；该钢在空冷状态下的抗拉强度为1380 MPa,冲击韧性为99 J/cm^2,延伸率达到12.75%,具有良好的综合力学性能

　　【应用场景】　广泛应用于压力容器、船板、海洋平台及工程结构用钢等各个领域

【词条关系】

【层次关系】

　　【并列】　亚共析钢

　　【并列】　共析钢

　　【构成成分】　碳、硼、锰、镍、铬、钼

　　【类分】　钼硼系贝氏体钢

　　【类分】　锰硼系贝氏体钢

　　【类分】　硅锰钼系准贝氏体钢

　　【类分】　低碳贝氏体钢

　　【类分】　超低碳贝氏体钢

　　【类分】　超细组织空冷贝氏体钢

　　【类分】　贝氏体复相钢

　　【类属】　钢铁材料

【应用关系】

　　【用于】　舰艇系列用钢

　　【用于】　重型电动自卸车辆制造

　　【用于】　矿井液压支架

　　【用于】　水电站压力水管道

　　【用于】　低温管线钢

　　【用于】　弹簧

　　【用于】　V级钢筋

　　【用于】　汽车行走系部件

　　【用于】　汽车前轴

　　【用于】　大型LNG和LPG储罐和运输船

　　【用于】　高强度抽油杆

　　【用于】　重型钎杆

　　【用于】　采煤机截齿

　　【用于】　矿用圆环链

【生产关系】

　　【材料-工艺】　微合金化

　　【材料-工艺】　控轧控冷

【材料-工艺】 等温淬火

◎ 扁钢
【基本信息】
　　【英文名】 flat steel
　　【拼音】 bian gang
　　【核心词】
【定义】
　　断面呈扁长方形的钢材。
【分类信息】
　　【IPC类目】
　　（1）B23K33/00 用于钎焊或焊接连接的工件特殊形状的边缘部分；由此形成焊缝的填充
　　（2）B23K33/00 火箱；构架；炉壳；热反射器〔4〕
　　（3）B23K33/00 马刀；短剑；剑；尖剑
　　（4）B23K33/00 不限于完全包括在一单类应用的其他结构件
　　（5）B23K33/00 料钟和料斗的布置
【词条属性】
　　【特征】
　　【数值】 宽12～300 mm、厚4～60 mm、截面为长方形并稍带钝边的钢材
　　【优点】 扁钢可以按用户需求，定厚、定宽、定长生产，为用户减少了切割，并节省了工序，降低了人工、材料的消耗，同时也减少了原材料的加工损耗，省时、省力、省料
　　【优点】 高强度，轻结构；牢固的网格压焊结构使其具有高承载，结构轻，便于吊装等特点；外形美观，经久耐用
　　【状况】
　　【应用场景】 用于钢结构制造业、机械制造业、汽车工业、矿山机械、起重机械及其他产业用材
　　【应用场景】 扁钢可以是成品钢材，用于构件、抚梯、桥梁及栅栏等；扁钢也可以作焊接钢的坯料和叠轧薄板的板坯
【词条关系】
　　【层次关系】
　　【概念-实例】 60Si2Mn弹簧扁钢
　　【类分】 热轧扁钢
　　【类分】 镀锌扁钢
　　【类分】 锻制扁钢
　　【类属】 型钢
　　【实例-概念】 钢材
　　【应用关系】
　　【部件成品-材料】 弹簧钢
　　【材料-部件成品】 构件
　　【材料-部件成品】 抚梯
　　【材料-部件成品】 桥梁
　　【材料-部件成品】 栅栏
　　【生产关系】
　　【材料-工艺】 热轧
　　【材料-工艺】 锻造

◎ 变形高温合金
【基本信息】
　　【英文名】 wrought superalloy
　　【拼音】 bian xing gao wen he jin
　　【核心词】
【定义】
　　（1）能够通过热加工变形成型的高温合金材料。
　　（2）变形高温合金是经锻造、轧制、墩粗和冷拉等塑形变形工艺操作和热处理制造加工成型的材料。
【来源】《先进高温结构材料与技术》
【分类信息】
　　【IPC类目】
　　（1）F16L59/10 用于绝热保护的扎带或覆盖物，如抵制环境的影响或机械破坏的影响（与绝热材料成一体的入59/02）
　　（2）F16L59/10 用于特定应用的数字计算或数据处理设备或数据处理方法（17/00优先）〔6〕
　　（3）F16L59/10 含铬的〔2〕
　　（4）F16L59/10 镍基合金〔2〕

【词条属性】
　【特征】
　　【数值】　在先进的航空发动机中,高温合金的用量占金属材料总用量的40%～60%
　　【优点】　工作温度范围-253～1320 ℃
　　【优点】　高热稳定性:在高温下抗氧化或抗气体腐蚀的能力
　　【优点】　高热强性:在高温下抵抗塑性变形和断裂的能力,具有非常好的蠕变极限、持久强度、高温瞬时强度、高温疲劳强度等
　【状况】
　　【现状】　目前,用作涡轮叶片的镍基变形合金,其最高使用温度为950 ℃;用作燃烧室部件的最高使用温度约为1000 ℃;用作涡轮盘的最高使用温度为800～850 ℃
　　【现状】　发展中遇到的困难:元素偏析严重;加工性能降低;组织稳定性降低
　　【应用场景】　已广泛用于制造航空发动机、航天火箭发动机、巡航导弹、卫星、核动力系统、船舶的燃气轮机和柴油机,各种工业燃气涡轮发动机的热锻部件和飞机机体,飞机机载设备等的结构件和零件,如涡轮盘、压气机盘、涡轮转子叶片、导向叶片、主燃烧室、加力燃烧室、火焰筒、机匣、紧固件和燃油总管等,是用量最大的一类高温合金
【词条关系】
　【层次关系】
　　【概念-实例】　GH720Li 合金
　　【概念-实例】　Waspaloy 合金
　　【概念-实例】　GH4169 合金
　　【概念-实例】　GH3030
　　【概念-实例】　GH3039
　　【概念-实例】　GH1140
　　【概念-实例】　GH4033
　　【概念-实例】　GH4037
　　【概念-实例】　GH4043
　　【概念-实例】　GH2036
　　【概念-实例】　GH2132
　　【构成成分】　镍、铬、钼、钛、铝、钴、铌、钽、磷、铁
　　【类分】　铁基变形高温合金
　　【类分】　镍基变形高温合金
　　【类分】　钴基变形高温合金
　　【类分】　热稳定变形高温合金
　　【类分】　热强变形高温合金
　　【类分】　固溶强化型铁基合金
　　【类分】　时效强化型铁基合金
　　【类分】　固溶强化型镍基合金
　　【类分】　时效强化型镍基合金
　　【类属】　镍基高温合金
　　【类属】　变形合金
　　【类属】　高温合金
【应用关系】
　【材料-部件成品】　涡轮叶片
　【材料-部件成品】　涡轮盘
　【材料-部件成品】　燃烧室
　【使用】　变形温度
　【用于】　燃气轮机
　【用于】　航空发动机
　【用于】　火箭发动机
　【用于】　巡航导弹
　【用于】　核动力系统
　【用于】　卫星
【生产关系】
　【材料-工艺】　VIM+PESR+VAR 三联冶炼工艺
　【材料-工艺】　等温锻造
　【材料-工艺】　惯性摩擦焊
　【材料-工艺】　变形抗力

◎变形合金
【基本信息】
　【英文名】　deforming alloy
　【拼音】　bian xing he jin
　【核心词】
【定义】
　　或称有色加工产品,指以机械加工方法生产出来的各种管、棒、线、型、板、箔、条和带等有

色半成品材料。
【分类信息】
　【IPC类目】
　　（1）C22F1/057　以铜做次主要成分的合金的〔4〕
　　（2）C22F1/057　用热处理法或用热加工或冷加工法改变有色金属或合金的物理结构（金属的机械加工设备入 B21、B23、B24）
　　（3）C22F1/057　带填料函
　　（4）C22F1/057　铸铝或铸镁
　　（5）C22F1/057　每一种成分的重量都小于50%的合金〔2〕
【词条属性】
　【特征】
　　【特点】　变形合金是指可用挤压、轧制、锻造和冲压等塑性成型方法加工的合金
　　【特点】　通常用于难以塑性变形、压力加工性能差的金属，大多数镁/铝/镍基高温合金有较好的铸造性能，与铸造合金相比，变形合金具有更高的强度、更好的塑性及更多样化的规格
【词条关系】
　【层次关系】
　　【类分】　变形镁合金
　　【类分】　变形铝合金
　　【类分】　变形高温合金
　　【类属】　钴合金
　　【类属】　合金
　【生产关系】
　　【材料-工艺】　变形抗力

◎ 变形抗力
【基本信息】
　【英文名】　resistance to deformation
　【拼音】　bian xing kang li
　【核心词】
　【定义】
　　（1）指在一定变形条件下，所研究的变形物体或其单元体能够实现塑性变形的应力强度。
　【来源】　《实用轧钢技术手册》
　　（2）塑性变形时，变形金属抵抗塑性变形的力称为变形抗力。
【分类信息】
　【CLC类目】
　　（1）TG333.7　板材轧机与带材轧机
　　（2）TG333.7　合金学与各种性质合金
　【IPC类目】
　　（1）F16L3/123　沿着约束表面延伸的〔5〕
　　（2）F16L3/123　用于轧制长度限定的板，如折叠板、叠合板（1/40优先；轧制前将板折叠或轧制后分离成层入 47/00）〔2〕
　　（3）F16L3/123　钟罩式炉所使用的零件、辅助设备或专用设备〔3〕
　　（4）F16L3/123　镁或镁基合金
　　（5）F16L3/123　用热处理法或用热加工或冷加工法改变有色金属或合金的物理结构（金属的机械加工设备入 B21、B23、B24）
【词条属性】
　【特征】
　　【数值】　同一金属材料，在一定变形温度、变形速度和变形程度下，以单向压缩（或拉伸时）的屈服应力的大小度量其变形抗力
　　【特点】　变形抗力与变形力数值相等，方向相反
　　【特点】　变形抗力受到变形温度、变形速率、变形程度和微合金化的影响
　　【特点】　变形温度对变形抗力的影响最为巨大，随着变形温度的升高，变形抗力降低
　　【特点】　一般情况下，随着变形速度的增加，变形抗力亦增加，增加的程度与变形温度有密切关系
　　【特点】　当变形量减小时，变形抗力随变形程度的增加而增加，由于小变形量只产生加工硬化
　　【特点】　微合金元素 V，Nb，Ti 溶入钢中，使钢的变形抗力提高

【词条关系】
　【应用关系】
　　【用于】　　轧制工艺
　　【用于】　　锻造工艺
　　【用于】　　冷拔工艺
　　【用于】　　冲压成型
　【生产关系】
　　【工艺-材料】　变形合金
　　【工艺-材料】　变形高温合金
　　【工艺-材料】　变形镁合金
　　【工艺-材料】　变形铝合金
　【测度关系】
　　【物理量-度量方法】　拉伸试验法
　　【物理量-度量方法】　压缩试验法
　　【物理量-度量方法】　扭转试验法

◎ 变形温度
【基本信息】
　【英文名】　deformation temperature
　【拼音】　bian xing wen du
　【核心词】
【定义】
　　金属塑性加工时变形区工件所具有的温度。
【来源】《中国冶金百科全书·金属塑性加工》
【分类信息】
　【CLC类目】
　　（1）TG335.5　板材、带材、箔材轧制
　　（2）TG335.5　机械性能（力学性能）试验
　　（3）TG335.5　薄板坯连铸
　　（4）TG335.5　特种热性质合金
　　（5）TG335.5　其他特种性质合金
　【IPC类目】
　　C08K3/34　含硅化合物〔2〕
【词条属性】
　【特征】
　　【数值】　变形温度的上限取该金属或合金熔点绝对温度（$T_{熔}$，K）的0.95倍

　　【数值】　变形温度的下限，在$0.7\,T_{熔}$左右，并应比相变线稍高；温度的下限要能保证变形过程中再结晶能充分迅速地进行，且整个变形过程是在单相区内完成
　　【数值】　完成变形的最低温度应选在略高于在变形持续的时间内能充分发生再结晶过程的开始再结晶温度（约等于$0.57\,T_{熔}$，K）
　　【特点】　在同一变形物体中高温部分的变形抗力低，低温部分的变形抗力高
　　【特点】　变形温度取决于金属变形前的加热温度、变形时因能量转化导致的温度升高，以及与周围介质进行热交换导致的温降等
　　【特点】　确定热变形时的温度范围，是保证正确施行塑性加工的关键之一，应根据该金属或合金的状态图、塑性图、变形抗力图及再结晶全图等加以综合研究而确定
　　【特点】　变形温度决定了金属变形后的晶粒尺寸、内应力、位错和孪晶
【词条关系】
　【应用关系】
　　【用于】　　变形高温合金
　　【用于】　　变形铝合金
　　【用于】　　变形镁合金
　【测度关系】
　　【物理量-单位】　摄氏度
　　【物理量-单位】　开尔文温度

◎ 表面质量
【基本信息】
　【英文名】　surface quality
　【拼音】　biao mian zhi liang
　【核心词】
【定义】
　　机械加工后零件表面层的微观几何结构及表层金属材料性质发生变化的情况。
【分类信息】
　【CLC类目】
　　（1）TF777　连续铸钢、近终形铸造
　　（2）TF777　板坯连铸

（3）TF777　其他特种性质合金
　　（4）TF777　特种结构材料
【IPC类目】
　　（1）B21B1/16　用于轧制线材或类似的小截面材料
　　（2）B21B1/16　防滑材料；研磨材料（含高分子物质的磨料或摩擦体或者成型磨料的制造入C08J5/14）〔4〕
　　（3）B21B1/16　连续清洗线材、带材、丝材用的
　　（4）B21B1/16　含锰的〔2〕
　　（5）B21B1/16　燃料计量针或探针
【词条属性】
【特征】
　　【特点】　零件表面质量影响其使用性能（装备质量、疲劳强度、耐磨性和抗腐蚀性），并且对整台机器的可靠性和使用寿命也有重大影响
　　【特点】　表面质量由加工表面微观几何特征、表面层物理和化学性能组成
　　【特点】　表面粗糙度太大和太小都不耐磨
　　【特点】　表面粗糙度越大，抗疲劳破坏的能力越差
　　【特点】　所有的加工工艺，都具有不同的表面质量；经常用到的有高速切削表面质量、电火花加工表面质量、电解加工表面质量等
　　【优点】　减小表面粗糙度可以提高零件的耐腐蚀性能
　　【优点】　适度冷硬能提高表面耐磨性
　　【优点】　表面压应力提高疲劳性能和耐腐蚀性能
【词条关系】
【等同关系】
　　【基本等同】　表面完整性
【层次关系】
　　【概念-实例】　喷丸
　　【概念-实例】　激光冲击强化
　　【概念-实例】　涂层

　　【类分】　表面粗糙度
　　【类分】　表面波纹度
　　【类分】　纹理方向
　　【类分】　表面缺陷
　　【类分】　表面层冷作硬化
　　【类分】　表面层残余应力
　　【类分】　表面层金相组织

◎ 泊松比
【基本信息】
　　【英文名】　poisson's ratio
　　【拼音】　bo song bi
　　【核心词】
【定义】
　　（1）亦称"横向变形系数""泊松系数"。表征物质弹性特征的弹性模量之一。是材料受轴向变形时在其比例极限范围内横向应变与纵向应变之比的绝对值。常用符号μ表示。
　　【来源】《地震词典》
　　（2）泊松比是指材料在单向受拉或受压时，横向正应变与轴向正应变的绝对值的比值，也叫作横向变形系数，它是反映材料横向变形的弹性常数。
【分类信息】
【CLC类目】
　　（1）P631.4　地震勘探
　　（2）P631.4　应力波
　　（3）P631.4　晶体的声学性质
　　（4）P631.4　近似计算
【IPC类目】
　　（1）G02B　光学元件、系统或仪器
　　（2）G02B　含锌或锆〔4〕
　　（3）G02B　含铝〔4〕
　　（4）G02B　熔化工艺特点；玻璃熔窑专用的辅助设备
　　（5）G02B　特殊性能玻璃的组成〔4〕
【词条属性】
【特征】
　　【数值】　低碳钢泊松比为0.24～0.28

【数值】 中碳钢泊松比为 0.24～0.28
【数值】 低合金钢泊松比为 0.25～0.30
【数值】 合金钢泊松比为 0.25～0.30
【数值】 灰口铸铁泊松比为 0.23～0.27
【数值】 铝合金泊松比为 0.33
【数值】 镍基高温合金泊松比约为 0.30
【特点】 理论上,各向同性材料的 3 个弹性常数 E、G、v 中,只有两个是独立的,因为它们之间存在如下关系:$G=E/2(1+v)$
【时间】
【起始时间】 1829 年,法国科学家泊松(Simon Denis Poisson)最先在《弹性体平衡和运动研究报告》提出泊松比概念
【词条关系】
【层次关系】
【类分】 主泊松比
【类分】 次泊松比

◎ 不锈钢
【基本信息】
【英文名】 stainless steel
【拼音】 bu xiu gang
【核心词】
【定义】
(1)指一系列在空气、水、盐的水溶液、酸及其他腐蚀介质中具有高度化学稳定性的钢种。
【来源】 《中国成人教育百科全书·化学·化工》
(2)一种含铬达 20%,含镍 10% 的合金钢。
【来源】 《麦克米伦百科全书》
【分类信息】
【CLC 类目】
(1) TF764 特殊用途钢
(2) TF764 化学性能
(3) TF764 腐蚀试验及设备
(4) TF764 工业部门经济
(5) TF764 黑色金属
【IPC 类目】

(1) F16L9/02 金属的(9/16 至 9/22 优先;散热片管入 F28F)
(2) F16L9/02 仅包含有或没有加强的金属层和塑料层的〔6〕
(3) F16L9/02 管状产品
(4) F16L9/02 用放电法〔2〕
(5) F16L9/02 含钼或钨的〔2〕
【词条属性】
【特征】
【数值】 含有 17%～22% 的铬
【特点】 耐化学腐蚀介质(酸、碱、盐等化学浸蚀)腐蚀
【优点】 耐空气、蒸汽、水等弱腐蚀介质腐蚀
【优点】 高温下不锈钢仍能保持其优良的物理机械性能
【状况】
【前景】 随着西部大开发战略的实施,西电东送、西气东输、南水北调、三峡工程、农网及城市电网二网改造等项目的深入展开,我国热镀锌行业已进入新一轮的高速发展阶段
【前景】 一大批国内优秀的不锈钢品牌迅速崛起,逐渐成为不锈钢行业中的翘楚
【现状】 不锈钢是当今世界上应用最广泛、性能价格比最优的钢材表面处理方法
【现状】 我国不锈钢行业原材料中的铬镍在国外供大于求,而在我国是供不应求的状况;不锈钢则是产能过剩,供大于求,盈利空间波动频繁
【时间】
【起始时间】 1916 年
【其他物理特性】
【电阻率】 电阻率按碳钢、铁素体型、马氏体型和奥氏体型不锈钢排序递增
【密度】 碳钢的密度略高于铁素体和马氏体型不锈钢,而略低于奥氏体型不锈钢
【热导率】 低的热导率,约为碳钢的 1/3
【热膨胀系数】 线膨胀系数大小的排序也类似,奥氏体型不锈钢最高而碳钢最小

【词条关系】
　【等同关系】
　　【全称是】　不锈耐酸钢
　【层次关系】
　　【并列】　耐候钢
　　【并列】　耐热钢
　　【概念-实例】　316不锈钢
　　【概念-实例】　304不锈钢
　　【概念-实例】　2205双相不锈钢
　　【概念-实例】　铬镍奥氏体不锈钢
　　【概念-实例】　铬锰奥氏体不锈钢
　　【构成成分】　碳、锰、铬、镍、硅、铌、钛、铜、δ相
　　【类分】　奥氏体不锈钢
　　【类分】　双相不锈钢
　　【类分】　铁素体不锈钢
　　【类分】　马氏体不锈钢
　　【类分】　沉淀硬化不锈钢
　　【类分】　超高强度不锈钢
　　【类分】　铬不锈钢
　　【类分】　铬镍不锈钢
　　【类分】　铬锰氮不锈钢
　　【类属】　高合金钢
　　【类属】　镍铬合金
　　【类属】　合金钢
　　【类属】　耐蚀钢
　　【类属】　特殊钢
　　【类属】　金属材料
　　【实例-概念】　超塑性
　　【实例-概念】　层错
【应用关系】
　　【材料-加工设备】　加热炉
　　【材料-加工设备】　热交换器
　　【使用】　形变强化
　　【使用】　固溶退火
　　【使用】　冷挤压
　　【使用】　冷成型
　　【使用】　冷变形
　　【使用】　氩弧焊
　　【使用】　加工硬化
　　【使用】　钢丝
　　【使用】　真空炉
　　【使用】　缝隙腐蚀
　　【使用】　烧结焊剂
　　【使用】　应力腐蚀试验
　　【使用】　渗碳层
　　【用于】　海洋腐蚀
【生产关系】
　　【材料-工艺】　熔模铸造
　　【材料-工艺】　熔焊
　　【材料-工艺】　热锻
　　【材料-工艺】　埋弧焊
　　【材料-工艺】　电渣重熔
　　【材料-工艺】　软化退火
　　【材料-工艺】　脱硫
　　【材料-工艺】　脱磷
　　【原料-材料】　冷轧带

◎残余奥氏体
【基本信息】
　【英文名】　retained austenite
　【拼音】　can yu ao shi ti
【核心词】
【定义】
　　(1)淬火未能转变成马氏体而保留到室温的奥氏体。
　　(2)在淬火时未转变为马氏体并在淬火钢中和马氏体一起存在的奥氏体。
【来源】　《现代材料科学与工程辞典》
【分类信息】
　【CLC类目】
　　(1) TG151.2　冷却时的转变
　　(2) TG151.2　工程材料一般性问题
　　(3) TG151.2　汽车材料
　【IPC类目】
　　(1) C22C38/00　铁基合金,如合金钢(铸铁合金入37/00)〔2〕
　　(2) C22C38/00　用于金属薄板

（3）C22C38/00　含硼的〔2〕
（4）C22C38/00　含铝的〔2〕
（5）C22C38/00　材料的选择（33/48,33/49优先）
【词条属性】
【特征】
【缺点】　降低工具钢耐磨寿命
【缺点】　会降低淬火硬度
【缺点】　容易形成淬火软点
【数值】　碳的最大溶解度2.11%
【数值】　该组织在碳素结构钢和工具钢中占12%～15%
【数值】　残余奥氏体组织在合金工具钢中占20%左右
【特点】　铁的一种相
【特点】　等轴状的多边形晶粒
【特点】　晶粒内有孪晶
【特点】　具有面心立方结构
【特点】　在 M_f 温度以下稳定存在
【特点】　属于亚稳态的软相
【优点】　提高塑韧性
【优点】　可吸收形变能
【优点】　减轻变形开裂倾向
【词条关系】
【层次关系】
【类属】　奥氏体
【组织-材料】　超高强度钢
【组织-材料】　高强度钢
【应用关系】
【组织-工艺】　淬火
【组织-工艺】　快速冷却

◎ 残余应力
【基本信息】
【英文名】　residual stress
【拼音】　can yu ying li
【核心词】
【定义】
金属塑性加工过程完成后仍残存于制品内的附加应力。
【来源】《中国冶金百科全书·金属塑性加工》
【分类信息】
【CLC类目】
（1）TB302.3　机械试验法
（2）TB302.3　复合材料
（3）TB302.3　金属复合材料
（4）TB302.3　焊接接头的力学性能及其强度计算
（5）TB302.3　工程材料试验
【IPC类目】
（1）C21D10/00　用热处理或变形以外的方法来改变物理性能〔3〕
（2）C21D10/00　通过伴随有变形的热处理或变形后再进行热处理来改变物理性能（除需成型的工件外不需要再加热的锻造，或轧制成型的硬化工件或材料入1/02)〔3〕
（3）C21D10/00　有关此小类的工艺，专用于特殊产品或特殊用途但仅未列入前述大组之一中（不用钎焊或焊接的加工方法制造管材或型棒入B21C37/04,37/08）
（4）C21D10/00　表面的
（5）C21D10/00　与轮辋构成非整体单辐板体
【词条属性】
【特征】
【缺点】　使构件的强度降低，降低工件疲劳极限，造成应力腐蚀和脆性断裂；由于残余应力的松弛，使构件产生变形，影响了构件的尺寸精度
【特点】　当构件存在压缩残余应力时，该构件的疲劳强度会有所提高；而存在拉伸残余应力时，其疲劳强度会有所下降
【特点】　残余应力测量技术分为3种：破坏法、半破坏法和非破坏法
【特点】　破坏法包括：截面法和剥层法；半破坏法包括：钻孔法、逐层钻孔法、环芯法和裂纹柔度法

【特点】 残余应力消除方法：时效消除法、机械拉伸法、模冷压法和振动消除法等
【特点】 非破坏法包括：X射线衍射法、超声波法和中子衍射法等
【时间】
【起始时间】 1912年Matrens和Heyn提出物理模型，说明了残余应力的概念
【词条关系】
【等同关系】
【基本等同】 固有应力
【基本等同】 内应力
【基本等同】 残留应力
【层次关系】
【概念-实例】 激光冲击强化
【概念-实例】 喷丸
【类分】 热应力
【类分】 相变应力
【类分】 收缩应力
【类分】 第一类内应力
【类分】 第二类内应力
【类分】 第三类内应力
【类分】 宏观残余应力
【类分】 微观残余应力
【类分】 点阵畸变
【类分】 残余压应力
【类分】 残余拉应力
【类分】 铸造残余应力
【类分】 焊接残余应力
【类分】 淬火残余应力

◎ 层错
【基本信息】
【英文名】 stacking fault
【拼音】 ceng cuo
【核心词】
【定义】
晶体原子层理想完整堆垛次序中出现的一个差错（误排）。
【来源】 《现代材料科学与工程辞典》

【分类信息】
【CLC类目】
（1）TG111.5 金属固体相结构和相转变
（2）TG111.5 材料结构及物理性质
（3）TG111.5 特种结构材料
【IPC类目】
（1）C30B29/06 硅〔3〕
（2）C30B29/06 控制或调节（一般的控制或调节入G05）〔3〕
（3）C30B29/06 自熔融液提拉法的单晶生长，如Czochralski法（在保护流体下的入27/00）〔3〕
（4）C30B29/06 非旋转系统振动的抑制，如往复系统；通过利用不与旋转系统一起运动的元件抑制旋转系统的振动（层状产品入B32B；船舶振动的抑制入B63）
（5）C30B29/06 减振器；减震器（应用流体入5/00,9/00；专用于旋转系统入15/10）
【词条属性】
【特征】
【特点】 形成层错时几乎不产生点阵畸变
【特点】 层错破坏了晶体的完整性
【特点】 层错破坏了晶体的周期性
【特点】 层错的出现使晶体增加了堆垛层错能
【特点】 具有层错的晶体存在特殊的衍射效应
【词条关系】
【等同关系】
【全称是】 堆垛层错
【层次关系】
【并列】 孪晶
【概念-实例】 不锈钢
【概念-实例】 α黄铜
【类分】 外裹层错
【类分】 内裹层错
【类分】 不全位错
【类分】 肖克力位错

【类分】　弗兰克位错
　　【类属】　面缺陷
　　【实例-概念】　缺陷

◎ **超低碳**
【基本信息】
　　【英文名】　ultra-low carbon
　　【拼音】　chao di tan
　　【核心词】
【定义】
　　含碳量为 0.05%～0.15% 的碳素钢。由于含碳量很低,塑性较好,亦称为"极软钢"。
【分类信息】
　　【IPC 类目】
　　　（1）F28F21/08　金属的
　　　（2）F28F21/08　真空处理
　　　（3）F28F21/08　含钛或锆的〔2〕
　　　（4）F28F21/08　脱碳〔3〕
　　　（5）F28F21/08　含铌或钽的〔2〕
【词条属性】
　　【特征】
　　　【数值】　含碳量为 0.05%～0.15%
　　　【优点】　塑韧性较好
　　　【优点】　超低碳一般碳含量 $\leq 50 \times 10^{-6}$,氮含量 $\leq 30 \times 10^{-6}$
　　　【优点】　超低碳不锈钢具有很低的晶间腐蚀敏感性
　　　【优点】　IF 钢的成分特点是超低碳、微合金化、钢质纯净
　　【状况】
　　　【应用场景】　用于汽车和耐酸性腐蚀领域
【词条关系】
　　【等同关系】
　　　【基本等同】　超低碳钢
　　　【俗称为】　极软钢
　　【层次关系】
　　　【构成成分】　碳、硅、铁、铌、钛、氮、钼、硼、铜

　　【类分】　超低碳贝氏体钢
　　【类分】　超低碳不锈钢
　　【类分】　IF 钢
　　【类分】　超深冲 IF 钢
　　【类分】　深冲热镀锌 IF 钢
　　【类分】　高强度 IF 钢
　　【类分】　高强度热镀锌 IF 钢
　　【类分】　超低碳 BH 钢
　　【类分】　超低碳热轧深冲钢

◎ **超高强度钢**
【基本信息】
　　【英文名】　super-strength steel; ultra-high-strength steel
　　【拼音】　chao gao qiang du gang
　　【核心词】
【定义】
　　在合金结构钢的基础上发展起来的一种高强度、高韧性合金钢。
【来源】《中国冶金百科全书·金属材料》
【分类信息】
　　【CLC 类目】
　　　（1）U465.1　黑色金属
　　　（2）U465.1　优质钢
　　　（3）U465.1　冷冲压工艺
　　　（4）U465.1　金相学（金属的组织与性能）
　　　（5）U465.1　材料结构及物理性质
　　【IPC 类目】
　　　（1）C22C38/32　含硼的〔2〕
　　　（2）C22C38/32　含硅的〔2〕
　　　（3）C22C38/32　含铬的〔2〕
　　　（4）C22C38/32　含钨、钽、钼、钒或铌的〔2〕
　　　（5）C22C38/32　含钛或锆的〔2〕
【词条属性】
　　【特征】
　　　【数值】　含 $w(C)<0.5\%$, $w(Si)$ 为 $1\%\sim 2\%$, 低 Mn

【数值】 低合金钢总含金量小于5%
【特点】 具有足够的韧性和很高的强度,用于制造承受高应力的重要构件,是制造国防尖端武器的关键材料
【特点】 中合金超高强度钢回火稳定性高,在500℃左右条件下使用,仍有较高的强度
【特点】 这类钢合金元素含量低,成本低
【状况】
　【应用场景】 航空航天领域
【时间】
　【起始时间】 20世纪40年代中期
【力学性能】
　【抗拉强度】 1500 MPa以上
　【屈服强度】 1380 MPa以上
【词条关系】
　【层次关系】
　　【材料-组织】 马氏体
　　【材料-组织】 奥氏体
　　【材料-组织】 残余奥氏体
　　【概念-实例】 0Cr15Ni7Mo2Al
　　【概念-实例】 0Cr17Ni7Al
　　【概念-实例】 35Si2Mn2MoVA
　　【概念-实例】 30CrMnSiNi2A
　　【概念-实例】 4Cr5MoSiV1
　　【概念-实例】 4Cr5MoSiV
　　【概念-实例】 38Cr2Mo2VA
　　【构成成分】 碳、铁、锰、铬、硅、镍、钒、钼、稀土元素
　　【类分】 低合金超高强度钢
　　【类分】 二次硬化超高强度钢
　　【类分】 超高强度不锈钢
　　【类分】 基体钢
　　【类分】 相变诱导塑性钢
　　【类分】 马氏体时效钢
　　【类分】 Ni-4Co型超高强度钢
　　【类属】 马氏体钢
　【应用关系】
　　【使用】 冷冲压
　　【使用】 二次硬化
　　【使用】 断裂韧性
　　【使用】 高周疲劳
　　【用于】 航空器结构件
　　【用于】 化工设备零件
　　【用于】 高压容器
　　【用于】 冷冲模具
　　【用于】 航空发动机
　【生产关系】
　　【材料-工艺】 固溶处理
　　【材料-工艺】 电渣重熔

◎ 超塑性
【基本信息】
　【英文名】 superplasticity
　【拼音】 chao su xing
　【核心词】
【定义】
　　一般工业用金属的室温延伸率大都在百分之几到百分之几十的范围,而某些金属在特定的组织状态下(主要是超细晶粒)、特定的温度范围内和一定的变形速度下表现出极高的塑性,延伸率可达百分之几百甚至百分之几千,这种现象称为超塑性。
【来源】 《金属材料简明辞典》
【分类信息】
　【CLC类目】
　　(1) TG13 合金学与各种性质合金
　　(2) TG13 特种机械性质合金
　　(3) TG13 压力加工工艺
　　(4) TG13 合金学理论
　　(5) TG13 其他特种性质合金
　【IPC类目】
　　(1) C22C14/00 钛基合金[2]
　　(2) C22C14/00 通过粉末冶金,即通过加工金属粉末与纤维或细丝的混合物[7]
　　(3) C22C14/00 通过变形改变铁或钢的物理性能(金属机械加工设备入B21,B23,B24)

(4) C22C14/00　用熔炼法
【词条属性】
　【特征】
　　【数值】　延伸率 $\delta>200\%$
　　【数值】　现在超塑性合金已有一个长长的清单,最常用的铝、镍、铜、铁、合金均有10~15个牌号,它们的延伸率在200%~2000%,如铝锌共晶合金为1000%,铝铜共晶合金为1150%,纯铝高达6000%,碳和不锈钢在150%~800%,钛合金在450%~1000%
　　【特点】　大延伸、无缩颈、小应力、易成型
　　【特点】　产生超塑性的条件有:细晶粒($<10\ \mu m$);一定温度范围($T \geqslant 0.4\ T_m$);较低的应变速率($\leqslant 10^{-2}\ s^{-1}$);应变速率敏感系数 m 值要大($\geqslant 0.3$)
　【状况】
　　【应用场景】　在航天、汽车、车厢制造等部门中广泛采用
　【时间】
　　【起始时间】　早在20世纪30年代就发现了
　【力学性能】
　　【延伸率】　$\delta>200\%$
【词条关系】
　【层次关系】
　　【概念-实例】　铝
　　【概念-实例】　镁
　　【概念-实例】　钛
　　【概念-实例】　不锈钢
　　【概念-实例】　高温合金
　　【概念-实例】　超塑性合金
　　【构成成分】　铝、镁、钛、铜、碳、铬、锆
　　【类分】　细晶超塑性
　　【类分】　相变超塑性
　【应用关系】
　　【用于】　塑性加工成型
　　【用于】　热处理工艺
　【测度关系】
　　【物理量-度量方法】　延伸率

◎沉淀强化

【基本信息】
　【英文名】　precipitation strength
　【拼音】　chen dian qiang hua
　【核心词】
【定义】
　　过饱和固溶体随温度下降或在长时间保温过程中发生脱溶分解,在金属材料的基体中析出分散的细小沉淀相,阻碍位错运动而产生的强化作用。
【来源】《金属功能材料词典》
【分类信息】
　【CLC 类目】
　　(1) TG146.2　轻有色金属及其合金
　　(2) TG146.2　钢的组织与性能
　　(3) TG146.2　钢
　　(4) TG146.2　特种机械性质合金
　　(5) TG146.2　金属复合材料
　【IPC 类目】
　　(1) H01J　电子管或放电灯
　　(2) H01J　按成分区分的合金〔5,6〕
　　(3) H01J　有色金属或金属化合物的铸造,其冶金性质对于铸造方法是重要的;其成分选择
　　(4) H01J　铜基合金
　　(5) H01J　铜或铜基合金
【词条属性】
　【特征】
　　【特点】　合金通过相变得到的合金元素与基体元素的化合物会引起合金强化
　　【特点】　强化机制:Kelly A-Nicholson R.B.理论(切过理论):位错移动切过沉淀相颗粒上,在颗粒边界上形成宽度为 b 的台阶,增大颗粒的表面积,产生反向畴界能
　　【特点】　强化机制:Orowan E.理论(绕过理论):颗粒强度较高时,位错运动受阻,发生弯曲,直到相遇,分成一个位错环和一个与原位错相同的位错,即绕过沉淀相,增加位错数量,并对后续位错运动产生阻碍作用,引起强化

【词条关系】
　【等同关系】
　　【基本等同】　沉淀硬化
　　【基本等同】　析出强化
　【层次关系】
　　【并列】　弥散强化
　　【并列】　位错强化
　　【并列】　固溶强化
　　【并列】　第二相强化
　　【并列】　细晶强化
　　【类分】　切过理论
　　【类分】　绕过理论
　　【类属】　强化方式
　【应用关系】
　　【用于】　低氮低钒 D36 船板钢
　　【用于】　14MnNbRE 钢
　　【用于】　42CrMo 钢
　　【用于】　40MnVTi 钢
　　【用于】　H13 热作模具钢
　　【用于】　15MnVN 钢
　　【用于】　14MnMoVN 钢
　　【用于】　15MnVN 厚钢板
　　【用于】　Super 304H 钢
　　【用于】　Q420FRE 耐火钢
　　【用于】　16MnSiVN 钢
　　【用于】　FV520（B）钢
　　【用于】　09CuPTiRE 钢
　　【用于】　35MnVN 钢

◎ 沉淀相
【基本信息】
　【英文名】　precipitated phase
　【拼音】　chen dian xiang
　【核心词】
【定义】
　沉淀相是过饱和固溶体中析出的，以一种稳定的状态存在于材料中。
【分类信息】
　【CLC 类目】
　　TG166.3　铝及其合金的热处理
　【IPC 类目】
　　（1）C07K16/06　来自血清〔6〕
　　（2）C07K16/06　提取；分离；纯化〔4,6〕
【词条属性】
　【特征】
　　【特点】　钢中析出的细小沉淀相可起到强化作用
　　【特点】　钢中大颗粒大尺寸的沉淀相容易促使裂纹扩展迅速，易成为裂纹萌生的位置
【词条关系】
　【层次关系】
　　【类分】　钢中析出的碳化铌
　　【类分】　钢中析出的碳化钛
　　【类分】　钢中析出的碳化钒
　　【类分】　钢中析出的氮化铌
　　【类分】　钢中析出的氮化钛
　　【类分】　钢中析出的氮化钒
　　【类分】　钢中析出的碳氮化铌
　　【类分】　钢中析出的碳氮化钛
　　【类分】　钢中析出的碳氮化钒

◎ 沉淀硬化
【基本信息】
　【英文名】　precipitation hardening
　【拼音】　chen dian ying hua
　【核心词】
【定义】
　经固溶处理后得到的过饱和固溶体，在较低温度下随着时间变化而发生的脱溶分解。随时效温度和固溶体合金成分的不同，时效脱溶过程中会析出各种弥散分布的亚稳定沉淀相，这种亚稳定沉淀相与母相共格或局部共格，使合金强化。
【来源】《金属功能材料词典》
【分类信息】
　【IPC 类目】
　　（1）C21D6/02　沉淀硬化〔2〕
　　（2）C21D6/02　电机

(3) C21D6/02　基于记录载体和换能器之间的相对运动而实现的信息存贮
　　(4) C21D6/02　零件或附件
　　(5) C21D6/02　往复运动切刀型的
【词条属性】
　【特征】
　　【特点】　沉淀硬化机制：即某些合金的过饱和固溶体在室温下放置或者将它加热到一定温度，溶质原子会在固溶点阵的一定区域内聚集或组成第二相，从而导致合金的硬度升高的现象
　　【特点】　沉淀硬化奥氏体耐热钢与镍基高温合金相比，由于有较差的组织稳定性，不可能使强化相γ相的数量超过20%；且由于γ相稳定的最高温度的限制和析出微量脆性相的倾向，限制了它的高温强化效果和进一步提高使用温度；只能在750 ℃和750 ℃以下作为高强度耐热钢使用
　【状况】
　　【应用场景】　沉淀硬化的热处理工艺过程为固溶处理+时效处理；沉淀硬化机制为弥散强化
　　【应用场景】　奥氏体沉淀不锈钢在固溶处理后或经冷加工后，在400～500 ℃或700～800 ℃进行沉淀硬化处理，可获得很高的强度
　　【应用场景】　沉淀硬化奥氏体耐热钢是在奥氏体基体上通过第二相沉淀强化的耐热钢，用于制造600～750 ℃的燃气轮机部件
　　【应用场景】　沉淀硬化奥氏体耐热钢是在18/8和18/12铬-镍不锈钢的基础上发展起来的；为保证有足够的抗氧化性，铬含量均在12%以上，加入足够量的镍以稳定奥氏体组织；根据镍含量不同，有低镍、25%、35%、45%不同类型，第二相沉淀强化元素有钛、铝、铌、钒等，固溶强化元素有钨、钼等，还有硼、锆、铈、镁等微量元素强化晶界
【词条关系】
　【等同关系】
　　【基本等同】　沉淀强化
　　【基本等同】　析出强化
　【层次关系】
　　【并列】　弥散强化
　　【并列】　固溶强化
　　【并列】　第二相强化
　　【并列】　位错强化
　　【并列】　细晶强化
　　【类分】　沉淀硬化奥氏体耐热钢
　　【类分】　沉淀硬化不锈钢
　【应用关系】
　　【用于】　0Cr17Ni4Cu4Nb 钢
　　【用于】　0Cr17Ni7Al 钢
　　【用于】　0Cr15Ni25Ti2MoVB 钢
　　【用于】　GH132 钢

◎ 成材率

【基本信息】
　【英文名】　yield ratio; qualified product ratio
　【拼音】　cheng cai lü
　【核心词】
【定义】
　　合格产品重量与投入原料重量的百分比。为衡量金属塑性加工生产过程中金属利用程度的指标，反映了生产过程中金属收得的情况。
【来源】《中国冶金百科全书·金属塑性加工》
【分类信息】
　【IPC类目】
　　(1) C22F1/18　高熔点或难熔金属或以它们为基的合金
　　(2) C22F1/18　套管接头
　　(3) C22F1/18　镍或钴或以它们为基的合金
　　(4) C22F1/18　含碳或硫〔2〕
　　(5) C22F1/18　含无机氮氧酸盐的组合物〔2〕
【词条属性】
　【特征】

【特点】 衡量企业技术水平和管理水平的重要指标

【特点】 提高成材率可以在不增加投入的情况下,增产相应数量的钢材

【状况】

【现状】 为企业降低生产成本和创造更大的经济效益,尤其是在目前模拟市场、成本核算的竞争机制下,提高成材率有着更加深远的意义

【因素】

【影响因素】 主要因素是生产过程中产生的各种金属损耗

【影响因素】 影响成材率的生产环节有:原料验收、原料切割、选坯规格、加热烧损、厚度负公差轧制、中轧废、取样损失、长度流失、切损及其他影响因素,其中切损占主导地位

【词条关系】

【等同关系】

【基本等同】 出材率

【基本等同】 毛板率

【测度关系】

【物理量-度量方法】 $b = Q/G \times 100\%$

【物理量-度量方法】 锭-材成材率

【物理量-度量方法】 外来坯材成材率

◎ 成分设计

【基本信息】

【英文名】 composition design

【拼音】 cheng fen she ji

【核心词】

【定义】

材料由不同的元素或者化合物组成,材料生产过程中需要对不同的材料元素组成进行设计。

【分类信息】

【CLC 类目】

(1) TG142.4 各种钢材:按用途区分
(2) TG142.4 建筑用玻璃
(3) TG142.4 特种电磁性质合金
(4) TG142.4 优质钢
(5) TG142.4 钢

【IPC 类目】

(1) F28F21/08 金属的
(2) F28F21/08 铁做主要成分的〔5〕
(3) F28F21/08 非晶态合金〔5〕
(4) F28F21/08 合金的制造(不特别限定用于合金制造的粉末冶金设备或方法入B22F;用电热法入C22B4/00;用电解法入C25C)
(5) F28F21/08 含大于1.5%(质量分数)的锰〔2〕

【词条属性】

【特征】

【特点】 化学成分是决定金属材料性能的基本因素

【特点】 金属材料的化学成分对组成金属材料显微组织的晶粒类型有重大影响

【特点】 化学成分不同,金属材料的结构就不同

【特点】 化学成分是决定金属材料显微组织中各种晶粒相对数量的主要因素

【特点】 化学成分对金属材料显微组织中各种晶粒的形状和分布也有很大影响

【特点】 化学成分对晶粒大小也有很大影响

【特点】 化学成分是决定金属材料加工方法和加工性能的基本因素

【特点】 金属材料的化学成分决定了热处理工艺和热处理效果,并且是选择热处理设备的重要依据之一

【特点】 合理的成分设计是安全、经济、合理地使用金属材料的基础和保证

【词条关系】

【等同关系】

【基本等同】 配方设计

【层次关系】

【并列】 工艺设计

【并列】 程序设计

【应用关系】
　　【使用】　合金元素

◎ 成型性能
【基本信息】
　　【英文名】　forming property; shaping property
　　【拼音】　cheng xing xing neng
　　【核心词】
【定义】
　　板料对于某种成型工艺方法的适应程度的性能。
【来源】《金属功能材料词典》
【分类信息】
　　【CLC类目】
　　　（1）U465.1　黑色金属
　　　（2）U465.1　汽车材料
　　　（3）U465.1　粉末的制造方法
　　　（4）U465.1　压力加工工艺
　　　（5）U465.1　轧制工艺
　　【IPC类目】
　　　（1）H01J61/00　气体或蒸汽放电灯（用于奶制品消毒的入A23C；用于医疗的入A61N）
　　　（2）H01J61/00　拉拔材料的冷却、加热或润滑（3/14优先）
　　　（3）H01J61/00　具有降低摩擦制品或材料的制造〔2〕
　　　（4）H01J61/00　管壳；容器
【词条属性】
　　【特征】
　　　【优点】　探究金属材料等对冲压成型的承受能力
　　【因素】
　　　【影响因素】　拉伸速度
　　　【影响因素】　变形量
　　　【影响因素】　样品尺寸
【词条关系】
　　【层次关系】
　　　【类分】　胀成型性能
　　　【类分】　拉伸成型性能
　　　【类分】　扩孔成型性能
　　　【类分】　弯曲成型性能
　　【测度关系】
　　　【度量方法-物理量】　杯突值 IE
　　　【度量方法-物理量】　极限拉伸比 LDR
　　　【度量方法-物理量】　极限扩孔率
　　　【度量方法-物理量】　最小相对弯曲半径
　　　【度量方法-物理量】　锥杯值
　　　【度量方法-物理量】　凸耳率
　　　【度量方法-物理量】　方板对角拉伸实验的皱高
　　　【度量方法-物理量】　张拉弯曲回弹值
　　　【度量方法-物理量】　塑性应变比
　　　【度量方法-物理量】　应变硬化指数
　　　【度量方法-物理量】　塑性应变比平面各向异性度

◎ 持久强度
【基本信息】
　　【英文名】　creep rupture strength; endurance strength
　　【拼音】　chi jiu qiang du
　　【核心词】
【定义】
　　材料在某一恒定温度和规定时间内产生断裂的应力。表征材料抗高温断裂能力的指标。
【来源】《现代材料科学与工程辞典》
【分类信息】
　　【CLC类目】
　　　TB302　工程材料试验
　　【IPC类目】
　　　（1）G06F19/00　特别用于特定应用的数字计算或数据处理设备或数据处理方法（17/00优先）〔6〕
　　　（2）G06F19/00　含铌或钽的〔2〕
　　　（3）G06F19/00　镍基合金〔2〕
【词条属性】
　　【因素】
　　　【影响因素】　化学成分

【影响因素】　冶炼工艺
　　【影响因素】　热处理方法
　　【影响因素】　晶粒大小
【词条关系】
　　【等同关系】
　　　【基本等同】　持久极限
　　【层次关系】
　　　【实例-概念】　高温强度
　　【应用关系】
　　　【用于】　材料抗高温断裂能力指标

◎ 冲击韧性
【基本信息】
　　【英文名】　impact toughness
　　【拼音】　chong ji ren xing
　　【核心词】
【定义】
　　在冲击荷载作用下,材料变形和破坏过程中吸收机械能的能力。通常以带切口的试样在受冲弯曲而被切断破坏时,在断口处每单位截面积上所需的功来计算。
　　【来源】　《金属功能材料词典》
【分类信息】
　　【CLC 类目】
　　（1）TG40　焊接一般性问题
　　（2）TG40　油气储运设备的腐蚀与防护
　　（3）TG40　优质钢
　　（4）TG40　黑色金属
　　（5）TG40　金属的分析试验（金属材料试验）
　　【IPC 类目】
　　（1）C21D9/36　用于滚珠;滚柱
　　（2）C21D9/36　通过伴随有变形的热处理或变形后再进行热处理来改变物理性能（除需成型的工件外不需要再加热的锻造,或轧制成型的硬化工件或材料入 1/02）〔3〕
　　（3）C21D9/36　滚珠、滚子或滚柱,如用于轴承
　　（4）C21D9/36　含镍的
　　（5）C21D9/36　含硅化合物〔2〕

【词条属性】
　【特征】
　　【特点】　工程上常用一次摆锤冲击弯曲试验来测定材料的冲击韧性
　　【特点】　通常用冲击载荷试样被折断而消耗的冲击功 A_k 来衡量冲击韧性的大小,单位为焦耳（J）
　　【特点】　夹杂物会使材料的冲击韧性降低
　　【特点】　偏析会使材料的冲击韧性降低
　　【特点】　气泡会使材料的冲击韧性降低
　　【特点】　内部裂纹会使材料的冲击韧性降低
　　【特点】　晶粒粗化会使材料的冲击韧性降低
　　【特点】　冲击韧度指标的实际意义在于揭示材料的变脆倾向
　【状况】
　　【应用场景】　冲击韧性试验
　【因素】
　　【影响因素】　材料的内部结构缺陷
　　【影响因素】　材料显微组织的变化
【词条关系】
　【层次关系】
　　【并列】　断裂韧性
　　【类分】　低温韧性
　【测度关系】
　　【物理量-度量方法】　冲击值
　　【物理量-度量方法】　冲击韧性试验

◎ 冲击韧性试验
【基本信息】
　　【英文名】　impact test
　　【拼音】　chong ji ren xing shi yan
　　【核心词】
【定义】
　　测定材料在一定条件下承受冲击载荷的能力,即为冲击试验。冲击试验通常是在摆锤式冲击试验机上进行的。试验时将带有缺口的试

样置于试验机的两支座上,将质量为 G 的摆锤抬到 H 高度,使摆锤具有位能 GHg(g 为重力加速度)。
【来源】 《口腔医学辞典》
【词条属性】
【特征】
【特点】 冲击试验利用的是能量守恒原理
【特点】 冲击试样消耗的能量是摆锤试验前后的势能差
【特点】 一次冲击试验可衡量材料的韧脆转变温度
【特点】 一次冲击试验可以评定材料的缺口敏感性
【因素】
【影响因素】 冲击频次
【影响因素】 试验材料的组成
【影响因素】 冲击试验温度
【词条关系】
【层次关系】
【并列】 拉伸试验
【并列】 压剪试验
【并列】 冲击弯曲试验
【类分】 多次冲击试验
【类分】 一次冲击韧性试验
【应用关系】
【使用】 冲击试验机
【使用】 游标卡尺
【使用】 冲击试样
【测度关系】
【度量方法-物理量】 冲击韧性

◎ 冲击试样
【基本信息】
【英文名】 notched impact specimen
【拼音】 chong ji shi yang
【核心词】
【定义】
我国有关标准规定采用横梁式试验法,标准试样以 U 形和 V 形缺口试样为主。
【来源】 《金属材料简明辞典》
【词条属性】
【特征】
【数值】 灰铸铁冲击试验的试样长度公称尺寸为 120 mm
【数值】 灰铸铁冲击试验的试样长度加工公差为 ±2 mm
【数值】 灰铸铁冲击试验的试样直径公称尺寸为 20 mm
【数值】 灰铸铁冲击试验的试样直径加工公差为 ±0.2 mm
【特点】 一组冲击试验至少需要冲断 4 个冲击试样
【特点】 陶瓷、铸铁等脆性材料的冲击试验常用无缺口试样
【因素】
【影响因素】 标距
【影响因素】 直径
【影响因素】 圆角
【影响因素】 材料的内部缺陷
【影响因素】 材料的晶粒大小
【影响因素】 冲击试验温度
【影响因素】 缺口形状
【影响因素】 试样支承方式
【词条关系】
【层次关系】
【并列】 拉伸试样
【并列】 压剪试样
【类分】 V 形缺口试样
【类分】 U 形缺口试样
【应用关系】
【使用】 冲击试验机
【用于】 冲击试验
【用于】 冲击韧性试验

◎ 冲击载荷
【基本信息】
【英文名】 impact load;shock load
【拼音】 chong ji zai he

【核心词】
【定义】
　　(1)指冲击波经过物体时,物体的各个面上所受到的载荷。
　　【来源】　《军事大辞海·上》
　　(2)起重机车轮或滚轮通过不平轨道接头或不平道路,起吊货物突然离地制动或突然卸载所引起的附加(减)载荷。用来验算该机构传动件的强度和相应的金属结构强度等。
　　【来源】　《中国土木建筑百科辞典·工程机械》
【分类信息】
　【CLC 类目】
　　(1) TJ303　　结构
　　(2) TJ303　　物理学
　　(3) TJ303　　船舶设计可行性分析
　　(4) TJ303　　生产过程与设备
　【IPC 类目】
　　(1) F04B49/14　　调节往复运动通道内的接合点〔6〕
　　(2) F04B49/14　　预防机器或器械损坏的紧急装置(1/00,3/00,5/00 优先;指示装置见有关的类)
　　(3) F04B49/14　　牵引的
　　(4) F04B49/14　　离心质量作用在驱动机构上或成为驱动机构的一部分,因此压力环也可通过驱动机构来驱动,而与质量无关
　　(5) F04B49/14　　带一个单缸
【词条属性】
　【特征】
　　【特点】　冲击载荷作用下材料有多种动态破坏形式
　　【特点】　冲击载荷作用下材料可能会产生局部大变形
　　【特点】　冲击载荷作用下材料可能会因温度效应引起的绝热发生剪切破坏
　　【特点】　冲击载荷的作用下材料可能会因应力波相互作用而造成崩落破坏
　　【特点】　冲击载荷作用下材料可能会出现由应变率效应引起的动态脆性
　　【特点】　某些材料具有冲击载荷的遗留效应
　　【特点】　载荷持续的时间从纳秒(如薄膜的撞击和辐射脉冲载荷)、毫秒至秒(如核爆炸或化学爆炸对结构物的载荷)的量级
　　【特点】　冲击载荷下材料存在变形行为
　　【特点】　在中、低速冲击载荷作用下,材料不同程度地表现出各种时效,主要是应变率效应
　　【特点】　在高速碰撞等冲击载荷作用下引起的大塑性变形,能形成诸如开坑、鼓包等动态破坏形态
　　【特点】　受冲击载荷作用后,在材料发生大塑性变形的区域中,存在一些白色的亮带,称为绝热剪切带,在压力加工工艺中则称为热线
　　【特点】　冲击加载于体心立方金属,常常产生大量的变形孪晶
　　【优点】　经过激波加载,然后进行再结晶退火,能使材料的晶粒细化
　　【优点】　经过激波加载,然后进行再结晶退火,能使材料的塑性增加
　　【优点】　经过激波加载,然后进行再结晶退火,能使材料的低温脆性和高温蠕变性能改善
　【状况】
　　【前景】　探索冲击形变热处理方法
　　【现状】　研究高锰钢爆炸硬化
　　【现状】　研究奥氏体反磁钢的爆炸强化
　　【应用场景】　冲击试验
　　【应用场景】　爆炸力学
　【因素】
　　【影响因素】　材料的质点速度
　　【影响因素】　材料的特征强度
【词条关系】
　【层次关系】
　　【类分】　爆炸载荷
　　【类分】　低速冲击载荷

【类分】　中速冲击载荷
　　【类分】　高速冲击载荷

◎ **冲击值**
【基本信息】
　　【英文名】　impact value
　　【拼音】　chong ji zhi
　　【核心词】
【定义】
　　金属材料对冲击负荷的抵抗能力称为韧性,通常用冲击值来度量。
【来源】　《机械加工工艺辞典》
【分类信息】
　　【CLC 类目】
　　　　TB331　金属复合材料
　　【IPC 类目】
　　（1）C22C38/32　含硼的〔2〕
　　（2）C22C38/32　铁基合金,如合金钢（铸铁合金入 37/00）〔2〕
　　（3）C22C38/32　含铅、硒、碲或锑,或含大于 0.04%（质量分数）的硫〔2〕
　　（4）C22C38/32　含钒的〔2〕
　　（5）C22C38/32　含钨、钽、钼、钒或铌的〔2〕
【词条属性】
　　【特征】
　　【数值】　计算公式为：$a_k = A_k/F$，a_k——冲击值（$N·m·cm^{-2}$）；A_k——击断试样所消耗的冲击功（$N·m$）；F——试验前试样刻槽处的横截面面积（cm^2）
　　【数值】　用一定尺寸和形状的试样,在规定类型的试验机上受一次冲击负荷折断时,试样刻槽处单位面积上所消耗的功,反映出来的冲击功数值
　　【数值】　冲击功值单位为 $N·m·cm^{-2}$
　　【特点】　据研究表明,在能量不太大的情况下,材料承受多次重复冲击的能力,主要决定于强度
　　【特点】　一般把 a_k 值低的材料称为脆性材料
　　【特点】　a_k 值高的材料称为韧性材料
　　【因素】
　　【影响因素】　材料及其状态
　　【影响因素】　试样的形状
　　【影响因素】　试样的尺寸
　　【影响因素】　材料的内部结构缺陷
　　【影响因素】　显微组织的变化
【词条关系】
　　【测度关系】
　　　【度量方法-物理量】　冲击韧性

◎ **冲压成型**
【基本信息】
　　【英文名】　stamping forming；drawing
　　【拼音】　chong ya cheng xing
　　【核心词】
【定义】
　　将纤维增强热塑性片状模塑料在适当温度下预热后,装到冷金属模里快速加压成型的方法。
【来源】　《中国土木建筑百科辞典·工程材料上》
【分类信息】
　　【CLC 类目】
　　（1）TG386　冷冲压工艺
　　（2）TG386　各种钢的冶炼
　　（3）TG386　冷冲机械设备
　　（4）TG386　优质钢
　　（5）TG386　汽车制造工艺
　　【IPC 类目】
　　（1）C23C2/26　后处理（2/14 优先）〔4〕
　　（2）C23C2/26　锌或镉或以其为基的合金〔4〕
　　（3）C23C2/26　用刚性设备或工具的冲压
　　（4）C23C2/26　用于生产无光表面,如在塑料或玻璃上
　　（5）C23C2/26　铁基合金,如合金钢（铸

铁合金入37/00)〔2〕
【词条属性】
　【特征】
　　【优点】　可得到轻量、高刚性之制品
　　【优点】　生产性良好,适合大量生产,成本低
　　【优点】　可得到品质均一的制品
　　【优点】　材料利用率高,剪切性及回收性良好
　【状况】
　　【现状】　全世界的钢材中,有60%～70%是板材,其中大部分经过冲压制成成品
　　【应用场景】　汽车的车身、底盘、油箱、散热器片,锅炉的汽包,容器的壳体,电机、电器的铁芯硅钢片等都是冲压加工的;仪器仪表、家用电器、自行车、办公机械、生活器皿等产品中,也有大量冲压件
　　【应用场景】　消费电子产品、机械、五金、运输工具等产业均少不了冲压成型的存在
【词条关系】
　【层次关系】
　　【类分】　热流动冲压成型
　　【类分】　冲切加工
　　【类分】　压合加工
　　【类属】　固态冲压成型
　　【组成部件】　紧固件
　　【组成部件】　导向零件
　　【组成部件】　支撑固定零件
　　【组成部件】　卸料及压料零件
　　【组成部件】　定位零件
　　【组成部件】　成型零件
　【应用关系】
　　【使用】　变形抗力
　【生产关系】
　　【工艺-材料】　热轧钢板
　　【工艺-材料】　冷轧钢板
　　【工艺-材料】　热轧钢带
　　【工艺-材料】　冷轧钢带
　　【工艺-材料】　电镀锌钢板
　　【工艺-材料】　热浸性电镀锌钢板
　　【工艺-材料】　铝片
　　【工艺-材料】　铜片
　　【工艺-设备工具】　冲孔模
　　【工艺-设备工具】　折弯模
　　【工艺-设备工具】　整平模
　　【工艺-设备工具】　剪切模
　　【工艺-设备工具】　拉伸模
　　【工艺-设备工具】　连续模
　　【工艺-设备工具】　凸模
　　【工艺-设备工具】　凹模

◎重熔
【基本信息】
　【英文名】　refusion;remelt;remelting
　【拼音】　chong rong
　【核心词】
【定义】
　　是对金属及合金的二次熔化的过程,制备好的各种合金在进行成型的时候都需要进行熔化。
　【来源】　百度百科
【分类信息】
　【CLC类目】
　　TB44　粉末技术
　【IPC类目】
　　(1)C22B9/18　电渣重熔〔3〕
　　(2)C22B9/18　以喷镀方法为特征的〔4〕
　　(3)C22B9/18　脱氧,如镇静钢〔2〕
　　(4)C22B9/18　精炼
　　(5)C22B9/18　待镀材料的预处理,如为了在选定的表面区域镀覆〔4〕
【词条属性】
　【特征】
　　【特点】　产生的液相有助于扩散过程的强化
　　【特点】　有利于成分的渗透
　　【特点】　使组织变得致密
　　【特点】　使组织更均匀

【特点】　减少并消除孔隙
【优点】　改善材料的耐磨性能
【优点】　改善材料的耐腐蚀性
【优点】　提高材料的抗高温氧化能力
【状况】
　【应用场景】　工业生产
　【应用场景】　军工
【词条关系】
　【等同关系】
　　【俗称为】　二次熔化
　【层次关系】
　　【类分】　电渣重熔
　　【类分】　激光重熔
　　【类分】　电子束重熔
　　【类分】　TIG重熔
　　【类分】　火焰重熔
　　【类分】　整体加热重熔
　　【类分】　感应重熔
　【应用关系】
　　【用于】　铸造
　【生产关系】
　　【工艺-材料】　优质合金钢
　　【工艺-材料】　高温合金
　　【工艺-材料】　精密合金
　　【工艺-材料】　耐蚀合金
　　【工艺-材料】　铝
　　【工艺-材料】　铜
　　【工艺-材料】　钛
　　【工艺-材料】　银

◎ 储能
【基本信息】
　【英文名】　stored energy
　【拼音】　chu neng
　【核心词】
【定义】
　（1）按需存储和释放能量的过程或机制，有节制地、连续不断地供应能量。
　【来源】《中国百科大辞典》
　（2）对金属形变时施加的能量中以弹性能和缺陷能的形式储存在金属内部的部分能量。
　【来源】《金属功能材料词典》
【分类信息】
　【CLC类目】
　　（1）TB34　功能材料
　　（2）TB34　智能材料
　　（3）TB34　特种结构材料
　【IPC类目】
　　（1）F02N5/02　弹簧型的
　　（2）F02N5/02　具有机内发电机的装置（具有太阳能电池入4/00）〔1,7〕
　　（3）F02N5/02　有贮热体的〔4〕
　　（4）F02N5/02　在空气调节、通风或能量回收系统的利用（在供气和排气之间有热传递的入3/147；一般热交换入F28）〔4〕
　　（5）F02N5/02　起动发动机和被起动机之间的传动装置；其啮合或脱开
【词条属性】
　【特征】
　　【缺点】　抽水蓄能电站的建设受地形制约，当电站距离用电区域较远时输电损耗较大
　　【缺点】　飞轮蓄能的缺点是能量密度比较低，保障系统安全性方面的费用很高，在小型场合还无法体现其优势
　　【特点】　抽水储能的释放时间可以从几个小时到几天，综合效率在70%～85%
　　【特点】　压缩空气储能电站的建设受地形制约，对地质结构有特殊要求
　　【特点】　飞轮储能系统运行于真空度较高的环境中，其特点是没有摩擦损耗，风阻小，寿命长，对环境没有影响，几乎不需要维护，适用于电网调频和电能质量保障
　　【特点】　超导系统储能可以实现与电力系统的实时大容量能量交换和功率补偿；超导储能系统（SMES）可以充分满足输配电网电压支撑、功率补偿、频率调节、提高系统稳定性和功率输送能力的要求
　　【优点】　合理、清洁和高效地利用能源

【优点】 SMES利用超导体制成的线圈储存磁场能量,功率输送时无须能源形式的转换,具有响应速度快(ms级),转换效率高(≥96%)、比容量(1~10 Wh/kg)/比功率(104~105 kW/kg)大等优点

【优点】 超级电容器根据电化学双电层理论研制而成,可提供强大的脉冲功率

【状况】

【前景】 为了创造一个清洁的、可持续的未来,中国政府正在把政策中心转移到清洁能源技术上;2013年年底,中国发电总装机量达1250 GW,其中包含91.4 GW风电(占7.3%的比例);除了火力发电和水力发电,风电已是中国第三大电力来源;而中国的光伏发电装机量达18.1 GW,占全国发电总装机量的1.5%,超越美国成为全球最大的光伏市场

【前景】 由于发电装机量的快速增长,中国的储能需求也正在日益扩张;2013年,中国的抽水蓄能装机量总计21.5 GW,其他储能技术装机量为65 MW;2013年,电网调峰负荷的储能需求是95 GW,2014年预计增长到110 GW,这反映出巨大的发展前景;此外,风电和光伏发电的集成电网将创造出储能的巨大需求,2014年分别需要5.6 GW和3.8 GW

【前景】 储能技术对电动汽车发展的重要性比较直观;电动汽车的充电、巡航里程和安全问题都涉及电池,例如,由于电池引发的安全事故减弱了消费者的信心,影响了电动汽车的发展;对于中国来说,电动汽车的发展除了石油替代,还可以解决城市汽车尾气和噪声污染问题

【现状】 储能在电力系统中有着广泛应用,涵盖发电、输电、配电和终端用户的所有方面;电网系统的储能技术包括抽水蓄能、压缩空气、飞轮、化学电池、超级电容器等;除了比较成熟的抽水蓄能,其他储能技术还处在工业化初期或研发阶段;然而,各国政府已经体会到储能行业的重要性,因此都在不遗余力地发展储能技术

【现状】 电网系统储能技术的种类多样,以中国为例,主要采用锂电池、铅酸电池和流体技术;2013年这3种方式分别占60%、20%和14%

【应用场景】 主要应用于农业生产、交通运输、航空航天乃至日常生活

【应用场景】 抽水储能主要用于电力系统的调峰填谷、调频、调相、紧急事故备用等

【应用场景】 压缩空气主要用于电力调峰和系统备用

【词条关系】
  【等同关系】
    【基本等同】 蓄能
  【层次关系】
    【概念-实例】 抽水储能技术
    【概念-实例】 压缩空气储能技术
    【概念-实例】 飞轮储能技术
    【概念-实例】 铅酸电池技术
    【概念-实例】 氧化还原液流电池技术
    【概念-实例】 钠硫电池技术
    【概念-实例】 锂离子电池技术
    【概念-实例】 超导电磁储能技术
    【概念-实例】 超级电容器储能技术
    【类分】 机械储能
    【类分】 电磁储能
    【类分】 电化学储能
    【组成部件】 电容
    【组成部件】 电感
    【组成部件】 化学电池
  【应用关系】
    【用于】 电力系统
    【用于】 蓄电池系统作为补充

◎ **储氢**
【基本信息】
  【英文名】 hydrogen storage
  【拼音】 chu qing
  【核心词】
【定义】

十几年来,为了解决氢的储存和运输问题,人们找到一些在一定的条件下能大量吸收氢,合适地改变条件后又能大量释放氢的物质。
【来源】　《固体物理学大辞典》
【分类信息】
　【CLC类目】
　　(1) TB34　功能材料
　　(2) TB34　特种结构材料
　【IPC类目】
　　(1) B01J20/02　包含无机材料[3]
　　(2) B01J20/02　在容器中使用气体溶剂或气体吸收剂
　　(3) B01J20/02　元素或合金的[2]
　　(4) B01J20/02　从氢化物中解吸氢[5]
　　(5) B01J20/02　从氢化物中解吸出氢作为制冷剂[5]
【词条属性】
　【特征】
　　【缺点】　气态储氢的缺点:能量密度低,不太安全
　　【缺点】　液态储氢的缺点:能耗高,对储罐绝热性能要求高
　　【优点】　固态储氢的优点:体积储氢容量高;无须高压及隔热容器;安全性好,无爆炸危险;可得到高纯氢,提高氢的附加值
　　【优点】　循环寿命性能优异,并可被用于大型电池
　【状况】
　　【应用场景】　用于化学工业、石油精制及冶金工业生产中大量含氢尾气的处理
　　【应用场景】　由于储氢合金具有在吸氢化学反应时放出大量热,而在放氢时吸收大量热的特性,因此,人们可以利用储氢合金的这种放热——吸热循环,可进行热的储存和传输,制造制冷或采暖设备
　【时间】
　　【起始时间】　20世纪60年代
【词条关系】

　【层次关系】
　　【概念-实例】　镁系合金
　　【概念-实例】　稀土系合金
　　【概念-实例】　钛系合金
　　【概念-实例】　锆系合金
　　【概念-实例】　烯烃储氢
　　【概念-实例】　炔烃储氢
　　【概念-实例】　芳烃储氢
　　【构成成分】　钛、铁、铬、锰、镍、镉、锆、稀土
　　【类分】　金属氢化物储氢
　　【类分】　碳纤维碳纳米管储氢
　　【类分】　非碳纳米管储氢
　　【类分】　玻璃储氢微球
　　【类分】　配合络合物储氢材料
　　【类分】　有机液体氢化物储氢
　【应用关系】
　　【用于】　电动车辆
　　【用于】　混合动力电动车辆
　　【用于】　高功率应用
　　【用于】　镍氢充电电池
　　【用于】　氢气分离
　　【用于】　氢气回收

◎ 传感器
【基本信息】
　【英文名】　sensor;transducer
　【拼音】　chuan gan qi
　【核心词】
【定义】
　是将各种非电量转换成电量以便于处理和传输的装置,它包括各种物理量、化学成分、生物信息的传感。
【来源】　《新时期新名词大辞典》
【分类信息】
　【CLC类目】
　　(1) TB383　特种结构材料
　　(2) TB383　智能材料
　　(3) TB383　物理传感器

【IPC 类目】
　　(1) F24F11/02　控制或安全装置的配置或安装
　　(2) F24F11/02　控制或安全设备的配置或安装
　　(3) F24F11/02　使用计算机,如微处理机〔4〕
　　(4) F24F11/02　未列入组 41/00 至 43/00 的电气控制(废气处理装置的电气控制入 F01N9/00;点火、润滑、冷却、起动、加热进气等功能之一的电气控制,参见这些功能的有关小类)〔4〕
　　(5) F24F11/02　控制或安全装置的配置或安装(控制阀入 F16K;燃烧器的安全装置入 F23D;燃烧控制装置入 F23N;包括有加热器的系统的见有关小类,如控制供热系统的入 F24D19/10;电加热设备的自动转换入 H05B1/02)
【词条属性】
　【特征】
　　【特点】　微型化、数字化、智能化、多功能化、系统化、网络化
　　【特点】　传感器的存在和发展,让物体有了触觉、味觉和嗅觉等感官,让物体慢慢变得活了起来
　【状况】
　　【前景】　传感器早已渗透诸如工业生产、宇宙开发、海洋探测、环境保护、资源调查、医学诊断、生物工程,甚至文物保护等极其广泛的领域,可以毫不夸张地说,从茫茫的太空,到浩瀚的海洋,以至各种复杂的工程系统,几乎每一个现代化项目,都离不开各种各样的传感器
　　【前景】　传感器技术在发展经济、推动社会进步方面的重要作用,是十分明显的,世界各国都十分重视这一领域的发展,相信不久的将来,传感器技术将会出现一个飞跃,达到与其重要地位相称的新水平
　　【现状】　在现代工业生产尤其是自动化生产过程中,要用各种传感器来监视和控制生产过程中的各个参数,使设备工作在正常状态或最佳状态,并使产品达到最好的质量,因此可以说,没有众多的优良的传感器,现代化生产也就失去了基础
　　【现状】　在基础学科研究中,传感器更具有突出的地位
　　【现状】　一些传感器的发展,往往是一些边缘学科开发的先驱
　【应用场景】　广泛应用在工业、农业、测量、军事、工程、化工、医学、宇航等各个科学技术部门
【词条关系】
　【等同关系】
　　【俗称为】　变送器
　　【俗称为】　发送器
　　【俗称为】　换能器
　【层次关系】
　　【类分】　电阻式
　　【类分】　电位计式
　　【类分】　应变丝式
　　【类分】　压阻式
　　【类分】　热电阻式
　　【类分】　电感式
　　【类分】　自感式
　　【类分】　互感式
　　【类分】　电容式
　　【类分】　阻抗式
　　【类分】　电涡流式
　　【类分】　磁电式
　　【类分】　热电式
　　【类分】　压电式
　　【类分】　霍尔式
　　【类分】　振频式
　　【类分】　振弦式
　　【类分】　振筒式
　　【类分】　振片式
　　【类分】　感应同步器
　　【类分】　磁栅
　　【类分】　光电式

【类分】　激光式
【类分】　红外式
【类分】　光栅
【类分】　光导纤维式
【类分】　位移传感器
【类分】　加速度传感器
【类分】　测力传感器
【类分】　压力传感器
【类分】　光传感器
【组成部件】　敏感元件
【组成部件】　转换元件
【组成部件】　变换电路
【组成部件】　辅助电源
【应用关系】
　【使用】　精密合金
　【使用】　永磁材料
　【用于】　电磁检测
　【用于】　光学检测
　【用于】　超声波检测
　【用于】　同位素检测
　【用于】　微波检测
　【用于】　电化学检测
　【用于】　核磁共振
【测度关系】
　【度量工具-物理量】　压应力

◎ 船板
【基本信息】
　【英文名】　ship plate；boat deck
　【拼音】　chuan ban
　【核心词】
【定义】
　船板是指按船级社建造规范要求生产的用于制造船体结构的热轧钢板材。中国船级社规范标准的一般强度结构钢分为：A、B、D、E 4个质量等级（即CCSA、CCSB、CCSD、CCSE）；中国船级社规范标准的高强度结构钢为3个强度级别，4个质量等级。
　【来源】　百度百科

【词条属性】
　【特征】
　　【特点】　一般强度船体结构用钢的屈服强度和抗拉强度相同，只是不同温度下的冲击功不一样
　【状况】
　　【应用场景】　船舶建造
　　【应用场景】　海洋运输
　　【应用场景】　舰艇制造
【词条关系】
　【层次关系】
　　【概念-实例】　A32
　　【概念-实例】　D32
　　【概念-实例】　E32
　　【概念-实例】　F32
　　【概念-实例】　A36
　　【概念-实例】　D36
　　【概念-实例】　E36
　　【概念-实例】　F36
　　【概念-实例】　A40
　　【概念-实例】　D40
　　【概念-实例】　E40
　　【概念-实例】　F40
　【类属】　中厚板
【应用关系】
　【材料-加工设备】　轧机
　【材料-加工设备】　锻机
【生产关系】
　【材料-工艺】　轧制
　【材料-工艺】　锻造
　【材料-原料】　一般强度船体结构用钢
　【材料-原料】　高强度船体结构用钢
　【材料-原料】　焊接结构用高强度淬火回火钢
　【材料-原料】　低温韧性钢
　【材料-原料】　奥氏体不锈钢
　【材料-原料】　双相不锈钢
　【材料-原料】　复合钢板

◎ 船舶用钢

【基本信息】
  【英文名】 steel ships
  【拼音】 chuan bo yong gang
  【核心词】
【定义】
    船用钢指用于制造海船和内河船舶船体结构用的钢，通常为优质碳素钢和优质低合金钢。
  【来源】 百度百科
【词条属性】
  【特征】
    【特点】 一定的强度、韧性和一定的耐低温及耐腐蚀性能
    【优点】 较好的焊接性能
  【状况】
    【前景】 我国船钢出口也在逐年增加，未来对高品质船舶用钢将会有较大需求
    【现状】 近年来，因中国等新兴发展中国家对矿石、石油等资源的大量需求，国际航运界得以加快发展，新船订单不断增加，我国2010年的新船订单达1.3亿载重吨，已排在世界第一；随着新船订单的持续增加，船舶及海洋工程用结构钢的需求数量和质量都快速增长
    【现状】 到2010年，我国建造的散货船、油船市场占有率将分别提升到世界第一位和世界第二位，集装箱船市场占有率将接近韩国，LNG船市场占有率达到20%以上，成为高新技术船舶重要生产国
    【现状】 造船用钢预计达到1000万吨以上；计划建造海洋平台近80座，需海洋平台用高等级系列钢材160万吨左右，其中，自升式海洋平台的桩腿、悬臂梁、升降齿条机构等需要（460～690）MPa钢级及690 MPa以上钢级的高强度或特厚（最大厚度达到259 mm）等专用钢
【词条关系】
  【层次关系】
    【概念–实例】 AH32
    【概念–实例】 DH32
    【概念–实例】 EH32
    【概念–实例】 FH32
    【概念–实例】 AH36
    【概念–实例】 DH36
    【概念–实例】 EH36
    【概念–实例】 FH36
    【概念–实例】 AH40
    【概念–实例】 DH40
    【概念–实例】 EH40
    【概念–实例】 FH40
    【概念–实例】 AH420
    【概念–实例】 DH420
    【概念–实例】 EH420
    【概念–实例】 FH420
    【概念–实例】 AH460
    【概念–实例】 DH460
    【概念–实例】 EH460
    【概念–实例】 FH460
    【概念–实例】 AH500
    【概念–实例】 DH500
    【概念–实例】 EH500
    【概念–实例】 FH500
    【概念–实例】 AH550
    【概念–实例】 DH550
    【概念–实例】 EH550
    【概念–实例】 FH550
    【概念–实例】 AH620
    【概念–实例】 DH620
    【概念–实例】 EH620
    【概念–实例】 FH620
    【概念–实例】 AH690
    【概念–实例】 DH690
    【概念–实例】 EH690
    【概念–实例】 FH690
  【构成成分】 碳、硅、锰、铁、铌、钒、钛、钼、铝、铬、镍、铜、硼
  【类分】 一般强度船舶及海洋工程用结构钢

【类分】　高强度船舶及海洋工程用结构钢
【类分】　超高强度船舶及海洋工程用结构钢
【生产关系】
　　【材料-工艺】　控轧控冷
　　【材料-工艺】　正火轧制
　　【材料-工艺】　热机械轧制
　　【材料-工艺】　控制相变（TMCP+RPC）
　　【材料-工艺】　转炉冶炼
　　【材料-工艺】　电炉冶炼
　　【材料-工艺】　炉外精炼
　　【材料-工艺】　调质处理

◎ 磁场
【基本信息】
　　【英文名】　magnetic field
　　【拼音】　ci chang
　　【核心词】
【定义】
　　（1）运动电荷或电流存在着的一种特殊物质，是传递运动电荷或电流之间相互作用的物理场。
　　【来源】《卫生学大辞典》
　　（2）传递运动电荷之间或电流之间相互作用的物理场。它由运动电荷或电流产生，同时对场中其他运动电荷或电流产生力的作用。
　　【来源】《中国冶金百科全书·选矿》
【分类信息】
　　【CLC类目】
　　　　（1）TF748.41　电弧炉
　　　　（2）TF748.41　磁学
　　　　（3）TF748.41　数理科学和化学
　　　　（4）TF748.41　不饱和烃聚合物
　　　　（5）TF748.41　铸造机械
　　【IPC类目】
　　　　（1）C02F1/48　用磁场或电场的（1/46优先）[3]
　　　　（2）C02F1/48　通过电法或磁法
　　　　（3）C02F1/48　改变流体黏性调整阻尼性质的装置，如电磁[5]
　　　　（4）C02F1/48　利用磁场的，如磁控溅射[5]
　　　　（5）C02F1/48　燃料制备[5]
【词条属性】
【特征】
　　【特点】　磁场具有波粒的辐射特性
　　【特点】　与电场相仿，磁场是在一定空间区域内连续分布的向量场，描述磁场的基本物理量是磁感应强度矢量 B，也可以用磁感线形象地表示
　　【特点】　作为一个矢量场，磁场的性质与电场颇为不同
　　【特点】　运动电荷或变化电场产生的磁场，或两者之和的总磁场，都是无源有旋的矢量场，磁力线是闭合的曲线簇，不中断，不交叉
　　【特点】　磁场是广泛存在的，卫星（如月亮）、行星（如地球）、恒星（如太阳）、星系（如银河系），以及星际空间和星系际空间，都存在着磁场
　　【特点】　磁性不同的颗粒在磁场中受到大小和方向不同的磁力作用
【状况】
　　【现状】　2014年7月，根据欧洲航天局Swarm卫星阵列搜集到的数据显示，在过去的6个月时间里，地球磁场正在快速减弱
　　【现状】　Swarm卫星阵列由3颗独立卫星组成，根据卫星上搭载的磁力计显示，地磁场最大的薄弱点出现在西半球上空，而在南印度洋等地区，地磁场有加强的趋势
　　【现状】　每隔几十万年地球磁极就会翻转一次
　　【应用场景】　电磁场（或波）为能量的一种形式，是当今世界最重要的能源，研究领域涉及电磁能产生、存储、变换、传输和应用
【时间】
　　【起始时间】　1644年

【词条关系】
　【层次关系】
　　【类分】　恒磁场
　　【类分】　交变磁场
　　【类分】　脉动磁场
　　【类分】　脉冲磁场
　【应用关系】
　　【用于】　无损探伤
　　【用于】　发电机
　　【用于】　电动机
　　【用于】　变压器
　　【用于】　电报
　　【用于】　电话
　　【用于】　收音机
　　【用于】　加速器
　　【用于】　热核聚变装置
　　【用于】　电磁测量仪表

◎ 磁导率
【基本信息】
　【英文名】　magnetic conductivity；magnetic permittivity
　【拼音】　ci dao lü
　【核心词】
【定义】
　（1）磁体在某种均匀介质中的磁感应强度与在真空中磁感应强度的比值。
　【来源】《地震学辞典》
　（2）符号为 μ，磁通密度与磁场强度之比，即 $\mu=B/H$。
　【来源】《科技编辑大辞典》
【分类信息】
　【CLC 类目】
　　（1）TM277　铁氧体、氧化物磁性材料
　　（2）TM277　粉末成型、烧结及后处理
　　（3）TM277　功能材料
　　（4）TM277　微波吸收材料
　　（5）TM277　特种机械性质合金
　【IPC 类目】

　　（1）H01F1/34　非金属物质,如铁氧体〔6〕
　　（2）H01F1/34　以铁氧体为基料的〔2,6〕
　　（3）H01F1/34　含氧化锌的〔2,6〕
　　（4）H01F1/34　非金属物质,如铁氧体〔6〕
　　（5）H01F1/34　含氧化锌的〔2,6〕
【词条属性】
　【特征】
　　【数值】　顺磁质 $\mu_r>1$
　　【数值】　抗磁质 $\mu_r<1$
　　【数值】　$\mu_0=4\pi\times10^7$ 特斯拉·米/安,是真空磁导率
　【因素】
　　【影响因素】　磁场强度 H
　　【影响因素】　磁感应强度 B
【词条关系】
　【层次关系】
　　【类分】　相对磁导率
　　【类分】　绝对磁导率
　　【类分】　真空磁导率
　【测度关系】
　　【物理量-单位】　特斯拉·米/安

◎ 磁感应强度
【基本信息】
　【英文名】　magnetic induction intensity
　【拼音】　ci gan ying qiang du
　【核心词】
【定义】
　（1）表征磁场强弱程度和磁场方向的物理量,又称磁通密度。
　【来源】《中国电力百科全书·电工技术基础卷》
　（2）在该点引用一根垂直于磁场方向的通电导线,则该点的磁感应强度 B 就等于导线所受的磁场作用力 F 与电流强度 I 和导线长度 L 的乘积 IL 的比值。
　【来源】《地震学辞典》

【分类信息】
　【CLC 类目】
　　（1）TB535　振动和噪声的控制及其利用
　　（2）TB535　永磁材料、永久磁铁
　　（3）TB535　磁性材料、铁氧体
　　（4）TB535　连续铸钢、近终形铸造
　　（5）TB535　磁学性质
　【IPC 类目】
　　（1）C22B9/02　用熔析、过滤、离心分离、蒸馏或超声波作用精炼
　　（2）C22B9/02　按成分区分的合金〔5,6〕
　　（3）C22B9/02　铁做主要成分的〔5〕
　　（4）C22B9/02　用磁场或电场的（1/46 优先）〔3〕
　　（5）C22B9/02　以铁氧体为基料的〔2,6〕
【词条属性】
　【特征】
　　【特点】　在物理学中磁场的强弱使用磁感应强度来表示，磁感应强度越大表示磁感应越强；磁感应强度越小，表示磁感应越弱
　　【特点】　磁感应强度反映的是相互作用力，是两个参考点 A 与 B 之间的应力关系；而磁场强度是主体单方的量，不管 B 方有没有参与，这个量是不变的
　【因素】
　　【影响因素】　洛伦兹力 F
　　【影响因素】　电荷量 q
　　【影响因素】　电子运动速度 v
　　【影响因素】　电场强度 E
　　【影响因素】　磁通量 Φ（$=\Delta BS$ 或 $B\Delta S$，B 为磁感应强度，S 为面积）
　　【影响因素】　磁场面积 S
【词条关系】
　【等同关系】
　　【基本等同】　磁通量密度
　　【基本等同】　磁通密度
　【测度关系】
　　【单位-物理量】　特斯拉（符号为 T）
　　【物理量-度量方法】　$B=F/IL$

◎ **磁各向异性**
【基本信息】
　【英文名】　magnetic anisotropy
　【拼音】　ci ge xiang yi xing
　【核心词】
【定义】
　　相对于物体中一个给定的参考系，在不同方向上物体具有不同磁性的现象。
【来源】　《中国冶金百科全书·金属材料》
【分类信息】
　【CLC 类目】
　　（1）O482.5　磁学性质
　　（2）O482.5　功能材料
　　（3）O482.5　磁性理论
　　（4）O482.5　薄膜技术
　　（5）O482.5　特种结构材料
【词条属性】
　【特征】
　　【特点】　磁各向异性能与晶轴取向有关
　　【特点】　磁晶各向异性大小用磁晶各向异性常数来衡量
　【因素】
　　【影响因素】　磁化强度方向
【词条关系】
　【等同关系】
　　【全称是】　磁晶各向异性
　【层次关系】
　　【并列】　形状各向异性
　　【并列】　生长感生各向异性
　　【并列】　应力感生各向异性
　　【并列】　磁场感生各向异性
　　【类分】　单轴磁晶各向异性
　　【类分】　多轴磁晶各向异性

◎ **磁化强度**
【基本信息】
　【英文名】　magnetization intensity
　【拼音】　ci hua qiang du
　【核心词】

【定义】
　　表示磁性物质永久的或者诱发的偶极磁矩的矢量场，通常用符号 M 表示。定义为媒质微小体元 ΔV 内的全部分子磁矩矢量和与 ΔV 之比。
【来源】　《金属功能材料词典》
【分类信息】
　【CLC 类目】
　　（1）O482.5　磁学性质
　　（2）O482.5　磁性理论
　　（3）O482.5　相变
　　（4）O482.5　磁法勘探
　　（5）O482.5　薄膜的性质
　【IPC 类目】
　　（1）C02F1/48　用磁场或电场的（1/46 优先）〔3〕
　　（2）C02F1/48　以铁氧体为基料的〔2,6〕
　　（3）C02F1/48　以其材料为特征
　　（4）C02F1/48　颗粒状的〔6〕
　　（5）C02F1/48　拉链
【词条属性】
　【特征】
　　【特点】　公式 $M=\mathrm{d}m/\mathrm{d}V$
　　【特点】　描述磁介质磁化状态的物理量
　　【特点】　对于铁磁质，M 和 B、H 之间有复杂的非线性关系（见磁滞回线）
　　【特点】　在外磁场作用下，磁介质磁化后出现的磁化电流要产生附加磁场，它与外磁场之和为总磁场 B
　　【特点】　对于线性各向同性磁介质，M 与 B、H 成正比，顺磁质的 M 与 B、H 同方向，抗磁质的 M 与 B、H 反方向
　　【特点】　对于各向异性磁介质，M 与 B、H 成正比，但比例系数是一个二阶张量
　　【特点】　在国际单位制（SI）中，磁化强度 M 的单位是安培/米（A/m）
　【状况】
　　【应用场景】　仪器仪表材料
【词条关系】

　【等同关系】
　　【基本等同】　代表符号 M
　【层次关系】
　　【类分】　均匀磁化
　　【类分】　非均匀磁化
　　【类分】　顺磁质
　　【类分】　抗磁质
　【测度关系】
　　【物理量-单位】　安培/米

◎ **磁化曲线**
【基本信息】
　【英文名】　magnetizing curve
　【拼音】　ci hua qu xian
　【核心词】
【定义】
　　材料的磁感应强度 B、磁极化强度 J 或磁化强度 M 随磁场强度 H 变化而变化的曲线。通常可称为 B—H 曲线、J—H 曲线及 M—H 曲线。
【来源】　《金属功能材料词典》
【分类信息】
　【CLC 类目】
　　（1）TQ325.2　聚苯乙烯及其共聚物
　　（2）TQ325.2　各种磁性
　　（3）TQ325.2　磁性材料、铁氧体
　　（4）TQ325.2　磁学性质
【词条属性】
　【特征】
　　【特点】　磁感强度 B 与磁场强度 H 之间存在着非线性关系
　　【特点】　一般具有磁饱和现象
　　【特点】　一般具有磁滞现象
　　【特点】　非磁性材料的磁化曲线为一直线
　　【特点】　非磁性材料的磁化曲线具有可逆性
　【状况】
　　【应用场景】　仪器仪表材料

【应用场景】　铁磁材料
　　【应用场景】　非磁性材料
【因素】
　　【影响因素】　温度
　　【影响因素】　材料种类及组成
【词条关系】
　【层次关系】
　　【类分】　交流磁化曲线
　　【类分】　起始磁化曲线
　　【类分】　正常磁化曲线
　　【类分】　无磁滞磁化曲线
　【测度关系】
　　【物理量-度量工具】　示波器
　　【物理量-度量工具】　磁通计
　　【物理量-度量工具】　测量电路

◎ 磁能积
【基本信息】
　【英文名】　magnetic product energy
　【拼音】　ci neng ji
　【核心词】
【定义】
　　(1)退磁曲线上任何一点的 B 和 H 的乘积,即 BH。
　【来源】　百度百科
　　(2)是衡量磁体所储存能量大小的重要参数之一。
　【来源】　百度百科
【分类信息】
　【CLC 类目】
　　(1) O614.33　镧系元素(稀土元素)
　　(2) O614.33　磁学性质
　【IPC 类目】
　　(1) B22F9/08　用铸造方法,如通过筛或注入水中,用雾化或喷雾方法(利用放电入9/14)〔3〕
　　(2) B22F9/08　适宜用于在真空中或特殊气氛中处理炉料的
　　(3) B22F9/08　注入带移动壁的铸型,如用辊子、板、皮带、履带(11/07 优先)〔3〕
　　(4) B22F9/08　采用磁力或电支承装置〔2〕
　　(5) B22F9/08　含钨、钽、钼、钒或铌的〔2〕
【词条属性】
　【特征】
　　【特点】　表征永磁材料单位体积对外产生的磁场中总储存能量的一个参数
　　【特点】　单位为 kJ/m³
　　【特点】　退磁曲线上任何一点的 B 和 H 的乘积即 BH
　　【特点】　在磁体使用时对应于一定能量的磁体,要求磁体的体积尽可能小
【词条关系】
　【层次关系】
　　【类分】　最大磁能积
　　【类属】　磁性概念
　【测度关系】
　　【物理量-单位】　千焦/立方米(kJ/m³)

◎ 磁性材料
【基本信息】
　【英文名】　magnetic materials
　【拼音】　ci xing cai liao
　【核心词】
【定义】
　　一切能显示磁性的物质,或可由磁场感应或能改变磁化强度的物质。按照磁性的强弱,物质可以分为抗磁性、顺磁性、铁磁性、反铁磁性和亚铁磁性等几类。
　【来源】　《现代科学技术名词选编》
【分类信息】
　【CLC 类目】
　　(1) TM271　磁性材料、铁磁材料
　　(2) TM271　特种结构材料
　　(3) TM271　电磁场理论的应用
　　(4) TM271　功能材料
　【IPC 类目】

（1）C02F1/48　用磁场或电场的（1/46优先）〔3〕
　　（2）C02F1/48　非金属物质，如铁氧体〔6〕
　　（3）C02F1/48　以铁氧体为基料的〔2,6〕
　　（4）C02F1/48　使用磁铁
　　（5）C02F1/48　专门用的喷射器

【词条属性】
　【特征】
　　【特点】　磁性材料与信息化、自动化、机电一体化、国防、国民经济的方方面面紧密相关
　　【特点】　磁性材料是指由过渡元素铁、钴、镍及其合金等能够直接或间接产生磁性的物质
　　【特点】　一般来讲软磁性材料剩磁较小，硬磁性材料剩磁较大
　【状况】
　　【应用场景】　磁电共存这一基本规律导致了磁性材料必然与电子技术相互促进而发展，如光电子技术促进了光磁材料和磁光材料的研制；磁性半导体材料、磁敏材料与器件可以应用于遥感、遥测技术和机器人；人们正在研究新的非晶态和稀土磁性材料（如FeNa合金）；磁性液体已进入实用阶段；某些新的物理和化学效应的发现（如拓扑效应）也给新材料的研制和应用（如磁声和磁热效应的应用）提供了条件
　　【应用场景】　永磁材料有多种用途，基于电磁力作用原理的应用主要有：扬声器、话筒、电表、按键、电机、继电器、传感器、开关等；基于磁电作用原理的应用主要有：磁控管和行波管等微波电子管、显像管、钛泵、微波铁氧体器件、磁阻器件、霍尔器件等；基于磁力作用原理的应用主要有：磁轴承、选矿机、磁力分离器、磁性吸盘、磁密封、磁黑板、玩具、标牌、密码锁、复印机、控温计等；其他方面的应用还有：磁疗、磁化水、磁麻醉等
　　【应用场景】　软磁材料的应用甚广，主要用于磁性天线、电感器、变压器、磁头、耳机、继电器、振动子、电视偏转轭、电缆、延迟线、传感器、微波吸收材料、电磁铁、加速器高频加速腔、磁场探头、磁性基片、磁场屏蔽、高频淬火聚能、电磁吸盘和磁敏元件（如磁热材料作开关）等

【时间】
　【起始时间】　11世纪就发明了制造人工永磁材料的方法

【词条关系】
　【层次关系】
　　【材料-组织】　柱状晶
　　【概念-实例】　AlNi(Co)合金
　　【概念-实例】　FeCr(Co)合金
　　【概念-实例】　FeCrMo合金
　　【概念-实例】　FeAlC合金
　　【概念-实例】　FeCo(V)(W)合金
　　【概念-实例】　Re-Co合金
　　【概念-实例】　Re-Fe合金
　　【概念-实例】　AlNi(Co)合金
　　【概念-实例】　FeCrCo合金
　　【概念-实例】　PtCo合金
　　【概念-实例】　MnAlC合金
　　【概念-实例】　CuNiFe合金
　　【概念-实例】　AlMnAg合金
　　【概念-实例】　$MO \cdot 6Fe_2O_3$铁氧体
　　【概念-实例】　MnBi
　　【概念-实例】　FeNi(Mo)薄片
　　【概念-实例】　FeSi薄片
　　【概念-实例】　FeAl薄片
　　【概念-实例】　Fe基薄片
　　【概念-实例】　Co基薄片
　　【概念-实例】　FeNi基薄片
　　【概念-实例】　FeNiCo基薄片
　　【概念-实例】　FeNi(Mo)粉料
　　【概念-实例】　FeSiAl粉料
　　【概念-实例】　羰基铁粉料
　　【概念-实例】　铁氧体粉料
　　【概念-实例】　尖晶石型——$MO \cdot Fe_2O_3$
　　【概念-实例】　磁铅石型——$Ba_3Me_2Fe_{24}O_{41}$

【构成成分】 金属间化合物、Co 元素
【类分】 永磁材料
【类分】 软磁材料
【类分】 矩磁材料
【类分】 旋磁材料
【类分】 金属磁性材料
【类分】 铁氧体磁性材料
【类分】 单晶磁性材料
【类分】 多晶磁性材料
【类分】 非晶磁性材料
【类分】 薄膜磁性材料
【类分】 塑性磁性材料
【类分】 液体磁性材料
【类分】 块体磁性材料
【应用关系】
　【使用】 真空炉
　【使用】 粉末冶金方法
【生产关系】
　【材料-工艺】 定向凝固

◎ 磁致伸缩
【基本信息】
　【英文名】 magnetostriction；magnetic striction
　【拼音】 ci zhi shen suo
　【核心词】
　【定义】
　　磁性材料在磁化时，所引起的弹性形变，叫作磁致伸缩。其中仅使线度发生变化而维持体积不变的部分叫作线磁致伸缩，而导致体积变化的部分叫作体磁致伸缩。
　【来源】《固体物理学大辞典》
【分类信息】
　【CLC 类目】
　　（1）O482.52 各种磁性
　　（2）O482.52 其他材料
　　（3）O482.52 特种机械性质合金
　　（4）O482.52 磁介质、坡莫合金
　　（5）O482.52 其他特种性质合金
　【IPC 类目】
　　（1）F02M51/06 专门用的喷射器
　　（2）F02M51/06 未列入 61/02 至 61/14 组或与之无关的零件
　　（3）F02M51/06 用于磁致伸缩器件的〔2〕
　　（4）F02M51/06 其他具有延长阀体的喷射器，即针阀型
　　（5）F02M51/06 铁基合金，如合金钢（铸铁合金入 37/00）〔2〕
【词条属性】
　【特征】
　　【特点】 铁磁物质（磁性材料）由于磁化状态的改变，其尺寸在各方向发生变化
　　【特点】 和传统超磁致伸缩材料及压电陶瓷材料（PZT）相比，稀土超磁致伸缩材料是佼佼者
　　【特点】 稀土超磁致伸缩材料具有下列优点：磁致伸缩应变 λ 比纯 Ni 大 50 倍，比 PZT 材料大 5～25 倍，比纯 Ni 和 Ni-Co 合金高 400～800 倍；磁致伸缩应变时产生的推力很大，直径约 10 mm 的 Tb-Dy-Fe 的棒材，磁致伸缩时产生约 200 kg 的推力
　　【特点】 稀土超磁致伸缩材料优点：能量转换效率（用机电耦合系数 K_{33} 表示）高达 70%，而 Ni 基合金仅有 16%，PZT 材料仅有 40%～60%；其弹性模量随磁场而变化，可调控；响应时间（由施加磁场到产生相应的应变 λ 所需的时间称为响应时间）仅 10^{-6} s，比人的思维还快；频率特性好，可在低频率（几十至一千赫兹）下工作，工作频带宽；稳定性好，可靠性高，其磁致伸缩性能不随时间而变化，无疲劳，无过热失效问题
　【状况】
　　【前景】 该材料在军、民两用高技术领域有广阔的应用前景，据国外专家预测，该材料的发展与 NdFeB 的发展极为相似，预计到 2010 年的销售额可以达到 18 亿美元
　　【现状】 过去的超声换能器主要是用压电陶瓷（PZT）材料来制造；它仅能制造小功率

(小于等于 2.0 kW)的超声波换能器,国外已用稀土超磁致伸缩材料来制造出超大功率(6~25 kW)的超声波换能器

【现状】 超大功率超声波技术可产生低功率超声技术所不能产生的新物理效应和新的用途,如它可使废旧轮胎脱硫再生,可使农作物大幅度增产,可加速化工过程的化学反应;有重大的经济、社会和环保效益;用该材料制造的电声换能器,可用于波动采油,可将油井的产油量提高到 20%~100%,可促进石油工业的发展;用该材料制造的薄型(平板型)喇叭,振动力大、音质好、高保真,可使楼板、墙体、桌面、玻璃窗振动和发音,可作为水下音乐、水下芭蕾伴舞的喇叭等

【现状】 北京科技大学自 20 世纪 80 年代末开始对稀土超磁致伸缩材料进行研究;经过近 10 年的研究,现已掌握了材料的成分、添加元素、制造工艺、热处理等关键技术;特别是我们自己发明创造的生产轴向取向材料的技术,使制造的产品在低磁场下具有高的磁致伸缩性能,在 40 kA/m 的磁场下,应变值达到(950~1150)×10^{-6},达到国际先进水平

【应用场景】 稀土超磁致伸缩材料在声频和超声技术方面有广阔的应用前景,如用该材料可制造超大功率超声换能器

【词条关系】

　【层次关系】

　　【概念-实例】　Ni-Co 合金

　　【概念-实例】　Ni-Co-Cr 合金

　　【概念-实例】　Fe-Ni 合金

　　【概念-实例】　Fe-Al 合金

　　【概念-实例】　Fe-Co-V 合金

　　【概念-实例】　Ni-Co 铁氧体材料

　　【概念-实例】　Ni-Co-Cu 铁氧体材料

　　【概念-实例】　(Pb,Zr,Ti)CO_3 材料

　　【概念-实例】　(Tb,Dy)Fe_2 化合物为基体的合金

　【类分】　磁致伸缩的金属与合金

　【类分】　电磁致伸缩材料

　【类分】　稀土金属间化合物磁致伸缩材料

　【应用关系】

　　【用于】　声呐的水声换能器技术

　　【用于】　电声换能器技术

　　【用于】　海洋探测与开发技术

　　【用于】　微位移驱动

　　【用于】　减振与防振

　　【用于】　减噪与防噪系统

　　【用于】　智能机翼

　　【用于】　机器人

　　【用于】　自动化技术

　　【用于】　燃油喷射技术

　　【用于】　阀门

　　【用于】　泵

　　【用于】　波动采油

　【生产关系】

　　【原料-材料】　微位移驱动器

◎ **磁滞回线**

【基本信息】

　【英文名】　hysteresis loop

　【拼音】　ci zhi hui xian

　【核心词】

【定义】

　表示磁场强度周期性变化时强磁性物质磁滞现象的闭合磁化曲线。它表明了强磁性物质反复磁化过程中磁化强度 M 或磁感应强度 B 与磁场强度 H 之间的关系。

【来源】《中国电力百科全书·电工技术基础卷》

【分类信息】

　【CLC 类目】

　　(1) O　数理科学和化学

　　(2) O　电磁学、电动力学

　　(3) O　磁性材料、铁磁材料

　　(4) O　薄膜的性质

　　(5) O　磁学性质

　　(6) O　磁性材料、铁氧体

【IPC类目】
（1）H01F1/153　非晶态合金,如金属玻璃〔5,6〕
（2）H01F1/153　镍或钴做主要成分的〔5〕
（3）H01F1/153　含钨、钽、钼、钒或铌的〔2〕
【词条属性】
　【特征】
　　【缺点】　由于 B—H 磁滞回线所围面积与磁滞损耗成正比,在交流电器中磁滞损耗是有害的,它的存在既浪费了电能又使铁心发热,对设备不利,所以软磁材料的磁滞回线所围面积要尽量减小,以减少损耗
　　【特点】　用于表征单一方向的 M（磁化强度）-H（磁场）关系
　　【特点】　表明了强磁性物质反复磁化过程中磁化强度 M 或磁感应强度 B 与磁场强度 H 之间的关系
　　【特点】　由于 $B = \mu_0(H+M)$,若已知一材料的 M—H 曲线,便可求出其 B—H 曲线
　　【特点】　磁滞回线反映了铁磁质的磁化性能
　　【优点】　磁滞回线是铁磁性物质和亚铁磁性物质的一个重要的特征,顺磁性和抗磁性物质则不具有这一现象
【词条关系】
　【等同关系】
　　【基本等同】　BH 曲线
　【层次关系】
　　【类分】　正常磁滞回线
　　【类分】　矩形磁滞回线
　　【类分】　退化磁滞回线
　　【类分】　蜂腰磁滞回线
　　【类分】　不对称磁滞回线
　　【类分】　饱和磁滞回线
　　【类分】　准静态磁滞回线
　　【类分】　动态磁滞回线

◎脆化
【基本信息】
　【英文名】　embrittlement;brittleness
　【拼音】　cui hua
　【核心词】
【定义】
　　金属或合金的延性和(或)韧性明显下降的现象。
【来源】《金属功能材料词典》
【分类信息】
　【CLC类目】
　　TG457.11　钢
　【IPC类目】
　　（1）C23C2/12　铝或铝合金〔4〕
　　（2）C23C2/12　用过的或有缺陷的电子管、灯,或其他可利用的部件的修理或再生
　　（3）C23C2/12　测量电变量;测量磁变量
　　（4）C23C2/12　热冲击法〔3〕
【词条属性】
　【特征】
　　【特点】　使金属或塑料变脆
　【状况】
　　【应用场景】　焊缝
　　【应用场景】　焊缝热影响区
　【因素】
　　【影响因素】　化学成分
　　【影响因素】　加热温度
　　【影响因素】　应力状态
　　【影响因素】　微观组织
　　【影响因素】　晶粒尺寸
　　【影响因素】　材料形式
　　【影响因素】　硫的含量
　　【影响因素】　磷的含量
　　【影响因素】　冷却速度
　　【影响因素】　钢的纯净度
【词条关系】
　【层次关系】
　　【并列】　硬化
　　【类分】　高温回火脆化

【类分】　低温回火脆化
　　【类分】　苛性脆化
　　【类分】　氢脆
　　【类分】　石墨化
【应用关系】
　　【工艺-组织】　渗碳体
　　【工艺-组织】　奥氏体
　　【工艺-组织】　马氏体
　　【工艺-组织】　贝氏体
　　【工艺-组织】　珠光体
【生产关系】
　　【工艺-材料】　板材
　　【工艺-材料】　锻件
　　【工艺-设备工具】　加热炉

◎ **脆性断裂**
【基本信息】
　　【英文名】　brittle fracture
　　【拼音】　cui xing duan lie
　　【核心词】
　　【定义】
　　断裂之前不伴随有显著宏观塑性形变的断裂叫作脆性断裂。脆性断裂所消耗的断裂能很小，往往发生在平均应力水平低于总体屈服的应力水平下，且以非常高的速度进行，因此，脆性断裂是结构材料的一种灾难性破坏。
　　【来源】　《固体物理学大辞典》
【分类信息】
　　【CLC 类目】
　　（1）U213.4　钢轨
　　（2）U213.4　磨削加工工艺
　　（3）U213.4　机械试验法
　　（4）U213.4　工程材料一般性问题
　　【IPC 类目】
　　（1）C22C1/10　含非金属的合金（1/08 优先）
　　（2）C22C1/10　螺纹元件〔2〕
　　（3）C22C1/10　对形成的螺纹执行附加功能的螺钉，如钻孔螺钉〔4〕
　　（4）C22C1/10　螺纹形状；特殊的螺纹形状（用作螺纹锁紧器件入 39/30）
　　（5）C22C1/10　螺栓、双头螺栓或类似件（螺纹制造入 1/56，U 形螺栓制造入 1/74）
【词条属性】
　　【特征】
　　【特点】　脆性断口宏观特点：断口平齐而光亮，且与正应力垂直
　　【特点】　脆性断裂微观特点：断口呈人字或放射花样
　　【因素】
　　【影响因素】　大孔洞
　　【影响因素】　大晶粒
　　【影响因素】　夹杂物
　　【影响因素】　钢材本身的纯度
　　【影响因素】　粒度分布
　　【影响因素】　组织形貌
　　【影响因素】　缺口
　　【影响因素】　未焊透
　　【影响因素】　白点
　　【影响因素】　氢
　　【影响因素】　低温环境
　　【影响因素】　高应变速率
　　【影响因素】　厚截面
【词条关系】
　　【层次关系】
　　【并列】　韧性断裂
　　【类分】　解离断裂
　　【类分】　沿晶断裂
　　【类分】　穿晶断裂

◎ **脆性转变温度**
【基本信息】
　　【英文名】　fracture appearance transition temperature
　　【拼音】　cui xing zhuan bian wen du
　　【核心词】
　　【定义】
　　（1）温度降低时金属材料由韧性状态变化

为脆性状态的温度区域,也称为韧脆转变温度。在脆性转变温度区域以上,金属材料处于韧性状态,断裂形式主要为韧性断裂;在脆性转变温度区域以下,材料处于脆性状态,断裂形式主要为脆性断裂(如解理)。

【来源】 《中国电力百科全书·火力发电卷》

(2)采用能量准则法,规定为冲击吸收功(A_k)降到某一特定数值时的温度,如取 $A_{kma} \times 0.4$ 对应的温度,常以 T_k 表示。

(3)断口形貌准则法,规定以断口上纤维区与结晶区相对面积达一定比例时所对应的温度,例如取结晶区面积占总面积 50% 所对应的温度,以 FATT(fraeture appearance transition temperature)表示。

(4)落锤试验法规定以落锤冲断长方形板状试样时断口 100% 为结晶断口时所对应的温度为无塑性转变温度,以 NDT(nil ductility temperature)表示。

【词条属性】

【特征】

【特点】 在脆性转变温度区域以上,金属材料处于韧性状态,断裂形式主要为韧性断裂

【特点】 在脆性转变温度区域以下,材料处于脆性状态,断裂形式主要为脆性断裂(如解理)

【特点】 脆性转变温度越低,说明钢材的抵抗冷脆性能越高

【状况】

【应用场景】 作为构件材料性能的考核指标

【因素】

【影响因素】 与试样尺寸、加载方式及加载速度有关

【影响因素】 含氮、磷、砷、锑和铋等杂质元素会对脆性转变温度产生明显的影响

【影响因素】 钢的化学成分

【影响因素】 热处理工艺

【影响因素】 长期运行过程中有可能发生时效脆化、回火脆性等现象会提高材料的脆性转变温度

【词条关系】

【等同关系】

【基本等同】 韧脆转变温度

【测度关系】

【物理量-度量方法】 能量准则法

【物理量-度量方法】 断口形貌准则法

【物理量-度量方法】 落锤试验法

◎淬火

【基本信息】

【英文名】 quenching

【拼音】 cui huo

【核心词】

【定义】

(1)将金属工件加热到适当温度,保温一定时间,随即浸入淬冷介质中快速冷却的金属热处理工艺。

【来源】 《军事大辞海·下》

(2)将钢加热到临界温度 Ac_3(亚共析钢)或 Ac_1(过共析钢)以上温度,保温一段时间,使之全部或部分奥氏体化,然后以大于临界冷却速度的冷速快冷到 M_s 以下(或 M_s 附近等温)进行马氏体(或贝氏体)转变的热处理工艺。

(3)通常也将铝合金、铜合金、钛合金、钢化玻璃等材料的固溶处理或带有快速冷却过程的热处理工艺称为淬火。

【分类信息】

【CLC 类目】

(1) TG15 热处理

(2) TG15 热处理自动化设备

(3) TG15 金属材料

(4) TG15 淬火、表面淬火

(5) TG15 金属材料

【IPC 类目】

(1) C21D1/62 淬火设备

(2) C21D1/62 通过电感应[3]

（3）C21D1/62　硬化（1/02 优先）；随后回火或不回火的淬火（淬火设备入 1/62）〔3〕

（4）C21D1/62　热处理，如适合于特殊产品的退火、硬化、淬火、回火；所用的炉子（一般炉子入 F27）

（5）C21D1/62　槽浴淬火用的〔3〕

【词条属性】

【特征】

【优点】　提高刃具、磨具、量具的硬度、耐磨性

【状况】

【应用场景】　应用于金属材料加工中

【应用场景】　在汽车、飞机、火箭中应用的钢件

【因素】

【影响因素】　化学成分

【影响因素】　加热温度

【影响因素】　冷却速度

【影响因素】　冷却介质

【词条关系】

【等同关系】

【俗称为】　蘸火

【层次关系】

【并列】　正火

【并列】　退火

【并列】　回火

【类分】　单介质淬火

【类分】　双介质淬火

【类分】　分级淬火

【类分】　等温淬火

【类分】　表面淬火

【类分】　感应淬火

【类分】　局部淬火

【类分】　气冷淬火

【类分】　风冷淬火

【类分】　盐水淬火

【类分】　有机溶液淬火

【类分】　喷液淬火

【类分】　双液淬火

【类分】　加压淬火

【类分】　亚温淬火

【类分】　直接淬火

【类分】　两次淬火

【类分】　自冷淬火

【类属】　热处理制度

【主体-附件】　加热时间

【应用关系】

【工艺-组织】　马氏体

【工艺-组织】　贝氏体

【工艺-组织】　奥氏体

【工艺-组织】　残余奥氏体

【使用】　相变温度

【用于】　脱溶

【用于】　硬化

【生产关系】

【工艺-材料】　高合金钢

【工艺-材料】　中碳钢

【工艺-材料】　工具钢

【工艺-材料】　低合金钢

【工艺-材料】　马氏体不锈钢

【工艺-材料】　低碳钢

【工艺-材料】　结构钢

【工艺-材料】　钢铁材料

【工艺-材料】　硬质合金

【工艺-材料】　弹簧钢丝

【工艺-材料】　渗碳钢

【工艺-设备工具】　轧辊

◎淬透性

【基本信息】

【英文名】　hardenability；hardening capacity

【拼音】　cui tou xing

【核心词】

【定义】

钢在给定的冷却条件下，在一定的硬化层深度内，过冷奥氏体转变成一定比例马氏体的能力。它是钢在淬火时决定其组织和硬度分布的内在特性，是钢得到马氏体的难易程度。在

给定条件下,可用淬火钢淬硬层的深浅来表征。
　　【来源】　《中国冶金百科全书·金属材料》
【分类信息】
　　【CLC类目】
　　　　TF762　　优质钢
　　【IPC类目】
　　　（1）C22C38/32　　含硼的[2]
　　　（2）C22C38/32　　淬火设备
　　　（3）C22C38/32　　黑色金属表面的[4]
　　　（4）C22C38/32　　用于滚珠;滚柱
　　　（5）C22C38/32　　用于齿轮,蜗轮或其他
类似物
【词条属性】
　　【特征】
　　　　【数值】　　淬透性的计算公式:含碳量≤
0.25%的渗碳钢;J6～40＝74C^1/2＋14Cr＋5.4Ni＋
29Mo＋16Mn－16.8E^1/2＋1.386E＋7 HRC;含碳
量0.25%～0.60%的钢;J6～40＝102C^1/2＋
22Cr＋7Ni＋33Mo＋21Mn－15.47E^1/2＋1.102E－16
HRC
　　　　【特点】　　淬火时获取淬硬层深度的能力
　　　　【特点】　　钢的淬硬层深度越大,就表明这
种钢的淬透性越好
　　【因素】
　　　　【影响因素】　　过冷奥氏体稳定性
　　　　【影响因素】　　临界冷却速度
　　　　【影响因素】　　化学成分的影响
　　　　【影响因素】　　奥氏体晶粒大小的影响
　　　　【影响因素】　　奥氏体均匀程度的影响
　　　　【影响因素】　　钢的原始组织的影响
　　　　【影响因素】　　部分元素,如Mn,Si等元素
【词条关系】
　　【等同关系】
　　　　【基本等同】　　淬硬层深度
　　　　【基本等同】　　淬透层深度
　　【层次关系】
　　　　【概念-实例】　　淬硬性
　　【应用关系】
　　　　【用于】　　顶端淬火试验

　　　　【用于】　　20CrMnMo钢
　　　　【用于】　　20Cr钢
　　　　【用于】　　20CrMnTi钢
　　　　【用于】　　38CrMoAlA钢
　　　　【用于】　　40Cr钢
　　　　【用于】　　40MnVB钢
　　　　【用于】　　40CrMnMo钢
　　　　【用于】　　35CrMoSiA钢
　　　　【用于】　　35CrMo钢
　　　　【用于】　　42CrMo钢
　　　　【用于】　　45Mn2钢
　　　　【用于】　　50CrVA钢
　　　　【用于】　　CrWMn钢
　　　　【用于】　　60Si2Mn钢
　　　　【用于】　　GCr15钢
　　　　【用于】　　GCr15SiMn钢
　　　　【用于】　　5CrNiMo钢
　　　　【用于】　　65Mn钢
　　　　【用于】　　3Cr2W8V钢
　　　　【用于】　　W18Cr4V钢
　　　　【用于】　　W6Mo5Cr4V2钢
　　　　【用于】　　1Cr13钢
　　　　【用于】　　2Cr13钢
　　　　【用于】　　3Cr13钢
　　　　【用于】　　4Cr13钢
　　　　【用于】　　HT200钢
　　　　【用于】　　ZG310-570钢
　　　　【用于】　　ZG340-640钢
　　　　【用于】　　5CrMnMo钢
　　　　【用于】　　9Mn2V钢
　　　　【用于】　　9SiCr钢
　　　　【用于】　　15钢
　　　　【用于】　　35钢
　　　　【用于】　　45钢
　　　　【用于】　　20钢

◎ **淬硬性**
【基本信息】
　　【英文名】　　hardenability;hardening capacity

【拼音】 cui ying xing
【核心词】
【定义】
钢经淬火所能达到的最高硬度。主要决定于钢中的碳含量。碳分愈高,淬硬性一般也愈高。
【来源】 《中国百科大辞典》
【分类信息】
　【IPC 类目】
　　(1) B21B17/14　不用心轴的
　　(2) B21B17/14　带钎焊或焊接缝的管的制造(只包含一种钎焊或焊接加工的入 B23K)
　　(3) B21B17/14　在生产管状体时〔3〕
　　(4) B21B17/14　圆锯片
　　(5) B21B17/14　铁基合金,如合金钢(铸铁合金入 37/00)〔2〕
【词条属性】
　【特征】
　　【特点】　材料淬火得到的最高硬度
　　【特点】　指材料正常热处理工艺情况下,所能获得硬度高低的能力
　　【特点】　指材料在经过一定温度下保持一定时间后所能保持其硬度的能力
　　【特点】　指钢在理想条件下淬火能达到最高硬度的能力,它主要取决于马氏体的碳含量
　　【特点】　淬透性好的钢,其淬硬性不一定高
　　【特点】　零件的淬硬性并不代表其一定能够得到的硬度,其实际硬度值将是由加热温度、保温时间、冷却介质和出水温度等许多条件决定
　　【特点】　淬硬性一般是无量化值,通常是以含碳量的高低进行衡量
　【因素】
　　【影响因素】　主要受奥氏体中的碳含量和合金元素的影响
　　【影响因素】　加热温度的高低
　　【影响因素】　保温时间

【影响因素】　淬火介质
【词条关系】
　【层次关系】
　　【实例-概念】　淬透性
　【应用关系】
　　【用于】　5Cr8Si2 钢
　　【用于】　40Cr 钢
　　【用于】　S136 淬硬模具钢
　　【用于】　45 钢
　　【用于】　P20 钢
　　【用于】　40Cr 调质钢
　　【用于】　20CrMnTi 钢
　　【用于】　SKS51 钢
　　【用于】　50CrV4 钢
　　【用于】　Cr12MoV 淬硬模具钢
　　【用于】　Cr12MoV 淬硬钢

◎大气腐蚀

【基本信息】
　【英文名】　atmosphere corrosion;atmospheric corrosion
　【拼音】　da qi fu shi
　【核心词】
【定义】
在环境温度下由于空气中的水汽、氧气和污染物质等的电化学或化学作用而引起的金属腐蚀。
【来源】 《中国冶金百科全书·金属材料》
【分类信息】
　【CLC 类目】
　　(1) TG172.3　大气腐蚀、气体腐蚀
　　(2) TG172.3　各种类型的金属腐蚀
　　(3) TG172.3　其他腐蚀
　　(4) TG172.3　材料腐蚀与保护
　　(5) TG172.3　腐蚀的控制与防护
　【IPC 类目】
　　(1) C23C22/63　铜或铜合金的处理〔4,5〕
　　(2) C23C22/63　含钨、钽、钼、钒或铌的

〔2〕
　　（3）C23C22/63　用合成喷漆或清漆〔2〕
　　（4）C23C22/63　在空气或气体中添加汽相缓蚀剂
　　（5）C23C22/63　其他化学方法〔2〕
【词条属性】
　【状况】
　　【前景】　随着电化学测量技术的发展，大气腐蚀的研究正经历从宏观向微观、从定性向定量、从长期试验向短期实验的发展阶段，许多新的研究方法和研究手段正应运而生
　　【前景】　利用电化学方法研究薄层液膜下的大气腐蚀已经引起我国科研人员的关注；电化学测量技术的发展为研究薄层液膜下的大气腐蚀提供了一种有力的手段，但是金属大气腐蚀问题的复杂性使得单凭电化学技术本身还无法深入全面的研究，电化学测量技术也正在发展完善之中
　　【前景】　如果将各种物理分析方法及原位监测手段（如反射红外光谱IRAS、激光拉曼光谱LRS、扫描隧道显微镜STM、石英微天平等）和机械方法等与电化学测量技术有机地结合起来，薄层液膜下的大气腐蚀的研究一定会有更加广阔的前景
　【因素】
　　【影响因素】　大气的相对湿度
　　【影响因素】　表面湿润时间
　　【影响因素】　日照时间
　　【影响因素】　气温
　　【影响因素】　降雨
　　【影响因素】　风向和风速
　　【影响因素】　降尘
【词条关系】
　【层次关系】
　　【概念-实例】　二氧化碳腐蚀
　　【概念-实例】　二氧化硫腐蚀
　　【概念-实例】　氟化氢腐蚀
　　【概念-实例】　硫化氢腐蚀
　　【概念-实例】　氮的氧化物
　　【概念-实例】　氯腐蚀
　　【概念-实例】　氯化氢腐蚀
　　【概念-实例】　乡村大气腐蚀
　　【概念-实例】　城市大气腐蚀
　　【概念-实例】　工业大气腐蚀
　　【概念-实例】　海洋大气腐蚀
　　【类分】　大气相对湿度类型
　　【类分】　环境酸性气体腐蚀类型
　　【类属】　腐蚀
　【应用关系】
　　【使用】　大气环境暴露试验
　　【使用】　室内加速腐蚀试验
　　【使用】　表面腐蚀形貌观察
　　【使用】　腐蚀产物分析

◎ 带材

【基本信息】
　【英文名】　strip；belt materials
　【拼音】　dai cai
　【核心词】
【定义】
　　长宽比很大的成卷供应的带状金属材。宽度大于600 mm者称为宽带材，小于600 mm的带材称为窄带材。
【来源】《中国冶金百科全书·金属塑性加工》
【分类信息】
　【CLC类目】
　　（1）TM26　超导体、超导体材料
　　（2）TM26　工厂设备及安装
　　（3）TM26　钢铁工业
　【IPC类目】
　　（1）C21D8/02　在生产钢板或带钢时（8/12优先）〔3〕
　　（2）C21D8/02　用成型条或带绕制的
　　（3）C21D8/02　在生产具有特殊电磁性能的产品时〔3〕
　　（4）C21D8/02　软管夹
　　（5）C21D8/02　连续清洗线材、带材、丝

材用的
【词条属性】
　【特征】
　　【数值】　带材厚度可薄至 0.001 mm
　　【特点】　长宽比很大的成卷供应的带状金属材
　　【特点】　宽度大于 600 mm 者称为宽带材
　　【特点】　小于 600 mm 的带材称为窄带材
　　【特点】　热轧方法生产的带材厚度较大，冷轧方法可获得热轧法不能获得的优点，可以生产表面质量好、尺寸精确、力学性能高的更薄规格的带材
　　【特点】　可弯曲、焊接成各类复杂断面的型钢、钢管、大型工字钢、槽钢等结构件
　　【优点】　可任意剪裁、弯曲、冲压、焊接、制成各种制品构件，使用灵活方便
　【状况】
　　【应用场景】　表面积大，故包容覆盖能力强，在化工、容器、建筑、金属制品、金属结构等方面都得到广泛应用
　　【应用场景】　在汽车、航空、造船及拖拉机制造等部门占有极其重要的地位
【词条关系】
　【层次关系】
　　【材料-组织】　马氏体
　　【材料-组织】　奥氏体
　　【概念-实例】　316 L 不锈钢带材
　　【概念-实例】　304 L 不锈钢带材
　　【概念-实例】　304 不锈钢带材
　　【概念-实例】　310 不锈钢带材
　　【概念-实例】　303 不锈钢带材
　　【概念-实例】　302 不锈钢带材
　　【概念-实例】　301 不锈钢带材
　　【概念-实例】　202 不锈钢带材
　　【概念-实例】　201 不锈钢带材
　　【概念-实例】　410 不锈钢带材
　　【概念-实例】　420 不锈钢带材
　　【概念-实例】　430 不锈钢带材
　　【类分】　宽带材
　　【类分】　窄带材
　【生产关系】
　　【材料-工艺】　软化退火
　　【材料-工艺】　热轧方法
　　【材料-工艺】　冷轧方法
　　【材料-工艺】　形变热处理
　　【材料-工艺】　卷取

◎ 带钢
【基本信息】
　【英文名】　strip steel；band steel
　【拼音】　dai gang
　【核心词】
　【定义】
　　呈卷状或带状的薄钢材。
　【来源】　《中国百科大辞典》
【分类信息】
　【CLC 类目】
　　（1）TG333.2　轧制辅助设备
　　（2）TG333.2　工程材料力学（材料强弱学）
　【IPC 类目】
　　（1）C21D9/56　带材或线材连续处理炉
　　（2）C21D9/56　在生产钢板或带钢时（8/12 优先）〔3〕
　　（3）C21D9/56　板材；带材〔4〕
　　（4）C21D9/56　锌或镉或以其为基的合金〔4〕
　　（5）C21D9/56　热处理过程的控制或调节（一般控制或调节入 G05）〔2〕
【词条属性】
　【特征】
　　【数值】　一般厚 0.8～4 mm，宽 20～600 mm
　　【数值】　热轧普通带钢厚 2～6 mm，冷轧带钢一般为 0.05～3.60 mm
　　【数值】　热轧带钢在热轧机上生产，厚度为 1.2～8 mm
　　【数值】　宽度 600 mm 以下称为窄带钢，

超过 600 mm 称为宽带钢
 【特点】 呈卷状或带状
【词条关系】
 【等同关系】
  【基本等同】 钢带
 【层次关系】
  【类分】 普通带钢
  【类分】 优质带钢
  【类分】 热轧带钢
  【类分】 冷轧带钢
 【应用关系】
  【部件成品-材料】 普碳钢
  【部件成品-材料】 碳结钢
  【部件成品-材料】 弹簧钢
  【部件成品-材料】 工具钢
  【材料-部件成品】 自行车车架
  【材料-部件成品】 轮圈
  【材料-部件成品】 卡箍
  【材料-部件成品】 垫圈
  【材料-部件成品】 弹簧片
  【材料-部件成品】 锯条
  【材料-部件成品】 五金制品
  【材料-部件成品】 刀片
  【材料-加工设备】 加热炉
  【材料-加工设备】 粗轧机
  【材料-加工设备】 除磷机
  【材料-加工设备】 精轧机
  【材料-加工设备】 表面质检仪
  【材料-加工设备】 卷取机
  【材料-加工设备】 打捆机
  【材料-加工设备】 喷号机
  【材料-加工设备】 卷库板坯
  【使用】 精整
  【用于】 生产焊接钢管
  【用于】 做冷弯型钢坯料
 【生产关系】
  【材料-工艺】 热加工性能
  【材料-工艺】 酸洗
  【材料-工艺】 轧制
  【材料-工艺】 退火
  【材料-工艺】 轧制尺寸同步润滑
  【材料-工艺】 上防锈油
  【材料-工艺】 平整定尺
  【材料-工艺】 抛光
  【材料-工艺】 包装
  【材料-工艺】 冷硬
  【材料-工艺】 球化退火

◎ 带状组织

【基本信息】
 【英文名】 banded structure
 【拼音】 dai zhuang zu zhi
 【核心词】
【定义】
  (1) 金属材料经过锻造或热轧等加工变形后,其中的夹杂物和偏析物沿变形方向呈带状分布,即形成所谓带状组织。
 【来源】《金属材料简明辞典》
  (2) 金属材料中与加工方向平行的线状或板状排列的相或合金元素不均匀分布的组织,如铁素体-珠光体带、碳化物带、非金属夹杂物所引起的条带及偏析带等。
 【来源】《金属功能材料词典》
【分类信息】
 【CLC 类目】
  (1) TG33 轧制
  (2) TG33 金属的液体结构和凝固理论
 【IPC 类目】
  (1) C21D10/00 用热处理或变形以外的方法来改变物理性能〔3〕
  (2) C21D10/00 退火方法
  (3) C21D10/00 硬化(1/02 优先);随后回火或不回火的淬火(淬火设备入 1/62)〔3〕
  (4) C21D10/00 用于金属薄板
  (5) C21D10/00 铁基合金,如合金钢(铸铁合金入 37/00)〔2〕
【词条属性】
 【特征】

【缺点】 带状组织的存在使钢的成分不均匀,并影响钢材性能,使得钢材形成各向异性,降低钢的塑性、韧性和断面收缩率,造成冷弯不合格、冲击废品率高、热处理时钢材易变形等后果

【特点】 热轧时(再结晶温度以上)钢内存在的偏析组织或含量较高的非金属夹杂物沿压力加工方向呈带状,再结晶时成为铁素体(F)非均匀形核的核心,形成带状铁素体,形成的珠光体(P)也成带状

【特点】 热轧时停锻温度在两相区,铁素体沿流动方向呈带状结晶,使奥氏体(A)也成带状,所以转变成的珠光体也成带状,因这种原因形成的带状组织可用正火或退火消除

【因素】

【影响因素】 调整加热温度,提高加热温度延长加热时间,使形成枝晶偏析的元素(如Mn等)、残余碳化物扩散均匀,达到理想的奥氏体均匀化,同时使奥氏体的晶粒尺寸超过原始带状的条带宽度,以减轻原始带状

【影响因素】 控制合理的终轧温度,适当降低终轧温度(靠近 Ac_3 线为宜),细化奥氏体晶粒,以达到细化铁素体晶粒,从而加大其与富锰带带间距 s 之间的差别,减轻带状组织

【影响因素】 加大终轧后的冷却速度,抑制碳在原始带状基础上的长距离扩散,消除或减轻铁素体珠光体带状

【词条关系】

【层次关系】

【类分】 铁素体-珠光体带

【类分】 碳化物带

【类分】 非金属夹杂物

【类分】 偏析带

【类分】 晶粒带状

【类属】 钢材内部缺陷

◎ **氮化钒**

【基本信息】

【英文名】 vanadium nitride

【拼音】 dan hua fan

【核心词】

【定义】

化学式 VN,黑褐色立方晶体或绿褐色粉末。

【来源】《化学物质辞典》

【分类信息】

【CLC 类目】

(1) TF841.3 钒

(2) TF841.3 金属复合材料

【IPC 类目】

(1) C01B21/06 氮与金属、硅,或与硼的二元化合物(叠氮化物入 21/08)

(2) C01B21/06 钒的化合物

(3) C01B21/06 以氮化物为基的〔4〕

(4) C01B21/06 铁或钢的母(中间)合金

(5) C01B21/06 一氧化铅(PbO)

【词条属性】

【特征】

【数值】 分子量 64.95

【特点】 黑色立方系晶体

【特点】 不溶于水,微溶于王水

【优点】 能提高钢的强度、韧性、延展性及抗热疲劳性等综合机械性能,并使钢具有良好的可焊性

【优点】 在达到相同强度下,添加氮化钒节约钒加入量 30%~40%,进而降低了成本

【优点】 很高的耐磨性

【优点】 比钒铁具有更有效的强化和细化晶粒作用

【优点】 节约钒添加量,相同强度条件下钒氮合金与钒铁相比可节约 20%~40% 钒

【优点】 钒、氮收得率稳定,减少钢的性能波动

【优点】 使用方便,损耗少,采用高强度防潮包装,可直接入炉

【状况】

【应用场景】 应用于建筑行业

【其他物理特性】

【密度】 相对密度 6.13

【熔点】 2320 ℃
【力学性能】
　　【硬度】 V_3N 显微硬度约为 1900 HV
　　【硬度】 VN 显微硬度约为 1520 HV
【词条关系】
　【等同关系】
　　【基本等同】 VN
　　【基本等同】 钒氮合金
　【层次关系】
　　【类分】 V_3N
　　【类分】 VN
　　【类属】 氮化物
　【应用关系】
　　【材料-加工设备】 连续式气氛推板高温炉
　　【材料-加工设备】 硅钼棒电热元件
　　【用于】 工具钢
　　【用于】 管道钢
　　【用于】 钢筋
　　【用于】 铸铁

◎ 氮化钛

【基本信息】
　【英文名】 titanium nitride
　【拼音】 dan hua tai
　【核心词】
【定义】
　　化学式 TiN。是最主要的 Ti 的氮化物，是其他氮化物的基本成分。其颜色随组成变化和分散的程度为亮褐色至黄铜色。
【来源】 《铁合金辞典》
【分类信息】
　【CLC 类目】
　　（1）TB44 粉末技术
　　（2）TB44 工业用陶瓷
　　（3）TB44 浇注及凝固
　　（4）TB44 特种结构材料
　　（5）TB44 合金学与各种性质合金
　【IPC 类目】
　　（1）C01B21/076 与钛或锆〔3〕
　　（2）C01B21/076 以硼化物、氮化物或硅化物为基料的〔4,6〕
　　（3）C01B21/076 钛的化合物
　　（4）C01B21/076 以镀层材料为特征的（14/04 优先）〔4〕
　　（5）C01B21/076 形成工艺；准备制造陶瓷产品的无机化合物的加工粉末〔6〕
【词条属性】
　【特征】
　　【数值】 熔点 2930 ℃
　　【数值】 相对分子质量 61.89
　　【数值】 晶格常数 $a = 0.4241$ nm
　　【数值】 非化学计量化合物，其稳定的组成范围为 $TiN_{0.37} \sim TiN_{1.16}$，氮的含量可以在一定的范围内变化而不引起 TiN 结构的变化
　　【特点】 具有典型的 NaCl 型结构，属面心立方点阵
　　【特点】 TiN 粉末一般呈黄褐色，超细 TiN 粉末呈黑色，而 TiN 晶体呈金黄色
　　【特点】 TiN 的晶体结构与 TiC 的晶体结构相似，只是将其中的 C 原子置换成 N 原子
　　【优点】 TiN 熔点比大多数过渡金属氮化物的熔点高，而密度却比大多数金属氮化物低，因此是一种很有特色的耐热材料
　【状况】
　　【现状】 目前，由于含氮金属陶瓷工具的开发而使氮化钛粉末的需要急剧增加起来；而且国际上代金装饰技术发展相当快，氮化钛在这方面的应用具有十分广阔的前景；不仅因为氮化钛涂层价格低廉，而且还由于它在耐腐蚀、耐摩擦等性能方面都胜过真空涂层；因此，对氮化钛的研究具有重要的经济意义
　【其他物理特性】
　　【密度】 5.43 g/cm^3
　　【热导率】 29.31 W/(m·K)
　　【热导率】 电阻率为 2.2×10^{-5} Ω·cm
　　【热膨胀系数】 6.81×10^{-6} m/℃
　【力学性能】

【硬度】 8～9 HRC
【词条关系】
　【等同关系】
　　【基本等同】 TiN
　【层次关系】
　　【构成成分】 钛、氮
　　【类属】 氮化物
　　【类属】 多功能金属陶瓷材料
　【应用关系】
　　【用于】 高强度金属陶瓷工具
　　【用于】 喷汽推进器
　　【用于】 高温润滑剂
　　【用于】 轴承
　　【用于】 密封环
　　【用于】 熔盐电解电极
　　【用于】 熔盐电解点触头
　　【用于】 薄膜电阻
　　【用于】 超导材料
　　【用于】 代金装饰材料
　　【用于】 耐火材料
　【生产关系】
　　【材料-工艺】 气相沉积法

◎ **氮化物**
【基本信息】
　【英文名】 nitride
　【拼音】 dan hua wu
　【核心词】
【定义】
　（1）主要指金属元素与氮形成的化合物，如氮化镁（Mg_3N_2）、氮化铝（AlN）、氮化钛（TiN）等。金属氮化物多数难溶，热稳定性很高；非金属元素，如磷、硅、硼等，也能与氮化合成氮化物（P_3N_5，Si_3N_4，BN等）。
　【来源】 《教师百科辞典》
　（2）人工合成含氮和金属或非金属元素结晶相的矿物。主要有氮化硅（Si_3N_4）、氧氮化硅、氮化铝、氮化锆及氮化硼等，可作为耐火原料。
　【来源】 《中国冶金百科全书·耐火材料》

【分类信息】
　【CLC 类目】
　　（1）TE624　炼油工艺过程
　　（2）TE624　催化剂
　【IPC 类目】
　　（1）C30B29/38　氮化物〔3〕
　　（2）C30B29/38　氮与金属、硅，或与硼的二元化合物（叠氮化物入 21/08）
　　（3）C30B29/38　A(Ⅲ)B(Ⅴ)化合物〔3〕
　　（4）C30B29/38　至少一种涂层是金属〔3〕
　　（5）C30B29/38　以硼化物、氮化物或硅化物为基料的〔4,6〕
【词条属性】
　【特征】
　　【特点】 比碳化物熔点高、硬度高、稳定性大
　　【特点】 在外观、硬度和导电性方面似金属，一般都是硬度大、熔点高、化学性质稳定，并有导电性
　　【特点】 氮化铂的合成条件是大约 50 GPa(50 万个大气压强) 和 2000 K；氮化铱的合成条件也差不多：47 GPa 和 1600 K
　【状况】
　　【现状】 以《氮化铂和氮化铱的合成与特征》的标题发表在《科学》杂志上，作者包括 Jonathan Crowhurst、Babak Sadigh、Cheryl Evans、James Ferreira 和 Art Nelson
【词条关系】
　【层次关系】
　　【构成成分】 氮、钛、钒、铌、硅、钼、硼、铝、镁、磷、锂、铁、钽、氧、银、钡、锰、钨、锆
　　【类分】 氮化钛
　　【类分】 氮化锂
　　【类分】 氮化镁
　　【类分】 氮化铝
　　【类分】 氮化钽
　　【类分】 氮化钒
　　【类分】 氮化硼
　　【类分】 五氮化三磷

【类分】 四氮化三硅
【类分】 一氧化氮
【类分】 二氧化氮
【类分】 氮化铁
【类分】 氮化银
【类分】 氮化钡
【类分】 氮化钨
【类分】 氮化锰
【类分】 氮化锆
【实例-概念】 杂质
【应用关系】
【用于】 半导体
【用于】 超导体
【用于】 防腐器材
【用于】 耐火材料
【用于】 高性能陶瓷材料
【用于】 电子
【用于】 原子能

◎ 导电性
【基本信息】
【英文名】 electrical conductivity; electroconductivity
【拼音】 dao dian xing
【核心词】
【定义】
　　金属材料传导电流的能力,称为导电性。导电性是金属材料的物理性能之一。
【来源】 《机械加工工艺辞典》
【分类信息】
【CLC 类目】
　（1）TB332　非金属复合材料
　（2）TB332　金属复合材料
　（3）TB332　特种结构材料
　（4）TB332　化合物半导体
　（5）TB332　各种用途的胶粘剂
【IPC 类目】
　（1）C09D5/24　导电涂料
　（2）C09D5/24　碳[2]

　（3）C09D5/24　导电的黏合剂[5]
　（4）C09D5/24　铜基合金
　（5）C09D5/24　分散在不导电的有机材料中的导电材料[3]
【词条属性】
【特征】
　【特点】 各种金属的导电性各不相同,通常银的导电性最好,其次是铜和金
　【特点】 一般来说,金属、半导体、电解质溶液或熔融态电解质和一些非金属都可以导电
　【特点】 非电解质物体导电的能力是由其原子外层自由电子数及其晶体结构决定的,如金属含有大量的自由电子,就容易导电,而大多数非金属由于自由电子数很少,故不容易导电
　【特点】 电解质导电是因为离子化合物溶解或熔融时产生阴阳离子从而具有了导电性
　【特点】 由于晶体结构原因,石墨导电,金刚石不导电
【状况】
　【应用场景】 从物理性质区分金属和非金属,金属一般具有导电性、导热性、延展性,有金属光泽,并且大多数是固体,只有汞常温下是液体;而非金属大多是绝缘体,只有少数非金属是导体(碳)或半导体(硅)
【其他物理特性】
【电导率】 银为 15.86 ρ/(nΩ·m)
【电导率】 铜为 16.78 ρ/(nΩ·m)
【电导率】 金为 24 ρ/(nΩ·m)
【电导率】 铝为 26.548 ρ/(nΩ·m)
【电导率】 钙为 39.1 ρ/(nΩ·m)
【电导率】 铍为 40 ρ/(nΩ·m)
【电导率】 镁为 44.5 ρ/(nΩ·m)
【电导率】 锌为 51.96 ρ/(nΩ·m)
【电导率】 钼为 52 ρ/(nΩ·m)
【电导率】 铱为 53 ρ/(nΩ·m)
【电导率】 钨为 56.5 ρ/(nΩ·m)
【电导率】 钴为 66.4 ρ/(nΩ·m)
【电导率】 镉为 68.3 ρ/(nΩ·m)

【电导率】 镍为 68.4 $\rho/(n\Omega \cdot m)$
【电导率】 铟为 83.7 $\rho/(n\Omega \cdot m)$
【电导率】 铁为 97.1 $\rho/(n\Omega \cdot m)$
【电导率】 铂为 106 $\rho/(n\Omega \cdot m)$
【电导率】 锡为 110 $\rho/(n\Omega \cdot m)$
【电导率】 铷为 125 $\rho/(n\Omega \cdot m)$
【电导率】 铬为 129 $\rho/(n\Omega \cdot m)$
【电导率】 镓为 174 $\rho/(n\Omega \cdot m)$
【电导率】 铊为 180 $\rho/(n\Omega \cdot m)$
【电导率】 铯为 200 $\rho/(n\Omega \cdot m)$
【电导率】 铅为 206.84 $\rho/(n\Omega \cdot m)$
【电导率】 锑为 390 $\rho/(n\Omega \cdot m)$
【电导率】 钛为 420 $\rho/(n\Omega \cdot m)$
【电导率】 汞为 984 $\rho/(n\Omega \cdot m)$
【电导率】 锰为 1850 $\rho/(n\Omega \cdot m)$
【因素】
　【影响因素】 温度
　【影响因素】 材料本身
　【影响因素】 合金化
　【影响因素】 冷变形
【词条关系】
　【层次关系】
　　【并列】 导热性
　　【并列】 绝缘体
　　【并列】 半导体
　　【并列】 导电体
　【测度关系】
　　【度量方法-物理量】 电阻率
　　【物理量-单位】 纳欧·米($n\Omega \cdot m$)

◎ **导热性**
【基本信息】
　【英文名】 thermal conductivity; thermal conduction
　【拼音】 dao re xing
　【核心词】
【定义】
　金属传导热量的能力称为导热性。一般用导热系数"λ"来表示,它的物理意义是单位长度金属上温差为 1 ℃ 时,单位时间内通过单位面积,由高温传递到低温端的热量。
【来源】《机械加工工艺辞典》
【分类信息】
　【CLC 类目】
　　(1) TF351　有色冶金机械
　　(2) TF351　金属-非金属复合材料
　【IPC 类目】
　　(1) C09K5/14　固体材料,如粉末或颗粒[7]
　　(2) C09K5/14　为便于冷却或加热对材料或造型的选择,如散热器[2]
　　(3) C09K5/14　传热、热交换或储热的材料,如制冷剂;用于除燃烧外的化学反应方式制热或制冷的材料[2]
　　(4) C09K5/14　具有毛细结构管束的[6]
　　(5) C09K5/14　铜基合金
【词条属性】
　【特征】
　　【特点】 导热性能好的物体,往往吸热快,散热也快
　　【特点】 合金的导热性比纯金属差
　　【特点】 银的导热性是最好的
　【状况】
　　【应用场景】 一般来说,在焊接、铸造、锻造和热处理等工艺中必须考虑其导热性,防止材料在加热或冷却过程中其内外温差过大,从而对材料造成变形和破坏等因素
【其他物理特性】
　【热导率】 银约是 418.6 W/(m·K)
　【热导率】 铜约是 393.5 W/(m·K)
　【热导率】 铝约是 211.9 W/(m·K)
　【热导率】 钨是 166.2 W/(m·K)
　【热导率】 镁约是 153.7 W/(m·K)
【因素】
　【影响因素】 物体的热导率
　【影响因素】 外界与材料本身的温度差
　【影响因素】 空气的湿度
　【影响因素】 环境温度

【影响因素】　物体的厚度
【词条关系】
　　【等同关系】
　　　　【基本等同】　热导率
　　【层次关系】
　　　　【并列】　导电性
　　　　【类分】　纯金属导热性
　　　　【类分】　合金导热性
　　　　【类分】　非金属导热性
　　　　【类属】　物理特性
　　【应用关系】
　　　　【使用】　热导系数
　　【测度关系】
　　　　【度量方法-物理量】　导热系数"λ"

◎ 等温淬火
【基本信息】
　　【英文名】　isothermal quenching
　　【拼音】　deng wen cui huo
　　【核心词】
【定义】
　　将钢加热到临界温度（AC_3 或 AC_1）以上，保温一定时间使之奥氏体化，随后在马氏体开始转变点（M_s）以上（或以下）某一温度的淬火介质中，保持足够时间，然后取出在空气中冷却的一种淬火方法。
　　【来源】　《现代材料科学与工程辞典》
【分类信息】
　　【IPC 类目】
　　　（1）C21D1/20　等温淬火，如贝氏体淬火〔3〕
　　　（2）C21D1/20　含球墨的
　　　（3）C21D1/20　铸铁的热处理
　　　（4）C21D1/20　淬火设备
　　　（5）C21D1/20　用于曲轴；凸轮轴
【词条属性】
　　【特征】
　　　　【数值】　等温的贝氏体转变温度区间：260～400 ℃

　　　　【数值】　等温保持的时间：一般在浴槽中保温时间为 30～60 min
　　　　【特点】　工件淬火加热后，长期保持在下贝氏体转变区的温度，使之完成奥氏体的等温转变，获得下贝氏体组织
　　　　【优点】　获得下贝氏体以增强钢材的强度、硬度、韧性、耐磨性和塑性
　　　　【优点】　等温淬火变形量少，硬度较高并兼有良好的韧性
　　　　【优点】　等温淬火后一般情况下无须再进行回火
　　　【状况】
　　　　【应用场景】　等温淬火适用于尺寸较小的工件
　　　　【应用场景】　等温淬火适合于处理形状复杂、尺寸精度要求较高的工具和重要的机器零件，如模具、刀具、齿轮等
　　　　【应用场景】　等温淬火适合于形状复杂、要求变形小、处理后具有高硬度与强韧性的塑性和韧性的工件
【词条关系】
　　【层次关系】
　　　　【并列】　等温退火
　　　　【类属】　淬火
　　【应用关系】
　　　　【工艺-组织】　下贝氏体
　　【生产关系】
　　　　【工艺-材料】　铸铁
　　　　【工艺-材料】　球墨铸铁
　　　　【工艺-材料】　贝氏体钢

◎ 等温退火
【基本信息】
　　【英文名】　isothermal annealing
　　【拼音】　deng wen tui huo
　　【核心词】
【定义】
　　将钢加热到 AC_3 以上 30～50 ℃（亚共析钢）或者 AC_1 以上 20～40 ℃（共析钢和过共析

钢),保持一段时间,随炉冷却到 Ar1 以下的某一温度等温退火,使之发生珠光体转变,然后出炉空冷到室温的一种退火方法。

【来源】 《现代材料科学与工程辞典》
【分类信息】
　【CLC 类目】
　　TG139　其他特种性质合金
　【IPC 类目】
　　(1) C21D1/26　退火方法
　　(2) C21D1/26　锑或铋基合金〔2〕
　　(3) C21D1/26　软化退火,如球化处理
　　(4) C21D1/26　热处理,如适合于特殊产品的退火、硬化、淬火、回火;所用的炉子(一般炉子入 F27)
　　(5) C21D1/26　用粉末冶金法(1/08 优先)〔2〕
【词条属性】
　【特征】
　　【数值】　加热温度为 Ac_3+(30～50 ℃)
　　【特点】　转变为珠光体组织
　　【特点】　对某些奥氏体比较稳定的合金钢,采用等温退火可大幅度缩短退火周期
　　【特点】　等温退火比完全退火的温度低的多,不但节约时间,还能降低能耗,节约成本
　　【特点】　等温退火可以以等温条件下转变的优势获得均匀的组织和性能
　　【特点】　等温退火的等温前的冷速就是要保证尽快自加热温度降低到等温温度,以免速度过慢在前期的连续降温过程中形成大量的不均匀组织
【词条关系】
　【层次关系】
　　【并列】　完全退火
　　【并列】　等温淬火
　　【概念-实例】　22CrMoH 钢
　　【概念-实例】　17Cr2Ni2MoAHZ 钢
　　【概念-实例】　27SiMnNi2CrMoA 钢
　　【概念-实例】　2Cr13 钢
　　【概念-实例】　正 30Si2MnCrMoVE 钢

　　【概念-实例】　20CrMnTi 钢
　　【概念-实例】　20CrNi2Mo 钢
　　【概念-实例】　GCr15 钢
　　【概念-实例】　W18Cr4V 钢
　　【概念-实例】　18Cr2Ni4WA2
　　【概念-实例】　35CrNi3MoV 钢
　　【概念-实例】　4Cr5MoV1Si 钢
　　【概念-实例】　7CrMn2Mo 钢
　　【概念-实例】　A6 钢
　　【概念-实例】　430 铁素体不锈钢
　　【概念-实例】　7Cr7Mo3V2Si 钢
　　【概念-实例】　M2 高速钢
　　【概念-实例】　H13 钢
　　【概念-实例】　16MnCr5 钢
　　【概念-实例】　W6Mo5Cr4V2 高速钢
　　【概念-实例】　9Cr2Mo 钢
　　【概念-实例】　55MnB 钢
　【类属】　退火
【应用关系】
　【用于】　共析钢
　【用于】　汽车渗碳齿轮钢
　【用于】　超高速钢

◎ 等温转变曲线
【基本信息】
　【英文名】　time temperature transformation curve
　【拼音】　deng wen zhuan bian qu xian
　【核心词】
【定义】　即 TTT 曲线(TTT——time,temperature,transformation),可综合反映过冷奥氏体在不同过冷温度下等温温度、保持时间与转变产物所占的百分数(转变开始及转变终止)的关系曲线,又称为"C 曲线"。
【来源】　百度百科
【分类信息】
　【IPC 类目】
　　(1) G02B　光学元件,系统或仪器

（2）G02B　球棍头

（3）G02B　金属材料表面中仅渗入非金属元素的固渗（渗硅入 10/00）；金属材料表面与反应气体反应、覆层中留存表面材料反应产物法表面化学处理，如转化层、金属的钝化（14/00 优先）〔4〕

（4）G02B　非晶态合金〔5〕

【词条属性】

【特征】

【特点】　其形状通常像英文字母"C"

【特点】　转变温度范围为 A_1～550 ℃，获片状珠光体型（F+P）组织；依转变温度由高到低，转变产物分别为珠光体、索氏体、托氏体，片层间距由粗到细；其力学性能与片层间距大小有关，片层间距越小，则塑性变形抗力越大，强度和硬度越高，塑性也有所改善

【特点】　转变温度范围为 550 ℃～M_s，此温度下转变获贝氏体型组织，贝氏体型组织是由过饱和的铁素体和碳化物组成的，分上贝氏体和下贝氏体

【特点】　350～550 ℃ 范围内形成的贝氏体称为上贝氏体，金相组织呈羽毛状

【特点】　350 ℃～M_s 范围内形成的贝氏体称为下贝氏体，金相组织呈黑色针状或片状，下贝氏体组织通常具有优良的综合力学性能，即强度和韧性都较高

【特点】　等温转变温度越低，其转变组织越细小，强度、硬度也越高

【状况】

【应用场景】　用等温转变图可分析钢在 A1 线以下不同温度进行等温转变所获的产物

【应用场景】　表示不同温度下过冷奥氏体转变量与转变时间关系的曲线

【力学性能】

【硬度】　650 ℃～Ac_1 珠光体粗片状铁素体与渗碳体混合物 <25 HRC

【硬度】　600～650 ℃ 索氏体 600 倍光学金相显微镜下才能分辨的细片状珠光体 25～35 HRC

【硬度】　550～650 ℃ 托氏体在光学金相显微镜下已无法分辨的极细片状珠光体 35～40 HRC

【硬度】　350～550 ℃ 上贝氏体羽毛状组织 40～45 HRC

【硬度】　M_s～350 ℃ 下贝氏体黑色针状或称竹叶状组织 45～55 HRC

【因素】

【影响因素】　钢材化学成分

【影响因素】　温度

【影响因素】　时间

【词条关系】

【等同关系】

【基本等同】　C 曲线

【基本等同】　TTT 图

【层次关系】

【组成部件】　时间轴

【组成部件】　温度轴

【应用关系】

【使用】　膨胀法测定

【使用】　磁性法测定

【使用】　金相硬度法测定

◎ 低倍组织

【基本信息】

【英文名】　macroscopic structure；macrostructure

【拼音】　di bei zu zhi

【核心词】

【定义】

低倍组织又称为宏观组织，用肉眼或放大镜（通常小于 30 倍）观察到的组织，即晶粒的大小、形态、分布和存在的缺陷（如偏析、缩孔、气孔、裂纹、夹杂等）。

【来源】《实用轧钢技术手册》

【分类信息】

【CLC 类目】

（1）U668.2　金属材料

（2）U668.2　连续铸钢设备

【IPC 类目】
　　(1) C22C33/00　铁基合金的制造
　　(2) C22C33/00　转炉炼钢
　　(3) C22C33/00　添加处理剂去除杂质
　　(4) C22C33/00　熔融铁类合金的处理，如不包括在 1/00 到 5/00 组的钢（铸造成型过程中熔融金属的处理入 B22D1/00,27/00；黑色金属的重熔入 C22B）
　　(5) C22C33/00　通过伴随有变形的热处理或变形后再进行热处理来改变物理性能（除需成型的工件外不需要再加热的锻造，或轧制成型的硬化工件或材料入 1/02）[3]
【词条属性】
　【特征】
　　【特点】　低倍状态下观察到的宏观组织形貌
【词条关系】
　【等同关系】
　　【基本等同】　巨视组织
　　【俗称为】　宏观组织
　【层次关系】
　　【并列】　显微组织
　　【概念-实例】　偏析
　　【概念-实例】　缩孔
　　【概念-实例】　气孔
　　【概念-实例】　裂纹
　　【概念-实例】　夹杂

◎ **低合金钢**
【基本信息】
　【英文名】　low alloy steel
　【拼音】　di he jin gang
　【核心词】
【定义】
　　(1) 合金元素总含量低于 3%～5% 的合金钢。
　【来源】《军事大辞海·上》
　　(2) 在低碳结构钢的基础上，加入一种或数种少量的合金元素而形成的钢。这种钢的合金元素总含量一般在 3% 以下，最高的不超过 5%。
　【来源】《中国农业百科全书·农业机械化卷》
【分类信息】
【CLC 类目】
　　(1) TG172　各种类型的金属腐蚀
　　(2) TG172　钢锭轧制和钢坯轧制
　　(3) TG172　化工用管道及配件
　　(4) TG172　反应堆材料及其性能
　　(5) TG172　铸锭理论
【IPC 类目】
　　(1) C22C38/14　含钛或锆的[2]
　　(2) C22C38/14　铁或钢的母（中间）合金
　　(3) C22C38/14　脱氧，如镇静钢[2]
　　(4) C22C38/14　含钨、钽、钼、钒或铌的[2]
　　(5) C22C38/14　含钒的[2]
【词条属性】
　【特征】
　　【数值】　合金元素总量小于 5%
　　【特点】　低碳含量，具有良好的可焊性
　　【优点】　强塑性良好
　【状况】
　　【现状】　自 20 世纪 70 年代以来，世界范围内低合金高强度钢的发展进入了一个全新时期，以控制轧制技术和微合金化的冶金学为基础，形成了现代低合金高强度钢即微合金化钢的新概念；进入 80 年代，一个涉及广泛工业领域和专用材料门类的品种开发，借助于冶金工艺技术方面的成就达到了顶峰；在钢的化学成分—工艺—组织—性能的四位一体的关系中，第一次突出了钢的组织和微观精细结构的主导地位，也表明低合金钢的基础研究已趋于成熟，以前所未有的新的概念进行合金设计
　【时间】
　　【起始时间】　1870 年
　【力学性能】
　　【屈服强度】　碳素结构钢的最小屈服点

为 235 MPa
　　【屈服强度】　低合金高强度钢的最小屈服点为 345 MPa
【词条关系】
　　【层次关系】
　　　　【材料-组织】　珠光体
　　　　【材料-组织】　奥氏体
　　　　【材料-组织】　针状铁素体
　　　　【材料-组织】　马氏体
　　　　【概念-实例】　16Mn
　　　　【概念-实例】　09Mn2
　　　　【概念-实例】　15MnVg
　　　　【概念-实例】　10TiL
　　　　【概念-实例】　15MnVN
　　　　【概念-实例】　15MnTi
　　　　【概念-实例】　14MnMoV
　　　　【概念-实例】　12MnMoV
　　　　【概念-实例】　14MnMoVB
　　　　【概念-实例】　4MnMoVBRe
　　　　【概念-实例】　16MnCu
　　　　【概念-实例】　20MnV
　　　　【构成成分】　碳、硅、锰、铁、铌、钒、钛、铝、镍
　　　　【类分】　低合金结构钢
　　　　【类分】　低合金高强度钢
　　　　【类分】　钢轨
　　　　【类属】　合金钢
　　　　【类属】　热轧板
　　【应用关系】
　　　　【材料-加工设备】　热交换器
　　　　【使用】　冷挤压
　　　　【使用】　空冷
　　　　【使用】　金相组织
　　　　【使用】　应力腐蚀试验
　　　　【用于】　锅炉用钢
　　　　【用于】　压力容器用钢
　　　　【用于】　造船用钢
　　　　【用于】　汽车用钢
　　　　【用于】　桥梁用钢
　　　　【用于】　自行车用钢
　　　　【用于】　管材用钢
　　　　【用于】　核能用钢
　　　　【用于】　舰船用钢
　　　　【用于】　兵器用钢
　　　　【组织-工艺】　正火
　　【生产关系】
　　　　【材料-工艺】　淬火回火
　　　　【材料-工艺】　淬火
　　　　【材料-工艺】　TMCP 技术
　　　　【材料-工艺】　HCP 技术
　　　　【材料-工艺】　脱气

◎ 低合金高强度钢

【基本信息】
　　【英文名】　low-alloy high-strength steel
　　【拼音】　di he jin gao qiang du gang
　　【核心词】
【定义】
　　碳含量低于 0.25%，合金元素总含量低于 5%，强度高于普通碳素钢的一类低合金钢。
【来源】　《中国冶金百科全书·金属材料》
【分类信息】
　　【CLC 类目】
　　　　（1）TG161　钢的热处理
　　　　（2）TG161　合金钢
　　　　（3）TG161　钢
　　　　（4）TG161　工业部门经济
　　【IPC 类目】
　　　　（1）C21D8/02　在生产钢板或带钢时（8/12 优先）[3]
　　　　（2）C21D8/02　含锰的[2]
　　　　（3）C21D8/02　含钨、钽、钼、钒或铌的[2]
【词条属性】
　　【特征】
　　　　【数值】　含碳量通常小于 0.25%
　　　　【数值】　合金元素含量较低，一般在 2.5% 以下

【数值】 屈强比为 0.65～0.95
【优点】 具有良好的塑性、韧性、焊接性、冷热加工性和成型性
【优点】 采用低合金高强度钢代替普通碳素钢可减薄截面、减轻重量、节约能源、节省工时、降低成本和提高服役寿命等
【优点】 具有制造工艺简单、提高工程质量和提高产品性能等特点
【状况】
【前景】 其主要发展方向是低碳超低碳、高纯度、微合金化、控制轧制和控制冷却
【现状】 这类钢能大量生产、广泛使用，各发达工业国家的低合金高强度钢产量约占钢产量的 10%
【现状】 随着化学冶金、物理冶金、力学冶金和计算机冶金技术的发展，近年来低合金高强度钢获得了迅速地发展
【应用场景】 应用范围很广，涉及机器制造、交通运输、通信、能源和高层建筑等行业
【时间】
【起始时间】 19 世纪末
【力学性能】
【屈服强度】 （300～700）MPa
【词条关系】
【层次关系】
【材料-组织】 铁素体
【材料-组织】 珠光体
【材料-组织】 针状铁素体
【材料-组织】 回火马氏体
【概念-实例】 16Mn
【概念-实例】 15MnV
【概念-实例】 15MnVN
【概念-实例】 09Mn2V
【概念-实例】 06MnNb
【概念-实例】 06AlNbCuN
【概念-实例】 10MnPNbRE
【概念-实例】 12MoAlV
【概念-实例】 10MoWVNb
【构成成分】 碳、硅、铁、锰、铌、钒、钛、钼、铜、镍、铝
【类分】 微合金钢
【类分】 高强度用钢
【类分】 低温用钢
【类分】 耐蚀用钢
【类分】 铁素体-珠光体钢
【类分】 少珠光体钢
【类分】 针状铁素体钢
【类分】 低碳回火马氏体钢
【类分】 双相钢
【类属】 低合金钢
【类属】 耐磨钢
【应用关系】
【使用】 二次淬火
【用于】 建造船舶
【用于】 桥梁
【用于】 输油气管线
【用于】 海洋平台
【用于】 压力容器
【用于】 锅炉
【用于】 汽车
【用于】 农业机械
【用于】 铁道车辆
【用于】 建筑钢筋
【用于】 水电站压水管
【用于】 叉管
【用于】 工程机械
【用于】 起重机械
【用于】 钢结构高层建筑
【用于】 电视广播塔
【用于】 输电塔
【用于】 贮罐
【用于】 矿山设备

◎**低合金结构钢**
【基本信息】
【英文名】 low alloy structural steel
【拼音】 di he jin jie gou gang
【核心词】

【定义】

简称低合金钢。它是在普通钢的基础上加入了微量的各种合金元素,磷、硫的含量仍保持普碳钢的要求水平,因此过去称之为普通低碳钢。

【来源】 《中国成人教育百科全书·化学·化工》

【分类信息】

【IPC类目】

(1) C21D10/00 用热处理或变形以外的方法来改变物理性能〔3〕

(2) C21D10/00 退火方法

(3) C21D10/00 含钨、钽、钼、钒或铌的〔2〕

【词条属性】

【特征】

【数值】 与同规格普通碳钢对比,如果强度相同,采用低合金钢可节约钢材 20%～25%

【优点】 有耐磨、耐蚀、耐低温和高强度、高韧度及良好的焊接性能等特性

【词条关系】

【层次关系】

【概念-实例】	16Mn
【概念-实例】	16MnRE
【概念-实例】	15MnV
【概念-实例】	15MnTi
【概念-实例】	16MNb
【概念-实例】	15MnVN
【概念-实例】	18Nb
【概念-实例】	Q345
【概念-实例】	Q390
【概念-实例】	Q420
【概念-实例】	Q460
【概念-实例】	Q500
【概念-实例】	Q550
【概念-实例】	Q620
【概念-实例】	Q690

【构成成分】 碳、硅、铁、锰、铌、钒、钛、铜、稀土、氮、硼

【类分】 结构钢

【类分】 耐腐蚀钢

【类分】 低温用钢

【类分】 钢筋钢

【类分】 钢轨钢

【类分】 其他专用钢

【类分】 耐候钢

【类属】 低合金钢

【类属】 结构钢

【应用关系】

【用于】 锅炉

【用于】 汽车

【用于】 船舶

【用于】 化工

【用于】 石油管道

【用于】 桥梁

【用于】 铁道

【用于】 发电站

【用于】 矿山设备

◎低碳钢

【基本信息】

【英文名】 low carbon steel;mild steel

【拼音】 di tan gang

【核心词】

【定义】

碳含量低于 0.25% 的碳素钢,因其强度低、硬度低而软,故又称为软钢。它包括大部分普通碳素结构钢和一部分优质碳素结构钢,大多不经热处理用于工程结构件,有的经渗碳和其他热处理用于要求耐磨的机械零件。

【来源】 《中国冶金百科全书·金属材料》

【分类信息】

【CLC类目】

(1) TG111.2 金属的晶体缺陷理论

(2) TG111.2 金属的分析试验(金属材料试验)

(3) TG111.2 断裂理论

(4) TG111.2 物相变化工艺机械

(5) TG111.2 大气腐蚀、气体腐蚀

【IPC类目】
（1）C21D8/02　在生产钢板或带钢时（8/12优先）〔3〕
（2）C21D8/02　通过伴随有变形的热处理或变形后再进行热处理来改变物理性能（除需成型的工件外不需要再加热的锻造，或轧制成型的硬化工件或材料入1/02）〔3〕
（3）C21D8/02　含铝的〔2〕
（4）C21D8/02　生产深冲钢板或带钢〔3〕
（5）C21D8/02　含钛或锆的〔2〕
【词条属性】
　【特征】
　　【数值】　碳含量低于0.25%
　　【优点】　其强度和硬度较低，塑性和韧性较好
　【状况】
　　【应用场景】　用于桥梁、船舶、建筑构件、机器零件等
【词条关系】
　【等同关系】
　　【俗称为】　软钢
　【层次关系】
　　【并列】　中碳钢
　　【材料-组织】　铁素体-珠光体
　　【材料-组织】　贝氏体
　　【构成成分】　碳、硅、铁、锰、铌、钒、钛、钼、硼、镍、铝
　　【类分】　普碳钢
　　【类分】　碳素结构钢
　　【类分】　沸腾钢
　　【类分】　圆钢
　　【类属】　建筑用钢
　　【类属】　碳素钢
　　【类属】　碳钢
　【应用关系】
　　【材料-部件成品】　链条
　　【材料-部件成品】　铆钉
　　【材料-部件成品】　螺栓
　　【材料-部件成品】　轴
　　【材料-部件成品】　建筑构件
　　【材料-部件成品】　容器
　　【材料-部件成品】　箱体
　　【材料-部件成品】　炉体
　　【材料-部件成品】　农机具
　　【材料-部件成品】　汽车驾驶室
　　【材料-部件成品】　发动机罩
　　【使用】　冷挤压
　　【使用】　冷脆
　　【使用】　冷变形
　　【使用】　控制轧制
　　【使用】　空冷
　　【使用】　加工硬化
　　【使用】　抗拉强度
　　【使用】　晶粒取向
　　【使用】　微合金化
　　【使用】　应力腐蚀断裂
　　【用于】　角钢
　　【用于】　槽钢
　　【用于】　工字钢
　　【用于】　钢管
　　【用于】　钢带
　　【用于】　薄板
　　【用于】　棒材
【生产关系】
　　【材料-工艺】　退火
　　【材料-工艺】　淬火
　　【材料-工艺】　形变时效
　　【材料-工艺】　淬火时效
　　【材料-工艺】　软化退火
　　【材料-工艺】　渗碳

◎低温钢
【基本信息】
　【英文名】　cryogenic steel；low temperature steel
　【拼音】　di wen gang
　【核心词】
【定义】
　在低于-10℃的低温下具有足够缺口韧性

的合金钢。通常把在-196～-10 ℃ 的低温下使用的钢叫作低温钢,把在 -196 ℃ 以下的低温下使用的钢叫作超低温用钢。

【来源】 《中国冶金百科全书·金属材料》
【分类信息】
　【CLC 类目】
　　（1）TG142.79　低温钢（耐寒钢）
　　（2）TG142.79　金属的分析试验（金属材料试验）
　【IPC 类目】
　　（1）C22C38/14　含钛或锆的〔2〕
　　（2）C22C38/14　含锰的〔2〕
【词条属性】
　【特征】
　　【数值】 低碳锰钢 [$m(C)$ 为 $0.05\%\sim0.28\%$, $m(Mn)$ 为 $0.6\%\sim2\%$], 使 $m(Mn)/m(C)\approx10$
　　【数值】 锰镍钼钢 [$m(Mn)$ $0.6\%\sim1.5\%$, $m(Ni)$ $0.2\%\sim1.0\%$, $m(Mo)$ $0.4\%\sim0.6\%$, $m(C)\leqslant0.25\%$]
　　【数值】 镍铬钼钢 [$m(Ni)$ $0.7\%\sim3.0\%$, $m(Cr)$ $0.4\%\sim2.0\%$, $m(Mo)$ $0.2\%\sim0.6\%$, $m(C)\leqslant0.25\%$]
　　【数值】 低温用钢分 4 个温度级别: $-40\sim-20$ ℃、$-80\sim-50$ ℃、$-110\sim-100$ ℃、$-269\sim-196$ ℃
　　【特点】 韧性-脆性转变温度低于使用温度
　　【特点】 满足设计要求的强度
　　【特点】 在使用温度下组织结构稳定
　　【特点】 良好的焊接性和加工成型性
　　【特点】 某些特殊用途还要求极低的磁导率、冷收缩率等
　【时间】
　　【起始时间】 1932 年美国发明了在 -46 ℃ 低温下使用的 2.5%镍钢
【词条关系】
　【等同关系】
　　【俗称为】 深冷钢
　【层次关系】
　　【材料-组织】 奥氏体
　　【材料-组织】 铁素体
　　【材料-组织】 马氏体
　　【概念-实例】 0Cr21Ni6Mn9N
　　【概念-实例】 0Cr16Ni22Mn9Mo2
　　【概念-实例】 15Mn26Al4
　　【概念-实例】 18-8 型铬镍不锈耐酸钢
　　【构成成分】 碳、硅、铁、锰、铌、钒、钛、铝、铬、钼、镍
　　【类分】 铁素体低温钢
　　【类分】 奥氏体低温钢
　　【类分】 低碳锰钢
　　【类分】 低镍钢
　　【类分】 锰镍钼钢
　　【类分】 镍铬钼钢
　　【类分】 6%镍钢
　　【类分】 9%镍钢
　　【类分】 36%镍钢
　　【主体-附件】 化学成分
　【应用关系】
　　【用于】 液化石油气储罐
　　【用于】 液化天然气储罐
　　【用于】 海洋石油工程结构用钢
　【生产关系】
　　【材料-工艺】 正火
　　【材料-工艺】 回火
　　【材料-工艺】 淬火回火
　　【材料-工艺】 正火回火

◎低温回火脆性

【基本信息】
　【英文名】 low temperature temper embrittlement
　【拼音】 di wen hui huo cui xing
　【核心词】
【定义】
　钢件在回火过程中随回火温度升高,其硬度、强度降低,塑性提高,而韧性却在某些温度

区间显著降低的现象称为"回火脆性"。在200～350 ℃的较低温度下出现的回火脆性称为"第一类回火脆性",又叫作"低温回火脆性"。低温回火脆性与回火后的冷却速度无关,并且是不可逆的。产生低温回火脆性的原因是:新生成的亚稳定碳化物沿马氏体板条的边界或片状马氏体的孪晶界或晶界析出,导致钢的韧性明显降低。此外,还与硫、磷、砷等杂质元素在晶界和亚晶界的偏聚有关。目前还没有消除低温回火脆性的有效方法,但可以加入1%～3%硅,把回火脆性推向更高的温度。

【来源】 《金属材料简明辞典》

【词条属性】

【特征】

【缺点】 影响钢材的塑韧性

【数值】 在200～350 ℃的较低温度下出现回火脆性

【特点】 低温回火脆性与回火后的冷却速度无关,并且是不可逆的

【特点】 断口为沿晶脆性断口

【因素】

【影响因素】 新生成的亚稳定碳化物沿马氏体板条的边界或片状马氏体的孪晶界或晶界析出,导致钢的韧性明显降低

【影响因素】 还与硫、磷、砷等杂质元素在晶界和亚晶界的偏聚有关

【词条关系】

【等同关系】

【俗称为】 第一类回火脆性

【层次关系】

【并列】 第二类回火脆性

【并列】 高温回火脆性

【类属】 回火脆性

【应用关系】

【工艺-组织】 马氏体

【工艺-组织】 渗碳体

【生产关系】

【工艺-设备工具】 电阻炉

◎低温韧性

【基本信息】

【英文名】 cryogenic toughness;low-temperature toughness

【拼音】 di wen ren xing

【核心词】

【定义】

一定形状和尺寸的试样在0 ℃以下的温度测得的冲击韧性值。一般说来,试验温度越低,其冲击功值越小。

【来源】 中国知网

【分类信息】

【CLC类目】

(1) TG457.11 钢

(2) TG457.11 钢

(3) TG457.11 金属材料

(4) TG457.11 合金学理论

【IPC类目】

(1) C22C38/16 含铜的〔2〕

(2) C22C38/16 含钛或锆的〔2〕

(3) C22C38/16 浇铸成型,即将模制材料引入模型或没有显著模制压力的两个封闭表面之间;所用的设备(41/00优先)〔4〕

(4) C22C38/16 用熔炼法〔2〕

(5) C22C38/16 含钛或锆的〔2〕

【词条属性】

【因素】

【影响因素】 温度影响:温度较高,材料发生破坏时,已产生了较大的形变,即材料显示出良好的韧性性能,其破坏载荷远离最大载荷;随着温度的降低,材料破坏时产生形变的能力逐步丧失,当载荷达到最大值的瞬间便形成裂纹,即发生起始破坏

【影响因素】 应力集中对低温韧性的影响:当温度降低时,应力集中处造成的破坏取决于下列特性的综合:温度降低的程度;应力集中特性,这与应力集中处的形状和尺寸有关;材料在温度降低时对于滑移强度和脆性破坏强度的敏感性

【影响因素】 残余应力对低温韧性的影响：残余应力的存在，将大幅度降低材料的低温韧性性能，使得低温设备更易发生脆性破坏

【影响因素】 截面尺寸对材料低温韧性的影响：随截面尺寸的增大，材料韧性逐步降低，脆性破坏的危险便显著地增大，随温度的降低，这一影响更为显著

【影响因素】 显微结构及热处理对材料低温韧性的影响：随着晶粒尺寸的增加，材料的断裂应力显著降低；当晶粒尺寸大于临界晶粒尺寸 dc 时即出现脆性断裂，因此，细化及减小晶粒可提高材料脆性断裂应力，同时细化晶粒可降低脆性转变温度

【影响因素】 热处理的影响：热处理对于改进材料韧性是显而易见的：一方面，合适的热处理通过改变材料显微结构，达到细化晶粒之目的；另一方面，热处理(包括焊后热处理)可通过消除各种残余应力，提高材料韧性性能

【影响因素】 化学成分及其比例

【影响因素】 各种合金元素

【影响因素】 材料内部缺陷

【影响因素】 夹杂物

【词条关系】

　【层次关系】

　　【并列】 高温韧性

　　【并列】 常温韧性

　　【类属】 韧性

　　【类属】 冲击韧性

　【应用关系】

　　【用于】 低温设备设计

　【测度关系】

　　【度量方法-物理量】 冲击韧性值(a_k)

　　【度量方法-物理量】 冲击功(A_k)

◎ 低周疲劳

【基本信息】

　【英文名】 low-cycle fatigue

　【拼音】 di zhou pi lao

【核心词】

【定义】

　(1)结构经过几次或几十次反复的大变形造成的疲劳。其应力水平大部分都超过屈服强度。记录反复的力—变形曲线即为反映结构或构件恢复力特性的滞回曲线。在低周疲劳条件下结构或构件多次超越屈服强度，其破坏准则应考虑损伤积累的影响，其中包括多次大变形与能量的吸收及耗散因素。

【来源】《中国土木建筑百科辞典·建筑结构》

　(2)低周疲劳：又称条件疲劳极限，或"低循环疲劳"。参照零件工作周期可能作用的次数下能承受的应力极限值(可以有效发挥材料的作用)。

【来源】 百度百科

【分类信息】

　【CLC 类目】

　　(1) TG132.3 特种热性质合金

　　(2) TG132.3 机械性能(力学性能)试验

　　(3) TG132.3 疲劳理论

　　(4) TG132.3 断裂理论

　　(5) TG132.3 工程材料试验

　【IPC 类目】

　　(1) C23C14/48 离子注入〔4〕

　　(2) C23C14/48 以镀层材料为特征的(14/04 优先)〔4〕

【词条属性】

　【力学性能】

　　【疲劳极限】 (1E+02～1E+05)次

【词条关系】

　【等同关系】

　　【基本等同】 疲劳极限

　　【基本等同】 低循环疲劳

　　【俗称为】 条件疲劳极限

◎ 点焊

【基本信息】

　【英文名】 point welding；spot welding

【拼音】 dian han
【核心词】
【定义】
(1)焊接方法的一种,通常把焊接物放在两电极中间,通电后,利用焊接物本身的电阻生热来熔接。适于焊接金属薄板。
【来源】 《汉语倒排词典》
(2)焊件装配成搭接接头,并压紧在两电极之间,利用电阻热来熔化母材金属,形成焊点的电阻焊方法。点焊适用于薄板的搭接接头。
【来源】 《集装箱运输业务技术辞典·上册》
(3)是接触焊的一种,焊接时,将焊件搭接装配后,压紧在两圆柱形电极之间,并通以很大电流,使两焊件接触处被加热到熔化温度,形成液态熔池。断电后,在电极压力的作用下凝固形成焊点,这种焊接方法,称为点焊。适宜于厚度小于5~6 mm的薄板焊接。
【来源】 《机械加工工艺辞典》
【分类信息】
【CLC类目】
(1) TG405 疲劳强度问题
(2) TG405 各种金属材料和构件的焊接
(3) TG405 金属焊接性及其试验方法
(4) TG405 车身
(5) TG405 加压焊
【IPC类目】
(1) B23K11/30 关于电极的特性(电极的形状或成分入35/00)
(2) B23K11/30 用刚性构件制作的围栏,如具有附加的铁丝填充物或具有支柱
(3) B23K11/30 供在各种相对位置连接相似元件而设计的
(4) B23K11/30 边坡或斜坡的稳定
(5) B23K11/30 专门做电极使用的(用于电弧焊或电弧切割的导电嘴入9/26)
【词条属性】
【特征】
【特点】 点焊接头的形成过程包括预压、通电加热和冷却结晶3个连续阶段
【特点】 预压使焊接处有良好的接触,必要时可在此阶段提高预压力或通以较小电流进行预热
【特点】 加热阶段,由于电流分布、导热条件及金属变形的综合作用,在接触面间形成被塑性环包围的熔核
【特点】 冷却结晶阶段仍处于压力作用下,有时亦可提高压力以消除凝固缺陷或通以较小电流进行焊后热处理
【特点】 点焊是一种高速、经济的连接方法
【特点】 点焊要求金属要有较好的塑性
【词条关系】
【层次关系】
【类分】 单面点焊
【类分】 双面点焊
【类分】 间接点焊
【类分】 单点点焊
【类分】 双点点焊
【类分】 多点点焊
【类属】 焊接
【应用关系】
【用于】 低碳钢焊接
【用于】 可淬硬钢焊接
【用于】 不锈钢焊接
【用于】 耐热合金焊接
【用于】 铝合金焊接
【用于】 钛合金焊接
【用于】 镀锌板焊接
【用于】 金属构件焊接
【用于】 钢筋网焊接
【用于】 汽车装配生产线
【用于】 飞机装配生产线
【用于】 电子装配生产线
【用于】 家用电器装配生产线
【生产关系】
【工艺-设备工具】 点焊机

◎ 点蚀

【基本信息】
　　【英文名】　pitting corrosion；pitting
　　【拼音】　dian shi
　　【核心词】
【定义】
　　（1）产生点状的金属腐蚀，且从金属表面向内部扩展，形成孔穴。
　　【来源】《中国冶金百科全书·金属材料》
　　（2）金属材料接触某些溶液，表面上产生点状或局部腐蚀。蚀孔随时间的延续不断地加深，甚至穿孔。
　　【来源】《金属功能材料词典》
【分类信息】
　　【CLC 类目】
　　（1）TG171　金属腐蚀理论
　　（2）TG171　不锈钢、耐酸钢
　　（3）TG171　海水腐蚀、水腐蚀
　　（4）TG171　复合材料
　　（5）TG171　特种结构材料
　　【IPC 类目】
　　（1）C22C38/44　含钼或钨的〔2〕
　　（2）C22C38/44　含硼的〔2〕
　　（3）C22C38/44　铁基合金，如合金钢（铸铁合金入 37/00）〔2〕
　　（4）C22C38/44　金属的
　　（5）C22C38/44　有正齿轮的（11/14 优先）
【词条属性】
　　【特征】
　　【特点】　孔径（小，一般直径只有几微米）
　　【特点】　洞口有（腐蚀产物）遮盖
　　【特点】　金属损失量（小）
　　【特点】　蚀孔通常沿（重力）方向生长
　　【特点】　点蚀的发生过程可分为形核（孕育）和发展（生长）两个阶段；可观察到的点蚀斑点出现之前称为形核阶段，表面膜薄弱的地方如晶界、活性夹杂、位错等表面缺陷常成为点蚀源；形核时间可由数月到数年，这取决于金属和腐蚀环境的种类

【因素】
　　【影响因素】　局部的耐点蚀能力
　　【影响因素】　钢中的夹杂物
　　【影响因素】　硫含量
　　【影响因素】　钢的基体抗点蚀能力
　　【影响因素】　影响基体耐蚀性的合金元素主要是铬、钼、氮 3 个元素
　　【影响因素】　与材料性能、接触面压力、载荷循环次数等因素有关
【词条关系】
　　【等同关系】
　　【全称是】　点腐蚀
　　【俗称为】　孔蚀
　　【俗称为】　小孔腐蚀
　　【层次关系】
　　【类分】　疲劳点蚀
　　【类分】　不锈钢点蚀

◎ 电磁搅拌

【基本信息】
　　【英文名】　electromagnetic mixing；electromagnetic stirring
　　【拼音】　dian ci jiao ban
　　【核心词】
【定义】
　　由电磁力引起的金属熔液的搅拌。位于交变电磁场中的金属熔液内部会产生感应电流，该电流与磁场作用产生电磁力，促使金属熔液流动。
　　【来源】《中国电力百科全书·用电卷》
【分类信息】
　　【CLC 类目】
　　（1）TF777　连续铸钢、近终形铸造
　　（2）TF777　方坯连铸
　　（3）TF777　合金铸造
　　（4）TF777　金属复合材料
　　（5）TF777　连续、半连续铸造
　　【IPC 类目】

（1）C21C5/52 电炉炼钢（电加热本身入H05B）

（2）C21C5/52 熔融铁类合金的处理，如不包括在1/00到5/00组的钢（铸造成型过程中熔融金属的处理入B22D1/00,27/00；黑色金属的重熔入C22B）

（3）C21C5/52 用熔炼法〔2〕

（4）C21C5/52 利用磁场〔7〕

（5）C21C5/52 利用金属化合物的还原〔3〕

【词条属性】

【特征】

【缺点】 由于晶粒细化和二次臂间距增大两方面因素共同作用的结果，总的影响是使钢的塑性下降

【特点】 对凝固组织及性能具有明显影响

【特点】 改变柱状晶生长方向

【特点】 促进柱状晶向等轴晶的转变

【特点】 细化宏观组织

【特点】 改变初生相形貌和尺寸

【特点】 改变共晶组织形貌

【特点】 引起枝晶臂间距发生变化

【特点】 对成分均匀化的影响与流动方式和冷却速度有关

【特点】 具有细化晶粒的作用，可提高钢的抗拉强度

【特点】 当电磁搅拌强度在一定范围时，由于相界面变得圆滑降低应力集中程度，可使塑性提高

【词条关系】

【层次关系】

【类分】 旋转磁场搅拌

【类分】 直线运动磁场搅拌

【类分】 旋转永磁体法

【类分】 离心运动与静磁场联合

【应用关系】

【用于】 晶粒细化

【生产关系】

【工艺-设备工具】 电磁搅拌器

◎ 电镀

【基本信息】

【英文名】 electroplating

【拼音】 dian du

【核心词】

【定义】

（1）利用电解原理将金属或合金沉积在镀件表面，形成金属镀层的表面处理技术。

【来源】《中国电力百科全书·用电卷》

（2）在镀层金属的盐溶液（或熔液）中，以被镀基体金属为阴极，通以直流电流使镀层金属离子在基体表面还原形成金属沉积层的表面防护处理方法。

【来源】《中国冶金百科全书·金属材料》

【分类信息】

【CLC类目】

（1）TQ153 电镀工业

（2）TQ153 加工、修饰及装配

（3）TQ153 合金的电镀

（4）TQ153 单一金属的电镀

【IPC类目】

（1）C25D17/00 电解镀覆用电解槽的结构件或其组合件（将制件连续输入槽液中的装置入B65G，如B65G49/00；电气装置，见有关位置，如H01B,H02G）〔2〕

（2）C25D17/00 半导体〔2〕

（3）C25D17/00 合金的〔2〕

（4）C25D17/00 挂具〔2〕

（5）C25D17/00 局部表面上的电镀〔2〕

【词条属性】

【特征】

【特点】 在基材上镀上金属镀层，改变基材表面性质或尺寸

【优点】 增强金属的抗腐蚀性

【优点】 增加硬度

【优点】 提高耐磨性

【优点】 提高导电性、光滑性、耐热性和

表面美观
【词条关系】
　【层次关系】
　　【类分】　镀铬
　　【类分】　镀铜
　　【类分】　镀镉
　　【类分】　镀锡
　　【类分】　镀锌
　　【类分】　挂镀
　　【类分】　常规电镀
　　【类分】　滚镀
　　【类分】　电刷镀
　　【类分】　脉冲电镀
　　【类分】　快速电镀
　　【类分】　PVD真空电镀
　　【类分】　非金属电镀
　【应用关系】
　　【用于】　钢铁零部件和结构件的防护镀层
　　【用于】　航空航海零部件
　　【用于】　电子工业零部件
　　【用于】　化工设备镀层
　　【用于】　医疗器械镀层
　　【用于】　家庭日用品镀层

◎ 电工钢
【基本信息】
　【英文名】　electric steel；silicon steel
　【拼音】　dian gong gang
　【核心词】
【定义】
　　一种用量最大的软磁合金，包括碳含量<0.005%、硅含量<0.5%的低碳电工钢和硅含量为0.5%~4.5%的硅钢。
　【来源】　《中国冶金百科全书·金属材料》
【分类信息】
　【CLC类目】
　　（1）TM27　磁性材料、铁氧体
　　（2）TM27　工业部门经济
　　（3）TM27　工具钢
　【IPC类目】
　　（1）C21D8/12　在生产具有特殊电磁性能的产品时〔3〕
　　（2）C21D8/12　含硅的〔2〕
　　（3）C21D8/12　处理带材或线材的炉子
　　（4）C21D8/12　含铝的〔2〕
　　（5）C21D8/12　含锰的〔2〕
【词条属性】
　【特征】
　　【特点】　铁损低
　　【特点】　在较强的磁场下磁感应强度高
　　【特点】　表面光滑、平整和厚度均匀，以利于提高铁芯的填充系数
　　【特点】　冲片性能好
　　【特点】　表面绝缘膜的附着性和焊接性好
　　【特点】　基本无磁时效
【词条关系】
　【等同关系】
　　【基本等同】　硅钢
　【层次关系】
　　【参与构成】　变压器铁芯
　　【参与构成】　发电机铁芯
　　【参与构成】　电动机铁芯
　　【构成成分】　基本合金元素，如Si，Al和Mn等；杂质元素，如C，S，N，O，Ti和Zr等；微量元素，如Sb和Sn等
　　【类分】　热轧硅钢片
　　【类分】　冷轧取向硅钢片
　　【类分】　冷轧无取向硅钢片
　　【类分】　冷轧高磁感取向硅钢片
　　【类分】　电讯用冷轧薄硅钢带
　　【类属】　软磁合金
　　【实例-概念】　精密合金
　　【主体-附件】　化学成分
　【生产关系】
　　【材料-工艺】　氧气转炉
　　【材料-工艺】　电炉

【材料-工艺】 铁水预处理
【材料-工艺】 铁损

◎ 电焊条
【基本信息】
　【英文名】 welding electrode; covered electrode
　【拼音】 dian han tiao
　【核心词】
【定义】
　　焊条由焊芯及药皮两部分构成。焊条是在金属焊芯外将涂料(药皮)均匀、向心地压涂在焊芯上。
【来源】 百度百科
【分类信息】
　【CLC 类目】
　　TF123　粉末的制造方法
　【IPC 类目】
　　(1) F26B3/34　利用电效应的
　　(2) F26B3/34　单独选择涂层材料的非金属成分,或结合钎焊或焊接材料的选择来选择涂层材料的非金属成分〔2〕
　　(3) F26B3/34　用碳化物或类似化合物
　　(4) F26B3/34　焙烧、烧结或结块矿石的冷却
　　(5) F26B3/34　钎焊或焊接用焊丝或焊条的制造(涉及单项技术的加工见有关类,如 B05D,B21C)
【词条属性】
　【特征】
　【特点】 对有害杂质(如硫、磷等)的含量,应有严格的限制,优于母材
　【因素】
　　【影响因素】 有害杂质
【词条关系】
　【等同关系】
　　【缩略为】 焊条
　【层次关系】
　　【概念-实例】 CMC EMagic6

【概念-实例】 CMC EMagic10
【概念-实例】 CMC-Emagic7
【概念-实例】 CMC-E58
【概念-实例】 CMC-ECI55
【概念-实例】 CMC-E46N
【概念-实例】 CMC-E45
【概念-实例】 CMC-E64N
【概念-实例】 CMC-ENCD
【概念-实例】 CMC-E62N
【概念-实例】 CMC-E12HA
【概念-实例】 CMC-E60A
【概念-实例】 CMC-E30N
【概念-实例】 CMC-E61N
【概念-实例】 CMC-E7W
【概念-实例】 CMC-E47N
【概念-实例】 CMC-EH10
【概念-实例】 CMC-EH13
【类分】 结构钢焊条
【类分】 耐热钢焊条
【类分】 不锈钢焊条
【类分】 堆焊焊条
【类分】 低温钢焊条
【类分】 铸铁焊条
【类分】 镍及镍合金焊条
【类分】 铜及铜合金焊条
【类分】 铝及铝合金焊条
【类分】 特殊用途焊条
【类分】 氧化钛型焊条
【类分】 氧化钛钙型焊条
【类分】 钛铁矿型焊条
【类分】 氧化铁型焊条
【类分】 纤维素型焊条
【类分】 低氢型焊条
【类分】 石墨型焊条
【类分】 盐基型焊条
【类分】 酸性焊条
【类分】 碱性焊条
【类属】 焊接材料
【组成部件】 焊芯

【组成部件】 药皮
【应用关系】
　【使用】 优质钢
　【用于】 电弧焊
【生产关系】
　【设备工具-工艺】 手工焊

◎ 电弧焊
【基本信息】
　【英文名】 arc welding；electric-arc welding
　【拼音】 dian hu han
　【核心词】
【定义】
　利用电极和焊件之间或两电极之间所产生的电弧，将焊件局部熔化，达到焊合的焊接方法。
【来源】 《中国百科大辞典》
【分类信息】
　【IPC 类目】
　（1）B23K5/00　气体火焰焊接
　（2）B23K5/00　火花隙；应用火花隙的过压避雷器；火花塞；电晕装置；产生被引入非密封气体的离子
　（3）B23K5/00　电子管或放电灯
　（4）B23K5/00　碳的制备（使用超高压，如用于金刚石的生成入 B01J3/06；用晶体生长法入 C30B）；纯化
　（5）B23K5/00　电极或电极系统的制造
【词条属性】
　【特征】
　【缺点】 易引起触电事故，火灾爆炸事故，致人灼伤，引起电光性眼炎，具有光辐射作用；易产生有害的气体和烟尘，高空坠落、中毒、窒息等
　【数值】 空载电压一般为 50～90 V
　【数值】 明弧焊的焊接电弧温度可达 4200 ℃ 以上
　【状况】
　【现状】 目前，无论国内、国外，手工电弧焊仍是焊接的主要方法之一
　【应用场景】 储罐、船舶结构、桥梁等现场施焊均多采用电弧焊
【时间】
　【起始时间】 俄国人 1892 年发明了电弧焊
【词条关系】
　【等同关系】
　　【缩略为】 弧焊
　【层次关系】
　　【类分】 气体保护焊
　　【类分】 手工电弧焊
　　【类分】 埋弧焊
　　【类分】 半自动（电弧）焊
　　【类分】 自动（电弧）焊
　　【类属】 熔焊
　　【类属】 焊接方法
　【组成部件】 包覆药皮的焊条
　【组成部件】 焊件
【应用关系】
　【使用】 焊道
　【使用】 电焊条
　【用于】 碳钢焊接
　【用于】 低合金结构钢焊接
　【用于】 高强度钢焊接
　【用于】 超高强度钢焊接
　【用于】 不锈钢焊接
　【用于】 铝合金焊接
【生产关系】
　【工艺-材料】 钢筋
　【工艺-设备工具】 交流电焊机
　【工艺-设备工具】 直流电焊机

◎ 电弧炉
【基本信息】
　【英文名】 arc furnace；electric-arc furnace
　【拼音】 dian hu lu
　【核心词】
【定义】

是电热冶金炉主要类型中的一种。其基本组成部分有：电极及其升降装置、炉身及其倾动机构、变压器及电能供应和调节设备等。

【来源】　《中国百科大辞典》
【分类信息】
　【CLC 类目】
　　（1）TF741.5　电弧炉炼钢
　　（2）TF741.5　电弧炉
　　（3）TF741.5　电炉炼钢
　　（4）TF741.5　铂（白金）
　【IPC 类目】
　　（1）C21C5/52　电炉炼钢（电加热本身入 H05B）
　　（2）C21C5/52　控制、监测、警报或类似装置的配置〔4〕
　　（3）C21C5/52　冷却装置
　　（4）C21C5/52　有或无其他热源的电加热的，如电弧炉
　　（5）C21C5/52　生产特殊成分炉渣的方法
【词条属性】
【词条关系】
　【层次关系】
　　【类属】　电炉
　【应用关系】
　　【加工设备-材料】　铸铁
　　【用于】　微合金钢
　【生产关系】
　　【工艺-材料】　电热合金
　　【设备工具-工艺】　炼钢
　　【设备工具-工艺】　冶炼

◎ 电炉

【基本信息】
　【英文名】　electric furnace；electric stove
　【拼音】　dian lu
　【核心词】
【定义】
　（1）利用电能产生热量的炉子。
　【来源】　《汉语倒排词典》

　（2）用电加热实现预期工艺目的，如物料的冶炼、熔化、加热、热处理、烧结、烘干等的电热设备。
　【来源】　《中国电力百科全书·用电卷》
【分类信息】
　【CLC 类目】
　　（1）TF741　电炉炼钢
　　（2）TF741　磷及其无机化合物
　　（3）TF741　电炉机械设备
　　（4）TF741　电炉
　　（5）TF741　硅铁
　【IPC 类目】
　　（1）C21C5/52　电炉炼钢（电加热本身入 H05B）
　　（2）C21C5/52　加热元件直接辐射供热的（7/10 优先）
　　（3）C21C5/52　用熔炼法〔2〕
　　（4）C21C5/52　电热元件的配置或安装
　　（5）C21C5/52　有或无其他热源的电加热的，如电弧炉
【词条属性】
　【特征】
　　【缺点】　需要增加配电设备费用
　　【缺点】　电力成本高
　　【缺点】　超过 1000 ℃，需要注意绝缘问题
　　【特点】　利用电的热效应
　　【优点】　炉内气氛容易控制
　　【优点】　物料加热快
　　【优点】　加热温度高
　　【优点】　温度容易控制
　　【优点】　生产过程较易实现机械化和自动化
　　【优点】　劳动卫生条件好
　　【优点】　节能环保
　【状况】
　　【应用场景】　钢铁、铁合金、有色金属等的冶炼、加热和热处理
　【时间】
　　【起始时间】　19 世纪末

【词条关系】
　【层次关系】
　　【类分】　电阻炉
　　【类分】　感应炉
　　【类分】　电弧炉
　　【类分】　等离子炉
　　【类分】　电子束炉
　　【类分】　工业电炉
　　【类分】　家用电炉
　　【类属】　热处理炉
　　【组成部件】　中频电源柜
　　【组成部件】　补偿电容
　　【组成部件】　炉体
　　【组成部件】　水冷电缆
　　【组成部件】　减速机
　　【组成部件】　炉壳
　　【组成部件】　感应圈
　　【组成部件】　炉衬
　　【组成部件】　倾炉减速箱
　　【组成部件】　电炉变压器
　【应用关系】
　　【加工设备-材料】　耐蚀钢
　　【加工设备-材料】　废钢
　　【加工设备-材料】　铁合金
　　【加工设备-材料】　型钢
　　【加工设备-材料】　无磁钢
　　【加工设备-材料】　条钢
　　【加工设备-材料】　薄板坯
　　【使用】　脱氧剂
　【生产关系】
　　【材料-原料】　电热合金
　　【工艺-材料】　高速钢
　　【工艺-材料】　电工钢
　　【设备工具-工艺】　熔炼

◎电热合金
【基本信息】
　【英文名】　electrothermal alloy；electrical thermal alloy
　【拼音】　dian re he jin
【核心词】
【定义】
　（1）电性合金的一种,亦称为发热体用合金。
　【来源】　《金属材料简明辞典》
　（2）将电能转变为热能,且能在一定高温下长期工作的电阻合金。
　【来源】　《金属功能材料词典》
【分类信息】
　【IPC类目】
　（1）F24C7/04　加热元件直接辐射供热的（7/10优先）
　（2）F24C7/04　电极的配置（温度的自动控制入G05D23/00；放电设备入H01T；电极进给或导引装置入H05B7/10；利用电极的位置自动控制功率入H05B7/144）〔3〕
【词条属性】
　【特征】
　　【缺点】　室温韧性较低
　　【数值】　工作温度可达1200～1400 ℃
　　【特点】　单相固溶体
　　【优点】　电阻率大
　　【优点】　耐热疲劳
　　【优点】　抗腐蚀
　　【优点】　高温形状稳定性好
　　【优点】　具有良好的抗氧化性
　【时间】
　　【起始时间】　1906年
　【其他物理特性】
　　【电阻率】　95～160 μΩ·cm
【词条关系】
　【层次关系】
　　【材料-组织】　奥氏体
　　【材料-组织】　铁素体
　　【概念-实例】　20Cr80Ni
　　【概念-实例】　17Cr5AlFe
　　【概念-实例】　25Cr5AlFe
　　【概念-实例】　28Cr8Al1TiFe

【构成成分】 Cr-铬、Ni-镍、铝、铁
　【类分】 铁铬铝合金
　【类分】 镍铬合金
　【类分】 丝材
　【类分】 圆线材
　【类分】 扁带材
　【类属】 特殊钢
　【类属】 电阻合金
【生产关系】
　【材料-工艺】 电弧炉
　【材料-工艺】 真空感应炉
　【材料-工艺】 电渣重熔
　【材料-原料】 工业纯铁
　【原料-材料】 电炉

◎ 电渣重熔
【基本信息】
　【英文名】 electroslag remelting
　【拼音】 dian zha chong rong
　【核心词】
【定义】
　（1）把用一般方法冶炼的合金钢及超级合金,利用电渣洗进行二次精炼的电渣冶金过程。
　【来源】 《中国冶金百科全书·钢铁冶金》
　（2）即电渣熔炼,利用电流通过熔渣产生的热进行金属精炼的方法。
　【来源】 《金属材料简明辞典》
【分类信息】
　【CLC 类目】
　　（1）TF14 电渣重熔
　　（2）TF14 金属的液体结构和凝固理论
　　（3）TF14 柴油机
　　（4）TF14 金属材料
　【IPC 类目】
　　（1）C22B9/18 电渣重熔〔3〕
　　（2）C22B9/18 所用的设备,如炉子〔5〕
　　（3）C22B9/18 用熔炼法〔2〕
　　（4）C22B9/18 通过伴随有变形的热处理或变形后再进行热处理来改变物理性能（除需成型的工件外不需要再加热的锻造,或轧制成型的硬化工件或材料入 1/02）〔3〕
　　（5）C22B9/18 电渣熔铸〔5〕
【词条属性】
　【特征】
　　【缺点】 电耗较高
　　【缺点】 污染环境
　　【缺点】 批量少管理不便
　　【缺点】 批量少时生产效率低
　　【特点】 提纯金属
　　【特点】 获得洁净、均匀、致密的钢锭
　　【特点】 电渣重熔的钢,纯度高
　　【特点】 含硫低
　　【特点】 非金属夹杂物少
　　【特点】 钢锭表面光滑
　　【特点】 洁净、均匀、致密
　　【特点】 金相组织和化学成分均匀
　　【特点】 简化生产工序
　　【特点】 提高金属的利用率
　　【特点】 金属的熔化,浇铸和凝固均在一个较纯净的环境下完成
　　【特点】 具有良好的冶金反应的热力学和动力学条件
　　【特点】 设备简单
　　【特点】 投资较少
　　【特点】 生产费用较低
　　【优点】 塑性和冲击韧性好
　　【优点】 钢材使用寿命延长
　　【优点】 生产灵活性强
　　【优点】 工艺稳定性好
　　【优点】 经济上合理
　　【优点】 过程可控
　【时间】
　　【起始时间】 中国 1960 年建成第一座电渣炉
【词条关系】
　【层次关系】
　　【参与组成】 渣系、渣量

【参与组成】　渣池深度
　　【参与组成】　重熔电流
　　【参与组成】　重熔电压
　　【参与组成】　融化参数
　　【类属】　精炼
　　【类属】　重熔
【生产关系】
　　【工艺-材料】　电热合金
　　【工艺-材料】　合金结构钢
　　【工艺-材料】　板坯
　　【工艺-材料】　模具钢
　　【工艺-材料】　金属间化合物
　　【工艺-材料】　碳素钢
　　【工艺-材料】　轴承钢
　　【工艺-材料】　高速钢
　　【工艺-材料】　不锈钢
　　【工艺-材料】　耐热钢
　　【工艺-材料】　超高强度钢
　　【工艺-材料】　高温合金
　　【工艺-材料】　精密合金
　　【工艺-材料】　耐蚀合金
　　【工艺-设备工具】　电渣重熔炉

◎ 电渣炉

【基本信息】
　　【英文名】　electroslag furnace; electric slag furnace
　　【拼音】　dian zha lu
　　【核心词】
　　【定义】
　　　以中间合金产品铸成的电极在电极弧光的高温作用下，电极自身熔化参与反应，实现纯净合金成分（非合金成分渣化）的电炉，属于电极自耗炉一种，用于铁合金精炼。
　　【来源】　《铁合金辞典》
【分类信息】
　　【CLC 类目】
　　　（1）TF763　工具钢
　　　（2）TF763　电渣炉

　　【IPC 类目】
　　　（1）C22B9/193　结晶器、底板或起动器板〔5〕
　　　（2）C22B9/193　电弧重熔〔3〕
　　　（3）C22B9/193　控制装置的配置
　　　（4）C22B9/193　零部件、附件或床式炉特有装置，如集尘器
　　　（5）C22B9/193　电渣重熔〔3〕
【词条属性】
　　【特征】
　　　【缺点】　电渣重熔炉的电耗较高
　　　【缺点】　电渣重熔时渣料中的氟挥发污染环境，必须安装除尘设备和去氟装置
　　　【特点】　利用电流通过配置熔渣产生的电阻热对各种特殊钢或合金进行二次重熔精炼的设备
　　　【特点】　重熔精炼时，自耗电极、渣池、金属熔池、钢锭、底水箱通过短网导线和变压器形成供电回路
　　　【特点】　被熔炼金属预先制成自耗电极，熔炼时它的一端插入铜制水冷结晶器中的熔渣内，逐渐熔化，金属液滴穿过渣池落入金属熔池，迅速凝固而形成铸锭
　　　【特点】　经电渣重熔精炼的铸锭纯度高、硫含量低
　　　【特点】　铸锭的非金属夹杂物少，残留夹杂物细小且分布均匀
　　　【特点】　铸锭组织均匀致密，表面光滑
　　　【特点】　重熔后金属材料的塑性和韧性得到提高，减小了各向异性
　　　【特点】　电渣重熔可生产中空钢锭，也可直接熔铸异形铸件
　　　【优点】　电渣重熔炉设备简单，操作方便，生产费用低
【词条关系】
　　【层次关系】
　　　【类分】　交流电渣炉
　　　【类分】　直流电渣炉
　　　【类分】　单相电渣炉

【类分】	三相电渣炉
【类分】	单支臂电渣炉
【类分】	双支臂电渣炉
【类分】	单熔位电渣炉
【类分】	双熔位电渣炉
【类分】	三熔位电渣炉
【类分】	抽锭式电渣炉
【类分】	固定式电渣炉
【类分】	抽锭、固定式两用电渣炉
【类分】	支臂旋转式电渣炉
【类分】	立柱旋转式电渣炉
【类分】	车架式电渣炉
【类分】	常规电渣炉
【类分】	气密型保护气氛电渣炉
【类分】	压力电渣炉
【类分】	真空电渣炉
【类分】	带导电结晶器功能的电渣炉
【类分】	快速电渣重熔电渣炉
【类分】	自耦变压器控制电渣炉
【类分】	可控硅控制电渣炉
【类分】	PLC 控制电渣炉
【类分】	计算机控制电渣炉
【组成部件】	立柱与横臂
【组成部件】	电极升降机构
【组成部件】	电极夹持器
【组成部件】	结晶器
【组成部件】	底水箱
【组成部件】	抽锭装置
【组成部件】	化渣炉
【组成部件】	排烟除尘系统
【组成部件】	供电设备
【组成部件】	电渣炉网路接线
【组成部件】	电渣炉电气传动自动控制设备

◎ 电阻合金

【基本信息】
  【英文名】 resistance alloy
  【拼音】 dian zu he jin
  【核心词】
【定义】
  （1）具有低电阻温度系数和高电阻时间稳定性的合金。
  【来源】 《现代材料科学与工程辞典》
  （2）具有很高的电阻率或电阻温度系数很小的一类合金。
  【来源】 《金属材料简明辞典》
  （3）以电阻特性为主要技术特征的一类金属功能材料。
  【来源】 《金属功能材料词典》
【词条属性】
【特征】
  【特点】 镍铬、镍铬铁合金具有较高而稳定的电阻率
  【特点】 耐腐蚀
  【特点】 表面抗氧化性能好
  【特点】 在高温下有较好的强度
  【特点】 变形性能好
  【特点】 有良好的加工性能和可焊性
  【特点】 铁铬铝合金是一种高电阻合金材料
  【特点】 电阻率高
  【特点】 电阻温度系数小
  【特点】 耐高温寿命长
  【特点】 重量轻
  【特点】 价格便宜
  【特点】 精密电阻器用电阻合金的受热温度较低
【词条关系】
【层次关系】
  【概念-实例】 20Cr-80Ni 合金
  【概念-实例】 应变康铜合金(Cu-Ni-Mn)
  【概念-实例】 50Ni-10Co-Fe 合金
  【类分】 电热合金
  【类分】 精密电阻合金
  【类分】 应变电阻合金
  【类分】 热敏电阻合金
  【类分】 镍铬、镍铬铁合金

【类分】　　铁铬铝合金
　　【类分】　　精密电阻器用电阻合金
　　【类分】　　变阻器用电阻合金
　　【类分】　　发热体用电阻合金
　　【类属】　　精密合金
【应用关系】
　　【用于】　　工业电炉
　　【用于】　　家用电器
　　【用于】　　机械制造
　　【用于】　　发热元件
　　【用于】　　电阻变阻器
　　【用于】　　红外线加热装置
【生产关系】
　　【原料-材料】　电炉的发热元件
　　【原料-材料】　精密电阻元件

◎ 电阻率

【基本信息】
　　【英文名】　resistivity
　　【拼音】　　dian zu lü
　　【核心词】
　　【定义】
　　（1）表征导体导电性能的物理量。电阻率越小，导体的导电性能越好。
　　【来源】　《中国百科大辞典》
　　（2）表示导电材料对传导电流阻力内在性质的物理参数。
　　【来源】　《中国电力百科全书·电工技术基础卷》
　　（3）亦称为"体积电阻率"，表征物质导电性能的物理量，常用 ρ 表示。电阻率越小，则导电性能越好。
　　【来源】　《金属材料简明辞典》
【分类信息】
　　【CLC类目】
　　（1）TB332　非金属复合材料
　　（2）TB332　特种结构材料
　　（3）TB332　导电材料及其制品
　　（4）TB332　电法勘探

　　【IPC类目】
　　（1）C08K3/04　碳〔2〕
　　（2）C08K3/04　形成工艺；准备制造陶瓷产品的无机化合物的加工粉末〔6〕
　　（3）C08K3/04　以钛酸盐为基料的〔6〕
　　（4）C08K3/04　氧化物
　　（5）C08K3/04　溅射〔4〕
【词条属性】
【特征】
　　【特点】　与导体的种类（如铜、铝）物体的温度有关
　　【特点】　与物体的形状（如长度、横截面积等）无关
　　【特点】　几乎所有金属的电阻率随温度做线性变化
　　【特点】　金属的电阻率较小
　　【特点】　合金的电阻率较大
　　【特点】　非金属和一些金属氧化物更大
　　【特点】　绝缘体的电阻率极大
　　【特点】　锗、硅、硒、氧化铜、硼等的电阻率比绝缘体小而比金属大
　　【特点】　电阻率较低的物质被称为导体
　　【特点】　自然界中导电性最佳的是银
　　【特点】　不易导电的物质，电阻率较高，一般称为绝缘体
　　【特点】　介于导体和绝缘体之间的物质（如硅）则称为半导体
　　【特点】　超导体的直流电阻率在一定的低温下突然消失
【因素】
　　【影响因素】　材料种类
　　【影响因素】　温度
　　【影响因素】　压力
　　【影响因素】　磁场
　　【影响因素】　塑性形变
　　【影响因素】　热处理
　　【影响因素】　合金元素
　　【影响因素】　相结构
【词条关系】

【层次关系】
　　【概念-实例】　银 1.65×10^{-8} Ω·m
　　【概念-实例】　铜 1.75×10^{-8} Ω·m
　　【概念-实例】　金 2.40×10^{-8} Ω·m
　　【概念-实例】　铝 2.83×10^{-8} Ω·m
　　【概念-实例】　钨 5.48×10^{-8} Ω·m
　　【概念-实例】　铁 9.78×10^{-8} Ω·m
　　【概念-实例】　铂 2.22×10^{-7} Ω·m
　　【概念-实例】　锰铜 4.4×10^{-7} Ω·m
　　【概念-实例】　汞 9.6×10^{-7} Ω·m
　　【概念-实例】　康铜 5.0×10^{-7} Ω·m
　　【概念-实例】　镍铬合金 1.0×10^{-6} Ω·m
　　【概念-实例】　铁铬铝合金 1.4×10^{-6} Ω·m
　　【概念-实例】　铝镍铁合金 1.6×10^{-6} Ω·m
【应用关系】
　　【用于】　计算导体电阻
【测度关系】
　　【物理量-单位】　欧姆·米(Ω·m)
　　【物理量-度量方法】　伏安法
　　【物理量-度量方法】　导电性
　　【物理量-度量工具】　电阻率测试仪
　　【物理量-度量工具】　滑动变阻器
　　【物理量-度量工具】　电流表
　　【物理量-度量工具】　电压表

◎ **电阻温度系数**
【基本信息】
　　【英文名】　temperature coefficient of resistance
　　【拼音】　dian zu wen du xi shu
　　【核心词】
【定义】
　　(1)表征物质的电阻率随温度变化的物理量,记作 α。
　　【来源】　《金属材料简明辞典》
　　(2)金属(或合金)每升高 1 ℃,其每 1 Ω 阻值所增加或减少的阻值,用 α 表示。
　　【来源】　《金属功能材料词典》
【分类信息】

【CLC 类目】
　　(1) TB383　特种结构材料
　　(2) TB383　薄膜物理学
【IPC 类目】
　　(1) C23C14/35　利用磁场的,如磁控溅射〔5〕
　　(2) C23C14/35　以应用直接对热敏感的电或磁性元件为基础的温度测量(给出除温度瞬时值之外的其他结果的入 3/00;测量电或磁变量的入 G01R)
　　(3) C23C14/35　金属的〔2〕
　　(4) C23C14/35　热敏涂料
【词条属性】
【特征】
　　【特点】　温度系数越小越好
　　【特点】　绝大多数金属材料的电阻率温度系数都约等于 0.4%
　　【特点】　少数金属材料的电阻率温度系数极小
【状况】
　　【前景】　研究新型的电阻材料
　　【前景】　电阻温度系数小的精密电阻材料的:康铜、锰铜等
　　【前景】　负温度系数热敏电阻
【因素】
　　【影响因素】　温度
　　【影响因素】　材料种类
　　【影响因素】　所选的基准温度
【词条关系】
【等同关系】
　　【缩略为】　TCR
【层次关系】
　　【概念-实例】　银 0.0038/℃(20 ℃)
　　【概念-实例】　铜 0.00393/℃(20 ℃)
　　【概念-实例】　金 0.00324/℃(20 ℃)
　　【概念-实例】　铝 0.00429/℃(20 ℃)
　　【概念-实例】　钙 0.00416/℃(0 ℃)
　　【概念-实例】　铍 0.025/℃(20 ℃)
　　【概念-实例】　镁 0.0165/℃(20 ℃)

【概念-实例】　铱 0.003925/℃（0～100 ℃）
【概念-实例】　锌 0.00419/℃（0～100 ℃）
【概念-实例】　钴 0.00604/℃（0～100 ℃）
【概念-实例】　镍 0.0069/℃（0～100 ℃）
【概念-实例】　镉 0.0042/℃（0～100 ℃）
【概念-实例】　铁 0.00651/℃（20 ℃）
【概念-实例】　铂 0.00374/℃（0～60 ℃）
【概念-实例】　锡 0.0047/℃（0～100 ℃）
【概念-实例】　铬 0.003/℃（0～100 ℃）
【概念-实例】　铅 0.00376/℃（20～40 ℃）
【类分】　正电阻温度系数
【类分】　负电阻温度系数
【类分】　临界电阻温度系数
【类属】　温度系数
【测度关系】
【物理量-单位】　1/℃
【物理量-度量工具】　加热系统
【物理量-度量工具】　冷却系统
【物理量-度量工具】　测试系统
【物理量-度量工具】　连接系统

◎ 定向凝固
【基本信息】
【英文名】　directional solidification
【拼音】　ding xiang ning gu
【核心词】
【定义】
（1）液态金属在凝固过程中使成核的晶粒沿最有利的方向生长。
【来源】　《现代材料科学与工程辞典》
（2）由一端向另一端单方向进行的凝固过程。
【来源】　《金属材料简明辞典》
（3）熔体沿固定方向顺序凝固的过程。
【来源】　《金属功能材料词典》
【分类信息】
【CLC 类目】
（1）TG111.4　金属的液体结构和凝固理论

（2）TG111.4　浇注及凝固
（3）TG111.4　特种热性质合金
（4）TG111.4　特种结构材料
（5）TG111.4　金属复合材料
【IPC 类目】
（1）C30B11/00　正常凝固法或温度梯度凝固法的单晶生长，例 Bridgman-Stockbarger 法（13/00,15/00,17/00,19/00 优先；保护流体下的入 27/00）〔3〕
（2）C30B11/00　影响金属温度，如用加热或冷却铸型（连续铸造中底部开口铸模的冷却入 11/055）〔1,7〕
（3）C30B11/00　区域熔融法单晶生长；区域熔融法精炼（17/00 优先；改变所处理固体之横截面的入 15/00；在保护流体下的入 27/00；具有一定结构的均匀多晶材料的生长入 28/00；特定材料的区域精炼，见该材料的相应小类）〔3,5〕
（4）C30B11/00　纯化（用区域熔融入 C30B13/00）〔5〕
（5）C30B11/00　以籽晶，如其结晶取向为特征的〔3〕
【词条属性】
【特征】
【特点】　产品具有优良的抗热冲击性能
【特点】　较长的疲劳寿命
【特点】　较好的蠕变抗力
【时间】
【起始时间】　1965 年
【词条关系】
【层次关系】
【类分】　传统的定向凝固技术
【类分】　发热剂法（EP 法）
【类分】　功率降低法（PD 法）
【类分】　高速凝固法（HRS 法）
【类分】　液态金属冷却法（LMC 法）
【类分】　新型的定向凝固技术
【类分】　区域熔化液态金属冷却法（ZMLMC 法）

【类分】　深过冷定向凝固（DUDS法）
　　【类分】　电磁约束成型定向凝固技术（DSEMS）
　　【类分】　激光超高温度梯度快速定向凝固（LRM）
【生产关系】
　　【工艺-材料】　耐热合金
　　【工艺-材料】　磁性材料
　　【工艺-材料】　航空和地面燃机涡轮叶片
　　【工艺-材料】　自生复合材料
　　【工艺-材料】　功能晶体
　　【工艺-材料】　铸锭
　　【工艺-材料】　共晶合金

◎ 动态再结晶

【基本信息】
　　【英文名】　dynamic recrystallization
　　【拼音】　dong tai zai jie jing
　　【核心词】
【定义】
　　（1）金属在热变形过程中发生的再结晶。
　　【来源】　《中国冶金百科全书·金属塑性加工》
　　（2）在形变状态下发生的再结晶为动态再结晶。
　　【来源】　《固体物理学大辞典》
　　（3）金属材料在热加工过程中几乎与塑性变形同时发生的再结晶过程。
　　【来源】　《金属材料简明辞典》
【分类信息】
　　【CLC类目】
　　（1）TG111.7　金属的范性形变、回复和再结晶
　　（2）TG111.7　钢的组织与性能
　　（3）TG111.7　轻有色金属及其合金
　　（4）TG111.7　莱氏体钢（共晶体钢）
　　（5）TG111.7　碳钢
　　【IPC类目】
　　C21D8/00　通过伴随有变形的热处理或变形后再进行热处理来改变物理性能（除需成型的工件外不需要再加热的锻造，或轧制成型的硬化工件或材料入1/02）〔3〕
【词条属性】
【特征】
　　【特点】　要达到临界变形量
　　【特点】　在较高的变形温度下才能发生
　　【特点】　易在晶界及亚晶界形核
　　【特点】　转变为静态再结晶时无须孕育期
　　【特点】　所需的时间随温度升高而缩短
【状况】
　　【应用场景】　铜
　　【应用场景】　镍
　　【应用场景】　金
　　【应用场景】　银
　　【应用场景】　高纯铁
　　【应用场景】　奥氏体钢
【因素】
　　【影响因素】　温度
　　【影响因素】　变形量
　　【影响因素】　应变速率
　　【影响因素】　变形方式
　　【影响因素】　晶粒取向
　　【影响因素】　原始晶粒尺寸
　　【影响因素】　溶质原子
【词条关系】
【层次关系】
　　【类分】　连续动态再结晶
　　【类分】　非连续动态再结晶

◎ 断口

【基本信息】
　　【英文名】　fracture
　　【拼音】　duan kou
　　【核心词】
【定义】
　　（1）材料断裂后的破断面。
　　【来源】　《金属材料简明辞典》

(2) 指矿物受敲击时,不依一定结晶方向破裂,而形成凹凸不平的破裂面。
【来源】 《铁合金辞典》
【分类信息】
 【CLC类目】
  (1) TB331 金属复合材料
  (2) TB331 钢的组织与性能
  (3) TB331 其他特种性质合金
  (4) TB331 特种机械性质合金
  (5) TB331 造船用材料
 【IPC类目】
  (1) F16J9/16 通过环的重叠获得
  (2) F16J9/16 机械致动(自紧的入49/20)
  (3) F16J9/16 往空气中喷射水蒸气的〔3〕
  (4) F16J9/16 其装置〔3〕
  (5) F16J9/16 以特定位置的形状特征为特点的,如边缘部位
【词条属性】
 【特征】
  【特点】 韧窝断口形貌是一些大小不等的圆形或椭圆形的凹坑
  【特点】 "放射状"
  【特点】 "人字形"
  【特点】 河流花样
  【特点】 舌状花样
  【特点】 扇形花样
  【特点】 鱼骨状花样
  【特点】 wallner线形
 【因素】
  【影响因素】 第二相质点的尺寸
  【影响因素】 第二相质点的形状
  【影响因素】 第二相质点的分布
  【影响因素】 材料本身相对塑性
  【影响因素】 变形硬化指数
  【影响因素】 外加应力
  【影响因素】 温度
  【影响因素】 晶体结构
  【影响因素】 显微组织
【词条关系】
 【层次关系】
  【参与构成】 纤维区中心
  【参与构成】 放射线或人字纹收敛处
  【参与构成】 无剪切唇处
  【类分】 贝状断口
  【类分】 锯齿状断口
  【类分】 参差状断口
  【类分】 平坦状断口
  【类分】 纤维状断口
  【类分】 细片状断口
  【类分】 土状断口
  【类分】 脆性的晶粒状断口
  【类分】 塑性的纤维状断口
  【类分】 疲劳断口
  【类分】 韧性断口
  【类分】 脆性断口
  【类分】 韧-脆混合断口
  【类分】 正断口
  【类分】 切断断口
  【类分】 混合断口
  【类分】 沿晶断裂断口
  【类分】 穿晶断裂断口
  【类分】 解理断口
  【类分】 准解理断口
  【类分】 韧窝断口
 【应用关系】
  【使用】 光学显微镜
  【使用】 电子显微镜
  【使用】 T形法
  【使用】 分叉法
  【使用】 变形法
  【使用】 氧化法
  【使用】 贝纹线法

◎ 断裂强度

【基本信息】
 【英文名】 fracture strength;breaking strength
 【拼音】 duan lie qiang du
 【核心词】

【定义】
　　(1)材料或试件承受静态拉伸时抵抗断裂的能力。
　　【来源】《现代材料科学与工程辞典》
　　(2)将长方形高聚物样品夹于拉力机上以均匀速度拉伸至样品断裂时所需的应力。
　　【来源】《化学词典》
【分类信息】
　　【CLC类目】
　　　TB302　工程材料试验
　　【IPC类目】
　　　(1) C25C1/12　铜的[2]
　　　(2) C25C1/12　从种子中获得的,如洋槐豆胶、瓜尔胶(GUAR)(1/0522,1/0524优先)[5]
　　　(3) C25C1/12　热压法[6]
　　　(4) C25C1/12　制造纸烟;制造雪茄烟或纸烟的烟嘴材料,或连接过滤嘴,或烟嘴于雪茄烟或纸烟上[3]
【词条属性】
　　【特征】
　　【特点】　脆性材料断裂强度反映正断抗力
　　【特点】　对塑性材料它反映切断抗力的大小
　　【特点】　σ_K(或σ_f)=F_k/A_k(F_k为断裂瞬间的载荷,A_k为断裂后物体或试件的断口截面)
【词条关系】
　　【等同关系】
　　　【基本等同】　抗张强度
　　【层次关系】
　　　【概念-实例】　奥氏体型钢:2048 MPa
　　　【概念-实例】　硼:3480 MPa
　　　【概念-实例】　玻璃:693 MPa
　　　【概念-实例】　NaCl:400 MPa
　　　【概念-实例】　Al_2O_3刚玉:5000 MPa
　　　【概念-实例】　Al
　　　【概念-实例】　Al_2O_3宝石:5000 MPa
　　　【概念-实例】　BeO:3570 MPa
　　【类分】　拉伸断裂强度
　　【类分】　疲劳断裂强度
　　【类分】　蠕变断裂强度
　　【应用关系】
　　　【用于】　超高强度薄板
　　　【用于】　工程脆性材料
　　　【用于】　抽油机井油管
　　　【用于】　碳化硅陶瓷材料
　　　【用于】　车轮钢
　　【测度关系】
　　　【物理量-度量方法】　断裂韧性实验
　　　【物理量-度量工具】　拉力机

◎断裂韧性
【基本信息】
　　【英文名】　fracture toughness
　　【拼音】　duan lie ren xing
　　【核心词】
【定义】
　　(1)带裂纹的金属材料及其构件抵抗裂纹开裂和扩展的能力。
　　【来源】《中国冶金百科全书·金属塑性加工》
　　(2)材料抵抗裂纹扩展的能力。
　　【来源】《机械加工工艺辞典》
【分类信息】
　　【CLC类目】
　　　(1) TB332　非金属复合材料
　　　(2) TB332　复合材料
　　　(3) TB332　固溶处理、脱溶处理
　　　(4) TB332　钛副族(ⅣB族金属元素)
　　【IPC类目】
　　　(1) C04B35/622　形成工艺;准备制造陶瓷产品的无机化合物的加工粉末[6]
　　　(2) C04B35/622　复合材料[6]
　　　(3) C04B35/622　焙烧或烧结工艺(33/32优先)[6]
　　　(4) C04B35/622　以氧化锆或氧化铪,或

锆酸盐或铪酸盐为基料的〔6〕
　　（5）C04B35/622　以氧化铝为基料的〔6〕
【词条属性】
　【特征】
　　【特点】　度量材料的韧性好坏
　　【特点】　韧性参数
　　【特点】　与裂纹本身的大小、形状及外加应力大小无关
　　【特点】　材料固有的特性
　　【特点】　应力强度因子的临界值
　　【特点】　试样类型：三点弯曲试样 SE（B）
　　【特点】　试样类型：紧凑拉伸试验过 C（T）
　【因素】
　　【影响因素】　材料本身
　　【影响因素】　热处理工艺
　　【影响因素】　加工工艺
　　【影响因素】　化学成分
　　【影响因素】　细化晶粒的合金元素
　　【影响因素】　强烈固溶强化的合金元素
　　【影响因素】　形成金属间化合物并呈第二相析出的合金元素
　　【影响因素】　陶瓷材料中提高材料强度的组元
　　【影响因素】　高分子材料中增强结合键的元素
　　【影响因素】　组织结构
　　【影响因素】　温度
　　【影响因素】　应变速率
　　【影响因素】　晶粒尺寸
　　【影响因素】　基体相结构
　　【影响因素】　夹杂和第二相
　　【影响因素】　显微组织
　　【影响因素】　特殊改性处理工艺
【词条关系】
　【层次关系】
　　【并列】　冲击韧性
　　【组成部件】　平面应变断裂韧性 KIc
　　【组成部件】　临界裂纹扩展能量释放率 GIc
　　【组成部件】　临界裂纹顶端张开位移 δ_c
　　【组成部件】　临界 J 积分 JIc
　【应用关系】
　　【使用】　压痕法
　　【用于】　线弹性断裂力学
　　【用于】　结构设计
　　【用于】　材料选择
　　【用于】　校核结构的安全性
　　【用于】　判断材料的脆断趋向
　　【用于】　超高强度钢
　　【用于】　中低强度钢
　　【用于】　陶瓷材料
　　【用于】　高分子材料
　【测度关系】
　　【物理量-度量方法】　折叠压痕法（IM）
　　【物理量-度量方法】　SENB 法

◎ 断面收缩率

【基本信息】
　【英文名】　contraction of area
　【拼音】　duan mian shou suo lü
　【核心词】
【定义】
　（1）指试样拉断处横截面积的缩减量与原始横截面积之比，即 $\psi = (F_0 - F_k)/F_0 \times 100\%$。
　【来源】　《口腔医学辞典》
　（2）金属试样在拉断后，其缩颈处横截面积的最大缩减量与原横截面面积的百分比，称为断面收缩率。
　【来源】　《机械加工工艺辞典》
【分类信息】
　【CLC 类目】
　　TF777　连续铸钢、近终形铸造
　【IPC 类目】
　　（1）B21C1/00　用拉拔方式制造金属板、金属线、金属棒、金属管
　　（2）B21C1/00　含钴的〔2〕
　　（3）B21C1/00　用于线材；带材

（4）B21C1/00　镁或镁基合金
　　（5）B21C1/00　含硼的〔2〕
【词条属性】
　【特征】
　　【特点】　材料塑性指标
　　【特点】　与试样长度无关
　　【特点】　用ψ表示
　　【特点】　断面收缩率越高,钢材塑性越大
　　【特点】　5种拉伸性能指标之一
　　【特点】　拉伸性能指标
　【因素】
　　【影响因素】　碳含量
　　【影响因素】　磷含量
　　【影响因素】　硫含量
　　【影响因素】　锰含量
　　【影响因素】　硅含量
　　【影响因素】　工艺参数
　　【影响因素】　轧制工艺
　　【影响因素】　热处理状态
　　【影响因素】　样品加工中的表面应力
　　【影响因素】　夹杂物含量
　　【影响因素】　杂质含量
　　【影响因素】　测试时样品的装夹
　　【影响因素】　材料的硬化指数
【词条关系】
　【等同关系】
　　【缩略为】　面缩率
　【层次关系】
　　【概念-实例】　Q235钢 ψ=60%～70%
　【测度关系】
　　【物理量-单位】　以百分比表示
　　【物理量-度量方法】　拉伸试验
　　【物理量-度量工具】　液压式万能试验机
　　【物理量-度量工具】　卡尺

◎ **锻钢**
【基本信息】
　【英文名】　forging steel
　【拼音】　duan gang
　【核心词】
【定义】
　　锻钢是指采用锻造方法而生产出来的各种锻材和锻件。
【分类信息】
　【CLC类目】
　　（1）U464　汽车发动机
　　（2）U464　汽车材料
　【IPC类目】
　　（1）F02F3/22　流体是液体
　　（2）F02F3/22　固体燃料与液体的混合,如制备水煤浆
　　（3）F02F3/22　整体制造的（关于润滑的特征入3/14,关于冷却的特征入3/16）
　　（4）F02F3/22　活塞（一般的入F16J）
　　（5）F02F3/22　汽化设备（燃烧器中利用直接喷射作用将液滴或汽化液体喷入燃烧空间的入F23D11/44）〔5〕
【词条属性】
　【特征】
　　【特点】　强度大
　　【特点】　含碳量不高
　　【特点】　锻钢冷轧是高合金钢,轧制变形抗力较大
　　【特点】　锻钢冷轧过程原料要退火
　　【特点】　表面质量高
　　【特点】　精整要求高于普通钢
　　【特点】　生产时多机联合作业
　【状况】
　　【应用场景】　高速列车制动盘制造
　　【应用场景】　柴油机曲轴制造
　　【应用场景】　交通运输行业
【词条关系】
　【层次关系】
　　【概念-实例】　低合金圆材
　　【概念-实例】　碳素结构圆材
　　【概念-实例】　弹簧钢圆材
　　【概念-实例】　碳素工具钢圆材
　　【概念-实例】　合金弹簧钢圆材

【概念–实例】　20CrMnTi 方材
　　【概念–实例】　3Cr2W8VH13 圆材/方材
　　【概念–实例】　轴承圆材
　　【概念–实例】　45 钢
　　【概念–实例】　B5 钢
　　【概念–实例】　Cr8 锻钢
　　【概念–实例】　20MnMo 低合金调质锻钢
　　【类分】　圆锻钢
　　【类分】　圆方钢
　　【类分】　扁锻钢
　　【类分】　方锻钢
　　【类属】　钢铁
　　【类属】　钢铁材料
【应用关系】
　　【材料–部件成品】　曲轴
　　【用于】　轧辊
【生产关系】
　　【材料–工艺】　锻压
　　【材料–工艺】　锻造
　　【材料–工艺】　冲压
　　【材料–工艺】　自由锻
　　【材料–工艺】　模锻
　　【材料–工艺】　冷锻
　　【材料–工艺】　冷镦
　　【材料–工艺】　连轧

◎ 锻件

【基本信息】
　　【英文名】　forging
　　【拼音】　duan jian
　　【核心词】
【定义】
　　（1）金属材料经过锻造变形而得到工件或毛坯。
　　【来源】《机械加工工艺辞典》
　　（2）经过锻造变形而成为一定形状和尺寸的金属工件或毛坯。
　　【来源】《金属材料简明辞典》
　　（3）用锻造方法生产的金属制件。锻件因锻造生产方法的不同分为自由锻件和模锻件。
　　【来源】《中国冶金百科全书·金属塑性加工》
【分类信息】
　　【IPC 类目】
　　（1）B22D17/30　用于供给熔融金属的附件,如定量供给
　　（2）B22D17/30　直接电阻加热
　　（3）B22D17/30　整体制造的(关于润滑的特征入 3/14,关于冷却的特征入 3/16)
　　（4）B22D17/30　硬化(1/02 优先);随后回火或不回火的淬火(淬火设备入 1/62)〔3〕
　　（5）B22D17/30　有色金属或金属化合物的铸造,其冶金性质对于铸造方法是重要的;其成分选择
【词条属性】
　　【特征】
　　【特点】　力学性能高于同材质铸件
　　【特点】　锻件晶粒较细
　　【特点】　具有一定形状
　　【特点】　具有一定尺寸
　　【优点】　有可伸展的长度
　　【优点】　有可收缩的横截面
　　【优点】　可收缩的长度
　　【优点】　可伸展的横截面
　　【优点】　可改变的长度
　　【优点】　可改变的横截面
【词条关系】
　　【层次关系】
　　【概念–实例】　飞机锻件
　　【概念–实例】　涡轮盘
　　【概念–实例】　后轴颈
　　【概念–实例】　叶片
　　【概念–实例】　轮支架
　　【概念–实例】　汽车车身
　　【概念–实例】　车厢
　　【概念–实例】　发动机
　　【概念–实例】　前轿

【概念-实例】　后轿
【概念-实例】　车架
【概念-实例】　传动轴
【概念-实例】　连杆
【概念-实例】　柴油机用锻件
【概念-实例】　船用锻件
【概念-实例】　兵器锻件
【概念-实例】　矿山锻件
【概念-实例】　核电锻件
【类分】　自由锻件
【类分】　模锻件
【类分】　锤上模锻件
【类分】　曲柄压力机模锻件
【类分】　液压机模锻件
【类分】　长轴类锻件
【类分】　短轴类锻件
【类分】　弯曲轴锻件
【类分】　枝芽形锻件
【类分】　饼类锻件
【类分】　简单形状
【类分】　复杂形状锻件
【类属】　毛坯
【生产关系】
【材料-工艺】　锻造
【材料-工艺】　自由锻造
【材料-工艺】　手锻
【材料-工艺】　热模锻
【材料-工艺】　精密锻造
【材料-工艺】　顶锻
【材料-工艺】　滚锻
【材料-工艺】　模锻
【材料-工艺】　脆化

◎ 锻造
【基本信息】
　【英文名】　forging
　【拼音】　duan zao
　【核心词】
【定义】

（1）一种金属加工方法，利用金属的塑性，通常在坯料加热之后，用压力机加压或用手锤、锻锤锤击，使工件变形，达到规定尺寸和形状，同时可以改变金属的物理性质。
【来源】《汉语倒排词典》
（2）用锤击或压制的方法对坯料施加压力，使之产生塑性变形的金属塑性加工方法。
【来源】《中国冶金百科全书·金属塑性加工》
（3）在加压设备及工（模）具的作用下，使金属坯产生或铸锭产生局部或全部的塑性变形，以获得一定几何形状、尺寸和质量的锻件加工方法。
【来源】《机械加工工艺辞典》
【分类信息】
　【CLC 类目】
　（1）TG311　锻造原理
　（2）TG311　自由锻造（无形锻造）
　（3）TG311　锻工操作一般方法
　（4）TG311　工具钢
　（5）TG311　锻造用机械与设备
　【IPC 类目】
　（1）C22F1/18　高熔点或难熔金属或以它们为基的合金
　（2）C22F1/18　锻压、锤击或压制的方法（用于加工金属板或金属管、棒或型材入 B21D；用于加工线材入 B21F）；其专用设备或附件
　（3）C22F1/18　钛基合金〔2〕
　（4）C22F1/18　硅做次主要成分的〔2〕
　（5）C22F1/18　锆基合金〔2〕
【词条属性】
　【特征】
　【数值】　高于 800 ℃ 的是热锻
　【数值】　在 300～800 ℃ 称为温锻或半热锻
　【特点】　使金属材料产生塑性变形
　【特点】　改变金属材料形状和尺寸
　【特点】　改变金属材料性能

【特点】 消除金属在冶炼过程中产生的铸态疏松等缺陷
【特点】 优化微观组织结构
【特点】 保存了完整的金属流线
【优点】 生产率高
【优点】 节省材料
【优点】 温锻和冷锻可以有效地节材
【状况】
　【应用场景】 汽车制造
　【应用场景】 通用机械零件制造
【词条关系】
　【层次关系】
　　【参与组成】 锻压
　　【类分】 模锻
　　【类分】 热锻
　　【类分】 温锻
　　【类分】 冷锻
　　【类分】 自由锻
　　【类分】 碾环
　　【类分】 特殊锻造
　　【类分】 摆辗
　　【类分】 摆旋锻
　　【类分】 辊锻
　　【类分】 楔横轧
　　【类属】 塑性变形
　【应用关系】
　　【用于】 铝
　　【用于】 镁
　　【用于】 铜
　　【用于】 钛
　　【用于】 铝合金
　　【用于】 镁合金
　　【用于】 铁基高温合金
　【生产关系】
　　【工艺-材料】 合金钢
　　【工艺-材料】 管材
　　【工艺-材料】 扁钢
　　【工艺-材料】 工具钢
　　【工艺-材料】 钼合金
　　【工艺-材料】 莱氏体钢
　　【工艺-材料】 镍基高温合金
　　【工艺-材料】 锻件
　　【工艺-材料】 钢铁
　　【工艺-材料】 非调质钢
　　【工艺-材料】 钢坯
　　【工艺-材料】 钢锭
　　【工艺-材料】 钢材
　　【工艺-材料】 圆钢
　　【工艺-材料】 锻钢
　　【工艺-材料】 优质碳素结构钢
　　【工艺-材料】 中锰钢
　　【工艺-材料】 涡轮盘
　　【工艺-材料】 船板
　　【工艺-设备工具】 曲轴
　　【工艺-设备工具】 航空模锻液压机
　　【工艺-设备工具】 旋转锻造设备
　　【工艺-设备工具】 锻压空气锤
　　【工艺-设备工具】 螺旋压力机
　　【工艺-设备工具】 机械锻压机
　　【工艺-设备工具】 热模锻压机
　　【工艺-设备工具】 摩擦压力机

◎ 堆焊
【基本信息】
　【英文名】 surfacing
　【拼音】 dui han
　【核心词】
【定义】
　（1）用电焊或气焊把焊条熔化，堆在被焊接的金属器物上。
　【来源】 《汉语倒排词典》
　（2）在母材表面上熔敷填充金属的过程。
　【来源】 《中国冶金百科全书·金属材料》
【分类信息】
　【CLC 类目】
　　（1）TG455 堆焊及补焊
　　（2）TG455 炼铁机械
　　（3）TG455 加热、冷却机械

【IPC 类目】

（1）F16K1/22　旋转轴线与阀元件交叉，如蝶形阀

（2）F16K1/22　用于非接合目的的焊接，如堆焊

（3）F16K1/22　有球形表面的塞子；其所用填料

（4）F16K1/22　安装在手动阀上或与手动阀组合

（5）F16K1/22　阀座（用于双阀座阀入1/44）

【词条属性】

　【特征】

　　【缺点】　轴径尺寸减小

　　【缺点】　镀层厚度有限

　　【缺点】　零件互换性差

　　【数值】　堆焊层厚度一般在2～30 mm

　　【特点】　耐磨损

　　【特点】　耐腐蚀

　　【优点】　结合强度高

　　【优点】　抗冲击性能好

　　【优点】　堆焊层金属的成分和性能调整方便

　　【优点】　堆焊层厚度大

　　【优点】　节省成本，经济性好

　　【优点】　加工精度高

　　【优点】　适合现场处理

　　【优点】　效率高

　　【优点】　残余应力小

　【状况】

　　【应用场景】　矿山机械

　　【应用场景】　输送机械

　　【应用场景】　冶金机械

　　【应用场景】　农业机械

　　【应用场景】　金属结构件的制造

　　【应用场景】　模具制造

　　【应用场景】　铸造工业

　【因素】

　　【影响因素】　堆焊层合金成分

　　【影响因素】　稀释率

　　【影响因素】　堆焊合金与金属集体之间的匹配度

【词条关系】

　【层次关系】

　　【类分】　氧乙炔火焰堆焊

　　【类分】　焊条电弧堆焊

　　【类分】　钨极氩弧堆焊

　　【类分】　自保护电弧堆焊

　　【类分】　埋弧堆焊

　　【类分】　等离子弧堆焊

　　【类分】　电渣堆焊

　　【类分】　耐蚀堆焊

　　【类分】　耐磨堆焊

　　【类分】　隔离层堆焊

　　【类分】　弧堆焊

　　【类属】　焊接

　　【类属】　熔焊

　【应用关系】

　　【使用】　堆焊焊条

　　【使用】　焊材

　　【使用】　基体

　　【使用】　焊剂

　　【使用】　磁控装置

　【生产关系】

　　【工艺-材料】　耐磨钢

　　【工艺-材料】　堆焊合金

　　【工艺-材料】　铁基堆焊合金

　　【工艺-材料】　碳化钨堆焊合金

　　【工艺-材料】　铜基堆焊合金

　　【工艺-材料】　镍基堆焊合金

　　【工艺-材料】　钴基合金

◎二次淬火

【基本信息】

　【英文名】　double quenching; secondary quenching

　【拼音】　er ci cui huo

　【核心词】

【定义】

残留奥氏体在回火冷却过程中转变为马氏体的现象。
【来源】 《金属材料简明辞典》
【分类信息】
　【IPC 类目】
　　（1）C21D9/40　用于环；轴承座圈
　　（2）C21D9/40　淬火设备
【词条属性】
　【特征】
　　【特点】　马氏体可沿着原马氏体的轮廓长大
　　【特点】　马氏体可以远离原马氏体处形核长大
　　【特点】　提高钢件的硬度
　　【特点】　提高钢件的耐磨性
　　【特点】　提高钢件的尺寸稳定性
　　【特点】　会出现"催化"现象
　　【特点】　会出现"稳定化"现象
　　【特点】　改善渗层组织
　　【特点】　二次淬火冷却处理低温回火：高于 Ac_1 或 Ac_3（心部）的温度淬火
　　【特点】　二次淬火低温回火：在材料的 $Ac_1 \sim Ac_3$ 淬火
　【状况】
　　【应用场景】　渗碳后不能进行机械加工的高合金钢工件
【词条关系】
　【层次关系】
　　【类分】　二次淬火低温回火
　　【类分】　二次淬火冷处理低温回火
　　【类属】　热处理工艺
　【应用关系】
　　【工艺-组织】　马氏体
　　【用于】　粗晶粒钢
　　【用于】　低碳双相钢
　　【用于】　低合金高强度钢
　　【用于】　轴承渗碳钢
　　【用于】　马氏体钢
　【生产关系】
　　【工艺-材料】　高合金钢
　　【工艺-材料】　高速钢
　　【工艺-材料】　高铬钢
　　【工艺-材料】　20CrMnTi 渗碳钢
　　【工艺-材料】　5NiCrMo 钢
　　【工艺-材料】　9NiCrMo 钢
　　【工艺-材料】　10Ni5CrMoV 钢
　　【工艺-材料】　GCr15 钢
　　【工艺-材料】　X80 管线钢
　　【工艺-材料】　40Cr 钢
　　【工艺-材料】　1Cr12Ni3Mo2VN（M152）耐热钢
　　【工艺-材料】　低合金钢强度钢

◎二次硬化

【基本信息】
　【英文名】　secondary hardening
　【拼音】　er ci ying hua
　【核心词】
【定义】
　（1）某些淬火合金钢在 500～600 ℃ 回火后硬度增高，在硬度—回火温度曲线上出现峰值的现象。
　【来源】 《现代材料科学与工程辞典》
　（2）合金钢中如果含有较多碳化物形成元素，在进行高温回火时，合金元素发生重新分布，将通过独立形核长大形成特殊碳化物。
　【来源】 《金属材料简明辞典》
【分类信息】
　【CLC 类目】
　　（1）TG135　特种机械性质合金
　　（2）TG135　钢的组织与性能
　【IPC 类目】
　　F16K5/04　有圆柱形表面的塞子；其所用填料
【词条属性】
　【特征】
　　【特点】　硬度不降低，反而升高
　　【特点】　特殊碳化物析出
　　【特点】　奥氏体转变为马氏体或贝氏体

【特点】 钢的二次硬化能力与残留奥氏体二次淬火无关
【特点】 钢的二次硬化能力仅取决于合金马氏体二次硬化的过程
【特点】 多次回火
【特点】 弥散析出强化
【特点】 沉淀强化
【特点】 固溶强化
【特点】 淬火+回火
【特点】 马氏体回火后硬度和回火温度的关系曲线
【特点】 疲劳断裂特性提高
【特点】 使用寿命提高
【状况】
　【现状】 对合金碳化物的研究不够深入
　【现状】 纳米级析出物的深入研究
【时间】
　【起始时间】 1900 年
【因素】
　【影响因素】 析出物的本质
　【影响因素】 析出物的数量
　【影响因素】 Cr
　【影响因素】 Mo
　【影响因素】 W
　【影响因素】 V
【词条关系】
　【等同关系】
　　【俗称为】 回火二次硬化
　【层次关系】
　　【并列】 红硬性
　　【类属】 强化效应
　【应用关系】
　　【用于】 高速钢
　　【用于】 超高强度钢
　　【用于】 工模具钢

◎ 方坯

【基本信息】
　【英文名】 billet
　【拼音】 fang pi
【核心词】
【定义】
　截面宽、高相等,或差别不大的一种钢坯。
【分类信息】
　【CLC 类目】
　　（1）TF777　连续铸钢、近终形铸造
　　（2）TF777　方坯连铸
　　（3）TF777　生产技术管理
　　（4）TF777　连续铸钢设备
　【IPC 类目】
　　（1）C21C5/28　转炉炼钢
　　（2）C21C5/28　利用磁场〔7〕
　　（3）C21C5/28　熔融铁类合金的处理,如不包括在 1/00 到 5/00 组的钢（铸造成型过程中熔融金属的处理入 B22D1/00,27/00;黑色金属的重熔入 C22B）
　　（4）C21C5/28　用熔炼法〔2〕
　　（5）C21C5/28　脱氧,如镇静钢〔2〕
【词条属性】
　【特征】
　　【数值】 最大断面为 600 mm×600 mm
　　【数值】 最小断面为 200 mm×200 mm
　　【数值】 小方坯最大断面为 180 mm×180 mm
　　【数值】 最小断面为 55 mm×55 mm
　　【特点】 截面宽
　　【特点】 高相等
　　【特点】 大方坯:比表面积小
　　【特点】 大方坯:钢水静压力大
　　【特点】 大方坯:坯壳线收缩大
　　【特点】 大方坯:铸坯热容量大
　　【特点】 大方坯:凝固距离长
　　【特点】 大方坯:铸坯在二冷室的辐射传热强度小
　　【特点】 大方坯:液相穴长
　【状况】
　　【应用场景】 轧制型材
　　【应用场景】 轧制线材
【词条关系】

【层次关系】
　　【类属】　　连铸坯
　　【类属】　　钢坯
【应用关系】
　　【材料-加工设备】　方坯连铸机
　　【材料-加工设备】　初轧机
　　【材料-加工设备】　液压推钢机
　　【用于】　　型钢
【生产关系】
　　【材料-工艺】　轧制
　　【材料-工艺】　铸造
　　【材料-工艺】　浇注
　　【原料-材料】　板材
　　【原料-材料】　线材
　　【原料-材料】　管材
　　【原料-材料】　棒材

◎非调质钢

【基本信息】
　　【英文名】　non-quenched and tempered steel
　　【拼音】　　fei tiao zhi gang
　　【核心词】
【定义】
　　在轧制状态或正火状态下使用的高强度钢。
【分类信息】
　　【CLC 类目】
　　　（1）U465　　汽车材料
　　　（2）U465　　黑色金属
　　　（3）U465　　特殊用途钢
　　　（4）U465　　各种钢的冶炼
　　【IPC 类目】
　　　（1）C21D9/30　用于曲轴；凸轮轴
　　　（2）C21D9/30　通过伴随有变形的热处理或变形后再进行热处理来改变物理性能（除需成型的工件外不需要再加热的锻造，或轧制成型的硬化工件或材料入 1/02)〔3〕
　　　（3）C21D9/30　含钛或锆的〔2〕
　　　（4）C21D9/30　铁基合金的制造
　　　（5）C21D9/30　硬化（1/02 优先）；随后回火或不回火的淬火（淬火设备入 1/62)〔3〕
【词条属性】
　　【特征】
　　　【特点】　避免热处理过程中产生废品
　　　【特点】　提高成品率
　　　【特点】　节省热处理及相关工序的材料消耗
　　　【特点】　缩短生产周期，提高劳动生产率
　　【状况】
　　　【应用场景】　汽车发动机
　　　【应用场景】　拖拉机的发动机制造
　　　【应用场景】　空压机的连杆
　　　【应用场景】　机床零件制造
　　　【应用场景】　轴类零件制造
【词条关系】
　　【层次关系】
　　　【材料-组织】　珠光体
　　　【材料-组织】　铁素体
　　　【材料-组织】　贝氏体
　　　【概念-实例】　YF40MnV 钢
　　　【概念-实例】　F40MnV 钢
　　　【概念-实例】　F45V 非调质钢
　　　【概念-实例】　YF45MnV 钢
　　　【概念-实例】　F35MnVN 钢
　　　【类分】　普通焊接结构用非调质钢
　　　【类分】　造船用高强度钢
　　　【类分】　煤气管道用高强度钢
　　　【类分】　热锻非调质钢
　　　【类分】　易切削非调质钢
　　　【类分】　冷作硬化非调质钢
　　　【类分】　珠光体型非调质钢
　　　【类分】　贝氏体型非调质钢
　　　【类分】　马氏体型非调质钢
　　【应用关系】
　　　【用于】　连杆
　　　【用于】　螺母
　　【生产关系】
　　　【材料-工艺】　微合金化

【材料-工艺】 控锻控冷
【材料-工艺】 热处理工艺
【材料-工艺】 锻造

◎ 废钢
【基本信息】
　【英文名】 scrap
　【拼音】 fei gang
　【核心词】
【定义】
　　钢铁生产过程中不成为产品的钢铁废料（如切边、切头等）及使用后报废的设备、构件中的钢铁材料，成分为钢的叫作"废钢"，成分为铁的叫作"废铁"，统称为"废钢"。
　【来源】《金属材料简明辞典》
【分类信息】
　【CLC 类目】
　　　F426　工业部门经济
　【IPC 类目】
　　（1）C22C33/04　用熔炼法〔2〕
　　（2）C22C33/04　电炉炼钢（电加热本身入 H05B）
　　（3）C22C33/04　碳钢的冶炼，如普通低碳钢、中碳钢，或铸钢
　　（4）C22C33/04　转炉炼钢
　　（5）C22C33/04　预热炉料的设备；预热炉料的装置
【词条属性】
　【特征】
　　【数值】 含碳量小于 2.0%
　　【数值】 硫、磷含量均不大于 0.05%
　　【特点】 范围广
　　【特点】 数量大
　　【特点】 回收率高
　　【特点】 易氧化生锈
　【状况】
　　【现状】 目前世界每年产生的废钢总量为 3 亿~4 亿吨
　　【现状】 世界每年产生的废钢总量占钢总量的 45%~50%
　　【现状】 85%~90%废钢用作炼钢原料
　　【现状】 10%~15%的废钢用于铸造、炼铁和再生钢材
　　【现状】 废钢将会逐步替代铁矿石
　　【现状】 对废钢的需求越来越大
【词条关系】
　【层次关系】
　　【概念-实例】 钢料切头
　　【概念-实例】 钢料切尾
　　【概念-实例】 钢料切屑
　　【概念-实例】 边角料
　　【概念-实例】 废旧设备
　　【概念-实例】 报废机车
　　【概念-实例】 报废钢轨
　　【概念-实例】 报废船舶
　　【概念-实例】 报废用具
　　【类分】 返回废钢
　　【类分】 自产废钢
　　【类分】 循环废钢
　　【类分】 熔炼用废钢
　　【类分】 非熔炼用废钢
　　【类分】 重型废钢
　　【类分】 中型废钢
　　【类分】 碳素废钢
　　【类分】 合金废钢
　　【类分】 轻薄料
　　【类分】 钢屑
　　【类分】 废灰口铁
　　【类分】 土铁
　　【类分】 火烧铁
　　【类分】 玛钢
　　【类分】 生铁屑
　　【类分】 氧化铁皮
　　【类分】 铁泥
　　【类分】 钢渣
　【应用关系】
　　【材料-加工设备】 转炉
　　【材料-加工设备】 电炉

【生产关系】
　　【材料-工艺】　气割
　　【材料-工艺】　落锤
　　【材料-工艺】　爆破
　　【材料-工艺】　剪切
　　【材料-工艺】　切碎机破碎
　　【原料-材料】　球墨铸铁
　　【原料-材料】　钢材

◎ 沸腾钢
【基本信息】
　　【英文名】　rimmed steel；boiling steel
　　【拼音】　fei teng gang
　　【核心词】
【定义】
　　脱氧不完全的碳素钢。
【来源】　《中国冶金百科全书·金属材料》
【分类信息】
　　【IPC 类目】
　　　（1）C22C35/00　铁或钢的母（中间）合金
　　　（2）C22C35/00　含铝的〔2〕
　　　（3）C22C35/00　脱氧，如镇静钢〔2〕
　　　（4）C22C35/00　铁基合金，如合金钢（铸铁合金入 37/00）〔2〕
【词条属性】
　　【特征】
　　　【缺点】　内部质量不均匀
　　　【缺点】　偏析严重
　　　【缺点】　组织不致密
　　　【缺点】　低温冲击性能差
　　　【数值】　碳含量不能超过 0.28%
　　　【数值】　锰含量不大于 0.60%
　　　【数值】　硅含量不大于 0.03%
　　　【特点】　脱氧不完全的钢
　　　【特点】　钢的收率大
　　　【特点】　成本低
　　　【特点】　表面质量好
　　　【特点】　以"F"为代号
　　　【特点】　含碳低、含硅低
　　　【特点】　有良好的焊接性能
　　　【优点】　具有良好的冷弯性能
　　　【优点】　具有良好的冲压性能
　　【状况】
　　　【现状】　大多数国家沸腾钢的产量占模铸钢总产量的 40%～50%
【词条关系】
　　【层次关系】
　　　【并列】　镇静钢
　　　【类属】　普碳钢
　　　【类属】　中碳钢
　　　【类属】　钢铁
　　　【类属】　钢铁材料
　　　【类属】　碳素钢
　　　【类属】　低碳钢
　　　【类属】　碳钢
　　　【组成部件】　坚壳带
　　　【组成部件】　蜂窝气泡带
　　　【组成部件】　中间坚固带
　　　【组成部件】　二次气泡带
　　　【组成部件】　定心带
　　　【组成部件】　疏松区
　　【应用关系】
　　　【用于】　制造薄板
　　　【用于】　拖拉机箱
　　　【用于】　汽车壳体
　　　【用于】　型钢
　　　【用于】　中板
　　　【用于】　线材
　　　【用于】　窄带
　　　【用于】　管材
　　【生产关系】
　　　【材料-工艺】　转炉炼钢
　　　【材料-工艺】　平炉冶炼
　　　【材料-工艺】　电炉冶炼
　　　【材料-工艺】　脱碳
　　　【材料-工艺】　脱磷
　　　【材料-工艺】　脱硫
　　　【材料-工艺】　脱氧

◎粉末冶金

【基本信息】
  【英文名】 powder metallurgy
  【拼音】 fen mo ye jin
  【核心词】
【定义】
  （1）压制金属粉末成块，加热，然后压制成型。
  【来源】《麦克米伦百科全书》
  （2）制取金属粉末以及将金属粉末或金属粉末与非金属粉末混合料经过成型和烧结来制造粉末冶金材料或粉末冶金制品的技术。
  【来源】《中国冶金百科全书·金属材料》
【分类信息】
  【CLC 类目】
    （1）TF125 粉末冶金制品及其应用
    （2）TF125 粉末成型、烧结及后处理
    （3）TF125 金属复合材料
  【IPC 类目】
    （1）C22C33/02 用粉末冶金法（金属粉末制造入 B22F）
    （2）C22C33/02 用粉末冶金法（1/08 优先）〔2〕
    （3）C22C33/02 金属粉末与非金属粉末的混合物（1/08 优先）〔2〕
    （4）C22C33/02 钨或钼基合金〔2〕
    （5）C22C33/02 黄铜轴衬；轴瓦；衬套
【词条属性】
  【特征】
    【优点】 显著节能
    【优点】 省材
    【优点】 性能优异
    【优点】 产品精度高
    【优点】 稳定性好
  【状况】
    【现状】 新材料科学中最具发展活力的分支之一
    【现状】 国内 34 家大中型粉末冶金生产企业（占 53 家企业数量的 64%）的累计产量占 53 家企业生产产量的比例高达 85%
  【应用场景】 金属材料制造业
  【应用场景】 复合材料制造业
  【应用场景】 各种类型制品的制造
  【应用场景】 航空航天
  【应用场景】 兵器制造
  【应用场景】 生物工业
  【应用场景】 黑色金属领域
  【应用场景】 信息工业
  【应用场景】 核工业
  【应用场景】 电子制造业
  【应用场景】 交通建设行业
  【应用场景】 工业缝纫机
  【应用场景】 五金工具
【词条关系】
  【应用关系】
    【用于】 铁石刀具
    【用于】 硬质合金
    【用于】 粉末冶金零件
    【用于】 含油轴承制品
    【用于】 制备稀土永磁材料
    【用于】 稀土储氢材料
    【用于】 超合金
    【用于】 粉末高速钢
    【用于】 高温结构材料
    【用于】 制备非晶材料
    【用于】 制备微晶材料
    【用于】 制备准晶材料
    【用于】 制备纳米晶材料
  【生产关系】
    【工艺-材料】 硬质合金
    【工艺-材料】 镍合金
    【工艺-材料】 钼合金
    【工艺-材料】 复合材料
    【工艺-设备工具】 放电等离子烧结系统

◎缝焊

【基本信息】

【英文名】 seam welding
【拼音】 feng han
【核心词】
【定义】
　　金属板的叠合处夹持于两个滚轮之间,两滚轮用以导电,使叠合处加热,并对它滚压而造成连接,缝焊法主要用来焊接薄板结构。
【来源】《金属材料简明辞典》
【分类信息】
　【IPC 类目】
　　(1) B23K31/02　关于钎焊或焊接的(制造印刷电路的浸沾或波峰钎焊接入 H05K3/34)
　　(2) B23K31/02　用于不同直径或截面的管子的连接〔7〕
　　(3) B23K31/02　金属板的
　　(4) B23K31/02　电阻焊接;用电阻加热方式的切割
　　(5) B23K31/02　截面有折皱或有波纹的
【词条属性】
　【特征】
　　【数值】 被焊材料的厚度通常在 0.1～2.5 mm
　　【特点】 可以产生连续不漏地焊缝
　　【特点】 缝焊局限在直的或均匀弯曲的路线上完成
　　【特点】 沿焊接路线上必须没有障碍
　　【特点】 避免有锐角半径或突变轮廓
　【状况】
　　【应用场景】 薄板结构的焊接工艺
　【因素】
　　【影响因素】 焊接电流
　　【影响因素】 电极压力
　　【影响因素】 焊接时间和休止时间
　　【影响因素】 焊接速度
【词条关系】
　【等同关系】
　　【基本等同】 滚焊
　【层次关系】
　　【类分】 连续缝焊
　　【类分】 断续缝焊
　　【类分】 步进缝焊
　　【类分】 搭接缝焊
　　【类分】 压平缝焊
　　【类分】 垫箔对接缝焊
　　【类分】 铜线电极缝焊
　　【类属】 焊接
　　【类属】 接触焊
【应用关系】
　【用于】 油桶焊接
　【用于】 罐头罐焊接
　【用于】 暖气片焊接
　【用于】 汽车油箱焊接
　【用于】 喷气发动机焊接
　【用于】 导弹中密封容器的薄板焊接
【生产关系】
　【工艺-材料】 镁合金 AZ31B
　【工艺-设备工具】 步进缝焊机
　【工艺-设备工具】 竖向缝焊机

◎缝隙腐蚀

【基本信息】
【英文名】 crevice corrosion
【拼音】 feng xi fu shi
【核心词】
【定义】
　　(1) 由于狭缝或间隙的存在,在狭缝内或近旁发生的腐蚀。
【来源】《中国冶金百科全书·金属材料》
　　(2) 腐蚀性介质中金属材料的缝隙和其他隐蔽部位经常发生的严重局部腐蚀之一。
【来源】《海洋化学辞典》
【分类信息】
　【CLC 类目】
　　TQ050.9　化工机械与设备的腐蚀与防腐蚀
　【IPC 类目】
　　(1) C22C38/44　含钼或钨的〔2〕

（2）C22C38/44　铝或铝合金〔4〕
　　（3）C22C38/44　通过直接使用电能或波能;通过特殊射线〔3〕
　　（4）C22C38/44　未列入5/00到27/00组的金属基合金〔2〕
　　（5）C22C38/44　退火方法
【词条属性】
　【特征】
　　【数值】　缝宽(一般在0.025～0.1 mm)
　　【特点】　缝隙必须宽到腐蚀溶液能够进入,但又必须窄到能维持溶液静滞
　　【特点】　通常发生在金属表面与垫片、垫圈、衬板、表面沉积物等接触的地方,以及搭接缝、金属重叠处等地方
　　【特点】　缝隙内为阳极
　　【特点】　缝隙外大面积为阴极
　　【特点】　缝内金属与缝外金属构成短路原电池
　　【特点】　几乎所有的腐蚀介质都能引起金属的缝隙腐蚀
　　【特点】　既可以表现为全面腐蚀,也可以表现为点蚀形态
　　【特点】　存在孕育期
　【因素】
　　【影响因素】　金属的性质
　　【影响因素】　溶液中溶解度的氧浓度
　　【影响因素】　溶液中氯离子浓度
　　【影响因素】　温度
　　【影响因素】　pH
　　【影响因素】　腐蚀介质的流速
　　【影响因素】　缝隙几何形状的影响
【词条关系】
　【等同关系】
　　【基本等同】　间隙腐蚀
　【层次关系】
　　【概念-实例】　1Cr13不锈钢与聚四氟乙烯的缝隙腐蚀
　　【概念-实例】　2Cr13不锈钢与1Cr18Ni9Ti间缝隙腐蚀
　　【概念-实例】　5083和6061铝合金缝隙腐蚀
　　【概念-实例】　Q235碳钢缝隙腐蚀
　　【概念-实例】　Q345碳钢缝隙腐蚀
　　【概念-实例】　22Cr双相不锈钢缝隙腐蚀
　　【类分】　衬垫腐蚀
　　【类分】　沉积腐蚀
　　【类分】　纤维状腐蚀
　　【类分】　水线腐蚀
　　【类属】　局部腐蚀
　　【类属】　腐蚀
　　【类属】　海洋腐蚀
　【应用关系】
　　【用于】　螺栓与螺母之间
　　【用于】　铆钉与基体之间
　　【用于】　衬垫或衬圈下面
　　【用于】　不锈钢
　　【用于】　铝合金

◎ 腐蚀
【基本信息】
　【英文名】　corrosion
　【拼音】　fu shi
　【核心词】
【定义】
　　（1）物质的表面因发生化学反应或半化学反应而受到破坏的现象。
　【来源】　《卫生学大辞典》
　　（2）材料和它所处的环境介质之间发生化学或电化学作用而引起的变质和破坏。
　【来源】　《石油技术辞典》
　　（3）金属与周围环境发生化学、电化学反应和物理作用引起的变质和破坏。
　【来源】　《中国电力百科全书·火力发电卷》
【分类信息】
　【CLC类目】
　　（1）TG174.4　金属表面防护技术
　　（2）TG174.4　油气开采机械设备的腐蚀

与防护

(3) TG174.4　各种类型的金属腐蚀

(4) TG174.4　一般性问题

(5) TG174.4　油气储运设备的腐蚀与防护

【IPC类目】

(1) C09D5/08　抗腐蚀涂料

(2) C09D5/08　用于表面以减少对冰、雾或水的黏附（一般的流动性粒状打底材料，如使它们成为憎水的，入 B01J2/30）；用在表面上的融化或防冻材料（用于传热、热交换或储热的液体，或用于非燃烧方式制热或制冷的液体，如散热器用液，入 5/00）〔4〕

(3) C09D5/08　含磷的〔3〕

(4) C09D5/08　组合管，即用上述各组中任一组均未完全包括的材料制成（9/16 至 9/22 优先）

(5) C09D5/08　其中所用的防冻剂，如用于散热器用液（用于表面入 3/18，抑制液体腐蚀入 C23F11/00）〔7〕

【词条属性】

【特征】

【缺点】　经济损失巨大

【缺点】　资源和能源浪费严重

【缺点】　引发灾难性事故

【缺点】　造成环境污染

【因素】

【影响因素】　金属的电极电位

【影响因素】　超电位

【影响因素】　钝化膜

【影响因素】　合金元素

【影响因素】　介质的pH

【影响因素】　缓蚀剂

【影响因素】　介质中的阴离子

【影响因素】　卤化物

【影响因素】　介质的温度

【影响因素】　压力、介质流速

【词条关系】

【层次关系】

【概念-实例】　铁环与铜扣电偶腐蚀

【概念-实例】　钝化金属点蚀

【概念-实例】　机身锚钉附近的缝隙腐蚀

【概念-实例】　不锈钢焊缝腐蚀

【概念-实例】　黄铜脱锌

【概念-实例】　厌氧性细菌腐蚀

【概念-实例】　好氧性细菌腐蚀

【概念-实例】　厌氧好氧联合作用腐蚀

【类分】　大气腐蚀

【类分】　土壤腐蚀

【类分】　海水腐蚀

【类分】　高温气体腐蚀

【类分】　化工介质腐蚀

【类分】　全面腐蚀

【类分】　局部腐蚀

【类分】　电偶腐蚀

【类分】　小孔腐蚀

【类分】　缝隙腐蚀

【类分】　晶间腐蚀

【类分】　选择腐蚀

【类分】　应力腐蚀

【类分】　磨损腐蚀

【类分】　微生物腐蚀

【类分】　高温腐蚀

【类分】　热腐蚀

◎腐蚀疲劳

【基本信息】

【英文名】　corrosion fatigue

【拼音】　fu shi pi lao

【核心词】

【定义】

(1) 金属材料在循环应力或脉动应力和腐蚀介质的联合作用下，引起抗疲劳性能降低的现象。

【来源】　《石油技术辞典》

(2) 在交变应力与腐蚀介质协同作用下引起的材料局部性金属腐蚀。

【来源】　《中国冶金百科全书·金属材料》

（3）金属中重复出现应力腐蚀，经过一定时间后就会在应力集中处产生孔洞或裂缝，最后导致金属穿孔和断裂的破坏。
【来源】《铁合金辞典》
【分类信息】
　【CLC类目】
　　（1）TG174.3　腐蚀试验及设备
　　（2）TG174.3　反应堆材料及其性能
　　（3）TG174.3　转炉
　【IPC类目】
　　（1）C22C38/00　铁基合金,如合金钢（铸铁合金入37/00）〔2〕
　　（2）C22C38/00　含铜的〔2〕
　　（3）C22C38/00　汽缸;汽缸盖（一般的入F16J）
　　（4）C22C38/00　含钼或钨的〔2〕
　　（5）C22C38/00　含铬的〔2〕
【词条属性】
　【特征】
　　【特点】以预先指定的循环周数时的应力作为腐蚀疲劳强度
　　【特点】不需要材料-环境的特殊组合
　　【特点】只要存在腐蚀介质即使对纯金属也会发生腐蚀疲劳
　　【特点】金属的腐蚀疲劳强度与抗拉强度之间无明显的比例关系
　　【特点】腐蚀疲劳裂纹多源于表面腐蚀坑或表面缺陷
　　【特点】断口既有腐蚀特征,又有疲劳辉纹特征
　　【特点】加速裂缝的形成
　　【特点】不需要特定的腐蚀系统
　　【特点】任何金属材料均可能发生腐蚀疲劳
　【状况】
　　【应用场景】飞机构件制造业
　　【应用场景】推进器的制造
　　【应用场景】汽车弹簧制造
　　【应用场景】海洋建筑
　　【应用场景】造船工业
　【因素】
　　【影响因素】载荷的影响
　　【影响因素】幅度
　　【影响因素】频率
　　【影响因素】加工工艺
　　【影响因素】温度
　　【影响因素】pH
　　【影响因素】含氧量
　　【影响因素】应力循环参数
　　【影响因素】疲劳加载方式
　　【影响因素】应力循环波形
　　【影响因素】应力集中
　　【影响因素】材料耐蚀性
　　【影响因素】材料组织结构
　　【影响因素】材料表面状态
【词条关系】
　【层次关系】
　　【并列】热疲劳
　　【类属】疲劳
　　【类属】局部腐蚀
　【应用关系】
　　【用于】钢筋混凝土钢结构
　　【用于】高强度铝合金
　　【用于】变形镁合金
　　【用于】储气井套管

◎**腐蚀试验**
【基本信息】
　【英文名】　corrosion test
　【拼音】　　fu shi shi yan
　【核心词】
【定义】
　（1）测定金属抗化学浸蚀能力的试验。
【来源】《军事大辞海·下》
　（2）探讨和测定金属材料腐蚀机理和耐蚀性能的方法。
【来源】《金属材料简明辞典》
【分类信息】

【CLC 类目】
　　(1) TQ13　金属元素的无机化合物化学工业
　　(2) TQ13　造船用材料
【IPC 类目】
　　C23C28/00　用未列入 2/00 至 26/00 各大组中单一组的方法抑或用列入 C23C 与 C25C 或 C25D 各小类中方法的组合以获得至少两层叠加层的镀覆〔4〕
【词条属性】
【特征】
　　【特点】　评价材料的耐蚀性能
　　【特点】　在给定环境中确定各种防蚀措施的适应性、最佳选择、质量控制途径和预计采取这些措施后构件的服役寿命
　　【特点】　确定环境的侵蚀性
　　【特点】　研究环境中杂质
　　【特点】　研究腐蚀产物对环境的污染作用
　　【特点】　研究腐蚀机制
　　【特点】　可孤立地研究某一因素的作用或几个因素的共同作用
　　【特点】　现场挂片试验是实际环境中进行试验
　　【特点】　结果更具有代表性
　　【特点】　一般试验方法试验周期长
　　【特点】　实验室试验可充分利用实验室测验仪器
　　【特点】　控制设备的严格精确性
　　【特点】　一般试验的平行试样为 3～12 个,常用 5 个
　　【特点】　试样形状一般为矩形、圆盘形、圆柱形
　　【特点】　试样尺寸:矩形:50 mm×25 mm
　　【特点】　圆盘形 $\phi(30～40)$ mm×(2～3) mm
　　【特点】　圆柱形 $\phi 10$ mm×20 mm
【因素】
　　【影响因素】　腐蚀介质
　　【影响因素】　试验温度
　　【影响因素】　试验时间
　　【影响因素】　试样暴露的条件
　　【影响因素】　试样的安放与涂封
【词条关系】
【层次关系】
　　【类分】　实验室试验
　　【类分】　现场挂片试验
　　【类分】　实物试验
　　【类分】　局部腐蚀试验方法
【应用关系】
　　【使用】　表面观察法
　　【使用】　重量法
　　【使用】　机械法
　　【使用】　化学法
　　【使用】　电化学法
　　【用于】　金属材料
　　【用于】　高分子材料
　　【用于】　混凝土腐蚀
　　【用于】　陶瓷基复合材料腐蚀
　　【用于】　玻璃腐蚀

◎ **复合材料**
【基本信息】
　　【英文名】　composite
　　【拼音】　fu he cai liao
【核心词】
【定义】
　　(1)由两种或多种材料复合而成的一种多相材料。
　　【来源】　《中国冶金百科全书·金属材料》
　　(2)由两种或多种性质不同的材料组成的多相材料。
　　【来源】　现代科学技术名词选编
【分类信息】
【CLC 类目】
　　(1) TB332　非金属复合材料
　　(2) TB332　复合材料
　　(3) TB332　金属复合材料

(4) TB332　金属-非金属复合材料

(5) TB332　特种结构材料

【IPC 类目】

(1) C08K3/34　含硅化合物〔2〕

(2) C08K3/34　用有机物质处理的配料〔2〕

(3) C08K3/34　在配料的存在下聚合,如增塑剂、染料、填充剂〔2〕

(4) C08K3/34　按重量至少为5%但小于50%的,无论是本身加入的还是原位形成的氧化物、碳化物、硼化物、氮化物、硅化物或其他金属化合物,如氮氧化合物、硫化物的有色合金〔2〕

(5) C08K3/34　木质纤维素材料,如木材、稻草、蔗渣〔2〕

【词条属性】

【特征】

【特点】　比强度高

【特点】　比弹性模量高

【特点】　抗疲劳与断裂安全性能好

【特点】　良好的减震性能

【特点】　良好的高温性能

【特点】　可设计性强

【状况】

【前景】　纳米复合材料的研究开发成为新的热点

【现状】　全球复合材料市场快速增长,亚洲尤其中国市场增长较快

【现状】　2003—2008年中国年均增速为15%

【应用场景】　航空航天工业

【应用场景】　汽车工业

【应用场景】　铁路建设

【应用场景】　军事领域

【应用场景】　交通运输行业

【应用场景】　日用品

【应用场景】　健身器材制造

【时间】

【起始时间】　20世纪40年代

【词条关系】

【层次关系】

【类分】　热双金属

【类分】　金属与金属复合材料

【类分】　非金属与金属复合材料

【类分】　非金属与非金属复合材料

【类分】　纤维增强复合材料

【类分】　夹层复合材料

【类分】　细粒复合材料

【类分】　混杂复合材料

【类分】　聚合物复合材料

【类分】　金属复合材料

【类分】　陶瓷复合材料

【类分】　结构复合材料

【类分】　功能复合材料

【应用关系】

【使用】　强韧化

【使用】　抗弯强度

【使用】　抗拉强度

【生产关系】

【材料-工艺】　手糊成型

【材料-工艺】　喷射成型

【材料-工艺】　纤维缠绕成型

【材料-工艺】　模压成型

【材料-工艺】　拉挤成型

【材料-工艺】　RTM 成型

【材料-工艺】　热压罐成型

【材料-工艺】　扩散焊接

【材料-工艺】　粉末冶金

【材料-工艺】　热轧

【材料-工艺】　热拔

【材料-工艺】　热静压

◎ **复相组织**

【基本信息】

【英文名】　multiphase steel

【拼音】　fu xiang zu zhi

【核心词】

【定义】

一个材料体系中是有两个或者两个以上的物相构成的,我们就称之为多相组织、混相组织或者非均相组织,非均相组织也称作复相组织。
【分类信息】
【IPC 类目】
（1）C21D8/02　在生产钢板或带钢时（8/12 优先）〔3〕
（2）C21D8/02　含锰的〔2〕
（3）C21D8/02　含大于 1.5%（质量分数）的锰〔2〕
（4）C21D8/02　含钨、钽、钼、钒或铌的〔2〕
（5）C21D8/02　含钛或锆的〔2〕
【词条属性】
【特征】
【特点】　显微组织具有很宽的调控范围
【特点】　力学性能具有很宽的调控范围
【特点】　具有综合力学性能
【词条关系】
【等同关系】
【基本等同】　多相组织
【基本等同】　非均匀组织
【基本等同】　混相组织
【层次关系】
【概念-实例】　铁素体粒状渗碳体复相组织
【概念-实例】　铁素体贝氏体复相组织
【概念-实例】　铁素体/渗碳体复相组织
【概念-实例】　仿晶界型铁素体/粒状贝氏体
【概念-实例】　铁素体/马氏体复相组织
【概念-实例】　贝氏体/马氏体复相组织
【概念-实例】　铁素体/贝氏体复相组织
【概念-实例】　CFB/M 复相组织
【类分】　珠光体
【类分】　贝氏体
【类分】　回火马氏体
【组织-材料】　G55SiMoV 钢
【组织-材料】　S135 钻杆钢
【组织-材料】　贝氏体/马氏体复相钢
【组织-材料】　超细晶粒高碳钢
【组织-材料】　FF710 钎具钢
【组织-材料】　复相组织低碳钢
【组织-材料】　中碳 M/B 复相组织钢
【组织-材料】　耐磨马氏体/贝氏体复相灰铸铁
【组织-材料】　冷轧复相钢
【组织-材料】　GCr15 钢
【组织-材料】　CFB/M 复相钢
【组织-材料】　NiMnGa 基高温形状记忆合金
【组织-材料】　轴承复相钢

◎感应加热
【基本信息】
【英文名】　induction heating
【拼音】　gan ying jia re
【核心词】
【定义】
　　利用电磁感应原理在物料中由感应电流产生的热能对物料进行的电加热。处于交变电磁场中的导电体,其内部会产生感应电流。
【来源】《中国电力百科全书·用电卷》
【分类信息】
【CLC 类目】
（1）TG111.4　金属的液体结构和凝固理论
（2）TG111.4　回火
（3）TG111.4　加热、保温与冷却
（4）TG111.4　其他特种焊接
（5）TG111.4　造船焊接与其他连接工艺
【IPC 类目】
（1）C21D1/42　感应加热
（2）C21D1/42　通过电感应〔3〕
（3）C21D1/42　炉算、燃烧器或加热元件的配置或安装（燃烧器入 F23D；炉算入 F23H；电热元件入 H05B）

(4) C21D1/42 感应加热〔3〕
(5) C21D1/42 有或无其他热源的电加热的,如感应坩埚炉(14/04优先)
【词条属性】
【特征】
【数值】 高频(10 kHz以上)加热的深度为 0.5~2.5 mm
【数值】 中频(1~10 kHz)加热深度为 2~10 mm
【数值】 工频(50 Hz)加热淬硬层深度为 10~20 mm
【特点】 导体的感应加热
【特点】 淬硬层深
【特点】 易于控制操作
【特点】 易于实现机械化
【特点】 易于实现自动化
【特点】 加热效率高
【特点】 加热温度高
【特点】 工件受热均匀
【优点】 劳动强度低
【优点】 节能、无氧化层
【优点】 没有污染、噪声、粉尘
【优点】 适应性强
【状况】
【前景】 感应化热系统向智能化控制方向发展
【前景】 加热设备具有远程控制和故障自动诊断
【应用场景】 熔炼金属工业
【应用场景】 冶金工业
【应用场景】 国防工业
【应用场景】 机械加工工业
【应用场景】 船舶制造业
【应用场景】 飞机制造业
【应用场景】 汽车制造业
【因素】
【影响因素】 电流透入深度
【影响因素】 感应加热的频率
【词条关系】
【层次关系】
【类分】 感应加热表面淬火
【类分】 火焰加热表面淬火
【类分】 电接触加热表面淬火
【类分】 电解液加热表面淬火
【类分】 激光加热表面淬火
【类分】 电子束加热表面淬火
【类分】 高频感应加热
【类分】 中频感应加热
【类分】 工频感应加热
【应用关系】
【用于】 齿轮
【用于】 加热齿轮
【用于】 加热中小轴类零件
【用于】 加热轧辊
【用于】 40Cr
【用于】 55MnVS
【用于】 44MnB
【用于】 42CrMo
【用于】 ZG45
【用于】 球铁
【用于】 合金铸铁
【生产关系】
【工艺-设备工具】 感应加热装置

◎ 钢板
【基本信息】
【英文名】 steel plate
【拼音】 gang ban
【核心词】
【定义】
采用热轧或冷轧工艺,由光面轧辊轧成的平板状矩形截面的钢材,其中以平板状态供货的称为钢板,以成卷供货的薄钢板称为钢带或带钢。
【来源】《中国冶金百科全书·冶金建设下》
【分类信息】
【CLC类目】

（1）TV335　钢、混凝土组合结构
（2）TV335　板材、带材、箔材轧制
（3）TV335　黑色金属
（4）TV335　钢
【IPC 类目】
（1）C21D9/46　用于金属薄板
（2）C21D9/46　铁基合金，如合金钢（铸铁合金入 37/00）〔2〕
（3）C21D9/46　含铝的〔2〕
（4）C21D9/46　锌或镉或以它们为基础的合金〔4〕
（5）C21D9/46　生产深冲钢板或带钢〔3〕
【词条属性】
【特征】
【数值】　中厚钢板：厚度大于 4 mm
【数值】　厚板：厚度 25.0～100.0 mm
【数值】　特厚板：厚度超过 100.0 mm
【状况】
【应用场景】　工业生产
【应用场景】　车辆零件制造
【应用场景】　机械构件制造
【应用场景】　航空航天工业
【应用场景】　石油化工工业
【应用场景】　纺织、食品工业
【应用场景】　医疗行业
【应用场景】　汽车拖拉机工业
【词条关系】
【层次关系】
【类分】　中厚钢板
【类分】　薄钢板
【类分】　普通中厚钢板
【类分】　优质中厚板
【类分】　热轧普通薄钢板
【类分】　热轧优质薄钢板
【类分】　冷轧普通薄钢板
【类分】　冷轧优质薄钢板
【类分】　镀层薄板
【类分】　镀锌薄钢板
【类分】　镀铅薄钢板
【类分】　镀锡薄钢板
【类属】　钢材
【实例-概念】　压力容器钢板
【实例-概念】　汽车大梁钢板
【实例-概念】　防弹钢板
【实例-概念】　弹簧钢板
【实例-概念】　耐压钢板
【实例-概念】　90 系钢板
【实例-概念】　耐候钢板
【实例-概念】　低磁钢板
【实例-概念】　液化气瓶钢板
【实例-概念】　造船钢板
【实例-概念】　油桶钢板
【实例-概念】　08Al 的冷轧薄板
【应用关系】
【材料-加工设备】　轧机
【使用】　钢锭
【使用】　轧后余热处理
【生产关系】
【材料-工艺】　热轧
【材料-工艺】　冷轧
【材料-工艺】　冷弯
【材料-原料】　亚共析钢
【原料-材料】　冷轧带

◎**钢棒**
【基本信息】
【英文名】　steel bar
【拼音】　gang bang
【核心词】
【定义】
　　一种钢质的圆棒形研磨介质。
【来源】《铁合金辞典》
【分类信息】
【CLC 类目】
　　TQ545　气化设备
【IPC 类目】
（1）C25C3/08　电解槽的结构，如底、壁、阴极〔2〕

(2) C25C3/08　电流供给装置,如汇流排〔2〕

(3) C25C3/08　与炉或灶连带使用的工具(滤灰的筛入 B07B;引火物入 C 10 L 11/00;除灰入 F23J;其他点火用装置入 F23Q)〔6〕

(4) C25C3/08　铁基合金的制造

(5) C25C3/08　用刚性构件制作的围栏,如具有附加的铁丝填充物或具有支柱

【词条属性】
　【特征】
　　【数值】　棒的直径常为 50～75 mm
　　【数值】　冷拉钢棒直径 3～100 mm
　　【数值】　热加工温度范围 950～1200 ℃
　　【特点】　具有均匀的横断面
　　【特点】　横断面为圆形
　　【特点】　尺寸精度较高
　　【特点】　加工硬化率大于奥氏体不锈钢
　【状况】
　　【应用场景】　建筑工程
　　【应用场景】　桥梁建设
　　【应用场景】　土木工程
　　【应用场景】　核能工业
　　【应用场景】　化学处理
　　【应用场景】　化工工业
　　【应用场景】　石油工业
【词条关系】
　【等同关系】
　　【基本等同】　棒钢
　【层次关系】
　　【概念-实例】　30MnSi PC 钢棒
　　【概念-实例】　C276 钢棒
　　【概念-实例】　SK4 弹簧钢棒
　　【概念-实例】　45 号冷拉钢棒
　　【概念-实例】　A3 圆棒
　　【概念-实例】　35CrMo 钢棒
　　【概念-实例】　SUP9 钢棒
　　【概念-实例】　W9Mo3Cr4V 钢棒
　　【概念-实例】　409L 钢棒
　　【类分】　热轧钢棒
　　【类分】　冷拉钢棒
　　【类分】　锻制钢棒
　　【类分】　耐磨钢棒
　　【类分】　普通钢棒
　　【类属】　棒材
【应用关系】
　【用于】　传输管道
　【用于】　蒸发器
　【用于】　热交换器
　【用于】　反应釜
　【用于】　硫酸冷凝器
　【用于】　车刀
　【用于】　钻头
　【用于】　刨刀
【生产关系】
　【材料-工艺】　热处理
　【材料-工艺】　热加工
　【材料-工艺】　冷加工
　【材料-原料】　亚共析钢

◎钢包
【基本信息】
　【英文名】　steel ladle
　【拼音】　gang bao
　【核心词】
【定义】
(1)盛钢桶的俗称。炉外精炼用的盛钢桶均称为钢包。
【来源】《中国冶金百科全书·钢铁冶金》
(2)冶金行业中的一种主要炉前设备,是装液体金属的一种容器。
【来源】《铁合金辞典》
【分类信息】
　【CLC 类目】
(1) TF769.2　钢包精炼炉
(2) TF769.2　炼钢机械
(3) TF769.2　连续铸钢、近终形铸造
(4) TF769.2　浇注
(5) TF769.2　冶金炉砌筑及维修

【IPC类目】

(1) C21C7/00　熔融铁类合金的处理,如不包括在1/00到5/00组的钢(铸造成型过程中熔融金属的处理入B22D1/00,27/00;黑色金属的重熔入C22B)

(2) C21C7/00　添加处理剂去除杂质

(3) C21C7/00　用熔炼法〔2〕

(4) C21C7/00　转炉炼钢

(5) C21C7/00　以氧化镁为基料的〔6〕

【词条属性】

【特征】

【数值】　桶壁板厚度14～30 mm

【数值】　桶底钢板在24～40 mm

【数值】　钢包外壳上钻有8～10 mm的小孔

【特点】　由铸钢铸成的壳体

【特点】　结构特点:塞杆式及滑动水口式

【特点】　由锅炉钢板焊接而成

【特点】　具有耐高温性能

【特点】　具有耐冲刷性能

【特点】　具有耐急冷急热性能

【特点】　具有抗渣性

【状况】

【应用场景】　炼钢厂

【应用场景】　铸造厂

【词条关系】

【等同关系】

【基本等同】　钢水包

【基本等同】　大包

【学名是】　盛钢桶

【层次关系】

【组成部件】　外壳

【组成部件】　内衬

【组成部件】　主流控制机构

【组成部件】　注流控制机构

【组成部件】　上水口

【组成部件】　上滑板

【组成部件】　下水口

【组成部件】　下滑板

【应用关系】

【使用】　镁碳砖

【使用】　镁铝碳砖

【使用】　镁钙碳砖

【使用】　铝镁无碳砖

【使用】　自流浇注料

【使用】　永久层整体浇注料

【使用】　工作层浇注料

【使用】　水口座砖

【使用】　高温烧成滑板

【使用】　耐火泥浆

【用于】　平路承接钢水

【用于】　电炉承接钢水

【用于】　浇注作业

◎ 钢材

【基本信息】

【英文名】　steel

【拼音】　gang cai

【核心词】

【定义】

(1) 钢锭或钢坯经塑性加工生产成的具有合格的组织、性能、形状和尺寸的产品。

【来源】《中国冶金百科全书·金属塑性加工》

(2) 由炼钢炉炼出的钢水,浇铸成钢锭或连铸坯。

【来源】《机械加工工艺辞典》

【分类信息】

【CLC类目】

(1) TB305　材料重量计算

(2) TB305　工业部门经济

(3) TB305　企业供销管理

【IPC类目】

(1) C22C38/00　铁基合金,如合金钢(铸铁合金入37/00)〔2〕

(2) C22C38/00　通过伴随有变形的热处理或变形后再进行热处理来改变物理性能(除需成型的工件外不需要再加热的锻造,或轧制

成型的硬化工件或材料入 1/02)〔3〕
　　(3) C22C38/00　脱氧,如镇静钢〔2〕
　　(4) C22C38/00　含锰的〔2〕
　　(5) C22C38/00　防止螺栓、螺母或销损伤的措施;防止螺栓、螺母或销未经许可操作的措施(密封入 G09F3/00)
【词条属性】
　【特征】
　　【缺点】　易锈蚀
　　【缺点】　维护费用大
　　【优点】　比强度好
　　【优点】　塑性好
　　【优点】　韧性好
　　【优点】　能承受冲击和振动荷载
　　【优点】　加工性好
　【状况】
　　【现状】　钢材在线交易日益发展
　　【现状】　新型的经营理念大幅度提高了市场占用率
　　【现状】　钢材市场电子商务平台出现
　　【现状】　新型钢材在线交易行业替换传统钢材销售渠道
　　【应用场景】　建筑行业
　　【应用场景】　机械制造
　　【应用场景】　航空航天工业
　　【应用场景】　汽车制造工业
　　【应用场景】　船舶制造工业
　　【应用场景】　农机行业
【词条关系】
　【层次关系】
　　【概念-实例】　圆钢
　　【概念-实例】　六角钢
　　【概念-实例】　螺纹钢
　　【概念-实例】　窗框钢
　　【概念-实例】　扁钢
　　【概念-实例】　钢丝绳
　　【概念-实例】　钢球料
　　【概念-实例】　法兰
　　【概念-实例】　轮箍

　　【概念-实例】　不等边角钢
　　【概念-实例】　钢板桩
　　【构成成分】　碳、硅、锰、磷、硫、氧、氮、钛、钒、钨
　　【类分】　钢丝
　　【类分】　钢板
　　【类分】　钢管
　　【类分】　型钢
　　【类分】　特殊形状的钢材
　　【类分】　重轨
　　【类分】　大型型钢
　　【类分】　中型型钢
　　【类分】　小型型钢
　　【类分】　线材
　　【类分】　优质型材
　　【类分】　厚钢板
　　【类分】　薄钢板
　　【类分】　硅钢片
　　【类分】　无缝钢管
　　【类分】　焊接钢管
　　【类分】　金属制品
　　【类属】　黑色金属
　【应用关系】
　　【使用】　拉伸测试
　　【使用】　弯曲疲劳测试
　　【使用】　抗压/折测试
　　【使用】　耐腐蚀测试
　【生产关系】
　　【材料-工艺】　轧制
　　【材料-工艺】　挤压
　　【材料-工艺】　拉拔
　　【材料-工艺】　焊接
　　【材料-工艺】　冷弯
　　【材料-工艺】　锻造
　　【材料-工艺】　热处理
　　【材料-工艺】　冶炼转炉炼钢法
　　【材料-工艺】　平炉炼钢法
　　【材料-工艺】　电炉炼钢法
　　【材料-原料】　钢锭

【材料-原料】 钢坯
【材料-原料】 废钢

◎ 钢带
【基本信息】
　【英文名】　steel belt;band
　【拼音】　gang dai
　【核心词】
【定义】
　（1）用连轧机轧制成的带状薄钢材。
【来源】《工程建设常用专业词汇手册》
　（2）由各种钢号热轧或冷轧生产的平板状成卷供应的钢材。
【来源】《中国土木建筑百科辞典·工程材料上》
【分类信息】
　【CLC 类目】
　　TQ153.1　单一金属的电镀
　【IPC 类目】
　　（1）C23C2/40　板材;带材〔4〕
　　（2）C23C2/40　在生产钢板或带钢时(8/12 优先)〔3〕
　　（3）C23C2/40　使用磁场或电场的〔4〕
　　（4）C23C2/40　用熔融态覆层材料且不影响形状的热浸镀工艺;其所用的设备〔4〕
　　（5）C23C2/40　用加强或不加强的,薄片或条带绕制的
【词条属性】
　【特征】
　　【特点】　尺寸精度高
　　【特点】　表面质量好
　　【特点】　便于加工
　　【特点】　节省材料
　【状况】
　　【应用场景】　船体制造
　　【应用场景】　桥梁建设
　　【应用场景】　机械配件制造
　　【应用场景】　制造自行车车架
　　【应用场景】　农副业

【应用场景】　建筑装饰
【应用场景】　电缆带领域
【词条关系】
【等同关系】
　【基本等同】　带钢
【层次关系】
　【并列】　中板
　【概念-实例】　镀锌钢带
　【概念-实例】　橡胶用复合冷轧钢带
　【概念-实例】　链条用冷轧钢带
　【概念-实例】　波形管钢带
　【概念-实例】　光亮退火钢带
　【类分】　窄钢带
　【类分】　宽钢带
　【类分】　冷轧带钢
　【类分】　热轧带钢
　【类分】　优质带钢
　【类分】　普通带钢
　【类分】　薄钢带
　【类分】　厚钢带
　【类分】　原轧制表面钢带
　【类分】　镀层表面钢带
　【类分】　通用钢带
　【类分】　专用钢带
【应用关系】
　【使用】　低碳钢
　【用于】　焊管
　【用于】　卡箍
　【用于】　垫圈
　【用于】　弹簧片
　【用于】　锯条
　【用于】　刀片
【生产关系】
　【材料-工艺】　冷轧
　【材料-工艺】　热轧
　【材料-工艺】　酸洗
　【材料-工艺】　钝化
　【材料-工艺】　收卷
　【原料-材料】　冷弯型钢

◎ 钢锭

【基本信息】
　　【英文名】　steel ingot
　　【拼音】　gang ding
　　【核心词】
【定义】
　　(1)把熔炼的钢水浇入模型,冷却凝固而成,是制造各种钢材的原料。
　　【来源】　《汉语倒排词典》
　　(2)钢水浇入模型冷却凝成的铸块,是制造各种钢材的原料。
　　【来源】　《现代汉语分类大词典》
【分类信息】
　　【CLC 类目】
　　(1) TG335.3　钢锭轧制和钢坯轧制
　　(2) TG335.3　铸锭理论
　　(3) TG335.3　电炉炼钢
　　【IPC 类目】
　　(1) B21B1/00　金属轧制的方法或制造实心半成品或成型截面的轧机(17/00 至 23/00 优先;与被轧材料成分有关的入 3/00;通过同时在两个或多个区段轧制延展封闭形金属带入 5/00;作为部件的金属轧机机座入 13/00;在用移动轧辊形成铸型壁的铸型中连续铸造入 B22D11/06);轧机机列内的加工序列;轧制车间的布置,如机座的分组,轧道的顺序或分轧道变换的顺序
　　(2) B21B1/00　加热钢锭用的炉子,即均热炉
　　(3) B21B1/00　通过伴随有变形的热处理或变形后再进行热处理来改变物理性能(除需成型的工件外不需要再加热的锻造,或轧制成型的硬化工件或材料入 1/02)〔3〕
　　(4) B21B1/00　用熔炼法〔2〕
　　(5) B21B1/00　需要或允许专门轧制方法或程序的特殊成分合金材料的轧制(除由此获得的结构强化和机械性质外,改变合金的特殊冶金性质入 C21D,C22F)

【词条属性】
　　【其他物理特性】
　　　【密度】　沸腾钢锭:6.74 kg/dm^3
　　　【密度】　镇静钢锭:7.06 kg/dm^3
　　　【密度】　硅钢锭:6.9 kg/dm^3
【词条关系】
　　【层次关系】
　　　【类分】　方形钢锭
　　　【类分】　扁形钢锭
　　　【类分】　圆形钢锭
　　　【类分】　多角形钢锭
　　　【类分】　镇静钢钉
　　　【类分】　沸腾钢锭
　　　【类分】　半镇静钢锭
　　　【类分】　未净钢
　　　【类分】　盖帽钢
　　　【类分】　全净钢
　　　【类分】　半净钢
　　　【类分】　真空除氧钢
　　【应用关系】
　　　【用于】　钢板
　　　【用于】　钢管
　　　【用于】　规定尺寸的零件
　　【生产关系】
　　　【材料-工艺】　浇注
　　　【材料-工艺】　锻造
　　　【材料-工艺】　轧制
　　　【材料-工艺】　锻压
　　　【材料-工艺】　热处理
　　　【材料-工艺】　拉拔
　　　【材料-工艺】　炼钢
　　　【材料-原料】　钢水
　　　【原料-材料】　碳素结构钢
　　　【原料-材料】　合金结构钢
　　　【原料-材料】　工具钢
　　　【原料-材料】　模具钢
　　　【原料-材料】　特种钢
　　　【原料-材料】　钢材

◎ 钢管

【基本信息】
 【英文名】 steel tube
 【拼音】 gang guan
 【核心词】
【定义】
 （1）具有空心截面，其长度远大于直径或周长的钢材。
 【来源】 《中国冶金百科全书·冶金建设下》
 （2）管状（中空而断面封闭）钢材。
 【来源】 《铁合金辞典》
【分类信息】
 【CLC 类目】
  （1）TB333 金属-非金属复合材料
  （2）TB333 井下运输与设备
  （3）TB333 其他材料
  （4）TB333 复合材料
 【IPC 类目】
  （1）F16L9/147 仅包含有或没有加强的金属层和塑料层的〔6〕
  （2）F16L9/147 组合管，即用上述各组中任一组均未完全包括的材料制成（9/16 至 9/22 优先）
  （3）F16L9/147 用于埋地管〔7〕
  （4）F16L9/147 金属的（9/16 至 9/22 优先；散热片管入 F28F）
  （5）F16L9/147 管状产品
【词条属性】
 【特征】
  【特点】 简化施工
  【特点】 节约工程投资
  【特点】 节约工程维护费用
  【特点】 焊管产品精度高
  【特点】 焊管占地小，主体设备简单
  【特点】 生产灵活
  【特点】 机组的产品范围宽
 【状况】
  【应用场景】 舰船制造
  【应用场景】 锅炉制造
  【应用场景】 飞机制造
  【应用场景】 化学工业
  【应用场景】 石油天然气的钻采与运输
【时间】
 【起始时间】 19 世纪初期
【词条关系】
【层次关系】
 【类分】 无缝钢管
 【类分】 有缝钢管
 【类分】 热轧无缝管
 【类分】 冷拔管
 【类分】 精密钢管
 【类分】 热扩管
 【类分】 冷旋压管
 【类分】 挤压管
 【类分】 焊接钢管
 【类分】 碳素管
 【类分】 合金管
 【类分】 不锈钢管
 【类分】 低合金管
 【类分】 合金结构管
 【类分】 高合金管
 【类分】 高强度管
 【类分】 轴承管
 【类分】 耐热耐酸不锈管
 【类分】 精密合金管
 【类分】 高温合金管
 【类属】 管材
 【类属】 合金钢
 【类属】 钢材
【应用关系】
 【使用】 控制冷却
 【使用】 低碳钢
 【使用】 钢锭
 【使用】 轧后余热处理
 【用于】 建筑结构网架
 【用于】 建筑支柱
 【用于】 机械支架

【生产关系】
　　【材料-工艺】　热轧
　　【材料-工艺】　冷轧

◎ 钢轨
【基本信息】
　　【英文名】　rail
　　【拼音】　gang gui
　　【核心词】
【定义】
　　（1）铺设轨道用的轧制钢条,用碳素钢制成,横断面呈工字形。也叫作铁轨。
　　【来源】　《汉语倒排词典》
　　（2）一种复杂断面型钢。
　　【来源】　《金属材料简明辞典》
【分类信息】
　　【CLC 类目】
　　（1）U213.4　钢轨
　　（2）U213.4　无缝线路
　　（3）U213.4　线路构造
　　【IPC 类目】
　　（1）C21D9/04　用于钢轨（现场铁路钢轨热处理设备入 E01B31/18）
　　（2）C21D9/04　以结构为特征的电极（13/16 优先）〔5〕
　　（3）C21D9/04　含铌或钽的〔2〕
　　（4）C21D9/04　用螺母或螺栓上的特殊元件,或螺母或螺栓的特殊形状（39/26 优先;锁紧螺母入 39/12）
　　（5）C21D9/04　含钒的〔2〕
【词条属性】
　　【特征】
　　　【数值】　钢轨标准长度为 12.5 m 和 25 m 两种
　　　【数值】　碳含量一般为 0.65%,小于 0.82%
　　　【特点】　横断面分为轨头、轨腰、轨底
　　　【特点】　横截面为工字形截面
　　　【特点】　具有较高的纯净度
　　　【特点】　合理的化学成分
　　　【特点】　轨道电路的导电作用
　　　【特点】　榨汁后的钢轨笔直
　　　【特点】　钢轨表面洁净光滑
　　【状况】
　　　【现状】　由于用量较大,尚需进口一些按我国技术标准要求的理化性能和按国外有关标准方法判定的钢轨及钢轨附件
　　　【应用场景】　轨道交通建设
　　　【应用场景】　承受机车车辆的运行压力
　　【时间】
　　　【起始时间】　1840 年前后
　　【力学性能】
　　　【抗拉强度】　大于等于 880
　　　【平面应变断裂韧度】　最小值:26;平均值:29
　　　【延伸率】　大于等于 10
　　　【硬度】　HB:260～300
【词条关系】
　　【层次关系】
　　　【概念-实例】　QU120
　　　【概念-实例】　QU100
　　　【概念-实例】　QU80
　　　【概念-实例】　QU70
　　　【构成成分】　碳、铁、锰、硅、铜、钒
　　　【类分】　重型轨
　　　【类分】　中型轨
　　　【类分】　轻型轨
　　　【类分】　重机轨
　　　【类分】　吊车轨
　　　【类分】　重轨
　　　【类分】　轻轨
　　　【类分】　含铜普碳钢钢轨
　　　【类分】　高硅含铜钢钢轨
　　　【类分】　普通含锰钢钢轨
　　　【类分】　铜轨
　　　【类分】　锰轨
　　　【类分】　硅轨
　　　【类属】　低合金钢

【类属】　　型钢
【应用关系】
　　【使用】　　镇静钢
【生产关系】
　　【材料-工艺】　　接触焊
　　【材料-工艺】　　气压焊
　　【材料-工艺】　　铝热焊
　　【材料-工艺】　　轧制
　　【材料-工艺】　　平炉、氧气转炉冶炼

◎ 钢号
【基本信息】
　　【英文名】　　steel grade
　　【拼音】　　gang hao
　　【核心词】
【定义】
　　（1）钢铁（包括高温、耐蚀、精密合金等）产品的牌号。
【来源】　《中国成人教育百科全书·化学·化工》
　　（2）表示方法：钢号中化学元素采用国际化学符号表示，例如 Si，Mn，Cr……混合稀土元素用"RE"（或"Xt"）表示。
　　（3）表示方法：产品名称、用途、冶炼和浇注方法等，一般采用汉语拼音的缩写字母表示。
　　（4）表示方法：钢中主要化学元素含量（%）采用阿拉伯数字表示。
【分类信息】
　　【IPC 类目】
　　（1）C22C38/34　含大于 1.5%（质量分数）的硅[2]
　　（2）C22C38/34　含钒的[2]
　　（3）C22C38/34　含钒的[2]
【词条属性】
　　【特征】
　　【特点】　　屈服点（名称），屈（汉字），Q（符号），大写（字体），头（位置）
　　【特点】　　沸腾钢，沸，F，大写，尾
　　【特点】　　半镇静钢，半，b，小写，尾
　　【特点】　　镇静钢，镇，Z，大写，尾
　　【特点】　　特殊镇静钢，特镇，TZ，大写，尾
　　【特点】　　氧气转炉（钢），氧，Y，大写，中
　　【特点】　　碱性空气转炉（钢），碱，J，大写，中
　　【特点】　　易切削钢易，Y，大写，头
　　【特点】　　碳素工具钢，碳，T，大写，头
　　【特点】　　滚动轴承钢，滚，G，大写，头
　　【特点】　　焊条用钢，焊，H，大写，头
　　【特点】　　高级（优质钢），高，A，大写，尾
　　【特点】　　特级，特，E，大写，尾
　　【特点】　　铆螺钢，铆螺，ML，大写，头
　　【特点】　　锚链钢，锚，M，大写，头
　　【特点】　　矿用钢，矿，K，大写，尾
　　【特点】　　汽车大梁用钢，梁，L，大写，尾
　　【特点】　　压力容器用钢，容，R，大写，尾
　　【特点】　　多层或高压容器用钢，高层，gc，小写，尾
　　【特点】　　铸钢，铸钢，ZG，大写，头
　　【特点】　　轧辊用铸钢，铸辊，ZU，大写，头
　　【特点】　　地质钻探钢管用钢，地质，DZ，大写，头
　　【特点】　　电工用热轧硅钢，电热，DR，大写，头
　　【特点】　　电工用冷轧无取向硅钢，电无，DW，大写，头
　　【特点】　　电工用冷轧取向硅钢，电取，DQ，大写，头
　　【特点】　　电工用纯铁，电铁，DT，大写，头
　　【特点】　　超级，超，C，大写，尾
　　【特点】　　船用钢，船，C，大写，尾
　　【特点】　　桥梁钢，桥，q，小写，尾
　　【特点】　　锅炉钢，锅，g，小写，尾
　　【特点】　　钢轨钢，轨，U，大写，头
　　【特点】　　精密合金，精，J，大写，中
　　【特点】　　耐蚀合金，耐蚀，NS，大写，头
　　【特点】　　变形高温合金，高合，GH，大写，头
　　【特点】　　铸造高温，合金，K，大写，头

【词条关系】
　【层次关系】
　　【概念-实例】　　Q295
　　【概念-实例】　　09MnV、09MnNb、12Mn
　　【概念-实例】　　Q345
　　【概念-实例】　　12MnV、16Mn、16MnRE
　　【概念-实例】　　Q390
　　【概念-实例】　　15MnV、15MnTi、16MnNb
　　【概念-实例】　　Q420
　　【概念-实例】　　15MnVN、14MnVTiRE
　　【类分】　　易切削钢钢号
　　【类分】　　碳素结构钢钢号
　　【类分】　　优质碳素结构钢钢号
　　【类分】　　合金结构钢钢号
　　【类分】　　低合金高强度钢钢号
　　【类分】　　弹簧钢钢号
　　【类分】　　滚动轴承钢钢号
　　【类分】　　合金钢和高速钢钢号
　　【类分】　　不锈钢和耐热钢钢号
　　【类分】　　焊条钢钢号
　　【类分】　　电工用硅钢钢号
　　【类分】　　电工用纯铁钢号
　　【类分】　　低合金钢钢号
　　【类分】　　美国钢材编号方法
　　【类分】　　日本钢材编号方法
　　【类分】　　欧洲钢材编号方法

◎ 钢绞线
【基本信息】
　【英文名】　steel strand
　【拼音】　gang jiao xian
　【核心词】
【定义】
　　用高碳镀锌钢丝、光面钢丝或预应力钢丝捻制而成的钢丝束,是单捻(股)钢丝绳的一种。
　【来源】　《中国冶金百科全书·金属塑性加工》
【分类信息】

【CLC类目】
　（1）TF761　　碳素钢
　（2）TF761　　材料结构及物理性质
　（3）TF761　　工业部门经济
【IPC类目】
　（1）F16L9/08　　带加强或不加强的混凝土、水泥或石棉水泥的(9/16至9/22优先)
　（2）F16L9/08　　用于缆或绳相互紧固或与其他物件紧固的装置(桥梁缆索的紧固装置入E01D19/16);用于固定在缆或绳上的帽或套(绳或缆与升降车或罐笼连接入B66B7/08,与绞车卷筒连接入B66D1/34;地锚入E02D5/00;预应力构件用的锚定装置入E04C5/00;地上钻井中的绳索紧固装置入E21B19/12)
　（3）F16L9/08　　带夹紧缆索或多联缆索的可变形零件;固定在缆上的套或类似件接合的紧固装置
　（4）F16L9/08　　预应力钢筋
　（5）F16L9/08　　管子是现场制造的〔6〕
【词条属性】
　【特征】
　　【特点】　　镀锌层逛街牢固
　　【特点】　　耐腐蚀性能强
　【状况】
　　【应用场景】　　施工建筑
　　【应用场景】　　架空电力线
　　【应用场景】　　固定物件
　　【应用场景】　　岩石锚固
　　【应用场景】　　水利工程
　　【应用场景】　　能源工程
　　【应用场景】　　岩土工程
　　【应用场景】　　桥梁建筑
　　【应用场景】　　地基工程
【词条关系】
　【层次关系】
　　【类分】　　预应力钢绞线
　　【类分】　　无黏结钢绞线
　　【类分】　　镀锌钢绞线
　　【类分】　　锯石用钢绞线

【类分】　　桥用钢绞线
　　【类分】　　包塑预应力钢绞线
　　【类分】　　普通松弛钢绞线
　　【类分】　　低松弛钢绞线
【应用关系】
　　【使用】　　优质碳素结构钢
　　【用于】　　据石
　　【用于】　　吊桥
　　【用于】　　吊架
　　【用于】　　悬挂
　　【用于】　　预应力混凝土配筋
　　【用于】　　通信电缆
　　【用于】　　架空电力
【生产关系】
　　【材料-工艺】　单丝制造
　　【材料-工艺】　冷拉丝技术
　　【材料-工艺】　绞线制造
　　【材料-工艺】　镀锌
　　【材料-工艺】　电镀处理
　　【材料-工艺】　热镀处理
　　【材料-工艺】　钢丝绞合
　　【材料-工艺】　稳定化处理
　　【原料-材料】　预应力钢筋

◎钢结构
【基本信息】
　　【英文名】　steel structure
　　【拼音】　　gang jie gou
　　【核心词】
【定义】
　　由普通低碳钢或普通低合金钢热轧制成的各种型材(如工字钢、槽钢、角钢)、管材和钢板等用焊缝、螺栓、铆钉或胶结连接组成的结构。
【来源】《中国土木建筑百科辞典·建筑结构》
【分类信息】
　　【CLC 类目】
　　　（1）TU391　　钢结构
　　　（2）TU391　　混合与搅拌机械
　　　（3）TU391　　高层建筑结构
　　　（4）TU391　　固体力学
　　　（5）TU391　　生产过程与设备
　　【IPC 类目】
　　　（1）C09D5/18　防火涂料
　　　（2）C09D5/18　抗腐蚀涂料
　　　（3）C09D5/18　在竖窑或立式窑中(一般竖窑或立式窑入 F27B1/00)〔4〕
　　　（4）C09D5/18　一般机器或发动机;一般的发动机装置;蒸汽机
【词条属性】
【特征】
　　【缺点】　　耐锈蚀性较差
　　【缺点】　　耐火性较差
　　【缺点】　　复杂性
　　【缺点】　　严重性
　　【缺点】　　可变性
　　【缺点】　　频发性
　　【特点】　　型钢和钢板制成的工程结构
　　【特点】　　强度高
　　【特点】　　自重轻
　　【特点】　　刚性好
　　【特点】　　变形能力强
　　【特点】　　承载力大
　　【特点】　　可靠性较高
　　【特点】　　能承受较大动力荷载
　　【特点】　　抗震性能好
　　【特点】　　安装方便
　　【特点】　　密封性较好
　　【优点】　　安装方便
【状况】
　　【应用场景】　建筑工程
　　【应用场景】　水利科技
　　【应用场景】　工程力学
　　【应用场景】　工程结构
　　【应用场景】　重型工业厂房
　　【应用场景】　大跨度结构
　　【应用场景】　高耸结构
　　【应用场景】　建筑物

【词条关系】
　【层次关系】
　　【概念-实例】　斜拉桥
　　【概念-实例】　悬索桥
　　【概念-实例】　钢筋混凝土钢结构
　　【概念-实例】　大跨结构
　　【概念-实例】　工业厂房
　　【概念-实例】　多层和高层建筑
　　【概念-实例】　轻型钢结构
　【应用关系】
　　【使用】　钢结构清理机
　　【用于】　房屋
　　【用于】　平台
　　【用于】　井架结构
　【生产关系】
　　【材料-工艺】　焊接
　　【材料-工艺】　铆接
　　【材料-工艺】　螺栓连接

◎钢筋
【基本信息】
　【英文名】　rebar
　【拼音】　gang jin
　【核心词】
【定义】
　（1）指直径在6～40 mm的圆钢、螺纹钢等钢材。
　【来源】　《军事大辞海·下》
　（2）用作混凝土工程主要结构材料的条形钢材。
　【来源】　《中国冶金百科全书·冶金建设下》
【分类信息】
　【CLC类目】
　　TU375　钢筋混凝土结构
　【IPC类目】
　　（1）F16L9/08　带加强或不加强的混凝土、水泥或石棉水泥的(9/16至9/22优先)
　　（2）F16L9/08　阴离子中含硫的,如硫化物〔4〕
　　（3）F16L9/08　磺化的芳族化合物〔4〕
　　（4）F16L9/08　用于轧制线材或类似的小截面材料
　　（5）F16L9/08　含锰的〔2〕
【词条属性】
　【特征】
　　【缺点】　热处理钢筋焊接性较差
　　【数值】　钢丝（直径3～5 mm）
　　【数值】　细钢筋（直径6～10 mm）
　　【数值】　粗钢筋（直径大于22 mm）
　　【特点】　横截面为圆形
　　【特点】　横截面偶尔为带圆角的方形
　　【特点】　具有抗拉性能
　　【特点】　具有冷弯性能
　　【特点】　具有冲击韧性
　　【优点】　强度高
　　【优点】　节约钢材
【词条关系】
　【层次关系】
　　【概念-实例】　HRB335
　　【概念-实例】　HRB400
　　【概念-实例】　HRB500
　　【概念-实例】　CRB550
　　【概念-实例】　CRB650
　　【概念-实例】　CRB800
　　【类分】　圆钢筋
　　【类分】　带肋钢筋
　　【类分】　扭转钢筋
　　【类分】　热轧钢筋
　　【类分】　热处理钢筋
　　【类分】　冷轧带肋钢筋
　　【类分】　冷拔钢筋
　　【类分】　碳素钢筋
　　【类分】　刻痕钢筋
　　【类分】　低碳钢钢筋
　　【类分】　中碳钢钢筋
　　【类分】　高碳钢钢筋
　　【类分】　受拉钢筋

【类分】　弯起钢筋
　　【类分】　受压钢筋
【应用关系】
　　【使用】　冷拔
　　【使用】　拉伸试验
　　【使用】　结构钢
　　【使用】　钢丝
　　【使用】　钢筋拉力试验机
　　【使用】　氮化钒
　　【使用】　圆钢
【生产关系】
　　【材料-工艺】　冷加工硬化
　　【材料-工艺】　压焊
　　【材料-工艺】　熔焊
　　【材料-工艺】　电弧焊
　　【材料-工艺】　电渣压力焊
　　【材料-工艺】　电阻电焊
　　【材料-工艺】　电阻点焊
　　【材料-工艺】　钢筋除锈
　　【材料-工艺】　钢筋调直
　　【材料-工艺】　钢筋切断
　　【材料-工艺】　钢筋成型
　　【材料-工艺】　热轧
　　【材料-工艺】　冷拉
　　【材料-工艺】　冷轧
　　【材料-工艺】　轧钢
　　【原料-材料】　预应力钢筋

◎ 钢坯
【基本信息】
　　【英文名】　steel slab; billet
　　【拼音】　gang pi
　　【核心词】
　　【定义】
　　（1）钢锭经初轧或开坯得到的半成品,是各类钢材轧机的原料。
　　【来源】　《中国冶金百科全书·金属塑性加工》
　　（2）由钢锭轧制或连铸而成的半成品,供继续轧制型钢、钢板、线材或锻造成品用。
　　【来源】　《金属材料简明辞典》
【分类信息】
　　【CLC类目】
　　　（1）TF068　冶金炉热工操作
　　　（2）TF068　加热和加热设备
　　【IPC类目】
　　　（1）C21D9/70　加热钢锭用的炉子,即均热炉
　　　（2）C21D9/70　含钛或锆的[2]
　　　（3）C21D9/70　重物用的滑板或轨道
　　　（4）C21D9/70　通过变形改变铁或钢的物理性能(金属机械加工设备入B21,B23,B24)
　　　（5）C21D9/70　用熔炼法[2]
【词条属性】
【特征】
　　【缺点】　表面有轧痕
　　【缺点】　表面有剪切裂缝
　　【缺点】　断面变形
　　【数值】　钢坯断面高度H与轧辊辊径D之比(即H/D)应小于或等于0.5
　　【数值】　厚度范围：(150～240) mm±5 mm,宽度范围：(880～1530) mm±20 mm
　　【数值】　长度范围：(3700～10000) mm±500 mm
　　【数值】　横截尺寸:64 mm×64 mm;82 mm×82 mm;98 mm×98 mm;124 mm×124 mm;120 mm×150 mm;52 mm×164 mm;152 mm×170 mm
　　【数值】　断面公差:方坯:+1.0/-2.0～+3.0/-1.0 mm;板坯:宽度:±2.0 mm,厚度:±3.0 mm
　　【数值】　长度公差:±200 mm
　　【数值】　断面对角线公差:3.5～8.0 mm
　　【特点】　金属消耗低
　　【特点】　节能
　　【特点】　工艺路线短
　　【特点】　节省投资

【状况】
　【现状】　国内粗钢产量居高不下
　【现状】　钢坯需求无明显起色
　【应用场景】　机械零件制造
　【应用场景】　锻件制造
　【应用场景】　加工各种钢材
【词条关系】
　【层次关系】
　　【类分】　模铸坯
　　【类分】　连铸坯
　　【类分】　方钢坯
　　【类分】　矩形钢坯
　　【类分】　扁坯
　　【类分】　异型钢坯
　　【类分】　圆形坯
　　【类分】　板坯
　　【类分】　初轧坯
　　【类分】　中小型钢坯
　　【类分】　薄板坯
　　【类分】　带钢坯
　　【类分】　无缝钢管坯
　　【类分】　方坯
　【应用关系】
　　【用于】　轧制型钢
　　【用于】　轧制钢板
　　【用于】　轧制线材
　　【用于】　锻造成品
　　【用于】　工角槽钢
　　【用于】　145带钢
　　【用于】　高线
　　【用于】　热轧卷板
　　【用于】　冷轧卷板
　【生产关系】
　　【材料-工艺】　冷轧
　　【材料-工艺】　热轧
　　【材料-工艺】　锻造
　　【材料-工艺】　锻压法
　　【材料-工艺】　钢锭均热
　　【材料-工艺】　剪切
　　【材料-工艺】　钢坯精整
　【原料-材料】　钢材

◎ 钢水
【基本信息】
　【英文名】　molten steel
　【拼音】　gang shui
　【核心词】
【定义】
　　液体状态的钢。钢水一般都铸成钢锭，也可直接浇铸成铸件。
【分类信息】
　【CLC类目】
　　（1）TF71　转炉炼钢
　　（2）TF71　物质分离机械
　　（3）TF71　一般性问题
　　（4）TF71　理论和计算
　【IPC类目】
　　（1）C21C7/06　脱氧,如镇静钢〔2〕
　　（2）C21C7/06　零件或辅助设备
　　（3）C21C7/06　熔融铁类合金的处理,如不包括在1/00到5/00组的钢（铸造成型过程中熔融金属的处理入B22D1/00,27/00;黑色金属的重熔入C22B）
　　（4）C21C7/06　脱磷;脱硫〔3〕
　　（5）C21C7/06　添加处理剂去除杂质
【词条属性】
　【特征】
　　【数值】　液相线温度为1600 ℃左右
　　【特点】　能铸成钢锭
　　【特点】　可以浇铸成铸件
　　【特点】　液相线温度随着成分的不同而有所波动
　　【特点】　具有流动性
　【状况】
　　【现状】　很多钢厂钢水全部经过二次精炼
　　【现状】　日本一些钢厂经真空处理的钢水比例已达到80%～90%

【现状】 2000年经过炉外精炼的钢水为249.29万吨
【词条关系】
　【生产关系】
　　【材料-工艺】　炉外精炼
　　【材料-工艺】　连铸
　　【材料-工艺】　深脱碳
　　【材料-工艺】　深脱硫
　　【材料-工艺】　脱氮
　　【材料-工艺】　脱氢
　　【材料-工艺】　脱氧
　　【材料-工艺】　夹杂物控制
　　【材料-工艺】　钙处理
　　【材料-工艺】　二次精炼
　　【原料-材料】　钢锭
　　【原料-材料】　铸件
　　【原料-材料】　冷轧钢板
　　【原料-材料】　超低碳钢
　　【原料-材料】　管线钢
　　【原料-材料】　硬线钢

◎ 钢丝
【基本信息】
　【英文名】　steel wire
　【拼音】　gang si
　【核心词】
【定义】
　　钢丝是钢材的板、管、型、丝四大品种之一，是用热轧盘条经冷拉制成的再加工产品。
【分类信息】
　【CLC类目】
　　（1）TQ153.1　单一金属的电镀
　　（2）TQ153.1　碳素钢
　　（3）TQ153.1　电镀工业
　　（4）TQ153.1　功能材料
　【IPC类目】
　　（1）F16L11/12　带用于特殊目的的设施，如特殊外形的、带保护层的、加热的、导电的（11/11优先）〔2〕

　　（2）F16L11/12　中间件以滚动的方式楔入并具有圆形截面，如滚珠（41/061优先）〔6〕
　　（3）F16L11/12　从橡胶或橡胶废料
　　（4）F16L11/12　仅包含有或没有加强的金属层和塑料层的〔6〕
　　（5）F16L11/12　具有嵌入管壁内的加强层的（11/11优先）〔2〕
【词条属性】
　【特征】
　　【数值】　特细<0.1 mm
　　【数值】　较细0.1～0.5 mm
　　【数值】　细0.5～1.5 mm
　　【数值】　中等1.5～3.0 mm
　　【数值】　粗3.0～6.0 mm
　　【数值】　较粗6.0～8.0 mm
　　【数值】　特粗>8.0 mm
　　【特点】　表面光滑
　　【特点】　结构紧密
　　【特点】　强度高
　　【特点】　内部组织高度纯净
　　【特点】　尺寸精度高
　【状况】
　　【应用场景】　钟表工业
　　【应用场景】　加热器元件制造
　　【应用场景】　电阻元件制造
　　【应用场景】　外科植入
　　【应用场景】　生产架空通信线
【词条关系】
　【层次关系】
　　【概念-实例】　钢帘线钢丝
　　【概念-实例】　珠光体钢丝
　　【概念-实例】　琴钢丝
　　【概念-实例】　65Mn
　　【概念-实例】　70Mn
　　【概念-实例】　T8MnA
　　【概念-实例】　55CrSi
　　【概念-实例】　55CrV
　　【概念-实例】　55CrMnA
　　【概念-实例】　55Si2MnA

【类分】　圆形钢丝
【类分】　方形钢丝
【类分】　矩形钢丝
【类分】　三角钢丝
【类分】　椭圆形钢丝
【类分】　梯形钢丝
【类分】　Z字形钢丝
【类分】　特细钢丝
【类分】　较细钢丝
【类分】　细钢丝
【类分】　特粗钢丝
【类分】　低强度钢丝
【类分】　较低强度钢丝
【类分】　普通强度钢丝
【类分】　较高强度钢丝
【类分】　高强度钢丝
【类分】　焊条
【类分】　制钉
【类分】　制网
【类分】　包装用钢丝
【类分】　印刷业用钢丝
【类分】　冷顶锻用钢丝
【类属】　钢材
【应用关系】
　【部件成品-材料】　弹簧钢
　【使用】　钢丝拉力试验机
　【使用】　线材
　【用于】　弹簧钢
　【用于】　工具钢
　【用于】　钢筋
　【用于】　结构钢
　【用于】　不锈钢
　【用于】　电阻合金丝
【生产关系】
　【材料-工艺】　热轧
　【材料-工艺】　原料选择
　【材料-工艺】　清除氧化铁皮
　【材料-工艺】　烘干
　【材料-工艺】　涂层处理
　【材料-工艺】　热处理
　【材料-工艺】　拉丝
　【材料-工艺】　镀层处理

◎ 钢铁
【基本信息】
　【英文名】　steel
　【拼音】　gang tie
　【核心词】
【定义】
　　铁与C(碳)、Si(硅)、Mn(锰)、P(磷)、S(硫)及少量的其他元素所组成的合金。其中除Fe(铁)外,C的含量对钢铁的机械性能起着主要作用,故统称为铁碳合金。
【分类信息】
　【CLC类目】
　　(1) F426　工业部门经济
　　(2) F426　资源、环境和生态管理
　　(3) F426　企业资产管理
　　(4) F426　部门环境规划与管理
　【IPC类目】
　　(1) F16K1/22　旋转轴线与阀元件交叉,如蝶形阀
　　(2) F16K1/22　脱磷;脱硫〔3〕
　　(3) F16K1/22　洗涤底漆
　　(4) F16K1/22　安装在手动阀上或与手动阀组合
　　(5) F16K1/22　金属废料或合金的〔2〕
【词条属性】
　【特征】
　　【特点】　良好的综合力学性能
　　【特点】　质量稳定,价格低廉
　　【特点】　资源丰富
　　【特点】　回收率高
　【状况】
　　【现状】　我国钢铁业的产量已经连续9年居世界之首
　　【现状】　能耗大
　　【现状】　产品结构不合理

【现状】　市场发展不协调
　　【应用场景】　汽车制造
　　【应用场景】　电气产品
　　【应用场景】　机车车辆制造
　　【应用场景】　航空工业制造
　　【应用场景】　精密仪器制造
　　【应用场景】　建筑行业
【词条关系】
　　【层次关系】
　　　【概念-实例】　45 钢
　　　【概念-实例】　20 钢
　　　【概念-实例】　50Mn 钢
　　　【概念-实例】　Y15 钢
　　　【概念-实例】　T19 钢
　　　【概念-实例】　T10A 钢
　　　【概念-实例】　30CrMnSi
　　　【概念-实例】　Cr12MoV
　　　【概念-实例】　01Cr19Ni11
　　　【概念-实例】　2Cr13
　　　【概念-实例】　H08Mn2SiA
　　　【概念-实例】　ZG15Cr1Mo1V
　　　【概念-实例】　KmTBMn5Mo2Cu
　　【构成成分】　碳、硅、锰、磷、硫、铁、钨、镍、钼、钒、钛、钴
　　【类分】　合金钢
　　【类分】　转炉钢
　　【类分】　平炉钢
　　【类分】　电炉钢
　　【类分】　沸腾钢
　　【类分】　半镇静钢
　　【类分】　普通钢
　　【类分】　高级优质钢
　　【类分】　结构钢
　　【类分】　特殊钢
　　【类分】　专业用钢
　　【类分】　铸钢
　　【类分】　锻钢
　　【类分】　热轧钢
　　【类分】　冷轧钢
　　【类分】　冷拔钢
　　【类分】　型材
　【生产关系】
　　【材料-工艺】　铸造
　　【材料-工艺】　砂型铸造
　　【材料-工艺】　压铸
　　【材料-工艺】　离心铸造
　　【材料-工艺】　锻造
　　【材料-工艺】　轧制
　　【材料-工艺】　挤压
　　【材料-工艺】　拔制
　　【材料-工艺】　冲压
　　【材料-工艺】　焊接加工
　　【材料-工艺】　热处理
　　【材料-原料】　铁矿石

◎ **钢铁材料**
【基本信息】
　【英文名】　steel material
　【拼音】　gang tie cai liao
　【核心词】
【定义】
　　是钢锭、钢坯或钢材通过压力加工制成所需要的各种形状、尺寸和性能的材料。
【分类信息】
　【CLC 类目】
　　（1）TB30　工程材料一般性问题
　　（2）TB30　黑色金属
　　（3）TB30　轧制工艺
　　（4）TB30　合金学与各种性质合金
　【IPC 类目】
　　（1）C23C22/02　使用非水溶液的〔4〕
　　（2）C23C22/02　待镀覆材料的预处理〔4〕
　　（3）C23C22/02　基于环氧树脂的涂料组合物；基于环氧树脂衍生物的涂料组合物〔5〕
　　（4）C23C22/02　滑稽物；五彩碎纸、长饰带或其他跳舞用饰物〔4〕
【词条属性】

【特征】
　　【特点】　资源丰富
　　【特点】　生产规模大
　　【特点】　易于加工
　　【特点】　性能多样可靠
　　【特点】　价格低廉
　　【特点】　使用方便
　　【特点】　便于回收
　　【特点】　具有良好的可回收性
　　【特点】　通过热处理能调整其机械性能，可以满足国民经济各方面的需要
　　【特点】　将镍、铬、钒、锰等金属作为合金元素加入铁中，可获得具有各种性能的金属材料
　　【特点】　具有良好的物理、机械和工艺性能
【词条关系】
　　【层次关系】
　　　　【材料-组织】　奥氏体
　　　　【材料-组织】　渗碳体
　　　　【材料-组织】　索氏体，亦称细珠光体
　　　　【材料-组织】　屈氏体，亦称极细珠光体
　　　　【材料-组织】　马氏体
　　　　【类分】　棒材
　　　　【类分】　普通钢[$m(P) \leq 0.045\%, m(S) \leq 0.050\%$]
　　　　【类分】　优质钢[$m(P)、m(S)$均$\leq 0.035\%$]
　　　　【类分】　高级优质钢[$m(P) \leq 0.035\%, m(S) \leq 0.030\%$]
　　　　【类分】　低碳钢[$m(C) \leq 0.25\%$]
　　　　【类分】　中碳钢[$m(C) \leq 0.25 \sim 0.60\%$]
　　　　【类分】　高碳钢[$m(C) \geq 0.60\%$]
　　　　【类分】　合金钢
　　　　【类分】　低合金钢（合金元素总含量$\leq 5\%$）
　　　　【类分】　中合金钢（合金元素总含量大于$5\% \sim 10\%$）
　　　　【类分】　高合金钢（合金元素总含量$>10\%$）
　　　　【类分】　锻钢
　　　　【类分】　铸钢
　　　　【类分】　热轧钢
　　　　【类分】　冷拉钢
　　　　【类分】　亚共析钢（铁素体+珠光体）
　　　　【类分】　共析钢（珠光体）
　　　　【类分】　过共析钢（珠光体+渗碳体）
　　　　【类分】　莱氏体钢（珠光体+渗碳体）
　　　　【类分】　珠光体钢
　　　　【类分】　贝氏体钢
　　　　【类分】　马氏体钢
　　　　【类分】　奥氏体钢
　　　　【类分】　建筑及工程用钢
　　　　【类分】　结构钢
　　　　【类分】　工具钢
　　　　【类分】　特殊性能钢
　　　　【类分】　专业用钢
　　　　【类分】　普通钢
　　　　【类分】　优质钢（包括高级优质钢）
　　　　【类分】　平炉钢
　　　　【类分】　转炉钢
　　　　【类分】　电炉钢
　　　　【类分】　沸腾钢
　　　　【类分】　半镇静钢
　　　　【类分】　特殊镇静钢
　　　　【类分】　碳钢
　　【生产关系】
　　　　【材料-工艺】　熔炼
　　　　【材料-工艺】　退火
　　　　【材料-工艺】　淬火
　　　　【材料-工艺】　回火
　　　　【材料-工艺】　调质
　　　　【材料-工艺】　时效处理
　　　　【材料-工艺】　化学热处理
　　　　【材料-工艺】　浇铸

◎ **钢铁工业**
【基本信息】
　　【英文名】　iron and steel industry
　　【拼音】　gang tie gong ye

【核心词】
【定义】
　　(1)生产钢与铁的工业。
　　【来源】《人文地理学词典》
　　(2)开采、处理、冶炼铁矿石并将冶炼品加工成钢铁材料的工业部门。
　　【来源】《科学技术社会辞典·化学》
　　(3)取得成就：产量高速增长，技术装备水平提高，市场占有率提高，行业经济效益提高。
　　(4)生产过程：(原料+燃料)—(烧结厂+焦化厂)—炼铁—炼钢—铸钢—轧钢—各种钢材。
【分类信息】
　　【CLC类目】
　　　(1) F426　工业部门经济
　　　(2) F426　钢铁工业
　　　(3) F426　资源、环境和生态管理
　　【IPC类目】
　　　(1) C21B7/24　探料尺或其他检测装置
　　　(2) C21B7/24　镁铝尖晶石〔6〕
　　　(3) C21B7/24　测试缺陷的存在〔3〕
　　　(4) C21B7/24　回转式输送机,如回转圆盘、托臂、星轮、锥体(机械抛料机入31/00；螺旋或回转式螺旋输送机入33/00)
　　　(5) C21B7/24　石灰〔4〕
【词条属性】
　　【特征】
　　　【特点】　第一阶段(1949—1978年)为"以钢为纲"的发展阶段
　　　【特点】　第二阶段(1978—2000年)为稳步快速发展阶段
　　　【特点】　第三阶段(2001年至今)为加速发展阶段
　　　【特点】　庞大的重工业部门
　　　【特点】　原料、燃料及辅助材料资源状况，影响着钢铁工业规模、产品质量、经济效益和布局方向
　　【状况】
　　　【前景】　强化技术创新与技术改造
　　　【前景】　淘汰落后产能
　　　【前景】　优化产业布局
　　　【前景】　增强资源保障能力
　　　【前景】　加快兼并重组
　　　【前景】　产业集中度提高
　　　【前景】　产能控制有保有压
　　　【现状】　产量高速增长
　　　【现状】　技术装备水平提高
　　　【现状】　提高市场占有率
　　　【现状】　冶金工业技术进步
　　　【现状】　行业经济效益提高
　　　【现状】　钢铁生产设备和企业规模一直向大型化方向发展
　　　【现状】　近来的设备大型化和自动化使得钢铁联合企业生产规模迅速增大
　　　【现状】　产量创历史最高水平
　　　【现状】　钢材价格低位运行
　　　【现状】　钢材出口增长较快
　　　【现状】　钢厂盈利水平逐月下滑
　　　【现状】　钢铁行业固定资产投资增幅明显回落
【词条关系】
　　【等同关系】
　　　【基本等同】　黑色冶金工业
　　【层次关系】
　　　【类分】　钢铁国际贸易
　　　【类分】　钢材现货
　　　【类分】　钢材废量
　　　【类分】　原料资源
　　　【类属】　工业部门
　　　【组成部件】　上海宝钢
　　　【组成部件】　首钢
　　　【组成部件】　鞍山钢铁
　　　【组成部件】　本溪钢铁
　　　【组成部件】　武汉钢铁
　　　【组成部件】　攀枝花钢铁
　　　【组成部件】　太原钢铁

【组成部件】 江苏沙钢集团
【组成部件】 邯郸钢铁
【组成部件】 马钢集团
【组成部件】 河北钢铁
【组成部件】 华菱钢铁
【组成部件】 包头钢铁
【组成部件】 长治钢铁
【组成部件】 柳州钢铁
【组成部件】 炼铁
【组成部件】 炼钢
【组成部件】 连续铸钢

◎高电阻电热合金
【基本信息】
　【英文名】 high resistance for electrical heating
　【拼音】 gao dian zu dian re he jin
　【核心词】
【定义】
　利用物质的高电阻特性制造发热体的电阻合金。
【词条属性】
　【特征】
　　【特点】 将电能转换为热能的材料
　　【特点】 高熔点
　　【特点】 高寿命
　　【特点】 良好的高温氧化性
　　【特点】 铁铬铝高电阻电热合金电阻率高
　　【特点】 铁铬铝高电阻电热合金电阻温度系数小
　　【特点】 铁铬铝高电阻电热合金使用温度高
　　【特点】 高温下耐腐蚀性能好
　　【特点】 价格低廉
　　【特点】 镍铬、镍铬铁高电阻电热合金具有较高的电阻率
　　【特点】 镍铬、镍铬铁高电阻电热合金表面抗氧化性能好
　　【特点】 镍铬、镍铬铁高电阻电热合金高温下硬度高
　　【特点】 镍铬、镍铬铁高电阻电热合金具有良好的加工性能和可焊性
　【时间】
　　【起始时间】 20世纪50年代
【词条关系】
　【层次关系】
　　【概念-实例】 0Cr27A17Mo2
　　【概念-实例】 Cr20Ni80
　　【概念-实例】 Cr30Ni70
　　【概念-实例】 Cr15Ni60
　　【概念-实例】 Cr20Ni35
　　【概念-实例】 1Cr13A14
　　【概念-实例】 0Cr25A15
　　【概念-实例】 0Cr21A16Nb
　　【概念-实例】 Cr20Ni30
　　【概念-实例】 0Cr23A15
　　【概念-实例】 0Cr21A16
　　【概念-实例】 1Cr20A13
　　【概念-实例】 0Cr23Al5
　　【类分】 镍铬高电阻电热合金
　　【类分】 镍铬铁高电阻电热合金
　　【类分】 铁铬铝高电阻电热合金
　　【类属】 镍铬合金
　　【类属】 特殊性能用钢
　【应用关系】
　　【材料-部件成品】 电加热元件
　　【材料-部件成品】 一般电阻元件
　　【用于】 家电行业
　　【用于】 工业电炉
　　【用于】 远红外装置
　　【用于】 机械制造业
　【生产关系】
　　【材料-工艺】 拉拔
　　【材料-工艺】 轧制

◎高铬铸铁
【基本信息】
　【英文名】 high chromium cast iron

【拼音】　gao ge zhu tie
【核心词】
【定义】
　　含铬25%～36%的合金铸铁。
【来源】　《化学物质辞典》
【分类信息】
　【CLC类目】
　　（1）TG455　堆焊及补焊
　　（2）TG455　生产过程与设备
　　（3）TG455　炼铁机械
　　（4）TG455　化工机械与仪器、设备
　　（5）TG455　合金学理论
　【IPC类目】
　　（1）C22C37/06　含铬的〔2〕
　　（2）C22C37/06　用熔炼法〔2〕
　　（3）C22C37/06　有色金属或金属化合物的铸造,其冶金性质对于铸造方法是重要的;其成分选择复杂
　　（4）C22C37/06　轧辊（专门加工要求的工作面形状入1/00）;使用时轧辊的润滑、冷却或加热
　　（5）C22C37/06　工作面;衬套〔3〕
【词条属性】
　【特征】
　　【数值】　含碳量在2.0%～3.6%
　　【特点】　比合金钢高得多的耐磨性
　　【特点】　比一般白口铸铁高得多的韧性、强度
　　【特点】　脆性材料
　　【特点】　韧性较差
　　【特点】　高铬铸铁的收缩量与铸钢相近
　　【特点】　耐磨性主要取决于其基体组织和碳化物的类型及分布特点
　　【特点】　当代最优良的抗磨料磨损材料之一
　　【特点】　碳化物主要是Cr_7C_3
　　【优点】　良好的抗高温和抗腐蚀性能
　　【优点】　生产便捷
　　【优点】　成本适中
　【状况】
　　【前景】　获得高硬度的M7C3型碳化物
　　【前景】　高铬铸铁的硬度和韧性达到良好的配合
　　【现状】　国内铸造工作者关于铬系白口铸铁的研究主要集中在化学成分选择、热处理工艺确定、变质剂选择、良好碳化物类型的获得及磨损机制研究等领域
　　【现状】　国外铸造研究人员更致力于高铬铸铁微观组织结构、耐磨机制及新制备工艺开发的研究
　　【应用场景】　建筑机械搅拌机衬板材质
　【时间】
　　【起始时间】　1917年
【词条关系】
　【等同关系】
　　【全称是】　高铬白口抗磨铸铁
　【层次关系】
　　【材料-组织】　奥氏体
　　【材料-组织】　马氏体
　　【材料-组织】　碳化物组
　　【概念-实例】　KmTBCr12
　　【概念-实例】　KmTBCr15Mo
　　【概念-实例】　KmTBCr20Mo
　　【概念-实例】　KmTBCr26
　　【概念-实例】　153(Cr15Mo3)
　　【概念-实例】　1521(Cr15Mo2Cu)
　　【类属】　耐热铸铁
　　【类属】　抗磨材料
　　【类属】　抗磨铸铁类铬系抗磨铸铁
　　【类属】　铁基合金
　【应用关系】
　　【用于】　采矿
　　【用于】　水泥
　　【用于】　电力
　　【用于】　筑路机械
　　【用于】　耐火材料
　　【用于】　渣浆泵
　　【用于】　磨球

【用于】　水泥磨
【用于】　破碎机颚板
【生产关系】
　【材料-工艺】　软化退火处理
　【材料-工艺】　硬化处理
　【材料-工艺】　去应力处理
　【原料-材料】　衬板
　【原料-材料】　锤头
　【原料-材料】　磨球
　【原料-材料】　抛丸器叶片
　【原料-材料】　抛丸清理机的室体

◎ 高合金钢
【基本信息】
　【英文名】　high alloy steel
　【拼音】　gao he jin gang
　【核心词】
【定义】
　　在钢铁中有一种合金元素在10%以上时,称为高合金钢。
【分类信息】
　【CLC类目】
　　（1）F426　工业部门经济
　　（2）F426　合金学理论
　【IPC类目】
　　（1）C21D1/78　不包括在上述规定中的复合热处理
　　（2）C21D1/78　装料装置的配置〔4〕
　　（3）C21D1/78　用于制造由两种或多种不同金属铸成的复合制品,如制造轧机的轧辊（铸造复合锭入 7/02）〔3〕
　　（4）C21D1/78　电阻焊接;用电阻加热方式的切割
　　（5）C21D1/78　用于切割的（14/44 优先）〔4〕
【词条属性】
　【特征】
　　【特点】　合金含量大于10%
　　【特点】　热处理淬透性高
　　【特点】　用于制造量具刃具
　　【特点】　杂质含量相对较低
　【优点】　硬度较高
　【优点】　耐磨性较优
【词条关系】
　【层次关系】
　　【概念-实例】　Cr12MoV
　　【概念-实例】　Cr12
　　【概念-实例】　GCr15
　　【概念-实例】　3Cr2W8V
　　【概念-实例】　W18Cr4V
　　【构成成分】　碳、硅、锰、磷、硫、Cr-铬、Ni-镍、Mo-钼、V-钒、Ti-钛、40Cr2Ni4Mo
　【类分】　不锈钢
　【类分】　耐磨钢
　【类分】　耐热钢
　【类分】　滚动轴承钢
　【类分】　弹簧钢
　【类分】　特殊性能钢
　【类分】　优质合金钢
　【类分】　特质合金钢
　【类分】　刃具
　【类分】　模具钢
　【类分】　量具
　【类分】　铬钢
　【类分】　硅铬钢
　【类分】　铬钨锰钢
　【类分】　轴承钢
　【类分】　碳素工具钢
　【类分】　锰钒钢
　【类属】　合金结构钢
　【类属】　合金钢
【应用关系】
　【组织-工艺】　正火
【生产关系】
　【材料-工艺】　淬火
　【材料-工艺】　回火
　【材料-工艺】　二次淬火

◎ 高炉

【基本信息】
　【英文名】　blast furnace
　【拼音】　gao lu
　【核心词】
【定义】
　（1）用铁矿石冶炼生铁的熔炼炉，直立圆筒形，内壁用耐火材料砌成。
　【来源】《汉语倒排词典》
　（2）采用固体燃料（通常为焦炭），通入空气帮助燃烧的熔炉。
　【来源】《麦克米伦百科全书》
【分类信息】
　【CLC 类目】
　　（1）TF54　高炉操作
　　（2）TF54　构造
　　（3）TF54　高炉熔冶过程
　　（4）TF54　炼铁炉（高炉）
　　（5）TF54　砌筑、维修
　【IPC 类目】
　　（1）C21B7/10　冷却；所用设备
　　（2）C21B7/10　探料尺或其他检测装置
　　（3）C21B7/10　高炉（高炉用的卷扬设备入 B66B9/06）
　　（4）C21B7/10　带有布料装置的
　　（5）C21B7/10　高炉炼生铁
【词条属性】
　【特征】
　　【数值】　炉底、炉缸区工作温度为 1450～1800 ℃
　　【数值】　炉腹、炉腰区域工作温度为 1400～1600 ℃
　　【数值】　炉身上部工作温度为 600～800 ℃
　　【特点】　钢板做炉壳
　　【特点】　壳内砌耐火砖内衬
　【时间】
　　【起始时间】　中国西汉时代（公元前 1 世纪）

【词条关系】
　【等同关系】
　　【基本等同】　炼铁炉
　【层次关系】
　　【类分】　炉喉
　　【类分】　炉身
　　【类分】　炉腰
　　【类分】　炉腹
　　【类分】　炉缸
　　【组成部件】　鼓风机
　　【组成部件】　铸勺
　　【组成部件】　炉缸
　　【组成部件】　炉底
　　【组成部件】　燃烧室
　　【组成部件】　顶部开关升降装置
　　【组成部件】　钢制外壳
　【应用关系】
　　【加工设备-材料】　生铁
　　【加工设备-材料】　铁合金
　　【加工设备-材料】　铁
　　【用于】　炼铁
　【生产关系】
　　【设备工具-工艺】　熔炼
　　【设备工具-工艺】　高炉炼铁
　　【设备工具-工艺】　铁水预处理
　　【设备工具-工艺】　冶炼

◎ 高锰钢

【基本信息】
　【英文名】　high manganese steel；hadfield steel
　【拼音】　gao meng gang
　【核心词】
【定义】
　含锰量在 10% 以上的合金钢。
　【来源】《中国冶金百科全书·金属材料》
【分类信息】
　【CLC 类目】
　　（1）TG142.33　合金钢
　　（2）TG142.33　金属复合材料

(3) TG142.33　钢的组织与性能
(4) TG142.33　玻璃工业
【IPC 类目】
(1) C22C37/06　含铬的〔2〕
(2) C22C37/06　含铌或钽的〔2〕
(3) C22C37/06　含大于 1.5%（质量分数）的锰〔2〕
(4) C22C37/06　空心铆钉；多部分组成的铆钉
(5) C22C37/06　金属材料表面中至少渗入一种硅以外的非金属元素，以及至少一种金属元素或硅的固渗〔4〕
【词条属性】
【特征】
【缺点】　很难加工，绝大多数是铸件
【数值】　耐磨钢含锰 10%～15%
【数值】　耐磨钢碳含量较高，一般为 0.90%～1.50%，大部分在 1.0% 以上
【数值】　熔点低（约为 1400 ℃）
【数值】　液、固相线温度间隔较小，约为 50 ℃
【数值】　线膨胀系数为纯铁的 1.5 倍，为碳素钢的 2 倍
【数值】　无磁钢含锰大于 17%
【数值】　无磁钢碳含量一般均在 1.0% 以下
【数值】　无磁钢导热系数为 12.979 W/(m·℃)，约为碳素钢的 1/3
【数值】　无磁钢磁导率 μ 为 1.003～1.03 H/m
【特点】　铸态组织的高锰钢很脆，无法使用，需要进行固溶处理
【特点】　热处理后钢的强度、塑性和韧性均大幅度提高
【特点】　优异的抗磨性能
【特点】　极易加工硬化
【特点】　导热性低
【特点】　铸造时体积收缩和线收缩率均较大
【特点】　无磁钢导热能力差
【特点】　凝固收缩大，散热性差
【特点】　外硬内韧
【特点】　既抗磨损又抗冲击
【特点】　表面受冲击越重，表面硬化就越充分，耐磨性就越好
【特点】　自身硬度很低（HB 170～230）
【特点】　切割性能一般
【特点】　锻造性一般
【优点】　铸造性能较好
【状况】
【应用场景】　常用于矿山、建材、火电等机械设备中
【应用场景】　ZGMn13-1（C 含量 1.10%～1.50%）用于低冲击件
【应用场景】　ZGMn13-2（C 含量 1.00%～1.40%）用于普通件
【应用场景】　ZGMn13-3（C 含量 0.90%～1.30%）用于复杂件
【应用场景】　ZGMn13-4（C 含量 0.90%～1.20%）用于高冲击件
【应用场景】　无磁钢常在电机工业中用于制作护环
【应用场景】　广泛应用于矿山、冶金、军工、建材、铁路、电力等重要环境
【时间】
【起始时间】　1882 年第一次获得奥氏体组织的高锰钢
【其他物理特性】
【密度】　无磁钢密度 7.87～7.98 g/cm³
【力学性能】
【延伸率】　35%～50%
【硬度】　布氏硬度 500～550
【词条关系】
【等同关系】
【基本等同】　哈德菲尔德钢
【层次关系】
【并列】　中锰钢
【材料-组织】　铸态组织通常是奥氏体、

碳化物和珠光体,以及少量的磷共晶
　　【材料-组织】　固溶处理后为单相奥氏体组织
　　【材料-组织】　无磁钢组织为奥氏体
　　【概念-实例】　ZGMn13-1〔m(C)含量1.10%～1.50%〕
　　【概念-实例】　ZGMn13-2〔m(C)含量1.00%～1.40%〕
　　【概念-实例】　ZGMn13-3〔m(C)含量0.90%～1.30%〕
　　【概念-实例】　ZGMn13-4〔m(C)含量0.90%～1.20%〕
　　【类分】　无磁钢
　　【类属】　锰钢
　　【实例-概念】　耐磨性
【应用关系】
　　【使用】　加工硬化
　　【用于】　采石
　　【用于】　采矿
　　【用于】　挖掘
　　【用于】　煤炭工业
　　【用于】　铸造
　　【用于】　电机工业
　　【用于】　磁悬浮列车
　　【用于】　凿岩机器人
　　【用于】　新型主战坦克
【生产关系】
　　【材料-工艺】　固溶处理(水韧处理)
　　【材料-工艺】　中频电炉冶炼
　　【材料-工艺】　真空冶炼
　　【材料-工艺】　碱性电弧炉或平炉
　　【材料-工艺】　铸造工艺
　　【原料-材料】　挖掘机的铲齿
　　【原料-材料】　圆锥式破碎机的轧面壁和破碎壁
　　【原料-材料】　颚式破碎机岔板
　　【原料-材料】　球磨机衬板
　　【原料-材料】　铁路辙岔
　　【原料-材料】　板锤
　　【原料-材料】　锤头
　　【原料-材料】　护环

◎ 高强度低合金钢
【基本信息】
　　【英文名】　high-strength low-alloy steel
　　【拼音】　gao qiang du di he jin gang
　　【核心词】
　　【定义】
　　　　含碳量通常小于0.25%,其合金元素含量较低,一般在2.5%以下的合金钢。
【分类信息】
　　【CLC类目】
　　　　F407.3　冶金工业
　　【IPC类目】
　　　　(1) C22C38/08　含镍的〔2〕
　　　　(2) C22C38/08　埋弧焊
　　　　(3) C22C38/08　电弧焊接或电弧切割(电渣焊入25/00;焊接变压器入H01F;焊接发电机H02K)
　　　　(4) C22C38/08　加工天然气或合成天然气〔5〕
　　　　(5) C22C38/08　以材料的成分和性质为特点的
【词条属性】
　　【特征】
　　　　【缺点】　制造过程比碳钢多25%～30%能耗
　　　　【数值】　在相同强度下,高强度低合金钢通常比碳钢轻20%～30%
　　　　【特点】　与普通碳素结构钢相比有较高的屈服点σ_s
　　　　【特点】　高强度低合金钢的快速发展也促进了铌、钒合金在国内钢铁工业中的应用
　　　　【特点】　含碳量和合金元素都低
　　　　【优点】　机械强度高
　　　　【优点】　相对便宜
　　　　【优点】　机械性能和抗腐蚀能力都比一般碳钢的好

【优点】 成型性和可焊性好
【优点】 抗生锈
【状况】
　【前景】 加强研究、生产和应用等部门的合作
　【前景】 进一步深化高强度低合金钢制品的技术研发、应用和推广，以及标准和规范工作
　【现状】 与世界先进水平相比，中国的高强度低合金钢领域的产品研发和应用水平仍旧相当落后
　【现状】 细晶粒和超细晶粒钢技术
　【现状】 微合金析出物控制技术
　【现状】 微合金控制技术
　【现状】 在设备技术方面，技术水平相对落后
　【现状】 微合金技术是一种提高钢材强度等级的有效途径
　【现状】 细/超细晶粒技术的应用使微合金钢的强度倍增，并大幅度降低了资源消耗
【词条关系】
　【层次关系】
　　【概念-实例】 Q345
　　【概念-实例】 Q235
　　【概念-实例】 管线钢
　　【概念-实例】 Ⅲ级钢筋
　　【概念-实例】 Q420
　　【概念-实例】 船板钢
　　【概念-实例】 TRIP 钢
　【应用关系】
　　【用于】 船舶与海洋工程
　　【用于】 汽车制造业
　　【用于】 建筑行业
　　【用于】 桥梁工程
　　【用于】 石油天然气工业
　　【用于】 中国汽车工业
　　【用于】 轻工业
　　【用于】 能源工业
　　【用于】 集装箱
　　【用于】 工程机械
　　【用于】 高速铁路
　　【用于】 家电行业
　【生产关系】
　　【材料-工艺】 控制轧制
　　【材料-工艺】 控制冷却
　　【材料-工艺】 高温回火
　　【材料-工艺】 正火
　　【材料-工艺】 淬火+回火（调质）

◎ 高强度钢
【基本信息】
　【英文名】 high-strength steel
　【拼音】 gao qiang du gang
　【核心词】
【定义】
　是指抗拉强度和屈服点比软钢高的钢材。
【来源】《集装箱运输业务技术辞典·上册》
【分类信息】
　【CLC 类目】
　　（1）U668.2　金属材料
　　（2）U668.2　腐蚀试验及设备
　　（3）U668.2　金属的晶体缺陷理论
　　（4）U668.2　铣削加工及铣床
　【IPC 类目】
　　（1）C21D8/04　生产深冲钢板或带钢〔3〕
　　（2）C21D8/04　在生产钢板或带钢时（8/12 优先）〔3〕
　　（3）C21D8/04　金属的（3/29 优先；用作钢筋构件的入 5/06；制作入 B21）
　　（4）C21D8/04　铸铁合金的制造〔2〕
　　（5）C21D8/04　含钛或锆的〔2〕
【词条属性】
　【特征】
　　【特点】 强度和韧性方面结合很好
　　【特点】 经过调质处理可获得较高的强度

【特点】　原始强度和硬度并不高
【特点】　强度大,韧性强
【状况】
【前景】　高强度钢在汽车中的应用将迅速增长
【现状】　航空和航天用高断裂韧性超高强度钢的研制和应用均取得了新进展
【现状】　日本将抗拉强度不低于340 MPa的冷轧钢板和抗拉强度不低于490 MPa的热轧钢板通称为高强度钢
【现状】　德国将屈服强度高于180 MPa（含180 MPa）、低于300 MPa的钢称为高强度钢
【现状】　ULSAB 组织:屈服强度为(210～550)MPa 的钢板定义为高强度钢
【词条关系】
　【层次关系】
　　【材料-组织】　马氏体
　　【材料-组织】　贝氏体
　　【材料-组织】　残余奥氏体
　　【概念-实例】　双相钢
　　【概念-实例】　TRIP 钢
　　【概念-实例】　复相钢
　　【概念-实例】　马氏体钢
　　【概念-实例】　MnB 钢
　　【概念-实例】　高强度 IF 钢
　　【概念-实例】　烘烤硬化钢
　　【概念-实例】　TWIP 钢
　　【类分】　普通高强度钢
　　【类分】　先进高强度钢
　【应用关系】
　　【用于】　大型船舶
　　【用于】　高压容器
　　【用于】　桥梁
　　【用于】　中压、高压锅炉
　　【用于】　起重机械
　　【用于】　电站设备
　　【用于】　矿山机械
　　【用于】　大型焊接结构件

【生产关系】
　【材料-工艺】　强韧化
　【材料-工艺】　正火
　【材料-工艺】　正火+回火
　【材料-工艺】　淬火+回火

◎ 高速钢
【基本信息】
　【英文名】　high-speed steel
　【拼音】　gao su gang
　【核心词】
【定义】
　　在钢里加入铬、钨、锰等制成的一种合金钢。
【来源】　《现代汉语分类大词典》
【分类信息】
　【CLC 类目】
　　（1）TF63　冶炼方法
　　（2）TF63　轧辊及轧辊轴承
　　（3）TF63　钢的热处理
　　（4）TF63　粉末冶金制品及其应用
　　（5）TF63　黑色金属
　【IPC 类目】
　　（1）B22F7/04　有一层或多层不用粉末制造,如用整体金属制造
　　（2）B22F7/04　用于锯片
　　（3）B22F7/04　加热法或加压加热法的(24/04 优先)〔4〕
　　（4）B22F7/04　以立方氮化硼为基料的〔6〕
　　（5）B22F7/04　含钒的〔2〕
【词条属性】
　【特征】
　　【数值】　合金元素总量达 10%～25%
　　【特点】　硬度高
　　【特点】　耐磨性高
　　【特点】　耐热性高
　　【特点】　红硬性好
　　【特点】　高速钢不应有明显的脱碳

【特点】　高速钢中碳化物不均匀度对质量影响最大
【优点】　工艺性能好
【优点】　强度和韧性配合好
【优点】　可用 30 m/min 的速度切削钢材
【优点】　切削效率高
【状况】
　　【应用场景】　用来制造复杂的薄刃和耐冲击的金属切削刀具
　　【应用场景】　制造高温轴承和冷挤压模具
【时间】
　　【起始时间】　1898 年
【力学性能】
　　【硬度】　HRC:60 以上
【词条关系】
　　【等同关系】
　　　【基本等同】　高速工具钢
　　　【基本等同】　锋钢
　　　【俗称为】　白钢
　　【层次关系】
　　　【概念-实例】　W18Cr4V 高速钢
　　　【概念-实例】　W6Mo5Cr4V2 高速钢
　　　【概念-实例】　W9Mo3Cr4V 高速钢
　　　【概念-实例】　W12Cr4V5Co5
　　　【概念-实例】　W2Mo9Cr4VCo8
　　　【概念-实例】　W14Cr4VMnRE
　　　【类分】　钨系高速钢(含钨 9%～18%)
　　　【类分】　钨钼系高速钢(含钨 5%～12%, 含钼 2%～6%)
　　　【类分】　高钼系高速钢(含钨 0～2%, 含钼 5%～10%)
　　　【类分】　钒高速钢
　　　【类分】　钴高速钢(含钴 5%～10%)
　　　【类分】　用型高速钢
　　　【类分】　特殊用途高速钢
　　　【类属】　莱氏体钢(珠光体+渗碳体)
　　【主体-附件】　晶界析出
　　【应用关系】

【使用】　真空炉
【使用】　二次硬化
【生产关系】
　　【材料-工艺】　淬火、回火
　　【材料-工艺】　油冷或空冷或充气体冷却
　　【材料-工艺】　电炉
　　【材料-工艺】　盐炉加热
　　【材料-工艺】　粉末冶金方法
　　【材料-工艺】　电渣重熔
　　【材料-工艺】　二次淬火
　　【材料-工艺】　渗硫
　　【材料-工艺】　深冷处理
　　【原料-材料】　车刀
　　【原料-材料】　钻头
　　【原料-材料】　滚刀
　　【原料-材料】　机用锯条
　　【原料-材料】　模具
　　【原料-材料】　丝锥
　　【原料-材料】　插齿刀
　　【原料-材料】　高强钢刀具
　　【原料-材料】　钛合金刀具
　　【原料-材料】　高温合金刀具

◎ **高弹性合金**
【基本信息】
　　【英文名】　high elastic alloy
　　【拼音】　gao tan xing he jin
　　【核心词】
【定义】
　　(1)泛指恒弹性合金以外的其他弹性合金。
　　【来源】《中国冶金百科全书·金属材料》
　　(2)高弹性模量合金
【词条属性】
　　【特征】
　　　【特点】　弹性极限高
　　　【特点】　比例极限高
　　　【特点】　疲劳强度高
　　　【特点】　低的弹性滞后

【特点】 应力松弛率低
【特点】 低的弹性后效
【特点】 耐热好
【特点】 耐蚀性能良好
【特点】 导电和磁性性能良好
【词条关系】
　【层次关系】
　　【概念-实例】 0Cr17Ni7Al
　　【概念-实例】 0Cr15Ni7Mo2Al
　　【概念-实例】 NiCr15TiAlNb
　　【概念-实例】 NiCr47Mo3
　　【概念-实例】 36Ni-Cr-Ti-Al 合金
　　【类分】 弥散强化合金
　　【类分】 半奥氏体弥散强化不锈钢
　　【类分】 镍基合金
　　【类分】 Ni-Be 合金
　　【类分】 顺磁性的铌基合金
　　【类分】 变形强化合金
　　【类分】 通用弹簧钢
　　【类分】 马氏体时效钢
　　【类分】 不锈弹簧钢
　　【类分】 非铁磁性耐蚀高弹性合金
　　【类分】 高温高弹性合金
　　【类分】 高导电高弹性合金
　　【类属】 弹性合金
　【应用关系】
　　【材料-部件成品】 弹性敏感元件
　　【材料-部件成品】 储能元件
　　【用于】 弹簧
　　【用于】 膜片
　　【用于】 波纹膜盒
　　【用于】 发条
　　【用于】 张丝
　　【用于】 悬丝
　　【用于】 力传感器
　　【用于】 机械制造业
　　【用于】 精密仪器仪表
　　【用于】 原子能技术
　　【用于】 遥控遥测技术

【用于】 无线电电子技术

◎ 高碳钢
【基本信息】
　【英文名】 high carbon steel
　【拼音】 gao tan gang
　【核心词】
【定义】
　　含碳量大于 0.60% 的碳素钢和合金钢的总称。
【来源】 《铁合金辞典》
【分类信息】
　【CLC 类目】
　　TG131　合金学理论
　【IPC 类目】
　　（1）C22C38/18　含铬的〔2〕
　　（2）C22C38/18　用于线材；带材
　　（3）C22C38/18　含大于 1.5%（质量分数）的硅〔2〕
　　（4）C22C38/18　通过伴随有变形的热处理或变形后再进行热处理来改变物理性能（除需成型的工件外不需要再加热的锻造，或轧制成型的硬化工件或材料入 1/02）〔3〕
　　（5）C22C38/18　不用心轴的
【词条属性】
　【特征】
　　【缺点】 塑性和韧性较差
　　【缺点】 热硬性差
　　【缺点】 导热性差
　　【缺点】 淬透性低
　　【缺点】 焊接性能和冷塑性变形能力差
　　【缺点】 高碳钢焊接时易产生热裂纹
　　【缺点】 对淬火更加敏感
　　【数值】 含碳量在 0.60%～1.70%
　　【特点】 较高的强度
　　【特点】 高硬度
　　【特点】 高耐磨性
　　【特点】 硬而较脆
　　【特点】 退火状态下硬度适中

【特点】 具有较好的可切削性
【特点】 水淬时容易产生裂纹
【特点】 热处理后可以得到高的硬度（HRC 60～65）和较好的耐磨性
【特点】 多采用双液淬火（水淬+油冷）
【优点】 原材料易得
【优点】 生产成本低
【优点】 高的弹性极限和疲劳极限
【优点】 冷热加工性良好
【状况】
　【应用场景】 用于制造切削工具
　【应用场景】 锤、撬棍等由含碳量 0.75% 的钢制造
　【应用场景】 切削工具，如钻头、丝攻、铰刀等由含碳量 0.90%～1.00% 的钢制造
　【应用场景】 用于制作工具的钢
【词条关系】
　【等同关系】
　　【俗称为】 工具钢
　【层次关系】
　　【并列】 中碳钢
　　【类分】 碳素结构钢
　　【类属】 建筑用钢
　　【类属】 耐磨钢
　　【类属】 碳素钢
　　【类属】 碳钢
　【应用关系】
　　【使用】 微合金化
　【生产关系】
　　【材料-工艺】 电炉冶炼加真空自耗或电渣重熔
　　【材料-工艺】 高温扩散退火
　　【材料-工艺】 多采用双液淬火（水淬+油冷）
　　【材料-工艺】 淬火后经中温回火或正火
　　【原料-材料】 锤
　　【原料-材料】 撬棍
　　【原料-材料】 钻头
　　【原料-材料】 丝攻

　　【原料-材料】 铰刀
　　【原料-材料】 弹簧
　　【原料-材料】 耐磨零件

◎ 高温持久强度
【基本信息】
　【英文名】 creep rupture strength
　【拼音】 gao wen chi jiu qiang du
　【核心词】
【定义】
　在规定的时间和温度的条件下使试样断裂的应力。
【来源】 《电热合金应用手册》
【词条属性】
　【特征】
　　【特点】 蠕变速度小的零件，达到持久极限的时间较长
　【状况】
　　【应用场景】 航空航天工业
　　【应用场景】 发动机涡轮盘制造
　　【应用场景】 发动机叶片的制造
　　【应用场景】 飞机发动机制造
　　【应用场景】 飞机机组制造
　　【应用场景】 锅炉制造
　　【应用场景】 燃气轮机制造
　　【应用场景】 透平机械制造
　【因素】
　　【影响因素】 温度
　　【影响因素】 时间
　　【影响因素】 应力
　　【影响因素】 应变
　　【影响因素】 冶金工艺
　　【影响因素】 热处理工艺
　　【影响因素】 化学成分
　　【影响因素】 组织结构
【词条关系】
　【层次关系】
　　【类属】 高温性能
　【应用关系】

【使用】　持久强度试验
　　【使用】　外推法
　　【使用】　等温线法
　　【使用】　时间-温度参数法
　　【使用】　LM法
　　【使用】　KD法
　　【使用】　最小约束法
　　【使用】　状态方程法
　　【用于】　T9钢
　　【用于】　304H钢管
　　【用于】　00Cr18Ni10N钢
　　【用于】　锅炉管材
　　【用于】　12Cr1MoV锅炉钢管
【测度关系】
　　【物理量-单位】　MPa

◎高温淬火
【基本信息】
　　【英文名】　high temperature quenching
　　【拼音】　gao wen cui huo
　　【核心词】
【定义】
　　将钢件加热到奥氏体化温度并保持一定时间,然后以大于临界冷却速度冷却,以获得非扩散型转变组织,如马氏体、贝氏体和奥氏体等的热处理工艺。
【分类信息】
　　【IPC类目】
　　　（1）F27B1/09　电加热的[4]
　　　（2）F27B1/09　三氧化硫;硫酸[3]
　　　（3）F27B1/09　油
　　　（4）F27B1/09　在低压或真空下[3]
　　　（5）F27B1/09　轧辊(专门加工要求的工作面形状入1/00);使用时轧辊的润滑、冷却或加热
【词条属性】
　　【特征】
　　　【特点】　高温下奥氏体晶粒粗大
　　　【特点】　降低淬火临界冷速
　　　【特点】　提高材料淬透性
　　　【特点】　使碳化物变小或全部溶解
　　　【特点】　保证材料的强度和韧性
　　　【特点】　提高了材料裂纹形核周次
　　　【特点】　有利于提高某些材料(如扭力轴)疲劳寿命
　　　【特点】　材料硬度变低
　　　【特点】　使碳化物充分溶解
【词条关系】
　　【应用关系】
　　　【工艺-组织】　板条状马氏体
　　　【工艺-组织】　针状回火马氏体
　　　【工艺-组织】　残留奥氏体
　　　【工艺-组织】　一次碳化物
　　　【工艺-组织】　二次碳化物
　　　【工艺-组织】　大块共晶碳化物
　　　【工艺-组织】　长杆状共晶碳化物
　　　【用于】　16Mn钢
　　　【用于】　50CrMnMo钢
　　　【用于】　20CrMnMo钢
　　　【用于】　Si-Fe合金冶炼
　　　【用于】　ZG30CrMn2Si2NiMo钢
　　　【用于】　42CrMo钢
　　　【用于】　3Cr2W8V钢
　　　【用于】　Cr12MoV钢
　　【生产关系】
　　　【工艺-材料】　永磁合金

◎高温腐蚀
【基本信息】
　　【英文名】　high temperature corrosion
　　【拼音】　gao wen fu shi
　　【核心词】
【定义】
　　（1）高温腐蚀又称为煤灰腐蚀,它指的是高温积灰所生成的内灰层,含有较多的碱金属,它与飞灰中的铁铝等成分及烟气中通过松散外灰层扩散进来的氧化硫的较长时间的化学作用,生成碱金属的硫酸盐等复合物。

（2）金属材料与环境介质在高温下发生不可逆转的化学反应而退化的过程称为高温腐蚀。
【分类信息】
　【CLC类目】
　　（1）TG172.82　高温、高压下的腐蚀
　　（2）TG172.82　材料腐蚀与保护
　　（3）TG172.82　复合材料
　【IPC类目】
　　（1）F23D1/00　燃烧粉末燃料的燃烧器（燃烧器的配置入F23C）
　　（2）F23D1/00　控制或安全装置〔4〕
　　（3）F23D1/00　其冷却；管壁
　　（4）F23D1/00　测试材料的耐气候、耐腐蚀，或耐光照性能
　　（5）F23D1/00　送风；引风；不可燃液体或气体的输送
【词条属性】
　【特征】
　　【数值】　当金属工作温度达到其熔点（绝对温标）的0.3～0.4以上时，就可认为是高温腐蚀环境
　　【数值】　腐蚀从550～620 ℃时开始发生
　　【数值】　约在750 ℃时腐蚀速度最大
　　【特点】　无严格的温度界限
　　【特点】　高温腐蚀与燃料的成分有关
　　【特点】　高碱和高硫燃料腐蚀比较严重
　　【特点】　腐蚀与温度有关
　　【特点】　灰分沉淀物的温度越高腐蚀速度就越强烈
　　【特点】　高温腐蚀的环境是极其复杂的
　　【特点】　氧化是高温腐蚀中最常见的一种形式
　【状况】
　　【现状】　存在合金的氧化问题
　　【现状】　存在金属在混合的氧化性环境中高温腐蚀问题
　　【现状】　存在环境与力学性能协同作用下的高温腐蚀问题
　　【现状】　存在金属的热腐蚀问题
　　【现状】　存在高温腐蚀涂层及其高温蜕化问题
【词条关系】
　【等同关系】
　　【基本等同】　煤灰腐蚀
　　【俗称为】　高温氧化
　【层次关系】
　　【类分】　高温气体介质腐蚀
　　【类分】　高温液体介质腐蚀
　　【类分】　高温固体介质腐蚀
　　【类属】　腐蚀
　【应用关系】
　　【用于】　石油化工
　　【用于】　能源
　　【用于】　动力
　　【用于】　冶金
　　【用于】　航空航天

◎ 高温合金

【基本信息】
　【英文名】　superalloy；high-temperature alloy
　【拼音】　gao wen he jin
【核心词】
【定义】
　（1）在高温下具有高的抗氧化性、抗蠕变性与持久强度的合金，又称为耐热合金。
　【来源】《中国成人教育百科全书·化学·化工》
　（2）铁基、镍基和钴基高温合金的总称，又称为超合金。
　【来源】《现代科学技术名词选编》
　（3）在600～1200 ℃高温下能承受一定应力并具有抗氧化和抗腐蚀能力的合金。亦称为"超合金"或"耐热合金"。
　【来源】《金属材料简明辞典》
【分类信息】
　【CLC类目】
　　（1）TG132.3　特种热性质合金

(2) TG132.3　金属的蠕变和疲劳
(3) TG132.3　金属热力学
(4) TG132.3　文摘、索引
【IPC 类目】
(1) C30B11/00　正常凝固法或温度梯度凝固法的单晶生长,如 Bridgman-Stockbarger 法(13/00,15/00,17/00,19/00 优先;保护流体下的入 27/00)〔3〕
(2) C30B11/00　涂瓷料前金属表面的化学处理(金属工件的清洗和脱脂入 C23G)
(3) C30B11/00　搪瓷;釉(陶瓷用冷釉入 C04B41/86);含有非熔块添加剂的玻璃料熔封成分〔4〕
(4) C30B11/00　影响金属温度,如用加热或冷却铸型(连续铸造中底部开口铸模的冷却入 11/055)〔1,7〕
(5) C30B11/00　镍基合金〔2〕
【词条属性】
　【特征】
　　【缺点】　合金化程度较高
　　【优点】　具有优异的高温强度
　　【优点】　良好的抗氧化
　　【优点】　抗热腐蚀性能
　　【优点】　良好的疲劳性能
　　【优点】　良好的断裂韧性
　【状况】
　　【前景】　提高合金的工作温度
　　【前景】　改善中温或高温下承受各种载荷的能力
　　【前景】　延长合金寿命
　　【前景】　合金的防护涂层材料和工艺
　　【现状】　1200 ℃ 高温材料和 1500 ℃ 高温材料目前中国还没有使用
　【时间】
　　【起始时间】　20 世纪 30 年代后期
　【力学性能】
　　【抗拉强度】　800 MPa
【词条关系】
　【等同关系】

　　【基本等同】　超合金
　　【基本等同】　耐热合金
　【层次关系】
　　【材料-组织】　单一奥氏体组织
　　【概念-实例】　GH4169 合金
　　【概念-实例】　GH1015(GH15)
　　【概念-实例】　GH3030(GH30)
　　【概念-实例】　K419 合金
　　【概念-实例】　DD402 单晶合金
　　【概念-实例】　FGH95
　　【概念-实例】　MA956
　　【概念-实例】　Ti3Al 基合金
　　【构成成分】　铬、钴、铝、钛、镍、钼、钨、η 相
　　【类分】　镍合金
　　【类分】　760 ℃ 高温材料
　　【类分】　1200 ℃ 高温材料
　　【类分】　1500 ℃ 高温材料
　　【类分】　铁基高温合金
　　【类分】　镍基高温合金
　　【类分】　钴基高温合金
　　【类分】　变形高温合金
　　【类分】　铸造高温合金
　　【类分】　粉末冶金高温合金
　　【类分】　固溶强化型
　　【类分】　沉淀强化型
　　【类分】　氧化物弥散强化型
　　【类分】　纤维强化型
　　【实例-概念】　超塑性
　　【主体-附件】　晶界析出
　【应用关系】
　　【材料-部件成品】　涡轮叶片
　　【材料-部件成品】　导向叶片
　　【材料-部件成品】　涡轮盘
　　【材料-部件成品】　高压压气机盘
　　【材料-部件成品】　燃烧室
　　【材料-部件成品】　能源转换装置
　　【使用】　真空炉
　　【使用】　脱溶

【用于】　军民用燃气涡轮发动机
　　【用于】　航空
　　【用于】　舰艇
　　【用于】　工业用燃气轮机
　　【用于】　核反应堆
　　【用于】　石油化工
　　【用于】　煤的转化
【生产关系】
　　【材料-工艺】　重熔
　　【材料-工艺】　固溶处理
　　【材料-工艺】　非真空感应炉冶炼
　　【材料-工艺】　真空冶炼
　　【材料-工艺】　冶炼和二次重熔
　　【材料-工艺】　电渣重熔
　　【材料-工艺】　晶粒细化
　　【材料-原料】　工业纯铁

◎ 高温回火

【基本信息】
　　【英文名】　high temperature tempering
　　【拼音】　gao wen hui huo
　　【核心词】
【定义】
　　(1) 将淬火钢件加热至 500~650 ℃,保温若干时间,出炉后在空气中冷却。
　　【来源】　《金属材料简明辞典》
　　(2) 在 500~650 ℃ 进行,回火后组织为回火索氏体。
　　【来源】　《实用轧钢技术手册》
【分类信息】
　　【IPC 类目】
　　　　(1) C23C8/48　渗氮〔4〕
　　　　(2) C23C8/48　软化退火,如球化处理
　　　　(3) C23C8/48　用于普通轴
　　　　(4) C23C8/48　黑色金属表面的〔4〕
　　　　(5) C23C8/48　用于曲轴;凸轮轴
【词条属性】
　　【特征】
　　　　【数值】　回火温度为 500~650 ℃
　　　　【特点】　高温回火得到铁素体+细粒状渗碳体的混合物
　　　　【特点】　淬火+高温回火称为调质
　　　　【特点】　回火一般采用空气中冷却
　　　　【特点】　应用于含碳量为 0.3%~0.5% 的碳钢和合金钢制造的各类连接和传动的结构零件
　　　　【特点】　用于淬火的后续处理
　　　　【特点】　回火后的组织为回火索氏体
　　　　【特点】　高温回火的回火温度较高,有利于彻底消除内应力
　　　　【特点】　可能出现第二类回火脆性
　　　　【优点】　彻底消除内应力
　　　　【优点】　提高金属的塑性和韧性
　　　　【优点】　切削加工性能好
　　【状况】
　　　　【应用场景】　结构钢制造的工件
　　【力学性能】
　　　　【硬度】　高温回火后钢的硬度 25~35 HRC
【词条关系】
　　【层次关系】
　　　　【构成成分】　高温回火温度、回火保温时间、冷却方式
　　　　【类属】　热处理工艺
　　【应用关系】
　　　　【用于】　连接的结构零件
　　　　【用于】　传动的结构零件
　　　　【用于】　中碳结构钢
　　【生产关系】
　　　　【工艺-材料】　高强度低合金钢
　　　　【工艺-材料】　连杆
　　　　【工艺-材料】　螺栓
　　　　【工艺-材料】　齿轮
　　　　【工艺-材料】　轴
　　　　【工艺-材料】　曲轴
　　　　【工艺-材料】　主轴
　　　　【工艺-材料】　凸轮

◎ 高温回火脆性

【基本信息】
【英文名】 high temperature temper embrittlement；high temperature temper brittleness
【拼音】 gao wen hui huo cui xing
【核心词】
【定义】
淬火钢件在450～650 ℃的较高温度下回火出现的韧性、塑性降低的现象。
【来源】《金属材料简明辞典》
【词条属性】
【特征】
【数值】 在450～600 ℃范围内长期回火或在该温度范围以上回火
【特点】 可逆的
【特点】 韧性下降
【特点】 与回火后的冷却速度有关
【特点】 与组织状态无关，但以 M 的脆化倾向大
【特点】 在脆化区内回火，回火后脆化与冷却速度无关
【特点】 断口为沿晶脆性断口
【特点】 Sb、Sn、P 等杂质元素向原 A 晶界偏聚
【特点】 晶界的断裂强度降低
【特点】 脆性转化温度升高
【状况】
【现状】 有关回火脆性的本质迄今尚未彻底弄清
【现状】 对回火脆性的现象已进行了大量研究
【现状】 在生产上也已有了各种方法来抑制、减弱或避免回火脆性的产生
【现状】 提高钢材的纯度，尽量减少杂质，采用真空碳脱氧可降低第二类回火脆性
【现状】 加入适量的 Mo、W 等有益的合金元素可降低第二类回火脆性
【现状】 对尺寸小、形状简单的零件，采用回火后快冷的方法可降低第二类回火脆性
【现状】 采用亚温淬火（A1～A3）可降低第二类回火脆性
【现状】 采用高温形变热处理可降低第二类回火脆性
【词条关系】
【等同关系】
【基本等同】 第二类回火脆性
【基本等同】 可逆回火脆性
【层次关系】
【并列】 低温回火脆性
【类属】 回火脆性
【主体-附件】 热处理工艺
【主体-附件】 奥氏体晶粒大小
【主体-附件】 回火脆性敏感系数
【主体-附件】 回火脆度

◎ 高温强度

【基本信息】
【英文名】 high temperature strength
【拼音】 gao wen qiang du
【核心词】
【定义】
（1）金属在高温加载条件下抵抗变形和断裂的能力。
（2）高温下金属材料的力学性能。
【来源】《实用机械工程材料手册》
【分类信息】
【CLC 类目】
（1）TB39 其他材料
（2）TB39 复合材料
（3）TB39 矿石预处理、烧结、团矿
（4）TB39 化工机械与仪器、设备
（5）TB39 金属复合材料
【IPC 类目】
（1）C04B35/66 含有或不含有黏土的整块耐火材料或耐火砂浆
（2）C04B35/66 以氧化镁为基料的[6]

（3）C04B35/66　以氧化钙为基料的〔6〕
（4）C04B35/66　含钴的〔2〕
（5）C04B35/66　开或堵出铁口、出渣口
【词条属性】
　【特征】
　　【特点】　应变速度越高,材料的高温强度也越高
　　【特点】　晶界强化可以提高高温强度
　【状况】
　　【应用场景】　电站设备零件制造
　　【应用场景】　石油化工设备零部件制造
　　【应用场景】　航空发动机设备零件制造
　【因素】
　　【影响因素】　时间
　　【影响因素】　应力
　　【影响因素】　应变
　　【影响因素】　化学成分
　　【影响因素】　冶炼工艺
　　【影响因素】　组织结构
　　【影响因素】　热处理工艺
【词条关系】
　【层次关系】
　　【概念-实例】　高温短时拉伸强度
　　【概念-实例】　蠕变
　　【概念-实例】　持久强度
　　【类分】　高温蠕变强度
　　【类分】　松弛稳定性
　　【类分】　高温短时拉伸性能
　　【类分】　高温硬度
　　【类属】　耐热性
　　【类属】　耐高温性
　【应用关系】
　　【使用】　等温线法
　　【使用】　时间-温度参数法
　　【使用】　最小约束法
　　【使用】　状态方程法
　　【用于】　热力管道
　　【用于】　高温部件
　　【用于】　发动机涡轮盘

【用于】　发动机叶片

◎ 高温性能

【基本信息】
　【英文名】　high temperature performance; elevated temperature property
　【拼音】　gao wen xing neng
　【核心词】
【定义】
　　是指高温下材料因抵抗外力作用而产生各种变形和应力的能力。
【分类信息】
　【CLC 类目】
　　（1）TG172.82　高温、高压下的腐蚀
　　（2）TG172.82　石油产品
　　（3）TG172.82　金相学(金属的组织与性能)
　　（4）TG172.82　其他材料
　　（5）TG172.82　金属-非金属复合材料
　【IPC 类目】
　　（1）C 08 L 95/00　沥青材料如石油沥青、焦油、天然沥青的组合物〔2〕
　　（2）C 08 L 95/00　不由碳-碳不饱和键反应得到的高分子化合物〔4〕
　　（3）C 08 L 95/00　利用气垫或改变气压法,如真空法〔3〕
　　（4）C 08 L 95/00　铝〔7〕
　　（5）C 08 L 95/00　其中所有的硅原子与氧以外的原子连接〔5〕
【词条属性】
　【特征】
　　【特点】　与物料的物相及其结构有关
　　【特点】　塑性增大
　　【特点】　高温性能不同于室温
　　【特点】　抗拉强度随持续时间的增长而降低
　　【特点】　高温短时,塑性增加
　　【特点】　高温长时,塑性显著下降
　　【特点】　高温长时,塑性脆性断裂易发生

【特点】 在高温下发生蠕变现象
【特点】 强度与载荷作用时间相关
【特点】 强度降低,塑性降低
【特点】 与温度和时间相关
【因素】
　【影响因素】 合金化学成分
　【影响因素】 冶炼工艺
　【影响因素】 热处理工艺
　【影响因素】 晶粒度
【词条关系】
　【层次关系】
　　【附件-主体】 高压蒸汽锅炉
　　【附件-主体】 汽轮机
　　【附件-主体】 航空发动机
　　【附件-主体】 化工炼油设备
　　【附件-主体】 燃气轮机
　　【附件-主体】 柴油机
　【类分】 条件蠕变极限
　【类分】 高温持久强度
　【类分】 高温疲劳强度
　【类分】 高温硬度
　【类分】 剩余应力
　【类分】 松弛稳定性
　【类分】 高温短时拉伸性能

◎ **高周疲劳**
【基本信息】
　【英文名】 high cycle fatigue
　【拼音】 gao zhou pi lao
　【核心词】
【定义】
　一种应力较低、频率较高和大于 5×10^4 循环数下发生疲劳断裂的现象。
【来源】 《现代材料科学与工程辞典》
【分类信息】
　【CLC 类目】
　　（1）TG113.25　机械性能(力学性能)
　　（2）TG113.25　机械性能(力学性能)试验
　　（3）TG113.25　钢的组织与性能
　【IPC 类目】
　　（1）C23C14/48　离子注入[4]
　　（2）C23C14/48　以镀层材料为特征的（14/04 优先）[4]
【词条属性】
　【特征】
　　【数值】 破坏循环次数一般高于 $10^4 \sim 10^5$
　　【特点】 作用于零件或构件的应力水平较低
　　【特点】 循环应力明显低于屈服强度
　　【特点】 高周疲劳材料处于弹性范围,应力与应变线性相关
【因素】
　【影响因素】 应力
　【影响因素】 温度
　【影响因素】 腐蚀介质
　【影响因素】 试样表面尺寸
　【影响因素】 尺寸因素
　【影响因素】 合金成分
　【影响因素】 非金属夹杂物及冶金缺陷
　【影响因素】 显微组织
【词条关系】
　【等同关系】
　　【俗称为】 高循环疲劳
　【层次关系】
　　【概念-实例】 弹簧的疲劳
　　【概念-实例】 传动轴的疲劳
　【应用关系】
　　【使用】 S—N 曲线
　　【使用】 旋转弯曲疲劳试验及
　　【用于】 铝合金
　　【用于】 ZK60 镁合金晶间腐蚀
　　【用于】 GW103K 镁合金
　　【用于】 DZ468 合金
　　【用于】 TA15 钛合金
　　【用于】 ZG20SiMn 铸钢
　　【用于】 镍基单晶高温合金
　　【用于】 TRIP 钢

【用于】 超高强度钢
【用于】 压铸镁合金 AZ91D

◎ 铬钢
【基本信息】
　【英文名】 chrome steel
　【拼音】 ge gang
　【核心词】
【定义】
　　含有 0.7%～1.1% 铬,大部分溶入铁素体中,少量溶入渗碳体中的一种合金钢。
【来源】《金属材料简明辞典》
【分类信息】
　【IPC 类目】
　　(1) B21G 针、销或钉的制造
　　(2) B21G 湿处理方法或装置与其他处理方法或装置的结合,如选矿或处理垃圾用的
　　(3) B21G 改变待处理物料的物理性能以便于分离(一般矿石的预处理入 C22B)
　　(4) B21G 含铬的〔2〕
【词条属性】
　【特征】
　【特点】 质地坚硬
　【特点】 耐磨
　【特点】 耐腐蚀
　【特点】 不生锈
　【特点】 抗氧化性
【词条关系】
　【层次关系】
　【概念-实例】 12CrMo
　【概念-实例】 20CrMo
　【概念-实例】 35CrMo
　【概念-实例】 1Cr5Mo
　【概念-实例】 1Cr12Mo
　【概念-实例】 304 不锈钢
　【构成成分】 钼、钒、钨、钛、铌、硼
　【类属】 高合金钢
　【类属】 合金钢

　【类属】 永磁合金
【应用关系】
　【用于】 高压、中压蒸汽导管
　【用于】 650 ℃ 以下长期使用的零件
　【用于】 650 ℃ 以下再热器
　【用于】 550 ℃ 以下浸蚀性强的石油化工设备
　【用于】 叶片

◎ 铬钼钒钢
【基本信息】
　【英文名】 Cr-Mo-V steel; Chromium-molybdenum-vanadium steel
　【拼音】 ge mu fan gang
　【核心词】
【定义】
　　铬钼钒钢是铬(Cr)、钼(Mo)、钒(V)及铁(Fe)、碳(C)的合金。
【词条属性】
　【特征】
　【特点】 高耐磨性
　【特点】 高抗压强度
　【特点】 高耐腐蚀性
　【特点】 具有抗氧化性
　【特点】 具有热强性
【词条关系】
　【层次关系】
　【材料-组织】 上贝氏体组织
　【材料-组织】 贝氏体
　【概念-实例】 ELMAX
　【概念-实例】 21CrVMoW12
　【概念-实例】 H08CrMoV
　【概念-实例】 12Cr1MoV
　【构成成分】 铬、钼、钒、碳、铁、硅、锰、磷、硫、钛
【应用关系】
　【用于】 电子零件
　【用于】 刀具
　【用于】 阀门

【用于】　发电厂
　　【用于】　过热器
【生产关系】
　　【材料-工艺】　正火+回火
　　【材料-工艺】　退火+正火+回火

◎铬钼钢
【基本信息】
　　【英文名】　Cr-Mo steel；Chromium-molybdenum steel
　　【拼音】　ge mu gang
　　【核心词】
【定义】
　　铬钼钢是铬（Cr）、钼（Mo）及铁（Fe）、碳（C）的合金。
【分类信息】
　　【IPC类目】
　　（1）F28D7/12　外管一端封闭的，即返回式的（7/14优先）
　　（2）F28D7/12　涂橡胶层；涂塑性材料的；涂漆的
　　（3）F28D7/12　金属的
【词条属性】
　　【特征】
　　　【特点】　淬火性好
　　　【特点】　可进行深度淬火
　　　【特点】　对回火脆性倾向少
　　　【特点】　高温加工性好
　　　【特点】　加工后美观
　　　【特点】　熔接性好
　　　【特点】　冲击的吸收性能好
　　　【特点】　具有热强性能
　　　【特点】　具有高温抗氧化性
　　　【特点】　具有耐腐蚀性能
【词条关系】
　　【层次关系】
　　　【概念-实例】　42CrMo
　　　【概念-实例】　15CrMo
　　　【概念-实例】　30CrMo 钢
　　　【概念-实例】　35CrMo 钢棒
　　　【概念-实例】　15CrMo 钢
　　　【概念-实例】　12Cr2Mo1 钢
　　　【概念-实例】　1Cr5Mo 钢
　　【构成成分】　铬、钼、铁、碳、钒、硅、硼
　　【类属】　低合金耐热钢
【应用关系】
　　【用于】　耐高压的阀门
　　【用于】　铬钼钢安全阀
　　【用于】　铬钼钢闸阀
　　【用于】　螺丝刀刀头
　　【用于】　自行车
　　【用于】　压力容器

◎铬镍钼钢
【基本信息】
　　【英文名】　Cr-Ni-Mo steel；chrome-nickel-molybdenum steel
　　【拼音】　ge nie mu gang
　　【核心词】
【定义】
　　除了铬和镍外，还含有0.15%～0.30%钼或0.80%～1.20%钨的合金。
　　【来源】　《金属材料简明辞典》
【词条属性】
　　【特征】
　　　【数值】　钼含量0.15%～0.30%
　　　【数值】　钨含量0.80%～1.20%
　　　【特点】　具有良好的机械性能
　　　【特点】　具有良好的淬透性
　　【力学性能】
　　　【屈服强度】　（850～1350）MPa
　　　【延伸率】　7%～12%
【词条关系】
　　【等同关系】
　　　【基本等同】　镍铬钼钢
　　【层次关系】
　　　【概念-实例】　45CrNiMo
　　　【概念-实例】　40CrNiMo

【概念-实例】 25Cr2Ni4W
【概念-实例】 18Cr2Ni4W
【概念-实例】 43440 镍铬钼钢
【概念-实例】 SNCM625 镍铬钼钢
【构成成分】 碳、铁、镍、铬、钼、硅、锰
【类属】 合金结构钢
【应用关系】
【用于】 航空发动机
【用于】 高速柴油机
【用于】 机械零件
【用于】 弹性零件
【用于】 齿轮钢

◎铬铁
【基本信息】
【英文名】 chromium iron;ferrochrome
【拼音】 ge tie
【核心词】
【定义】
(1)含铬量在 45.0%~95.0% 范围内的铁和铬的合金。
【来源】 《铁合金辞典》
(2)一种含铬的铁合金。
【来源】 《金属材料简明辞典》
【分类信息】
【CLC 类目】
TQ136.1 铬副族(ⅥB族)元素的无机化合物
【IPC 类目】
(1) C22C33/04 用熔炼法〔2〕
(2) C22C33/04 含铬的〔2〕
(3) C22C33/04 其他机械或发动机
(4) C22C33/04 脱氧,如镇静钢〔2〕
【词条属性】
【特征】
【数值】 高碳铬铁包括装料级铬铁(C含量≤10%)
【数值】 中碳铬铁(C含量≤4.0%)
【数值】 低碳铬铁(C含量≤0.5%)
【数值】 微碳铬铁(C含量≤0.15%)
【数值】 铬铁矿一般要求含 Cr_2O_3 40%~50%
【数值】 铬与铁比值大于 2.8
【状况】
【应用场景】 冶炼铬钢和镍铬钢的合金元素加入剂
【应用场景】 冶炼铬钢的脱氧剂
【词条关系】
【层次关系】
【概念-实例】 FeCr50C8.0
【概念-实例】 FeCr69C1.0
【概念-实例】 FeCr69C0.25
【概念-实例】 FeCr60C0.10
【构成成分】 硅铬合金、铬铁矿、石灰
【类分】 高碳铬铁
【类分】 中碳铬铁
【类分】 低碳铬铁
【类分】 微碳铬铁
【类分】 硅铬合金
【类分】 氮化铬铁
【类属】 铁合金
【应用关系】
【用于】 冶金产业
【用于】 化学产业
【用于】 耐火材料
【用于】 催化剂
【用于】 触媒剂
【生产关系】
【材料-工艺】 吹氧法精炼
【材料-工艺】 真空固态脱碳法精炼
【材料-工艺】 炉外精炼
【材料-工艺】 电硅热法

◎工具钢
【基本信息】
【英文名】 tool steel
【拼音】 gong ju gang
【核心词】

【定义】
　　(1)制造刀具、量具和模具的碳素钢和合金钢的总称。
　　【来源】《中国百科大辞典》
　　(2)用于制造各种切削刀具,冷、热变形模具,量具和其他工具的钢,统称为工具钢。
　　【来源】《机械加工工艺辞典》
【分类信息】
　【IPC 类目】
　　(1) C22C38/60　含铅、硒、碲或锑或含大于0.04%(质量分数)的硫〔2〕
　　(2) C22C38/60　含钒的〔2〕
　　(3) C22C38/60　明确限定的烃类(石油馏分入101/02)〔4〕
　　(4) C22C38/60　用粉末冶金法(金属粉末制造入 B22F)
　　(5) C22C38/60　用于金属管轧机的心轴,如组17/00中所列方法中用的心轴;其适用的附件或辅助装置
【词条属性】
　【特征】
　　【数值】　碳素工具钢的碳质量分数较高,在0.65%～1.35%
　　【特点】　硬度高,耐磨性好
　　【特点】　在高温下能保持高硬度
　　【特点】　高温下能保持高红硬性
　　【特点】　适当的韧性
　　【特点】　合金工具钢的淬硬性、淬透性、耐磨性和韧性均比碳素工具钢高
　　【特点】　具有一定的强度和韧性
　　【特点】　良好热疲劳性
　　【特点】　良好耐磨腐蚀性能
　　【特点】　良好高温力学性能
　　【特点】　具有良好的磨削性
　　【特点】　具有良好的热压力加工性能和机械加工性能
　　【特点】　脱碳敏感性低
　　【特点】　变形和开裂倾向小
【词条关系】

【等同关系】
　【学名是】　高碳钢
【层次关系】
　【材料-组织】　索氏体
　【概念-实例】　T8
　【概念-实例】　W18Cr4V
　【概念-实例】　Cr12
　【概念-实例】　Cr12MoV
　【概念-实例】　9Mn2V
　【概念-实例】　Cr6WV
　【概念-实例】　8Cr8Mo2V2Si
　【概念-实例】　5CrMnMo
　【类分】　碳素工具钢
　【类分】　合金工具钢
　【类分】　高速工具钢
　【类分】　模具钢
　【类属】　钢铁材料
【应用关系】
　【材料-部件成品】　切削工具
　【材料-部件成品】　模具
　【材料-部件成品】　耐磨工具
　【材料-部件成品】　量具
　【材料-部件成品】　带钢
　【使用】　冷挤压
　【使用】　空冷
　【使用】　化学热处理
　【使用】　钢丝
　【使用】　真空炉
　【使用】　氮化钒
　【使用】　脱碳层
　【使用】　莱氏体钢
　【使用】　渗碳层
【生产关系】
　【材料-工艺】　正火
　【材料-工艺】　锻造
　【材料-工艺】　淬火
　【材料-工艺】　回火
　【材料-工艺】　热锻
　【材料-工艺】　软化退火

【材料-工艺】 脱硫
【材料-工艺】 脱磷
【材料-工艺】 渗硫
【材料-原料】 钢锭

◎ 工业纯铁
【基本信息】
　　【英文名】　armco iron;ingot iron
　　【拼音】　gong ye chun tie
　　【核心词】
【定义】
　　(1)工业上一般应用的具有一定纯度(通常为99.8%～99.9%)的铁。
　　【来源】《中国百科大辞典》
　　(2)含碳低于0.04%的铁碳合金,含铁约99.9%,故有人把它称作无碳钢或极软钢,实际上是一种低碳钢。
　　【来源】《铁合金辞典》
　　(3)工业生产的含碳量小于0.04%、含铁量99.50%～99.90%的纯铁。
　　【来源】《金属功能材料词典》
【分类信息】
　　【IPC类目】
　　(1) F01　一般机器或发动机;一般的发动机装置;蒸汽机
　　(2) F01　锌基合金〔2〕
　　(3) F01　和ⅢA族元素,如$Nd_2Fe_{14}B$〔6〕
　　(4) F01　熔融态覆层材料喷镀法,如火焰喷镀法,等离子喷镀法或放电喷镀法的镀覆(喷枪入B05B;通过金属的热喷镀制备含纤维或丝的合金入C22C47/16;等离子枪入H05H)〔4〕
　　(5) F01　使用母(中间)合金〔2〕
【词条属性】
　　【特征】
　　【缺点】　生产成本很高
　　【数值】　杂质总含量小于0.2%
　　【数值】　含碳量0.02%～0.04%
　　【数值】　纯度可达99.8%～99.9%
　　【数值】　在860～1050 ℃有热脆性
　　【特点】　强度、硬度、弹性系数均比电解铁高
　　【特点】　塑性较低
　　【特点】　氧化期长
　　【特点】　质地特别软
　　【特点】　韧性特别大
　　【特点】　电磁性能很好
　　【特点】　力学性能不受热处理的影响
【词条关系】
　　【等同关系】
　　【基本等同】　锭铁
　　【俗称为】　赤铁
　　【层次关系】
　　【实例-概念】　精密合金
　　【应用关系】
　　【用于】　建筑工程
　　【用于】　制造防锈材料
　　【用于】　镀锌板
　　【用于】　镀锡板
　　【用于】　电磁铁芯
　　【生产关系】
　　【材料-工艺】　电弧炉加炉外真空脱碳
　　【材料-工艺】　氧气转炉加炉外真空脱碳
　　【原料-材料】　精密合金
　　【原料-材料】　高温合金
　　【原料-材料】　超低碳不锈钢
　　【原料-材料】　电热合金
　　【原料-材料】　软磁材料

◎ 工艺参数
【基本信息】
　　【英文名】　process parameters
　　【拼音】　gong yi can shu
　　【核心词】
【定义】
　　(1)为了达到预期的技术指标,工艺过程中所需选用或控制的有关量。
　　【来源】《机械加工工艺辞典》

(2)指在完成某项工作的工艺的一系列基础数据或者指标，也就是说这些基础参数构成了工艺操作或者设计的内容。
【分类信息】
　【CLC类目】
　　(1) TF124　粉末成型、烧结及后处理
　　(2) TF124　特种结构材料
　　(3) TF124　激光焊
　　(4) TF124　一般性问题
　　(5) TF124　制油工艺
　【IPC类目】
　　(1) C09H1/00　为制胶用的含胶原料的预处理
　　(2) C09H1/00　用喷丸硬化或其他类似的方法
　　(3) C09H1/00　覆层中临时形成液相的〔4〕
　　(4) C09H1/00　专门适用于金属轧机或其加工产品的控制设备或方法（专用于金属轧机的方法或设备38/00）
　　(5) C09H1/00　浮抛槽上气氛的组成；槽上气氛的处理或提纯〔3〕
【词条属性】
　【特征】
　　【特点】　工艺验证的一个很重要的部分
　　【特点】　确定预期会在生产和工艺控制中用到的每一个关键工艺参数的参数范围
　　【特点】　工艺参数确认是工艺验证的一个很重要的部分
　　【特点】　识别关键和潜在关键工艺参数
　【因素】
　　【影响因素】　工艺设备
　　【影响因素】　工艺流程
　　【影响因素】　性能需求
【词条关系】
　【层次关系】
　　【概念-实例】　温度
　　【概念-实例】　重量
　　【概念-实例】　体积
　　【概念-实例】　时间
　　【概念-实例】　焊条直径
　　【概念-实例】　焊接层数
　　【概念-实例】　电源种类
　　【概念-实例】　极性
　　【概念-实例】　焊接电流
　　【概念-实例】　速度
　　【概念-实例】　切割参数
　　【概念-实例】　打孔参数
　　【类分】　温度
　　【类分】　数量
　　【类分】　压力
　　【类分】　pH
　　【类分】　时间
　【应用关系】
　　【用于】　热处理

◎ 工艺技术
【基本信息】
　【英文名】　process technology
　【拼音】　gong yi ji shu
　【核心词】
【定义】
　(1)为完成工艺美术品的制作和生产所运用的加工手段和方法，也包括熟练的技巧。
　【来源】《中国中学教学百科全书·体音美卷》
　(2)指工业产品的加工制造方法。
【分类信息】
　【CLC类目】
　　(1) TQ223.1　脂肪族醇
　　(2) TQ223.1　工业部门经济
　　(3) TQ223.1　皮革工业
　　(4) TQ223.1　氧化物、过氧化物
　【IPC类目】
　　(1) C05B1/02　过磷酸钙
　　(2) C05B1/02　含尿素或尿素化合物的肥料
　　(3) C05B1/02　自氯化钾或硫酸钾或其

复盐或混合盐制取的

　　（4）C05B1/02　分属于 C05 大类下各小类中肥料的混合物
【词条属性】
　【特征】
　　【特点】　决定产品的产量、质量和产品的经济效益
　【因素】
　　【影响因素】　当地资源
　　【影响因素】　能源
　　【影响因素】　环境条件
　　【影响因素】　产业政策
【词条关系】
　【层次关系】
　　【类分】　原料配方
　　【类分】　工艺路线
　　【类分】　工艺流程
　　【类分】　工艺流程图
　　【类分】　工艺步骤
　　【类分】　工艺指标
　　【类分】　操作要点
　　【类分】　工艺控制
　【应用关系】
　　【使用】　机械设备
　　【用于】　煤层气排采
　　【用于】　制备金属
　　【用于】　水平井压
　　【用于】　钢材铸造
　　【用于】　钢材锻造

◎ 工艺流程
【基本信息】
　【英文名】　technical process
　【拼音】　gong yi liu cheng
　【核心词】
　【定义】　从原料投入到成品产出，顺序连续地通过设备或管道进行的加工过程。
　【来源】　《投资大辞典》

【分类信息】
　【CLC 类目】
　　（1）TD94　选煤
　　（2）TD94　设备及仪表制造工艺
　　（3）TD94　重力选矿机
　　（4）TD94　炼钢机械与生产自动化
　　（5）TD94　炼油工艺过程
　【IPC 类目】
　　（1）C02F9/02　包括分离步骤[7]
　　（2）C02F9/02　至少有一个生物处理步骤[7]
　　（3）C02F9/02　用直接发酵法
　　（4）C02F9/02　悬浮杂质的絮凝或沉淀[3]
　　（5）C02F9/02　好氧和厌氧工艺[3]
【词条属性】
　【特征】
　　【特点】　流程的合理性
　　【特点】　经济性
　　【特点】　可操作性
　　【特点】　可控制
　　【特点】　能满足产品的质量和数量指标
　　【特点】　符合环保要求
【词条关系】
　【等同关系】
　　【基本等同】　加工流程
　　【基本等同】　生产流程
　　【缩略为】　流程
　【层次关系】
　　【构成成分】　输入资源、活动、活动的相互作用（即结构）、输出结果、顾客、价值
　　【类属】　工艺技术
　　【组成部件】　流程设计
　　【组成部件】　流程管理

◎ 工艺性能
【基本信息】
　【英文名】　processing property
　【拼音】　gong yi xing neng

【核心词】
【定义】
（1）对材料使用某种加工方法或过程，以获得优质制品的可能性或难易程度。
【来源】《军事大辞海·上》
（2）材料适应实际生产工艺要求的能力。
【分类信息】
【CLC 类目】
（1）TQ174 陶瓷工业
（2）TQ174 废水的处理与利用
（3）TQ174 非金属矿产
（4）TQ174 脱硫与固硫
【IPC 类目】
（1）C22B21/00 铝的提炼
（2）C22B21/00 旋转活塞式机器或发动机(有配合元件非平行的轴入 3/00；工作室壁至少有局部弹性变形的入 5/00；有流体环或类似物的入 7/00；旋转活塞式机器或发动机，在其中工作流体全部被一个或几个往复式活塞移动，或工作流体只用来推动该往复式活塞的入 F01B13/00)
（3）C22B21/00 用精炼剂或助熔剂；为此采用的材料(9/18 优先)〔3〕
（4）C22B21/00 特殊性能玻璃的组成〔4〕
（5）C22B21/00 含锌〔4〕
【词条属性】
【因素】
【影响因素】 物理因素
【影响因素】 化学因素
【影响因素】 力学因素
【词条关系】
【等同关系】
【基本等同】 加工性能
【层次关系】
【概念-实例】 强度
【概念-实例】 抗拉强度
【概念-实例】 延伸率
【概念-实例】 收缩性
【概念-实例】 顶气段性能
【概念-实例】 冷弯性能
【概念-实例】 冲压性能
【概念-实例】 流动性
【概念-实例】 偏西倾向
【类分】 铸造性能
【类分】 锻造性能
【类分】 焊接性能
【类分】 成型性能
【类分】 冲切性能
【类分】 顶锻性能
【类分】 冷弯性能
【类分】 热处理工艺性能
【类分】 可锻性
【类分】 切削加工性
【类分】 冲压性能
【应用关系】
【使用】 模拟实验的方法

◎ 工字钢

【基本信息】
【英文名】 i-bar；i-beam
【拼音】 gong zi gang
【核心词】
【定义】
（1）工字形断面的钢材。其规格以高×腿厚×腰厚表示，也可用号数表示规格的主要尺寸。
【来源】《铁合金辞典》
（2）工字钢是指其断面形状为工字形的钢材，工字钢又叫钢梁，其规格用高度表示。
【来源】《实用轧钢技术手册》
【分类信息】
【IPC 类目】
（1）F24J3/08 利用地热(利用地热产生机械动力的装置入 F03G4/00)〔4,5〕
（2）F24J3/08 有钢筋的〔4〕
（3）F24J3/08 仅在转子内发生压力/速度转化

（4）F24J3/08　定位用设备或产品的其他支架（其头部入 11/02；用于插入地下的入 A45F3/44）；手持器械或产品的稳定方法
　　（5）F24J3/08　有横轴的曝气器〔3〕
【词条属性】
　【状况】
　　【应用场景】　建筑工程上用作屋架结构
　　【应用场景】　金属梁的主要材料
　　【应用场景】　桥梁工程上
【词条关系】
　【等同关系】
　　【俗称为】　钢梁
　【层次关系】
　　【概念-实例】　低合金工字钢
　　【概念-实例】　Q345H 型工字钢
　　【概念-实例】　Q345 工字钢
　　【概念-实例】　Q345B 工字钢
　　【类分】　普通工字钢
　　【类分】　轻型工字钢
　　【类分】　H 型钢
　　【类属】　型钢
　【应用关系】
　　【使用】　低碳钢
　【生产关系】
　　【材料-工艺】　轧制

◎ **共晶合金**
【基本信息】
　【英文名】　eutectic alloy
　【拼音】　gong jing he jin
　【核心词】
【定义】
　　从一定成分的液体合金，在一定温度下，同时结晶出两种晶体（形成机械混合物），这一转变称为共晶转变，这一成分称为共晶合金，进行共晶转变的温度称为共晶温度。
　【来源】　《机械加工工艺辞典》
【分类信息】
　【IPC 类目】

　　（1）B32B15/00　实质上由金属组成的层状产品
　　（2）B32B15/00　金属〔4〕
　　（3）B32B15/00　与金属制品黏接
【词条属性】
　【特征】
　　【特点】　有固定的熔点
　　【特点】　具有良好的铸造性能
　　【特点】　熔点低
　　【特点】　没有先共晶相
　　【特点】　存在结晶温度间隔
　　【特点】　具有一定的力学性能
　【状况】
　　【应用场景】　机械工业
　【因素】
　　【影响因素】　冷却速度
　　【影响因素】　加热温度
　　【影响因素】　液体金属振动
　　【影响因素】　冷却分凝
【词条关系】
　【层次关系】
　　【材料-组织】　$\alpha+\beta$ 两相混合组织
　　【概念-实例】　Au-20Sn 共晶合金
　　【概念-实例】　金锡共晶合金
　　【概念-实例】　硅铝共晶合金
　　【概念-实例】　Ni-Sn 共晶合金
　　【概念-实例】　Al-Cu-Si 共晶合金
　　【概念-实例】　钛硅共晶合金
　　【概念-实例】　铅铋共晶合金
　　【概念-实例】　铝铜共晶合金
　　【概念-实例】　Fe-B 共晶合金
　　【概念-实例】　Ag-Cu 共晶合金
　　【概念-实例】　硅铝明
　　【概念-实例】　共晶白口铁
　　【构成成分】　镍、锡、铝、硅、镁、铬、钼、银、金
　【生产关系】
　　【材料-工艺】　定向凝固

◎共晶碳化物

【基本信息】
　【英文名】　eutectic carbide
　【拼音】　gong jing tan hua wu
　【核心词】
【定义】
　　白口铸铁发生共晶转变得到的共晶莱氏体组织中的碳化物。
【分类信息】
　【CLC 类目】
　　TB331　金属复合材料
　【IPC 类目】
　　（1）C22C37/06　含铬的〔2〕
　　（2）C22C37/06　含铝或硅的
　　（3）C22C37/06　白口铸铁的
　　（4）C22C37/06　滚珠
　　（5）C22C37/06　材料的选择
【词条属性】
　【特征】
　　【特点】　很高的脆性
　　【特点】　过烧敏感性
　　【特点】　脆性相
　　【特点】　变形能力极低
　　【特点】　降低了钢的塑性
　　【特点】　网状分布
　　【特点】　团球状分布
　　【特点】　堆集带状
　　【特点】　呈鱼骨状
　【因素】
　　【影响因素】　合金元素
　　【影响因素】　电渣重熔
【词条关系】
　【等同关系】
　　【基本等同】　莱氏体碳化物
　【层次关系】
　　【类分】　M_2C 共晶碳化物
　　【类分】　一次共晶碳化物
　　【类分】　二次共晶碳化物
　　【类属】　渗碳体
　　【类属】　碳化物
　　【组织-材料】　白口铸铁
　　【组织-材料】　高速钢
　　【组织-材料】　Cr12 钢
　　【组织-材料】　M2 高速钢
　　【组织-材料】　模具钢
　　【组织-材料】　钨系高速钢
　　【组织-材料】　变质莱氏体钢
【应用关系】
　　【使用】　金相检验
【生产关系】
　　【材料-工艺】　高温扩散退火
　　【材料-工艺】　压力加工

◎共析钢

【基本信息】
　【英文名】　eutectoid steel
　【拼音】　gong xi gang
　【核心词】
【定义】
　　（1）含碳量为共析成分的碳素钢和合金钢的总称。
　【来源】《中国百科大辞典》
　　（2）具有共析成分即碳量为 0.77%，在 Fe—C 相图上为 S 点的钢。
　【来源】《现代材料科学与工程辞典》
　　（3）含碳量为 0.80% 的碳钢。
　【来源】《铁合金辞典》
　　（4）铁碳相图上的 S 点，就是铁素体与渗碳体的共析点。
　【来源】《实用轧钢技术手册》
【分类信息】
　【IPC 类目】
　　C22C38/04　含锰的〔2〕
【词条属性】
　【特征】
　　【数值】　碳的含量为 0.77%
　　【数值】　合金中渗碳体（碳化铁）约占 12%

【数值】 铁素体约占88%
【特点】 发生相变时,如果消失,渗碳体和铁素体同时消失
【特点】 冷却速度大,珠光体片层间距减小,有利于强度和硬的提高
【特点】 合金中渗碳体(碳化铁)约占12%
【特点】 合金中铁素体约占88%
【词条关系】
【层次关系】
　【并列】 亚共析钢
　【并列】 过共析钢
　【并列】 珠光体钢
　【并列】 贝氏体钢
　【并列】 奥氏体钢
　【材料-组织】 珠光体
　【概念-实例】 T8钢
　【构成成分】 碳、磷、铬、镍、铜、硅、锰
　【类分】 共析碳素钢
　【类分】 共析合金钢
　【类属】 碳素钢
　【类属】 碳素结构钢
　【类属】 碳素工具钢
【应用关系】
　【使用】 等温退火
【生产关系】
　【材料-工艺】 球化退火

◎钴合金
【基本信息】
　【英文名】 cobalt alloy
　【拼音】 gu he jin
　【核心词】
【定义】
　以钴为基加入其他元素组成的合金。
【来源】 《军事大辞海·下》
【分类信息】
　【CLC类目】
　　(1) TQ153.2 合金的电镀

(2) TQ153.2 单一金属的电镀
(3) TQ153.2 特种电磁性质合金
(4) TQ153.2 特种热性质合金
(5) TQ153.2 电镀工业
【IPC类目】
(1) B22D11/057 铸模的制造或校准〔7〕
(2) B22D11/057 铸模材料或板料〔7〕
(3) B22D11/057 合金的〔2〕
(4) B22D11/057 以施镀制品为特征的电镀〔2〕
(5) B22D11/057 未列入3/04至3/50各组之金属的〔2〕
【词条属性】
【特征】
　【特点】 抗弯强度高
　【特点】 抗压强度高
　【特点】 冲击韧性好
　【特点】 弹性模量高
　【特点】 热膨胀系数小
　【特点】 抗热疲劳性能
　【特点】 钴是具有光泽的钢灰色金属
　【特点】 钴是铁磁性的
【状况】
　【前景】 超微Ni-Co合金粉
【词条关系】
【层次关系】
　【概念-实例】 铝镍钴合金
　【概念-实例】 铜钴合金
　【概念-实例】 铬钴合金
　【概念-实例】 钨铬钴合金
　【概念-实例】 铁钴合金
　【概念-实例】 钛钴合金
　【类分】 钴基高温合金
　【类分】 稀土钴硬磁合金
　【类分】 变形合金
　【类分】 铸造合金
　【类分】 1~5型合金
　【类分】 2~17型合金
　【类属】 硬质合金

【应用关系】
　　【材料-部件成品】　喷气发动机
　　【材料-部件成品】　精密直流电机
　　【材料-部件成品】　燃气轮机
　　【材料-部件成品】　家用电器
　　【材料-部件成品】　磁轴承
　　【材料-部件成品】　打印机
　　【材料-部件成品】　医疗器械
　　【材料-部件成品】　耐热部件
　　【用于】　电子
　　【用于】　催化剂

◎钴基高温合金
【基本信息】
　　【英文名】　cobalt-base superalloy
　　【拼音】　gu ji gao wen he jin
　　【核心词】
【定义】
　　含有40%～65%钴的奥氏体高温合金。
【来源】　《金属材料简明辞典》
【分类信息】
　　【CLC类目】
　　TG132.3　特种热性质合金
　　【IPC类目】
　　C22C19/07　钴基合金〔2〕
【词条属性】
　　【特征】
　　【缺点】　抗氧化能力比镍基合金低得多
　　【缺点】　有些钴基高温合金中会出现的拓扑密排相，使合金变脆
　　【数值】　含钴量40%～65%
　　【特点】　在730～1100℃条件下具有一定的高温强度
　　【特点】　缺少共格的强化相
　　【特点】　中温强度低
　　【特点】　碳化物的热稳定性较好
　　【优点】　良好的抗热腐蚀性和抗氧化性能
　　【状况】

　　【现状】　世界上大多数国家缺钴，以致钴基合金的发展受到限制
　　【时间】
　　【起始时间】　20世纪30年代末期
【词条关系】
　　【层次关系】
　　【概念-实例】　Hayness188
　　【概念-实例】　Haynes25（L-605）
　　【概念-实例】　Alloy S-816
　　【概念-实例】　UMCo-50
　　【概念-实例】　MP-159
　　【概念-实例】　FSX-414
　　【概念-实例】　X-40
　　【概念-实例】　GH5188（GH188）
　　【概念-实例】　GH159
　　【构成成分】　铬、钨、钼、铌、钽、钛、镧、钴
　　【类属】　钴合金
　　【类属】　高温合金
　　【应用关系】
　　【材料-部件成品】　导向叶片
　　【材料-部件成品】　喷嘴导叶
　　【材料-部件成品】　焊丝
　　【材料-部件成品】　铸锻件
　　【材料-部件成品】　粉末冶金件
　　【用于】　航空喷气发动机
　　【用于】　工业燃气轮机
　　【用于】　舰船燃气轮机
　　【用于】　柴油机
　　【生产关系】
　　【材料-工艺】　真空冶炼
　　【材料-工艺】　真空铸造

◎固溶处理
【基本信息】
　　【英文名】　solution treatment
　　【拼音】　gu rong chu li
　　【核心词】
【定义】
　　(1)将合金加热到适当温度，保温足够长

的时间,使可溶相溶入固溶体基体中,然后快速冷却至室温的金属热处理工艺。

【来源】 《中国冶金百科全书·金属材料》

(2)使合金得到室温下处于亚稳定过饱和固溶状态组织的热处理工艺。

【来源】 《中国冶金百科全书·金属塑性加工》

(3)将合金加热至单相区恒温停留,使过剩相充分溶解到固溶体后快速冷却,以得到过饱和固溶体的金属热处理工艺。

【来源】 《现代材料科学与工程辞典》

【分类信息】

【CLC 类目】

(1) TG156.94 固溶处理、脱溶处理
(2) TG156.94 特种机械性质合金
(3) TG156.94 铜及其合金的热处理
(4) TG156.94 钢的组织与性能
(5) TG156.94 金属的性能

【IPC 类目】

(1) C22F1/043 以硅做次主要成分的合金的〔4〕
(2) C22F1/043 硅做次主要成分的〔2〕
(3) C22F1/043 镁或镁基合金
(4) C22F1/043 铜或铜基合金
(5) C22F1/043 铝或铝基合金

【词条属性】

【特征】

【特点】 强化固溶体
【特点】 韧性提高
【特点】 抗蚀性能
【特点】 消除应力与软化
【特点】 使合金便于继续加工或成型
【特点】 加热至高温单相区
【特点】 最终得到过饱和固溶体
【特点】 改善钢和合金的塑性和韧性
【特点】 使合金中各相充分溶解
【特点】 软化处理

【词条关系】

【层次关系】

【概念-实例】 渗氮
【概念-实例】 渗碳
【实例-概念】 固溶强化
【组成部件】 固溶处理温度
【组成部件】 固溶处理时间
【组成部件】 冷却方式

【应用关系】

【用于】 热处理后须要再加工的零件
【用于】 消除成型工序间的冷作硬化
【用于】 焊接后工件

【生产关系】

【工艺-材料】 冷拉棒
【工艺-材料】 恒弹性合金
【工艺-材料】 特殊钢
【工艺-材料】 高温合金
【工艺-材料】 特殊性能合金
【工艺-材料】 沉淀硬化不锈钢
【工艺-材料】 奥氏体不锈钢
【工艺-材料】 超高强度钢
【工艺-材料】 镍基高温合金
【工艺-材料】 无磁钢
【工艺-设备工具】 箱式炉
【工艺-设备工具】 盐浴炉

◎ 固溶强化

【基本信息】

【英文名】 solution strengthening;solution hardening

【拼音】 gu rong qiang hua

【核心词】

【定义】

(1)在合金中当溶质原子以固溶形式溶入基体中,使合金发生强化,称为固溶强化。

【来源】 《固体物理学大辞典》

(2)固溶体的强度高于纯组元的现象。

【来源】 《现代材料科学与工程辞典》

(3)采用添加溶质元素使固溶体强度升高的现象称为固溶强化。

【来源】 《实用轧钢技术手册》

【分类信息】
　【CLC类目】
　　（1）TG132.3　特种热性质合金
　　（2）TG132.3　粉末成型、烧结及后处理
　　（3）TG132.3　特种机械性质合金
　　（4）TG132.3　金属表面防护技术
　　（5）TG132.3　合金学与各种性质合金
　【IPC类目】
　　（1）H01J　电子管或放电灯
　　（2）H01J　按成分区分的合金〔5,6〕
　　（3）H01J　铝做次主要成分的〔2〕
　　（4）H01J　含铝或硅的
　　（5）H01J　金属连续铸造,即长度不限的铸造（金属拉拔、金属挤压入B21C）
【词条属性】
　【特征】
　　【特点】　利用晶格畸变实现强化
　　【特点】　位错运动的阻力增大
　　【特点】　合金固溶体的强度与硬度增加
　　【特点】　韧性和塑性有所下降
　　【特点】　溶质原子的原子分数越高,强化作用也越大
　　【特点】　溶质原子与基体金属的原子尺寸相差越大,强化作用也越大
　　【特点】　间隙型溶质原子比置换原子具有较大的固溶强化效果
　　【特点】　溶质原子与基体金属的价电子数目相差越大,固溶强化效果越明显
　　【特点】　加入的合金元素越多,强化效果越大
　　【特点】　溶质对位错的钉扎
　　【特点】　溶质与位错的化学交互作用
　　【特点】　溶质与位错的电交互作用
　　【特点】　周围溶质的应力场对位错滑动的阻碍作用
　【因素】
　　【影响因素】　相对原子尺寸大小
　　【影响因素】　相对原子价
　　【影响因素】　溶质和溶剂间某些化学和物理差别
　　【影响因素】　溶质种类
　　【影响因素】　固溶体浓度
　　【影响因素】　溶剂和溶质原子尺寸差
　　【影响因素】　电子浓度
　　【影响因素】　溶质原子的强化效应
　　【影响因素】　弹性性质
　　【影响因素】　电学性质
【词条关系】
　【等同关系】
　　【基本等同】　零维强化
　【层次关系】
　　【并列】　形变强化
　　【并列】　沉淀硬化
　　【并列】　沉淀强化
　　【概念-实例】　马氏体强化
　　【概念-实例】　固溶处理
　　【类分】　间隙固溶强化
　　【类分】　置换固溶强化
　　【类分】　均匀强化
　　【类分】　非均匀强化
　　【实例-概念】　强韧化
　【应用关系】
　　【使用】　位错

◎ 固溶体

【基本信息】
　【英文名】　solid solution
　【拼音】　gu rong ti
　【核心词】
【定义】
　（1）几乎所有的金属和中间相在固态状态下可以或多或少地容纳其他合金元素（即溶质）,而不改变它（溶剂）原来的晶体结构类型。一般称这种固态下的溶体为固溶体。
　【来源】《固体物理学大辞典》
　（2）一种由基体金属（溶剂）在固态下溶有其他元素（溶质）原子组成的相,是金属组织中的一种重要组成相。它具有基体金属的晶格,

但发生了畸变。
【来源】《金属材料简明辞典》
（3）又称"固态溶液"。固溶体是一种物质的质点（原子、分子或离子）均匀地分布于另一物质所形成的固态溶液。
【来源】《铁合金辞典》
（4）溶质原子完全溶解于固态金属溶剂中形成的合金相。
【来源】《现代材料科学与工程辞典》
【分类信息】
【CLC类目】
（1）TG111.3 金属热力学
（2）TG111.3 矿井瓦斯
（3）TG111.3 化学热力学、热化学、热力学平衡
（4）TG111.3 加工性试验法
（5）TG111.3 X射线晶体学
【IPC类目】
（1）H01B3/12 陶瓷
（2）H01B3/12 以碳化物、氧化物、硼化物、氮化物或硅化物（如金属陶瓷）或其他金属化合物（如氮氧化合物、硫化物）为基的合金〔4〕
（3）H01B3/12 锂铝硅酸盐，如锂辉石、锂霞石〔4〕
（4）H01B3/12 含二价金属氧化物〔4〕
（5）H01B3/12 微晶玻璃陶瓷，即结晶相分散于玻璃相中，并至少为总组成的50%（质量分数）的微晶玻璃〔4〕
【词条属性】
【特征】
【特点】 不改变晶体的结构
【特点】 不改变晶体的对称性
【特点】 溶质原子溶入溶剂晶格
【特点】 保持溶剂类型
【特点】 具有较好的综合力学性能
【特点】 固溶强化
【特点】 固溶体的电性能随着杂质（溶质）浓度而变化
【特点】 强度高
【特点】 硬度高
【特点】 塑性好
【特点】 韧性高
【特点】 溶质和溶剂原子占据一个共同的晶体点阵
【特点】 有一定的成分范围
【特点】 具有比较明显的金属特性
【特点】 固溶体的微观不均匀性
【词条关系】
【层次关系】
【概念-实例】 超结构
【概念-实例】 马氏体
【概念-实例】 储氢合金
【概念-实例】 铁素体
【概念-实例】 奥氏体
【类分】 置换固溶体
【类分】 间隙固溶体
【类分】 有限固溶体
【类分】 无限固溶体
【类分】 无序固溶体
【类分】 有序固溶体
【类分】 一次固溶体
【类分】 二次固溶体
【类属】 相结构
【应用关系】
【用于】 高温耐火材料
【用于】 压电陶瓷
【用于】 透明陶瓷
【用于】 人造宝石
【用于】 超导材料

◎ 管材
【基本信息】
【英文名】 pipe
【拼音】 guan cai
【核心词】
【定义】
　　具有空芯截面而且长度远大于外径（或边

长)的一种金属材料。截面通常为圆形,也可为扁形、方形或异形。

【来源】 《金属材料简明辞典》
【分类信息】
　【CLC 类目】
　　(1) TG394　高压液体成型
　　(2) TG394　塑性冷冲
　　(3) TG394　造船用材料
　　(4) TG394　工业部门经济
　　(5) TG394　非金属复合材料
　【IPC 类目】
　　(1) F16L9/12　有加固或不加固的塑料的 (9/16 至 9/22 优先)
　　(2) F16L9/12　带由管端或在管端内形成管套或管座的〔2〕
　　(3) F16L9/12　仅包含有或没有加强的金属层和塑料层的〔6〕
　　(4) F16L9/12　焊接连接;黏结连接
　　(5) F16L9/12　生产管状物品(24/00 优先)〔4〕
【词条属性】
　【特征】
　　【缺点】　施工技术要求较高
　　【数值】　使用年限可以长达 50 年
　　【特点】　具有足够的强度
　　【特点】　耐磨性
　　【特点】　冲击韧性
　　【特点】　足够的硬度
　　【优点】　PPR 管材价格适中
　　【优点】　耐热耐腐蚀
　　【优点】　性能稳定
　　【优点】　不结垢
　　【优点】　PVC 管材加工性能良好
　　【优点】　制造成本低
　　【优点】　耐腐蚀
【词条关系】
　【层次关系】
　　【类分】　输送流体用无缝钢管
　　【类分】　流体输送用不锈钢无缝钢管
　　【类分】　低压锅炉用无缝钢管
　　【类分】　石油裂化用无缝钢管
　　【类分】　水管
　　【类分】　异径管
　　【类分】　软管
　　【类分】　镀锌管
　　【类分】　复合管
　　【类分】　纤维管
　　【类分】　铜管
　　【类分】　UPVC 管
　　【类分】　PVC 管
　　【类分】　PPR 管
　　【类分】　钢管
　　【类分】　无缝管
　　【类分】　焊管
　　【类分】　管道用钢管
　　【类分】　热工设备用管
　　【类分】　机械工业用管
　　【类分】　石油地质钻探用管
　　【类分】　化学工业用管
　【应用关系】
　　【使用】　冷变形
　　【使用】　冷拔
　　【使用】　精轧
　　【使用】　沸腾钢
　　【使用】　形变热处理
　　【用于】　建筑工程
　　【用于】　化工厂
　　【用于】　电厂
　　【用于】　高压锅炉
　【生产关系】
　　【材料-工艺】　轧制
　　【材料-工艺】　挤压
　　【材料-工艺】　锻造
　　【材料-工艺】　拉拔
　　【材料-工艺】　焊接
　　【材料-原料】　方坯
　　【材料-原料】　亚共析钢

◎ 管线

【基本信息】
　【英文名】　pipeline
　【拼音】　guan xian
　【核心词】
【定义】
　　各种管道和电线、电缆等的总称。
【来源】　《汉语倒排词典》
【分类信息】
　【CLC 类目】
　　（1）TQ125.1　硫及其无机化合物
　　（2）TQ125.1　一般性问题
　【IPC 类目】
　　（1）F16L1/028　在地下（1/026 优先）〔6〕
　　（2）F16L1/028　修补管子或软管泄漏的装置，如软管修补器〔1,7〕
　　（3）F16L1/028　保护装置或观测装置（保护基础的装置入 E02D31/00；保护管子不受损坏或内外磨损入 F16L57/00；防止腐蚀或锈蚀入 F16L58/00；结构部件的流体密封性试验入 G01M3/00）〔2〕
　　（4）F16L1/028　控制装置或安全装置的配置或安装（控制阀入 F16K；只控制加热器的入 F24H9/20）〔3〕
　　（5）F16L1/028　使用废热，如从内燃机的
【词条属性】
　【特征】
　　【特点】　抗腐蚀
　　【特点】　耐低温
　　【特点】　耐寒冷天气
　　【特点】　弯头
　　【特点】　变材点
　　【特点】　变径点
　　【特点】　多通点
　　【特点】　分支点
【词条关系】
　【层次关系】
　　【类分】　连供管线
　　【类分】　弱溶剂专用管线
　　【类分】　万能墨水管线
　　【类分】　给水管
　　【类分】　排水管
　　【类分】　热力管
　　【类分】　电力线
　　【类分】　电信线路
　　【类分】　燃气管
　　【类分】　乙炔管线
　　【类分】　压缩空气管线
　　【类分】　运送酸碱管线
　【应用关系】
　　【使用】　管线探测仪
　　【用于】　传送液体
　　【用于】　传送气体
　　【用于】　传送研成粉末的固体
　　【用于】　监控信号
　　【用于】　军用通信

◎ 硅钢

【基本信息】
　【英文名】　silicon steel
　【拼音】　gui gang
　【核心词】
【定义】
　　含硅为 1.0%～4.5%、含碳量小于 0.08% 的硅合金钢叫作硅钢。
【来源】　《实用轧钢技术手册》
【分类信息】
　【CLC 类目】
　　F426　工业部门经济
　【IPC 类目】
　　（1）C21D8/12　在生产具有特殊电磁性能的产品时〔3〕
　　（2）C21D8/12　含硅的〔2〕
　　（3）C21D8/12　用于金属薄板
　　（4）C21D8/12　退火方法
　　（5）C21D8/12　用热轧方法
【词条属性】

【特征】
　【数值】　　　硅含量在0.5%~4.5%
　【数值】　　　碳量小于0.08%
　【特点】　　　钢铁产品中的工艺品
　【特点】　　　制造技术比普钢产品严格
　【特点】　　　生产工艺复杂且含量较高
　【优点】　　　良好的导磁性能
　【优点】　　　铁芯损耗低
　【优点】　　　磁感应强度高
　【优点】　　　冲片性良好
　【优点】　　　钢板表面光滑、平整
　【优点】　　　绝缘薄膜性能好
　【优点】　　　磁时效现象好
【状况】
　【前景】　　　高牌号无取向硅钢的产量增多
　【现状】　　　生产硅钢的钢厂有武钢、宝钢、首钢、太钢、鞍钢、中冶新材
　【现状】　　　我国变压器用取向硅钢发展较快
　【现状】　　　生产方法已从热轧生产转变为冷轧生产
　【现状】　　　硅钢成分的严格控制
　【现状】　　　取向硅钢的大批生产
　【应用场景】　电器中的铁芯
　【应用场景】　电工仪表
　【应用场景】　电动机
　【应用场景】　发电机
　【应用场景】　变压器
　【应用场景】　扼流圈
　【应用场景】　电磁机构
　【应用场景】　继电器
【时间】
　【起始时间】　1882年
【词条关系】
　【等同关系】
　　【基本等同】　电工钢
　【层次关系】
　　【概念-实例】　35W440
　　【概念-实例】　50W350
　　【概念-实例】　50W470
　　【概念-实例】　65W600
　　【概念-实例】　30Q120
　　【概念-实例】　HiB钢
　　【类分】　　热轧硅钢片
　　【类分】　　冷轧无取向硅钢片
　　【类分】　　冷轧取向硅钢片
　　【类分】　　高磁感冷轧取向硅钢片
　　【类分】　　50W600
　　【类属】　　合金钢
　【应用关系】
　　【材料-部件成品】　铁芯
　　【使用】　　精炼
　　【用于】　　军事工业
　　【用于】　　电力
　　【用于】　　电子
　【生产关系】
　　【材料-工艺】　冶炼
　　【材料-工艺】　真空处理
　　【材料-工艺】　连铸
　　【材料-工艺】　热轧
　　【材料-工艺】　常化
　　【材料-工艺】　酸洗
　　【材料-工艺】　冷轧
　　【材料-工艺】　退火
　　【材料-工艺】　绝缘涂层
　　【材料-工艺】　铁水预处理
　　【原料-材料】　冷轧带

◎硅锰钢

【基本信息】
　【英文名】　silico-manganese steel
　【拼音】　gui meng gang
　【核心词】
【定义】
　　一种合金结构钢，含有1.1%~1.4%的硅和1.1%~1.4%的锰。
　【来源】　《金属材料简明辞典》
【词条属性】

【特征】
　　【缺点】　回火脆性倾向和白点敏感性较大,不能渗碳
　　【缺点】　回火脆性和敏感性较大
　　【缺点】　不能渗碳
　　【数值】　含有1.1%～1.4%的硅
　　【数值】　含有1.1%～1.4%的锰
　　【特点】　具有良好的耐磨性
　　【特点】　具有良好的淬透性
　　【特点】　加热不易过热
　　【特点】　加热不易脱碳
　　【优点】　良好的耐磨性
　　【优点】　淬透性
　　【优点】　加热时不易过热和脱碳
【力学性能】
　　【屈服强度】　(750～850)MPa
　　【延伸率】　12%～15%
【词条关系】
　【层次关系】
　　【概念-实例】　42SiMn
　　【概念-实例】　35SiMn
　　【概念-实例】　31Mn2Si钢
　　【概念-实例】　55SiMnVB弹簧钢
　　【概念-实例】　Si-Mn无碳化物贝氏体钢
　　【概念-实例】　27SiMn钢
　　【概念-实例】　ZG31Mn2Si履带板
　　【概念-实例】　60Si2Mn钢
　　【类分】　低碳硅锰钢
　　【类分】　中硅锰钢
　　【类分】　中碳硅锰钢
　　【类分】　硅锰弹簧钢
　　【类分】　稀土硅锰钢
　　【类分】　低合金硅锰钢
　　【类分】　高碳硅锰钢
　　【类属】　调质钢
　　【类属】　合金结构钢
　【应用关系】
　　【用于】　拖拉履带销
　　【用于】　拖拉机履带销

　　【用于】　表面淬火零件
　【生产关系】
　　【材料-工艺】　铸造工艺
　　【材料-工艺】　轧制工艺
　　【材料-工艺】　Q-P工艺
　　【材料-工艺】　S-Q-P工艺
　　【材料-工艺】　热处理工艺
　　【材料-工艺】　淬火工艺

◎ **贵金属**
【基本信息】
　　【英文名】　noble metal;precious metal
　　【拼音】　gui jin shu
　　【核心词】
【定义】
　　(1)金、银和铂族等稀有、价值高的有色金属的统称。
　　【来源】　《军事大辞海·下》
　　(2)指金、银、铂系(钌、铑、钯、锇、铱、铂)等金属,是有色金属的一类。
　　【来源】　《中国百科大辞典》
　　(3)地壳中储藏量较少、价格较高的金属。
　　【来源】　《汉语同韵大词典》
【分类信息】
　【CLC类目】
　　(1) TF83　贵金属及铂族金属冶炼
　　(2) TF83　区域矿产、矿产分布
　　(3) TF83　特种结构材料
　　(4) TF83　极谱分析
　　(5) TF83　元素及化合物的分离方法
　【IPC类目】
　　(1) C22B11/00　贵金属的提炼
　　(2) C22B11/00　铂系金属的〔2〕
　　(3) C22B11/00　处理非矿石原材料,如废料,用以生产有色金属或其化合物
　　(4) C22B11/00　在液相中〔2,3〕
　　(5) C22B11/00　贵金属的〔2〕
【词条属性】
　【特征】

【数值】	原子配位数为12	【用于】	航天
【特点】	拥有美丽的色泽	【用于】	航空
【特点】	对化学药品的抵抗力相当大	【用于】	航海
【特点】	不易引起化学反应	【用于】	导弹
【特点】	具有独特的物理和化学性能	【用于】	火箭
【特点】	现代工业中的维生素	【用于】	微电子技术
【特点】	现代新金属	【用于】	废气净化
【特点】	具有很强的原子键	【生产关系】	
【特点】	原子间力大	【原料-材料】	电接触材料
【特点】	堆积密度大	【原料-材料】	电阻材料
【特点】	熔点高	【原料-材料】	测温材料
【特点】	金和银位于化学元素周期表中第ⅠB族	【原料-材料】	贵金属钎料
		【原料-材料】	饰品
【特点】	铂族位于化学元素周期中第ⅧB族	【原料-材料】	牙科合金
		【原料-材料】	氢气净化材料
【特点】	钌、铑、钯、银比重较小	【原料-材料】	器皿材料
【特点】	钌、铑、钯、银为轻贵金属	【原料-材料】	磁性与弹性材料
【特点】	锇、铱、铂、金比重较大	【原料-材料】	生物医学材料
【特点】	锇、铱、铂、金为重贵金属	【原料-材料】	贵金属复合材料
【词条关系】		【原料-材料】	传感器材料
【层次关系】		【原料-材料】	电子浆料
【概念-实例】	金	【原料-材料】	催化剂
【概念-实例】	银	【原料-材料】	超导材料
【概念-实例】	钌		
【概念-实例】	铑		
【概念-实例】	钯		
【概念-实例】	锇		
【概念-实例】	铱		
【概念-实例】	铂		
【类分】	黄金		
【类分】	白银		
【类分】	铂金		
【类分】	稀金		
【类属】	金属材料		
【应用关系】			
【用于】	国际储备		
【用于】	黄金、白银饰品		
【用于】	工业与高新技术产业		
【用于】	保值、增值需要		

◎过渡金属

【基本信息】
  【英文名】 transition metal
  【拼音】 guo du jin shu
  【核心词】
【定义】
  原子的电子结构为$(n-1)d^{1\sim10}ns^{0\sim2}$($n$表示主量子数,上标$1\sim10,0\sim2$分别表示d电子数为1个至10个,s电子数$0\sim2$个)类型的元素称为过渡族金属。
【来源】《固体物理学大辞典》
【分类信息】
  【CLC类目】
  (1) O643.3 催化
  (2) O643.3 硅有机化合物

(3) O643.3　煤的热解与转化
　　(4) O643.3　特种结构材料
　　(5) O643.3　镧系元素（稀土元素）
【IPC类目】
　　(1) C08F10/00　只有一个碳碳双键的不饱和脂族烃的均聚物或共聚物〔2〕
　　(2) C08F10/00　4/64组包括的组分与一种有机铝化合物〔5〕
　　(3) C08F10/00　载体〔2〕
　　(4) C08F10/00　乙烯〔2〕
　　(5) C08F10/00　钛、锆、铪或它们的化合物〔2〕
【词条属性】
　【特征】
　　【特点】　以氧化物形式存在
　　【特点】　以硫化物的形式存在
　　【特点】　某些以单质存在
　　【特点】　易失电子
　　【特点】　有变价态
　　【特点】　属于强氧化剂
　　【特点】　易形成配合物
　　【特点】　存在六方紧堆
　　【特点】　存在面心立方紧堆
　　【特点】　存在体心立方晶格
　　【特点】　金属光泽
　　【特点】　强度高
　　【特点】　延展性好
　　【特点】　密度、硬度大
　　【特点】　熔沸点高
　　【优点】　加工性能好
　【状况】
　　【应用场景】　刀具钢
　　【应用场景】　高温发动机
　　【应用场景】　玻璃
　　【应用场景】　铸币
　　【应用场景】　不锈钢
　　【应用场景】　镍镉电池
　　【应用场景】　工具枢轴
　　【应用场景】　电阻元件
　　【应用场景】　热电偶
　　【应用场景】　仪表仪器
　【时间】
　　【起始时间】　1953年发现Co
　　【起始时间】　1951年发现Ni
　　【起始时间】　1982年提出Ru
　　【起始时间】　1803年发现Pd
　　【起始时间】　1803年发现Os
　　【起始时间】　1803年发现Ir
　　【起始时间】　1748年发现Pt
【词条关系】
【层次关系】
　　【类分】　Sc-钪
　　【类分】　Ti-钛
　　【类分】　V-钒
　　【类分】　Cr-铬
　　【类分】　Mn-锰
　　【类分】　Fe-铁
　　【类分】　Co-钴
　　【类分】　Ni-镍
　　【类分】　Cu-铜
　　【类分】　Zn-锌
　　【类分】　Y-钇
　　【类分】　Zr-锆
　　【类分】　Nb-铌
　　【类分】　Mo-钼
　　【类分】　Ru-钌
　　【类分】　Tc-锝
　　【类分】　Rh-铑
　　【类分】　Pd-钯
　　【类分】　Ag-银
　　【类分】　Cd-镉
　　【类分】　Lu-镥
　　【类分】　Hf-铪
　　【类分】　Ta-钽
　　【类分】　W-钨
　　【类分】　Os-锇
　　【类分】　Re-铼
　　【类分】　Ir-铱

【类分】　Pt-铂
【类分】　Au-金
【类分】　Hg-汞
【类分】　Lr-铹
【类分】　Rf-𬬻
【类分】　Db-𬭊
【类分】　Sg-𬭳
【类分】　Bh-𬭛
【类分】　Hs-𬭶
【类分】　Mt-鿏
【类分】　Ds-𫟼
【类分】　Rg-𬬭

◎过共析钢
【基本信息】
　【英文名】　hypereutectoid steel
　【拼音】　guo gong xi gang
　【核心词】
【定义】
　　(1)含碳量超过0.77%的碳素钢。显微组织有珠光体和沿原奥氏体晶界呈网状析出的先共析渗碳体。
　【来源】　《现代材料科学与工程辞典》
　　(2)含碳量高于共析成分(对碳素钢为0.77%)的碳素钢和合金钢的总称。
　【来源】　《金属材料简明辞典》
【词条属性】
　【特征】
　　【数值】　含碳量超过0.77%
　　【优点】　钢质纯净度好
　　【优点】　良好外形尺寸
　　【优点】　良好表面质量
　【状况】
　　【现状】　该钢种研究起步晚
　　【现状】　该钢种发展快
　　【现状】　该钢种生产规模大
　　【现状】　产量多
　　【现状】　牌号丰富
　【应用场景】　工具用钢
　【应用场景】　电弧炉
　【应用场景】　冷切模具
　【应用场景】　量具
　【应用场景】　刃具
　【应用场景】　高压胶管钢丝
　【应用场景】　预应力钢丝
　【应用场景】　钢绞线
　【应用场景】　液压支柱
　【应用场景】　水泥制品
　【应用场景】　桥梁
　【应用场景】　核电站
　【应用场景】　高速公路
【词条关系】
　【层次关系】
　　【并列】　亚共析钢
　　【并列】　共析钢
　　【材料-组织】　铁素体
　　【材料-组织】　珠光体
　　【概念-实例】　T12钢
　　【概念-实例】　T8钢
　　【概念-实例】　CrWMn
　　【概念-实例】　95SiCr
　　【概念-实例】　T10Mn
　　【概念-实例】　T8Mn
　　【概念-实例】　W6Mo5Cr4V2
　　【概念-实例】　W18Cr4V
　【生产关系】
　　【材料-工艺】　球化退火
　　【材料-工艺】　控制轧制
　　【材料-工艺】　控冷工艺
　　【材料-工艺】　LF精炼

◎过冷奥氏体
【基本信息】
　【英文名】　super-cooled austenite
　【拼音】　guo leng ao shi ti
　【核心词】
【定义】
　　处于临界点以下、在热力学上不稳定的奥

氏体,C 曲线的位置越靠近纵坐标,过冷奥氏体越不稳定。
【来源】 《金属材料简明辞典》
【分类信息】
　【IPC 类目】
　　(1) C21D1/19　阶段冷却淬火〔3〕
　　(2) C21D1/19　专门适用于金属轧机或其加工产品的控制设备或方法(专用于金属轧机的方法或设备 38/00)
　　(3) C21D1/19　金属在连续浇铸后立即轧制(金属轧机机座入 13/22;连续铸造入 B22D11/00,如进入带滚子的铸型入 B22D11/06)〔3〕
　　(4) C21D1/19　热处理过程的控制或调节(一般控制或调节入 G05)〔2〕
　　(5) C21D1/19　淬火设备
【词条属性】
　【特征】
　　【缺点】　低温脆性
　　【特点】　低塑变抗力
　　【特点】　FCC 结构
　　【特点】　一定条件发生分解转变
　　【特点】　具有体积变化
　　【特点】　高形变强化
　　【特点】　高塑变能力
　　【特点】　奥氏体处于不稳定状态
　　【特点】　A1 温度以下
　　【优点】　易引发形变诱导
【词条关系】
　【应用关系】
　　【用于】　CCT (Continuous Cooling Transformation) 曲线
　　【用于】　TTT (Time Temperature Transformation) 曲线
　　【用于】　IT (Isothermal Transformation) 图
　　【组织-工艺】　等温冷却
　　【组织-工艺】　连续冷却
　　【组织-工艺】　变速冷却
　　【组织-工艺】　恒速冷却

　　【组织-工艺】　马氏体转变
　　【组织-工艺】　珠光体转变
　　【组织-工艺】　贝氏体转变

◎ 过时效
【基本信息】
　【英文名】　over-aging
　【拼音】　guo shi xiao
　【核心词】
【定义】
　　过时效是指当时效温度超过正常时效温度,也就是达到峰值硬度时的温度及时间,此时,材料内部的析出相开始长大,间距变大,宏观表现为材料的强度降低,塑韧性有所提高。
【分类信息】
　【CLC 类目】
　　TG115　金属的分析试验(金属材料试验)
　【IPC 类目】
　　(1) C22F1/043　以硅做次主要成分的合金的〔4〕
　　(2) C22F1/043　硅做次主要成分的〔2〕
　　(3) C22F1/043　用于金属薄板
　　(4) C22F1/043　电渣重熔〔3〕
　　(5) C22F1/043　镁做次主要成分的〔2〕
【词条属性】
　【特征】
　　【缺点】　降低材料强度
　　【特点】　晶格畸变减小
　　【特点】　时效强度减弱
　　【特点】　合金软化
　　【特点】　球化析出相
　　【优点】　提高材料塑性
　【状况】
　　【应用场景】　铝合金
　　【应用场景】　IF 钢
　　【应用场景】　双相钢
　　【应用场景】　低碳钢
【词条关系】

【层次关系】
　【参与构成】　时效温度
　【参与构成】　时效时间
　【类分】　软化处理
　【类分】　稳定化处理
【应用关系】
　【用于】　7150 铝合金
　【用于】　AA2195 铝锂合金
　【用于】　7055 铝合金
　【用于】　Si-Mn 双相钢
　【用于】　碳锰钢
　【用于】　6082-T6 铝合金
　【用于】　IF 钢
　【用于】　CAPL 低碳钢薄板
　【用于】　DP590

◎ 海水腐蚀
【基本信息】
　【英文名】　seawater corrosion; marine corrosion
　【拼音】　hai shui fu shi
　【核心词】
【定义】
　（1）金属与海水发生电化学反应而损耗和变质。海水中金属的电化学腐蚀是由于金属表面的电化学不均匀性引起的。
　【来源】《海洋大辞典》
　（2）船舰及其他敷设于海水中的金属构件与海水作用发生的腐蚀。
　【来源】《金属材料简明辞典》
【分类信息】
　【CLC 类目】
　　（1）TG172.5　海水腐蚀、水腐蚀
　　（2）TG172.5　造船用材料
　　（3）TG172.5　腐蚀的控制与防护
　　（4）TG172.5　断裂理论
　　（5）TG172.5　合金学与各种性质合金
　【IPC 类目】
　　（1）B63B59/04　防止船体污染的（防污染漆入 C09D5/16）〔3〕
　　（2）B63B59/04　使用次磷酸盐的〔5〕
　　（3）B63B59/04　用铁基、钴基或镍基合金（18/32 优先）〔4,5〕
　　（4）B63B59/04　使用还原剂的〔4,5〕
　　（5）B63B59/04　含钼或钨的〔2〕
【词条属性】
　【特征】
　　【数值】　3%～3.5%的氯化钠为主盐
　　【数值】　pH 为 8 左右
　　【特点】　阳极极化阻滞小
　　【特点】　腐蚀速度快
　　【特点】　氯离子含量高
　　【特点】　易发生电偶腐蚀
　　【特点】　海水腐蚀电位
　【状况】
　　【前景】　金属腐蚀研究及防护
　　【现状】　设立多个中国海水腐蚀试验网
　　【现状】　南海海域海水腐蚀试验网
　　【现状】　黄海海域海水腐蚀试验网
　　【现状】　东海海域海水腐蚀试验网
　　【现状】　青岛站海水腐蚀试验网
　　【现状】　舟山站海水腐蚀试验网
　　【现状】　榆林站海水腐蚀试验网
　　【现状】　厦门站海水腐蚀试验网
　　【应用场景】　海洋大气区
　　【应用场景】　海水飞溅区
　　【应用场景】　潮汐区
　　【应用场景】　海水全浸区
　　【应用场景】　海泥区
【词条关系】
　【层次关系】
　　【概念-实例】　桥梁腐蚀
　　【概念-实例】　船舶腐蚀
　　【类分】　微生物腐蚀
　　【类分】　点腐蚀
　　【类分】　电偶腐蚀
　　【类分】　应力腐蚀
　　【类属】　腐蚀

【应用关系】
　【使用】　碳钢及低合金钢
　【使用】　铝合金
　【使用】　铜合金
　【使用】　钛合金
【生产关系】
　【材料-工艺】　原位腐蚀测定技术
　【材料-工艺】　微生物膜测试技术
　【材料-工艺】　长寿命参比电极技术

◎ 焊道
【基本信息】
　【英文名】　weld bead
　【拼音】　han dao
　【核心词】
【定义】
　　金属焊接时，每一次熔敷所形成的一条单道焊缝。
【来源】《中国冶金百科全书·金属材料》
【分类信息】
　【IPC 类目】
　　（1）F16D65/24　包括一流体压力装置
　　（2）F16D65/24　关于冷却的特征
　　（3）F16D65/24　组合件，如有附加肋或凸缘（1/02 优先）
　　（4）F16D65/24　以合成材料为主的（塑料或塑性状态材料的加工入 B29）
　　（5）F16D65/24　利用流体，如气体的射流，与激光束相结合（16/12 优先）〔3〕
【词条属性】
　【特征】
　　【特点】　光滑
　　【特点】　连续
　【状况】
　　【现状】　国内外大部分研究集中于工艺优化
　【应用场景】　电弧焊
【词条关系】
　【层次关系】

　【参与构成】　电弧电压
　【参与构成】　焊接电流
　【参与构成】　焊接速度
　【构成成分】　焊丝
　【类分】　初始焊道
　【类分】　热焊道
　【类分】　填充焊道
　【类分】　盖面焊通盖面焊道
　【类分】　平板堆焊焊道
　【类分】　V 形缺口堆焊焊道
【应用关系】
　【使用】　焊道抛光机
　【使用】　焊道清洗机
　【使用】　焊道处理机
　【用于】　电弧焊
　【用于】　电焊
　【用于】　氩焊
　【用于】　双丝埋弧焊

◎ 焊缝
【基本信息】
　【英文名】　weld；seam
　【拼音】　han feng
　【核心词】
【定义】
　　（1）焊后在焊件接头处所形成的连接焊件的金属体。
【来源】《中国土木建筑百科辞典·工程施工》
　　（2）俗称焊道。由焊条或焊丝熔化后在被连构件间形成的金属条缝。
【来源】《中国土木建筑百科辞典·建筑结构》
【分类信息】
　【CLC 类目】
　　（1）TG40　焊接一般性问题
　　（2）TG40　焊接缺陷及质量检查
　　（3）TG40　合金学与各种性质合金
　　（4）TG40　特种结构材料

【IPC 类目】
（1）F16L13/02　焊接接头
（2）F16L13/02　用焊接的
（3）F16L13/02　波纹管、膨胀褶皱管或瓦楞管的使用
（4）F16L13/02　容器的安装装置
（5）F16L13/02　安装在公路或铁路车辆上的；用于车间内的人力移动式悬臂起重机；浮游起重机（车辆或船只方面入 B60 到 B63）

【词条属性】
【特征】
【缺点】　易有缺陷
【缺点】　降低承载能力
【缺点】　产生应力集中
【缺点】　降低疲劳强度
【缺点】　易引起焊件破裂导致脆断
【缺点】　易引起固体加杂
【缺点】　外观质量粗糙
【缺点】　鱼鳞波高低
【缺点】　焊缝与母材非圆滑过渡
【特点】　小于 25 mm
【优点】　制造焊缝操作简单
【优点】　适应性强

【词条关系】
【层次关系】
【参与构成】　焊缝宽度
【类分】　直角焊缝
【类分】　对接焊缝
【类分】　单面焊,双面成型焊缝
【类分】　单面焊缝
【类分】　船形焊缝
【类分】　角焊缝
【类分】　平焊缝
【类分】　二级焊缝
【类分】　一级焊缝
【类分】　缝焊缝
【类分】　点焊缝
【类分】　槽焊缝
【类分】　封底焊缝
【类分】　带钝边 J 形焊缝
【类分】　带钝边 U 形焊缝
【类分】　带钝边单边 V 形焊缝
【类分】　带钝边 V 形焊缝
【类分】　V 形焊缝
【类分】　I 形焊缝
【类分】　卷边焊缝
【组成部件】　余高
【组成部件】　焊缝宽度
【组成部件】　熔深
【组成部件】　焊缝成型系数
【组成部件】　焊缝计算厚度
【应用关系】
【使用】　焊丝

◎焊管
【基本信息】
【英文名】　welded pipe；welded tube
【拼音】　han guan
【核心词】
【定义】
　　用钢板或带钢经过卷曲成型后焊接制成的钢管。
【分类信息】
【CLC 类目】
（1）TF76　各种钢的冶炼
（2）TF76　油气管道
【IPC 类目】
（1）F16L9/16　用加强或不加强的,薄片或条带绕制的
（2）F16L9/16　带有相对于内部元件做往复运动的叶片〔3〕
（3）F16L9/16　以马达结构为特征的（活塞、缸、密封入 F16J)
（4）F16L9/16　金属的（9/16 至 9/22 优先；散热片管入 F28F)
（5）F16L9/16　焊接接头
【词条属性】

【特征】
　　【缺点】　　强度低于无缝钢管
　　【数值】　　定尺 6 m
　　【特点】　　生产工艺简单
　　【特点】　　生产效率高
　　【特点】　　品种规格多
　　【特点】　　设备投资少
【状况】
　　【应用场景】　水工程
　　【应用场景】　石化工业
　　【应用场景】　化学工业
　　【应用场景】　电力工业
　　【应用场景】　农业灌溉
　　【应用场景】　城市建设
【时间】
　　【起始时间】　20 世纪 30 年代
【词条关系】
　　【等同关系】
　　　　【全称是】　焊接钢管
　　【层次关系】
　　　　【类分】　炉焊管
　　　　【类分】　（高频、低频）气焊管
　　　　【类分】　电阻焊管
　　　　【类分】　电弧焊管
　　　　【类分】　螺旋焊管
　　　　【类分】　直缝焊管
　　　　【类属】　管材
　　【应用关系】
　　　　【使用】　钢带
　　　　【用于】　输送低压腐蚀性介质
　　　　【用于】　机械部件
　　　　【用于】　较低压力流体用途管
　　　　【用于】　结构件
　　　　【用于】　建筑装饰
　　【生产关系】
　　　　【材料-工艺】　热加工性能
　　　　【材料-原料】　0Cr13
　　　　【材料-原料】　Q345
　　　　【材料-原料】　20#

　　　　【材料-原料】　16Mn
　　　　【材料-原料】　Q235B
　　　　【材料-原料】　Q235C
　　　　【材料-原料】　Q235A

◎ 焊剂
【基本信息】
　　【英文名】　flux
　　【拼音】　han ji
　　【核心词】
【定义】
　　（1）焊接时熔化成熔渣，能够对熔池金属起保护和冶金处理作用的金属焊接材料。
　　【来源】　《中国冶金百科全书·金属材料》
　　（2）焊接时使用的一种粒状、粉末状或糊状物质，用以清除焊料和母材表面的氧化物，并保护焊件，亦称熔剂或焊药。
　　【来源】　《金属功能材料词典》
【分类信息】
　　【IPC 类目】
　　（1）H05K3/26　导电图形的清洁或抛光
　　（2）H05K3/26　蚀刻铜或铜合金用的〔4〕
　　（3）H05K3/26　绝缘基片和金属之间黏合的改进〔3〕
　　（4）H05K3/26　用于钎焊、焊接或切割的焊条、电极、材料或介质
　　（5）H05K3/26　考虑到被钎焊的材料性质的〔3〕
【词条属性】
　　【特征】
　　　　【数值】　沸点 280 ℃
　　　　【数值】　熔点低于钎料熔点 10～30 ℃
　　　　【特点】　颗粒状焊接材料
　　　　【特点】　焊接时熔化形成熔渣和气体
　　　　【特点】　对熔池起保护和冶金作用
　　　　【特点】　必须与相应的焊丝合理配合使用
　　　　【优点】　去除氧化物
　　　　【优点】　降低熔点表面张力

【优点】　使液态钎料流动以填满钎缝
【优点】　保护焊缝金属不受有害气体影响
【优点】　良好的冶金性能
【优点】　良好的工艺性能
【词条关系】
　【等同关系】
　　【基本等同】　钎剂
　【层次关系】
　　【概念-实例】　低锰中硅型焊剂
　　【概念-实例】　低锰、无锰型焊剂
　　【概念-实例】　高锰高硅型焊剂
　　【构成成分】　纤维素、钛白粉、萤石、石英、大理石
　　【类分】　电渣焊焊剂
　　【类分】　堆焊焊剂
　　【类分】　埋弧焊焊剂
　　【类分】　熔炼焊剂
　　【类分】　非熔炼焊剂
　　【类分】　惰性焊剂
　　【类分】　弱氧化性焊剂
　　【类分】　氧化性焊剂
　　【类分】　碱性焊剂
　　【类分】　中性焊剂
　　【类分】　酸性焊剂
　　【类分】　烧结焊剂
　【应用关系】
　　【用于】　电渣焊
　　【用于】　埋弧焊
　　【用于】　堆焊
　【生产关系】
　　【材料-工艺】　焊接

◎焊接
【基本信息】
　【英文名】　weld
　【拼音】　han jie
　【核心词】
【定义】
　（1）用加热或加压力等方法把金属工件连接起来。
　【来源】　《汉语倒排词典》
　（2）采用熔化或加压，或是两者兼而有之，使两块金属结合的技术。
　【来源】　《麦克米伦百科全书》
【分类信息】
　【CLC 类目】
　　（1）TG404　焊接结构的应力与变形
　　（2）TG404　焊接自动化技术
　　（3）TG404　激光焊
　　（4）TG404　金属材料
　　（5）TG404　混合与搅拌机械
　【IPC 类目】
　　（1）F04C29/00　未列入 18/00 至 27/00 组或与之无关的泵或泵送装置的部件、零件或附件
　　（2）F04C29/00　使用光源串或带的装置或系统〔7〕
　　（3）F04C29/00　通道是直的〔4〕
　　（4）F04C29/00　一般机器或发动机；一般的发动机装置；蒸汽机
　　（5）F04C29/00　附有热水装置的〔4〕
【词条属性】
　【特征】
　　【缺点】　容易产生裂纹
　　【特点】　节省金属
　　【特点】　生产率高
　　【特点】　致密性好
　　【特点】　操作条件好
　　【特点】　易于实现机械化
　　【特点】　自动化
　　【优点】　成型方便
　　【优点】　生产成本低
　　【优点】　适应性强
　　【优点】　连接性能好
　　【优点】　结构刚度大，整体性好
　　【优点】　种类多，应用广
　【状况】

【现状】　焊接结构的年产量占钢产量的45%左右
　　【时间】
　　　　【起始时间】　19世纪末
【词条关系】
　　【层次关系】
　　　　【并列】　铸造
　　　　【类分】　电焊
　　　　【类分】　氩焊
　　　　【类分】　点焊
　　　　【类分】　堆焊
　　　　【类分】　缝焊
　　　　【类分】　气焊
　　　　【类分】　钎焊
　　　　【类分】　弧焊
　　　　【类分】　熔焊
　　　　【类分】　风焊
　　　　【类分】　软钎焊
　　　　【类分】　硬钎焊
　　　　【类分】　摩擦焊
　　　　【类分】　冷压焊
　　　　【类分】　接触焊
　　　　【类分】　激光焊
　　　　【类分】　电子束焊
　　　　【类分】　等离子焊
　　　　【类分】　电阻焊
　　　　【类分】　手工电弧焊、电渣焊
　　　　【类分】　锻焊
　　　　【类分】　爆炸焊
　　　　【类分】　氩弧焊
　　　　【类分】　手工焊
　　【应用关系】
　　　　【用于】　钢结构建筑
　　　　【用于】　其他金属结构或机器零件制造
　　　　【用于】　飞机
　　　　【用于】　船舶
　　　　【用于】　锅炉
　　【生产关系】
　　　　【工艺-材料】　焊丝
　　　　【工艺-材料】　焊条
　　　　【工艺-材料】　焊剂
　　　　【工艺-材料】　金属粉末
　　　　【工艺-材料】　气体
　　　　【工艺-材料】　钎料
　　　　【工艺-材料】　钎剂
　　　　【工艺-材料】　管材
　　　　【工艺-材料】　耐大气腐蚀钢
　　　　【工艺-材料】　马氏体不锈钢
　　　　【工艺-材料】　马氏体时效钢
　　　　【工艺-材料】　钢结构
　　　　【工艺-材料】　钢材
　　　　【工艺-材料】　圆钢
　　　　【工艺-材料】　型钢
　　　　【工艺-材料】　优质碳素结构钢
　　　　【工艺-设备工具】　点焊机
　　　　【工艺-设备工具】　埋弧焊机
　　　　【工艺-设备工具】　交流弧焊机
　　　　【工艺-设备工具】　次级整流电阻焊机
　　　　【工艺-设备工具】　电容储能电阻焊机
　　　　【工艺-设备工具】　直流脉冲电阻焊机
　　　　【工艺-设备工具】　电阻焊机
　　　　【工艺-设备工具】　电焊机
　　　　【工艺-设备工具】　电阻焊变压器

◎焊接材料
【基本信息】
　　【英文名】　welding material
　　【拼音】　han jie cai liao
　　【核心词】
【定义】
　　（1）通过加热将可焊物联结起来的材料。
　　【来源】《军事大辞海·下》
　　（2）焊接时所消耗的焊条、焊丝、焊剂和保护气体等材料的总称。
　　【来源】《中国土木建筑百科辞典·建筑结构》
【分类信息】
　　【CLC类目】

(1) U668.2　金属材料
(2) U668.2　焊接材料
(3) U668.2　制造工艺
(4) U668.2　回路及其设备
(5) U668.2　造船用材料

【IPC类目】
(1) F28F21/08　金属的
(2) F28F21/08　圆周缝,如外壳的〔5〕
(3) F28F21/08　专用于钎焊缝(用非钎焊加工制管入B21C)〔5〕
(4) F28F21/08　用铅嵌缝填料;或类似料的密封
(5) F28F21/08　内轴式的〔3〕

【词条属性】
【特征】
　【缺点】　烟尘多
　【缺点】　有毒气体容易引发中毒
　【缺点】　弧光辐射
　【缺点】　高频电磁场
　【缺点】　射线有害因素
　【缺点】　强烈噪声
　【缺点】　氧化物尘烟
【状况】
　【前景】　自动化程度较高
　【前景】　替代手工型产品
　【前景】　高强、高韧、低氢、环保
　【前景】　服从不同焊接技术要求
　【现状】　市场化程度较高
　【现状】　技术含量较低
　【现状】　进入门槛较低
　【现状】　产能过剩
　【现状】　手工焊条为主
　【现状】　市场竞争大
　【现状】　市场化程度较高
　【应用场景】　金属板金行业
　【应用场景】　医疗器材行业
　【应用场景】　模具制作
　【应用场景】　家具厂
　【应用场景】　自行车助力车行业
　【应用场景】　船泊业

【词条关系】
【层次关系】
　【类分】　气体
　【类分】　金属粉末
　【类分】　焊条
　【类分】　焊丝
　【类分】　电焊条
　【类分】　保护面罩
　【类分】　电焊手套
　【类分】　助焊剂
　【类分】　氧割咀
　【类分】　切割咀
　【类分】　铝硅钎剂粉
　【类分】　铝硅焊料粉430#
　【类分】　不锈钢-铝合金焊接材料
　【类分】　铝硅焊料粉304#

【应用关系】
　【材料-加工设备】　氩焊枪
　【材料-加工设备】　氩焊机
　【材料-加工设备】　CO_2手提焊帽
　【材料-加工设备】　CO_2前枪体

【生产关系】
　【材料-工艺】　电焊
　【材料-工艺】　氧切割
　【材料-工艺】　CO_2焊接
　【材料-工艺】　氩焊

◎焊丝

【基本信息】
　【英文名】　welding wire
　【拼音】　han si
　【核心词】

【定义】
(1) 作为填充金属或同时起导电作用的丝状金属焊接材料。
【来源】《中国冶金百科全书·金属材料》
(2) 焊接时作为填充金属或同时用来导电的金属丝。

【来源】《集装箱运输业务技术辞典·上册》
（3）焊接时受电弧、气体火焰或其他焊接热源熔化用以填满金属连接处的金属丝（外表面不涂药皮）。
【来源】《金属材料简明辞典》
【分类信息】
 【IPC 类目】
  （1）F28F21/08 金属的
  （2）F28F21/08 铵或铵盐〔4〕
  （3）F28F21/08 埋弧焊
  （4）F28F21/08 锅筒；箱式联箱；所用附件（用金属板制造锅炉入 B21D51/24；一般压力容器入 F16J12/00；一般压力容器用的盖或类似封闭件入 F16J13/00）
  （5）F28F21/08 与 C10M 小类有关的引得表
【词条属性】
 【特征】
  【缺点】 焊丝制造过程复杂
  【缺点】 送丝较实心焊丝困难
  【缺点】 焊丝外表容易锈蚀
  【数值】 ϕ0.8 mm
  【数值】 ϕ1.2 mm
  【数值】 ϕ1.6 mm
  【数值】 ϕ2.0 mm
  【数值】 ϕ2.4 mm
  【数值】 ϕ3.2 mm
  【数值】 ϕ4.0 mm
  【数值】 ϕ5.0 mm
  【特点】 缠绕成盘
  【特点】 填充金属
  【特点】 导电电极
  【特点】 卷成圆形或异形
  【特点】 焊接过程中有异味
  【优点】 对各种钢材的焊接适应性强
  【优点】 调整焊剂的成分和比例极为方便和容易
  【优点】 工艺性能好
  【优点】 焊缝成型美观
  【优点】 熔敷速度快
  【优点】 可用较大焊接电流进行全位置焊接
【词条关系】
 【层次关系】
  【参与构成】 焊道
  【参与组成】 熔焊
  【参与组成】 氩弧焊
  【概念-实例】 DY-YD423
  【概念-实例】 DY-YD14
  【概念-实例】 DY-YD600
  【概念-实例】 DY-YD350
  【概念-实例】 DY-YA309
  【概念-实例】 DY-YA308
  【概念-实例】 DY-YR312
  【概念-实例】 YJ502Ni
  【概念-实例】 DY-YR302
  【概念-实例】 DY-YJ607
  【概念-实例】 DY-YJ507
  【概念-实例】 DY-YJ502
  【概念-实例】 LM504
  【概念-实例】 LM462
  【概念-实例】 LM430
  【概念-实例】 LM414N
  【概念-实例】 LM414
  【概念-实例】 LM001
  【概念-实例】 LZ603
  【概念-实例】 LZ601
  【概念-实例】 LZ590
  【概念-实例】 LZ430
  【概念-实例】 LZ414N
  【概念-实例】 LZ411
  【概念-实例】 LZ410
  【概念-实例】 LZ409
  【概念-实例】 LQ439
  【概念-实例】 LQ423
  【概念-实例】 LQ337
  【概念-实例】 LQ212

【概念-实例】　LQ172
　　【概念-实例】　LQ122
　　【类分】　药芯焊丝
　　【类分】　实心焊丝
　　【类分】　铜合金焊丝
　　【类分】　铝合金焊丝
　　【类分】　镍合金焊丝
　　【类分】　不锈钢焊丝
　　【类分】　低合金钢焊丝
　　【类分】　低碳钢焊丝
　　【类分】　有色金属焊丝
　　【类属】　焊接材料
【应用关系】
　　【部件成品-材料】　钴基高温合金
　　【用于】　填充金属
　　【用于】　导电电极
【生产关系】
　　【材料-工艺】　焊接
　　【材料-工艺】　拉拔加工

◎焊条

【基本信息】
　　【英文名】　welding rod
　　【拼音】　han tiao
　　【核心词】
【定义】
　　(1)涂有药皮的供手工电弧焊用的金属焊接材料。
　　【来源】　《中国冶金百科全书·金属材料》
　　(2)在气焊或电焊时,填充在焊接工件的接合处的金属条。
　　【来源】　《新华汉语词典》
　　(3)手工电弧焊接时,用来导电并产生电弧的金属电极。
　　【来源】　《金属材料简明辞典》
【分类信息】
　　【CLC 类目】
　　　　TG455　堆焊及补焊
　　【IPC 类目】

　　(1) B23K35/40　钎焊或焊接用焊丝或焊条的制造(涉及单项技术的加工见有关类,如 B05D,B21C)
　　(2) B23K35/40　离合器制动器组合
　　(3) B23K35/40　用于钎焊或焊接连接的工件特殊形状的边缘部分;由此形成焊缝的填充
　　(4) B23K35/40　以轴承或润滑零件为特征的(一般轴承入 F16C;一般润滑入 F16N)〔3〕
　　(5) B23K35/40　其中介质凝结和蒸发,如热管〔4〕
【词条属性】
　　【特征】
　　【缺点】　焊缝的冲击性能差
　　【缺点】　碱性焊条操作性差
　　【数值】　直径为 3～6 mm
　　【特点】　焊条的材料通常跟工件的材料相同
　　【优点】　焊接工艺性能好
　　【优点】　碱性焊条脱硫、脱磷能力强
　　【优点】　药皮有去氢作用
　　【优点】　焊接接头含氢量很低
　　【状况】
　　【现状】　焊接工艺中应用广泛
　　【应用场景】　焊接低碳不锈钢
【词条关系】
　　【等同关系】
　　【全称是】　电焊条
　　【层次关系】
　　【概念-实例】　GMT-ZT65 铸铁焊条
　　【概念-实例】　GMT-ZT60 铸铁焊条
　　【概念-实例】　GMT-ZT50 铸铁焊条
　　【概念-实例】　GMT-ZT40 铸铁焊条
　　【概念-实例】　GMT-ZT30 铸铁焊条
　　【概念-实例】　GMT-ZT20 铸铁焊条
　　【构成成分】　锰、硅、铬、镍、硫、磷
　　【类分】　特殊用途焊条
　　【类分】　铝及铝合金焊条

【类分】 铜及铜合金焊条
【类分】 铸铁焊条
【类分】 镍和镍合金焊条
【类分】 低温钢焊条
【类分】 堆焊焊条
【类分】 耐热钢焊条
【类分】 结构钢焊条
【类分】 碱性焊条
【类分】 酸性焊条
【类分】 盐基型焊条
【类分】 石墨型焊条
【类分】 低氢型焊条
【类分】 纤维素型焊条
【类分】 氧化铁型焊条
【类分】 钛铁矿型焊条
【类分】 氧化钛钙型焊条
【类分】 氧化钛型焊条
【类分】 GMT-ZT65 铸铁焊条
【类分】 GMT-ZT50 铸铁焊条
【类分】 GMT-ZT40 铸铁焊条
【类分】 GMT-ZT30 铸铁焊条
【类分】 GMT-ZT20 铸铁焊条
【类属】 焊接材料
【类属】 钢丝
【组成部件】 药皮
【组成部件】 焊芯
【应用关系】
　【使用】 线材
【生产关系】
　【材料-工艺】 焊接

◎ **合金钢**
【基本信息】
　【英文名】 alloy steel
　【拼音】 he jin gang
　【核心词】
【定义】
　（1）加有一种或几种一定量合金元素钢材的总称。
　【来源】《卫生学大辞典》
　（2）在碳素钢的基础上添加适量的一种或多种合金元素的钢。
　【来源】《军事大辞海·上》
【分类信息】
　【CLC 类目】
　　（1）TQ050.6　制造工艺
　　（2）TQ050.6　方坯连铸
　　（3）TQ050.6　炼钢生产自动化
　【IPC 类目】
　　（1）C22C38/24　含钒的〔2〕
　　（2）C22C38/24　含钨、钽、钼、钒或铌的〔2〕
　　（3）C22C38/24　含钼或钨的〔2〕
　　（4）C22C38/24　通过伴随有变形的热处理或变形后再进行热处理来改变物理性能（除需成型的工件外不需要再加热的锻造，或轧制成型的硬化工件或材料入 1/02)〔3〕
【词条属性】
　【特征】
　　【特点】 表面硬而耐磨
　　【特点】 高强度
　　【特点】 耐蚀性
　　【特点】 耐低温性
　　【特点】 高磁性
　　【优点】 良好的焊接性能
　　【优点】 具有良好的综合力学性能
　【状况】
　　【现状】 产量创历史最高水平
　　【现状】 钢材价格低位运行
　　【现状】 钢材出口增长较快
　　【现状】 钢厂及社会库存高位运行
　　【现状】 钢厂盈利水平逐月下滑
　　【现状】 钢铁行业固定资产投资增幅明显回落
　　【现状】 高性能化
　　【现状】 多品种化
　　【现状】 热轧棒材的精度已经达到 ±0.01 mm

【时间】
　　【起始时间】　18世纪后半期
【词条关系】
　　【层次关系】
　　　　【构成成分】　铬、锰、镍、硅、钨、钼、钒、钛、硼
　　　　【类分】　合金工具钢
　　　　【类分】　合金结构钢
　　　　【类分】　特种合金钢
　　　　【类分】　不锈钢
　　　　【类分】　耐热钢
　　　　【类分】　硅钢
　　　　【类分】　锰钢
　　　　【类分】　铬钢
　　　　【类分】　硼钢
　　　　【类分】　镍钢
　　　　【类分】　铬镍钢
　　　　【类分】　锰硅钢
　　　　【类分】　低合金钢
　　　　【类分】　中合金钢
　　　　【类分】　高合金钢
　　　　【类分】　钼钢
　　　　【类分】　莱氏体钢
　　　　【类分】　镇静钢
　　　　【类分】　钢管
　　　　【类分】　中锰钢
　　　　【类分】　莱氏体钢(珠光体+渗碳体)
　　　　【类属】　建筑用钢
　　　　【类属】　钢铁
　　　　【类属】　钢铁材料
　【应用关系】
　　　　【材料-加工设备】　加热炉
　　　　【使用】　固溶退火
　　　　【使用】　抗拉强度
　　　　【用于】　修造军舰
　　　　【用于】　建筑工程
　　　　【用于】　机械制造
　　　　【用于】　军事工业
　　　　【用于】　交通运输
　　　　【用于】　轧辊
　【生产关系】
　　　　【材料-工艺】　熔模铸造
　　　　【材料-工艺】　电弧炉炼钢法
　　　　【材料-工艺】　锻造
　　　　【材料-工艺】　高洁净度冶炼
　　　　【材料-工艺】　连铸
　　　　【材料-工艺】　高精度轧制
　　　　【材料-工艺】　控轧控冷
　　　　【材料-工艺】　可控气氛热处理
　　　　【材料-工艺】　脱气
　　　　【材料-工艺】　晶粒细化
　　　　【材料-工艺】　软化退火
　　　　【材料-工艺】　时效硬化
　　　　【材料-工艺】　时效处理
　　　　【材料-工艺】　渗硫
　　　　【材料-工艺】　深冷处理

◎ 合金工具钢

【基本信息】
　　【英文名】　alloy tool steel
　　【拼音】　he jin gong ju gang
　　【核心词】
【定义】
　　(1)在碳素工具钢的基础上加入合金元素而形成的合金钢。
　　【来源】《中国冶金百科全书·金属材料》
　　(2)是含有多种合金元素(如硅、铬、钨、钼、钒等)的中、高碳钢。
　　【来源】《铁合金辞典》
　　(3)在碳素工具钢基础上加入铬、钨、钼、钒、硅、锰、镍、钴等合金元素得到的工具钢。
　　【来源】《金属材料简明辞典》
【分类信息】
　　【IPC类目】
　　(1) F16G13/06　链节由平行的传动销连接,带或不带滚柱
　　(2) F16G13/06　仅以金属材料组成为特征的金属材料镀覆,即不以镀覆工艺为特征

(26/00,28/00 优先)〔4〕
　　(3) F16G13/06　铁基合金,如合金钢(铸铁合金入 37/00)〔2〕
　　(4) F16G13/06　含钒的〔2〕
　　(5) F16G13/06　离心泵
【词条属性】
　【特征】
　　【数值】　　HRC 60 以上
　　【特点】　　较高的淬透性
　　【特点】　　良好的尺寸稳定性
　　【特点】　　高耐磨性
　　【特点】　　高硬度
　　【特点】　　一定的韧性
　　【特点】　　组织稳定
　【状况】
　　【应用场景】　轴承钢
　　【应用场景】　模具钢
　　【应用场景】　工具钢
【词条关系】
　【层次关系】
　　【概念-实例】　Cr12
　　【概念-实例】　Cr12MoV
　　【概念-实例】　CrWMn
　　【概念-实例】　9SiCr
　　【概念-实例】　GCr15
　　【概念-实例】　3Cr2W8V
　　【概念-实例】　4Cr5W2VSi
　　【构成成分】　铬、钼、钨、钒、硅、镍、钴
　　【类分】　　高合金钢
　　【类属】　　合金钢
　　【类属】　　工具钢
　　【类属】　　耐磨钢
　　【类属】　　特殊钢
　【应用关系】
　　【用于】　　量具
　　【用于】　　刃具
　　【用于】　　耐冲击工具
　　【用于】　　热模具
　　【用于】　　冷模具
　　【用于】　　活塞
　　【用于】　　燃料阀喷嘴
　　【用于】　　阀座
　　【用于】　　阀门
　【生产关系】
　　【材料-工艺】　球化退火
　　【材料-工艺】　压铸
　　【材料-工艺】　挤压
　　【材料-工艺】　锤锻
　　【材料-工艺】　模锻
　　【材料-工艺】　脱气

◎合金化

【基本信息】
　【英文名】　　alloying
　【拼音】　　　he jin hua
　【核心词】
【定义】
　　(1) 为保证钢的各种物理、化学性能,向钢中加入合金添加剂将其成分调整到规定范围的操作。
　【来源】《中国冶金百科全书·钢铁冶金》
　　(2) 在金属中加入其他元素,通过熔炼、加工、热处理产生各种冶金、物理和化学的相互作用,形成具有一定结构和一定成分合金的过程,加入的溶质元素可通过代位、填隙、缺位等方式改变溶剂固溶体的点阵常数、析出相等,从而改进固溶体的力学性能和物理、化学性能。
　【来源】《现代材料科学与工程辞典》
　　(3) 将某种元素或中间合金加入到另一种金属或合金中,旨在获得新金属材料的操作过程。
　【来源】《金属功能材料词典》
【分类信息】
　【CLC 类目】
　　(1) TG174.445　表面合金化(渗镀)
　　(2) TG174.445　重有色金属及其合金
　　(3) TG174.445　顶、底复合吹炼法

(4) TG174.445　金属的电子理论
(5) TG174.445　特殊用途钢
【IPC 类目】
(1) C21C7/06　脱氧,如镇静钢〔2〕
(2) C21C7/06　铁或钢的母(中间)合金
(3) C21C7/06　使用母(中间)合金〔2〕
(4) C21C7/06　钒、铌或钽基合金〔2〕
(5) C21C7/06　锌或镉或以它们为基的合金〔4〕
【词条属性】
【特征】
【特点】　炼钢生产中,一般脱氧与合金化几乎同时进行
【特点】　用氧化物料对钢水进行直接合金化,可以降低成本、节约电能
【特点】　Nb 具有最强的晶粒细化强化效果
【特点】　V 具有最强的沉淀强化效果
【特点】　Ti 介于 Nb 和 V 两者之间
【特点】　V 可以在热处理级别钢种提高强度
【特点】　复合添加 Nb 和 V 对提高强度比单独添加这两种微合金元素中的任何一种更有效
【特点】　合金元素与铁形成固溶体
【特点】　与碳(氮)形成碳(氮)化物
【特点】　形成金属间化合物
【特点】　合金元素影响钢的性能
【特点】　加 W,Mo 可防止第二类回火脆性
【特点】　提高钢的回火稳定性
【特点】　阻止碳化物析出及聚集长大
【特点】　提高淬透性
【特点】　使 M_s,M_f 点下降
【特点】　多数合金元素减缓奥氏体化过程
【状况】
【现状】　W,Mo,Ni,V,Nb,Cr,Mn 的氧化物用于直接合金化,在生产中已有应用

【现状】　现已生产了仅含微合金元素 V,仅含 Nb,以及 Nb、V 复合微合金钢
【应用场景】　金属结构材料的制备
【应用场景】　非晶态合金的制备
【应用场景】　民用建筑(桥梁、高架桥,建筑)
【词条关系】
【应用关系】
【用于】　管线钢
【用于】　造船钢
【生产关系】
【工艺-材料】　合金铸铁

◎ **合金结构钢**
【基本信息】
【英文名】　structural alloy steel
【拼音】　he jin jie gou gang
【核心词】
【定义】
(1)在碳素结构钢基础上加入适量的一种或数种合金元素进行合金化,主要用于制造各种机械的零部件的合金钢。
【来源】　《中国冶金百科全书·金属材料》
(2)用于制造工程结构和机械零件的合金钢、合金元素含量一般不超过 5%,常用合金元素有铬、锰、硅、镍、钼、钒、钛等。
【来源】　《金属材料简明辞典》
【分类信息】
【CLC 类目】
(1) U465.1　黑色金属
(2) U465.1　汽车材料
【IPC 类目】
(1) F01L1/14　挺杆;推杆
(2) F01L1/14　含钒的〔2〕
(3) F01L1/14　互相啮合的零件有传递转矩的表面,如卡口式连接〔6〕
(4) F01L1/14　硬化,与在 300~600 ℃ 的退火相结合,即热精炼(调质处理)〔3〕
(5) F01L1/14　滑动接触轴承(32/06 优

先;可调轴承入 23/00,25/00)〔2〕
【词条属性】
　【特征】
　　【数值】　屈强比一般在 0.85 左右
　　【数值】　调质结构钢的含碳量一般为 0.25%～0.55%
　　【特点】　具有合适的淬透性
　　【特点】　具有较高的抗拉强度
　　【特点】　较高的韧性
　　【特点】　疲劳强度高
　　【特点】　较低的韧性—脆性转变温度
　　【优点】　足够的塑性和韧性
　　【优点】　合金结构钢比碳素钢有更好的力学性能
　【状况】
　　【应用场景】　用于制造截面尺寸较大的机器零件
　　【应用场景】　铁路
　　【应用场景】　桥梁
　　【应用场景】　兵器
　　【应用场景】　船舶
　　【应用场景】　车辆
　　【应用场景】　导弹
　　【应用场景】　飞机
【词条关系】
　【层次关系】
　　【材料-组织】　索氏体
　　【材料-组织】　贝氏体
　　【材料-组织】　珠光体
　　【概念-实例】　40Cr
　　【概念-实例】　35SiMn 钢
　　【概念-实例】　40CrNiMo
　　【概念-实例】　30CrNi2MoV
　　【概念-实例】　渗碳或碳氮共渗钢
　　【类分】　铬镍钼钢
　　【类分】　调质结构钢
　　【类分】　表面硬化结构钢
　　【类分】　普通合金结构钢
　　【类分】　特殊用途合金结构钢
　　【类分】　锰钢
　　【类分】　硅锰钢
　　【类属】　合金钢
　　【类属】　特殊钢
　【主体-附件】　化学成分
　【应用关系】
　　【使用】　调质处理
　　【使用】　精锻机
　　【用于】　压力容器
　　【用于】　机床
　【生产关系】
　　【材料-工艺】　热锻
　　【材料-工艺】　电渣重熔
　　【材料-工艺】　氮化处理
　　【材料-工艺】　淬火+回火
　　【材料-工艺】　脱硫
　　【材料-工艺】　脱磷
　　【材料-原料】　钢锭
　　【原料-材料】　冷轧带

◎ 合金牌号
【基本信息】
　【英文名】　alloy code
　【拼音】　he jin pai hao
　【核心词】
【定义】
　合金牌号,一般以万分之几来表示碳的质量分数,而合金元素质量分数一般少于 1.5%,牌号中只标出化学元素符号。
【词条属性】
　【特征】
　　【特点】　采用规定的符号和阿拉伯数字表示
　　【特点】　专门用途的低合金钢牌号,在其头部或尾部加上代表该钢用途的符号
　　【特点】　铝合金牌号命名时,4 位字符体系牌号的第 1、第 3、第 4 位为阿拉伯数字,第 2 位为英文大写字母
　　【特点】　工具钢的碳质量分数超过 1%

时,碳质量分数不标出

　　【特点】　工具钢和特殊性能钢以千分之一为单位的数字(一位数)来表示碳质量分数

　　【特点】　滚珠轴承钢,钢号前标"G"

　　【特点】　易切削钢,钢号前标"Y"

　　【特点】　高级优质钢,钢的末尾加"A"

【词条关系】

　　【层次关系】

　　　　【概念-实例】　1A99

　　　　【概念-实例】　1080A

　　　　【概念-实例】　2A02

　　　　【概念-实例】　AZ91

　　　　【概念-实例】　YG4C

　　　　【概念-实例】　YG6

　　　　【概念-实例】　YT30

　　　　【概念-实例】　1060

　　　　【概念-实例】　2000 系列

　　　　【概念-实例】　3000 系列

　　　　【概念-实例】　T2

　　　　【概念-实例】　TU1

　　　　【概念-实例】　H96

　　　　【概念-实例】　HPb63-3

　　　　【概念-实例】　GH1015

　　　　【概念-实例】　GH2018

　　　　【概念-实例】　GH3030

　　　　【概念-实例】　16Mn

　　　　【概念-实例】　09Mn2

　　　　【概念-实例】　GCr15

　　　　【概念-实例】　Y40Mn

　　　　【概念-实例】　20Cr2Ni4A

　　　【类分】　铝合金牌号

　　　【类分】　铜合金牌号

　　　【类分】　硬质合金牌号

　　　【类分】　镍合金牌号

　　　【类分】　镁合金牌号

　　　【类分】　高温合金牌号

　　　【类分】　钛合金牌号

　　　【类分】　低合金钢牌号

◎合金丝

【基本信息】

　　【英文名】　alloy fiber

　　【拼音】　he jin si

　　【核心词】

【定义】

　　金属合金盘条、盘圆或金属合金棒为原材,通过拔丝设备、退火设备等专业设备。经过多次拉拔—退火—再拉拔—再退火等工序,加工成各类不同规格和型号的丝(线)产品。

【分类信息】

　　【IPC类目】

　　　(1) F01　一般机器或发动机;一般的发动机装置;蒸汽机

　　　(2) F01　仅含金属元素的〔4〕

　　　(3) F01　旋转装置,如带有螺旋状推进表面(在运送时暂时贮存细丝状材料的装置入51/20;控制张力的从动旋转装置入59/18)

　　　(4) F01　旋转器具

【词条属性】

　　【特征】

　　　　【数值】　镍铬合金丝直径范围为 0.03～1.0 mm

　　　　【数值】　钼钨合金丝直径范围为 30～800 μm

　　　　【数值】　杜美合金丝含有 42%镍

　　　　【特点】　较高的电阻率

　　　　【特点】　较高的耐热性

　　　　【特点】　较高的可塑性

　　　　【特点】　1963 年,研制出直径 0.009 mm 的特细镍铬丝

　　【状况】

　　　　【应用场景】　原子弹

　　　　【应用场景】　卫星

　　　　【应用场景】　电子管

　　　　【应用场景】　电灯泡

　　　　【应用场景】　放电管

【词条关系】

　　【层次关系】

【概念-实例】　5154
【概念-实例】　3J21
【概念-实例】　MoW20
【概念-实例】　MoW50
【概念-实例】　ZJ31
【概念-实例】　Ti-45Nb
【构成成分】　铬、硼、镍、铜、钯、硅、钨、银
【类分】　钼钨合金丝
【类分】　杜美合金丝
【类分】　电阻合金丝
【类分】　高温合金丝
【类分】　铜基电阻合金丝
【类分】　铁基电阻合金丝
【类分】　铜镍基电阻合金丝
【类分】　银基电阻合金丝
【类分】　镍铬合金丝
【类分】　钴铁基合金丝
【应用关系】
　【材料-加工设备】　拔丝设备
　【材料-加工设备】　退火设备
　【用于】　工业电炉
　【用于】　家用电器
　【用于】　远红外装置
　【用于】　软玻璃的封接材料
【生产关系】
　【材料-工艺】　拔拉
　【材料-工艺】　退火
　【材料-工艺】　再拔拉
　【材料-工艺】　再退火

◎ 合金元素
【基本信息】
　【英文名】　alloying element
　【拼音】　he jin yuan su
　【核心词】
【定义】
　(1) 构成合金的每一种元素。
【来源】　《现代材料科学与工程辞典》
　(2) 指的是在炼金属的时候为达到某几种性能需要,有目的地加入一定量的一种或多种的金属或非金属元素。
【分类信息】
　【CLC 类目】
　(1) TG113.22　物理性能
　(2) TG113.22　重有色金属及其合金
　(3) TG113.22　金属复合材料
　(4) TG113.22　金属材料
　【IPC 类目】
　(1) C22C1/02　用熔炼法
　(2) C22C1/02　含钒的〔2〕
　(3) C22C1/02　按重量至少含 5%但小于 50%的,无论是本身加入的还是原位形成的氧化物、碳化物、硼化物、氮化物、硅化物或其他金属化合物,如氮氧化合物、硫化物的有色合金〔2〕
　(4) C22C1/02　含大于 1.5%(质量分数)的锰〔2〕
　(5) C22C1/02　镁基合金
【词条属性】
　【特征】
　【缺点】　磷是钢中有害元素
　【数值】　磷量小于 0.045%
　【数值】　钢中硅含量一般为 0.15%～4%
　【数值】　优质钢要求小于 0.040%
　【特点】　组成合金的化学元素
　【特点】　影响合金固溶体 α-Fe(Me)
　【特点】　影响合金渗碳体 Fe_3C 和 Me_3C
　【特点】　影响合金碳化物 TiC、NbC、WC、VC 等
　【特点】　影响非金属夹杂 MnS,MnO,SiO_2,Al_2O_3
　【特点】　Cu,Pb 以游离状态存在
　【状况】
　【现状】　工业上运用最广泛的一种材料
　【应用场景】　合金钢
　【应用场景】　微合金钢
　【应用场景】　合金结构钢
　【应用场景】　低合金高强度钢

【应用场景】 超高强度钢
【应用场景】 时效硬化合金钢
【应用场景】 氮化铝弥散强化钢
【应用场景】 相变诱发塑性钢
【应用场景】 奥氏体形变热处理钢
【应用场景】 TRIP 钢
【应用场景】 IN 钢
【应用场景】 低屈服点钢
【应用场景】 无间隙原子钢
【词条关系】
【层次关系】
　【参与构成】 金相组织
　【概念-实例】 锰
　【概念-实例】 硅
　【概念-实例】 钨
　【概念-实例】 铬
　【概念-实例】 钼
　【概念-实例】 钛
　【概念-实例】 锆
　【概念-实例】 镍
　【概念-实例】 钒
　【概念-实例】 钴
　【概念-实例】 铝
　【概念-实例】 铌
　【概念-实例】 硼
　【概念-实例】 磷
　【概念-实例】 氮
　【概念-实例】 氧
　【概念-实例】 硫
　【类分】 金属元素
　【类分】 非金属元素
　【类属】 化学元素
【应用关系】
　【使用】 Delta 合金分析仪
　【用于】 成分设计

◎ 合金铸铁

【基本信息】
　【英文名】 alloy cast iron
　【拼音】 he jin zhu tie
　【核心词】
【定义】
　　向铸铁中加入铬、镍、钼、锰、硅、铝、钒、钛、稀土等合金元素，使其机械性能改善或具有某些特殊的物理或化学性能。
【来源】 《金属材料简明辞典》
【分类信息】
　【IPC 类目】
　　（1）C22C37/06　含铬的〔2〕
　　（2）C22C37/06　湿式汽缸衬筒
　　（3）C22C37/06　含铝或硅的
　　（4）C22C37/06　含镍的
　　（5）C22C37/06　汽缸;汽缸盖（一般的入F16J）
【词条属性】
　【特征】
　　【数值】 低合金铸铁(低于3%)合金元素
　　【数值】 中合金铸铁(3%～10%)
　　【数值】 高合金铸铁(高于10%)
　　【数值】 壁厚为 4～6 mm
　【状况】
　　【前景】 高强化、薄壁化
　　【前景】 提高铁液温度
　　【前景】 加强孕育处理技术
　　【前景】 研究和推广低合金化孕育铸铁
　　【前景】 调整化学成分
　　【前景】 发展球铁新品种
　　【前景】 采用新的球铁生产工艺
　　【现状】 纵观国内、外冷激合金铸铁凸轮轴化学成分基本相同
　　【现状】 国内高强度灰铸铁件与国外相比,强度低、耐磨性差
　　【现状】 寿命低
　　【现状】 断面敏感性大
　　【现状】 加工性差
　【力学性能】
　　【抗拉强度】 大于 250 MPa
【词条关系】

【等同关系】
　　【基本等同】　特殊性能铸铁
【层次关系】
　　【材料-组织】　渗碳体
　　【材料-组织】　铁素体
　　【材料-组织】　珠光体
　　【材料-组织】　马氏体
　　【材料-组织】　奥氏体
　　【材料-组织】　莱氏体
　　【构成成分】　铬、镍、钼、锰、硅、铝、钒、钛、稀土、磷、铜、硼、锑、锡、铁、碳
　　【类分】　耐热铸铁
　　【类分】　耐磨铸铁
　　【类分】　耐蚀铸铁
　　【类分】　非磁性铸铁
【应用关系】
　　【使用】　感应加热
　　【用于】　机器制造
　　【用于】　冶金矿山
　　【用于】　仪表工业
　　【用于】　冷冻技术
　　【用于】　制造热核反应堆外壳承重结构
　　【用于】　核潜艇高压壳体
【生产关系】
　　【材料-工艺】　冲天炉熔炼
　　【材料-工艺】　合金化

◎ 恒弹性合金
【基本信息】
　　【英文名】　constant modulus alloy
　　【拼音】　heng tan xing he jin
　　【核心词】
【定义】
　　（1）在一定温度范围内，弹性模量随温度的变化极微的合金。
　　【来源】《军事大辞海·下》
　　（2）弹性性能不受环境温度变化影响的合金。
　　【来源】《现代材料科学与工程辞典》
　　（3）一定温度范围内弹性模量几乎不随温度变化的弹性合金，亦称为艾林瓦（Elinvar）型合金。
　　【来源】《金属材料简明辞典》
【分类信息】
　　【CLC 类目】
　　　　TG135　特种机械性质合金
　　【IPC 类目】
　　　　C22C38/52　含钴的[2]
【词条属性】
　　【特征】
　　【数值】　36%镍
　　【数值】　12%铬
　　【数值】　52%铁
　　【特点】　ΔE 效应
　　【时间】
　　【起始时间】　1919 年获得了成分为 36Ni-12Cr-Fe 的恒弹性合金
【词条关系】
　　【等同关系】
　　　　【基本等同】　艾林瓦（Elinvar）型合金
　　【层次关系】
　　　　【概念-实例】　Ni43CrTi 弥散强化型合金
　　　　【概念-实例】　Ni42CrTi 弥散强化型合金
　　　　【类分】　Mn-Ni 系恒弹性合金
　　　　【类分】　Co-Fe 系恒弹性合金
　　　　【类分】　Ni-Si-B 系非晶态恒弹性合金
　　　　【类分】　Fe-Zr 系非晶态恒弹性合金
　　　　【类分】　Fe-Si-B 系非晶态恒弹性合金
　　　　【类分】　Nb-Ti 系顺磁性恒弹性合金
　　　　【类分】　Fe-B 系非晶态恒弹性合金
　　　　【类分】　Nb-Zr 系顺磁性恒弹性合金
　　　　【类分】　Mn-Cu 系逆铁磁性恒弹性合金
　　　　【类分】　Mn-Ni 系逆铁磁性恒弹性合金
　　　　【类分】　Fe-Mn 系逆铁磁性恒弹性合金
　　　　【类分】　Co-Cr-Fe 系铁磁性恒弹性合金
　　　　【类属】　弹性合金
　　【应用关系】
　　　　【用于】　延迟线

【用于】　钟表游丝
【用于】　机械滤波器振子
【用于】　频率元件
【用于】　精密弹簧
【用于】　压力传感器膜片
【用于】　弹性敏感元件
【用于】　音叉
【生产关系】
【材料-工艺】　时效处理
【材料-工艺】　固溶处理
【材料-工艺】　冷变形

◎红硬性
【基本信息】
　【英文名】　red-hardness
　【拼音】　hong ying xing
　【核心词】
【定义】
　（1）金属材料在较高温度下仍能保持其高硬度的特性，称为红硬性。
　【来源】　《机械加工工艺辞典》
　（2）材料在高温下能保持一定硬度的性质。
　【来源】　《金属材料简明辞典》
【分类信息】
　【IPC 类目】
　　（1）C21D9/24　用于锯片
　　（2）C21D9/24　含钒的〔2〕
　　（3）C21D9/24　至少有一层是金属〔4〕
　　（4）C21D9/24　金属材料表面中至少渗入一种硅以外的非金属元素，以及至少一种金属元素或硅的固渗〔4〕
　　（5）C21D9/24　轧辊（专门加工要求的工作面形状入 1/00）；使用时轧辊的润滑、冷却或加热
【词条属性】
　【特征】
　　【数值】　硬度大于 60 HRC
　　【特点】　抗回火稳定性
　　【特点】　室温下测定的硬度值
　　【特点】　不可逆软化
　【状况】
　　【应用场景】　高速钢
　　【应用场景】　硬质合金
　　【应用场景】　电热合金
　　【应用场景】　工具钢
　　【应用场景】　模具钢
　【因素】
　　【影响因素】　淬火温度
　　【影响因素】　回火温度
　　【影响因素】　回火时间
　　【影响因素】　渗 B, N
　　【影响因素】　合金元素
　　【影响因素】　碳化物形成元素
　　【影响因素】　原始组织
　　【影响因素】　硬度测量的误差
【词条关系】
　【等同关系】
　　【基本等同】　红性
　【层次关系】
　　【并列】　二次硬化
　　【并列】　热硬性

◎厚钢板
【基本信息】
　【英文名】　heavy gage steel plate；heavy steel plate
　【拼音】　hou gang ban
　【核心词】
【定义】
　厚度在 4 mm 以上的钢板统称厚钢板。
　【来源】　《实用轧钢技术手册》
【分类信息】
　【CLC 类目】
　　F426　工业部门经济
　【IPC 类目】
　　（1）C22C38/16　含铜的〔2〕
　　（2）C22C38/16　用熔炼法〔2〕

(3) C22C38/16　兼用机械加工和其他金属加工的
　　(4) C22C38/16　有外部空气通道的
　　(5) C22C38/16　用于金属薄板
【词条属性】
　【特征】
　　【数值】　宽为 0.6～3.0 m
　　【数值】　厚度范围 20～60 mm
　　【特点】　钢板表面为黑皮
　　【特点】　钢板上下表面抛丸
　　【特点】　钢板上下表面涂漆
　　【特点】　钢板上下表面抛丸,上下表面涂漆
　【状况】
　　【现状】　钢板产量占钢材生产总量 50%以上
　　【应用场景】　机械工业
　　【应用场景】　电气工业
　　【应用场景】　航空工业
　　【应用场景】　汽车工业
【词条关系】
　【层次关系】
　　【并列】　中板
　　【并列】　中厚板
　　【类分】　复合钢板
　　【类分】　装甲钢板
　　【类分】　汽车钢板
　　【类分】　高压容器钢板
　　【类分】　锅炉钢板
　　【类分】　桥梁钢板
　　【类分】　造船钢板
　　【类属】　钢材
　【生产关系】
　　【材料-工艺】　轧制
　　【材料-工艺】　正火轧制或控制轧制
　　【材料-工艺】　热机械控制轧制
　　【材料-工艺】　正火
　　【材料-工艺】　回火
　　【材料-工艺】　淬火+回火(调质)
　　【材料-工艺】　正火+回火
　　【材料-工艺】　退火

◎化学成分

【基本信息】
　【英文名】　chemical composition
　【拼音】　hua xue cheng fen
　【核心词】
　【定义】
　　(1)材料中各种元素的含量。
　　(2)纯物质的化学成分是指其中各化学元素的比例。
　　(3)混合物的化学成分定义为其中各纯物质的比例。
【分类信息】
　【CLC 类目】
　　(1) O629　天然化合物
　　(2) O629　特种机械性质合金
　　(3) O629　石灰及其制品
　　(4) O629　矿床学
　　(5) O629　颜料产品
　【IPC 类目】
　　(1) C21C7/06　脱氧,如镇静钢[2]
　　(2) C21C7/06　用熔炼法[2]
　　(3) C21C7/06　铁或钢的母(中间)合金
　　(4) C21C7/06　含锰的[2]
　　(5) C21C7/06　含钛或锆的[2]
【词条属性】
　【特征】
　　【特点】　钢中碳含量的提高,强度和硬度相应提高,而塑性和韧性相应降低
　　【特点】　碳可显著降低钢材的可焊性,增加钢的冷脆性和时效敏感性,降低抗大气腐蚀性
　　【特点】　硅含量的加大可提高钢材的强度,而对塑性和韧性影响不明显
　　【特点】　锰使强度提高
　　【特点】　锰能消减硫和氧引起的热脆性,使钢材的热加工性能改善

【特点】 硫化物造成的低熔点使钢在焊接时易于产生热裂纹,显著降低可焊性
【特点】 硫呈非金属硫化物夹杂物存于钢中,具有强烈的偏析作用,降低各种机械性能
【特点】 磷含量提高,钢材的强度提高,塑性和韧性显著下降
【特点】 磷在钢中偏析作用强烈,使钢材冷脆性增大,并显著降低钢材的可焊性
【特点】 磷可提高钢的耐磨性和耐腐蚀性
【状况】
　【应用场景】 纯净物
　【应用场景】 混合物
【词条关系】
　【层次关系】
　　【附件-主体】 低合金高强度结构钢
　　【附件-主体】 电工钢
　　【附件-主体】 合金结构钢
　　【附件-主体】 低温钢
　　【附件-主体】 弹簧钢
　　【附件-主体】 滚动轴承钢
　　【附件-主体】 高速工具钢
　【构成成分】 C,Mn,Si,P,S,Nb,V,Ti,Cr,Mo,Ni 和 Cu

◎化学热处理
【基本信息】
　【英文名】 thermo-chemical treatment
　【拼音】 hua xue re chu li
　【核心词】
【定义】
　(1)通过改变金属材料的表面化学成分,从而使表面得到预期性能的一种热处理工艺。
　【来源】《金属材料简明辞典》
　(2)将钢制工件置于化学活性介质中加热到一定温度并保持一定时间,随后进行热处理的工艺。

【来源】《中国土木建筑百科辞典·工程材料上》
【分类信息】
　【CLC 类目】
　　(1) TG156.8 化学热处理
　　(2) TG156.8 腐蚀的控制与防护
　【IPC 类目】
　　(1) C23C8/00 金属材料表面中仅渗入非金属元素的固渗(渗硅入 10/00);金属材料表面与反应气体反应,覆层中留存表面材料反应产物的金属材料表面化学处理法,如转化层、金属的钝化(14/00 优先)〔4〕
　　(2) C23C8/00 盐浴
　　(3) C23C8/00 渗硼〔4〕
　　(4) C23C8/00 多步法渗多种元素〔4〕
　　(5) C23C8/00 使用非水溶液的〔4〕
【词条属性】
　【特征】
　　【特点】 科技含量高
　　【特点】 经济效益好
　　【特点】 能耗低
　　【特点】 环境污染少
　　【优点】 提高零件的疲劳强度
　　【优点】 提高零件的耐磨性
　　【优点】 提高零件的抗腐蚀性
【状况】
　【前景】 将其他工业部门的技术成果引入本领域,形成一系列新的优质、高产、高稳定度的化学热处理新技术
【时间】
　【起始时间】 西汉时期
【词条关系】
　【层次关系】
　　【并列】 正火
　　【类分】 表面渗碳
　　【类分】 碳氮共渗
　　【类分】 渗碳
　　【类分】 渗氮
　　【类分】 渗硫

【类分】　渗硼
【类分】　多元共渗
【类分】　渗铝
【类分】　渗铬
【类分】　渗锌
【类分】　渗硅
【类分】　固体渗碳
【类分】　液体渗硼
【类分】　离子渗金属
【类分】　奥氏体状态进行的渗碳
【类分】　奥氏体状态进行的渗硼
【类分】　铁素体状态进行的渗氮
【类分】　真空渗氮
【类分】　电解渗碳
【类分】　电解渗硼
【类分】　电解渗硫
【类分】　固体渗
【类分】　液体渗
【类分】　气体渗
【类分】　膏糊体渗
【类分】　液体电解渗
【类分】　等离子体渗
【类分】　气体沉积
【应用关系】
　【使用】　化学渗剂
　【使用】　催渗剂
　【使用】　供渗剂
　【用于】　高碳马氏体硬化表层
　【用于】　合金钢件
　【用于】　高性能轴承钢
　【用于】　风电齿轮用材
　【用于】　工具钢
【生产关系】
　【工艺-材料】　铸铁
　【工艺-材料】　13Cr4Mo4Ni4VA 钢
　【工艺-材料】　Ti-6Al-4V 钛合金
　【工艺-材料】　45 钢
　【工艺-材料】　钢铁材料

◎灰铸铁
【基本信息】
　【英文名】　gray(cast-) iron
　【拼音】　hui zhu tie
　【核心词】
【定义】
　（1）全部或大部分碳以片状石墨形态存在的铸铁。
　【来源】《中国冶金百科全书·金属材料》
　（2）硅含量较高，在显微组织中碳以片状石墨形式存在，断口呈灰色。
　【来源】《现代材料科学与工程辞典》
【分类信息】
　【CLC 类目】
　　（1）TG174　腐蚀的控制与防护
　　（2）TG174　汽车材料
　【IPC 类目】
　　（1）F04C29/02　润滑（一般机械或发动机的入 F01M）
　　（2）F04C29/02　含镍的
　　（3）F04C29/02　在闭式容器中的〔4〕
　　（4）F04C29/02　带有相对外部元件往复运动的叶片〔3〕
【词条属性】
　【特征】
　　【数值】　含碳量为 2.7%～4.0%
　　【数值】　硅含量 1%～3%
　　【数值】　锰、磷、硫总量不超过 2%
　　【特点】　断口呈灰色
　　【优点】　良好的铸造工艺性能
　　【优点】　易切削加工
　　【优点】　生产工艺简单，价格低廉
　【状况】
　　【应用场景】　机床床身
　　【应用场景】　汽缸体
　　【应用场景】　箱体
　　【应用场景】　齿轮
　　【应用场景】　机车闸瓦
　　【应用场景】　结构件

【其他物理特性】
　　【密度】　6.8～7.5 g/cm³
【词条关系】
　【层次关系】
　　【材料-组织】　铁素体
　　【材料-组织】　珠光体
　　【材料-组织】　索氏体
　　【材料-组织】　屈氏体
　　【材料-组织】　马氏体
　　【材料-组织】　奥氏体
　　【概念-实例】　HT40-68
　　【概念-实例】　HT35-61
　　【概念-实例】　HT30-54
　　【概念-实例】　HT25-47
　　【概念-实例】　HT20-40
　　【概念-实例】　HT15-33
　　【概念-实例】　HT10-26
　　【构成成分】　硅、锰、磷、硫、铬、钼、铜、钛、钒
　　【类分】　孕育铸铁
　　【类分】　稀土灰铸铁
　　【类分】　低合金铸铁
　　【类分】　高磷铸铁
　　【类分】　磷铜钒钛铸铁
　　【类分】　稀土铸铁
　　【类分】　磷铜钛铸铁
　　【类分】　磷铸铁
　　【类分】　钒钛铸铁
　　【类分】　铬钼铜铸铁
　　【类分】　铬铜铸铁
　【应用关系】
　　【用于】　机械工程
　　【用于】　活塞环

◎ 回火脆性
【基本信息】
　　【英文名】　temper brittleness
　　【拼音】　hui huo cui xing
　　【核心词】

【定义】
　　(1)淬火钢件(或铸铁等)在某些温度范围内回火所产生的冲击韧性下降现象。
　　【来源】《中国百科大辞典》
　　(2)随着回火工艺中加热温度的升高,回火后钢的硬度、强度降低,塑性、韧性增加,但冲击值却在某个温度范围内回火时,出现显著下降,并处于最低值的现象。
　　【来源】《机械加工工艺辞典》
　　(3)某些合金钢淬火成马氏体后在250～400 ℃回火时发生的脆化现象。
　　【来源】《金属功能材料词典》
【分类信息】
　【CLC 类目】
　　O614.33　镧系元素(稀土元素)
　【IPC 类目】
　　(1) C22C38/26　含铌或钽的〔2〕
　　(2) C22C38/26　使用电离气体的,如离子氮化(带有放电物体或材料之引入装置的放电管本身入 H01J37/00)〔4〕
【词条属性】
　【特征】
　　【数值】　低温回火脆性在300 ℃附近回火出现
　　【数值】　高温回火脆性在500 ℃以上回火出现
　　【特点】　钢的硬度降低
　　【特点】　钢的强度降低
　　【特点】　钢的塑性增加
　　【特点】　钢的韧性增加
　　【特点】　钢的冲击值处于最低值
　　【特点】　低温回火具有不可逆性
　　【特点】　低温回火与回火后的冷却速度无关
　　【特点】　低温回火断口为沿晶脆性断口
　　【特点】　高温回火脆性具有可逆性
　　【特点】　高温回火脆性与回火后的冷却速度有关
　　【特点】　高温回火脆性与组织状态无关

【特点】　高温回火脆性在脆化区内回火
　　【特点】　高温回火脆性断口为沿晶脆性断口
【因素】
　　【影响因素】　化学成分
　　【影响因素】　奥氏体晶粒大小
　　【影响因素】　热处理后的硬度
　　【影响因素】　残余奥氏体转变
　　【影响因素】　马氏体分解
　　【影响因素】　合金元素在晶界的偏聚
【词条关系】
　【层次关系】
　　【类分】　高温回火脆性
　　【类分】　低温回火脆性
　【应用关系】
　　【用于】　Cr-Mo钢
　　【用于】　30CrMnSiA钢
　　【用于】　2.25Cr-1.0Mo钢
　　【用于】　1Cr12Mo钢
　　【用于】　大型锻件用钢
　　【用于】　中温压力容器钢
　　【用于】　12Cr2Mo1R钢
　　【用于】　T23钢
　　【用于】　加氢反应器用钢
　　【用于】　0Cr17Ni钢
　　【用于】　模具钢
　　【用于】　12Cr1MoV钢
　　【用于】　14Ni3CrMoV锻钢

◎ 加工硬化
【基本信息】
　　【英文名】　work hardening
　　【拼音】　jia gong ying hua
　　【核心词】
【定义】
　　(1)在不加热的条件下通过锤击和冷轧强化金属。
　　【来源】　《麦克米伦百科全书》
　　(2)金属冷变形时随着变形程度的累积，金属的变形抗力提高而塑性下降的现象，又称应变硬化。
　　【来源】　《中国冶金百科全书·金属塑性加工》
　　(3)金属材料在塑性形变过程中，流变应力随应变量提高的现象。
　　【来源】　《现代材料科学与工程辞典》
【分类信息】
　【CLC类目】
　　(1) TG506.7　各种材料切削加工
　　(2) TG506.7　合金钢
　　(3) TG506.7　粉末成型、烧结及后处理
　　(4) TG506.7　特种机械性质合金
　【IPC类目】
　　(1) B21B37/74　温度控制,如通过冷却或加热轧辊成产品(37/32,37/44优先)〔6〕
　　(2) B21B37/74　退火方法
　　(3) B21B37/74　适用于加工回转外表面的
　　(4) B21B37/74　用抛光或其他类似的方法
　　(5) B21B37/74　用于轧制长度限定的板,如折叠板、叠合板(1/40优先;轧制前将板折叠或轧制后分离成层入47/00)〔2〕
【词条属性】
　【特征】
　　【缺点】　给金属的进一步加工带来困难
　　【特点】　使金属材料塑性下降
　　【特点】　使金属材料强度和硬度提高
　　【优点】　提高金属耐磨性
　【因素】
　　【影响因素】　应变速率
　　【影响因素】　变形温度
　　【影响因素】　点阵类型
　　【影响因素】　金属种类
【词条关系】
　【等同关系】
　　【基本等同】　冷作硬化
　　【基本等同】　应变硬化

【基本等同】　形变强化
【层次关系】
　【类属】　硬化
【应用关系】
　【使用】　位错
　【用于】　金属零件
　【用于】　金属构件
　【用于】　低碳钢
　【用于】　冷拉钢丝
　【用于】　刀具
　【用于】　铝线
　【用于】　铜线
　【用于】　不锈钢
　【用于】　TA15钛合金
　【用于】　304奥氏体不锈钢
　【用于】　高锰钢
　【用于】　镁合金
　【用于】　TWIP钢
　【用于】　钛镍形状记忆合金

◎加热炉
【基本信息】
　【英文名】　heating furnace
　【拼音】　jia re lu
　【核心词】
【定义】
　（1）热加工时将金属加热到轧制、挤压或锻造温度的加热设备。
　【来源】《中国冶金百科全书·金属塑性加工》
　（2）工业生产上用于加热材料或工件的设备。
　【来源】《金属材料简明辞典》
【分类信息】
　【CLC类目】
　（1）TE624　炼油工艺过程
　（2）TE624　化工用炉灶、化工窑
　（3）TE624　泵站（压缩机）设备
　（4）TE624　冶金炉理论
　（5）TE624　炉设备
　【IPC类目】
　（1）F24H7/02　释放的热量被传输给传热流体的，如空气、水
　（2）F24H7/02　加热钢锭用的炉子，即均热炉
　（3）F24H7/02　在不存在氢的情况下，烃油的非催化热裂化
　（4）F24H7/02　重物用的滑板或轨道
【词条属性】
　【特征】
　　【特点】　高耗能
　　【特点】　资源耗费量大
　　【特点】　多用电能作为主要能源
　【状况】
　　【应用场景】　化工行业
　　【应用场景】　冶金行业
　　【应用场景】　机械行业
　　【应用场景】　电子行业
　　【应用场景】　轻工业
　　【应用场景】　制药行业
【词条关系】
　【层次关系】
　　【类分】　燃料加热炉
　　【类分】　电阻加热炉
　　【类分】　感应加热炉
　　【类分】　微波加热炉
　　【类分】　均热炉
　　【类分】　室状加热炉
　　【类分】　连续式加热炉
　　【类分】　推钢式连续加热炉
　　【类分】　步进式连续加热炉
　　【类分】　转底式加热炉
　　【类分】　斜底式加热炉
　　【类分】　链式加热炉
　　【类分】　辊底式加热炉
　【应用关系】
　　【加工设备-材料】　带钢
　　【加工设备-材料】　结构件

【加工设备-材料】　合金钢
【加工设备-材料】　不锈钢
【加工设备-材料】　13Cr 油管
【加工设备-材料】　中板
【加工设备-材料】　中厚板
【加工设备-材料】　渗氮钢
【用于】　热处理
【用于】　表面处理
【生产关系】
【设备工具-工艺】　调质处理
【设备工具-工艺】　金属加热
【设备工具-工艺】　金属轧制
【设备工具-工艺】　金属挤压
【设备工具-工艺】　金属锻造
【设备工具-工艺】　轧钢
【设备工具-工艺】　渗硼
【设备工具-工艺】　完全退火
【设备工具-工艺】　热处理制度
【设备工具-工艺】　脆化

◎ 加热时间
【基本信息】
　【英文名】　heating time
　【拼音】　jia re shi jian
　【核心词】
【定义】
　　钢在加热炉内,从吸热升温至加热到轧制工艺规定的温度所用的总时间,称为钢的加热时间。
【来源】　《实用轧钢技术手册》
【分类信息】
　【IPC 类目】
　　(1) F24C7/08　控制或安全装置的配置或安装(开关入 H01H;电加热的电路配置入 H05B)
　　(2) F24C7/08　应用微波的(一般利用微波加热入 H05B6/64)〔5〕
　　(3) F24C7/08　用浸没加热元件的,如电气元件或炉管
　　(4) F24C7/08　微波加热〔3〕
　　(5) F24C7/08　用管子分开的,如弯成蛇形的
【词条属性】
　【特征】
　　【特点】　影响加热炉的产量
　　【特点】　影响加热质量
　　【特点】　高温区停留时间过长会造成过热、过烧、脱碳、过氧化等缺陷
　　【特点】　加热时间不足会产生钢温偏低、温度不均
　【因素】
　　【影响因素】　原料装炉前的温度
　　【影响因素】　钢种
　　【影响因素】　加热设备
　　【影响因素】　加热条件
　　【影响因素】　加热速度
　　【影响因素】　钢的成分
　　【影响因素】　加热介质
　　【影响因素】　工件尺寸
　　【影响因素】　装炉情况
　　【影响因素】　加热系数
【词条关系】
　【层次关系】
　　【并列】　升温时间
　　【并列】　保温时间
　　【附件-主体】　扩散退火
　　【附件-主体】　退火
　　【附件-主体】　正火
　　【附件-主体】　淬火
　　【附件-主体】　回火
　　【附件-主体】　空气炉中加热
　　【附件-主体】　真空加热
　　【附件-主体】　密封箱式多用炉中加热
【测度关系】
　【物理量-度量方法】　计算法
　【物理量-度量方法】　经验法

◎ 加热温度

【基本信息】

 【英文名】 heating temperature

 【拼音】 jia re wen du

 【核心词】

【定义】

 钢的加热温度是钢在加热炉内加热所达到的满足轧制工艺要求的温度。

【来源】 《实用轧钢技术手册》

【分类信息】

 【CLC 类目】

  TQ533 煤的分析与检验

 【IPC 类目】

  （1）C11C5/02 制备蜡烛用的设备

  （2）C11C5/02 贮热或隔热的元件或装置

  （3）C11C5/02 介电加热(6/64 优先)〔3〕

  （4）C11C5/02 零部件、附件或该类炉特有的装置

【词条属性】

 【特征】

  【数值】 当 $m(C)$ 为 1.5% 时，加热温度为 1050 ℃

  【数值】 当 $m(C)$ 为 1.1% 时，加热温度为 1080 ℃

  【数值】 当 $m(C)$ 为 0.9% 时，加热温度为 1120 ℃

  【数值】 当 $m(C)$ 为 0.7% 时，加热温度为 1180 ℃

  【数值】 当 $m(C)$ 为 0.5% 时，加热温度为 1250 ℃

  【数值】 当 $m(C)$ 为 0.2% 时，加热温度为 1320 ℃

  【数值】 当 $m(C)$ 为 0.1% 时，加热温度为 1380 ℃

  【特点】 碳量高，加热温度应适当降低

  【特点】 钢的加热温度过高，会使钢在加热过程中产生过热、过烧或烧化等缺陷

  【特点】 钢的加热温度过低则对轧制不利

  【特点】 断面尺寸大小影响加热温度

  【特点】 加热温度确定轧制工艺

 【因素】

  【影响因素】 材料的化学成分

  【影响因素】 钢锭的组织缺陷

  【影响因素】 终轧温度

  【影响因素】 始锻温度

  【影响因素】 终锻温度

  【影响因素】 开轧温度

【词条关系】

 【层次关系】

  【附件-主体】 扩散退火

  【概念-实例】 硅锰弹簧钢——1250 ℃

  【概念-实例】 镍钢——1250 ℃

  【概念-实例】 5% 渗碳镍钢——1270 ℃

  【概念-实例】 铬钒钢——1250 ℃

  【概念-实例】 高速钢——1280 ℃

  【概念-实例】 不锈钢——1300 ℃

◎ 夹杂物

【基本信息】

 【英文名】 inclusion

 【拼音】 jia za wu

 【核心词】

【定义】

 因冶炼操作不当所致合金料未熔化，或异金属混入钢中形成的化合物称为夹杂物。

【分类信息】

 【CLC 类目】

  （1）TF777 连续铸钢、近终形铸造

  （2）TF777 其他处理方法

  （3）TF777 优质钢

  （4）TF777 精炼

  （5）TF777 脱氧

 【IPC 类目】

  （1）C21C7/06 脱氧，如镇静钢〔2〕

  （2）C21C7/06 添加处理剂去除杂质

  （3）C21C7/06 铁基合金，如合金钢（铸铁合金入 37/00）〔2〕

(4) C21C7/06　用熔析、过滤、离心分离、蒸馏或超声波方法精炼
(5) C21C7/06　精炼
【词条属性】
　【特征】
　　【特点】　破坏了钢的连续性
　　【特点】　对钢材的性能产生不利影响
　　【特点】　对产品质量带来极大的危害
　　【特点】　非金属夹杂物导致应力集中,引起疲劳断裂
　　【特点】　降低钢的塑性、韧性
　　【特点】　焊接性及耐腐蚀性较差
　　【特点】　呈网状存在的硫化物会造成热脆性
　　【特点】　夹杂物的数量和分布被认定是评定钢材质量的一个重要指标
　　【特点】　在铸钢中,当用硅铁或铝进行脱氧时,夹杂比较常见
　【状况】
　　【现状】　用来净化钢液
　　【现状】　改进钢中夹杂物的形态、尺寸和分布
　　【现状】　夹杂物的来源和表现是一个十分复杂的问题
【词条关系】
　【层次关系】
　　【概念-实例】　FeO
　　【概念-实例】　Fe_2O_3
　　【概念-实例】　MnO
　　【概念-实例】　SiO_2
　　【概念-实例】　Al_2O_3
　　【概念-实例】　MgO
　　【概念-实例】　Cu_2O
　　【概念-实例】　FeS
　　【概念-实例】　MnS
　　【概念-实例】　CaS
　　【概念-实例】　AlN
　　【概念-实例】　TiN
　　【概念-实例】　VN
　　【概念-实例】　ZrN
　　【概念-实例】　$2FeO \cdot SiO_2$
　　【概念-实例】　$2MnO \cdot SiO_2$
　　【概念-实例】　$CaO \cdot SiO_2$
　【类分】　内生夹杂物
　【类分】　外来夹杂物
　【类分】　氧化物系夹杂
　【类分】　硫化物系夹杂
　【类分】　氮化物系夹杂
　【类分】　脆性夹杂物
　【类分】　塑性夹杂物
　【类分】　球状不变性夹杂物
　【类分】　尖晶石类夹杂物
　【类分】　钙的铝酸盐
　【类分】　硅酸盐夹杂物
【应用关系】
　【使用】　金相法与微区域成分分析相结合
　【使用】　光学金相法
　【使用】　电子探针
　【使用】　国标评级
　【使用】　JK 标准评级
　【使用】　ASTM 评级标准

◎减振合金
【基本信息】
　【英文名】　damping alloy
　【拼音】　jian zhen he jin
　【核心词】
【定义】
　（1）能显著地将振动能量转变成热能而损耗掉的精密合金。
　【来源】《中国冶金百科全书·金属材料》
　（2）内耗很大,能将机械振动能迅速衰减的金属和合金。
　【来源】《金属功能材料词典》
【词条属性】
　【特征】
　　【特点】　结构简便

【特点】 体积小
【特点】 轻量化
【特点】 内耗很大
【特点】 减震
【特点】 防躁
【状况】
　【应用场景】 航空航天
　【应用场景】 船舶
　【应用场景】 汽车
　【应用场景】 铁路
　【应用场景】 家用电器
　【应用场景】 军用车辆
【其他物理特性】
　【热膨胀系数】 0～50 ℃时，a = (0.2～0.3)/℃
【词条关系】
　【等同关系】
　　【基本等同】 阻尼合金
　【层次关系】
　　【概念-实例】 片状石墨铸铁
　　【概念-实例】 高纯度 Mg
　　【概念-实例】 Vivco-10
　　【概念-实例】 Vivco
　　【概念-实例】 Gentalloy
　　【概念-实例】 Silentalloy
　　【概念-实例】 Incramute Ⅱ
　　【概念-实例】 Cu-Al-Ni 系合金
　　【概念-实例】 Sonoston
　　【概念-实例】 Incramute Ⅰ
　　【概念-实例】 Mg-Mg2Ni 系合金
　　【概念-实例】 12Cr 钢
　　【概念-实例】 Zn-Al 系合金
　【类分】 粉末金属类
　【类分】 均质金属类
　【类分】 复合板类
　【类分】 孪晶型
　【类分】 位错型
　【类分】 铁磁型
　【类分】 表面微裂纹型

【应用关系】
　【用于】 钻头
　【用于】 刀具
　【用于】 发射导弹的控制盘
　【用于】 陀螺罗盘

◎剪切强度

【基本信息】
　【英文名】 shearing strength
　【拼音】 jian qie qiang du
　【核心词】
【定义】
　　(1)材料能够承受的最大剪切应力。由剪切或扭转试验时的最大载荷和原始横截面计算出。
　【来源】《金属功能材料词典》
　　(2)材料抵抗剪切破坏的能力。
　【来源】《现代汉语大词典·上册》
【分类信息】
　【CLC 类目】
　　(1) TB33 复合材料
　　(2) TB33 材料试验
　　(3) TB33 混凝土及混凝土制品
　　(4) TB33 机械试验法
　　(5) TB33 工程材料试验
　【IPC 类目】
　　(1) C10M105/76 含硅的〔4〕
　　(2) C10M105/76 以其物理性质或所产生的效果为特征的黏合剂(7/00 优先)〔5〕
　　(3) C10M105/76 含硫氧键的〔4〕
　　(4) C10M105/76 与 C10M 小类有关的引得表
【词条属性】
　【特征】
　　【数值】 普通碳素钢(310～380) MPa
　　【数值】 木材(4～15) MPa 或(25～105) MPa
　　【数值】 不锈钢(460～520) MPa
　　【数值】 铝(80～100) MPa

【数值】 纸胶版（140～200）MPa
【数值】 工业橡胶板（20～80）MPa
【数值】 人造橡胶（40～70）MPa
【数值】 有机玻璃（90～100）MPa
【数值】 工业用皮革（45～55）MPa
【数值】 工业用毛毡（4～5）MPa
【数值】 氯乙烯 50 MPa
【特点】 以平方毫米为单位
【特点】 代号 σ。
【特点】 剪切强度的大小表示不锈钢复合板的覆层和基层结合的牢固程度
【特点】 结合越牢固，不锈钢复合板的工艺性能越优异
【特点】 剪切强度是不锈钢复合板最重要的技术指标
【特点】 拉伸剪切强度最常用
【特点】 拉伸剪切强度测定试片一般为 125 cm × 20 cm × 2 cm
【特点】 剪切强度（W）：$W = P/F = P/ab$
【词条关系】
　【等同关系】
　　【基本等同】 抗剪强度
　【层次关系】
　　【附件-主体】 不锈钢复合板
　　【类分】 拉伸剪切强度
　　【类分】 压缩剪切强度
　　【类分】 扭转剪切强度
　　【类分】 弯曲剪切强度
　【测度关系】
　　【物理量-单位】 千牛/平方毫米（kN/mm^2）
　　【物理量-单位】 兆帕（MPa）

◎ 建筑用钢
【基本信息】
　【英文名】 construction steel
　【拼音】 jian zhu yong gang
　【核心词】
【定义】
　建筑用钢通常指具有较高的强韧性、可焊性和抗蚀性，用于建筑方面的普通结构钢。
【分类信息】
　【CLC 类目】
　　F426　工业部门经济
　【IPC 类目】
　　（1）C22C3/00　从合金中除去物质以生产不同成分的合金
　　（2）C22C3/00　在生产钢板或带钢时（8/12 优先）〔3〕
　　（3）C22C3/00　通过变形改变铁或钢的物理性能（金属机械加工设备入 B21, B23, B24）
　　（4）C22C3/00　含硼的〔2〕
　　（5）C22C3/00　含铌或钽的〔2〕
【词条属性】
　【特征】
　　【数值】 一般合金元素质量分数小于 5%
　　【特点】 主要是低碳钢、低碳合金钢
　　【特点】 构成土木工程物质基础的四大类材料之一
　　【优点】 生产工艺简单
　　【优点】 生产成本较低
　　【优点】 高强度
　　【优点】 具有良好的韧性
　　【优点】 具有良好的可焊性
　　【优点】 具有良好的耐腐蚀性
　【状况】
　　【现状】 占低合金钢的 35%～50%
　【时间】
　　【起始时间】 17 世纪 70 年代
【词条关系】
　【层次关系】
　　【材料-组织】 贝氏体
　　【材料-组织】 奥氏体
　　【概念-实例】 20CrMo
　　【概念-实例】 40CrNiMo
　　【概念-实例】 50Mn
　　【概念-实例】 10#
　　【概念-实例】 304
　　【概念-实例】 316 不锈钢

【概念-实例】　20Cr
【概念-实例】　40Cr
【概念-实例】　35CrMo
【概念-实例】　42CrMo
【概念-实例】　GCr15
【概念-实例】　65Mn
【概念-实例】　50Cr
【概念-实例】　3Cr2W8V
【概念-实例】　20CrMnTi
【概念-实例】　5CrMnMo
【概念-实例】　HRB335
【概念-实例】　HRB400
【概念-实例】　HRB500
【概念-实例】　Q195
【概念-实例】　Q215
【概念-实例】　Q235
【类分】　热轧钢筋
【类分】　热处理钢筋
【类分】　冷拉钢筋
【类分】　冷拔低碳钢丝
【类分】　钢绞线管
【类分】　光面钢筋
【类分】　低碳钢
【类分】　中碳钢
【类分】　高碳钢
【类分】　合金钢
【类分】　螺栓
【应用关系】
　【使用】　盘条
【生产关系】
　【材料-工艺】　平炉冶炼
　【材料-工艺】　热轧
　【材料-工艺】　冷拉
　【材料-工艺】　氧气顶吹转炉冶炼

◎ 舰船用钢
【基本信息】
　【英文名】　ship building steel
　【拼音】　jian chuan yong gang
【核心词】
【定义】
　　指军用的水面舰船(如驱逐舰、巡洋舰)和水下潜艇(如常规动力潜艇、核动力潜艇),以及扫雷艇等船体结构用钢。
【词条属性】
　【特征】
　　【特点】　主要为高强度低合金钢
　　【特点】　多是合金结构钢
　　【特点】　多是低磁奥氏体结构钢
　　【特点】　舰船用钢的研制周期长、技术含量高
　　【特点】　有些是钛合金钢
　　【特点】　足够的强度和韧性
　　【特点】　良好的工艺性和耐海水腐蚀性
　　【特点】　批量小、规格多
　　【特点】　要求高、更新慢
　【状况】
　　【前景】　向高强化方向发展
　　【前景】　向超长、超宽、超厚方向发展
　　【前景】　向低磁或无磁化方向发展
　　【前景】　向军民通用化方向发展
　　【前景】　开发新一代船体结构钢材料
　　【前景】　开发低碳铜时效系列钢种
　　【现状】　我国第一代舰船用钢——锰系无镍铬钢和低镍铬钢
　　【现状】　用于潜艇、核潜艇实船建造的钢种,屈服强度级别为 785 MPa 级、590 MPa 级
　　【现状】　用于水面舰船实船建造的钢种,屈服强度级别为 590 MPa 级、440 MPa 级、390 MPa 级
　　【现状】　国内正在研制开发采用电渣重熔技术生产超大潜、深潜舰艇用 980 MPa 级钢和 785 MPa 级钢
　　【现状】　大型水面舰船用低碳铜,实效易焊接,690 MPa、590 MPa 级钢
　　【现状】　新一代易焊接超细组织控制 440 MPa 级舰船用钢
　【应用场景】　水面舰船

【应用场景】　水下潜艇
　　【应用场景】　扫雷艇
【词条关系】
　　【层次关系】
　　　　【概念-实例】　980钢
　　　　【概念-实例】　945钢
　　　　【概念-实例】　921A系列钢
　　　　【概念-实例】　901系列钢
　　　　【概念-实例】　902系列钢
　　　　【概念-实例】　903系列钢
　　　　【概念-实例】　904系列钢
　　　　【概念-实例】　HSLA115钢
　　　　【概念-实例】　HLES100
　　　　【概念-实例】　NS110钢
　　　【类分】　舰船船体用钢
　　　【类分】　配套设备用钢
　　【应用关系】
　　　【使用】　低合金钢

◎ 浇注温度
【基本信息】
　　【英文名】　pouring temperature
　　【拼音】　jiao zhu wen du
　　【核心词】
【定义】
　　把熔融金属、混凝土等注入模具，进行金属部件的铸造，或水泥板及混凝土建筑成型时的温度，称为浇注温度。
【分类信息】
　　【CLC类目】
　　　（1）TG132.3　特种热性质合金
　　　（2）TG132.3　汽车材料
　　【IPC类目】
　　　（1）C03C3/066　含锌[4]
　　　（2）C03C3/066　含磷、铌或钽[4]
　　　（3）C03C3/066　用熔炼法[2]
　　　（4）C03C3/066　含钛或锆的[2]
【词条属性】
　　【特征】

　　【特点】　影响铸件质量
　　【特点】　温度过高会使缩孔体积增大
　　【特点】　温度过高会使晶粒变粗
　　【特点】　温度过高能增加补缩能力
　　【特点】　温度过低金属液流动性差
　　【特点】　温度过低补缩能力差
　【因素】
　　【影响因素】　合金成分
　　【影响因素】　铸件重量
　　【影响因素】　铸件壁厚
　　【影响因素】　铸件结构特点
　　【影响因素】　铸型条件
【词条关系】
　【层次关系】
　　【概念-实例】　4 mm厚灰铸铁：1360～1450 ℃
　　【概念-实例】　4～10 mm厚灰铸铁：1360～1430 ℃
　　【概念-实例】　10～20 mm厚灰铸铁：1360～1400 ℃
　　【概念-实例】　20～50 mm厚灰铸铁：1310～1380 ℃
　　【概念-实例】　50～100 mm厚灰铸铁：1250～1340 ℃
　　【概念-实例】　100～150 mm厚灰铸铁：1230～1300 ℃
　　【概念-实例】　>150 mm厚灰铸铁：1220～1280 ℃
　【应用关系】
　　【用于】　铸造

◎ 浇铸
【基本信息】
　　【英文名】　casting
　　【拼音】　jiao zhu
　　【核心词】
【定义】
　　（1）在常压或低压下，将液态单体、树脂或其混合物注入模内，借冷却或加热和催化剂的作用,使其发生化学变化而固化成制品的方法。
【来源】　《中国百科大辞典》
　　（2）把熔化了的金属或合金倒入模型而铸成物件。
【来源】　《现代汉语大词典·上册》
【分类信息】
　【CLC类目】
　　O632　碳链聚合物
　【IPC类目】
　　（1）C21C7/06　脱氧,如镇静钢〔2〕
　　（2）C21C7/06　浇铸成型,即将模制材料引入模型或没有显著模制压力的两个封闭表面之间;所用的设备(41/00优先)〔4〕
　　（3）C21C7/06　汽缸盖
　　（4）C21C7/06　反射器
　　（5）C21C7/06　专门适合车辆(用于车辆的信号或照明装置的布置,其安装或支承或其电路一般入B60Q)〔7〕
【词条属性】
　【特征】
　　【缺点】　生产周期较长
　　【缺点】　成型后须进行机械加工
　　【特点】　浇铸成型一般不施加压力
　　【特点】　对设备和模具的强度要求不高
　　【特点】　对制品尺寸限制较小
　　【特点】　制品中内应力较低
　　【特点】　生产投资较少
　　【特点】　铁水温度不够不浇
　　【特点】　铁水牌号不对不浇
　　【特点】　不挡渣不浇
　　【特点】　沙箱不干不浇
　　【特点】　不放外浇口不浇
　　【特点】　铁水不够不浇
【词条关系】
　【等同关系】
　　【基本等同】　铸塑
　【层次关系】
　　【类分】　灌注

　　【类分】　嵌铸
　　【类分】　压力浇铸
　　【类分】　旋转浇铸
　　【类分】　离心浇铸
　　【类分】　静态浇铸
　【应用关系】
　　【使用】　酚醛树脂
　　【使用】　丙烯酸酯系树脂
　　【使用】　酚醛树脂和环氧树脂
　　【使用】　硝酸纤维素和醋酸纤维素
　　【使用】　不饱和聚酯
　　【使用】　聚酰胺
　　【使用】　聚乙烯
　　【使用】　聚氨酯
　　【使用】　聚乙烯醇
　　【使用】　硅树脂
　　【使用】　热塑性橡胶
　【生产关系】
　　【工艺-材料】　钢铁材料

◎矫顽力

【基本信息】
　【英文名】　coercive force
　【拼音】　jiao wan li
　【核心词】
【定义】
　　（1）标志反磁化过程难易程度的主要参数。
【来源】　《金属功能材料词典》
　　（2）为了使已磁化的铁磁性物质失去磁性而必须加的与原磁化方向相反的外磁场强度。
【来源】　《金属材料简明辞典》
【分类信息】
　【CLC类目】
　　（1）O484.4　薄膜的性质
　　（2）O484.4　磁学性质
　　（3）O484.4　薄膜物理学
　　（4）O484.4　特种结构材料

(5) O484.4 固体物理学
【IPC类目】
(1) H01F1/057 和第ⅢA族元素，如 $Nd_2Fe_{14}B$〔6〕
(2) H01F1/057 以铁氧体为基料的〔2,6〕
(3) H01F1/057 含有钴的（10/13优先）〔3,7〕
(4) H01F1/057 用阴极溅射方法〔3〕
(5) H01F1/057 颗粒状的〔6〕
【词条属性】
【特征】
【数值】 $Hcb \leq 1$ kA/m 的合金称软磁合金
【数值】 Hcb 在 1～20 kA/m 的合金称为半硬磁合金
【数值】 矫顽力 $Hcb > 20$ kA/m 的合金称为永磁合金
【特点】 矫顽力 Hcb 在数值上总是小于剩磁 Jr
【特点】 剩磁 Jr 在数值上是矫顽力 Hcb 的理论极限
【特点】 是技术磁性的重要参数之一
【特点】 矫顽力的大小代表了材料被磁化的难易程度
【特点】 矫顽力来源于不可逆的磁化过程
【特点】 磁性材料饱和磁化
【状况】
【应用场景】 制造变压器铁芯
【应用场景】 制造电磁铁
【应用场景】 制造永磁体
【因素】
【影响因素】 杂质
【影响因素】 气孔
【影响因素】 应力
【影响因素】 磁铁性物质性质有关
【影响因素】 磁铁性物质原先的磁化强度
【影响因素】 材料的饱和磁化强度
【影响因素】 磁晶
【词条关系】
【层次关系】
【概念-实例】 纯铁的 Hc 约为 4 A/m
【概念-实例】 铁镍钴的 Hc 约为 5×10^4 A/m
【概念-实例】 稀土永磁材料，$Hc = 10^7$ A/m
【概念-实例】 NdFeB 永磁的 $Hc = 8 \times 10^5$ A/m
【概念-实例】 铁镍合金的 $Hc = 2$ A/m
【类分】 磁感矫顽力
【类分】 内禀矫顽力
【测度关系】
【物理量-单位】 A/m（或 kA/m）

◎纯净度
【基本信息】
【英文名】 purity
【拼音】 chun jing du
【核心词】
【定义】
　　表示零件或产品清洗后，在其表面上残留的污物的量。
【分类信息】
【CLC类目】
　　TF703.5 精炼
【IPC类目】
(1) F25D23/12 附加冷却室间隔的配置；制冷机与其他装备的组合，如与炉的组合
(2) F25D23/12 吸附法（离子交换法入 C02F1/42；吸附剂的组成入 B01J）〔3〕
(3) F25D23/12 特别适用于或配置于内燃机的液体燃料净化装置，如输送系统中配置的〔3〕
(4) F25D23/12 热解或气化（淤渣的热解入 C02F11/00；含碳材料的分解蒸馏入 C10B53/00)〔4〕

（5）F25D23/12　生产不定长度的制品，如预浸料坯、片材成型化合物（SMC），交联成型化合物（XMC）〔6〕
【词条属性】
　【特征】
　　【数值】　$c(S)\leq 20\times 10^{-6}$的超低硫钢
　　【特点】　以钢中杂质的含量表示
　　【特点】　钢中的元素和以第二相析出的废金属夹杂物等有害杂质降低钢材的使用性能
　【因素】
　　【影响因素】　S元素
　　【影响因素】　P元素
　　【影响因素】　O元素
　　【影响因素】　N元素
　　【影响因素】　As元素
　　【影响因素】　Bi元素
　　【影响因素】　Sb元素
　　【影响因素】　Pb元素
　　【影响因素】　Zn元素
　　【影响因素】　夹杂物的数量、大小、分布、位置等
　　【影响因素】　炼钢设备
【词条关系】
　【应用关系】
　　【使用】　EB BUTTON法
　　【使用】　高频率超声波随机检测法
　　【使用】　直接法
　　【使用】　间接法
　　【使用】　金相显微镜观测法
　　【使用】　图像分析法
　　【使用】　硫印法
　　【使用】　扫描电镜和电子探针显微分析仪
　　【使用】　光学发射光谱法
　　【使用】　激光显微探针质谱法
　　【使用】　X射线光电子光谱法
　　【使用】　俄歇电子光谱法
　　【使用】　撕拉姆法
　　【使用】　电子束熔化法
　　【使用】　冷坩埚熔化法
　　【使用】　光散射法
　　【使用】　液态金属纯度分析仪
　　【用于】　低碳铝镇静钢

◎洁净钢

【基本信息】
　【英文名】　degree of cleanness
　【拼音】　jie jing gang
　【核心词】
【定义】
　　钢中杂质元素含量具有非常严格的控制要求的钢，称为纯净钢。
【分类信息】
　【CLC类目】
　　（1）TF703　熔炼过程及操作
　　（2）TF703　铸锭
　　（3）TF703　精炼
　　（4）TF703　浇注及凝固
　【IPC类目】
　　（1）C04B35/04　以氧化镁为基料的〔6〕
　　（2）C04B35/04　以氧化铝为基料的〔6〕
　　（3）C04B35/04　以铝氧氮化硅为基料的（SIALONS）〔6〕
　　（4）C04B35/04　用无机材料〔4〕
【词条属性】
　【特征】
　　【数值】　硫含量一般要求不大于0.01%
　　【数值】　磷含量一般要求不大于0.01%
　　【特点】　钢中总氧含量低
　　【特点】　非金属夹杂物少
　　【特点】　非金属夹杂物尺寸小
　　【特点】　非金属夹杂物分布均匀
　　【特点】　脆性夹杂物少
　【状况】
　　【现状】　日本的少数工厂采用了结晶器钢水电磁制动新技术
　　【现状】　宝钢钢水包长水口自然引流成功率由前几年的70%左右提高到了近95%的较好水平

【应用场景】　汽车行业
　　【应用场景】　家电制造
　　【应用场景】　管线制造
　　【应用场景】　食品工业
　　【应用场景】　海洋结构
　　【应用场景】　轮胎用钢制造
【词条关系】
　　【层次关系】
　　　【概念-实例】　DI 罐
　　　【概念-实例】　超深冲钢
　　　【概念-实例】　管线钢
　　　【概念-实例】　滚珠轴承
　　　【概念-实例】　钢帘线
　　　【类分】　低硫钢
　　　【类分】　低氮钢
　　　【类分】　低磷钢
　　　【类分】　超低硫钢
　　　【类分】　超低磷钢
　　　【类分】　显微夹杂钢
　　【生产关系】
　　　【材料-工艺】　铁水脱硫
　　　【材料-工艺】　转炉炼钢
　　　【材料-工艺】　出钢挡渣
　　　【材料-工艺】　钢水包内炉渣改性处理
　　　【材料-工艺】　炉外精炼
　　　【材料-工艺】　钢水包下渣自动检测
　　　【材料-工艺】　保护浇注
　　　【材料-工艺】　炉渣管理

◎ 结构钢
【基本信息】
　　【英文名】　structural steel
　　【拼音】　jie gou gang
　　【核心词】
【定义】
　　(1)制造各类机械和建筑构件的钢。
　　【来源】　《现代材料科学与工程辞典》
　　(2)用于制造各种机械零件及钢铁结构的钢，一般为低、中碳钢。
　　【来源】　《铁合金辞典》
【分类信息】
　　【CLC 类目】
　　　(1) TG457.1　金属材料的焊接
　　　(2) TG457.1　镧系元素(稀土元素)
　　【IPC 类目】
　　　(1) C22C38/16　含铜的〔2〕
　　　(2) C22C38/16　含钛或锆的〔2〕
　　　(3) C22C38/16　用于轧制长度不定的带或板(1/42 优先)
　　　(4) C22C38/16　通过伴随有变形的热处理或变形后再进行热处理来改变物理性能(除需成型的工件外不需要再加热的锻造，或轧制成型的硬化工件或材料入 1/02)〔3〕
【词条属性】
　　【特征】
　　　【特点】　硫、磷及其他非金属夹杂物的含量较低
　　【状况】
　　　【应用场景】　汽车制造
　　　【应用场景】　制罐工业
　　　【应用场景】　机械制造
　　　【应用场景】　普通锅炉制造
　　　【应用场景】　机械零件制造
　　　【应用场景】　制造工具钢
　　　【应用场景】　建筑行业
　　　【应用场景】　耐磨件制造
　　　【应用场景】　机车制造
【词条关系】
　　【层次关系】
　　　【概念-实例】　Q195
　　　【概念-实例】　Q215
　　　【概念-实例】　Q235
　　　【概念-实例】　Q295
　　　【概念-实例】　Q345
　　　【概念-实例】　08F 钢
　　　【概念-实例】　20 钢
　　　【概念-实例】　25 钢
　　　【概念-实例】　30 钢

【概念-实例】 15Mn-35Mn 钢
【概念-实例】 60Mn-70Mn 钢
【概念-实例】 Y12Pb
【概念-实例】 Y15Pb
【概念-实例】 Y40Mn
【概念-实例】 Y40Ca
【概念-实例】 T7 钢
【类分】 耐热结构钢
【类分】 碳素结构钢
【类分】 低合金结构钢
【类分】 工程构件结构钢
【类分】 机器零件结构钢
【类分】 碳素铸钢
【类分】 易切削钢
【类分】 亚共析钢
【类分】 中碳钢
【类属】 低合金结构钢
【类属】 热轧板
【类属】 金属材料
【类属】 钢铁
【类属】 钢铁材料
【应用关系】
　【使用】 冷脆
　【使用】 空冷
　【使用】 钢丝
　【使用】 冷成型
　【用于】 铆钉
　【用于】 钢筋
　【用于】 桥梁
　【用于】 建筑构件
　【用于】 齿轮
　【用于】 轴
　【用于】 连杆
　【用于】 弹簧
　【用于】 轧辊
　【用于】 中小型轴承
【生产关系】
　【材料-工艺】 退火或正火
　【材料-工艺】 淬火
　【材料-工艺】 回火
　【材料-工艺】 表面热处理
　【材料-工艺】 热轧空冷
　【材料-工艺】 球化退火
　【材料-工艺】 低温回火
　【材料-工艺】 去应力
　【材料-工艺】 熔敷
　【材料-工艺】 热加工
　【原料-材料】 钎钢

◎ **结构件**

【基本信息】
　【英文名】 structure component
　【拼音】 jie gou jian
　【核心词】
【定义】
　具有一定形状结构,并能够承受载荷作用的构件,称为结构件。
【分类信息】
　【CLC 类目】
　　TD355　回采工作面支护
　【IPC 类目】
　　(1) F16B19/08　空心铆钉;多部分组成的铆钉
　　(2) F16B19/08　压力元件,如压力片,用于离合片或薄片;压力元件的导向装置
　　(3) F16B19/08　以结构或组成为特点的〔4〕
　　(4) F16B19/08　产生变化的照明效果的装置和系统〔7〕
　　(5) F16B19/08　流体导向装置,如扩压器
【词条属性】
　【特征】
　　【特点】 具有铸造性
　　【特点】 具有冷成型性
　　【特点】 具有热成型性
　　【特点】 具有可焊性
　　【特点】 具有切削加工性
　【状况】

【应用场景】　金属材料
【应用场景】　非金属材料
【应用场景】　高分子材料
【应用场景】　复合材料
【应用场景】　机械工业
【应用场景】　建筑行业
【应用场景】　汽车行业
【应用场景】　航空行业
【词条关系】
　【层次关系】
　　【概念-实例】　钢窗
　　【概念-实例】　钢筋混凝土预制件
　　【概念-实例】　梁
　　【概念-实例】　柱
　　【概念-实例】　板
　　【概念-实例】　Ti-1023 合金复杂结构件
　　【概念-实例】　Ti-22Al-25Nb 合金板材
　　【概念-实例】　飞机结构件
　　【概念-实例】　框
　　【概念-实例】　7075 铝合金车身结构件
　　【概念-实例】　支架
　　【概念-实例】　支撑定位架
　　【概念-实例】　内部骨架
　　【概念-实例】　钣金件
　　【概念-实例】　冲压件
　　【概念-实例】　精密机加工件
　　【类分】　钛合金结构件
　　【类分】　钢结构件
　　【类分】　汽车结构件
　　【类属】　结构材料
　【应用关系】
　　【材料-加工设备】　加热炉
　　【使用】　焊管
　【生产关系】
　　【材料-工艺】　焊接工艺

◎ **结晶器**
【基本信息】
　【英文名】　crystallizer
　【拼音】　jie jing qi
　【核心词】
【定义】
　（1）承接从中间罐注入的钢水并使之按规定断面形状凝固成坚固坯壳的连续铸钢设备。
　【来源】　《中国冶金百科全书·钢铁冶金》
　（2）半连续铸锭时，熔体在其中完成凝固结晶并成型用的部件。
　【来源】　《中国冶金百科全书·金属塑性加工》
【分类信息】
　【CLC 类目】
　　（1）TF341.6　连续铸钢设备
　　（2）TF341.6　连续铸钢、近终形铸造
　　（3）TF341.6　方坯连铸
　　（4）TF341.6　板坯连铸
　　（5）TF341.6　浇注机械
　【IPC 类目】
　　（1）B22D11/059　铸模材料或板料〔7〕
　　（2）B22D11/059　铵的卤化物
　　（3）B22D11/059　无环或碳环化合物
　　（4）B22D11/059　铸模的制造或校准〔7〕
【词条属性】
　【特征】
　　【特点】　结构简单
　　【特点】　生产强度较低
　　【特点】　良好的导热性
　　【特点】　结构刚性好
　　【特点】　装拆和调整方便
　　【特点】　工作寿命长
　　【特点】　振动时惯性力小
　　【特点】　便于制造维护
【词条关系】
　【层次关系】
　　【参与组成】　电渣炉
　　【参与组成】　连铸机
　　【类分】　蒸发结晶器
　　【类分】　冷却结晶器
　　【类分】　母液循环结晶器

【类分】　晶浆循环结晶器
【类分】　连续结晶器
【类分】　间歇结晶器
【类分】　漏斗形结晶器
【类分】　H2 结晶器
【类分】　平行板形直结晶器
【类分】　管式结晶器
【类分】　组合式结晶器
【类分】　整体式结晶器
【类分】　调宽结晶器
【类分】　压力水膜结晶器
【类分】　热顶结晶器
【类分】　喷淋式结晶器
【组成部件】　蛇管
【组成部件】　结晶槽
【组成部件】　搅拌器
【组成部件】　漏钢检测装置
【应用关系】
　【用于】　钢水快速冷却
【生产关系】
　【设备工具-工艺】　晶粒细化

◎ 界面
【基本信息】
　【英文名】　interface
　【拼音】　jie mian
　【核心词】
　【定义】
　　(1)通常两相之间的分界面称为界面。
　【来源】　《现代材料科学与工程辞典》
　　(2)物理上的界面不仅指一个几何分界面,而且指一个薄层,这种分界的表面(界面)具有和它两边基体不同的特殊性质。
　【来源】　《金属功能材料词典》
【分类信息】
　【CLC 类目】
　　(1)TB332　非金属复合材料
　　(2)TB332　金属复合材料
　　(3)TB332　金属-非金属复合材料

　　(4)TB332　复合材料
　　(5)TB332　能带论
【IPC 类目】
　　(1)C09K7/02　含有机或无机化合物的含水液体〔2〕
　　(2)C09K7/02　未列入其他类目的各种应用的材料
　　(3)C09K7/02　自熔融液提拉法的单晶生长,如 Czochralski 法(在保护流体下的入 27/00)〔3〕
【词条属性】
　【特征】
　　【数值】　厚度一般为几个原子层
　　【特点】　界面可以快速扩散
　　【特点】　界面具有吸附能力
　　【特点】　界面可被腐蚀
　　【特点】　原子间结合键不相等
　　【特点】　表面原子能高于内部原子能
　【状况】
　　【应用场景】　分析化学
　　【应用场景】　化学工艺
　　【应用场景】　海洋化学资源利用
　　【应用场景】　金属材料
　　【应用场景】　复合材料
　　【应用场景】　铁磁性材料
　　【应用场景】　功能复合材料
　【因素】
　　【影响因素】　摩擦
　　【影响因素】　磨损
　　【影响因素】　氧化
　　【影响因素】　腐蚀
　　【影响因素】　偏析
　　【影响因素】　催化
　　【影响因素】　吸附现象
【词条关系】
　【层次关系】
　　【类分】　化学作用界面
　　【类分】　熔焊界面
　　【类分】　固态结合界面

【类分】 液相和气相沉积界面
【类分】 凝固共生界面
【类分】 粉末冶金界面
【类分】 黏接界面
【类分】 小角度晶界（$\theta<10°$）
【类分】 倾侧晶界
【类分】 扭转晶界
【类分】 混合晶界
【类分】 共格界面
【类分】 半共格界面
【类分】 非共格界面
【类分】 孪晶界
【类分】 反相畴界
【类分】 胞壁
【类分】 固固界面
【类分】 液液界面
【类分】 固气界面
【类分】 固液界面
【类分】 液气界面
【类分】 机械作用界面
【类分】 大角度晶界（$\theta>10°$）
【类分】 层错界
【实例-概念】 缺陷

◎ 金相
【基本信息】
　【英文名】 metallographic
　【拼音】 jin xiang
　【核心词】
【定义】
　金属材料的内部结构，只有在显微镜下才能观察到。在显微镜下看到的内部组织结构称为显微组织或金相组织。
【分类信息】
　【CLC 类目】
　　TG172.4　土壤腐蚀
　【IPC 类目】
　　（1）C13D1/06　压蔗机
　　（2）C13D1/06　含稀土金属的〔5,6〕

　　（3）C13D1/06　在拧入螺钉的物体中形成螺纹的螺钉，如木螺钉、自身攻螺纹螺钉〔4〕
　　（4）C13D1/06　和磁性过渡金属的，如$SmCo_5$〔6〕
　　（5）C13D1/06　从固体金属化合物开始〔3〕
【词条属性】
　【特征】
　　【特点】 用于描述微观组织
　【时间】
　　【起始时间】 1808 年
　【因素】
　　【影响因素】 温度
　　【影响因素】 加工变形
　　【影响因素】 浇注情况
　　【影响因素】 金属或合金的化学成分
【词条关系】
　【等同关系】
　　【基本等同】 金相学
　【层次关系】
　　【参与组成】 金相技术
　　【主体-附件】 马氏体
　　【主体-附件】 魏氏组织
　　【主体-附件】 屈氏体
　　【组成部件】 金相检验
　　【组成部件】 金相分析
　【应用关系】
　　【使用】 光学金相显微术
　　【使用】 电子显微学
　　【使用】 扫描电子显微镜
　　【使用】 透射电子显微镜
　　【使用】 X 射线衍射

◎ 金相组织
【基本信息】
　【英文名】 metallographic structure
　【拼音】 jin xiang zu zhi
　【核心词】
【定义】

指金属组织中化学成分、晶体结构和物理性能相同的组成,其中包括固溶体、金属化合物及纯物质。
【分类信息】
　【CLC类目】
　　（1）TB331　金属复合材料
　　（2）TB331　钢的组织与性能
　　（3）TB331　特种机械性质合金
　　（4）TB331　轻金属铸造
　　（5）TB331　黑色金属
　【IPC类目】
　　（1）C23C8/20　渗碳[4]
　　（2）C23C8/20　含锰的[2]
　　（3）C23C8/20　锡基合金
　　（4）C23C8/20　在生产钢板或带钢时（8/12优先）[3]
　　（5）C23C8/20　使用精炼或脱氧的专用添加剂
【词条属性】
　【特征】
　　【特点】　可描述金属金相的具体形态
　　【特点】　奥氏体具有顺磁性
　　【特点】　铁素体具有体心立方点阵
　　【特点】　奥氏体呈八面体晶格
　　【特点】　奥氏体呈规则多边形
　【因素】
　　【影响因素】　温度
　　【影响因素】　加工变形
　　【影响因素】　浇注情况
　　【影响因素】　化学成分
【词条关系】
　【层次关系】
　　【构成成分】　铁、碳、合金元素
　　【类分】　宏观组织
　　【类分】　奥氏体
　　【类分】　铁素体
　　【类分】　珠光体
　　【类分】　上贝氏体
　　【类分】　下贝氏体
　　【类分】　粒状贝氏体
　　【类分】　无碳化物贝氏体
　　【类分】　马氏体
　　【类分】　二次马氏体
　　【类分】　回火马氏体
　　【类分】　回火屈氏体
　　【类分】　回火索氏体
　　【类分】　莱氏体
　　【类分】　粒状珠光体
　　【类分】　魏氏组织
【应用关系】
　【使用】　金相显微镜
　【用于】　纯铁
　【用于】　铸铁
　【用于】　磨具钢
　【用于】　管线钢
　【用于】　低合金钢
　【用于】　船板钢
　【用于】　汽车钢
　【用于】　Fe-Ni合金

◎ **金属材料**
【基本信息】
　【英文名】　metallic material
　【拼音】　jin shu cai liao
　【核心词】
【定义】
　（1）由金属元素或以金属为主要元素构成的材料。
　【来源】　《中国军事后勤百科全书·十一物资勤务卷》
　（2）金属经过熔炼和各种加工后制成的材料,称为金属材料。
　【来源】　《机械加工工艺辞典》
【分类信息】
　【CLC类目】
　　（1）TB30　工程材料一般性问题
　　（2）TB30　特种结构材料
　　（3）TB30　造船用材料

（4）TB30　功能材料
【IPC 类目】
　　（1）C22F1/00　用热处理法，或用热加工或冷加工法改变有色金属或合金的物理结构（金属的机械加工设备入 B21,B23,B24）
　　（2）C22F1/00　铝做次主要成分的〔2〕
　　（3）C22F1/00　淬火设备
　　（4）C22F1/00　含有氟化物或铬合氟化物的〔4,5〕
【词条属性】
　【特征】
　　【特点】　几乎都是具有晶格结构的固体
　　【特点】　由金属键结合而成
　　【特点】　具有导电性、导热性
　　【特点】　表面具有色彩与光泽
　　【特点】　良好的展延性
　　【特点】　可制成金属间化合物
　　【特点】　能与金属或非金属在熔融状态下形成合金
　　【特点】　金属元素除贵金属外，化学性能活泼，易锈易蚀
　　【特点】　具有可锻性
　　【特点】　具有可焊性
　【状况】
　　【现状】　技术单一
　　【现状】　技术水平偏低
　　【现状】　缺乏先进的设备
　　【现状】　人才短缺
　　【现状】　2009—2012 年，金属制品行业有巨大的发展
　　【应用场景】　零件制造
　　【应用场景】　机械制造
　　【应用场景】　航空工业
　　【应用场景】　汽车工业
　　【应用场景】　建筑行业
　　【应用场景】　金属制品制造
　　【应用场景】　金属工具制造
【词条关系】
　【层次关系】

　　【类分】　纯金属
　　【类分】　合金
　　【类分】　有色金属
　　【类分】　黑色金属
　　【类分】　特种金属材料
　　【类分】　结构钢
　　【类分】　不锈钢
　　【类分】　精密合金
　　【类分】　轻金属
　　【类分】　重金属
　　【类分】　贵金属
　　【类分】　半金属
　　【类分】　稀有金属
　　【类分】　稀土金属
　　【类分】　非晶态金属
　　【类分】　准晶金属材料
　　【类分】　微晶金属材料
　　【类分】　纳米晶金属材料
　　【类分】　隐身材料
　　【类分】　减震阻尼材料
　　【类分】　金属基复合材料
　　【类属】　材料
　　【类属】　金属材料、金属间化合物
　【应用关系】
　　【使用】　布氏硬度
　　【使用】　洛氏硬度
　　【使用】　维氏硬度
　　【使用】　抗拉强度
　　【使用】　抗压强度
　　【使用】　抗弯强度
　　【使用】　抗剪强度
　　【使用】　腐蚀试验
　　【使用】　温度系数
　　【用于】　集装箱
　　【用于】　日用金属制品

◎ 金属间化合物

【基本信息】
　　【英文名】　intermetallic compound

【拼音】　jin shu jian hua he wu
【核心词】
【定义】
　　(1)金属与金属,或金属与准金属(如氢、硼、氮、硫、磷、碳、硅等)形成的化合物。
【来源】　《现代材料科学与工程辞典》
　　(2)在一定条件下,两种金属的原子按一定比例化合,形成与原来两种组分均不同的晶格的合金或化合物。
【来源】　《化学词典》
【分类信息】
　【CLC 类目】
　　(1) TG131　合金学理论
　　(2) TG131　中子衍射及其应用
　　(3) TG131　特种热性质合金
　　(4) TG131　合金学与各种性质合金
　　(5) TG131　复合材料
　【IPC 类目】
　　(1) C22C1/04　用粉末冶金法(1/08 优先)〔2〕
　　(2) C22C1/04　铝基合金
　　(3) C22C1/04　用熔融态覆层材料且不影响形状的热浸镀工艺;其所用的设备〔4〕
　　(4) C22C1/04　以采用特殊材料为特征的〔3〕
　　(5) C22C1/04　仅以金属材料组成为特征的金属材料镀覆,即不以镀覆工艺为特征(26/00,28/00 优先)〔4〕
【词条属性】
　【特征】
　　【特点】　原子的排列遵循某种高度有序化的规律
　　【特点】　具有金属光泽
　　【特点】　具有金属导电性
　　【特点】　具有导热性
　　【特点】　晶体结构以面心立方结构为基的长程有序结构
　　【特点】　晶体结构以体心立方结构为基的长程有序结构
　　【特点】　晶体结构以密排六方结构为基的长程有序结构
　　【特点】　晶体结构长周期超点阵
　　【特点】　高硬度
　　【特点】　高熔点
　　【特点】　高的抗蠕变性能
　　【特点】　低塑性
　　【特点】　具有电学性能
　　【特点】　具有磁学性能
　　【特点】　具有声学性质
　【状况】
　　【应用场景】　航空航天领域
　【时间】
　　【起始时间】　19 世纪 30 年代
　【因素】
　　【影响因素】　温度
　　【影响因素】　压强
　　【影响因素】　原子百分比
　　【影响因素】　吉布斯自由能
　　【影响因素】　原子尺寸因素
　　【影响因素】　原子序数因素
　　【影响因素】　电化学因素
　　【影响因素】　价电子因素
【词条关系】
　【层次关系】
　　【参与构成】　磁性材料
　　【概念-实例】　Cu_6Sn_5
　　【概念-实例】　Cu_3Sn
　　【概念-实例】　CuZn
　　【概念-实例】　InSb
　　【概念-实例】　GaAs
　　【概念-实例】　CdSe
　　【概念-实例】　Ni_3Al
　　【类分】　σ 相
　　【类分】　Laves 相
　　【类分】　几何密排相
　　【类分】　拓扑密排相
　　【类分】　$Cr_3Si(\beta\text{-}W)$ 相
　　【类分】　χ 相

【类分】　μ相
【应用关系】
　　【用于】　半导体材料
　　【用于】　储氢材料
【生产关系】
　　【材料-工艺】　感应熔炼
　　【材料-工艺】　真空电弧熔炼
　　【材料-工艺】　电渣重熔
　　【材料-工艺】　等离子电弧熔炼
　　【材料-工艺】　电子书熔炼
　　【材料-工艺】　砂型铸造
　　【材料-工艺】　熔模铸造
　　【材料-工艺】　近净成型铸造
　　【材料-工艺】　单晶制备技术
　　【材料-工艺】　喷射铸造
　　【材料-工艺】　低压铸造

◎ 晶格常数
【基本信息】
　　【英文名】　lattice constant
　　【拼音】　jing ge chang shu
　　【核心词】
【定义】
　　晶胞的大小可以用它的棱长来衡量,晶胞的棱长即称为晶格常数,度量单位为 Å（1 Å = 10^{-8} cm）。
【来源】　《机械加工工艺辞典》
【分类信息】
　　【CLC 类目】
　　　（1）O782　晶体生长工艺
　　　（2）O782　超导电性
　　　（3）O782　晶体结构数据（结构报告）
　　　（4）O782　超导体、超导体材料
　　【IPC 类目】
　　　（1）G01N33/40　研磨材料
　　　（2）G01N33/40　辅助器件（波导型耦合器件入 5/00）
　　　（3）G01N33/40　利用辐射的衍射,如用于测试晶体结构,利用辐射的反射

　　　（4）G01N33/40　控制或调节（一般的控制或调节入 G05）〔3〕
　　　（5）G01N33/40　以镀层材料为特征的（14/04 优先）〔4〕
【词条属性】
　　【特征】
　　【数值】　立方晶格金属的晶格常数 a 一般在 2.8～5.5 Å 的范围内
　　【特点】　是晶体物质的基本结构参数
　　【特点】　与原子间的结合能有直接的关系
【词条关系】
　　【层次关系】
　　　【类分】　晶胞的 3 个棱边长度
　　　【类分】　棱边之间的夹角
　　【应用关系】
　　　【用于】　晶体学
　　　【用于】　多晶材料
　　　【用于】　GH95 合金
　　　【用于】　碳/碳复合材料
　　　【用于】　7A52 铝合金
　　　【用于】　复合碳化物
　　【测度关系】
　　　【物理量-单位】　Å（1 Å = 10^{-8} cm）
　　　【物理量-度量方法】　X 射线衍射法测定

◎ 晶格畸变
【基本信息】
　　【英文名】　lattice distortion
　　【拼音】　jing ge ji bian
　　【核心词】
【定义】
　　晶体点阵由于诸如空位和位错的出现和溶质原子的存在等原因,所产生的内应力而引起失去其理想的完整性和规律性的现象。
【来源】　《金属功能材料词典》
【分类信息】
　　【CLC 类目】
　　　（1）TB383　特种结构材料

（2）TB383　　其他特种性质合金
　　（3）TB383　　各种磁性
　　（4）TB383　　粉末的制造方法
　　（5）TB383　　电学性质
【IPC 类目】
　　（1）C30B29/28　　分子式为 $A_3Me_5O_{12}$ 的，其中 A 为稀土金属，Me 为 Fe、Ga、Sc、Cr、Co 或 Al，如石榴石[3]
　　（2）C30B29/28　　自熔融液提拉法的单晶生长，如 Czochralski 法（在保护流体下的入 27/00）[3]
　　（3）C30B29/28　　磷酸盐[3]
　　（4）C30B29/28　　添加掺杂材料，如用于 n-p 结的[3]
【词条属性】
　【特征】
　　【特点】　　使晶体强度增加
　　【特点】　　使晶体电阻率变大
　　【特点】　　使晶体塑性降低
　　【特点】　　使材料强度、硬度提高
　　【特点】　　引起材料内能增高
　　【特点】　　使材料微观应力增大
　　【特点】　　阻碍位错滑移变形
　　【特点】　　原子离开了平衡位置
　　【特点】　　实现固溶强化
　　【特点】　　使材料的稳定性降低
　　【特点】　　3 种晶体缺陷均会导致晶格畸变
　　【特点】　　变形抗力增加
　　【特点】　　使晶格发生扭曲
　　【特点】　　原子间的平衡状态被破坏了
　【因素】
　　【影响因素】　　原子热运动
　　【影响因素】　　各种晶体缺陷
　　【影响因素】　　晶体结构类型
　　【影响因素】　　原子尺寸
　　【影响因素】　　溶质原子浓度
【词条关系】
　【等同关系】
　　【基本等同】　　点阵畸变

【层次关系】
　　【类分】　　动畸变
　　【类分】　　静畸变
　　【类分】　　正畸变
　　【类分】　　负畸变
【应用关系】
　　【使用】　　X 射线衍射法

◎ **晶间腐蚀**
【基本信息】
　【英文名】　　intercrystalline corrosion; intergranular corrosion
　【拼音】　　jing jian fu shi
　【核心词】
【定义】
　　（1）沿着或紧挨着金属晶粒边界发生的金属腐蚀。
　【来源】　　《中国冶金百科全书·金属材料》
　　（2）金属或合金的晶粒边界受到化学浸蚀而破坏的现象。
　【来源】　　《现代材料科学与工程辞典》
【分类信息】
　【CLC 类目】
　　（1）TG172　　各种类型的金属腐蚀
　　（2）TG172　　其他腐蚀
　　（3）TG172　　热处理工艺
　　（4）TG172　　化工机械与设备的腐蚀与防腐蚀
　　（5）TG172　　核电厂（核电站）
　【IPC 类目】
　　（1）C22C21/06　　镁做次主要成分的[2]
　　（2）C22C21/06　　用于冷却的[2]
　　（3）C22C21/06　　不限于仅在 17/00，19/00，21/00 中之一组中所述及的方法进行轧管，如组合加工（25/00 优先）
　　（4）C22C21/06　　含氮的化合物
　　（5）C22C21/06　　含硅的[2]
【词条属性】
　【特征】

【缺点】　使金属脆性增加降低强度
【缺点】　金属表面呈蜂窝状
【缺点】　使金属容易破碎
【缺点】　导致构件破坏存在安全隐患
【特点】　焊接过程中易引起晶间腐蚀
【特点】　晶界含杂质时易引起晶间腐蚀
【特点】　奥氏体不锈钢敏化态晶间腐蚀发生在活化—钝化电位区和过钝化以上的电位区
【特点】　腐蚀常出现在焊接件的焊缝热影响区
【特点】　铝基合金热处理不当时也会产生晶间腐蚀
【特点】　重量上损失很小
【特点】　破坏晶粒间的结合
【词条关系】
　【等同关系】
　　【基本等同】　粒间腐蚀
　【层次关系】
　　【概念-实例】　不锈钢晶间腐蚀
　　【概念-实例】　镍基合金晶间腐蚀
　　【概念-实例】　铝合金晶间腐蚀
　　【概念-实例】　镁合金晶间腐蚀
　　【概念-实例】　焊接接头晶间腐蚀
　　【概念-实例】　奥氏体不锈钢晶间腐蚀
　　【概念-实例】　0Cr15Ni75Fe 合金晶间腐蚀
　　【概念-实例】　0Ni65Mo28Fe5V 合金晶间腐蚀
　　【概念-实例】　0Cr16Ni60Mo16W4 合金晶间腐蚀
　　【概念-实例】　铝铜合金晶间腐蚀
　　【概念-实例】　铝铜镁合金晶间腐蚀
　　【类属】　局部腐蚀
　　【类属】　腐蚀
　【应用关系】
　　【使用】　使用敏化处理方法

◎ 晶界强化
【基本信息】
　【英文名】　grain boundary strengthening
　【拼音】　jing jie qiang hua
　【核心词】
【定义】
　由加工强化使晶界产生的形变硬化现象。
【来源】　《现代材料科学与工程辞典》
【分类信息】
　【CLC 类目】
　　TG13　合金学与各种性质合金
　【IPC 类目】
　　（1）C22C9/02　锡做次主要成分的〔2〕
　　（2）C22C9/02　铜或铜基合金
【词条属性】
【特征】
　【特点】　加入合金元素和稀土元素实现强化效果
　【特点】　晶粒越细,屈服强度越高
　【特点】　塑性变形抗力增加
　【特点】　晶界数量增多
　【特点】　位错运动受阻
　【特点】　满足 Hall-Petch 公式
　【特点】　使材料塑性、韧性变好
　【特点】　晶界本身对晶内滑移的阻碍
　【特点】　类似于加工硬化
【因素】
　【影响因素】　杂质
　【影响因素】　位错缠结
　【影响因素】　第二相粒子
　【影响因素】　晶粒大小
　【影响因素】　温度
　【影响因素】　变形速率
　【影响因素】　晶粒间取向差
　【影响因素】　两相邻晶体变形协调程度
【词条关系】
　【等同关系】
　　【基本等同】　细晶强化
　【层次关系】
　　【主体-附件】　增加过冷度
　　【主体-附件】　变质处理
　　【主体-附件】　震动与搅拌

【主体-附件】　热处理
【应用关系】
　　【用于】　高温合金强化

◎ 晶界析出
【基本信息】
　　【英文名】　grain boundary precipitate
　　【拼音】　jing jie xi chu
　　【核心词】
【定义】
　　对于析出,当析出驱动力高时,钢中合金元素易于在晶界聚集,析出相易在晶界沉淀析出,称为晶界析出。
【分类信息】
　　【IPC 类目】
　　（1）H01F1/34　非金属物质,如铁氧体〔6〕
　　（2）H01F1/34　以镁做次主要成分的合金的〔4〕
　　（3）H01F1/34　以铁氧体为基料的〔2,6〕
　　（4）H01F1/34　镁做次主要成分的〔2〕
　　（5）H01F1/34　用熔炼法
【词条属性】
　　【特征】
　　　　【特点】　能使晶界强化
　　　　【特点】　主要指合金元素在晶界的析出
　　　　【特点】　杂质也在晶界析出
　　　　【特点】　第二相粒子钉扎晶界
　　　　【特点】　晶界附近合金元素浓度分布不均匀
　　　　【特点】　晶界附近金属的腐蚀行为和晶内其他部分不一样
　　　　【特点】　使冲击韧性大幅度下降
　　　　【特点】　取向差,较小的晶界处没有碳化物析出
　　【状况】
　　　　【应用场景】　时效热处理
　　　　【应用场景】　固溶处理
　　【因素】
　　　　【影响因素】　淬火介质
　　　　【影响因素】　热处理工艺

【影响因素】　合金元素
【影响因素】　晶界取向差
【词条关系】
　　【层次关系】
　　【附件-主体】　7150 铝合金
　　【附件-主体】　铸态 ZK60 镁合金
　　【附件-主体】　Cu-Ni-Mn 合金
　　【附件-主体】　Inconel690 合金
　　【附件-主体】　高温合金
　　【附件-主体】　镍基合金
　　【附件-主体】　普通低碳钢
　　【附件-主体】　高速钢
　　【附件-主体】　奥氏体不锈钢
　　【主体-附件】　二次渗碳体
　　【主体-附件】　$M_{23}C_6$ 型碳化物
　　【主体-附件】　M_7C_6 型碳化物

◎ 晶粒长大
【基本信息】
　　【英文名】　grain growth
　　【拼音】　jing li zhang da
　　【核心词】
【定义】
　　（1）金属或合金的晶粒随温度而长大的现象。
　　【来源】　《金属功能材料词典》
　　（2）一般指在退火过程中经再结晶形成的晶粒在继续加热或保温时发生的长大现象。
　　【来源】　《金属材料简明辞典》
【分类信息】
　　【CLC 类目】
　　（1）TG132　特种物理性质合金
　　（2）TG132　超导体、超导体材料
　　（3）TG132　粉末成型、烧结及后处理
　　（4）TG132　钛及其合金的热处理
　　（5）TG132　钢的组织与性能
　　【IPC 类目】
　　（1）C22C29/08　以碳化钨为基的〔4〕
　　（2）C22C29/08　复合材料〔6〕

（3）C22C29/08 以氧化锆或氧化铪或锆酸盐或铪酸盐为基料的〔6〕
【词条属性】
【特征】
【特点】 驱动力为晶粒长大前后总的界面能差
【特点】 弯曲的晶界总是趋向于平直化，即向曲率中心移动以减少界面积
【特点】 晶界总是向角度较锐的晶粒方向移动，力图使3个夹角都等于120°
【特点】 温度越高，晶粒长大速度越快，晶粒越粗大
【特点】 晶界随晶粒长大而迁移
【特点】 二次再结晶降低材料的强度与塑性
【特点】 适用于再结晶图
【特点】 正常晶粒长大满足抛物线形动力学方程
【特点】 异常晶粒生长的动力学方程可以表示为：$X = 1 - b\exp(-at^p)$
【状况】
【应用场景】 金属、合金的凝固
【应用场景】 陶瓷的烧结
【因素】
【影响因素】 温度
【影响因素】 分散相粒子
【影响因素】 微量溶质和杂质
【影响因素】 晶粒间位向差
【影响因素】 表面热蚀沟
【词条关系】
【层次关系】
【类分】 正常长大
【类分】 异常长大
【主体-附件】 互相吞并
【主体-附件】 晶界推移

◎ **晶粒尺寸**
【基本信息】
【英文名】 grain size
【拼音】 jing li chi cun
【核心词】
【定义】
描述材料金相组织特征的一个参数，通常指晶粒的大小。
【分类信息】
【CLC 类目】
（1）TB383 特种结构材料
（2）TB383 粉末成型、烧结及后处理
（3）TB383 一般性问题
【IPC 类目】
（1）C04B35/622 形成工艺；准备制造陶瓷产品的无机化合物的加工粉末〔6〕
（2）C04B35/622 以氧化锆或氧化铪或锆酸盐或铪酸盐为基料的〔6〕
（3）C04B35/622 在生产钢板或带钢时（8/12 优先）〔3〕
（4）C04B35/622 氧化物
（5）C04B35/622 氮与金属、硅，或与硼的二元化合物（叠氮化物入 21/08）
【词条属性】
【特征】
【特点】 满足 Hall-Petch 公式
【特点】 晶粒越细小，材料的强度越高
【特点】 晶粒细小还可以提高材料的塑性和韧性
【特点】 细晶强化改变晶粒尺寸
【因素】
【影响因素】 变形度
【影响因素】 退火温度
【影响因素】 杂质
【影响因素】 合金元素
【影响因素】 晶粒细化剂
【影响因素】 晶粒细化元素
【影响因素】 凝固控制
【影响因素】 冷加工工艺
【影响因素】 再结晶工艺
【影响因素】 冷却速度
【影响因素】 震动搅拌

【影响因素】　加热温度和保温时间
　　【影响因素】　加热速度
　　【影响因素】　原始组织
【词条关系】
　【等同关系】
　　【学名是】　晶粒度
　【测度关系】
　　【物理量-度量方法】　定量金相方法
　　【物理量-度量方法】　测微尺换算
　　【物理量-度量方法】　直接计算法
　　【物理量-度量方法】　比较法
　　【物理量-度量方法】　面积计算法
　　【物理量-度量工具】　测微尺
　　【物理量-度量工具】　金相显微镜
　　【物理量-度量工具】　XRD 相关软件

◎晶粒粗化
【基本信息】
　【英文名】　grain coursing
　【拼音】　jing li cu hua
　【核心词】
【定义】
　　是指由于晶粒的大小取决于形核速率和相对长大速度,对于两条件控制不当而造成晶粒粗化,从而使其材料综合性能下降的过程。
【分类信息】
　【CLC 类目】
　　TG113.2　金属的性能
　【IPC 类目】
　　(1) H01H1/02　按所用材料区分
　　(2) H01H1/02　银基合金〔2〕
　　(3) H01H1/02　按重量至少含 5%但小于 50%的,无论是本身加入的还是原位形成的氧化物、碳化物、硼化物、氮化物、硅化物或其他金属化合物,如氮氧化合物、硫化物的有色合金〔2〕
　　(4) H01H1/02　通过伴随有变形的热处理或变形后再进行热处理来改变物理性能(除需成型的工件外不需要再加热的锻造,或轧制成型的硬化工件或材料入 1/02)〔3〕
　　(5) H01H1/02　铁基合金,如合金钢(铸铁合金入 37/00)〔2〕
【词条属性】
　【特征】
　　【特点】　晶界总长度减小
　　【特点】　使得不同取向的晶粒较少
　　【特点】　使位错移动阻力小
　　【特点】　使材料强度、韧性降低
　　【特点】　满足 Hall-Petch 公式
　　【特点】　晶界腐蚀敏感性大
　　【特点】　材料的表面能降低
　【因素】
　　【影响因素】　晶粒长大抑制剂
　　【影响因素】　晶粒形核速率
　　【影响因素】　晶粒长大速度
　　【影响因素】　稳定的金属/非金属原子团
　　【影响因素】　加热温度
　　【影响因素】　机械阻碍物
　　【影响因素】　变形程度
　　【影响因素】　变形速度
　　【影响因素】　固溶处理前的组织
　　【影响因素】　保温时间
　　【影响因素】　第二相
【词条关系】
　【层次关系】
　　【并列】　晶粒细化
　　【附件-主体】　奥氏体
　　【附件-主体】　铁素体

◎晶粒度
【基本信息】
　【英文名】　grain size
　【拼音】　jing li du
　【核心词】
【定义】
　　(1)用于描述单相合金中晶粒大小及复相合金中连续分布的基体相晶粒大小的性能指标。

【来源】 《现代材料科学与工程辞典》
（2）评定多晶体中晶粒平均大小的尺度。
【来源】 《金属材料简明辞典》
【分类信息】
　【CLC类目】
　　（1）TG135　特种机械性质合金
　　（2）TG135　特种结构材料
　　（3）TG135　锗主族(第ⅣA族)元素的无机化合物
　　（4）TG135　粉末冶金制品及其应用
　　（5）TG135　金属材料
　【IPC类目】
　　（1）C22C29/08　以碳化钨为基的〔4〕
　　（2）C22C29/08　用粉末冶金法(1/08优先)〔2〕
　　（3）C22C29/08　轴承保持架〔2〕
　　（4）C22C29/08　滚珠保持架
　　（5）C22C29/08　以碳化硼为基料的〔6〕
【词条属性】
　【特征】
　　【特点】　是指单位体积的晶粒数目
　　【特点】　是指单位面积内的晶粒数目(ZS)
　　【特点】　是指晶粒的平均线长度(或直径)
　　【特点】　晶粒度越大越好
　　【特点】　标准晶粒度共分8级
　　【特点】　1～4级为粗晶粒
　　【特点】　5～8级为细晶粒
　　【特点】　材料的屈服强度 σ_s 与晶粒直径 d 符合 Hall-Petch 公式
　　【特点】　晶粒越细小，材料的强度越高
　　【特点】　晶粒细小还可以提高材料的塑性和韧性
　　【特点】　0级以下为超粗晶粒
　　【特点】　8级以上超细晶粒
　【因素】
　　【影响因素】　冷却速度
　　【影响因素】　变质处理
　　【影响因素】　震动搅拌
　　【影响因素】　形核率
　　【影响因素】　晶粒长大速率
　　【影响因素】　加热温度和保温时间
　　【影响因素】　加热速度
　　【影响因素】　钢的化学成分
　　【影响因素】　脱氧剂
　　【影响因素】　原始组织
【词条关系】
　【等同关系】
　　【俗称为】　晶粒尺寸
　【层次关系】
　　【类分】　粗晶粒
　　【类分】　细晶粒
　　【类分】　起始晶粒度
　　【类分】　实际晶粒度
　　【类分】　本质晶粒度
　　【类分】　奥氏体晶粒度
　　【类分】　铁素体晶粒度
　【测度关系】
　　【物理量-度量方法】　比较法
　　【物理量-度量方法】　直测计算法
　　【物理量-度量方法】　面积计算法
　　【物理量-度量方法】　渗碳法
　　【物理量-度量方法】　氧化法
　　【物理量-度量方法】　铁素体
　　【物理量-度量方法】　渗碳体
　　【物理量-度量方法】　直接淬硬法
　　【物理量-度量方法】　模拟渗碳体法
　　【物理量-度量方法】　网状珠光体法
　　【物理量-度量工具】　金相显微镜

◎ 晶粒取向

【基本信息】
　【英文名】　grain orientation
　【拼音】　jing li qu xiang
　【核心词】
【定义】
　　晶粒取向是指晶体中晶粒的方向，一般来

说,多晶中取向是无序的。
【分类信息】
　【CLC 类目】
　　O71　几何晶体学
　【IPC 类目】
　　(1) C21D8/12　在生产具有特殊电磁性能的产品时〔3〕
　　(2) C21D8/12　按材料区分的〔2〕
　　(3) C21D8/12　铋的化合物
　　(4) C21D8/12　超导体、超导电缆或超导传输线(按陶瓷形成的工艺或陶瓷组合物性质区分的超导体入 C04B35/00;按材料特性区分的应用超导电性的零部件或设备入 H01L39/12)〔2,4〕
　　(5) C21D8/12　用于冷却的〔2〕
【词条属性】
　【特征】
　　【特点】　择优取向
　　【特点】　结晶学取向
　　【特点】　有的是织构组织
　　【特点】　服从取向分布函数法
　　【特点】　影响材料的物理和力学性能
　　【特点】　各向异性
　　【特点】　各向同性
　【因素】
　　【影响因素】　材料的组成
　　【影响因素】　晶体结构类型
　　【影响因素】　变形工艺
　　【影响因素】　轧制工艺
　　【影响因素】　退火温度
　　【影响因素】　退火气氛
【词条关系】
　【层次关系】
　　【类分】　形变织构
　　【类分】　纤维织构
　　【类分】　板织构
　　【类分】　再结晶织构
　【应用关系】
　　【使用】　X 光衍射或中子衍射方法
　　【使用】　透射电镜中的电子衍射及高分辨成像技术
　　【使用】　电子背散射衍射
　　【使用】　线材
　　【用于】　轧制的金属板材
　　【用于】　低碳钢
　　【用于】　硅钢片
　　【用于】　深冲薄钢板
　　【用于】　纯铜
　　【用于】　镁合金
　　【用于】　陶瓷

◎ 晶粒细化
【基本信息】
　【英文名】　grain refinement
　【拼音】　jing li xi hua
　【核心词】
【定义】
　　铸锭整个截面上具有均匀、细小的等轴晶,这是因为等轴晶各向异性小,加工时变形均匀、性能优异、塑性好,利于铸造及随后的塑性加工。
【分类信息】
　【CLC 类目】
　　(1) TG292　轻金属铸造
　　(2) TG292　其他特种性质合金
　　(3) TG292　金属的晶体缺陷理论
　　(4) TG292　合金铸造
　　(5) TG292　轻有色金属及其合金
　【IPC 类目】
　　(1) C22C1/06　使用精炼或脱氧的专用添加剂
　　(2) C22C1/06　铝基合金
　　(3) C22C1/06　前面未述及的影响晶粒结构或组织的方法;其成分的选择
　　(4) C22C1/06　使用母(中间)合金〔2〕
　　(5) C22C1/06　铝做次主要成分的〔2〕
【词条属性】
　【特征】

【优点】　可使材料机械性能变好
　　【优点】　使材料具有超塑性
　　【优点】　使材料具有良好的抗腐蚀能力
　　【优点】　使材料的耐磨损能力增强
　　【优点】　能阻止裂纹的传播和扩展
　　【优点】　使材料具有较高的断裂韧性
　　【优点】　超细晶粒材料具有很高的延展性能
　　【优点】　使材料具有很高的屈服性能
　【状况】
　　【应用场景】　金属材料
　　【应用场景】　变形合金研究领域
　　【应用场景】　粉末冶金
　　【应用场景】　镁铝合金
　【因素】
　　【影响因素】　形核率
　　【影响因素】　长大速度
　　【影响因素】　过冷度
【词条关系】
　【等同关系】
　　【基本等同】　细化晶粒
　【层次关系】
　　【并列】　晶粒粗化
　　【类分】　形变处理细化法
　　【类分】　挤压细化
　　【类分】　轧制细化
　　【类分】　锻造细化
　　【类分】　等径角挤压法
　　【类分】　物理场细化
　　【类分】　脉冲电流处理
　　【类分】　磁场处理
　　【类分】　超声波处理
　　【类分】　机械物理细化方法
　　【类分】　化学细化法
　　【类分】　添加细化剂
　【应用关系】
　　【使用】　变质处理
　　【使用】　振动方法
　　【使用】　电磁搅拌

　　【使用】　脉冲电流
　　【使用】　机械搅拌
　　【使用】　超声振动
　　【用于】　Mg-Gd-Y 镁合金
　　【用于】　Al-5Ti-1B 合金
　　【用于】　TiAl 基合金
　　【用于】　高强 7000 系铝合金
　　【用于】　Mg-Al 合金
　　【用于】　Al-Si 合金
　　【用于】　热轧钢材
　　【用于】　1Cr18Ni9Ti 钢
　【生产关系】
　　【工艺-材料】　合金钢
　　【工艺-材料】　非晶材料
　　【工艺-材料】　单晶体
　　【工艺-材料】　高温合金
　　【工艺-设备工具】　结晶器
　　【工艺-设备工具】　搅拌器

◎**晶体结构**
【基本信息】
　【英文名】　crystal structure
　【拼音】　jing ti jie gou
　【核心词】
【定义】
　　(1)组成物质的基本粒子(原子、离子和分子)在晶体中的空间排布称为晶体结构。
　【来源】　《教师百科辞典》
　　(2)结构基元(原子、离子、分子或其他原子集团)在晶体内部呈一定周期性排列而形成的各种三维对称图形。
　【来源】　《金属功能材料词典》
【分类信息】
　【CLC 类目】
　　(1) O76　晶体结构
　　(2) O76　络合物化学(配位化学)
　【IPC 类目】
　　(1) A61K47/02　无机化合物〔5〕
　　(2) A61K47/02　以结构或组成为特点的

〔4〕
　　（3）A61K47/02　　镍、钴或铁〔2〕
　　（4）A61K47/02　　镍的化合物
　　（5）A61K47/02　　用助滤剂〔3〕
【词条属性】
　【特征】
　　【特点】　　质点分布呈周期性排列
　　【特点】　　只存在1、2、3、4、6次对称轴
　　【特点】　　空间点阵只能有14种形式
　　【特点】　　具有自范性
　　【特点】　　晶面角遵循守恒定律
　　【特点】　　具有解理性
　　【特点】　　呈各向异性
　　【特点】　　具有对称性
　【时间】
　　【起始时间】　　18世纪中叶
【词条关系】
　【层次关系】
　　【概念-实例】　　A_1型
　　【概念-实例】　　A_2型
　　【概念-实例】　　A_3型
　　【类分】　　原子晶体结构
　　【类分】　　分子晶体结构
　　【类分】　　金属晶体
　　【类分】　　离子晶体结构
　　【类分】　　共价晶体结构
　　【类分】　　正交结构
　　【类分】　　四方结构
　　【类分】　　菱面体结构
　　【类分】　　钙钛矿型结构
　　【类分】　　反萤石型结构
　　【类分】　　闪锌矿结构
　　【类分】　　萤石型
　　【类分】　　尖晶石结构
　　【类分】　　六方紧密堆积结构
　　【类分】　　金红石型结构
　　【类分】　　刚玉型结构
　　【类分】　　石墨结构
　　【类分】　　硅酸盐晶体结构
　　【类分】　　体心立方晶格
　　【类分】　　面心立方晶格
　　【主体-附件】　　空间群
　　【主体-附件】　　晶胞内各原子的坐标键长
　　【主体-附件】　　晶胞内各原子的坐标参数
　　【主体-附件】　　晶胞内各原子的坐标键角
　　【组成部件】　　空间点阵
　　【组成部件】　　结构基元

◎ **晶体缺陷**
【基本信息】
　【英文名】　　crystal defect
　【拼音】　　jing ti que xian
　【核心词】
【定义】
　　晶体中原子排列不规则不完整的区域称为"晶体缺陷"，亦称为"结构缺陷"。
【来源】　《金属材料简明辞典》
【分类信息】
　【CLC类目】
　　（1）O77　　晶体缺陷
　　（2）O77　　晶体生长工艺
　　（3）O77　　晶体的光学性质
　　（4）O77　　晶体的物理性质
　【IPC类目】
　　（1）C30B29/28　　分子式为$A_3Me_5O_{12}$的，其中A为稀土金属，Me为Fe、Ga、Sc、Cr、Co或Al，如石榴石〔3〕
　　（2）C30B29/28　　应用干涉作用的〔2〕
　　（3）C30B29/28　　外延层生长〔3〕
　　（4）C30B29/28　　区熔法〔5〕
　　（5）C30B29/28　　溶液冷却法〔3〕
【词条属性】
　【特征】
　　【特点】　　破坏了晶体的对称性
　　【特点】　　适量的某些点缺陷的存在可以大幅度增强半导体材料的导电性
　　【特点】　　适量的某些点缺陷的存在可以大幅度增强发光材料的发光性

【特点】　位错等缺陷的存在，会使材料易于断裂
　【时间】
　　【起始时间】　1912年
　【因素】
　　【影响因素】　密度
　　【影响因素】　晶体的生成条件
　　【影响因素】　原子运动状态
　　【影响因素】　加工过程
【词条关系】
　【等同关系】
　　【基本等同】　晶格缺陷
　　【基本等同】　结构缺陷
　【层次关系】
　　【类分】　点缺陷
　　【类分】　线缺陷
　　【类分】　面缺陷
　　【类分】　体缺陷
　　【类分】　空位
　　【类分】　间隙原子
　　【类分】　晶界缺陷
　　【类分】　相界面缺陷
　　【类分】　热缺陷
　　【类分】　杂质缺陷
　　【类分】　电荷缺陷
　　【类分】　填隙原子
　　【类分】　位错原子
　　【类分】　带电缺陷
　　【类分】　复合缺陷
　　【类分】　非本征缺陷
　　【类分】　刃位错
　　【类分】　螺位错
　　【类分】　混合位错
　　【类分】　肖特基缺陷
　　【类分】　弗伦克尔缺陷
　　【类分】　位错
　　【主体-附件】　位错线
　　【主体-附件】　堆垛层错

◎ 精锻机
【基本信息】
　【英文名】　precision forging press
　【拼音】　jing duan ji
　【核心词】
【定义】
　　一种快速精密锻压设备，由几个对称锤头对金属坯料进行高频率锻打的短冲程压力机。
【来源】《金属功能材料词典》
【词条属性】
　【特征】
　　【数值】　每个锤头的锻压力为15～2500 t
　　【数值】　每分钟打击125～2000次
　　【数值】　可锻坯料直径为20～850 mm
　【状况】
　　【现状】　精锻机由手动、半自动发展到自动控制
　　【应用场景】　冶金工业
　　【应用场景】　机械制造
　　【应用场景】　国防工业
【词条关系】
　【层次关系】
　　【类分】　立式精锻机
　　【类分】　卧式精锻机
　　【主体-附件】　锻压箱
　　【主体-附件】　齿轮箱
　　【主体-附件】　A夹头
　　【主体-附件】　B夹头
　　【主体-附件】　锤头调节装置
　　【主体-附件】　输送辊道
　　【主体-附件】　倾翻装置
　　【主体-附件】　电气系统
　　【主体-附件】　液压系统
　　【主体-附件】　压缩空气
　　【主体-附件】　冷却水
　　【主体-附件】　压缩空气系统
　　【主体-附件】　冷却水系统
　【应用关系】

【用于】　合金结构钢
【用于】　高强度合金钢
【用于】　钛合金
【用于】　难变形的合金产品
【用于】　锻造圆轴
【用于】　圆锥形轴
【用于】　台阶轴
【用于】　锻造圆管
【生产关系】
　　【设备工具-工艺】　精锻-轧制工艺

◎ 精炼
【基本信息】
　　【英文名】　refinement
　　【拼音】　jing lian
　　【核心词】
【定义】
　　（1）由粗金属除去杂质的提纯过程称为精炼。
　　【来源】《中国成人教育百科全书·化学·化工》
　　（2）将转炉、平炉或电炉中初炼过的钢液在真空、惰性气体或还原性气氛的容器中进行脱气、脱氧、脱硫、去除夹杂物和进行成分微调等的冶炼操作。
　　【来源】《金属功能材料词典》
【分类信息】
　　【CLC 类目】
　　　（1）TF821　铝
　　　（2）TF821　冶炼计算
　　　（3）TF821　植物油
　　　（4）TF821　对策论（博弈论）
　　　（5）TF821　钢铁冶炼（黑色金属冶炼，总论）
　　【IPC 类目】
　　　（1）C22C1/06　使用精炼或脱氧的专用添加剂
　　　（2）C22C1/06　熔融铁类合金的处理，如不包括在 1/00 到 5/00 组的钢（铸造成型过程中熔融金属的处理入 B22D1/00,27/00；黑色金属的重熔入 C22B）
　　　（3）C22C1/06　用熔炼法
　　　（4）C22C1/06　脱磷；脱硫〔3〕
　　　（5）C22C1/06　真空处理
【词条属性】
【特征】
　　【特点】　可以脱氢
　　【特点】　可以脱氧
　　【特点】　可以脱硫
　　【特点】　可以脱碳
　　【特点】　可对非金属夹杂物进行形态控制
　　【特点】　可以对钢液成分及温度进行微调及均匀化
　　【特点】　脱氮
　　【特点】　脱磷
　　【特点】　RH 法周期短
　　【特点】　RH 法生产力大
　　【特点】　RH 法精炼效果好
　　【优点】　RH 法容易操作
【词条关系】
【层次关系】
　　【概念-实例】　LF 法
　　【概念-实例】　VD 法
　　【概念-实例】　VOD 法
　　【概念-实例】　RH 法
　　【概念-实例】　SKF 法
　　【类分】　脱氢
　　【类分】　脱氧
　　【类分】　脱碳
　　【类分】　脱氮
　　【类分】　脱磷
　　【类分】　氧化精炼
　　【类分】　硫化精炼
　　【类分】　电解精炼
　　【类分】　蒸馏精炼
　　【类分】　沉淀精炼
　　【类分】　碱性精炼

【类分】　氯化精炼
　　【类分】　区域提纯
　　【类分】　电渣重熔
　　【类分】　喷射冶金
　　【类分】　真空冶金
　　【类属】　炼钢
【应用关系】
　　【用于】　超纯铁素体不锈钢
　　【用于】　大型锻件用钢
　　【用于】　厚板钢
　　【用于】　硅钢
【生产关系】
　　【工艺-设备工具】　AOD 炉
　　【工艺-设备工具】　LF 精炼炉
　　【工艺-设备工具】　VODVOD 钢包精炼炉

◎ 精密电阻合金
【基本信息】
　　【英文名】　precious electrical resistance alloy
　　【拼音】　jing mi dian zu he jin
　　【核心词】
【定义】
　　（1）仪器仪表用的具有低电阻温度系数和高时间稳定性的精密合金。
　　【来源】　《中国冶金百科全书·金属材料》
　　（2）在一定温度范围内电阻温度系数很低的一种精密合金。
　　【来源】　《金属材料简明辞典》
　　（3）在工作温度、环境状态及时间发生变化的条件下，仍然保持其电阻值不变或变化很小，且对铜热电势值较小的电阻合金。
　　【来源】　《金属功能材料词典》
【词条属性】
　　【特征】
　　　　【特点】　基本都是镍基合金
　　　　【特点】　都有特定的电阻特性
　　　　【特点】　在尽可能宽的温度范围内具有低的电阻温度系数
　　　　【特点】　电阻温度系数与温度具有的良好线性关系
　　　　【特点】　有大的负电阻温度系数
　　　　【特点】　电阻长时间稳定
　　　　【特点】　电阻率高
　　　　【特点】　电阻值均匀
　　　　【特点】　接触电阻低
　　　　【特点】　对铜的热电势小
　　　　【特点】　噪声电平低
　　　　【特点】　加工性好
　　　　【优点】　易于拉拔成细丝
　　　　【优点】　具有良好力学性能
　　　　【优点】　强度高
　　　　【优点】　耐磨性好
　　　　【优点】　抗弯折性好
　　　　【优点】　具有良好抗氧化和抗有机酸、H_2S、盐水腐蚀能力
　　　　【优点】　具有良好包漆性
　　【状况】
　　　　【现状】　中国在 20 世纪 40 年代已能制作精密电阻元件
　　　　【现状】　20 世纪 50 年代以来已研制、开发并形成 6J 和 4YC 精密电阻合金系列
　　　　【现状】　20 世纪 70 年代以来，由于非晶技术的发展，高电阻率、低温度系数的新型非晶精密电阻合金正在向实用化方向发展
　　　　【应用场景】　制作精密电阻器
　　　　【应用场景】　制造标准电位器
　　　　【应用场景】　制造精密电位器
　　【时间】
　　　　【起始时间】　1884 年
【词条关系】
　　【层次关系】
　　　　【概念-实例】　6J20 合金
　　　　【概念-实例】　6J22 合金
　　　　【概念-实例】　Ni-Mo 系电阻合金
　　　　【概念-实例】　Ni-Mn 系电阻合金
　　　　【概念-实例】　Ni-Cr 系电阻合金
　　　　【概念-实例】　Cu-Ni 系电阻合金
　　　　【概念-实例】　Pt 基电阻合金

【概念-实例】 Pd 基电阻合金
【概念-实例】 Au 基电阻合金
【概念-实例】 Ag 基电阻合金
【概念-实例】 $Fe_{32}Mn_3Al_7Cr$ 反铁磁精密电阻合金
【概念-实例】 Fe-Mn-Al-Cr 系反铁磁精密电阻合金
【概念-实例】 $Fe_{32}Mn_3Al_8Cr$ 反铁磁精密电阻合金
【概念-实例】 6JG 精密高电阻合金
【概念-实例】 Ni-Cr-Al-Mn-Si 精密电阻合金
【概念-实例】 $Cu_{10}Ni_{15}MnAlTi$ 弹性合金
【类分】 铜锰系电阻合金
【类分】 铜镍系电阻合金
【类分】 镍铬系改良型电阻合金
【类分】 贵金属精密电阻合金
【类属】 镍基合金
【类属】 电阻合金
【应用关系】
　【用于】 温度补偿的精密电阻
【生产关系】
　【材料-工艺】 真空感应炉熔炼
　【材料-工艺】 铸造
　【材料-工艺】 热锻
　【材料-工艺】 热处理
　【材料-工艺】 酸洗
　【材料-工艺】 冷拔丝材
　【材料-工艺】 成品热处理
　【材料-工艺】 回火
　【材料-工艺】 冷轧

◎ **精密合金**
【基本信息】
　【英文名】 precision allay
　【拼音】 jing mi he jin
　【核心词】
【定义】
有特殊物理性能(如磁性、电性、热学性能、光学性能等),并兼有特定的力学性能和化学性能的一类合金材料。
　【来源】《金属功能材料词典》
【分类信息】
　【IPC 类目】
　　(1) C22B5/04 用铝、其他金属或硅
　　(2) C22B5/04 合金的〔2〕
　　(3) C22B5/04 合金的制造(不特别限定用于合金制造的粉末冶金设备或方法入 B22F;用电热法入 C22B4/00;用电解法入 C25C)
　　(4) C22B5/04 含钛或锆的〔2〕
　　(5) C22B5/04 铝基合金
【词条属性】
　【特征】
　　【特点】 成分准
　　【特点】 性能稳
　　【特点】 加工精
　　【特点】 具有刺血性能
　　【特点】 具有电学性能
　　【特点】 具有热学性能
　　【特点】 以黑色金属为基
　　【特点】 少数以有色金属为基
　【状况】
　　【应用场景】 制造精密测量、自动控制、遥控、遥测等精密仪表元件
　　【应用场景】 制造热继电器
　　【应用场景】 制造家用电器启动器
　　【应用场景】 化学工业
　　【应用场景】 动力工业
【词条关系】
　【层次关系】
　　【概念-实例】 工业纯铁
　　【概念-实例】 电工钢
　　【概念-实例】 铁镍合金
　　【概念-实例】 铁铝合金
　　【概念-实例】 铁镍钴系合金
　　【概念-实例】 稀土钴系合金
　　【类分】 热双金属

【类分】 膨胀合金
【类分】 磁性合金
【类分】 弹性合金
【类分】 电性合金
【类分】 贮氢合金
【类分】 形状记忆合金
【类分】 磁致伸缩合金
【类分】 阻尼减震合金
【类分】 隐身合金
【类分】 磁记录合金
【类分】 超导合金
【类分】 微晶非晶合金
【类分】 软磁合金
【类分】 变形永磁合金
【类分】 热电耦合金
【类分】 电阻合金
【类属】 镍铬合金
【类属】 特殊钢
【类属】 金属材料
【应用关系】
　　【用于】 断路器
　　【用于】 气体控制阀
　　【用于】 电工器件
　　【用于】 超声换能器件
　　【用于】 水声换能器件
　　【用于】 振荡器
　　【用于】 滤波器
　　【用于】 传感器
【生产关系】
　　【材料-工艺】 熔模铸造
　　【材料-工艺】 重熔
　　【材料-工艺】 真空熔炼工艺
　　【材料-工艺】 氢气热处理
　　【材料-工艺】 磁场热处理
　　【材料-工艺】 铸造法
　　【材料-工艺】 粉末冶金法
　　【材料-工艺】 熔炼
　　【材料-工艺】 塑性加工法
　　【材料-工艺】 电渣重熔

【材料-原料】 工业纯铁

◎ 精密铸造
【基本信息】
　【英文名】 precision casting
　【拼音】 jing mi zhu zao
　【核心词】
【定义】
　　是指把耐火材料制成的浆在室温下固定在蜡或塑料制成的模型上,把蜡或塑料熔掉形成型壳,再把液体金属注入型壳得到铸件。
【来源】《金属功能材料词典》
【分类信息】
　【CLC 类目】
　　（1）TG292　轻金属铸造
　　（2）TG292　脱氧
　　（3）TG292　石油产品
　　（4）TG292　原料和混合材料
　　（5）TG292　粉末技术
　【IPC 类目】
　　（1）C22C19/05　含铬的〔2〕
　　（2）C22C19/05　球棍头
　　（3）C22C19/05　每一种成分的重量都小于50%的合金〔2〕
　　（4）C22C19/05　熔模
　　（5）C22C19/05　带锥形摩擦面
【词条属性】
　【特征】
　　【数值】 最大的熔模铸件的轮廓尺寸已近2 m
　　【数值】 最小的熔模铸件的轮廓尺寸壁厚不到2 mm
　　【优点】 可铸成尺寸较精确的铸件
　　【优点】 可铸成表面较光洁的铸件
　　【优点】 能减少或省去机械加工
　　【优点】 节省人力和金属
　【状况】
　　【现状】 熔模铸件的表面粗糙度越来越小

【应用场景】　农业机械制造业
　　【应用场景】　合金铸件的生产
　　【应用场景】　电子工业
　　【应用场景】　石油工业
　　【应用场景】　化工工业
　　【应用场景】　能源工业
　　【应用场景】　交通运输工业
　　【应用场景】　轻工业
　　【应用场景】　纺织工业
【时间】
　　【起始时间】　20世纪40年代
【因素】
　　【影响因素】　铸件结构的影响
　　【影响因素】　铸件材质的影响
　　【影响因素】　制模对铸件线收缩率的影响
　　【影响因素】　制壳材料的影响
　　【影响因素】　型壳焙烧的影响
　　【影响因素】　浇铸温度的影响
【词条关系】
　【等同关系】
　　【基本等同】　熔模精密铸造
　　【基本等同】　失蜡铸造
　【层次关系】
　　【类分】　熔模铸造
　　【类分】　压力铸造
　　【类分】　壳型铸造
　　【类分】　陶瓷型铸造
　　【类分】　金属型铸造
　　【类分】　消失模铸造
　【应用关系】
　　【用于】　机床
　　【用于】　动力机械耐磨零件
　　【用于】　仪表
　　【用于】　风动工具
　　【用于】　涡轮
　　【用于】　导向叶片
　　【用于】　工艺美术品
　　【用于】　仿制出土文物
　　【用于】　历史人物纪念像
　【生产关系】
　　【工艺-材料】　精密铸件

◎ **精轧**
【基本信息】
　【英文名】　finish rolling
　【拼音】　jing zha
　【核心词】
【定义】
　　精轧是将钢锭轧制成型材，或是根据客户要求轧制成不同的截面形状，主要应用于航空控制技术和制造技术。
【分类信息】
　【IPC类目】
　　（1）C21D8/02　在生产钢板或带钢时（8/12优先）〔3〕
　　（2）C21D8/02　含锰的〔2〕
　　（3）C21D8/02　含钛或锆的〔2〕
　　（4）C21D8/02　金属在连续浇铸后立即轧制（金属轧机机座入13/22；连续铸造入B22D11/00，若进入带滚子的铸型入B22D11/06）〔3〕
　　（5）C21D8/02　含铝的〔2〕
【词条属性】
　【特征】
　　【特点】　产品表面光洁
　　【特点】　产品厚度均匀
　　【特点】　轧制产品性能良好
　　【特点】　高度自动化
　【状况】
　　【应用场景】　航空控制技术
　　【应用场景】　制造技术
【词条关系】
　【层次关系】
　　【主体-附件】　轧后余热处理
　【应用关系】
　　【用于】　螺纹钢筋
　　【用于】　板带

【用于】　棒材
　　【用于】　线材
　　【用于】　高速线材
　　【用于】　管材
　【生产关系】
　　【工艺-材料】　GCr15 轴承钢
　　【工艺-材料】　1549 板带
　　【工艺-材料】　Cr17 铁素体不锈钢
　　【工艺-材料】　线材
　　【工艺-设备工具】　精轧机
　　【工艺-设备工具】　定径机
　　【工艺-设备工具】　高速线材轧制机
　　【工艺-设备工具】　预精轧机
　　【工艺-设备工具】　吐丝机
　　【工艺-设备工具】　弯辊装置

◎ **精整**
【基本信息】
　【英文名】　finishing
　【拼音】　jing zheng
　【核心词】
【定义】
　　为使轧后的钢材具有合乎技术条件要求的尺寸、形状和各种性能，从而进行的一系列处理工序叫作精整。
【来源】　《实用轧钢技术手册》
【分类信息】
　【IPC 类目】
　　（1）C21D8/04　生产深冲钢板或带钢〔3〕
　　（2）C21D8/04　金属的（9/16 至 9/22 优先；散热片管入 F28F）
　　（3）C21D8/04　零部件或附件（清洗管子的工具入 B08B9/02；防止家庭饮用水管道污染的设备入 E03C1/10；在管破裂时防止损坏的设备入 F 16 L；一般的管道加热入 F16L53/00）
　　（4）C21D8/04　其他发动机部件，如连杆
　　（5）C21D8/04　合金〔2〕
【词条属性】
　【特征】

　　【特点】　提高工件精度
　　【特点】　减小表面粗糙度
　　【特点】　调节钢材力学性能
　　【特点】　提高金属质量
　　【特点】　提高表面质量
　　【特点】　可以将带材加工成所需尺寸形状
　　【特点】　可以使材料成为交货状态产品
【词条关系】
　【层次关系】
　　【类分】　火焰清理
　　【类分】　冷却
　　【类分】　卷取
　　【类分】　切断
　　【类分】　矫直
　　【类分】　缺陷的物理检测
　　【类分】　修磨
　　【类分】　标志
　　【类分】　镀锌
　　【类分】　涂塑
　【应用关系】
　　【用于】　带钢
　　【用于】　板材
　　【用于】　小断面型材
　　【用于】　棒材
　　【用于】　冷轧薄板材
　　【用于】　齿轮
　　【用于】　车用铝型材
　　【用于】　特殊钢无损棒材
　　【用于】　轻轨
　　【用于】　前轴
　　【用于】　机械零件
　　【用于】　镁合金
　　【用于】　前轴弹簧板
　　【用于】　H 型钢
　【生产关系】
　　【工艺-材料】　2050 薄板
　　【工艺-材料】　AZ31 镁合金
　　【工艺-设备工具】　精轧机

【工艺-设备工具】 热喷涂标识机
【工艺-设备工具】 带钢平整机组
【工艺-设备工具】 横切机组
【工艺-设备工具】 纵切机组
【工艺-设备工具】 重卷机组
【工艺-设备工具】 UST装置（超声波探伤）
【工艺-设备工具】 三偏心滚切式机械剪
【工艺-设备工具】 钢板标识机
【工艺-设备工具】 堆垛机
【工艺-设备工具】 冷矫直机

◎ 居里点
【基本信息】
　　【英文名】　Curie point
　　【拼音】　　ju li dian
　　【核心词】
【定义】
　　当温度升高到某温度后，物质即失去铁磁性，这一临界温度称为该物质的居里点。
【来源】　《石油技术辞典》
【分类信息】
　　【CLC类目】
　　　　TB34　功能材料
　　【IPC类目】
　　　　（1）H01L41/187　陶瓷合成物〔5〕
　　　　（2）H01L41/187　包括机电或电声器件的网络；机电谐振器（制造压电或磁致伸缩元件入H01L41/00；扬声器、话筒、唱机拾音器或类似物入H04R）
　　　　（3）H01L41/187　压电器件；电致伸缩器件；磁致伸缩器件；制造或处理这些器件或其部件所特有的方法或设备；这些器件的零部件（由在一共用基片内或其上形成的多个固体组件组成的器件入27/00）〔2〕
　　　　（4）H01L41/187　铌酸盐；钒酸盐；钽酸盐〔3〕
　　　　（5）H01L41/187　陶瓷电介质〔2,6〕
【词条属性】

　　【特征】
　　【特点】　低于居里点温度时该物质成为铁磁体
　　【特点】　温度高于居里点温度时,该物质成为顺磁体
　　【特点】　一般用T_c表示
　　【特点】　高导类物质的居里点在120℃以下
　　【特点】　功率类的材料居里点为230℃以下
　　【特点】　不同材质的磁芯所承受的居里点不固定
　　【特点】　磁芯温度一旦超过其居里温度，它的磁导率会急剧下降
　　【时间】
　　【起始时间】　19世纪末
　　【因素】
　　【影响因素】　磁铁烧结形成的晶体结构
　　【影响因素】　杂质
　　【影响因素】　冷却时候的环境
　　【影响因素】　合金成分比率
　　【影响因素】　烧结工艺的参数
【词条关系】
　　【等同关系】
　　【基本等同】　居里温度
　　【基本等同】　磁性转变点
　　【测度关系】
　　【物理量-单位】　摄氏度
　　【物理量-度量工具】　居里温度测试仪

◎ 居里温度
【基本信息】
　　【英文名】　Curie temperature
　　【拼音】　　ju li wen du
　　【核心词】
【定义】
　　铁磁性或亚铁磁性与顺磁性之间的转变温度。
【来源】　《金属功能材料词典》

【分类信息】
　【CLC 类目】
　　（1）O482.5　磁学性质
　　（2）O482.5　固体性质
　　（3）O482.5　磁性材料
　　（4）O482.5　其他特种性质合金
　　（5）O482.5　特种电磁性质合金
　【IPC 类目】
　　（1）H01L41/187　陶瓷合成物〔5〕
　　（2）H01L41/187　也含其他铅化合物的〔6〕
　　（3）H01L41/187　以锆酸铅和钛酸铅为基料的〔6〕
　　（4）H01L41/187　以钛酸铅为基料的〔6〕
　　（5）H01L41/187　以氧化钒、氧化铌、氧化钽、氧化钼或氧化钨或与其他氧化物的固溶体，如钒酸盐、铌酸盐、钽酸盐、钼酸盐或钨酸盐为基料的〔6〕
【词条属性】
　【特征】
　　【数值】　功率类的材料居里温度 230 ℃ 以下
　　【数值】　高导类的 120 ℃ 以下
　　【数值】　钕铁硼的居里温度是 320～380 ℃
　　【数值】　铁的居里温度是 770 ℃
　　【数值】　铁氧体 450 ℃ 左右
　　【数值】　铝镍钴 860～900 ℃
　　【数值】　钐钴 450～840 ℃
　　【数值】　铁硅合金的居里温度是 690 ℃
　　【数值】　钴的居里温度约 1131 ℃
　　【特点】　低于居里点温度时该物质成为铁磁体
　　【特点】　温度高于居里点温度时，该物质成为顺磁体
　　【特点】　磁芯温度一旦超过其居里温度，它的磁导率会急剧下降
　　【特点】　不同材质的磁芯所承受的居里温度不固定
　　【特点】　一般用 T_c 表示
　【时间】
　　【起始时间】　19 世纪末
　【因素】
　　【影响因素】　磁铁烧结形成的晶体结构
　　【影响因素】　杂质
　　【影响因素】　冷却时候的环境
　　【影响因素】　合金成分比率
　　【影响因素】　烧结工艺
【词条关系】
　【等同关系】
　　【基本等同】　居里点
　　【基本等同】　磁性转变点
　　【缩略为】　T_c
　【测度关系】
　　【物理量-单位】　摄氏度
　　【物理量-度量工具】　居里温度测试仪

◎ 局部腐蚀
【基本信息】
　【英文名】　localized corrosion
　【拼音】　ju bu fu shi
　【核心词】
【定义】
　（1）金属表面上一小部分表面积上的腐蚀速度和蚀坑深度远大于整个表面上的平均值的腐蚀情况称局部腐蚀。
　【来源】《石油技术辞典》
　（2）腐蚀仅仅集中在金属材料的某些局部区域，而表面的其余部分几乎没有遭受腐蚀的一种腐蚀过程。
　【来源】《金属材料简明辞典》
【分类信息】
　【CLC 类目】
　　（1）TG142.71　不锈钢、耐酸钢
　　（2）TG142.71　一般性问题
　　（3）TG142.71　腐蚀的控制与防护
　【IPC 类目】
　　（1）B65D　用于物体或物料贮存或运输

的容器,如袋、桶、瓶子、箱盒、罐头、纸板箱、板条箱、圆桶、罐、槽、料仓、运输容器;所用的附件、封口或配件;包装元件;包装件

(2) B65D　有机缓蚀剂

(3) B65D　含铜的[2]

(4) B65D　含铅、硒、碲或锑或含大于0.04%(质量分数)的硫[2]

【词条属性】

【特征】

【数值】　腐蚀事故中多数是由局部腐蚀造成的

【特点】　重量损失比均匀腐蚀小

【特点】　危险性较大

【特点】　集中在个别位置急剧发生

【特点】　腐蚀破坏快速

【特点】　隐蔽性强

【特点】　难以预计

【特点】　控制难度大

【特点】　易突发灾难事故

【特点】　局部腐蚀中存在着可以明确识别的和比较固定的宏观和微观腐蚀电池的阳极区和阴极区

【状况】

【现状】　目前预测和防止局部腐蚀的发生仍然存在很大的困难

【因素】

【影响因素】　异种金属

【影响因素】　表面缺陷

【影响因素】　浓度差异

【影响因素】　应力集中

【影响因素】　环境因素

【词条关系】

【等同关系】

【基本等同】　不均匀腐蚀

【层次关系】

【类分】　晶间腐蚀

【类分】　应力腐蚀开裂

【类分】　点腐蚀

【类分】　缝隙腐蚀

【类分】　电偶腐蚀

【类分】　选择性腐蚀

【类分】　磨损腐蚀

【类分】　腐蚀疲劳

【类分】　应力腐蚀断裂

【类属】　腐蚀

◎卷取

【基本信息】

【英文名】　coiling

【拼音】　juan qu

【核心词】

【定义】

　　把超长的轧件(如线材、带钢)卷成卷,以便储存和运输。

【来源】　《中国冶金百科全书·金属塑性加工》

【分类信息】

【CLC 类目】

　　TG335.5　板材、带材、箔材轧制

【IPC 类目】

(1) C21D8/02　在生产钢板或带钢时(8/12 优先)[3]

(2) C21D8/02　用于金属薄板

(3) C21D8/02　在生产具有特殊电磁性能的产品时[3]

(4) C21D8/02　通过热加工法

(5) C21D8/02　含钛或锆的[2]

【词条属性】

【特征】

【特点】　卷取工艺影响材料的组织性能

【特点】　控制速度以控制卷取张力

【特点】　卷取终了,必须使夹送辊速度小于卷筒速度,以维持张力

【特点】　冷卷取时卷取速度高

【特点】　冷卷取时采用大张力

【特点】　可进行纠偏控制

【状况】

【应用场景】　钢铁行业

【词条关系】
　【层次关系】
　　【类分】　热带卷取
　　【类分】　冷带卷取
　　【类分】　线材卷取
　　【类分】　大张力卷取
　　【类分】　精整卷取
　　【类属】　精整
　　【主体-附件】　张紧力
　　【主体-附件】　辊身长度
　　【主体-附件】　卷取温度
　　【主体-附件】　卷取速度
　【应用关系】
　　【用于】　硅钢
　　【用于】　热轧
　　【用于】　冷轧
　【生产关系】
　　【工艺-材料】　带材
　　【工艺-设备工具】　卷取机
　　【工艺-设备工具】　助卷辊
　　【工艺-设备工具】　卷筒
　　【工艺-设备工具】　张力辊
　　【工艺-设备工具】　卷取夹送辊

◎ 均热
【基本信息】
　【英文名】　soaking
　【拼音】　jun re
　【核心词】
【定义】
　　进行长时间的热处理，尤其是用于金属韧炼热处理。
【分类信息】
　【IPC 类目】
　　（1）C21D9/70　加热钢锭用的炉子，即均热炉
　　（2）C21D9/70　用于供给熔融金属的附件，如定量供给
　　（3）C21D9/70　铺设在天花板、墙或楼板中的〔4〕
　　（4）C21D9/70　含钛或锆的〔2〕
　　（5）C21D9/70　无环或碳环化合物
【词条属性】
　【特征】
　　【特点】　钢锭内部温度均匀
　　【特点】　均热处理后材料宜用于塑性加工
　　【特点】　炉温与板温的温差较小
　　【特点】　钢带不再全面加热
　　【特点】　板内温度与表面温度趋于一致
　　【特点】　消除内部与表层的应力
　　【特点】　局部比炉温低的地方加热到与炉温相同的温度
　【状况】
　　【应用场景】　钢材热处理
【词条关系】
　【层次关系】
　　【类属】　热处理工艺
　【应用关系】
　　【使用】　气体燃料
　　【使用】　重油
　　【使用】　焦炉煤气
　　【用于】　金属韧炼热处理
　【生产关系】
　　【工艺-材料】　热钢锭
　　【工艺-材料】　冷钢锭
　　【工艺-设备工具】　均热炉
　　【工艺-设备工具】　蓄热式均热炉
　　【工艺-设备工具】　换热式均热炉
　　【工艺-设备工具】　电均热炉

◎ 均匀化退火
【基本信息】
　【英文名】　homogenizing diffusion annealing
　【拼音】　jun yun hua tui huo
　【核心词】
【定义】
　　（1）通过高温扩散使钢及有色金属合金的

铸锭或铸件的成分和组织达到均匀一致的热处理工艺。

【来源】《中国冶金百科全书·金属塑性加工》

(2)将某种合金的铸锭或铸件加热到该合金固相线以下某一较高温度,长时间保温,然后缓慢冷却的退火工艺。又称扩散退火。

【来源】《中国冶金百科全书·金属材料》

【分类信息】

【CLC 类目】

TG306　压力加工工艺

【IPC 类目】

(1) C22F1/10　镍或钴或以它们为基的合金

(2) C22F1/10　仅含金属元素的〔4〕

(3) C22F1/10　镍基合金〔2〕

(4) C22F1/10　金属或合金〔6〕

(5) C22F1/10　用熔炼法

【词条属性】

【特征】

【缺点】　费时耗能

【缺点】　经济效益差

【缺点】　易带来变形、吸气、氧化等问题

【缺点】　有的材料会因均匀化退火强度下降

【特点】　易使晶粒粗大

【特点】　金属氧化损失严重

【特点】　温度高

【特点】　能提高材料塑性

【特点】　降低变形抗力

【特点】　减小淬火过热、过烧现象

【优点】　有利于铸锭的加工制品或铸件的最终使用性能

【优点】　提高耐蚀性能

【优点】　提高组织稳定性

【优点】　减弱材料各向异性

【状况】

【应用场景】　质量要求高的合金钢铸锭

【应用场景】　偏析较严重的合金钢铸件或锻坯

【因素】

【影响因素】　保温时间

【影响因素】　加热速度

【影响因素】　冷却速度

【词条关系】

【等同关系】

【基本等同】　扩散退火

【层次关系】

【并列】　软化退火

【类分】　低温均匀化退火

【类分】　高温均匀化退火

【类分】　分级均匀化退火

【应用关系】

【用于】　合金钢(1050～1200 ℃)

【用于】　镁合金

【用于】　铝合金

【用于】　铜合金

【生产关系】

【工艺-材料】　AZ80 镁合金

【工艺-材料】　AZ91D 镁合金

【工艺-材料】　ZK20 镁合金

【工艺-材料】　5083 合金

【工艺-材料】　3104 铝合金

【工艺-材料】　7005 铝合金

【工艺-材料】　WE43

【工艺-材料】　Al-Mn-Mg 合金

【工艺-材料】　H13 铜芯棒

【工艺-材料】　Cu-Si-Ni 合金

【工艺-材料】　ZK21 镁合金

【工艺-材料】　6061 铝合金

【工艺-材料】　AP65 镁合金

◎开坯

【基本信息】

【英文名】　cogging down

【拼音】　kai pi

【核心词】

【定义】

钢锭或连铸坯在初轧机、钢坯连轧机、三辊式轧机、锻锤或水压机上进行的首次塑性加工称为开坯，目的是为各类轧机提供生产成品用的坯料。

【来源】 《中国冶金百科全书·金属塑性加工》
【分类信息】
　【CLC 类目】
　　TF777　连续铸钢、近终形铸造
　【IPC 类目】
　　（1）C21D8/00　通过伴随有变形的热处理或变形后再进行热处理来改变物理性能（除需成型的工件外不需要再加热的锻造，或轧制成型的硬化工件或材料入 1/02）〔3〕
　　（2）C21D8/00　金属轧制的方法或制造实心半成品或成型截面的轧机（17/00 至 23/00 优先；与被轧材料成分有关的入 3/00；通过同时在两个或多个区段轧制延展封闭形金属带入 5/00；作为部件的金属轧机机座入 13/00；在用移动轧辊形成铸型壁的铸型中连续铸造入 B22D11/06）；轧机机列内的加工序列；轧制车间的布置，如机座的分组，轧道的顺序或分轧道变换的顺序
　　（3）C21D8/00　需要或允许专门轧制方法或程序的特殊成分合金材料的轧制（除由此获得的结构强化和机械性质外，改变合金的特殊冶金性质入 C21D，C22F）
　　（4）C21D8/00　用热处理法或用热加工或冷加工法改变有色金属或合金的物理结构（金属的机械加工设备入 B21，B23，B24）
　　（5）C21D8/00　每一种成分的重量都小于 50%的合金〔2〕
【词条属性】
　【特征】
　　【特点】　热轧开坯第一道次加工率要小
　　【特点】　改善钢锭组织和缺陷
　　【特点】　开坯可改变毛坯形状，有利于镦粗、拔长等基本工序
　　【特点】　开坯后可确定毛坯准确尺寸
　　【特点】　有利于节省材料
　　【特点】　轧制开坯通常用大辊径轧机
　　【特点】　冷轧时轧机工作辊径一般都比较小
　　【特点】　开坯前钢锭加热必须均匀彻底
　　【特点】　采用材料锻造温度的上限温度
　　【特点】　钢锭开坯后需进行锻后热处理
【词条关系】
　【层次关系】
　　【类分】　初轧开坯
　　【类分】　连轧开坯
　　【类分】　三辊开坯
　　【类分】　锻压开坯
　　【类分】　轧制开坯
　　【类分】　旋锻开坯
　　【类分】　二次开坯
　【应用关系】
　　【使用】　开坯机
　　【用于】　初轧
　　【用于】　锻锤
　　【用于】　三辊式轧制
　【生产关系】
　　【工艺-设备工具】　初轧机
　　【工艺-设备工具】　钢坯连轧机
　　【工艺-设备工具】　三辊式轧机
　　【工艺-设备工具】　锻锤
　　【工艺-设备工具】　水压机

◎ 开轧温度

【基本信息】
　【英文名】　start rolling temperature; initial rolling temperature
　【拼音】　kai zha wen du
　【核心词】
【定义】
　　热轧时第一道的轧制温度，一般比加热温度低 50～100 ℃。
【来源】 《实用轧钢技术手册》
【分类信息】

【IPC类目】

（1）B21B1/00　金属轧制的方法或制造实心半成品或成型截面的轧机（17/00至23/00优先；与被轧材料成分有关的入3/00；通过同时在两个或多个区段轧制延展封闭形金属带入5/00；作为部件的金属轧机机座入13/00；在用移动轧辊形成铸型壁的铸型中连续铸造入B22D11/06）；轧机机列内的加工序列；轧制车间的布置，如机座的分组、轧道的顺序或分轧道变换的顺序

（2）B21B1/00　需要或允许专门轧制方法或程序的特殊成分合金材料的轧制（除由此获得的结构强化和机械性质外，改变合金的特殊冶金性质入C21D，C22F）

（3）B21B1/00　通过伴随有变形的热处理或变形后再进行热处理来改变物理性能（除需成型的工件外不需要再加热的锻造，或轧制成型的硬化工件或材料入1/02）〔3〕

（4）B21B1/00　用熔炼法〔2〕

（5）B21B1/00　渗氮〔4〕

【词条属性】

【特征】

【数值】　普碳钢的开轧温度一般在1200℃左右

【特点】　开轧温度的上限取决于钢的允许加热温度

【特点】　开轧温度的下限主要受终轧温度的限制

【特点】　开轧温度应在不影响质量的前提下尽量提高

【特点】　比出炉温度低一些

【特点】　通常指第一道次的轧制温度

【特点】　一般比加热温度低50～100℃

【特点】　开轧温度高一点可提高轧件的塑性

【特点】　开轧温度高一点可降低变形抗力

【特点】　开轧温度高一点节省动力，易于轧制变形

【状况】

【现状】　生产现场总是希望开轧温度高一点

【词条关系】

【层次关系】

【并列】　终轧温度

【并列】　卷取温度

【类属】　控制轧制工艺参数

【类属】　轧制温度

【应用关系】

【使用】　温度控制

◎抗腐蚀性

【基本信息】

【英文名】　corrosion resistance；resistance to corrosion

【拼音】　kang fu shi xing

【核心词】

【定义】

在腐蚀介质中，金属材料抵抗各种腐蚀形态的能力。

【来源】　《海洋大辞典》

【分类信息】

【CLC类目】

（1）TG132　特种物理性质合金

（2）TG132　钢铁工业

（3）TG132　复合材料

【IPC类目】

（1）C23C18/36　使用次磷酸盐的〔5〕

（2）C23C18/36　防止船体污染的（防污染漆入C09D5/16）〔3〕

（3）C23C18/36　没有磷碳键的〔4〕

（4）C23C18/36　铝的提炼

【词条属性】

【特征】

【特点】　利用抗腐蚀性生产保护性腐蚀产物膜

【特点】　提高热力学温度性

【特点】　阻滞阴极过程

【特点】 阻滞阳极过程
【特点】 用于研究晶间腐蚀
【特点】 用于研究应力腐蚀断裂
【特点】 用于研究点蚀和缝隙腐蚀
【特点】 用于研究电化学腐蚀
【特点】 用于研究电偶腐蚀
【特点】 用于研究穿晶腐蚀
【特点】 用于研究氢损伤
【状况】
　【现状】 铝具有很好的抗腐蚀性
　【现状】 铁的抗腐蚀性差
【因素】
　【影响因素】 合金成分
　【影响因素】 组织
　【影响因素】 介质种类
　【影响因素】 介质浓度
　【影响因素】 介质温度
　【影响因素】 材料强度
【词条关系】
　【层次关系】
　　【附件-主体】 含钼不锈钢
　　【附件-主体】 哈氏合金B
　　【附件-主体】 哈氏合金C
　　【附件-主体】 钛(Ti)
　　【附件-主体】 钽(Ta)
　　【附件-主体】 镍(Ni)
　　【附件-主体】 蒙耐尔合金
　　【附件-主体】 316SST
　　【附件-主体】 316LSST
　　【附件-主体】 耐蚀铸铁
　　【附件-主体】 耐蚀低合金钢
　　【附件-主体】 不锈钢
　【测度关系】
　　【物理量-度量方法】 盐雾试验

◎ 抗剪强度

【基本信息】
　【英文名】 shearing strength;shear drag
　【拼音】 kang jian qiang du
　【核心词】
【定义】
　材料所能承受的最大剪应力。
【来源】《中国土木建筑百科辞典·建筑结构》
【分类信息】
　【CLC类目】
　　(1) TV432　砂浆
　　(2) TV432　防渗土料
　　(3) TV432　地质地理勘测
　　(4) TV432　煤灰、煤渣利用
　　(5) TV432　工程材料试验
　【IPC类目】
　　C09J183/00　基于由只在主链中形成含硅的,有或没有硫、氮、氧或碳的键的反应得到的高分子化合物的黏合剂;基于此种聚合物衍生物的黏合剂[5]
【词条属性】
　【状况】
　　【应用场景】 土力学
　　【应用场景】 木材
　　【应用场景】 钢材
　【因素】
　　【影响因素】 材料内部结构
　　【影响因素】 材料力学性能
　　【影响因素】 应力
　　【影响因素】 载荷形式
　　【影响因素】 外力作用时间
　　【影响因素】 温度
【词条关系】
　【等同关系】
　　【基本等同】 剪切强度
　【层次关系】
　　【概念-实例】 0Cr12Mn5Ni4Mo3Al(1212 MPa)
　　【概念-实例】 0Cr15Ni7Mo2Al(918 MPa)
　　【概念-实例】 15CrMnMoVA(740 MPa)
　　【概念-实例】 16MnR(421 MPa)
　　【概念-实例】 16Mng(375 MPa)
　　【概念-实例】 20CrMnTi(756 MPa)

【概念-实例】 20Mn2A(730 MPa)
【概念-实例】 20R(317 MPa)
【概念-实例】 30CrMnSiA(735 MPa)
【概念-实例】 30CrMnSiNi2A(1000 MPa)
【概念-实例】 40CrNi2Si2MoVA(1285 MPa)
【概念-实例】 ZG28CrMnSiNi2(952 MPa)
【概念-实例】 ZG22CrMnMo(1014 MPa)
【类属】 强度指标
【应用关系】
【用于】 金属材料
【用于】 木材
【测度关系】
【物理量-单位】 兆帕(MPa)
【物理量-度量方法】 直剪试验
【物理量-度量方法】 三轴试验
【物理量-度量方法】 抗剪断强度试验
【物理量-度量方法】 剪切试验

◎ 抗拉强度

【基本信息】
【英文名】 tensile strength
【拼音】 kang la qiang du
【核心词】
【定义】
金属试样拉伸时,在拉断前所能承受的最大负荷所对应的应力,称为抗拉强度。它表示金属材料在拉力作用下抵抗破坏的最大应力。
【来源】 《机械加工工艺辞典》
【分类信息】
【CLC 类目】
(1) TB33 复合材料
(2) TB33 金属复合材料
(3) TB33 脱氧
(4) TB33 金属-非金属复合材料
(5) TB33 焊接材料
【IPC 类目】
(1) C22C23/02 铝做次主要成分的[2]
(2) C22C23/02 含锰的[2]
(3) C22C23/02 铁基合金,如合金钢(铸铁合金入 37/00)[2]
(4) C22C23/02 含铅、硒、碲或锑,或含大于 0.04%(质量分数)的硫[2]
(5) C22C23/02 链节由平行的传动销连接,带或不带滚柱
【词条属性】
【特征】
【特点】 记作 σ_b
【特点】 材料对最大均匀变形的抗力
【特点】 代号 σ_c
【因素】
【影响因素】 合金元素含量
【影响因素】 轧制工艺
【影响因素】 热处理工艺
【影响因素】 消除应力工艺
【影响因素】 材料内部组织结构
【影响因素】 材料的加工硬化能力
【词条关系】
【层次关系】
【类分】 轴拉强度
【类分】 劈拉强度
【类分】 弯折强度
【类属】 力学性能指标
【实例-概念】 工艺性能
【应用关系】
【用于】 金属材料
【用于】 合金钢
【用于】 复合材料
【用于】 无机非金属材料
【用于】 木材
【用于】 低碳钢
【用于】 非淬硬中碳钢
【用于】 退火球墨铸铁
【用于】 淬硬工具钢
【用于】 淬硬高强度钢
【测度关系】
【物理量-单位】 兆帕(MPa)
【物理量-度量方法】 拉伸试验

【物理量-度量工具】 万能材料试验机

◎抗磨性
【基本信息】
　【英文名】 wear resisting property
　【拼音】 kang mo xing
　【核心词】
【定义】
　　零件抵抗磨损的能力称为抗磨性。
【来源】《中国百科大辞典》
【分类信息】
　【CLC类目】
　　（1）TE624　炼油工艺过程
　　（2）TE624　非金属材料试验机与仪器
　　（3）TE624　特种结构材料
　【IPC类目】
　　（1）C10N　与C10M小类有关的引得表
　　（2）C10N　硫代衍生物〔4〕
　　（3）C10N　有过量中和碱的反应混合物，如高碱或强碱产物〔4〕
【词条属性】
　【特征】
　　【特点】 碳是改善抗磨性的主要元素
　　【特点】 细化晶粒可改善抗磨性
　　【特点】 沉淀硬化可改善抗磨性
　　【特点】 同一种材料在不同的工况下抗磨特性不同
　【状况】
　　【现状】 碳化物数量和尺寸对抗磨性的影响是好是坏存在争议
　　【现状】 马氏体基体是否具有抗磨性存在争议
　　【现状】 材料硬度对抗磨性的影响存在争议
　　【现状】 磨粒对抗磨性的影响也存在争议
　　【现状】 材料抗磨性的研究非常复杂
　【应用场景】 冶金
　【应用场景】 建材
　【应用场景】 电力
　【应用场景】 农机
　【应用场景】 煤机
【因素】
　【影响因素】 化学成分
　【影响因素】 显微组织
　【影响因素】 碳化物类型
　【影响因素】 力学性能
　【影响因素】 磨料性质（组成、粒度、硬度）
　【影响因素】 介质（温度、湿度）
　【影响因素】 磨粒对工件的作用方式
　【影响因素】 运动速度和持续时间
　【影响因素】 相对运动形式
　【影响因素】 载荷
　【影响因素】 润滑状态
【词条关系】
　【等同关系】
　　【基本等同】 耐磨性
　【层次关系】
　　【附件-主体】 高钒合金
　　【附件-主体】 高铬铸铁
　　【附件-主体】 贝氏体钢
　　【附件-主体】 马氏体钢
　　【附件-主体】 奥氏体锰钢
　　【附件-主体】 硬质合金
　　【附件-主体】 金属基表面复合材料
　　【附件-主体】 普通白口铸铁
　　【附件-主体】 耐磨钢
　　【附件-主体】 耐磨铸铁
　　【附件-主体】 耐磨白口铸铁
　【测度关系】
　　【物理量-度量工具】 磨损试验机

◎抗弯强度
【基本信息】
　【英文名】 bending strength
　【拼音】 kang wan qiang du
　【核心词】

【定义】
　　试样在位于两支承中间的集中负荷作用下,使其折断前折断横截面(危险截面)所承受的最大正应力,称为抗弯强度。
【来源】　《机械加工工艺辞典》
【分类信息】
　【CLC类目】
　　(1) TB333　金属-非金属复合材料
　　(2) TB333　特种机械性质合金
　　(3) TB333　机械性能(力学性能)试验
　　(4) TB333　石膏及其制品
　　(5) TB333　人造宝石、合成宝石的生产
　【IPC类目】
　　(1) C04B35/622　形成工艺;准备制造陶瓷产品的无机化合物的加工粉末〔6〕
　　(2) C04B35/622　以碳化钨为基的〔4〕
　　(3) C04B35/622　复合材料〔6〕
　　(4) C04B35/622　用粉末冶金法(1/08优先)〔2〕
　　(5) C04B35/622　焙烧或烧结工艺(33/32优先)〔6〕
【词条属性】
　【特征】
　　【特点】　测试要素:机械性能
　　【特点】　测试要素:拉应力
　　【特点】　测试要素:张应力
　　【特点】　测试要素:压应力
　　【特点】　测试要素:剪应力
　　【特点】　测试要素:抗张强度
　　【特点】　测试要素:抗压强度
　　【特点】　测试要素:弯曲强度
　　【特点】　测试要素:硬度
　　【特点】　通常在静力载荷下测定
【词条关系】
　【应用关系】
　　【用于】　金属材料
　　【用于】　锈蚀钢筋
　　【用于】　木材
　　【用于】　梯度硬质合金
　　【用于】　复合材料
　　【用于】　金属陶瓷
　　【用于】　45钢
　【测度关系】
　　【物理量-单位】　帕斯卡
　　【物理量-度量方法】　三点抗弯测试
　　【物理量-度量方法】　四点测试方法

◎抗压强度

【基本信息】
　【英文名】　compressive strength
　【拼音】　kang ya qiang du
　【核心词】
【定义】
　　材料在压力作用下不发生碎、裂所能承受的最大正应力,称为抗压强度。
【来源】　《机械加工工艺辞典》
【分类信息】
　【CLC类目】
　　(1) TE256　固井工程
　　(2) TE256　特种结构材料
　　(3) TE256　非金属材料
　【IPC类目】
　　(1) C04B28/02　含有除硫酸钙之外的水硬性水泥〔4〕
　　(2) C04B28/02　烟道尘〔4〕
　　(3) C04B28/02　酸或其盐类〔4〕
【词条属性】
　【特征】
　　【数值】　花岗岩(Granite)1000～2500
　　【数值】　正长岩(Syenite)1000～2000
　　【数值】　闪长岩(Diorite)1500～2800
　　【数值】　辉长岩(Gabbro)1000～2800
　　【数值】　辉绿岩(Diabase)2000～3000
　　【数值】　结晶质石灰岩(Crystalline Limestone)1000～2000
　　【数值】　石英砂岩(Quartzose Sandstone)2000
　　【数值】　石英岩(Quartzite)3000

【特点】 代号 σ_b, σ_c
【特点】 公式为：$p=P/A$，p 为抗压强度，P 为压力，A 为剖面面积
【状况】
　【应用场景】 建筑行业
　【应用场景】 机械结构件性能研究
【因素】
　【影响因素】 材料内部组织结构
　【影响因素】 胶结物的性质
　【影响因素】 压力的方向
【词条关系】
　【等同关系】
　　【基本等同】 单轴抗压强度
　　【基本等同】 抗压强度极限
　【层次关系】
　　【类分】 干燥抗压强度
　　【类分】 饱和抗压强度
　　【类分】 冻结后抗压强度
　【应用关系】
　　【用于】 金属材料
　　【用于】 岩石
　　【用于】 混凝土
　　【用于】 水泥
　　【用于】 煤炭
　　【用于】 复合胶凝材料
　　【用于】 土坯砌体
　　【用于】 改性土体材料
　【测度关系】
　　【物理量-单位】 kg/cm^2
　　【物理量-单位】 $Pa(N/m^2)$
　　【物理量-单位】 帕斯卡
　　【物理量-度量方法】 拉伸试验

◎ **抗氧化性**
【基本信息】
　【英文名】 oxidation resistance
　【拼音】 kang yang hua xing
　【核心词】
【定义】 抗氧化性是指金属材料在高温时抵抗氧化性气氛腐蚀作用的能力。
【来源】《机械加工工艺辞典》
【分类信息】
　【CLC 类目】
　　（1）R151　营养学
　　（2）R151　非金属复合材料
　　（3）R151　一般性问题
　　（4）R151　非金属元素及其化合物
　　（5）R151　粉末冶金制品及其应用
　【IPC 类目】
　　（1）C22C29/10　以碳化钛为基的〔4〕
　　（2）C22C29/10　自由基清除剂或抗氧化剂〔7〕
　　（3）C22C29/10　以氧化镁为基料的〔6〕
　　（4）C22C29/10　以碳化物或碳氮化物为基的〔4〕
　　（5）C22C29/10　包含粉末的包覆〔2〕
【词条属性】
　【特征】
　　【数值】 速度指标：簌 0.1 mm/a
　【状况】
　　【应用场景】 耐火材料的研究
　　【应用场景】 制造高温下工作的零件
　　【应用场景】 锅炉材料研究
　　【应用场景】 热力设备中的高温部件
　【因素】
　　【影响因素】 反应时间
　　【影响因素】 外界环境因素
　　【影响因素】 材料自身性质
【词条关系】
　【层次关系】
　　【类分】 高温抗氧化性
　　【类属】 耐蚀性
　【应用关系】
　　【使用】 抗氧化试验
　　【使用】 ORAC 法
　　【使用】 FRAP 法
　　【使用】 ABTS 法

◎ 可锻铸铁

【基本信息】
　　【英文名】　malleable cast iron
　　【拼音】　ke duan zhu tie
　　【核心词】
【定义】
　　又称马铁。将白口铸铁经可锻化退火处理,使组织中的渗碳体转变成团絮状石墨,从而获得铁素体或珠光体组织的铸铁称为可锻铸铁。
【来源】　《现代材料科学与工程辞典》
【分类信息】
　　【IPC类目】
　　（1）F28F1/28　管件由带翅片段组成的
　　（2）F28F1/28　主要由金属或合金组成的
　　（3）F28F1/28　带有附加的密封[2]
　　（4）F28F1/28　硅做次主要成分的[2]
【词条属性】
　　【特征】
　　　【数值】　$w(C)=2.2\%\sim2.8\%$
　　　【数值】　$w(Si)=1.0\%\sim1.8\%$
　　　【数值】　$w(Mn)=0.3\%\sim0.8\%$
　　　【数值】　$w(S)\leq0.2\%$
　　　【数值】　$w(P)\leq0.1\%$
　　　【特点】　具有较好的强度
　　　【特点】　具有较好的塑性
　　　【特点】　低温冲击性能好
　　　【特点】　耐磨性优于普通碳素钢
　　　【特点】　减振性优于普通碳素钢
　　　【特点】　可以切削加工
　　【状况】
　　　【应用场景】　汽车制造
　　　【应用场景】　农机制造
【词条关系】
　　【等同关系】
　　　【基本等同】　马铁
　　　【基本等同】　玛钢
　　　【基本等同】　展性铸铁
　　　【基本等同】　韧性铸铁

【层次关系】
　　【材料-组织】　铁素体(F)+团絮状石墨(G)
　　【材料-组织】　珠光体(P)+团絮状石墨(G)
　　【概念-实例】　凸轮轴
　　【概念-实例】　KTH300-06
　　【概念-实例】　KTH330-08
　　【概念-实例】　KTH350-10
　　【概念-实例】　KTH370-12
　　【概念-实例】　KTZ450-06
　　【概念-实例】　KTZ550-04
　　【概念-实例】　KTZ650-02
　　【概念-实例】　KTZ700-02
　　【概念-实例】　KTB380-04
　　【概念-实例】　KTB380-12
　　【概念-实例】　KTB400-05
　　【概念-实例】　KTB450-07
　　【类属】　铸铁
【应用关系】
　　【用于】　汽车后桥
　　【用于】　弹簧支架
　　【用于】　低压阀门
　　【用于】　管接头
　　【用于】　工具扳手
　　【用于】　动力机械耐磨零件
　　【用于】　汽车凸轮轴
　　【用于】　火车车轮
　　【用于】　球磨机中的铁球

◎ 可焊性

【基本信息】
　　【英文名】　weldability
　　【拼音】　ke han xing
　　【核心词】
【定义】
　　金属材料在一定的焊接条件下,形成符合使用要求的、完整的焊接接头的能力。
【来源】　《金属材料简明辞典》

【分类信息】
　【CLC 类目】
　　TB30　工程材料一般性问题
　【IPC 类目】
　　(1) B23K1/20　工件或钎焊区的预处理，如电镀(用特殊方法预先加工表面,入有关处理或被处理材料的组,如 C04B,C23C)
　　(2) B23K1/20　使用气体的(8/36 优先)[4]
　　(3) B23K1/20　锡或锡合金[4]
　　(4) B23K1/20　电镀表面的后处理[2]
　　(5) B23K1/20　银的[2]
【词条属性】
　【特征】
　　【特点】　工件材料、焊接方法和产品的使用条件,都会影响工件可焊性
　　【特点】　焊接接头所需的设备条件越少、难度越小,则此材料的焊接性越好
　　【特点】　当 $w(C)<(0.4\%\sim0.6\%)$ 时,钢的焊接性良好,应考虑预热
　　【特点】　当 $w(C)=(0.4\%\sim0.6\%)$ 时,焊接性相对较差
　　【特点】　当 $w(C)>(0.4\%\sim0.6\%)$ 时,焊接性很不好,必须预热到较高温度
　【状况】
　　【应用场景】　焊接工艺
　　【应用场景】　电镀工艺
　【因素】
　　【影响因素】　化学组成
【词条关系】
　【等同关系】
　　【基本等同】　焊接性
　【层次关系】
　　【类分】　结合性能
　　【类分】　使用性能
　　【类分】　焊接接头的抗氧化性能
　　【类分】　焊接接头的抗腐蚀性能
　　【类分】　焊接接头的高温性能
　　【类分】　抗裂纹能力
　　【类分】　裂纹敏感性
　　【类分】　低温冲击韧性
　　【类分】　焊接接头的淬硬性
【应用关系】
　【使用】　可焊性测试仪
　【使用】　润湿天平法
　【使用】　接触角法
　【用于】　400 MPa 级超级钢
　【用于】　X80 管线钢
　【用于】　Q390 低合金高强钢
　【用于】　Q460 低合金高强度钢
　【用于】　2024 高强度铝合金
　【用于】　HG70 低合金高强度钢
　【用于】　X100 级管线钢
　【用于】　JG785DB 钢
　【用于】　9Ni 钢

◎ 可靠性
【基本信息】
　【英文名】　dependability;reliability
　【拼音】　ke kao xing
　【核心词】
【定义】
　(1) 通过设计赋予装备的一种可靠耐用、无故障的特性。
　【来源】　《军事大辞海·上》
　(2) 系统、设备、元件等在规定的条件下和预定的时间内完成规定功能的性能。
　【来源】　《中国冶金百科全书·安全环保》
【分类信息】
　【CLC 类目】
　　(1) O213.2　可靠性理论
　　(2) O213.2　可靠性理论
　　(3) O213.2　排队论(随机服务系统)
　　(4) O213.2　力能供应
　　(5) O213.2　海上开采机械设备
　【IPC 类目】
　　(1) F04C18/02　弧形啮合式的,即各配合元件具有圆弧形传送运动,每一元件都是有相同数目的齿或齿的等同物[3]

（2）F04C18/02　润滑（一般机械或发动机的入F01M）

（3）F04C18/02　未列入18/00至27/00组或与之无关的泵或泵送装置的部件、零件或附件

（4）F04C18/02　装置是电力的

（5）F04C18/02　以适用于伺服马达的控制为特征的流体分配或供给装置（多路阀入F16K11/00）

【词条属性】
【状况】
　【应用场景】　配电网
　【应用场景】　数控机床
　【应用场景】　生产的产品
　【应用场景】　原材料的选用
　【应用场景】　零部件的选用
【因素】
　【影响因素】　环境条件
　【影响因素】　规定时间
　【影响因素】　规定功能
【词条关系】
【层次关系】
　【类分】　重要度
　【类分】　有效度
　【类分】　平均修复时间
　【类分】　可靠度
　【类分】　不可靠度积累失效概率
　【类分】　失效率
　【类分】　平均寿命
　【类分】　可靠寿命
　【类分】　中位寿命
　【类分】　特征寿命
　【类分】　维修度

◎空冷
【基本信息】
　【英文名】　air-cooled; air cooling
　【拼音】　kong leng
　【核心词】

【定义】
　将被加热后的材料置于静止空气中进行冷却的操作。
【来源】《金属功能材料词典》
【分类信息】
【IPC类目】
（1）F01K7/32　应用临界或超临界压力蒸汽的发动机

（2）F01K7/32　硬化（1/02优先）；随后回火或不回火的淬火（淬火设备入1/62）〔3〕

（3）F01K7/32　冷却（一般的机器或发动机的冷却入F01P）；加热；隔热（叶片支承件的隔热，叶片的隔热入5/00）

（4）F01K7/32　一般机器或发动机；一般的发动机装置；蒸汽机

（5）F01K7/32　含铬的〔2〕

【词条属性】
【特征】
　【特点】　冷却速度慢
　【特点】　对环境没有热污染和化学污染
　【特点】　空气可随意取得，不需任何辅助设备和费用
　【特点】　选厂址不受限制
　【特点】　空气腐蚀性小，使用寿命长
　【特点】　操作简单
　【特点】　成本低
【状况】
　【应用场景】　汽轮机
　【应用场景】　火力发电
　【应用场景】　金属材料
【词条关系】
【层次关系】
　【类分】　直接空冷
　【类分】　间接空冷
　【类属】　热处理工序
【应用关系】
　【工艺-组织】　马氏体
　【用于】　低合金钢
　【用于】　低碳钢

【用于】　结构钢
　　【用于】　工具钢
　　【用于】　特殊用途钢
　　【用于】　平炉钢
　　【用于】　钢轨钢
　　【用于】　中合金钢
【生产关系】
　　【工艺-材料】　线材
　　【工艺-设备工具】　空冷散热器
　　【工艺-设备工具】　直接空冷机
　　【工艺-设备工具】　间接空冷塔

◎ 控制冷却
【基本信息】
　　【英文名】　controlled cooling
　　【拼音】　kong zhi leng que
　　【核心词】
【定义】
　　（1）热轧后对钢材进行的旨在控制相变组织和提高钢材力学性能的冷却方法。
　　【来源】《中国冶金百科全书·金属塑性加工》
　　（2）在所定温度范围内以一定速度冷却（通常是缓冷）的操作。
　　【来源】《金属功能材料词典》
【分类信息】
　　【CLC 类目】
　　　　TG335.13　连续轧制
　　【IPC 类目】
　　　　（1）F01　一般机器或发动机；一般的发动机装置；蒸汽机
　　　　（2）F01　从碱土金属铝酸盐制氧化铝或氢氧化铝
　　　　（3）F01　用直接电阻加热
　　　　（4）F01　碱土金属铝酸盐的制备；从碱土金属铝酸盐制备铝的氧化物或氢氧化物的
　　　　（5）F01　无环或碳环化合物
【词条属性】

【特征】
　　【优点】　节省能源
　　【优点】　降低生产成本
　　【优点】　可以取代正火和淬火-回火的热处理工艺
　　【优点】　提高钢材焊接性能
　　【优点】　降低钢的碳含量
　　【优点】　与控制轧制相结合，可以创出新的钢种
【因素】
　　【影响因素】　冷却速度
　　【影响因素】　终止冷却温度
　　【影响因素】　钢板表面状态
　　【影响因素】　钢板平直度
【词条关系】
【层次关系】
　　【类分】　管层流冷却
　　【类分】　水幕冷却
　　【类分】　喷雾冷却
　　【类分】　喷射冷却
【应用关系】
　　【用于】　板带材
　　【用于】　H 型钢
　　【用于】　棒线材
　　【用于】　厚板
　　【用于】　宽厚板
　　【用于】　钢管
　　【用于】　型钢
【生产关系】
　　【工艺-材料】　高强度低合金钢
　　【工艺-材料】　GCr15
　　【工艺-材料】　82B 线材
　　【工艺-材料】　贝氏体/马氏体球墨铸铁
　　【工艺-材料】　X65 管线钢
　　【工艺-材料】　38B3 汽车用钢
　　【工艺-材料】　55SiCrA 弹簧钢
　　【工艺-设备工具】　弱冷带
　　【工艺-设备工具】　强冷带

◎ 控制轧制

【基本信息】
　【英文名】　controlled rolled; controlled rolling
　【拼音】　kong zhi zha zhi
　【核心词】
【定义】
　（1）是指将塑性变形同固态相变结合在一起，使钢材在加工时获得所需外形和尺寸的同时，获得理想的内部组织和优异性能的一种热轧技术。
　【来源】　《中国冶金百科全书·金属塑性加工》
　（2）热轧过程中通过对金属材料加热、轧制和冷却的合理控制，使塑性形变与固态相变过程相结合（省去轧后的热处理工序），以获得良好的晶粒组织和优异的综合性能的轧制技术。
　【来源】　《金属功能材料词典》
【分类信息】
　【CLC 类目】
　　（1）TG142.1　钢的组织与性能
　　（2）TG142.1　轧制工艺
　　（3）TG142.1　机械试验法
　【IPC 类目】
　　（1）C22C38/14　含钛或锆的〔2〕
　　（2）C22C38/14　在生产钢板或带钢时（8/12 优先）〔3〕
　　（3）C22C38/14　用熔炼法〔2〕
　　（4）C22C38/14　用于轧制长度不定的带或板（1/42 优先）
　　（5）C22C38/14　含钨、钽、钼、钒或铌的〔2〕
【词条属性】
　【特征】
　　【优点】　提高钢材的强韧性和性能合格率
　　【优点】　节约能源，取消热处理，减少了投资
　　【优点】　大幅度增加优质专用钢材的生产能力
　　【优点】　节约合金，降低碳当量
　　【优点】　改善材料可焊性
　　【优点】　开发新品种
　　【优点】　有效发挥铌、钒、钛等微合金化元素的作用
　　【优点】　简化生产工序
　【状况】
　　【现状】　在强度低、功率小的老式轧机上实施了控轧技术
　　【现状】　在 1991 年建成了一条中厚板控轧控冷生产线
　　【现状】　大幅度提高了低碳钢和低碳锰钢的性能合格率
　　【现状】　把控轧技术纳入了轧制规程
　　【现状】　结合中国丰富的铌、钒、钛元素资源，开发了含铌和含钒、钛的微合金化高强韧性钢的新品种
　　【应用场景】　主要用于含有微量合金元素的低碳钢种
　　【应用场景】　造船行业
　【时间】
　　【起始时间】　1925 年
【词条关系】
　【应用关系】
　　【使用】　轧制工艺参数
　　【用于】　棒线材
　　【用于】　厚板
　　【用于】　管线钢
　　【用于】　低碳钢
　　【用于】　汽车用钢
　　【用于】　弹簧钢
　【生产关系】
　　【工艺-材料】　过共析钢
　　【工艺-材料】　桥梁钢
　　【工艺-材料】　高强度低合金钢
　　【工艺-材料】　7075 铝合金
　　【工艺-材料】　GCr15 高速线材
　　【工艺-材料】　38B3 汽车钢

【工艺-材料】 38SiMnVB
【工艺-材料】 X80
【工艺-材料】 X65

◎ 扩散退火
【基本信息】
　　【英文名】 diffusion annealing
　　【拼音】 kuo san tui huo
　　【核心词】
【定义】
　　(1) 又称均匀化退火。在略低于固相线温度下长期保温的热处理方法。
　　【来源】《现代材料科学与工程辞典》
　　(2) 将金属铸锭、铸件或锻坯,在略低于固相线的温度长期加热以消除或减少化学成分及显微组织(枝晶)偏析,以达到均匀化目的的热处理工艺称为扩散退火。
　　【来源】《机械加工工艺辞典》
【分类信息】
　　【IPC 类目】
　　(1) B21B1/40　用于轧制有特殊问题的薄箔,如由于太薄的问题
　　(2) B21B1/40　需要或允许专门轧制方法或程序的特殊成分合金材料的轧制(除由此获得的结构强化和机械性质外,改变合金的特殊冶金性质入 C21D,C22F)
　　(3) B21B1/40　合金的制造(不特别限定用于合金制造的粉末冶金设备或方法入 B22F;用电热法入 C22B4/00;用电解法入 C25C)
　　(4) B21B1/40　用热处理法或用热加工或冷加工法改变有色金属或合金的物理结构(金属的机械加工设备入 B21,B23,B24)
　　(5) B21B1/40　每一种成分的重量都小于 50%的合金〔2〕
【词条属性】
　　【特征】
　　【特点】 钢的扩散退火温度高于 Ac_3,在 1100~1200 ℃
　　【特点】 加热温度高
　　【特点】 加热时间长
　　【特点】 消耗热量大
　　【特点】 生产率低
　　【特点】 扩散退火的保温时间一般按截面厚度每 25 mm 保温 0.5~1 h
　　【特点】 易使工件氧化
　　【特点】 成本高
【词条关系】
　　【等同关系】
　　【基本等同】 均匀化退火
　　【层次关系】
　　【并列】 完全退火
　　【类分】 高温扩散退火
　　【类属】 退火
　　【主体-附件】 预热温度
　　【主体-附件】 加热温度
　　【主体-附件】 加热时间
　　【主体-附件】 冷却时间
　　【应用关系】
　　【用于】 金属铸锭
　　【用于】 金属铸件
　　【用于】 金属锻坯
　　【用于】 优质合金钢
　　【用于】 偏析现象
　　【用于】 高硼不锈钢
　　【生产关系】
　　【工艺-材料】 AgCuCe/TU1 层状复合材料
　　【工艺-材料】 AZ31/AZ91 镁合金
　　【工艺-材料】 FGH96 粉末高温合金
　　【工艺-材料】 Sn-Bi-X 焊料
　　【工艺-材料】 ZG31Mn2SiREB 钢
　　【工艺-材料】 3Cr2NiMnMo 钢
　　【工艺-材料】 6061 铝合金铸态
　　【工艺-材料】 45 钢
　　【工艺-材料】 2090-Ce 铝锂合金
　　【工艺-材料】 Mg-(RE)-Zn 合金
　　【工艺-设备工具】 轧辊

◎扩散系数

【基本信息】
  【英文名】 diffusion coefficient
  【拼音】 kuo san xi shu
  【核心词】
【定义】
  扩散系数是表示物质扩散能力的物理量。
【来源】《现代药学名词手册》
【分类信息】
  【CLC类目】
    （1）TB33　复合材料
    （2）TB33　物理测量
    （3）TB33　金属中的扩散
    （4）TB33　吸附剂
    （5）TB33　机械性能（力学性能）试验
  【IPC类目】
    （1）C07D305/04　环原子间或环原子与非环原子间无双键[2]
    （2）C07D305/04　泵是流体驱动的
    （3）C07D305/04　杂环氢化[2]
【词条属性】
  【特征】
    【数值】 氢：0.634 cm^2/s
    【数值】 乙炔：0.194 cm^2/s
    【数值】 甲烷：0.196 cm^2/s
    【数值】 乙烯：0.130 cm^2/s
    【数值】 甲醚：0.118 cm^2/s
    【数值】 液化石油气：0.121 cm^2/s
    【特点】 与浓度梯度无关
    【特点】 与浓度有关
  【因素】
    【影响因素】 扩散物质的比重
    【影响因素】 扩散介质的温度
    【影响因素】 固溶体的类型
    【影响因素】 物质浓度
    【影响因素】 晶体结构
    【影响因素】 应力状态
    【影响因素】 塑性变形程度
【词条关系】

  【等同关系】
    【基本等同】 普遍化扩散系数
  【层次关系】
    【类分】 自然扩散系数
    【类分】 互扩散系数
    【类分】 内扩散系数
  【应用关系】
    【用于】 菲克扩散第一定律
  【测度关系】
    【物理量-单位】 m^2/h
    【物理量-单位】 m^2/min
    【物理量-度量方法】 扩散实验

◎拉伸试验

【基本信息】
  【英文名】 tensile test
  【拼音】 la shen shi yan
  【核心词】
【定义】
  测定材料抗拉强度的一种试验，是材料的机械性能最基本的试验方法之一。
【来源】《中国成人教育百科全书·物理·机电》
【分类信息】
  【CLC类目】
    （1）TB302.3　机械试验法
    （2）TB302.3　合金学与各种性质合金
    （3）TB302.3　工程材料力学（材料强弱学）
    （4）TB302.3　非金属复合材料
    （5）TB302.3　计算机仿真
  【IPC类目】
    （1）H01K1/46　由独立部件支撑的，如底座、帽
    （2）H01K1/46　制造有内应力的预型件，如塑性记忆[4]
    （3）H01K1/46　含钨、钽、钼、钒或铌的[2]
    （4）H01K1/46　关于成型材料或关于用

于增强材料、填料或预型件,如嵌件,与小类 B29B,C 或 D 有关的引得分类表
【词条属性】
　【特征】
　　【特点】　试件一般采用圆形、方形或长方形截面
　　【特点】　用来测定试样对外加载荷的抗力
　　【特点】　可得到材料的抗拉强度
　　【特点】　可得到材料的屈服强度
　　【特点】　可得到材料的弹性极限
　　【特点】　可得到材料的断裂强度
　　【特点】　可得到试样断裂后的变形量
　　【特点】　通过拉伸试验可绘出材料的应力—应变曲线
　　【特点】　可得到材料的伸长率
　　【特点】　可得到材料的比例极限
　　【特点】　可得到材料的面积缩减量
　　【特点】　可得到材料的屈服点
　【状况】
　　【应用场景】　金属材料性能测试
【词条关系】
　【层次关系】
　　【并列】　冲击韧性试验
　　【类分】　低碳钢拉伸试验
　　【类分】　铸铁拉伸试验
　　【主体-附件】　拉伸夹具
　　【主体-附件】　最大试验力
　　【主体-附件】　准确度等级
　　【主体-附件】　试验力测量范围
　　【主体-附件】　试验力示值准确度
　　【主体-附件】　试验力分辨率
　　【主体-附件】　变形测量范围
　　【主体-附件】　变形示值准确度
　　【主体-附件】　变形分辨率
　　【主体-附件】　位移示值准确度
　　【主体-附件】　唯一分辨率
　　【主体-附件】　力速率控制调节范围
　　【主体-附件】　力速率控制精度
　　【主体-附件】　伸长速率控制调节范围
　　【主体-附件】　伸长速率控制精度
　　【主体-附件】　位移速率控制调节范围
　　【主体-附件】　位移速率控制精度
　　【主体-附件】　有效拉伸空间
　　【主体-附件】　电子拉力试验机有效试验宽度
　【应用关系】
　　【使用】　拉伸机
　　【使用】　材料试验机
　　【用于】　金属材料的拉伸性能测定
　　【用于】　玻璃纤维的拉伸试验
　　【用于】　螺栓
　　【用于】　螺钉
　　【用于】　螺柱
　　【用于】　螺母
　　【用于】　钢筋
　【测度关系】
　　【度量方法-物理量】　抗压强度
　　【度量方法-物理量】　抗拉强度
　　【度量方法-物理量】　断面收缩率

◎ 莱氏体
【基本信息】
　【英文名】　ledeburite
　【拼音】　lai shi ti
　【核心词】
【定义】
　　铁碳合金共晶反应产物。是含碳量为 4.3% 的 $Fe-Fe_3C$ 共晶组织,共晶温度约为 1130 ℃。由奥氏体及渗碳体组成。
【来源】　《现代材料科学与工程辞典》
【分类信息】
　【CLC 类目】
　　TG131　合金学理论
　【IPC 类目】
　　(1) C13D1/06　压蔗机
　　(2) C13D1/06　专门适用于金属轧机或其加工产品的控制设备或方法(专用于金属轧

机的方法或设备 38/00）

（3）C13D1/06　压力铸造或喷射模铸造，即铸造时金属是用高压压入铸模的〔3〕

（4）C13D1/06　通过热加工法

（5）C13D1/06　含钼或钨的〔2〕

【词条属性】

【特征】

【数值】　含碳量为 $\omega(C) = 4.3\%$

【数值】　共晶温度为 1130 ℃

【特点】　常温下为珠光体、渗碳体和共晶渗碳体的混合物

【特点】　在高温下形成的共晶渗碳体呈鱼骨状或网状分布在晶界处

【特点】　当温度高于 727 ℃ 时，莱氏体由奥氏体和渗碳体组成，用符号 Ld 表示

【特点】　在低于 727 ℃ 时，莱氏体是由珠光体和渗碳体组成，用符号 Ld' 表示

【特点】　莱氏体的基体是硬而脆的渗碳体

【时间】

【起始时间】　1882 年

【词条关系】

【层次关系】

【并列】　珠光体

【构成成分】　碳、钨、钼、铬

【类分】　变态莱氏体

【类属】　金相组织

【组成部件】　奥氏体

【组成部件】　渗碳体

【组织-材料】　铸铁

【组织-材料】　合金铸铁

【组织-材料】　莱氏体钢

【组织-材料】　高碳合金钢

【组织-材料】　白口铸铁

【组织-材料】　高速工具钢

【组织-材料】　W18Cr4V

【组织-材料】　生铁

【组织-材料】　高铬莱氏体钢

【组织-材料】　新型莱氏体铸造模具钢

【组织-材料】　高合金莱氏体冷作模具钢

【组织-材料】　高强韧冷作模具钢

【组织-材料】　SKD11 冷作模具钢

【组织-材料】　W6Mo5Cr4V2 高速钢

【组织-材料】　莱氏体抗磨蚀铸钢

【组织-材料】　W9 高速钢

【应用关系】

【组织-工艺】　热处理

◎ 莱氏体钢

【基本信息】

【英文名】　ledeburite steel

【拼音】　lai shi ti gang

【核心词】

【定义】

　　合金钢的一类。由于加入了较多的铬、钼、钨等合金元素，引起 Fe—Fe_3C 相图上的奥氏体最大溶解度点（E 点）向左移动，导致在含碳量低于 E 点（2.04%碳）的钢的组织中出现莱氏体，这种钢即称为"莱氏体钢"。

【来源】　《金属材料简明辞典》

【分类信息】

【IPC 类目】

（1）B23K11/00　电阻焊接；用电阻加热方式的切割

（2）B23K11/00　铁基合金的制造

【词条属性】

【特征】

【数值】　碳含量低于 E 点（2.04%碳）

【特点】　含碳量很高

【特点】　碳化物呈细小颗粒均匀分布

【特点】　韧性低

【特点】　变形抗力大

【特点】　导热性差

【特点】　冷却过程组织应力大

【优点】　有很高耐磨性

【优点】　具有良好切削性

【状况】

【应用场景】　用作工具钢、模具钢

【词条关系】
　【层次关系】
　　【材料-组织】　莱氏体
　　【概念-实例】　高速工具钢
　　【概念-实例】　W18Cr4V
　　【概念-实例】　高铬莱氏体钢
　　【概念-实例】　新型莱氏体铸造模具钢
　　【概念-实例】　高合金莱氏体冷作模具钢
　　【概念-实例】　高强韧冷作模具钢
　　【概念-实例】　SKD11冷作模具钢
　　【概念-实例】　W6Mo5Cr4V2高速钢
　　【概念-实例】　莱氏体抗磨蚀铸钢
　　【概念-实例】　W9高速钢
　　【构成成分】　铬、钼、钨、碳
　　【类属】　合金钢
　【应用关系】
　　【用于】　模具钢
　　【用于】　工具钢
　【生产关系】
　　【材料-工艺】　锻造

◎ 莱氏体钢（珠光体+渗碳体）

【基本信息】
　【英文名】　ledeburitic steel（pearlite+cementite）
　【拼音】　lai shi ti gang（zhu guang ti+shen tan ti）
　【核心词】
【定义】
　凝固过程会发生共晶相变使得凝固组织中含有共晶组织（莱氏体）的高合金钢。
【词条属性】
　【特征】
　　【特点】　在高温下莱氏体钢具有硬而脆的性质
　　【特点】　硬度很高
　　【特点】　莱氏体钢是制造刀具的重要材料
　【因素】

　　【影响因素】　热处理工艺
　　【影响因素】　尺寸精度控制
　　【影响因素】　探伤缺陷的控制
　　【影响因素】　残余成分控制
【词条关系】
　【层次关系】
　　【并列】　珠光体钢
　　【并列】　马氏体钢
　　【并列】　铁素体钢
　　【并列】　奥氏体钢
　　【概念-实例】　W18Cr4V
　　【概念-实例】　Cr12MoV
　　【类分】　高速钢
　　【类分】　Cr12型高碳高铬冷作模具钢
　　【类属】　钢铁材料
　　【类属】　合金钢
　　【组成部件】　珠光体
　　【组成部件】　渗碳体
　【生产关系】
　　【材料-工艺】　铸造

◎ 冷拔

【基本信息】
　【英文名】　cold-drawing
　【拼音】　leng ba
　【核心词】
【定义】
　在常温的条件下对材料进行拉拔，从而使材料达到一定的形状和一定的力学性能。
【分类信息】
　【CLC类目】
　　F426　工业部门经济
　【IPC类目】
　　（1）F16L9/02　金属的（9/16至9/22优先；散热片管入F28F）
　　（2）F16L9/02　不限于仅在17/00,19/00,21/00中之一组中所述及的方法进行轧管，如组合加工（25/00优先）
　　（3）F16L9/02　专门适用于这些产品的成

形方法,如将薄层依次施加于成型基底上

(4) F16L9/02 外壳(通用机械或发动机外壳入 F16M);缸;缸盖;流体接头

(5) F16L9/02 锻压、锤击或压制的方法(用于加工金属板或金属管、棒或型材入 B21D;用于加工线材入 B21F);其专用设备或附件

【词条属性】
【特征】
【数值】 适用于 ϕ(9～100) mm 的高合金钢、合金钢和碳素钢的棒材
【数值】 冷拔圆断面棒材绝对压下量在 0.5～3.5 mm 范围内
【数值】 六角形断面绝对压下量在 2.5 mm 以下
【数值】 相对压下量最小为 9%～19%
【数值】 相对压下量最大为 17%～28%
【数值】 冷拔速度为 2.4～17.5 m/min
【特点】 节约钢材
【特点】 提高钢筋屈服强度
【特点】 使金属晶格产生畸变
【特点】 晶粒被拉长和拉细
【特点】 冷拔材的断面形状取决于模具的加工精度
【优点】 尺寸精度高
【优点】 表面光洁度好
【优点】 提高型材平直度
【优点】 降低表面粗糙度
【优点】 提高型材利用率
【状况】
【应用场景】 金属管材生产
【应用场景】 金属线材生产
【词条关系】
【层次关系】
【类属】 冷变形
【主体-附件】 应变时效
【应用关系】
【用于】 管材
【用于】 珠光体钢丝
【用于】 单晶铜
【用于】 单晶银
【用于】 内螺丝管
【用于】 钢筋
【用于】 普通钢管
【用于】 冷拔材
【生产关系】
【工艺-材料】 Q235
【工艺-材料】 12Cr1MoVG
【工艺-材料】 304 奥氏体不锈钢
【工艺-材料】 $Co_{40}NiCrMo$ 合金
【工艺-材料】 45 钢
【工艺-材料】 GH3625 合金
【工艺-材料】 30MnSi 盘条
【工艺-材料】 GCr15 轴承钢
【工艺-材料】 冷拔棒

◎ 冷拔棒

【基本信息】
【英文名】 CDBAR;cold drawn bar
【拼音】 leng ba bang
【核心词】
【定义】
冷拔棒是通过冷拔工艺加工成型后得到的一种棒材。
【词条属性】
【特征】
【缺点】 工序较多
【缺点】 道次变形量小
【缺点】 生产周期长
【数值】 ϕ17 mm
【数值】 ϕ16 mm
【数值】 ϕ14 mm
【特点】 圆棒状
【优点】 尺寸精度高
【优点】 表面光洁度好
【状况】
【现状】 至 2001 年开发了 19 个规格
【现状】 至 2001 年试产并销售了 700

余吨
  【现状】 国内生产厂家少
  【现状】 短缺产品
【词条关系】
 【层次关系】
  【概念-实例】 45 冷拔钢棒
  【概念-实例】 12Cr1MoVG
  【概念-实例】 GH2123
  【概念-实例】 1Cr18Ni9Ti
  【概念-实例】 301S
  【类属】 冷拔材
 【应用关系】
  【材料-加工设备】 冷拔机
  【使用】 冷拔钢棒分钢仪
 【生产关系】
  【材料-工艺】 球化
  【材料-工艺】 冷拔

◎ 冷拔材
【基本信息】
 【英文名】 cold-drawn steel
 【拼音】 leng ba cai
 【核心词】
【定义】
  冷拔材是通过冷拔工艺加工成型后得到的金属材料。
【分类信息】
 【IPC 类目】
  （1）C21D1/32 软化退火,如球化处理
  （2）C21D1/32 在生产棒材料或线材时
〔3〕
【词条属性】
 【特征】
  【缺点】 生产须配合热处理、酸洗等繁多且往复进行的工序
  【缺点】 生产周期长
  【数值】 表面粗糙度在 0.63～5 μm 以下
  【特点】 高强度
  【特点】 尺寸精度高
  【特点】 平直度高
  【特点】 建厂快
  【优点】 表面光洁度好
  【优点】 抗拉强度优于热轧材
  【优点】 屈服强度优于热轧材
  【优点】 减少二次加工余量
  【优点】 金属消耗可降低 10%～30%
  【优点】 生产设备简单
  【优点】 投资少
  【优点】 工艺操作容易
 【状况】
  【现状】 大力发展冷拔材生产
  【现状】 日本冷拔材产量达到世界第一
  【现状】 已成为现代轻工业、建筑、机械、电机、汽车与船舶制造、纺织工业、广播通信、国防工业的重要原材料
  【现状】 已占钢材总产量的 5% 以上
  【应用场景】 汽车
  【应用场景】 家用电器
  【应用场景】 机械
  【应用场景】 造船
【词条关系】
 【层次关系】
  【概念-实例】 GHGH159
  【概念-实例】 2Cr13
  【概念-实例】 18CrNi8
  【概念-实例】 55 钢
  【概念-实例】 GCr15
  【概念-实例】 Y15L
  【类分】 冷拔棒
  【类分】 冷拔丝材
  【类分】 冷拔棒材
  【类分】 冷拔管材
  【类分】 冷拔合金钢材
  【类分】 冷拔碳素钢材
 【应用关系】
  【材料-加工设备】 连拔机
  【材料-加工设备】 卷材冷拔机
  【材料-加工设备】 连续式冷拔机

【材料-加工设备】 链式冷拔机
【使用】 冷拔
【生产关系】
　【材料-工艺】 车削
　【材料-原料】 热轧钢材

◎冷变形
【基本信息】
　【英文名】 cold deformation
　【拼音】 leng bian xing
　【核心词】
【定义】
　在室温下进行变形，且只有加工硬化现象产生而没有"恢复"及"再结晶"产生的变形过程称为冷变形。
【来源】 《机械加工工艺辞典》
【分类信息】
　【IPC 类目】
　（1）C22F1/00　用热处理法或用热加工或冷加工法改变有色金属或合金的物理结构（金属的机械加工设备入 B21，B23，B24）
　（2）C22F1/00　铜或铜基合金
　（3）C22F1/00　含钴的〔2〕
　（4）C22F1/00　以铜做次主要成分的合金的〔4〕
　（5）C22F1/00　铜基合金
【词条属性】
　【特征】
　【特点】 冷变形对晶粒形状进行了改变
　【特点】 冷变形后晶粒内可能出现滑移带和孪生带
　【特点】 冷变形使组织出现变形织构
　【特点】 使晶间和晶内发生破坏
　【特点】 冷变形制品表面光洁
　【特点】 冷变形制品尺寸精确
　【特点】 冷变形制品形状规整
【词条关系】
　【层次关系】
　　【类分】 冷拉
　　【类分】 冷冲压
　　【类分】 冷轧
　　【类分】 冷拔
　　【类分】 冷锻
　　【类分】 冷挤压
　　【类属】 塑性变形加工
【应用关系】
　【用于】 薄板
　【用于】 带卷
　【用于】 箔材
　【用于】 管材
　【用于】 铝合金
　【用于】 不锈钢
　【用于】 高强钛合金
　【用于】 马氏体钢
　【用于】 IF 钢
　【用于】 低碳钢
　【用于】 高强高导铜合金
　【用于】 铜铬锆合金
【生产关系】
　【工艺-材料】 恒弹性合金
　【工艺-材料】 316L 不锈钢
　【工艺-材料】 TB8 高强钛合金
　【工艺-材料】 TiNbZrTa 钛合金
　【工艺-材料】 12Cr 铁素体/马氏体钢
　【工艺-材料】 TiNiCr 形状记忆合金
　【工艺-材料】 5E06 铝板
　【工艺-材料】 TP304
　【工艺-材料】 AZ31 镁合金丝
　【工艺-材料】 20CrMnTi 钢
　【工艺-材料】 2024 铝合金
　【工艺-材料】 X70
　【工艺-材料】 1Cr18Ni9Ti 奥氏体不锈钢
　【工艺-材料】 9Cr 低活化马氏体钢
　【工艺-材料】 GH3535 合金
　【工艺-材料】 GH69 合金
　【工艺-材料】 CuNiCoBe 合金
　【工艺-材料】 铁素体钢
　【工艺-材料】 铁素体不锈钢

◎ 冷成型

【基本信息】
　　【英文名】　cold forming
　　【拼音】　leng cheng xing
　　【核心词】
【定义】
　　冷成型就是在不进行加热的情况下对材料进行冲剪、弯曲、拉伸等的加工方式。冷成型工艺有冷镦、冷轧、模锻等。
【分类信息】
　　【IPC 类目】
　　（1）C21D8/00　通过伴随有变形的热处理或变形后再进行热处理来改变物理性能（除需成型的工件外不需要再加热的锻造或轧制成型的硬化工件或材料入 1/02)〔3〕
　　（2）C21D8/00　带齿的
　　（3）C21D8/00　齿轮
　　（4）C21D8/00　传动零件,如齿轮
　　（5）C21D8/00　用于使表面致密,如喷丸（使金属板材、管或型材发生变形的入 B21D31/06;作为冶金处理入 C21D7/00,C22F1/00)〔7〕
【词条属性】
　　【特征】
　　【特点】　在高压和冷模中经过足够时间成型
　　【特点】　从模中取出后再在加热或不加热的炉中继续干燥硬化而成不熔的制品
　　【优点】　能适用较小的荷载
　　【优点】　适用较短的跨度
　　【优点】　可以经济地得到不同寻常的截面形状
　　【优点】　经济的得到令人满意的强度重量比
　　【优点】　可生产可嵌套的截面
　　【优点】　环境重力作用下无伸缩无形变
　　【优点】　操作迅速
　　【优点】　价格低廉
　　【优点】　电绝缘性能好
　　【优点】　耐水性好
　　【优点】　耐热性较高
　　【优点】　表面光洁度高
　　【优点】　强度和耐久性高
　　【优点】　无须二次加工
　　【优点】　需要的原料较少
　　【优点】　废品率很低
　　【优点】　产率非常高
【状况】
　　【应用场景】　制造绝缘电气产品
　　【应用场景】　塑料成型
　　【应用场景】　制作不同直径、型材、盲孔和通孔的零件
【词条关系】
　　【层次关系】
　　【类分】　冷镦
　　【类分】　冷轧
　　【类分】　模锻
　　【应用关系】
　　【用于】　薄壁 C 型钢
　　【用于】　船体曲面板
　　【用于】　H 形钢
　　【用于】　低碳微合金钢
　　【用于】　圆钢管
　　【用于】　轴压方钢
　　【用于】　不锈钢
　　【用于】　万能钣金
　　【用于】　矩形钢管
　　【用于】　低钛热轧带钢
　　【用于】　桥梁用波形钢
　　【用于】　600 MPa 级高强度钢板
　　【用于】　结构钢
【生产关系】
　　【工艺-材料】　G550
　　【工艺-材料】　Q345
　　【工艺-材料】　16MnL
　　【工艺-材料】　Ti91
　　【工艺-材料】　SWRCH6A
　　【工艺-材料】　Q390GJC

【工艺-材料】　S335MC
【工艺-材料】　S420MC
【工艺-材料】　12CrMo4
【工艺-材料】　ML20MnTiB
【工艺-材料】　40Cr

◎冷冲压
【基本信息】
　【英文名】　cold stamping
　【拼音】　leng chong ya
　【核心词】
【定义】
　在常温下，靠压力机和模具对板材、带材、管材和型材等施加外力，使之产生塑性变形或分离，以获得所需形状和尺寸的工件的成型加工方法。
【来源】　《军事大辞海·上》
【分类信息】
　【IPC类目】
　（1）F16C7/00　连杆或两端在枢轴上转动的类似杆(用于机车主动轮的连杆入B61C；在不利条件下传动装置中阻止变速入F16H61/16)；连杆端的结构(连杆端与十字头刚性连接入5/00)
　（2）F16C7/00　具有固定缸〔6〕
　（3）F16C7/00　密封(车辆的窗、挡风板、非固定的车顶、门或类似设备的密封装置入B60J10/00；容器封口的密封或包装元件入B65D53/00；旋转活塞机器或发动机的密封装置入F01C19/00；非变容式机器或发动机的密封入F01D11/00；内燃机的密封装置入F02F11/00；旋转活塞泵的密封装置入F04C27/00；引入绝缘子或穿通型绝缘子的密封入H01B17/30)〔5〕
【词条属性】
　【特征】
　　【缺点】　模具要求高
　　【缺点】　制造复杂
　　【缺点】　周期长

【缺点】　制造费用昂贵
【缺点】　小批量生产中受限制
【特点】　采用冲压加工方法
【特点】　冲压件的尺寸精度由模具保证
【特点】　工件成本低
【特点】　操作简单
【优点】　劳动强度低
【优点】　材料利用率高（70%～85%）
【优点】　生产效率高
【状况】
　【前景】　加快产品更新换代
　【前景】　满足大量生产需要及减轻劳动强度
　【前景】　扩大冲压生产的运用范围
　【前景】　开展CAE技术应用
　【前景】　开发和应用冲压新工艺
　【前景】　先进工艺装备技术
　【应用场景】　汽车工业
　【应用场景】　电机电器制造行业
　【应用场景】　民用轻工业
　【应用场景】　日常冲压产品
　【应用场景】　高科技冲压产品
　【应用场景】　仪器
　【应用场景】　航空航天
　【应用场景】　军事领域
　【应用场景】　国防
【词条关系】
　【层次关系】
　　【类属】　冷变形
　【应用关系】
　　【用于】　高强钢
　　【用于】　双相钢
　　【用于】　超高强度钢
　　【用于】　金属板材
　　【用于】　模具钢
　　【用于】　奥氏体不锈钢
　　【用于】　镁合金板材
　　【用于】　拖拉机零部件
　【生产关系】

【工艺-材料】 AZ31B
【工艺-材料】 1Cr17 不锈钢带
【工艺-材料】 BFe30-1-1 水室壳体
【工艺-材料】 16MnR
【工艺-材料】 HCR 水系金属
【工艺-设备工具】 压力机
【工艺-设备工具】 冲压模具
【工艺-设备工具】 机械压力机
【工艺-设备工具】 液压机

◎ 冷处理
【基本信息】
　【英文名】 refrigerating treatment; cold treatment
　【拼音】 leng chu li
　【核心词】
【定义】
　在金属热处理后,将工件冷却到 0 ℃ 以下的处理。工件经冷处理后,能增加硬度,提高机械性能并使尺寸比较稳定。
　【来源】《现代汉语分类大词典》
【分类信息】
　【IPC 类目】
　　(1) C12G3/02 用直接发酵法
　　(2) C12G3/02 通过过滤进行分离〔6〕
　　(3) C12G3/02 物料的非机械预处理(C10 L 9/00 优先)
　　(4) C12G3/02 用强制气体循环,及其再加热〔3〕
【词条属性】
　【特征】
　　【数值】 对于 GCr15 钢,冷处理选用 -70 ℃
　　【数值】 精度要求不高的套圈,冷处理温度可选为 -70～-40 ℃
　　【数值】 超精密轴承,可在 -80～-70 ℃
　　【数值】 冷处理保温 1～1.5 h
　　【特点】 对尺寸稳定性要求较高
　　【特点】 提高工件稳定性
　　【特点】 降低淬火应力
　　【特点】 提高钢的强度
　　【特点】 提高钢材使用寿命
　　【特点】 可使残余奥氏体转变为马氏体
　　【特点】 细化钢组织晶粒
　　【特点】 冷处理中有细小弥散的碳化物析出
　【状况】
　　【现状】 广泛用于并实现了工业化大生产
　　【现状】 设备分为周期式和连续式两种
【词条关系】
　【层次关系】
　　【类分】 普通冷处理
　　【类分】 深冷处理
　【应用关系】
　　【使用】 干冰酒精混合液 -78 ℃
　　【使用】 液氮 -196 ℃
　　【使用】 乙烯
　　【用于】 刀具
　　【用于】 量具
　　【用于】 精密轴承
　　【用于】 普通高速钢刀
　　【用于】 螺纹量规
　　【用于】 合金钢精密偶件
　　【用于】 铝合金
　　【用于】 铜合金
　　【用于】 硬质合金
　　【用于】 塑料
　　【用于】 玻璃
　　【用于】 GCr15 钢
　　【用于】 W18Cr4V 钢
　【生产关系】
　　【工艺-设备工具】 冷冻机
　　【工艺-设备工具】 制冷机
　　【工艺-设备工具】 干冰制冷
　　【工艺-设备工具】 制冷机组制冷
　　【工艺-设备工具】 液氮气化型深冷处理箱

◎ 冷脆
【基本信息】
　【英文名】　cold short
　【拼音】　leng cui
　【核心词】
【定义】
　（1）冷脆指材料在低温条件下的极小塑变脆断。大多发生在体心立方和密排六方晶体结构。
　（2）某些金属或合金（特别是体心立方结构的金属）在温度下降时（一般是指-100～100 ℃），所表现的韧性剧烈下降的现象。但有时也指含磷量较高的钢在冷加工过程中表现的脆性现象，这种钢不能进行冷加工。
【来源】　《中国百科大辞典》
【分类信息】
　【IPC 类目】
　　（1）C22C33/00　铁基合金的制造
　　（2）C22C33/00　合金的制造（不特别限定用于合金制造的粉末冶金设备或方法入B22F；用电热法入 C22B4/00；用电解法入C25C）
　　（3）C22C33/00　含铝的〔2〕
　　（4）C22C33/00　含钛或锆的〔2〕
　　（5）C22C33/00　脱氧，如镇静钢〔2〕
【词条属性】
　【特征】
　　【数值】　普通碳素钢 P 含量≤0.045%
　　【数值】　优质钢 P 含量≤0.04%
　　【数值】　高级优质钢 P 含量≤0.03%
　　【数值】　冷脆温度范围-100～100 ℃
　【特点】　冷脆与材料的韧性和脆性联系紧密；高韧性的材料不容易发生冷脆，反之就容易发生
　【特点】　钢中含磷量不宜过高
　【状况】
　　【应用场景】　制造船舶
　　【应用场景】　制造桥梁
　　【应用场景】　制造压力容器
　　【应用场景】　制造低温结构件的材料
　【因素】
　　【影响因素】　磷元素的含量
　　【影响因素】　化合物价电子结构
　　【影响因素】　晶格结构
　　【影响因素】　钢材组织成分
　　【影响因素】　加工硬化
【词条关系】
　【层次关系】
　　【概念-实例】　40Cr
　　【概念-实例】　12CrNi2MnCu
　　【概念-实例】　16Mn 板材
　　【概念-实例】　SA-350Gr.LF3
　　【概念-实例】　EA4T
　　【类分】　低温冷脆
　【应用关系】
　　【使用】　冷脆转变温度
　　【用于】　体心立方点阵合金钢
　　【用于】　结构钢
　　【用于】　制氧设备管道
　　【用于】　低温蒸发系统设备管道
　　【用于】　铸钢
　　【用于】　车轴用钢
　　【用于】　低碳钢

◎ 冷镦
【基本信息】
　【英文名】　cold-heading
　【拼音】　leng dun
　【核心词】
【定义】
　利用模具在常温下对金属材料镦粗（常为局部镦粗）成型的锻造方法。
【来源】　《金属材料简明辞典》
【分类信息】
　【CLC 类目】
　　TG335　轧制工艺
　【IPC 类目】

(1) B23C5/24　可调的
(2) B23C5/24　生产特殊形状工件的未完全列入另一小类的几何机构
(3) B23C5/24　具有钉头
(4) B23C5/24　数字控制（NC），即在特殊机床中的自动操作机器，如在一个制造设施中通过以数字形式的程序数据来执行定位、移动或协调操作（19/418 优先）〔6〕
(5) B23C5/24　用于完成特殊的作业
【词条属性】
　【特征】
　　【数值】　材料利用率可达 80%～90%
　　【特点】　局部镦粗
　　【优点】　材料利用率高
　　【优点】　连续、多工位
　　【优点】　自动化生产
　　【优点】　节省原材料
　　【优点】　高附加值
　　【优点】　产量大
　　【优点】　成本低
　　【优点】　生产率高
　　【优点】　冷镦产品机械性能好
　【状况】
　　【应用场景】　机械制造
　　【应用场景】　家用电器
　　【应用场景】　交通工具
　　【应用场景】　孔、槽的成型
【词条关系】
　【等同关系】
　　【学名是】　冷挤
　【层次关系】
　　【类分】　拘束冲压
　　【类分】　切挤成型
　　【类分】　拉深与锻压成型
　　【类分】　局部成型
　　【类分】　局部敦压
　　【类分】　整体敦压
　　【类属】　冷成型
　【应用关系】

　　【用于】　螺钉头
　　【用于】　螺栓头
　　【用于】　铆钉头
　　【用于】　六角螺母
　　【用于】　凸台式冲孔凹模
　　【用于】　带圆角的冲孔凹模
　　【用于】　平直式冲孔凹模
　【生产关系】
　　【工艺-材料】　轴承钢
　　【工艺-材料】　锻钢
　　【工艺-设备工具】　冷镦机
　　【工艺-设备工具】　Z12 系列双击整模自动冷镦机
　　【工艺-设备工具】　Z41-24 多工位自动螺母冷镦机
　　【工艺-设备工具】　Z41-30 多工位自动螺母冷镦机
　　【工艺-设备工具】　ZS308 多工位高速自动冷镦机

◎冷挤压
【基本信息】
　【英文名】　cold extrusion; cold forging; cold pressing; extrusion pressing;
　【拼音】　leng ji ya
　【核心词】
【定义】
　　在常温条件下，利用模具在压力机上对金属以一定速度施加相当大的压力，使金属产生塑性变形，从而获得零件所需形状与尺寸的方法，称为冷挤压。
【来源】　《机械加工工艺辞典》
【分类信息】
　【CLC 类目】
　　（1）TG376.3　冷挤压
　　（2）TG376.3　薄膜技术
　【IPC 类目】
　　（1）B30B15/18　控制压头的往复运动
　　（2）B30B15/18　液压传动压力机的控制

装置(泵本身入 F04;液压蓄能器本身入 F15B;阀本身入 F16K)〔7〕
　　(3) B30B15/18　程序控制装置
　　(4) B30B15/18　用液压柱塞的
　　(5) B30B15/18　控制压头的速度,如下降、加压或回程的速度
【词条属性】
　【特征】
　　【特点】　尺寸准确
　　【特点】　节约材料
　　【特点】　生产效率高
　　【特点】　适用面广
　　【特点】　强度高
　　【优点】　产品精度高
　　【优点】　可以做到少切削或无切削
　　【优点】　强度高
　　【优点】　生产效率高
　　【优点】　可生产较复杂的机器零件
　【状况】
　　【前景】　锻件生产向高效、高质、精化、节能节材方向发展
　　【前景】　汽车向轻型化、高速度、平稳性方向发展,对锻件的尺寸精度、重量精度及力学性能等都提出了较高的要求
　　【现状】　属于金属塑性加工中先进的工艺方法
　　【现状】　在挤压设备方面,我国已具备设计和制造各级吨位挤压压力机的能力
　　【应用场景】　主要用于生产各种有色和黑色金属零件
　【时间】
　　【起始时间】　19 世纪末 20 世纪初开始挤压较硬的有色金属
【词条关系】
　【等同关系】
　　【学名是】　冲击挤压
　【层次关系】
　　【类分】　正挤压
　　【类分】　反挤压
　　【类分】　复合挤压
　　【类分】　径向挤压
　　【类分】　锻压
　　【类属】　冷变形
　【应用关系】
　　【用于】　铝
　　【用于】　锡
　　【用于】　铅
　　【用于】　铜
　　【用于】　锌
　　【用于】　合金
　　【用于】　低碳钢
　　【用于】　中碳钢
　　【用于】　工具钢
　　【用于】　低合金钢
　　【用于】　不锈钢
　【生产关系】
　　【工艺-设备工具】　机械压力机
　　【工艺-设备工具】　液压机
　　【工艺-设备工具】　冷挤压力机
　　【工艺-设备工具】　摩擦压力机
　　【工艺-设备工具】　高速高能设备

◎冷加工性能

【基本信息】
　【英文名】　cold-working property
　【拼音】　leng jia gong xing neng
　【核心词】
【定义】
　　在回复温度以下进行塑性成型时,产生加工硬化,使金属的强度和硬度提高,而韧性降低、加工后的工件尺寸精度高等性能上的改善和提升。
【来源】《中国百科大辞典》
【分类信息】
　【CLC 类目】
　　(1) TG13　合金学与各种性质合金
　　(2) TG13　其他特种性质合金
　【IPC 类目】

（1）B21B17/14 不用心轴的
（2）B21B17/14 带钎焊或焊接缝的管的制造（只包含一种钎焊或焊接加工的入B23K）
（3）B21B17/14 在生产管状体时〔3〕
（4）B21B17/14 铁基合金，如合金钢（铸铁合金入37/00）〔2〕
（5）B21B17/14 海底电缆

【词条属性】
  【特征】
    【特点】 变形抗力大
    【特点】 加工硬化
    【特点】 铜具有良好的冷加工性能
    【特点】 切削寿命越长，材料的切削加工性能越好
    【特点】 表面质量好，加工性能越好
    【特点】 灰铸铁具有良好的冷加工性能
    【特点】 切屑易控制或断屑容易的材料，加工性能好
    【特点】 碳钢具有较好的冷加工性能
    【特点】 延展性降低
    【特点】 残余应力增加
  【因素】
    【影响因素】 化学成分
    【影响因素】 组织状态
    【影响因素】 硬度
    【影响因素】 塑性
    【影响因素】 热处理状态
    【影响因素】 切削条件
【词条关系】
  【等同关系】
    【基本等同】 切削加工性能
    【俗称为】 金属切削加工
  【层次关系】
    【并列】 热加工性能
    【类分】 切削后的表面质量
    【类分】 刀具寿命
    【类分】 切削力
    【类分】 切削温度
    【类分】 切削控制或断屑难易
    【类分】 冷轧性能
    【类分】 冷拔性能
    【类分】 冷锻性能
    【类分】 冷挤压性能
    【类分】 冲压性能

◎冷加工硬化
【基本信息】
  【英文名】 cold-work hardening
  【拼音】 leng jia gong ying hua
  【核心词】
【定义】
  金属材料在冷加工过程中强度、硬度增加，延性和冲击韧性等降低的现象。加工硬化是强化金属的途径之一。
【来源】《中国百科大辞典》
【分类信息】
  【CLC类目】
    TG139 其他特种性质合金
【词条属性】
  【特征】
    【特点】 降低材料伸长率
    【优点】 提高材料刚度
    【优点】 提高材料屈服点
    【优点】 提高材料硬度
  【状况】
    【应用场景】 钢筋
    【应用场景】 不锈钢
    【应用场景】 模具钢
    【应用场景】 锅炉用不锈钢
    【应用场景】 低碳钢
    【应用场景】 厚壁型钢管
【词条关系】
  【等同关系】
    【基本等同】 应变硬化
    【基本等同】 冷作硬化
  【应用关系】
    【使用】 真正应力—应变曲线

【用于】　　钢材热轧
　　【用于】　　钢材冷轧
　　【用于】　　热轧
　　【用于】　　喷丸
　　【用于】　　滚压
　　【用于】　　改进低碳钢切削性能
　　【用于】　　金属构件冲压
【生产关系】
　　【工艺-材料】　钢筋
　　【工艺-材料】　非调质冷镦钢
　　【工艺-材料】　冷作磨具钢
　　【工艺-材料】　Q235钢筋
　　【工艺-材料】　304不锈钢
　　【工艺-材料】　摩擦型螺栓

◎冷拉棒
【基本信息】
　　【英文名】　cold-drawing bar
　　【拼音】　　leng la bang
　　【核心词】
【定义】
　　棒料、小圆钢或者其他异型棒料,通过冷拔工艺成型的。
【词条属性】
　　【特征】
　　　　【缺点】　　易产生严重裂纹
　　　　【数值】　　直径在3～100 mm
　　　　【特点】　　棒料
　　　　【优点】　　抗拉强度增加
　　　　【优点】　　屈服强度增加
　　【状况】
　　　　【应用场景】　易切削钢
　　　　【应用场景】　不锈钢
　　　　【应用场景】　合金钢
　　　　【应用场景】　航空发动机螺栓
　　　　【应用场景】　燃气轮机的涡轮叶片
　　　　【应用场景】　涡轮盘
【词条关系】
　　【层次关系】
　　　　【概念-实例】　2A02合金
　　　　【概念-实例】　GH37合金
　　　　【概念-实例】　6061铝合金
　　　　【概念-实例】　LY12合金
　　　　【概念-实例】　2024合金
　　　　【概念-实例】　GH2306合金
　　　　【概念-实例】　GH4105合金
　　　　【概念-实例】　GH105合金
　　　　【概念-实例】　304不锈钢
　　　　【概念-实例】　易切削钢1018
　　【构成成分】　碳、铬、钴、锰、钼、锆、铝、钛、磷、硫、铁、铜、硼、硅
　　【类分】　圆形冷拔棒
　　【类分】　方形冷拔棒
　　【类分】　梯形冷拔棒
　　【类分】　六角形断面冷拔棒
【生产关系】
　　【材料-工艺】　冷拔工艺成型
　　【材料-工艺】　固溶处理
　　【材料-工艺】　热挤压法
　　【材料-工艺】　车削
　　【材料-原料】　膨胀合金

◎冷却介质
【基本信息】
　　【英文名】　refrigerating medium; cooling medium
　　【拼音】　　leng que jie zhi
　　【核心词】
【定义】
　　工业制冷工艺过程中,需要用一种低温流体通过换热器去冷却另一种高温流体,低温流体称为冷却介质,高温流体称为被冷却介质。冷却介质是通过对流方式换热,最后实现热量传递使高温流体迅速降温的。在国民经济实践中热量传递是非常重要的物理过程,普遍存在于各种生产活动中。对当前全球性的节能减排,实现资源节约和能源节约有着重要的现实意义。

【分类信息】
  【CLC 类目】
    （1）U467.2　发动机试验
    （2）U467.2　特种结构材料
  【IPC 类目】
    （1）F01D5/18　空心叶片；在叶片上加热、隔热或冷却装置
    （2）F01D5/18　炉壁的冷却装置[3]
    （3）F01D5/18　冷却；所用设备
    （4）F01D5/18　冷却
    （5）F01D5/18　一般机器或发动机；一般的发动机装置；蒸汽机
【词条属性】
  【特征】
    【缺点】易老化
    【缺点】易受到微生物的侵害变质
    【缺点】某些单种物质容易分解
    【特点】流体
    【特点】低温
    【特点】吸热
    【特点】制冷
    【优点】可循环使用
    【优点】应用最早
    【优点】廉价、广泛、无毒
    【优点】性能稳定、冷却能力强
    【优点】比热值较高
  【状况】
    【前景】资源节约
    【前景】能源节约
    【应用场景】热处理工艺
【词条关系】
  【层次关系】
    【参与组成】蛇形式蒸发器
    【参与组成】螺旋管式蒸发器
    【参与组成】立管式蒸发器
    【参与组成】干式蒸发器
    【参与组成】卧式蒸发器
    【参与组成】壳管式蒸发器
    【参与组成】螺旋板式蒸发器
    【参与组成】板式蒸发器
    【参与组成】水箱式（沉浸式）蒸发器
    【参与组成】水和空气联合冷却式冷凝器
    【参与组成】水冷式冷凝器
    【参与组成】空气冷却式冷凝器
    【类分】冷却液体载冷剂
    【类分】冷却空气
    【类分】其他气体
    【类分】氮气
    【类分】有机聚合物水溶液
    【类分】新型有机水溶性淬火剂
  【应用关系】
    【使用】冶金学方法
    【使用】热力学方法
    【使用】淬火介质冷却曲线
  【生产关系】
    【材料-工艺】对流方式换热

◎ 冷却曲线
【基本信息】
  【英文名】cooling curve
  【拼音】leng que qu xian
  【核心词】
【定义】
　　（1）将固体样品加热熔化，然后缓慢而均匀的冷却时，若无相变，系统温度就均匀下降；若有相变，系统的温度就会停歇或冷却速度突然减慢。把所记录的数据在温度—时间坐标上所做的曲线叫作冷却曲线或步冷曲线。
  【来源】《中国成人教育百科全书·化学·化工》
　　（2）将不同变形条件下的金属材料以不同的冷却速度冷却时，相变开始和完成的时间和温度关系记录下来的温度—时间曲线。
【分类信息】
  【IPC 类目】
    （1）B21B37/76　输出辊道上的冷却控

制〔6〕
 （2）B21B37/76 用冷却〔3〕
 （3）B21B37/76 硅酸盐或多硅酸盐结晶相，如莫来石、透辉石、硝石、斜长石〔4〕
 （4）B21B37/76 以黏土之外的硅酸盐为基料的〔6〕
 （5）B21B37/76 热处理过程的控制或调节（一般控制或调节入 G05）〔2〕
【词条属性】
 【特征】
  【特点】 具有可控性
  【特点】 可控制变形量
  【特点】 可控制温度
  【特点】 可控制冷却速度
 【状况】
  【现状】 20 年来，给热处理行业带来了不小的技术进步
  【应用场景】 热处理技术
  【应用场景】 冷却速度
  【应用场景】 绘制相图
 【力学性能】
  【弹性极限】 冷却温度
【词条关系】
 【等同关系】
  【基本等同】 步冷曲线
 【层次关系】
  【类分】 CCT（Continuous Cooling Transformation）曲线
  【类分】 TTT（Time Temperature Transformation）曲线
 【应用关系】
  【使用】 冷却特性测试仪
  【用于】 相变时的热效应测定
  【用于】 固-液相平衡
  【用于】 沸点的测定
  【用于】 热重分析
  【用于】 差热分析
  【用于】 量热分析
  【用于】 气化热的测量
  【用于】 熔化热的测定
  【用于】 凝固点的测定
 【测度关系】
  【度量工具-物理量】 冷却速度

◎冷却速度

【基本信息】
 【英文名】 cooling velocity；cooling speed
 【拼音】 leng que su du
 【核心词】
【定义】
 冷却速度是指单位时间内物体温度的减少量，在数学上是温度对时间的导数（dT/dt）。
【分类信息】
 【CLC 类目】
  （1）TG111 金属物理学
  （2）TG111 连续铸钢、近终形铸造
  （3）TG111 板材、带材、箔材轧制
  （4）TG111 薄板坯连铸
  （5）TG111 磁性材料、铁磁材料
 【IPC 类目】
  （1）C21D8/02 在生产钢板或带钢时（8/12 优先）〔3〕
  （2）C21D8/02 用强制循环
  （3）C21D8/02 纤维或细丝绕紧时的〔3〕
  （4）C21D8/02 含大于 1.5%（质量分数）的锰〔2〕
  （5）C21D8/02 含锰的〔2〕
【词条属性】
 【特征】
  【特点】 不同冷却速度会影响材料组织和性能
 【因素】
  【影响因素】 碳含量
  【影响因素】 合金元素的影响
  【影响因素】 奥氏体晶粒度的影响
  【影响因素】 奥氏体化温度的影响

【影响因素】 奥氏体中非金属夹杂物和稳定碳化物
【影响因素】 影响 CCT 曲线形状的因素均影响冷却速度
【词条关系】
　【等同关系】
　　【缩略为】 冷速
　【层次关系】
　　【类分】 临界冷却速度
　　【类分】 上临界冷却速度
　　【类分】 下临界冷却速度
　　【类分】 轧后冷却速度
　　【类分】 正火冷却速度
　　【类分】 退火冷却速度
　　【类分】 淬火冷却速度
　　【类分】 水冷冷速
　　【类分】 油冷冷速
　　【类分】 炉冷
　　【类分】 堆冷
　　【类分】 坑冷
　　【类分】 快冷
　　【类分】 慢冷
　【应用关系】
　　【工艺-组织】 上贝氏体
　　【工艺-组织】 下贝氏体
　　【工艺-组织】 马氏体
　　【工艺-组织】 魏氏体
　　【工艺-组织】 屈氏体
　　【用于】 热分析
　【测度关系】
　　【物理量-单位】 摄氏度/秒
　　【物理量-度量方法】 热电偶测温法
　　【物理量-度量工具】 冷却曲线
　　【物理量-度量工具】 热电偶

◎ 冷硬铸铁
【基本信息】
　【英文名】 chilled cast iron; chilled iron
　【拼音】 leng ying zhu tie
　【核心词】
【定义】
　（1）采用激冷方法使某些部分的碳保持化合碳的形式而形成白口或麻口的特种铸铁。
　【来源】 《中国冶金百科全书·金属材料》
　（2）亦称为"激冷铸铁"。制作铸型时，在铸件表面要求耐磨的部位做成冷却速度较快的金属型，其余部位做成砂型。这种铸铁即称为冷硬铸铁。
　【来源】 《金属材料简明辞典》
【分类信息】
　【IPC 类目】
　　（1）C22C37/08　含镍的
　　（2）C22C37/08　轧辊（专门加工要求的工作面形状入 1/00）；使用时轧辊的润滑、冷却或加热
　　（3）C22C37/08　含钴的[2]
【词条属性】
　【特征】
　　【数值】 C 含量 3%～3.5%
　　【数值】 Si 含量 0.5%～0.7%
　　【数值】 Mn 含量 0.5%～0.7%
　　【数值】 P 含量<0.4%
　　【数值】 S 含量<0.07%
　　【数值】 粗加工时，单位切削力达 3000 MPa
　　【特点】 表面部分发生白口化
　　【特点】 内部仍保持灰口组织
　　【特点】 硬度高
　　【特点】 耐磨性高
　　【特点】 脆性大
　　【特点】 工件表面硬质点多
　　【特点】 表面夹砂较多
　　【特点】 硬质合金刀片切削时容易磨损
　　【特点】 硬质合金刀片切削时容易崩刃
　　【特点】 对刀具的强度和工艺系统刚性

要求较高
　【状况】
　　【应用场景】　制作各种轧辊
　　【应用场景】　冶金轧辊
　　【应用场景】　货车车轮
　　【应用场景】　凸轮轴凸缘
　　【应用场景】　轧辊
　【因素】
　　【影响因素】　激冷层深度
　　【影响因素】　激冷层硬度
　　【影响因素】　炉料的性质
　　【影响因素】　熔炼工艺
【词条关系】
　【等同关系】
　　【基本等同】　激冷铸铁
　【层次关系】
　　【并列】　耐磨合金铸铁
　　【材料-组织】　白口
　　【材料-组织】　灰口
　　【材料-组织】　麻口
　　【构成成分】　铁、碳、硅、锰、磷、硫、镍
　　【类分】　白口冷硬铸铁
　　【类分】　麻口冷硬铸铁
　　【类属】　铸铁
　　【类属】　硬脆材料
　【生产关系】
　　【材料-工艺】　复合铸造法
　　【材料-工艺】　熔炼工艺
　　【材料-工艺】　孕育处理
　　【材料-工艺】　浇铸工艺

◎ 冷轧板

【基本信息】
　【英文名】　cold-rolled sheet;cold-reduced sheet
　【拼音】　leng zha ban
　【核心词】
【定义】
　冷轧板是以热轧卷为原料,在室温下在再结晶温度以下进行轧制而成。
【分类信息】
　【CLC类目】
　　（1）TF702　原材料
　　（2）TF702　热处理机械与设备
　【IPC类目】
　　（1）C22C37/08　含镍的
　　（2）C22C37/08　对金属丝的涂覆（用于电缆绝缘的入H01B13/16）〔2〕
　　（3）C22C37/08　结构附接在元件上的
　　（4）C22C37/08　安装在天花板、墙或楼板上的,或邻近天花板、墙或楼板上的〔4〕
　　（5）C22C37/08　底座或支架的配置〔4〕
【词条属性】
　【特征】
　　【数值】　厚度为0.2～4 mm
　　【数值】　宽度为600～2000 mm
　　【数值】　长度为1200～6000 mm
　　【特点】　具有银白色的华丽表面
　　【特点】　冲压性能高
　　【特点】　不时效
　　【特点】　屈服点低
　　【优点】　表面质量好
　　【优点】　光洁度高
　　【优点】　尺寸精度高
　　【优点】　电磁性能好
　　【优点】　深冲性能好
　　【优点】　有良好的耐久性
　　【优点】　有良好的耐热性
　　【优点】　具有良好的热反射性
　　【优点】　具有与镀锌钢板相近的加工性能和喷涂性能
　　【优点】　具有良好的焊接性能
【词条关系】
　【等同关系】
　　【全称是】　普通碳素结构钢冷轧板
　　【俗称为】　冷板
　　【学名是】　冷轧薄钢板

【层次关系】
　【并列】　　热轧板
　【概念-实例】　Q195A-Q235A
　【概念-实例】　Q195AF-Q235AF
　【概念-实例】　Q295A(B)-Q345 A(B)
　【概念-实例】　SPCC
　【概念-实例】　SPCD
　【概念-实例】　SPCE
　【概念-实例】　ST12-15
　【概念-实例】　DC01-06
　【类分】　　冷轧普通薄钢板
　【类分】　　冷轧优质薄钢板
　【类属】　　镀锌板
【应用关系】
　【用于】　　汽车工业
　【用于】　　家电生产
　【用于】　　机车车辆
　【用于】　　精密仪表
　【用于】　　食品罐头
　【用于】　　印制铁桶
　【用于】　　建材
　【用于】　　自行车行业
　【用于】　　有机涂层钢板
【生产关系】
　【材料-工艺】　轧制
　【材料-工艺】　热轧酸洗
　【材料-工艺】　轧硬卷
　【材料-工艺】　普通冷轧
　【材料-工艺】　镀锌
　【材料-工艺】　镀铝锌
　【材料-工艺】　电镀锡
　【材料-工艺】　彩涂
　【材料-原料】　热轧卷

◎ **冷轧带**
【基本信息】
　【英文名】　cold rolled; cold strip mill
　【拼音】　　leng zha dai
　【核心词】

【定义】
　以热轧带钢或钢板为原料,在常温下经冷轧机轧制成的带钢。
【分类信息】
　【IPC 类目】
　　（1）B21B1/16　用于轧制线材或类似的小截面材料
　　（2）B21B1/16　含锰的〔2〕
　　（3）B21B1/16　带一个中间件,其耳轴或轴承配置在两个相互垂直的轴上（3/36 优先）
　　（4）B21B1/16　铝或铝基合金
　　（5）B21B1/16　带单列滚针
【词条属性】
　【特征】
　　【数值】　厚度为 0.1~3 mm
　　【数值】　宽度为 100~2000 mm
　　【优点】　表面光洁
　　【优点】　表面平整
　　【优点】　尺寸精度高
　　【优点】　机械性能好
　　【优点】　生产效率高
　　【优点】　使用方便
　　【优点】　有利于后续加工
　　【优点】　能得到热轧方法很难得到的极薄带钢
　　【优点】　能使产品具有很高且范围很广的力学性能及工艺性能
　　【优点】　能保证获得高精度尺寸
　　【优点】　厚度偏差小
　　【优点】　沿带钢的宽度及长度方面的厚度均匀
　　【优点】　板形良好
　　【优点】　轧制速度快
　【时间】
　　【起始时间】　1553 年法国人布律列尔（Brulier）制成第一台轧机
【词条关系】
　【层次关系】

【概念-实例】 Q195
【概念-实例】 Q235-B
【构成成分】 铁、碳、硅、锰、磷、硫、铜
【应用关系】
　【用于】 工程机械
　【用于】 交通运输机械
　【用于】 建筑机械
　【用于】 起重机械
　【用于】 农用机械
　【用于】 轻工民用行业
　【用于】 涂层钢板
【生产关系】
　【材料-工艺】 中间退火
　【材料-工艺】 冷轧
　【材料-工艺】 张力轧制
　【材料-原料】 膨胀合金
　【材料-原料】 热轧带钢
　【材料-原料】 钢板
　【材料-原料】 普通碳钢
　【材料-原料】 硅钢
　【材料-原料】 不锈钢
　【材料-原料】 合金结构钢

◎ 冷作模具钢
【基本信息】
　【英文名】 cold working die steel
　【拼音】 leng zuo mu ju gang
　【核心词】
【定义】
　用于制造各种冷作模具（如冷冲模、冷镦模、冷挤压模、拉丝模等）的钢。
【来源】《金属材料简明辞典》
【分类信息】
　【IPC 类目】
　（1）B21B37/00 专门适用于金属轧机或其加工产品的控制设备或方法（专用于金属轧机的方法或设备 38/00）
　（2）B21B37/00 压力铸造或喷射模铸造，即铸造时金属是用高压压入铸模的[3]
　（3）B21B37/00 含钴的[2]
　（4）B21B37/00 含铌或钽的[2]
　（5）B21B37/00 含钒的[2]
【词条属性】
　【特征】
　　【数值】 工作温度一般低于 300 ℃
　　【特点】 工作承受很大的压力
　　【特点】 要求较高的淬透性
　　【优点】 硬度高
　　【优点】 耐磨性佳
　　【优点】 机械加工性良好
　　【优点】 淬透性良好
　　【优点】 韧性良好
　　【优点】 高的抗弯强度
　【因素】
　　【影响因素】 合金元素种类
　　【影响因素】 淬火温度
【词条关系】
　【层次关系】
　　【概念-实例】 Cr12
　　【概念-实例】 Cr12Mo1V1
　　【概念-实例】 Cr12MoV
　　【概念-实例】 Cr5Mo1V
　　【概念-实例】 9Mn2V
　　【概念-实例】 CrWMn
　　【概念-实例】 9CrWMn
　　【概念-实例】 Cr4W2MoV
　　【概念-实例】 6Cr4W3Mo2VNb
　　【概念-实例】 6W6Mo5Cr4V
　【构成成分】 铬、钨、锰、钒
【应用关系】
　【用于】 冲裁模
　【用于】 搓丝辊
　【用于】 拉伸模
　【用于】 冷镦模
　【用于】 热轧材
　【用于】 冷拉钢丝
【生产关系】
　【材料-工艺】 真空脱气精炼

◎ 力学性能

【基本信息】
　【英文名】　mechanical property
　【拼音】　　li xue xing neng
　【核心词】
【定义】
　　表征金属材料在受外力的作用下所造成的弹性变形、塑性变形、断裂及金属抵抗形变和断裂能力的性能，如弹性模量、屈服强度、抗拉强度、伸长率、硬度、疲劳极限等。
　【来源】《金属功能材料词典》
【分类信息】
　【CLC 类目】
　　（1）TB332　非金属复合材料
　　（2）TB332　金属复合材料
　　（3）TB332　复合材料
　　（4）TB332　特种结构材料
　　（5）TB332　金相学（金属的组织与性能）
　【IPC 类目】
　　（1）B29C47/40　使用至少两根相互啮合的螺杆〔4〕
　　（2）B29C47/40　用有机物质处理的配料〔2〕
【词条属性】
　【特征】
　　【特点】　不同材料力学性能不同
　　【特点】　不同温度影响力学性能不同
　　【特点】　不同介质材料力学性能不同
　　【特点】　不同湿度影响力学性能不同
　　【特点】　获得力学性能需承受外加拉伸
　　【特点】　获得力学性能需承受外加压缩
　　【特点】　获得力学性能需承受外加弯曲
　　【特点】　获得力学性能需承受外加扭转
　　【特点】　获得力学性能需承受外加冲击
　　【特点】　获得力学性能需承受外加交变应力
【词条关系】
　【层次关系】
　　【并列】　蠕变性能

　　【类分】　强度
　　【类分】　塑性
　　【类分】　硬度
　　【类分】　韧性
　　【类分】　疲劳强度
　　【类分】　弹性
　　【类分】　延展性
　　【类分】　刚性
　　【类分】　屈服点或屈服应力
【测度关系】
　【物理量-度量方法】　扭转试验
　【物理量-度量方法】　邵氏硬度测试
　【物理量-度量方法】　疲劳试验
　【物理量-度量方法】　弯折试验
　【物理量-度量方法】　破坏性试验
　【物理量-度量方法】　高温试验
　【物理量-度量方法】　线材扭转试验
　【物理量-度量方法】　无损检验
　【物理量-度量方法】　低温试验
　【物理量-度量方法】　拉力试验
　【物理量-度量方法】　摩擦磨损试验
　【物理量-度量方法】　压力试验
　【物理量-度量方法】　持久强度试验
　【物理量-度量方法】　松弛试验
　【物理量-度量方法】　杯突试验
　【物理量-度量工具】　非金属材料试验机
　【物理量-度量工具】　半自动试验机
　【物理量-度量工具】　扭转试验机
　【物理量-度量工具】　标准硬度计
　【物理量-度量工具】　邵氏硬度计
　【物理量-度量工具】　疲劳试验机
　【物理量-度量工具】　弯折试验机
　【物理量-度量工具】　破坏性试验
　【物理量-度量工具】　高温试验机
　【物理量-度量工具】　复合试验机
　【物理量-度量工具】　布氏硬度计
　【物理量-度量工具】　赵氏硬度计
　【物理量-度量工具】　动静万能试验机
　【物理量-度量工具】　低温试验机

【物理量-度量工具】	拉力试验机
【物理量-度量工具】	硬度计
【物理量-度量工具】	洛氏硬度计
【物理量-度量工具】	蠕变试验机
【物理量-度量工具】	冲击试验机
【物理量-度量工具】	摩擦磨损试验机
【物理量-度量工具】	腐蚀试验机
【物理量-度量工具】	压力试验机
【物理量-度量工具】	携带式硬度计
【物理量-度量工具】	维氏硬度计
【物理量-度量工具】	持久强度试验机
【物理量-度量工具】	弹簧试验机
【物理量-度量工具】	运输包装件试验机
【物理量-度量工具】	金属材料试验机
【物理量-度量工具】	自动试验机
【物理量-度量工具】	万能试验机
【物理量-度量工具】	超声硬度计
【物理量-度量工具】	肖氏硬度计
【物理量-度量工具】	松弛试验机
【物理量-度量工具】	杯突试验机
【物理量-度量工具】	力基准机

◎ 连续冷却

【基本信息】
　【英文名】　continuous cooling
　【拼音】　lian xu leng que
　【核心词】
【定义】
　　材料或工件奥氏体化后以不同冷却速度连续冷却会发生过冷奥氏体的转变,这个过程称为连续冷却。
【来源】《金属材料实用辞典》
【分类信息】
　【CLC类目】
　　TQ560.6　生产工艺
　【IPC类目】
　　(1) C06B45/00　按成分或产品的结构或排列定义的组合物或产物(特殊形状或形式的爆炸装药入 F42B1/00,3/00)〔2〕

　　(2) C06B45/00　炸药的加工,如成型、分割、干燥的方法或设备
　　(3) C06B45/00　把衬底连续地分成多个独立的器件(改变表面物理特性或者半导体形状的切割入 21/304)〔2,6〕
　　(4) C06B45/00　形成床的颗粒状材料,如流化床,在振动筛上
　　(5) C06B45/00　利用镗孔或切削〔7〕
【词条属性】
　【状况】
　　【应用场景】　较准确地作为制定热处理工艺的依据
　　【应用场景】　作为分析热处理工艺的依据
　　【应用场景】　估计连续冷却转变的温度范围
　　【应用场景】　估计转变所需时间
　　【应用场景】　预测转变产物
　　【应用场景】　预测转变产物性能
　　【应用场景】　预测热处理后零件的组织和性能
　　【应用场景】　确定临界冷却速度
　　【应用场景】　用于选材
　　【应用场景】　用于选淬火介质
　【因素】
　　【影响因素】　碳的影响
　　【影响因素】　合金元素钴的影响
　　【影响因素】　合金元素镍的影响
　　【影响因素】　合金元素锰的影响
　　【影响因素】　合金元素铬的影响
　　【影响因素】　A晶粒尺寸的影响
【词条关系】
　【层次关系】
　　【并列】　等温冷却
　　【类分】　炉冷
　　【类分】　水冷
　　【类分】　油冷
　　【类属】　热处理工艺
　　【类属】　冷却方式

【应用关系】
  【工艺-组织】 珠光体组织
  【工艺-组织】 索氏体组织
  【工艺-组织】 贝氏体组织
  【工艺-组织】 屈氏体组织
  【工艺-组织】 上贝氏体组织
  【工艺-组织】 下贝氏体组织
  【工艺-组织】 板条马氏体组织
  【工艺-组织】 针状马氏体组织
  【工艺-组织】 过冷奥氏体
  【使用】 连续冷却转变图

◎ 连轧
【基本信息】
  【英文名】 continuous rolling;tandem rolling
  【拼音】 lian zha
  【核心词】
【定义】
  在串列式轧机上,一根轧件同时在两个或两个以上的机架中以相等的金属秒体积流量进行的连续轧制,简称连轧。
【来源】《实用轧钢技术手册》
【分类信息】
  【CLC 类目】
    (1) TF777.7 薄板坯连铸
    (2) TF777.7 连续铸钢、近终形铸造
    (3) TF777.7 轧制方法
    (4) TF777.7 连续轧制
    (5) TF777.7 熔炼过程及操作
  【IPC 类目】
    (1) C22C33/04 用熔炼法〔2〕
    (2) C22C33/04 生产深冲钢板或带钢〔3〕
    (3) C22C33/04 金属材料〔4〕
    (4) C22C33/04 铁基合金的热处理〔2〕
    (5) C22C33/04 金属在连续浇铸后立即轧制(金属轧机机座入 13/22;连续铸造入 B22D11/00,若进入带滚子的铸型入 B22D11/06)〔3〕

【词条属性】
  【特征】
    【特点】 局部成型
    【特点】 连续成型
    【优点】 简化生产工艺流程
    【优点】 生产周期短
    【优点】 占地面积少
    【优点】 固定资产投资少
    【优点】 金属的收得率高
    【优点】 钢材性能好
    【优点】 能耗少
    【优点】 工厂定员大幅度降低
    【优点】 劳动条件好
    【优点】 易于实现自动化
  【状况】
    【应用场景】 机器结构件
    【应用场景】 饮料容器
    【应用场景】 板料
    【应用场景】 薄板
    【应用场景】 箔
    【应用场景】 杆
    【应用场景】 无缝管
    【应用场景】 工字梁
    【应用场景】 棒材
  【时间】
    【起始时间】 16 世纪后期
【词条关系】
  【等同关系】
    【全称是】 连续轧制
  【层次关系】
    【并列】 初轧
    【类分】 纵向轧制
    【类分】 横向轧制
    【类分】 无头连续轧制
    【类分】 双辊连续轧制
    【类属】 轧制
    【类属】 金属塑变成型
  【生产关系】
    【工艺-材料】 板材

【工艺-材料】 棒材
【工艺-材料】 异形材
【工艺-材料】 铸铁
【工艺-材料】 铸钢
【工艺-材料】 锻钢
【工艺-材料】 碳化钨

◎ 连铸

【基本信息】
　【英文名】　continuous casting
　【拼音】　lian zhu
　【核心词】
【定义】
　使钢水不断通过水冷结晶器，凝成硬壳后从结晶器下方出口连续拉出，经喷水冷却，全部凝固后切成坯料的铸造工艺。亦称连续铸钢。
【来源】《金属功能材料词典》
【分类信息】
　【CLC 类目】
　　（1）TF777　连续铸钢、近终形铸造
　　（2）TF777　连续铸钢设备
　　（3）TF777　方坯连铸
　　（4）TF777　板坯连铸
　　（5）TF777　小方坯连铸
　【IPC 类目】
　　（1）C21C7/06　脱氧，如镇静钢〔2〕
　　（2）C21C7/06　金属连续铸造，即长度不限的铸造（金属拉拔、金属挤压入 B21C）
　　（3）C21C7/06　熔融铁类合金的处理，如不包括在 1/00 到 5/00 组的钢（铸造成型过程中熔融金属的处理入 B22D1/00, 27/00；黑色金属的重熔入 C22B）
　　（4）C21C7/06　金属在连续浇铸后立即轧制（金属轧机机座入 13/22；连续铸造入 B22D11/00，若进入带滚子的铸型入 B22D11/06）〔3〕
　　（5）C21C7/06　转炉炼钢
【词条属性】

【特征】
　【缺点】　液态金属杂质
　【缺点】　连铸坯易断裂
　【数值】　连铸收得率为 95%～96%
　【优点】　大幅度提高金属收得率
　【优点】　大幅度提高铸坯质量
　【优点】　节约能源
【状况】
　【前景】　浇铸接近成品断面尺寸铸坯的趋势
　【应用场景】　铸钢
　【应用场景】　铸铝
　【应用场景】　铸铜
【时间】
　【起始时间】　20 世纪 50 年代在欧美国家出现连铸技术
　【起始时间】　20 世纪 80 年代，连铸技术作为主导技术逐步完善，并在世界各地主要产钢国得到大规模应用
　【起始时间】　20 世纪 90 年代初，世界各主要产钢国已经实现了 90% 以上的连铸比
　【起始时间】　中国在改革开放后开始了对国外连铸技术的消化和移植
　【起始时间】　到 90 年代初中国的连铸比仅为 30%
【词条关系】
　【等同关系】
　　【全称是】　连续铸钢
　【层次关系】
　　【并列】　传统模铸法
　　【类属】　铸造
　　【类属】　炼钢
　【生产关系】
　　【工艺-材料】　重轨
　　【工艺-材料】　合金钢
　　【工艺-材料】　硅钢
　　【工艺-材料】　钢水
　　【工艺-材料】　连铸坯

【工艺-设备工具】 连铸机

◎ 连铸坯
【基本信息】
　【英文名】 continuous casting slab;continuously cast bloom;continuous casting billet
　【拼音】 lian zhu pi
　【核心词】
【定义】
　　连铸坯是由钢水经连续铸钢机直接铸出的钢坯。
【来源】 《实用轧钢技术手册》
【分类信息】
　【CLC 类目】
　　（1）TF777　连续铸钢、近终形铸造
　　（2）TF777　连续铸钢设备
　　（3）TF777　钢件铸造
　　（4）TF777　铸锭
　　（5）TF777　钎焊
　【IPC 类目】
　　（1）C23C2/24　使用磁场或电场的〔4〕
　　（2）C23C2/24　用于切割的(14/44 优先)〔4〕
　　（3）C23C2/24　熔融铁类合金的处理,如不包括在 1/00 到 5/00 组的钢（铸造成型过程中熔融金属的处理入 B22D1/00,27/00;黑色金属的重熔入 C22B）
　　（4）C23C2/24　板材;带材〔4〕
　　（5）C23C2/24　附属装置,如用于焊枪的导向或支承的(适用于其他金属加工机床的导向装置入 B23Q)
【词条属性】
　【特征】
　　【缺点】 可能存在菱变缺陷
　　【缺点】 可能存在椭圆度缺陷
　　【缺点】 可能存在铸坯边的凸度或凹度缺陷
　　【缺点】 可能存在弯曲缺陷
　　【缺点】 可能存在扭曲缺陷

　　【缺点】 可能存在横向角裂
　　【缺点】 可能存在纵向边裂
　　【缺点】 可能存在横向裂纹
　　【缺点】 可能存在纵裂
　　【缺点】 可能存在网状和蜘蛛状裂纹
　　【缺点】 可能存在结晶器往复运动的振痕
　　【缺点】 可能存在气泡
　　【缺点】 可能存在保护渣型夹杂物
　　【缺点】 可能存在中心缩孔
　　【缺点】 可能存在簇状裂纹
　　【缺点】 可能存在非金属夹杂物
　　【缺点】 可能存在皮下偏析带
　　【缺点】 可能存在中心偏析
　　【缺点】 角部裂纹
　　【缺点】 可能存在鼓肚变形
　　【缺点】 可能存在脱方
　　【特点】 轧钢生产的重要原料
　　【优点】 金属收得率高
　　【优点】 产品成本低
　　【优点】 基建投资和生产费用少
　　【优点】 劳动定员少
　　【优点】 劳动条件较好
【状况】
　【前景】 选用优质耐火材料
　【前景】 完善精炼处理方式
　【前景】 电磁搅拌技术控制注流运动
　【前景】 充分发挥结晶器作用
　【前景】 充分发挥中间罐冶金净化器作用
　【前景】 采用无氧化浇注技术
　【现状】 纯净度及控制
　【现状】 表面质量及控制
　【现状】 内部质量及控制
　【现状】 形状缺陷及控制
　【应用场景】 轧制型钢
　【应用场景】 轧制线材
　【应用场景】 轧制板材
　【应用场景】 轧制热轧带钢

【应用场景】　建筑用螺纹钢筋
　　【应用场景】　轧制高速线材
　　【应用场景】　无缝钢管
　　【应用场景】　锻造件
　【因素】
　　【影响因素】　钢水温度
　　【影响因素】　钢的成分
　　【影响因素】　中间罐钢液面
　　【影响因素】　二次冷却工况
　　【影响因素】　钢坯拉坯故障
　　【影响因素】　在校直区铸坯温度
　　【影响因素】　结晶器锥度
　　【影响因素】　浇注速度
　　【影响因素】　结晶器振动工况
　　【影响因素】　结晶器和支承系统不同
　　【影响因素】　结晶器中钢水的保护
　　【影响因素】　结晶器内弯月面急剧振动
　　【影响因素】　结晶器工作空间的几何形状的破坏
　　【影响因素】　结晶器运动轨迹的破坏
　　【影响因素】　炉外处理
　　【影响因素】　拉校机构的状态
　　【影响因素】　结晶器的润滑
　　【影响因素】　浇注的温度—速度工况
　　【影响因素】　结晶器中通钢量
　　【影响因素】　结晶器工作腔的形状
　　【影响因素】　支承系统的状态
【词条关系】
　【层次关系】
　　【材料-组织】　金属氧化物夹杂物
　　【材料-组织】　奥氏体
　　【构成成分】　钛、铁、铝、锆、钙、碳、硫、氧、氮、硼、锰、锡
　　【类分】　板坯
　　【类分】　方坯
　　【类分】　矩形坯
　　【类分】　圆坯
　　【类属】　钢坯
　【应用关系】

　　【材料-加工设备】　立式铸机
　　【材料-加工设备】　立弯式铸机
　　【材料-加工设备】　弧形铸机
　　【材料-加工设备】　水平铸机
　【生产关系】
　　【材料-工艺】　炼钢
　　【材料-工艺】　连铸
　　【原料-材料】　无缝钢管
　　【原料-材料】　锻造件

◎ 炼钢

【基本信息】
　【英文名】　　steelmaking; steel-making
　【拼音】　　lian gang
　【核心词】
【定义】
　　(1)将生铁、废钢和海绵铁等原材料炼制成钢的冶金方法和过程。
　【来源】　《中国冶金百科全书·钢铁冶金》
　　(2)在高温下通过氧化除去生铁中的杂质，使之变成钢的冶炼过程。
　【来源】　《金属材料简明辞典》
　　(3)通过高温物理、化学反应除去生铁和(或)废钢中的杂质，调整成分以获得所需钢种的过程。
　【来源】　《金属功能材料词典》
【分类信息】
　【CLC类目】
　　(1) TF777　连续铸钢、近终形铸造
　　(2) TF777　熔炼过程及操作
　　(3) TF777　电炉炼钢
　　(4) TF777　电弧炉炼钢
　　(5) TF777　转炉车间自动化
　【IPC类目】
　　(1) C21C7/06　脱氧，如镇静钢[2]
　　(2) C21C7/06　零件或辅助设备
　　(3) C21C7/06　电炉炼钢(电加热本身入H05B)
　　(4) C21C7/06　脱磷；脱硫[3]

(5) C21C7/06　铁或钢的母(中间)合金
【词条属性】
　【特征】
　　【数值】　普通钢种磷含量不超过 0.045%
　　【特点】　去除 C、S、P 等杂质
　　【特点】　加入 Si、Mn 等,调整其成分
　　【特点】　造渣的目的是通过渣—金属反应炼出具有所要求成分和温度的金属
　　【特点】　通过熔池搅拌来改善冶金反应的动力学条件
　　【特点】　采用电炉底吹来促进冶金反应过程
　　【特点】　熔化期的任务是尽快将炉料熔化及升温,并造好熔化期的炉渣
　　【特点】　氧化期的主要任务是氧化钢液中的碳、磷;去除气体及夹杂物
　　【特点】　精炼期进一步把对钢的质量有害的一些元素和化合物排除
　　【特点】　还原期主要任务是对还原渣进行扩散、脱氧、脱硫,控制化学成分和调整温度
　　【特点】　炉外精炼将炼钢炉(转炉、电炉等)中初炼过的钢液移到另一个容器中进行精炼
　　【特点】　钢液搅拌使钢液成分和温度均匀化,并能促进冶金反应
　　【特点】　钢包喂丝具有清洁钢水、改善非金属夹杂物形态的功能
　【时间】
　　【起始时间】　1856 年英国卡尔·威廉·西门子和法国马丁发明平炉炼钢法
　　【起始时间】　春秋晚期起中国就有炼钢生产
　　【起始时间】　1856 年,贝塞麦发明酸性转炉炼钢法,开始了钢的大规模生产
　　【起始时间】　1856 年,贝塞麦发明酸性转炉炼钢法,开始了钢的大规模生产
　　【起始时间】　1879 年,托马斯(S. Thomas)发明能处理高磷铁水的碱性转炉炼钢法(可脱磷)
【词条关系】
　【层次关系】
　　【参与组成】　钢铁工业
　　【类分】　脱磷
　　【类分】　熔化冶炼
　　【类分】　浇铸钢锭
　　【类分】　加料
　　【类分】　造渣
　　【类分】　出渣
　　【类分】　熔池搅拌
　　【类分】　电炉底吹
　　【类分】　熔化期
　　【类分】　氧化期
　　【类分】　精炼期
　　【类分】　还原期
　　【类分】　炉外精炼
　　【类分】　钢液搅拌
　　【类分】　钢包喂丝
　　【类分】　钢包处理
　　【类分】　钢包精炼
　　【类分】　气体处理
　　【类分】　预合金化
　　【类分】　成分控制
　　【类分】　增硅
　　【类分】　终点控制
　　【类分】　出钢
　　【类分】　连铸
　　【类分】　初炼
　　【类分】　精炼
　【应用关系】
　　【使用】　脱氧剂
　　【使用】　平炉炼钢法
　　【使用】　氧气顶吹转炉炼钢法
　　【使用】　电炉炼钢法
　　【使用】　脱碳
　【生产关系】
　　【工艺-材料】　钢锭
　　【工艺-材料】　连铸坯

【工艺-材料】 钢铸件
【工艺-设备工具】 电弧炉
【工艺-设备工具】 转炉

◎ 裂纹扩展速率
【基本信息】
　【英文名】 crack growth rate;crack propagation rate;crackle expanding speed
　【拼音】 lie wen kuo zhan su lü
　【核心词】
【定义】
　（1）单位时间或单位循环数内裂纹扩展的长度。
　【来源】《现代材料科学与工程辞典》
　（2）裂纹长度在一个疲劳荷载循环过程中的扩展量。
　【来源】《中国土木建筑百科辞典·工程材料上》
　（3）经过一次应力循环,裂纹尺寸的稳定扩展量。
　【来源】《中国土木建筑百科辞典·建筑结构》
【分类信息】
　【CLC 类目】
　　（1）O346.5 损伤理论
　　（2）O346.5 断裂理论
　　（3）O346.5 工程材料试验
　　（4）O346.5 复合材料
　【IPC 类目】
　　C22F1/053 以锌做次主要成分的合金的〔4〕
【词条属性】
　【状况】
　　【前景】 欲通过最优的工艺制备出理想的显微组织,最终获得具有高损伤容限性能的材料
　　【应用场景】 设备损伤容量设计重要参数
　　【应用场景】 设备寿命预测

【时间】
　【起始时间】 1963 年,帕里斯等整理出著名的疲劳裂纹扩展速率公式——帕里斯公式
【因素】
　【影响因素】 温度的影响
　【影响因素】 环境的影响
　【影响因素】 频率的影响
　【影响因素】 应力比的影响
　【影响因素】 保载时间的影响
　【影响因素】 内部因素
　【影响因素】 材料的晶粒尺寸
　【影响因素】 析出相
　【影响因素】 晶界
　【影响因素】 化学成分
【词条关系】
　【层次关系】
　　【类分】 疲劳裂纹扩展速率
　　【类分】 蠕变裂纹扩展速率
　　【类分】 应力腐蚀速率
　【测度关系】
　　【物理量-单位】 毫米每次
　　【物理量-度量工具】 拉压疲劳试验机

◎ 裂纹敏感性
【基本信息】
　【英文名】 crack sensitivity;cracking sensibility;cracking susceptibility
　【拼音】 lie wen min gan xing
　【核心词】
【定义】
　材料焊后产生裂纹的敏感程度。
【分类信息】
　【IPC 类目】
　　C22C38/14 含钛或锆的〔2〕
【词条属性】
　【特征】
　　【特点】 焊接性能重要参数
　　【特点】 焊接裂纹敏感性指数是衡量材

料焊接性能的重要指数之一

【特点】 再热裂纹敏感型系数是衡量材料焊接性能的重要指数之一

【特点】 材料裂纹越深，敏感性越大

【特点】 材料裂纹越尖锐，敏感性越大

【特点】 裂纹敏感性和裂纹敏感度成反比

【特点】 通常用裂纹试样抗拉强度和光滑试样抗拉强度的比值作为裂纹敏感性指标

【特点】 抗拉强度比值（裂纹/光滑）大于等于1说明材料对裂纹不敏感

【特点】 抗拉强度比值（裂纹/光滑）小于1说明材料对裂纹敏感

【特点】 实质上是材料在很硬的应力状态下和应力集中下的脆化倾向

【特点】 裂纹试样强度和塑性的变化程度可以反映敏感性

【状况】

【应用场景】 汽车中的焊接件

【应用场景】 桥梁连接处材料的焊接

【应用场景】 航空航天密闭仓壳

【因素】

【影响因素】 预热温度

【影响因素】 金属中的淬硬组织

【影响因素】 接头中扩散氢的含量与分布

【影响因素】 接头中的拘束应力状态

【影响因素】 钢材的淬硬倾向

【影响因素】 裂纹深度

【影响因素】 裂纹形状

【影响因素】 断面收缩率

【词条关系】

【层次关系】

【概念-实例】 裂纹敏感指数

【类分】 冷裂纹敏感性

【类分】 热裂纹敏感性

【类分】 再热裂纹敏感性

【类属】 可焊性

【类属】 焊接性能

【应用关系】

【使用】 高温恒应变松弛实验

【使用】 应力松弛试验机

【使用】 三点弯曲实验

【使用】 高温缓慢拉伸试验

【使用】 插销试验

【使用】 插销试验机

【使用】 斜Y坡口焊接裂纹试验

【使用】 模拟HAZ粗晶粒区应力释放试验

【使用】 热模拟试验机

◎ 临界点

【基本信息】

【英文名】 critical point；point critique

【拼音】 lin jie dian

【核心词】

【定义】

（1）又称临界状态。物质的气、液两态能够平衡共存的极限状态。在此状态下，液体和其饱和气密度相同，因而它们的分界面消失。此时的温度称为"临界温度"，压强称为"临界压强"，单位质量的物质所占的体积称为"临界体积"。

（2）相图中各个平衡曲线的端点也称作临界点，如气液平衡线端点。

【分类信息】

【CLC 类目】

（1）O241.8 微分方程、积分方程的数值解法

（2）O241.8 晶体对称性

（3）O241.8 相变

（4）O241.8 液体分子运动论

（5）O241.8 微分方程、积分方程

【IPC 类目】

（1）F04D15/02 在出现恶劣状况时的阀泵或阀门的操作

（2）F04D15/02 无环或碳环化合物

(3) F04D15/02 带可压缩的固体闭合元件
【词条属性】
　【特征】
　　【特点】 Ac_1 为钢加热时开始形成奥氏体的温度
　　【特点】 Ac_3 是亚共析钢加热时所有铁素体均转变为奥氏体的温度
　　【特点】 Ar_1 是钢高温奥氏体化后冷却时奥氏体分解为铁素体和珠光体的温度
　　【特点】 Acm 是过共析钢在平衡状态下，奥氏体和渗碳体或碳化物共存的最高温度，即过共析钢的上临界点
　　【特点】 Ar_3 是亚共析钢冷却时奥氏体转变为铁素体的温度
　　【特点】 Ac_4 是低碳亚共析钢加热时奥氏体开始转变为Δ相的温度
　　【特点】 Ar_4 是低碳亚共析钢在冷却时奥氏体开始转变为Δ相的温度
　　【特点】 Arcm 是过共析钢高温完全奥氏体化冷却后渗碳体或碳化物开始析出的温度
　　【特点】 Accm 是过共析钢加热时,所有渗碳体和碳化物完全溶入奥氏体的温度
　　【特点】 A_1 是在平衡状态下,奥氏体、铁素体、渗碳体或碳化物共存的温度,即下临界点
　　【特点】 A_3 是亚共析钢在平衡状态下,奥氏体和铁素体共存的最高温度,即上临界点
　　【特点】 A_4 是平衡状态下Δ相和奥氏体共存的最低温度
　　【特点】 Mb 是马氏体爆发形成温度
　　【特点】 Md 是马氏体机械强化稳定化临界温度
　　【特点】 M_f 是马氏体相变强化临界温度
　　【特点】 M_f 表示奥氏体转变为马氏体的终了温度
　　【特点】 MG 是奥氏体发生热稳定化的一个临界温度
　　【特点】 M_S 是钢奥氏体化后冷却时奥氏体开始转变为马氏体的温度
　　【特点】 M_Z 是奥氏体转变为马氏体的终了温度
【词条关系】
　【等同关系】
　　【基本等同】 临界温度
　　【基本等同】 临界压力
　　【俗称为】 临界状态
　【层次关系】
　　【类分】 Ac_1
　　【类分】 Ac_3
　　【类分】 Ac_4
　　【类分】 Ar_1
　　【类分】 Ar_3
　　【类分】 Ar_4
　　【类分】 Accm
　　【类分】 A_1
　　【类分】 A_3
　　【类分】 A_4
　　【类分】 M_d
　　【类分】 M_f
　　【类分】 Ms
　　【类分】 Mg
　　【类分】 Mb
　　【类分】 Mz
　【测度关系】
　　【物理量-单位】 开尔文(K)
　　【物理量-单位】 摄氏度(℃)
　　【物理量-单位】 兆帕(MPa)
　　【物理量-单位】 帕斯卡(Pa)
　　【物理量-度量工具】 温度计

◎临界温度
【基本信息】
　【英文名】 critical temperature;emergent temperature
　【拼音】 lin jie wen du
　【核心词】
【定义】

(1) 物质处于临界状态时所应有的温度。各种物质的临界温度不同，在这温度以上，物质只能处于气体状态，不能单用压缩体积的方法将它液化。所以，这一温度也就是物质以液态形式出现的最高温度。

【来源】 《卫生学大辞典》

(2) 在单组分系统中气体液化的最高温度称为该气体的临界温度。

【来源】 《石油技术辞典》

(3) 导体由普通状态向超导态转变时的温度称为超导体的转变温度或临界温度，用 Tc 表示。

(4) 分子间的吸引作用等于分子间的排斥作用时，所许可存在的最高温度叫作该气体的临界温度。

【分类信息】

【CLC 类目】

(1) O413 量子论
(2) O413 燃烧、爆炸和爆破
(3) O413 种类、组成和性质
(4) O413 温度的测量（测温学）
(5) O413 矿山防火

【IPC 类目】

(1) F27D7/00 加热室内气氛的形成、维持或循环
(2) F27D7/00 氧化法〔3〕
(3) F27D7/00 金属硼化物〔2〕
(4) F27D7/00 确定设备备用状态的试验或指示装置〔5〕
(5) F27D7/00 外壳（通用机械或发动机外壳入 F16M）；缸；缸盖；流体接头

【词条属性】

【特征】

【数值】 氦的临界温度为 −268 ℃
【数值】 水蒸气的临界温度为 374 ℃
【数值】 氨的临界温度为 132.4 ℃
【数值】 二氧化碳临界温度为 31 ℃
【数值】 乙醇临界温度为 243 ℃
【数值】 乙醚为 194 ℃
【数值】 氯为 144 ℃
【数值】 氯化氢为 51.5 ℃
【数值】 甲烷为 −83 ℃
【数值】 氧为 −118.8 ℃
【数值】 氮为 −147 ℃
【数值】 氢为 −240 ℃
【特点】 临界温度越低越难液化

【状况】

【应用场景】 超临界蒸汽发电厂
【应用场景】 液化气
【应用场景】 液氨
【应用场景】 液氯
【应用场景】 液氢
【应用场景】 液氧
【应用场景】 液氮
【应用场景】 超临界流体

【时间】

【起始时间】 1869 年 Andrews 首先发现临界现象

【词条关系】

【等同关系】

【基本等同】 转变温度
【基本等同】 临界点

【层次关系】

【并列】 临界压力
【类分】 Ac_1
【类分】 Ac_3
【类分】 Ac_4
【类分】 $Accm$
【类分】 Ar_1
【类分】 Ar_3
【类分】 Ar_4
【类分】 $Arcm$
【类分】 A_1
【类分】 A_3
【类分】 A_4
【类分】 Acm
【类分】 M_b
【类分】 M_d

【类分】　M_f
【类分】　M_g
【类分】　M_s
【类分】　M_z
【类分】　临界点蚀温度
【测度关系】
【物理量-单位】　摄氏度
【物理量-单位】　开尔文
【物理量-度量工具】　温度计

◎ 硫化物
【基本信息】
【英文名】　sulfide;sulphide;sulfuret
【拼音】　liu hua wu
【核心词】
【定义】
　　硫的化合物,其中硫为-2价。它包括离子态的 S^{2-}、HS^-,分子态的 H_2S,含于悬浮物中的金属硫化物(如 FeS、CdS、NiS 等)。
【来源】　《中国冶金百科全书·安全环保》
【分类信息】
　【CLC 类目】
　　（1）X832　水质监测
　　（2）X832　废水的处理与利用
　　（3）X832　光化学分析法(光谱分析法)
　　（4）X832　各种钢的冶炼
　　（5）X832　生产过程
　【IPC 类目】
　　（1）C07F7/18　具有一个或更多的 C—Si 键及一个或更多的 C—O—Si 键的化合物
　　（2）C07F7/18　铜的提炼
　　（3）C07F7/18　在不存在氢的情况下,用固体吸附剂精制烃油
　　（4）C07F7/18　含硫［7］
【词条属性】
【特征】
　【特点】　多为黑色
　【特点】　一般难溶于水
　【特点】　大多含有鲜艳的颜色
　【特点】　过渡金属硫化物都是黑色的
　【特点】　金属酸式硫化物都可溶于水
　【特点】　正盐中只有碱金属硫化物和硫化铵可溶于水
　【特点】　金属硫化物的溶解度可通过阳离子极化力大小来预测
　【特点】　阳离子极化能力增强导致化合物共价性增加
　【特点】　阳离子极性减小溶解度降低
　【特点】　化学键以共价键为主,离子键为辅
　【特点】　温度对晶体对称程度影响大
　【特点】　大多数具有金属光泽
　【特点】　低透明度
　【特点】　强反射率
　【特点】　相对密度较大
【状况】
【应用场景】　光纤
【应用场景】　光催化剂
【应用场景】　太阳能电池
【词条关系】
【层次关系】
　【构成成分】　硫、硒、碲、砷、锑、铋、铜、铅、锌、银、汞、铁、钴、镍
　【类分】　金属硫化物
　【类分】　有机硫化合物
　【类分】　多硫化物
　【类分】　简单硫化物
　【类分】　复硫化物矿物
　【类分】　硫盐矿物
　【类属】　化合物
　【类属】　离子化合物
　【实例-概念】　方铅矿
　【实例-概念】　闪锌矿
　【实例-概念】　辰砂
　【实例-概念】　毒砂
　【实例-概念】　黄铁矿
　【实例-概念】　硫砷银矿
　【实例-概念】　硫锑银矿

【实例-概念】 辉钼矿
【实例-概念】 雄黄
【实例-概念】 雌黄
【实例-概念】 黝铜矿
【实例-概念】 杂质

◎ **炉料**
【基本信息】
　【英文名】　furnace burden; furnace charge; charging material; charging stock
　【拼音】　lu liao
　【核心词】
【定义】
　　按一定比例和方法装入炉中进行冶炼的矿石及其他配料。
【来源】　《实用轧钢技术手册》
【分类信息】
　【CLC 类目】
　　（1）TF538　高炉强化冶炼
　　（2）TF538　电弧炉炼钢
　【IPC 类目】
　　（1）C21C5/52　电炉炼钢（电加热本身入 H05B）
　　（2）C21C5/52　高炉炼生铁
　　（3）C21C5/52　其他炼钢法（直接还原法炼液体钢入 C21B 13/00）
　　（4）C21C5/52　直接还原法炼海绵铁或液体钢
　　（5）C21C5/52　用熔炼法〔2〕
【词条属性】
　【特征】
　　【数值】　精矿贮存时间可取 15～20 d
　　【特点】　包括催化材料
　　【特点】　现代火法冶金流程的重要组成部分
　【因素】
　　【影响因素】　燃烧带
　　【影响因素】　炉料的运动状态
　　【影响因素】　料柱高度
　　【影响因素】　炉型
　　【影响因素】　炉料的堆积密度
　　【影响因素】　造渣制度
　　【影响因素】　风量
　　【影响因素】　温度
　　【影响因素】　煤气压力
　　【影响因素】　块状带透气性
　　【影响因素】　粒度组成
　　【影响因素】　软熔带透气性
　　【影响因素】　炉况品位
【词条关系】
　【层次关系】
　　【参与构成】　熔剂
　　【参与构成】　烟尘
　　【概念-实例】　铋精矿
　　【概念-实例】　氧化铋渣
　　【概念-实例】　萤石
　　【概念-实例】　黄铁矿
　　【概念-实例】　纯碱
　　【概念-实例】　氧化铋精矿
　　【概念-实例】　硫化铋精矿
　　【概念-实例】　磁铁矿
　　【概念-实例】　赤铁矿
　　【构成成分】　铁矿石、废钢铁、矿粉、焦煤、焦炭
　　【类属】　火法冶金
　【应用关系】
　　【使用】　轮式混合机
　　【使用】　圆筒混合机

◎ **炉外精炼**
【基本信息】
　【英文名】　secondary refining; external refining
　【拼音】　lu wai jing lian
　【核心词】
【定义】
　　亦称为"二次炼钢"，将转炉、平炉、电炉初炼的钢液移到另一容器中进行精炼的炼钢过程。

【来源】 《金属材料简明辞典》
【分类信息】
　【CLC类目】
　　（1）TF769.4　钢液真空处理
　　（2）TF769.4　一般性问题
　　（3）TF769.4　钢包精炼炉
　　（4）TF769.4　炼钢厂
　【IPC类目】
　　（1）C21C7/04　添加处理剂去除杂质
　　（2）C21C7/04　含钼或钨的〔2〕
　　（3）C21C7/04　含钨、钽、钼、钒或铌的〔2〕
　　（4）C21C7/04　转炉炼钢
　　（5）C21C7/04　转辙器；交叉（操作机械入B61L）
【词条属性】
　【特征】
　　【数值】 H杂质降低到$(0.5\sim3)\times10^{-6}$
　　【数值】 O杂质降低到$(5\sim30)\times10^{-6}$
　　【数值】 N杂质降低到$(15\sim50)\times10^{-6}$
　　【数值】 C杂质降低到$0.002\%\sim0.03\%$
　　【数值】 S杂质降低到$0.002\%\sim0.01\%$
　　【数值】 提高现有炼钢炉生产能力30%～50%
　　【数值】 炉外精炼法可以大幅度地提高冶金质量,提高现有炼钢炉生产能力30%～50%
　　【数值】 生产成本降低13%～54%
　　【特点】 选择理想精炼气氛条件
　　【特点】 对钢液进行搅拌
　　【特点】 钢液加热
　　【优点】 可以大幅度提高冶金质量
　　【优点】 将钢中有害杂质大幅度降低
　【状况】
　　【现状】 钢包处理型炉外精炼在工业生产中使用最多
　　【现状】 美国的不锈钢生产几乎全部用AOD炉
　　【现状】 目前世界上AOD炉生产的不锈钢约占75%
　　【现状】 ASEA-SKF炉和VAD炉多用于生产高合金钢
　【时间】
　　【起始时间】 1933年法国佩兰（R.Perrin）应用专门配制的高碱度合成渣,在出钢的过程中,对钢液进行"渣洗脱硫",这是炉外精炼技术的萌芽
　　【起始时间】 1957年中国开始研究钢液真空处理法
【词条关系】
　【等同关系】
　　【基本等同】 二次炼钢
　【层次关系】
　　【概念-实例】 LF精炼过程
　　【概念-实例】 AOD精炼过程
　　【概念-实例】 VOD精炼过程
　　【概念-实例】 RH精炼过程
　　【类分】 钢包处理型炉外精炼
　　【类分】 钢包精炼型炉外精炼
　　【类属】 炼钢
　【生产关系】
　　【工艺-材料】 铬铁
　　【工艺-材料】 船舶用钢
　　【工艺-材料】 洁净钢
　　【工艺-材料】 钢水
　　【工艺-材料】 无磁钢
　　【工艺-设备工具】 精炼炉

◎ 炉温
【基本信息】
　【英文名】 furnace temperature
　【拼音】 lu wen
　【核心词】
【定义】
　炉火燃烧的温度。多指冶炼炉中的温度。
【来源】 《实用轧钢技术手册》
【分类信息】
　【CLC类目】
　　（1）TF535.2　生铁的脱硫

(2) TF535.2　原煤加工
(3) TF535.2　气化设备
【IPC 类目】
(1) C22C1/03　使用母（中间）合金〔2〕
(2) C22C1/03　钒、铌或钽基合金〔2〕
(3) C22C1/03　附有热水装置的〔4〕
(4) C22C1/03　在炉算或其他燃料支承物的形状上做了改进的燃烧设备
(5) C22C1/03　供燃烧用空气的加热
【词条属性】
【特征】
【特点】　热处理设备的一个可调参数
【特点】　可采用自动控制
【特点】　炉温调节可使用位式控制
【特点】　炉温调节可使用连续控制
【特点】　炉温调节可使用 PID 控制
【特点】　炉温调节可使用比例控制
【特点】　炉温调节可使用积分控制
【特点】　炉温调节可使用微分控制
【特点】　炉温调节可使用比例—微分控制
【特点】　炉温调节可使用比例—积分控制
【状况】
【应用场景】　箱式热处理炉
【应用场景】　真空热处理炉
【应用场景】　马弗炉
【应用场景】　井式热处理炉
【应用场景】　回火炉
【应用场景】　钢丝铅淬火炉
【应用场景】　罩式炉
【应用场景】　辊底式炉
【应用场景】　牵引式热处理炉
【应用场景】　盐浴热处理炉
【应用场景】　高炉
【词条关系】
【应用关系】
【使用】　电热丝
【使用】　电热偶
【使用】　电压放大器
【使用】　功率放大器
【使用】　电动机
【使用】　减速器
【使用】　调压器
【测度关系】
【物理量-单位】　摄氏度（℃）
【物理量-单位】　开尔文（K）
【物理量-度量方法】　9 点测量法
【物理量-度量方法】　3 点测量法
【物理量-度量方法】　黑匣子检测法
【物理量-度量方法】　热电偶测温
【物理量-度量工具】　炉温测试仪

◎ 孪晶
【基本信息】
【英文名】　crystal twinning；twin crystal
【拼音】　luan jing
【核心词】
【定义】
　　(1) 相邻两块晶体以特殊的取向关系相交接，造成了一个原晶体所没有的新的宏观对称要素，如反映面、旋转轴或对称中心，这样的一对相邻接的晶体即称作孪晶。
【来源】　《固体物理学大辞典》
　　(2) 亦称为"双晶"，指沿着一个公共界面（孪晶面）构成镜面对称关系的两个晶粒或一个晶粒的两个部分。
【来源】　《金属材料简明辞典》
【分类信息】
【CLC 类目】
(1) TG335.8　复合材料轧制
(2) TG335.8　特种结构材料
(3) TG335.8　晶体生长工艺
(4) TG335.8　薄膜的生长、结构和外延
【IPC 类目】
(1) C25D1/04　丝；带；箔〔2〕
(2) C25D1/04　生长期间籽晶保留在熔融液中的单晶生长，如 Necken–Kyropoulos 法

(15/00 优先)

　　(3) C25D1/04　　铝的氧化物〔3〕

　　(4) C25D1/04　　分子式为 $AMeO_3$ 的，其中 A 为稀土金属，Me 为 Fe、Ga、Sc、Cr、Co 或 Al，如正铁氧体〔3〕

　　(5) C25D1/04　　含钴的〔2〕

【词条属性】

　【特征】

　　【特点】　层错能高的晶体不易产生孪晶

　　【特点】　金属塑性变形里的重要概念

　　【特点】　降低位错的平均自由程

　　【特点】　起到硬化作用，降低塑性

　　【特点】　密排六方结构金属中常见

　　【特点】　其特性用孪生面和孪生方向来描述

　　【特点】　孪生面的法线称为孪晶轴

　　【特点】　孪晶界可以有效阻碍位错运动

　　【特点】　孪晶界面存在等效负折射

　　【特点】　孪晶界面存在全透射

　　【特点】　退火孪晶形成于回复阶段

　　【特点】　退火孪晶是大角度界面的迁移结果

　　【特点】　形变孪晶是在回复阶段开始退化与消失的

　　【特点】　孪生可以改变部分晶体的位向

　　【优点】　孪晶形成时可以缓解局部的应力集中

　　【优点】　原始晶粒可以被孪晶细化

　　【优点】　孪晶细化材料塑性韧性增加

　　【优点】　孪生变形也对强度产生贡献

　【状况】

　　【应用场景】　汽车用孪晶诱发塑性钢

　　【应用场景】　孪晶型减振合金

【词条关系】

　【等同关系】

　　【基本等同】　双晶

　【层次关系】

　　【并列】　晶界

　　【并列】　位错

　　【并列】　亚晶

　　【并列】　相界

　　【并列】　层错

　　【概念-实例】　密排六方多晶钛

　　【概念-实例】　孪晶马氏体

　　【概念-实例】　密排六方镁

　　【类分】　形变孪晶

　　【类分】　生长孪晶

　　【类分】　退火孪晶

　【应用关系】

　　【使用】　恒温槽

　　【使用】　纯水蒸馏器

　　【组织-工艺】　水溶液降温法

　　【组织-工艺】　退火

◎ 马氏体

【基本信息】

　【英文名】　martensite

　【拼音】　ma shi ti

　【核心词】

【定义】

　　(1) 当奥氏体化的钢以大于临界冷却速度从高温冷却到 Ar_1 以下某一温度时(即马氏体开始转变温度)，过冷奥氏体转变为马氏体。马氏体是碳在体心立方铁中的过饱和固溶体，具有体心立方晶格。

【来源】《实用轧钢技术手册》

　　(2) 最早在淬火钢中发现，现在是马氏体转变产物的统称。因德国科学家马登斯(A. Martens)而得名，代号为 M。钢中的马氏体是碳在 α-Fe 中的过饱和固溶体(有时含有合金元素)，具有体心正方晶格，常呈板条状或针片状，其硬度随含碳量增加而升高。

【来源】《金属材料简明辞典》

　　(3) 纯金属或合金从某一固相转变成另一固相时的产物。在转变过程中，原子不扩散，化学成分不改变，但晶格结构发生变化。马氏体最先在淬火钢中发现，是由奥氏体转变成的，是碳在 α-铁中的过饱和固溶体。现在马氏体型相变的产物统称为"马氏体"。
【来源】 《简明精细化工大辞典》
【分类信息】
　【CLC类目】
　　（1）TG139　其他特种性质合金
　　（2）TG139　特种机械性质合金
　　（3）TG139　多体理论
　　（4）TG139　合金钢
　　（5）TG139　金属固体相结构和相转变
　【IPC类目】
　　（1）C22C38/00　铁基合金,如合金钢（铸铁合金入37/00）〔2〕
　　（2）C22C38/00　用于金属薄板
　　（3）C22C38/00　在生产钢板或带钢时（8/12优先）〔3〕
　　（4）C22C38/00　含锰的〔2〕
　　（5）C22C38/00　含钼或钨的〔2〕
【词条属性】
　【特征】
　　【数值】 奥氏体中含碳量≥1%的钢淬火后得马氏体形态为片状马氏体,
　　【数值】 当奥氏体中含碳量≤0.2%的钢淬火后得马氏体形状基本为板条马氏体
　　【数值】 马氏体长大速率可高达10 cm/s
　　【特点】 高碳马氏体十分硬脆
　　【特点】 低碳马氏体韧性较好
　　【特点】 三维组织形态有片状或者板条状
　　【特点】 金相观察中（二维）通常表现为针状
　　【特点】 晶体结构为体心四方结构
　　【特点】 中高碳钢中加速冷却通常能够获得马氏体
　　【特点】 针状马氏体呈竹叶或凸透镜状
　　【特点】 针状马氏体针叶一般限制在原奥氏体晶粒之内
　　【特点】 针状马氏体针叶之间互呈60°或120°
　　【特点】 高碳钢淬火获得针状马氏体
　　【特点】 中低碳钢淬火获得板条状马氏体
　　【特点】 板条状马氏体有很高的强度
　　【特点】 板条状马氏体有高的硬度
　　【特点】 马氏体相变具有热效应
　　【特点】 马氏体相变具有体积效应
　　【特点】 马氏体长大速率一般较大
　　【特点】 马氏体相变是无扩散相变
　　【特点】 相变时没有穿越界面的原子无规行走或顺序跳跃
　　【特点】 新相（马氏体）承袭了母相的化学成分、原子序态和晶体缺陷
　　【特点】 马氏体相变发生切变式的位移
　　【特点】 马氏体存在惯习（析）面
　　【特点】 马氏体形成时和母相界面存在大的应变
　　【特点】 马氏体转变可以通过热量进行
　　【特点】 马氏体转变可以通过压力进行
　　【特点】 马氏体的密度低于奥氏体
　　【特点】 马氏体在加热情况下很容易分解
　　【特点】 马氏体太多使钢变脆
　　【特点】 马氏体太少会使钢变软
　　【特点】 板条状马氏体具有低的脆性转变温度
　　【特点】 板条状马氏体过载敏感性较低
　　【特点】 板条状马氏体缺口敏感性较低
　　【特点】 硬度主要取决于马氏体的含碳质量分数
　　【特点】 塑性和韧性主要取决于其亚结构
　　【优点】 较大的比容
　　【优点】 较大的铁磁性
　　【优点】 硬度高
　　【优点】 韧性很低
　　【优点】 强度高
　【时间】
　　【起始时间】 以阿道夫·马滕斯（1850—1914年）的姓氏命名

【因素】
　　【影响因素】　原始奥氏体的晶粒大小
　　【影响因素】　冷却速度
　　【影响因素】　冷却介质
【词条关系】
　【层次关系】
　　【并列】　珠光体
　　【并列】　魏氏体
　　【并列】　渗碳体
　　【并列】　索氏体
　　【并列】　屈氏体
　　【并列】　铁素体
　　【并列】　奥氏体
　　【并列】　贝氏体
　　【类分】　位错型马氏体
　　【类分】　孪晶型马氏体
　　【类属】　金相组织
　　【实例-概念】　固溶体
　　【组织-材料】　铸铁
　　【组织-材料】　合金铸铁
　　【组织-材料】　超高强度钢
　　【组织-材料】　灰铸铁
　　【组织-材料】　高强度钢
　　【组织-材料】　低合金钢
　　【组织-材料】　耐热钢
　　【组织-材料】　耐磨钢
　　【组织-材料】　马氏体不锈钢
　　【组织-材料】　低温钢
　　【组织-材料】　弹簧钢
　　【组织-材料】　铸钢
　　【组织-材料】　高铬铸铁
　　【组织-材料】　带材
　　【组织-材料】　钢铁材料
　　【组织-材料】　耐磨材料
　　【组织-材料】　中锰钢
　【应用关系】
　　【组织-工艺】　淬火
　　【组织-工艺】　低温回火脆性
　　【组织-工艺】　冷却速度
　　【组织-工艺】　二次淬火
　　【组织-工艺】　空冷
　　【组织-工艺】　退火
　　【组织-工艺】　回火
　　【组织-工艺】　渗碳
　　【组织-工艺】　马氏体相变
　　【组织-工艺】　深冷处理
　　【组织-工艺】　水淬
　　【组织-工艺】　热处理制度
　　【组织-工艺】　脆化

◎ 马氏体不锈钢
【基本信息】
　【英文名】　martensite stainless steel；martensitic stainless steel
　【拼音】　ma shi ti bu xiu gang
　【核心词】
【定义】
　　经获得适当热处理后在室温下以马氏体为基体组织的一类不锈钢。
【来源】　《中国冶金百科全书·金属材料》
【分类信息】
　【IPC 类目】
　　（1）C22C38/00　铁基合金，如合金钢（铸铁合金入 37/00）[2]
　　（2）C22C38/00　含钼或钨的[2]
　　（3）C22C38/00　含铬的[2]
　　（4）C22C38/00　铁基合金的热处理[2]
　　（5）C22C38/00　含铌或钽的[2]
【词条属性】
　【特征】
　　【数值】　铬含量 11.5%～18%
　　【特点】　一类可硬化的不锈钢
　　【特点】　淬火后硬度较高
　　【特点】　不同回火温度具有不同强韧性
　　【优点】　高强度
　　【优点】　耐蚀性佳
　【状况】
　　【应用场景】　蒸汽轮机叶片

【应用场景】　餐具
　　【应用场景】　外科手术器械
　　【应用场景】　在腐蚀介质中工作的零件
【因素】
　　【影响因素】　热处理方式
　　【影响因素】　合金元素种类
　　【影响因素】　合金元素数量
【词条关系】
　【层次关系】
　　【并列】　奥氏体不锈钢
　　【并列】　铁素体不锈钢
　　【并列】　马氏体时效钢
　　【材料-组织】　马氏体
　　【概念-实例】　2Cr13
　　【概念-实例】　3Cr13
　　【概念-实例】　4Cr13
　　【概念-实例】　9Cr18
　　【概念-实例】　4Cr13Se
　　【构成成分】　铁、碳、镍、钼、钒
　　【类分】　马氏体铬钢
　　【类分】　马氏体铬镍钢
　　【类分】　马氏体时效不锈钢
　　【类分】　马氏体和半奥氏体沉淀硬化不锈钢
　　【类属】　不锈钢
　　【类属】　马氏体钢
　　【类属】　铁基合金
　【生产关系】
　　【材料-工艺】　焊后热处理
　　【材料-工艺】　退火
　　【材料-工艺】　回火
　　【材料-工艺】　焊接
　　【材料-工艺】　淬火

◎ 马氏体钢
【基本信息】
　　【英文名】　martensitic steel；RAFM
　　【拼音】　ma shi ti gang
　　【核心词】

【定义】
　　正火状态（试样直径25 mm，加热至900 ℃后在空气中冷却）的组织为马氏体的一类钢。
　　【来源】　《金属材料简明辞典》
【分类信息】
　【IPC类目】
　　（1）B26B19/02　往复运动切刀型的
　　（2）B26B19/02　转动切刀型的；所用的切割头；所用的切刀（19/04优先）
　　（3）B26B19/02　沉淀硬化〔2〕
　　（4）B26B19/02　铁基合金，如合金钢（铸铁合金入37/00）〔2〕
　　（5）B26B19/02　材料的选择
【词条属性】
　【特征】
　　【特点】　显微组织几乎全部为马氏体组织
　　【特点】　是目前商业化高强度钢板中强度级别最高的钢种
　【状况】
　　【应用场景】　车门防撞杆等零件
　　【应用场景】　汽轮机叶片
　　【应用场景】　医疗手术工具
　　【应用场景】　测量工具
　　【应用场景】　弹簧
　　【应用场景】　化工压力容器
　　【应用场景】　飞行器的结构
　　【应用场景】　发动机的阀门
　　【应用场景】　涡轮机叶片
　　【应用场景】　涡轮机喷嘴
　　【应用场景】　涡轮机螺栓
　　【应用场景】　火箭发动机壳体
　　【应用场景】　飞机起落架
　【力学性能】
　　【抗拉强度】　最高强度可达1600 MPa
【词条关系】
　【层次关系】
　　【并列】　珠光体钢
　　【并列】　铁素体钢

【并列】 奥氏体钢
【并列】 莱氏体钢（珠光体+渗碳体）
【材料-组织】 板条马氏体
【概念-实例】 2Cr13
【概念-实例】 2Cr13Ni2
【概念-实例】 3Cr13
【概念-实例】 13Cr14NiWVBA
【概念-实例】 Cr11Ni2MoWVB
【构成成分】 铁、碳、铬、镍、钼、钛、铝
【类分】 超高强度钢
【类分】 马氏体不锈钢
【类分】 马氏体沉淀硬化不锈钢
【类分】 马氏体耐热钢
【类分】 马氏体时效钢
【类属】 钢铁材料
【实例-概念】 高强度钢
【应用关系】
【使用】 冷变形
【使用】 二次淬火
【生产关系】
【材料-工艺】 热轧
【材料-工艺】 冷轧
【材料-工艺】 回火处理
【材料-工艺】 快速淬火

◎ 马氏体时效钢

【基本信息】
【英文名】 acier maraging;maraging steel
【拼音】 ma shi ti shi xiao gang
【核心词】
【定义】
(1)以无碳(或微碳)马氏体为基体的，时效时能产生金属间化合物沉淀硬化的超高强度钢。
【来源】《中国冶金百科全书·金属材料》
(2)利用固溶后时效处理，使金属间化合物在超低碳的高镍马氏体基体中弥散析出强化的超高强度钢。
【来源】《现代材料科学与工程辞典》

【分类信息】
【CLC 类目】
TG156.94 固溶处理、脱溶处理
【IPC 类目】
(1) C22C38/10 含钴的〔2〕
(2) C22C38/10 含钼或钨的〔2〕
(3) C22C38/10 在生产钢板或带钢时(8/12 优先)〔3〕
(4) C22C38/10 由几个零件组成
(5) C22C38/10 待被覆材料的预处理(8/04 优先)〔4〕
【词条属性】
【特征】
【数值】 碳含量不超过 0.03%
【数值】 硅含量不超过 0.1%
【数值】 铝含量 0.05%～0.2%
【特点】 不用碳而靠金属间化合物的弥散析出来强化
【特点】 以无碳(或微碳)马氏体为基体
【特点】 时效时能产生金属间化合物沉淀硬化
【优点】 高强韧性
【优点】 低硬化指数
【优点】 良好成型性
【优点】 热处理工艺简单
【优点】 时效时不变形
【优点】 很好的焊接性能
【状况】
【应用场景】 精密锻模
【应用场景】 塑料模具
【应用场景】 火箭发动机壳体
【时间】
【起始时间】 20 世纪 60 年代初由国际镍公司(INCO)首先开发出来的
【词条关系】
【层次关系】
【并列】 马氏体不锈钢
【并列】 马氏体沉淀硬化不锈钢
【并列】 马氏体耐热钢

【并列】 马氏体时效钢
【概念-实例】 18Ni(200)
【概念-实例】 18Ni(250)
【概念-实例】 18Ni(300)
【概念-实例】 18Ni(350)
【构成成分】 铁、碳、镍、钴、钼、钛、铬、锰、钨、钒、硅、铝、硼、锆、钙、镁、稀土元素
【类属】 马氏体钢
【类属】 高弹性合金
【应用关系】
【使用】 脱溶
【用于】 工模具领域
【生产关系】
【材料-工艺】 冶炼
【材料-工艺】 热加工
【材料-工艺】 冷加工
【材料-工艺】 焊接
【材料-工艺】 热处理
【材料-工艺】 表面处理
【材料-工艺】 时效硬化
【材料-工艺】 时效处理

◎ 马氏体相变
【基本信息】
【英文名】 martensite phase transformation; martensitic transformation
【拼音】 ma shi ti xiang bian
【核心词】
【定义】
无扩散的一级相变的总称。在马氏体相变时个别的原子不进行长距离的扩散，而是晶体中某个范围内的原子作为一个集团进行同样的位移，故亦称为军队式相变。其特征是相变时伴有形状的变化。
【来源】《金属功能材料词典》
【分类信息】
【CLC类目】
(1) TG139 其他特种性质合金
(2) TG139 金属的组织
(3) TG139 金属固体相结构和相转变
(4) TG139 相变
(5) TG139 特种结构材料
【IPC类目】
(1) F16B39/00 螺钉、螺栓或螺母的锁定(瓶盖锁紧入B65D；轨道用的轨条紧固螺栓的锁紧入E01B9/12；铁路接轨板紧固装置的锁定入E01B11/38；阀或旋塞的锁定器件入F16K)
(2) F16B39/00 金属材料表面中至少渗入一种硅以外的非金属元素及至少一种金属元素或硅的固渗〔4〕
(3) F16B39/00 区域熔融法单晶生长；区域熔融法精炼(17/00优先；改变所处理固体之横截面的入15/00；在保护流体下的入27/00；具有一定结构的均匀多晶材料的生长入28/00；特定材料的区域精炼，见该材料的相应小类)〔3,5〕
(4) F16B39/00 镍或钴基合金
(5) F16B39/00 黑色金属表面的〔4〕
【词条属性】
【特征】
【特点】 切变共格性
【特点】 表面浮凸现象
【特点】 片状马氏体的表面浮凸为N型
【特点】 板条状马氏体表面浮凸为帐篷型
【特点】 相变无扩散
【特点】 无成分变化
【特点】 仅晶格改组
【特点】 可在相当低的温度下进行
【特点】 转变速度极快
【特点】 新相与母相之间始终保持切变共格
【特点】 新相与母相之间位向可能为西山关系
【特点】 新相与母相之间位向可能为G—T关系
【特点】 新相与母相之间位向可能为

K—S 关系
 【特点】 K—S 关系时有 24 种取向
 【特点】 西山关系时有 24 种取向变体
 【特点】 低碳马氏体内出现极高密度位错
 【特点】 高碳马氏体内存在大量精细孪晶亚结构
 【特点】 亚结构也可能为层错
 【特点】 无须孕育期
 【特点】 相变具有可逆性
 【特点】 相变在一定温度内完成
 【特点】 转变量是温度的函数
 【特点】 转变量与等温时间无关
 【特点】 存在惯习面
【状况】
 【应用场景】 轴承钢
 【应用场景】 形状记忆合金
【时间】
 【起始时间】 1895 年法国人奥斯蒙为纪念德国冶金学家马滕斯，把这种组织命名为马氏体
【因素】
 【影响因素】 化学成分
 【影响因素】 形变
 【影响因素】 应力
 【影响因素】 淬火速度
 【影响因素】 奥氏体化条件
 【影响因素】 外加磁场
【词条关系】
 【层次关系】
  【类分】 变温马氏体相变
  【类分】 等温马氏体相变
  【类分】 爆发型马氏体相变
  【类分】 弹性马氏体相变
  【类分】 热弹性马氏体相变
  【类分】 机械弹性马氏体相变
  【类属】 相变
  【类属】 一级相变
  【实例-概念】 相变
 【应用关系】
  【工艺-组织】 马氏体

◎ 埋弧焊
【基本信息】
 【英文名】 submerged arc welding；SAW
 【拼音】 mai hu han
 【核心词】
【定义】
  在焊剂层下通过光焊丝和工件之间的电弧加热金属，使之熔化而达到结合的电弧焊方法。埋弧焊时电弧在焊剂覆盖下燃烧，电弧焊不外露，埋弧焊由此得名。
【来源】 《中国冶金百科全书·金属材料》
【分类信息】
 【CLC 类目】
  TG172 各种类型的金属腐蚀
 【IPC 类目】
  C22C38/14 含钛或锆的[2]
【词条属性】
 【特征】
  【缺点】 不及手工焊灵活
  【缺点】 只适合于水平位置或倾斜度不大的焊缝
  【缺点】 工件边缘准备和装配质量要求较高
  【缺点】 费工时
  【缺点】 看不到熔池和焊缝形成过程
  【数值】 焊丝与焊剂之比为 1.1～1.6
  【优点】 焊接质量稳定
  【优点】 焊接生产率高
  【优点】 无弧光及烟尘很少
  【优点】 熔深和焊丝熔敷效率高
  【优点】 电流和电流密度高
  【优点】 电弧基本没有热辐射散失
  【优点】 飞溅少
  【优点】 熔渣隔绝空气保护效果好
  【优点】 焊缝机械性能好
  【优点】 没有弧光辐射

【优点】　劳动条件较好
　【状况】
　　【应用场景】　焊接压力容器
　　【应用场景】　管段制造
　　【应用场景】　焊接箱型梁柱
　　【应用场景】　焊接各种钢板结构
　　【应用场景】　锅炉制造
　　【应用场景】　化工容器
　　【应用场景】　焊接起重机械
　　【应用场景】　核电设备
　【因素】
　　【影响因素】　焊接电流
　　【影响因素】　电弧电压
　　【影响因素】　焊接速度
　　【影响因素】　焊丝直径
　　【影响因素】　伸出长度
　　【影响因素】　焊丝倾角
　　【影响因素】　坡口形状
　　【影响因素】　根部间隙
　　【影响因素】　焊件厚度
　　【影响因素】　焊件散热条件
【词条关系】
　【等同关系】
　　【基本等同】　焊剂层下自动电弧焊
　　【全称是】　埋弧自动焊
　【层次关系】
　　【并列】　手工电弧焊
　　【并列】　气体保护焊
　　【并列】　等离子弧焊
　　【类分】　引燃电弧
　　【类分】　送丝
　　【类分】　电弧移动
　　【类分】　焊接收尾
　　【类分】　埋弧自动焊
　　【类分】　埋弧半自动焊
　　【类属】　电弧焊
　【应用关系】
　　【使用】　焊剂
　　【使用】　药芯焊丝

　【生产关系】
　　【工艺-材料】　不锈钢
　　【工艺-材料】　耐热钢
　　【工艺-材料】　复合钢材
　　【工艺-材料】　耐磨耐蚀合金
　　【工艺-材料】　镍基合金
　　【工艺-材料】　铜合金

◎ 毛坯
【基本信息】
　【英文名】　rough；blank；workblank
　【拼音】　mao pi
　【核心词】
　【定义】
　　（1）根据零件（或产品）所要求的形状、工艺尺寸等而制成的供进一步加工用的生产对象。
　【来源】　《机械加工工艺辞典》
　　（2）是指根据产品（零部件）所要求的尺寸、形状等略加余量而制成的，供进一步切削加工用的产品（零部件）雏形。
【分类信息】
　【IPC 类目】
　　（1）C03B37/014　完全或部分用化学方法制造[4]
　　（2）C03B37/014　选择阀元件或阀座的特殊材料，阀元件或阀座由两种或多种材料组成
　　（3）C03B37/014　在33/00至37/00组有关的部件、零件或附件，它们未被包括在这些组或直接相关于这些组（一般的泵入F04；机器元件本身入F16）
　　（4）C03B37/014　间歇式的
　　（5）C03B37/014　以碳化硅为基料的[6]
【词条属性】
　【状况】
　　【前景】　尽量使毛坯接近于产品形态
　【因素】
　　【影响因素】　零件的生产纲领

【词条关系】
　【层次关系】
　　【类分】　铸件
　　【类分】　锻件
　　【类分】　焊接件
　　【类分】　冲压件
　　【类分】　粉末冶金件
　　【类分】　冷挤件
　　【类分】　塑料压制件
　　【类分】　气割
　【生产关系】
　　【材料-工艺】　砂型铸造
　　【材料-工艺】　永久型铸造
　　【材料-工艺】　压力铸造
　　【材料-工艺】　熔模铸造
　　【材料-工艺】　离心铸造

◎ **锰钢**
【基本信息】
　【英文名】　manganese steel；Mn-steel；Mn-Fe-C
　【拼音】　meng gang
　【核心词】
【定义】
　　一种合金结构钢,含有1%～2%锰。
　【来源】　《金属材料简明辞典》
【分类信息】
　【CLC类目】
　　TG142.72　耐磨钢
　【IPC类目】
　　(1) C22C38/04　含锰的〔2〕
　　(2) C22C38/04　安全装置(借助控制燃烧的入F23N5/24)
　　(3) C22C38/04　通过伴随有变形的热处理或变形后再进行热处理来改变物理性能(除需成型的工件外不需要再加热的锻造,或轧制成型的硬化工件或材料入1/02)〔3〕
　　(4) C22C38/04　其他零部件〔3〕
　　(5) C22C38/04　具有自动改变输出空气方向的装置的机组
【词条属性】
　【特征】
　　【缺点】　较大的回火脆性倾向
　　【缺点】　白点敏感性
　　【数值】　1%～2%锰
　　【特点】　破坏形式以磨损消耗为主
　　【特点】　强烈冲击挤压条件下表层迅速发生加工硬化现象
　　【优点】　淬透性好
　　【优点】　耐磨性很高
　【状况】
　　【应用场景】　保险箱钢板
　　【应用场景】　网架屋顶的结构材料
　　【应用场景】　球磨机衬板
　　【应用场景】　锤式破碎机锤头
　　【应用场景】　颚式破碎机颚板
　　【应用场景】　圆锥破碎机轧白壁
　　【应用场景】　铁道道岔
　　【应用场景】　抗磨损的铸件
　　【应用场景】　防弹钢板
　　【应用场景】　钢盔
　　【应用场景】　坦克钢甲
　【力学性能】
　　【屈服强度】　(600～800)MPa
　　【延伸率】　9%～12%
　【因素】
　　【影响因素】　工况条件
【词条关系】
　【层次关系】
　　【材料-组织】　奥氏体加碳化物
　　【概念-实例】　20Mn2
　　【概念-实例】　30Mn2
　　【概念-实例】　35Mn2
　　【概念-实例】　40Mn2
　　【概念-实例】　50Mn2
　　【构成成分】　钒、钼、钨、锰、铁、碳
　　【类分】　高锰钢
　　【类分】　中锰钢

【类属】 合金钢
【类属】 调质钢
【类属】 合金结构钢
【类属】 抗磨钢
【实例-概念】 热脆
【生产关系】
【材料-工艺】 水韧处理
【材料-工艺】 砂型铸造
【材料-工艺】 特种铸造

◎ 弥散强化

【基本信息】
【英文名】 dispersion strengthening; precipitating strengthening
【拼音】 mi san qiang hua
【核心词】
【定义】
（1）通过将不溶解的细微第二相粒子均匀地分布在金属基体中而使金属强化的方法。
【来源】 《现代材料科学与工程辞典》
（2）由于加入第二相的弥散分布，使合金的强度和硬度增加的现象。
【来源】 《金属功能材料词典》
（3）实质是利用弥散的超细微粒阻碍位错的运动，从而提高材料在高温下的力学性能。
【分类信息】
【CLC 类目】
（1） TB331 金属复合材料
（2） TB331 粉末的制造方法
（3） TB331 金属-非金属复合材料
（4） TB331 钢的组织与性能
（5） TB331 金相学（金属的组织与性能）
【IPC 类目】
（1） C22C1/05 金属粉末与非金属粉末的混合物（1/08 优先）〔2〕
（2） C22C1/05 用粉末冶金法（金属粉末制造入 B22F）
（3） C22C1/05 按重量至少含 5% 但小于 50% 的，无论是本身加入的还是原位形成的氧化物、碳化物、硼化物、氮化物、硅化物或其他金属化合物，如氮氧化合物、硫化物的有色合金〔2〕
（4） C22C1/05 铜基合金
（5） C22C1/05 含非金属的合金（1/08 优先）
【词条属性】
【特征】
【数值】 微粒尺寸要尽可能小（0.01～0.05 μm）
【数值】 微粒的间距要达到最佳程度（0.1～0.5 μm）
【数值】 弥散强化相含量一般小于 10%
【特点】 第二相粒子是从外部加入的不溶或难溶粒子
【特点】 颗粒被不同位向的基体材料所包围
【特点】 第二相粒子间距越小数量越多，强化效果越好
【特点】 原理有切割机制
【特点】 原理有绕过机制
【特点】 可用位错理论解释
【特点】 弥散相粒子应具有高度化学稳定性
【特点】 弥散相粒子应具有结构稳定性
【特点】 弥散相粒子应不溶于基体且不与基体发生反应
【特点】 基体与弥散相之间的界面能要低
【优点】 可显著提高合金强度
【优点】 可显著提高合金硬度
【优点】 可使塑性和韧性下降不大
【时间】
【起始时间】 中国从 20 世纪 50 年代开始研制
【起始时间】 1916 年德国首先制造出用二氧化钍强化的钨丝

【词条关系】
　【等同关系】
　　【俗称为】　三维强化
　【层次关系】
　　【并列】　沉淀强化
　　【并列】　细晶强化
　　【并列】　形变强化
　　【并列】　沉淀硬化
　　【概念-实例】　弥散强化铜合金
　　【类属】　强化
　　【类属】　第二相强化
　【应用关系】
　　【使用】　喷雾法
　　【使用】　化学沉淀法
　　【使用】　强化相

◎ 密度

【基本信息】
　【英文名】　density;thickness
　【拼音】　mi du
　【核心词】
【定义】
　（1）单位体积物质的质量。
【来源】　《麦克米伦百科全书》
　（2）物体的质量和其体积的比值。
【来源】　《军事大辞海·下》
【分类信息】
　【CLC类目】
　　（1）TM215.5　云母绝缘材料及其制品
　　（2）TM215.5　高聚物结构理论
　　（3）TM215.5　钻探机械及仪表
　　（4）TM215.5　不可压缩理想流体力学
　　（5）TM215.5　钻井液的使用与处理
【词条属性】
　【特征】
　　【数值】　铜的密度 8.9 g/cm^3
　　【数值】　铁的密度 7.9 g/cm^3
　　【数值】　白口铸铁的密度 7.40~7.70 g/cm^3
　　【数值】　灰口铸铁的密度 6.60~7.40 g/cm^3
　　【数值】　可锻铸铁的密度 7.20~7.40 g/cm^3
　　【数值】　高强度合金钢的密度 7.82 g/cm^3
　　【数值】　工业纯铁密度 7.87 g/cm^3
　　【特点】　密度=质量/体积
　　【特点】　符合状态方程
　　【特点】　温度不变,密度同压力成正比
　　【特点】　压力不变,密度同温度成反比
【状况】
　【应用场景】　鉴别组成物体的材料
　【应用场景】　计算物体中所含各种物质的成分
　【应用场景】　计算很难称量的物体的质量
　【应用场景】　计算形状比较复杂的物体的体积
　【应用场景】　判定物体是实心还是空心
　【应用场景】　计算液体内部压强
　【应用场景】　计算柱体压强
　【应用场景】　鉴别未知物质
【因素】
　【影响因素】　温度
　【影响因素】　压力
【词条关系】
　【层次关系】
　　【类分】　蒸汽密度
　　【类分】　相对密度
　　【类分】　海水密度
　【测度关系】
　　【物理量-单位】　克/立方米(g/cm^3)
　　【物理量-单位】　千克/立方米(kg/m^3)
　　【物理量-度量方法】　比重杯法
　　【物理量-度量方法】　阿基米德定律
　　【物理量-度量方法】　浮力法
　　【物理量-度量方法】　密度计法
　　【物理量-度量工具】　密度计

◎面心立方晶格
【基本信息】
　【英文名】　face centered cubic lattice;FCC
　【拼音】　mian xin li fang jing ge
　【核心词】
【定义】
　　晶胞是一个正立方体,在立方体的各个顶点上和立方体每个面的中心各有一个原子,这种晶格称为面心立方晶格,如 γ-Fe 等。它是最常见金属晶格 3 种类型之一。
　【来源】　《机械加工工艺辞典》
【词条属性】
　【特征】
　　【特点】　结构符号为 A_1
　　【特点】　Pearson 符号为 cF_4
　　【特点】　一个晶胞内含 4 个原子
　　【特点】　最密排面{111}
　　【特点】　配位数是 12
　　【特点】　最密排方向<110>
　　【特点】　是最紧密排列的晶格
　　【特点】　一个晶胞内有 4 个八面体间隙
　　【特点】　一个晶胞内有 8 个四面体间隙
　　【特点】　8 个顶点各有一个原子
　　【特点】　每个面面心各有一个原子
　　【特点】　晶体致密度约为 74%
　　【特点】　原子半径 $\sqrt{2}\,a/4$（a 为晶胞边长）
　　【特点】　晶胞形状为立方体
　　【特点】　由抽象出来的几何点组成
　　【特点】　是无限大的
【词条关系】
　【等同关系】
　　【全称是】　面心立方结构晶体点阵
　　【缩略为】　fcc
　【层次关系】
　　【并列】　体心立方晶格
　　【并列】　密排六方晶格
　　【并列】　层状结构晶格
　　【概念-实例】　铜
　　【概念-实例】　银
　　【概念-实例】　金
　　【概念-实例】　铝
　　【概念-实例】　铅
　　【概念-实例】　铑
　　【概念-实例】　β-钴
　　【概念-实例】　γ-锰
　　【概念-实例】　γ-铁
　　【类属】　晶格
　　【类属】　布喇菲点阵
　　【类属】　晶体结构

◎敏化处理
【基本信息】
　【英文名】　sensitizing treatment;sensitization
　【拼音】　min hua chu li
　【核心词】
【定义】
　　(1)敏化处理实质上是使奥氏体不锈钢对晶间腐蚀更敏感化的处理,是作为在检验奥氏体不锈钢抗晶间腐蚀能力进行试验时所采用的一个程序。
　【来源】　《不锈钢及其热处理》
　　(2)所谓敏化处理一般是指已经经过固溶处理的奥氏体不锈钢,在 500～850 ℃加热,将铬从固溶体中以碳化铬的形式析出,造成奥氏体不锈钢的晶界腐蚀敏感性,这就是敏化处理,是用来衡量奥氏体不锈钢晶界腐蚀倾向的,即一种检测手段。
　　(3)电化学动电位再活化法是一种快速无损检测不锈钢敏化的电化学测试方法。其用峰电流密度表示敏化程度。
【分类信息】
　【CLC 类目】
　　TB383　特种结构材料
　【IPC 类目】
　　(1)C23C18/20　有机物表面,如树脂的[4]
　　(2)C23C18/20　在金属部件上安装宝石

或类似物,如在刀具上安装金刚石

(3) C23C18/20 至少一种涂层是有机材料〔3〕

(4) C23C18/20 两块或两块以上平行的玻璃或类似平板按一定间距构成一个整体件,该平板永久固定在一起,如沿边缘(主要包括层板玻璃的叠层制品入 B32B17/00;玻璃涂层入 C03C17/00)

【词条属性】
【特征】
　【特点】 检验奥氏体不锈钢抗晶间腐蚀能力进行试验时所采用的一个程序
　【特点】 衡量奥氏体不锈钢晶界腐蚀倾向的一种检测手段
　【特点】 在试验室里通过试件进行
　【特点】 敏化与晶间开裂之间有一定的关系
【因素】
　【影响因素】 敏化处理时间
　【影响因素】 敏化温度
　【影响因素】 材料清洁度控制
【词条关系】
【应用关系】
　【工艺-组织】 碳化铬
　【工艺-组织】 贫铬区
　【用于】 奥氏体不锈钢
【生产关系】
　【工艺-材料】 1Cr17Mn6Ni15N
　【工艺-材料】 1Cr18Mn8Ni5N
　【工艺-材料】 1Cr18Ni9
　【工艺-材料】 1Cr18Ni9Si3
　【工艺-材料】 0Cr19Ni9N
　【工艺-材料】 1Cr18Ni12Mo2Ti
　【工艺-材料】 0Cr18Ni10Ti
　【工艺-材料】 0Cr18Ni11Nb
　【工艺-材料】 0Cr18Ni12Mo2Ti
　【工艺-材料】 00Cr17Ni13Mo2N
　【工艺-材料】 0Cr17Ni12Mo2N
　【工艺-材料】 00Cr17Ni14Mo2
　【工艺-材料】 0Cr17Ni12Mo2
　【工艺-材料】 0Cr25Ni20
　【工艺-材料】 0Cr23Ni13
　【工艺-材料】 1Cr18Ni12
　【工艺-材料】 00Cr18Ni10N
　【工艺-材料】 0Cr19Ni10NbN
　【工艺-设备工具】 恒电位仪
　【工艺-设备工具】 数字库仑计
　【工艺-设备工具】 信号发生器
　【工艺-设备工具】 X-Y 记录仪
　【工艺-设备工具】 饱和甘汞电极

◎ 模锻
【基本信息】
　【英文名】 die forging;stamp forging;stamping
　【拼音】 mu duan
　【核心词】
【定义】
　利用装在锻造机器上的金属锻模,在锤的打击或压力机作用下,使金属在一定形状和尺寸的型腔(即模腔)内变形,从而获得锻件的锻造方法。
【来源】《金属材料简明辞典》
【分类信息】
【CLC 类目】
　U466 汽车制造工艺
【IPC 类目】
(1) C21D9/36 用于滚珠;滚柱
(2) C21D9/36 通过伴随有变形的热处理或变形后再进行热处理来改变物理性能(除需成型的工件外不需要再加热的锻造,或轧制成型的硬化工件或材料入 1/02)〔3〕
(3) C21D9/36 滚珠、滚子或滚柱,如用于轴承
(4) C21D9/36 通过锻环紧固的栓(19/08 优先)
(5) C21D9/36 铆接程序
【词条属性】
　【特征】

【缺点】 不适于小批量和单件的生产
【缺点】 能量消耗大
【缺点】 生产周期长
【优点】 生产效率高
【优点】 加工余量小
【优点】 材料消耗低
【优点】 适于较大批量的生产
【优点】 制品的力学性能有所提高
【优点】 提高锻件精度
【状况】
　【应用场景】 锥齿轮
　【应用场景】 叶片
　【应用场景】 航空零件
【词条关系】
　【等同关系】
　　【全称是】 模型锻造
　【层次关系】
　　【并列】 模铸
　　【并列】 自由锻
　　【类分】 闭式模锻
　　【类分】 开式模锻
　　【类分】 精密模锻
　　【类分】 多向模锻
　　【类分】 液态模锻
　　【类分】 等温模锻
　　【类分】 高速模锻
　　【类分】 粉末模锻
　　【类分】 操作简单
　　【类分】 制坯
　　【类分】 预锻
　　【类分】 终锻
　　【类分】 锤上模锻
　　【类分】 曲柄压力机模锻
　　【类分】 平锻机模锻
　　【类分】 摩擦压力机模锻
　　【类属】 冷成型
　　【类属】 锻造
　【生产关系】
　　【工艺-材料】 合金工具钢

【工艺-材料】 锻件
【工艺-设备工具】 模锻锤
【工艺-设备工具】 无砧座模锻锤
【工艺-设备工具】 热模锻压力机
【工艺-设备工具】 平锻机
【工艺-设备工具】 螺旋压力机
【工艺-设备工具】 曲柄压力机

◎ **模具钢**
【基本信息】
　【英文名】 die steel; buderus; steel mould
　【拼音】 mu ju gang
　【核心词】
【定义】
　　在碳素钢的基础上加入铬、锰、钼、钨、钒、镍、硅等合金元素，用于制造各种类型模具的一类合金工具钢。
【来源】《中国冶金百科全书·金属材料》
【分类信息】
　【CLC 类目】
　　（1）TG142.45　工具钢
　　（2）TG142.45　电渣重熔
　【IPC 类目】
　　（1）C22C38/46　含钒的〔2〕
　　（2）C22C38/46　塑料的成型或连接；塑性状态物质的一般成型；已成型产品的后处理，如修整
　　（3）C22C38/46　含钒的〔2〕
　　（4）C22C38/46　模型〔4〕
　　（5）C22C38/46　电阻焊接；用电阻加热方式的切割
【词条属性】
　【特征】
　　【数值】 含碳量 0.3%～0.6%
　　【特点】 高硬度
　　【特点】 高强度
　　【特点】 耐磨性佳
　　【特点】 高的淬透性
　　【特点】 高淬硬性

【特点】	高的抗热疲劳性能		【影响因素】	有害杂质的含量
【特点】	低的裂纹扩展速率		【影响因素】	化学成分影响韧性
【特点】	高的断裂韧性值		【影响因素】	晶粒度影响韧性
【特点】	焊接性好		【影响因素】	钢的纯净度影响韧性
【优点】	抗回火稳定性好		【影响因素】	碳化物数量、形貌、尺寸大小及分布情况影响韧性
【优点】	较好的热强性			
【优点】	耐热疲劳性佳		【影响因素】	夹杂物数量、形貌、尺寸大小及分布情况影响韧性
【优点】	冲击韧性佳			
【优点】	较好的可加工性		【词条关系】	
【优点】	低消耗		【层次关系】	
【优点】	高精度		【材料-组织】	共晶碳化物
【优点】	高复杂程度		【概念-实例】	10Ni3MnCuAl
【优点】	高一致性		【概念-实例】	3Cr2NiMnMo
【状况】			【概念-实例】	S50C
【前景】	高档模具钢		【概念-实例】	3Cr2W8V
【前景】	品种规格多样化		【概念-实例】	5CrMnMo
【前景】	精料化		【概念-实例】	Cr12MoV
【前景】	制品化		【构成成分】	铁、碳、铬、锰、钨、钼、钒、镍、硅、硫、钙、铅
【前景】	加强基础理论研究			
【前景】	提高钢材的等向性		【类分】	冷模具钢
【前景】	提高合金工模具钢的纯洁度		【类分】	热模具钢
【前景】	实现冶金厂模具钢的生产专业化		【类分】	塑料模具钢
			【类属】	高合金钢
【前景】	发展非金属制品的模具钢		【类属】	工具钢
【前景】	疏通模具钢的流通渠道		【应用关系】	
【前景】	扩大模具钢的出口量		【使用】	冷冲压
【现状】	专业化生产程度较低		【使用】	莱氏体钢
【现状】	供销渠道有待畅通		【使用】	回火脆性
【现状】	品种、规格不全		【使用】	真空炉
【现状】	尚未形成塑料等专用的模具钢		【使用】	渗碳层
【应用场景】	制造各种类型模具		【生产关系】	
【应用场景】	冷冲模		【材料-工艺】	热锻
【应用场景】	热锻模		【材料-工艺】	电渣重熔
【应用场景】	压铸模		【材料-工艺】	真空熔炼
【应用场景】	成型模		【材料-工艺】	真空热处理
【应用场景】	高速锤锻模具		【材料-工艺】	盐浴热处理
【因素】			【材料-工艺】	脱气
【影响因素】	热加工的工艺参数		【材料-工艺】	软化退火
【影响因素】	冷加工工艺参数		【材料-工艺】	脱硫

【材料-工艺】 脱磷
【材料-工艺】 渗硼
【材料-工艺】 深冷处理
【材料-原料】 钢锭

◎ **模铸**
【基本信息】
　【英文名】　die casting；mold casting；molded
　【拼音】　mu zhu
　【核心词】
【定义】
　　用金属材料制造铸件,并在重力下将熔融金属浇入铸型获得铸件的工艺方法。
【来源】　《金属材料实用辞典》
【分类信息】
　【CLC 类目】
　　（1）TF777　连续铸钢、近终形铸造
　　（2）TF777　电炉炼钢
　　（3）TF777　疲劳理论
　　（4）TF777　优质钢
　　（5）TF777　工业部门经济
　【IPC 类目】
　　（1）C22C33/04　用熔炼法〔2〕
　　（2）C22C33/04　熔融铁类合金的处理,如不包括在 1/00 到 5/00 组的钢（铸造成型过程中熔融金属的处理入 B22D1/00,27/00；黑色金属的重熔入 C22B）
　　（3）C22C33/04　单向阀（专门适用于充气球的阀入 A63B41/00）
　　（4）C22C33/04　转炉炼钢
　　（5）C22C33/04　仅当泵不起作用时运行
【词条属性】
　【特征】
　　【缺点】　占地面积大
　　【缺点】　时间比较长生产效率低
　　【数值】　一般每吨钢消耗保护渣 2.5～3.5 kg
　　【特点】　三分冶炼七分浇注
　　【特点】　每浇一次要做模具
　　【特点】　冷却再脱模
　【状况】
　　【现状】　适用于小批量、大厚度、高强度的钢材
　　【现状】　所占比例不断下降,目前只占到 4%～6%的比例
　　【现状】　退火后堆垛缓冷
　【因素】
　　【影响因素】　模子内壁是否有缺陷
　　【影响因素】　下砖要求一平二直三严四紧五净
　　【影响因素】　本体和冒口的注速
　　【影响因素】　注流均匀性
　　【影响因素】　及时加入碳化稻壳
【词条关系】
　【层次关系】
　　【并列】　模锻
　　【类分】　上铸法
　　【类分】　下铸法
　　【类分】　浸入式水口浇注
　　【类分】　双盘浇注
　　【类分】　单盘异锭浇注
　　【类属】　铸造
　【生产关系】
　　【工艺-材料】　重轨

◎ **母合金**
【基本信息】
　【英文名】　master alloy；mother alloy
　【拼音】　mu he jin
　【核心词】
【定义】
　　杂质元素与硅的合金,常用的母合金有硅磷和硅硼两种。
【来源】　《现代材料大百科》
【分类信息】
　【CLC 类目】
　　（1）TF125　粉末冶金制品及其应用
　　（2）TF125　永磁材料、永久磁铁

【IPC 类目】
　(1) C22C45/00　非晶态合金〔5〕
　(2) C22C45/00　使用母(中间)合金〔2〕
　(3) C22C45/00　铁做主要成分的〔5〕
　(4) C22C45/00　未列入 5/00 到 27/00 组的金属基合金〔2〕
　(5) C22C45/00　用熔炼法
【词条属性】
　【特征】
　　【数值】　杂质浓度 1.00E-2～1.00E-3
　　【特点】　掺杂的目的主要是用来改变硅熔体中施主杂质(如磷)或受主杂质(如硼)的杂质浓度,使其生长出的单晶电阻率达到规定的要求
　　【特点】　拉制电阻率高的硅单晶则采用母合金作为掺杂剂
　　【优点】　使掺杂量更容易控制,更准确
　【状况】
　　【应用场景】　作为掺杂剂
　【因素】
　　【影响因素】　杂质的蒸发
　　【影响因素】　杂质的分凝效应
　　【影响因素】　拉制单晶过程中硼的渗入
　　【影响因素】　单晶的型号(N 还是 P)
　　【影响因素】　拉制硅单晶的目标电阻率
　　【影响因素】　原料的电阻率(要求精确)
【词条关系】
　【层次关系】
　　【构成成分】　硅、硼、磷、锰
　　【类分】　硅磷母合金
　　【类分】　硅硼母合金
　　【类属】　合金
　【应用关系】
　　【用于】　掺杂剂

◎ 钼钢
【基本信息】
　【英文名】　molybdenum steel;feromolybdenum;allenoy

　【拼音】　mu gang
　【核心词】
【定义】
　　以钼作为主要合金元素的合金钢。
【来源】《金属材料简明辞典》
【分类信息】
　【IPC 类目】
　　C22C38/22　含钼或钨的〔2〕
【词条属性】
　【特征】
　　【数值】　含钼 0.15% 以上
　　【特点】　较高的热强性
　　【特点】　较小的回火脆性倾向
　　【优点】　较好的淬透性
　　【优点】　耐热性佳
　　【优点】　高温强度佳
　【状况】
　　【应用场景】　高、中压蒸气导管
　　【应用场景】　锅炉管
　　【应用场景】　叶片
　　【应用场景】　花键轴
　　【应用场景】　传动齿轮
　　【应用场景】　涡轮机的制造
　　【应用场景】　汽车上的蛇形管
【词条关系】
　【层次关系】
　　【概念-实例】　12CrMo
　　【概念-实例】　15CrMo
　　【概念-实例】　35CrMo
　　【概念-实例】　1Cr5Mo
　　【概念-实例】　1Cr9Mo
　　【概念-实例】　1Cr12Mo
　　【构成成分】　钼、铬、钒、钨、钛、铌、硼、铁、镍
　　【类分】　低碳钼钢
　　【类分】　高碳钼钢
　　【类属】　合金钢
　　【类属】　耐热钢
　【生产关系】

【材料-工艺】 烧结

◎钼合金
【基本信息】
　【英文名】　molybdenum alloys
　【拼音】　mu he jin
　【核心词】
【定义】
　　以钼为基添加一种或几种合金元素形成的合金,是一种难熔金属材料。
【来源】　《中国冶金百科全书·金属材料》
【分类信息】
　【CLC 类目】
　　(1) TG132　特种物理性质合金
　　(2) TG132　粉末成型、烧结及后处理
　　(3) TG132　合金学理论
　【IPC 类目】
　　(1) C22C27/04　钨或钼基合金〔2〕
　　(2) C22C27/04　含铬的〔2〕
　　(3) C22C27/04　用粉末冶金法(1/08 优先)〔2〕
　　(4) C22C27/04　单晶或具有一定结构的均匀多晶材料的扩散或掺杂工艺;其所用装置〔3,5〕
　　(5) C22C27/04　镍或钴或以他们为基的合金
【词条属性】
　【特征】
　　【缺点】　低温脆性
　　【缺点】　焊接脆性
　　【缺点】　高温氧化
　　【特点】　一种难熔金属材料
　　【特点】　脱氧剂常用碳和硼
　　【优点】　良好的导热导电性
　　【优点】　低膨胀系数
　　【优点】　良好的高温强度
　　【优点】　加工性能好
　　【优点】　导热导电
　　【优点】　抗蠕变性好

　【状况】
　　【前景】　提高高温强度
　　【前景】　改善材料低温塑性
　　【前景】　纳米掺杂强韧化
　　【现状】　合金化方法难以改善钼合金的高温抗氧化性能
　　【应用场景】　电子管栅极
　　【应用场景】　电子管阳极
　　【应用场景】　硫酸工业的热交换器
　　【应用场景】　金属加工工具
　　【应用场景】　板材
　　【应用场景】　带材
　　【应用场景】　箔材
　　【应用场景】　管材
　　【应用场景】　棒材
　　【应用场景】　型材
　　【应用场景】　挤压模具
　　【应用场景】　高温加热元件
　【时间】
　　【起始时间】　1910 年开始采用粉末冶金工艺生产钼制品
【词条关系】
　【层次关系】
　　【概念-实例】　MoW20
　　【概念-实例】　MoW30
　　【概念-实例】　MoW50
　　【概念-实例】　20CrMo
　　【构成成分】　钼、钛、锆、钨、铁
　　【类分】　钼钛锆合金
　　【类分】　钼钨合金
　　【类分】　钼-稀土合金
　　【类分】　钼锆碳合金
　　【类分】　稀土钼合金
【生产关系】
　　【材料-工艺】　塑性加工
　　【材料-工艺】　熔炼
　　【材料-工艺】　粉末冶金
　　【材料-工艺】　挤压
　　【材料-工艺】　锻造

【材料-工艺】 轧制
【材料-工艺】 热处理

◎耐大气腐蚀钢
【基本信息】
　【英文名】　weather resisting steel; weathering steel
　【拼音】　nai da qi fu shi gang
　【核心词】
【定义】
　　在大气环境中耐腐蚀破坏的低合金钢。
【来源】　《金属材料实用辞典》
【分类信息】
　【CLC类目】
　　F426　工业部门经济
　【IPC类目】
　　（1）F25B15/06　从盐溶液如溴化锂中汽化水蒸气做制冷剂
　　（2）F25B15/06　含钛或锆的〔2〕
　　（3）F25B15/06　含铜的〔2〕
　　（4）F25B15/06　铁基合金的热处理〔2〕
　　（5）F25B15/06　通过伴随有变形的热处理或变形后再进行热处理来改变物理性能（除需成型的工件外不需要再加热的锻造，或轧制成型的硬化工件或材料入1/02）〔3〕
【词条属性】
　【特征】
　　【数值】　0.2%～0.5%铜
　　【数值】　0.08%～0.15%磷
　　【数值】　0.5%～2%锰
　　【数值】　0.4%～0.5%钼
　　【数值】　稀土元素加入量不大于0.2%
　　【优点】　良好的抗大气腐蚀能力
　【状况】
　　【前景】　节能环保的高耐候性结构钢
　　【应用场景】　裸露使用
　　【应用场景】　涂装使用
　　【应用场景】　锈层稳定化处理后使用
【时间】
　【起始时间】　钢材大气腐蚀的试验研究始于20世纪初
　【起始时间】　1929年美国开发了世界上第一个铜磷铬镍系耐大气腐蚀钢，命名为科尔坦钢
　【起始时间】　1964年中国试制16MnCu
【词条关系】
　【等同关系】
　　【全称是】　耐大气腐蚀低合金钢
　　【缩略为】　耐候钢
　【层次关系】
　　【概念-实例】　09CuPCrNi
　　【概念-实例】　09MnNb
　　【概念-实例】　10CrMoAl
　　【概念-实例】　10CrCuSiV
　　【概念-实例】　09CuPTi
　　【构成成分】　铜、磷、铬、镍、铁、钼、硅、稀土元素
　　【类分】　焊接结构用耐候钢
　　【类分】　结构用高耐候钢
　　【类属】　耐蚀钢
　【生产关系】
　　【材料-工艺】　轧制
　　【材料-工艺】　锻压
　　【材料-工艺】　铸造
　　【材料-工艺】　焊接

◎耐腐蚀性
【基本信息】
　【英文名】　corrosion resistance; erosion resistance; anticorrosion
　【拼音】　nai fu shi xing
　【核心词】
【定义】
　　金属材料抵抗周围介质腐蚀破坏作用的能力称为耐腐蚀性。由材料的成分、化学性能、组织形态等决定的。
【来源】　《金属材料使用辞典》
【分类信息】

【CLC 类目】
　　（1）TG174　腐蚀的控制与防护
　　（2）TG174　金属表面防护技术
　　（3）TG174　一般性问题
　　（4）TG174　生产过程与设备
　　（5）TG174　水泥产品
【IPC 类目】
　　（1）C23C22/34　含有氟化物或铬合氟化物的〔4,5〕
　　（2）C23C22/34　抗腐蚀涂料
　　（3）C23C22/34　基于环氧树脂的涂料组合物;基于环氧树脂衍生物的涂料组合物〔5〕
　　（4）C23C22/34　锆基合金〔2〕
　　（5）C23C22/34　含钼或钨的〔2〕
【词条属性】
　　【特征】
　　　　【特点】　腐蚀速度为评定抗蚀性的主要指标
　　　　【特点】　金属材料的化学性能之一
　　　　【特点】　向钢中加入合金元素（如铬、硅、铝），使其表面形成致密的氧化物防护层
　　　　【特点】　向钢中加入合金元素（主要是铬），提高钢的电极电位
　　　　【特点】　减少或消除钢中的应力、组织、成分等不均的现象
　　　　【特点】　表面镀金属提高耐蚀性
　　　　【特点】　涂非金属层提高耐蚀性
　　　　【特点】　电化学保护提高耐蚀性
　　　　【特点】　改变腐蚀环境、介质，提高耐蚀性
【词条关系】
　　【等同关系】
　　　　【基本等同】　抗蚀性
　　　　【全称是】　化学稳定性
　　【层次关系】
　　　　【并列】　耐热性
　　　　【并列】　耐磨性
　　　　【并列】　耐候性
　　　　【概念-实例】　发蓝处理
　　　　【概念-实例】　磷化工艺

　　　　【概念-实例】　保护剂涂覆
　　【类分】　耐酸性
　　【类分】　抗化学腐蚀性
　　【类分】　抗电化学腐蚀性
　　【应用关系】
　　　　【使用】　盐雾试验
　　　　【使用】　增重法
　　　　【使用】　电化学方法
　　　　【使用】　盐浴渗氮
　　　　【使用】　盐浴碳氮共渗
　　　　【使用】　QPQ 技术
　　　　【使用】　极化曲线法
　　　　【使用】　交流阻抗法
　　　　【使用】　浸泡法
　　　　【使用】　渗氮

◎ **耐高温性**
【基本信息】
　　【英文名】　high temperature resistance; heat resistance
　　【拼音】　nai gao wen xing
　　【核心词】
【定义】
　　材料在高温下仍能够工作服役的能力，称为材料的耐高温性能。
【分类信息】
　　【IPC 类目】
　　　　（1）F02F3/00　活塞（一般的入 F16J）
　　　　（2）F02F3/00　铝的〔2〕
　　　　（3）F02F3/00　无环或碳环化合物
　　　　（4）F02F3/00　加入防污剂〔6〕
【词条属性】
　　【特征】
　　　　【特点】　耐高温钢最基本的力学性能就是蠕变特性
　　　　【特点】　耐热合金主要有镍基和钴基两种
　　　　【特点】　常用材料的最高使用温度来表征

【特点】　塑料一般用马丁耐热温度来表示
　　【特点】　涂非金属层提高耐热性
【状况】
　　【应用场景】　发动机燃烧器
　　【应用场景】　定子叶片
　　【应用场景】　转动叶片
【因素】
　　【影响因素】　化学元素钼
　　【影响因素】　化学元素铝
　　【影响因素】　化学元素锰
　　【影响因素】　化学元素磷
　　【影响因素】　化学元素硫
　　【影响因素】　材料的机械性能
　　【影响因素】　晶粒粗细程度
　　【影响因素】　材料蠕变极限
【词条关系】
　【等同关系】
　　【基本等同】　耐热性
　　【基本等同】　抗高温性
　　【全称是】　高温稳定性
　【层次关系】
　　【并列】　耐蚀性
　　【并列】　耐候性
　　【并列】　耐磨性
　　【类分】　高温化学稳定性
　　【类分】　高温强度
　　【类分】　Y 90
　　【类分】　A 105
　　【类分】　E 120
　　【类分】　B 130
　　【类分】　F 155
　　【类分】　H 180
　　【类分】　C 180
　【应用关系】
　　【使用】　高温箱
　　【使用】　鼓风恒温烘箱
　　【使用】　盐雾试验

◎ 耐候钢

【基本信息】
　【英文名】　weathering resistant steel
　【拼音】　nai hou gang
　【核心词】
【定义】
　（1）能形成防锈蚀的保护膜、耐大气腐蚀性能较好的钢材。
　　【来源】　《中国土木建筑百科辞典·建筑结构》
　（2）即耐大气腐蚀钢，是介于普通钢和不锈钢之间的低合金钢系列，耐候钢由普碳钢添加少量铜、镍等耐腐蚀元素而成。
【分类信息】
　【CLC 类目】
　　（1）TG172.3　大气腐蚀、气体腐蚀
　　（2）TG172.3　功能材料
　【IPC 类目】
　　（1）C22C33/00　铁基合金的制造
　　（2）C22C33/00　添加处理剂去除杂质
　　（3）C22C33/00　使用母（中间）合金〔2〕
　　（4）C22C33/00　温度控制，如通过冷却或加热轧辊成产品（37/32,37/44优先）〔6〕
　　（5）C22C33/00　含钛或锆的〔2〕
【词条属性】
　【特征】
　　【数值】　耐候性为普碳钢的 2～8 倍
　　【数值】　涂装性为普碳钢的 1.5～10 倍
　　【数值】　合金元素碳含量:0.12%～0.21%
　　【数值】　合金元素硅含量:0.2%～2.0%
　　【数值】　合金元素锰含量:0.7%～2.0%
　　【数值】　合金元素硫含量≤0.036%
　　【数值】　合金元素磷含量≤0.034%
　　【数值】　合金元素铜含量:0.10%～0.40%
　　【数值】　合金元素铝含量<0.2%
　　【特点】　与普碳钢相比，耐候钢在大气中具有更优良的抗蚀性能
　　【特点】　与不锈钢相比，耐候钢只有微量的合金元素

【优点】 强韧性好
【优点】 塑延性好
【优点】 成型性好
【优点】 良好的焊割性
【优点】 耐磨蚀
【优点】 耐高温
【优点】 抗疲劳性好
【优点】 涂装性优秀
【优点】 耐锈
【优点】 减薄降耗
【优点】 省工节能
【状况】
　【应用场景】 铁道
　【应用场景】 车辆
　【应用场景】 桥梁
　【应用场景】 塔架
　【应用场景】 制造集装箱
　【应用场景】 铁道车辆
　【应用场景】 石油井架
　【应用场景】 海港建筑
　【应用场景】 采油平台
　【应用场景】 含硫化氢腐蚀介质的容器
【词条关系】
　【等同关系】
　　【全称是】 耐大气腐蚀钢
　【层次关系】
　　【并列】 普碳钢
　　【并列】 不锈钢
　　【构成成分】 铁、碳、硅、锰、硫、磷、铜、铝、铬、镍、钼、铌、钒、钛
　　【类属】 低合金结构钢
　【生产关系】
　　【材料-工艺】 控轧控冷

◎ 耐火材料
【基本信息】
　【英文名】 refractory material; refractory; fire resistant material
　【拼音】 nai huo cai liao
　【核心词】
　【定义】
　　一般指耐火度在 1580 ℃ 以上的无机非金属材料和制品，也包括天然矿石。
　【来源】《建筑经济大辞典》
【分类信息】
　【CLC 类目】
　　（1）TF065　冶金炉砌筑及维修
　　（2）TF065　磁选、电选机
　　（3）TF065　耐高温材料、耐低温材料
　　（4）TF065　基础理论
　　（5）TF065　耐火材料制品
　【IPC 类目】
　　（1）C04B35/66　含有或不含有黏土的整块耐火材料或耐火砂浆
　　（2）C04B35/66　以氧化铝为基料的〔6〕
　　（3）C04B35/66　以氧化镁为基料的〔6〕
　　（4）C04B35/66　莫来石〔6〕
　　（5）C04B35/66　外壳;衬炉,壁;炉顶(耐火材料入 C04B;燃烧室的火桥入 F23M3/00)
【词条属性】
　【特征】
　　【数值】 耐火度不低于 1580 ℃
　　【优点】 高温时体积稳定性好
　　【优点】 热稳定性好
　　【优点】 良好的抗渣性
　【状况】
　　【前景】 提高资源综合利用水平和保障能力
　　【前景】 加大节能减排力度
　　【前景】 提高产业集中度
　　【现状】 2011 年中国耐火材料产量约占全球的 65%，产销量稳居世界耐火材料第一
　　【现状】 由于无序开采、加工技术水平不高，资源综合利用水平较低，浪费较为严重，上述矿产资源，特别是高品位耐火原料资源已越来越少，节约资源、综合利用资源已是当务之急
　　【应用场景】 硅酸盐
　【时间】

【起始时间】 4000多年前,中国就使用杂质少的黏土,烧成陶器,并已能铸造青铜器

【起始时间】 东汉时期(公元25—220年),用黏土质耐火材料做烧瓷器的窑材和匣钵

【起始时间】 20世纪初,耐火材料向高纯、高致密和超高温制品方向发展

【词条关系】

【层次关系】

【参与组成】 熔模铸造

【附件-主体】 转炉

【概念-实例】 AZS砖

【概念-实例】 刚玉砖

【概念-实例】 直接结合镁铬

【概念-实例】 碳化硅砖

【概念-实例】 氮化硅结合碳化硅砖

【概念-实例】 镁砖

【构成成分】 氧化硅、氧化铝、氧化铬、碳、氧化镁、氧化钙

【类分】 普通耐火材料

【类分】 高级耐火材料

【类分】 特级耐火材料

【类分】 标准型耐火材料

【类分】 异型耐火材料

【类分】 特异型耐火材料

【类分】 特殊制品耐火材料

【类分】 烧成制品耐火材料

【类分】 不烧成制品耐火材料

【类分】 不定形耐火材料

【类分】 酸性耐火材料

【类分】 中性耐火材料

【类分】 碱性耐火材料

【类分】 硅质耐火材料

【类分】 硅酸铝质耐火材料

【类分】 刚玉质耐火材料

【类分】 镁质耐火材料

【类分】 碳复合耐火材料

【类分】 锆质耐火材料

【类分】 特种耐火材料

【类属】 无机非金属材料

【应用关系】

【使用】 铬铁

【使用】 氮化钛

【使用】 氮化物

【使用】 高铬铸铁

【使用】 脱溶

【生产关系】

【材料-工艺】 烧结法

【材料-工艺】 熔铸法

【材料-工艺】 熔融喷吹法

◎ 耐磨材料

【基本信息】

【英文名】 abrasion-proof material;wear resistant material

【拼音】 nai mo cai liao

【核心词】

【定义】

一大类具有特殊电、磁、光、声、热、力、化学及生物功能的新型材料。在各种受力状态和不同环境下,具有高度耐磨损的材料。

【来源】 《材料大辞典》

【分类信息】

【CLC类目】

(1) TG135 特种机械性质合金

(2) TG135 耐磨钢

(3) TG135 水泥工业

(4) TG135 提升容器

【IPC类目】

(1) F23C10/18 零部件;辅助设备〔7〕

(2) F23C10/18 有机溶剂〔2〕

(3) F23C10/18 带平的密封面,其所用填料

(4) F23C10/18 用清洗流体〔6〕

【词条属性】

【特征】

【数值】 含碳量大都在1.20%以上

【数值】 全球新材料研究领域中耐磨材

料约占85%
  【优点】 耐磨性佳
  【优点】 抗冲击能力佳
  【优点】 耐腐蚀性佳
  【优点】 制造工艺性能好
  【优点】 价格低
  【优点】 镍基耐磨材料具有抗高温氧化性能
 【状况】
  【前景】 加强金属复合工艺的研究
  【前景】 研究新的热处理工艺
  【前景】 加强磨损机制研究与失效分析
  【应用场景】 低速筒式磨煤机的小钢球
  【应用场景】 低速筒式磨煤机的衬瓦
  【应用场景】 中速磨煤机的磨辊
  【应用场景】 中速磨煤机的大钢球
  【应用场景】 中速磨煤机的磨环
  【应用场景】 中速磨煤机的护板
  【应用场景】 高速磨煤机的冲击板
  【应用场景】 高速磨煤机的击锤
  【应用场景】 高速磨煤机的护钩
  【应用场景】 高速磨煤机的护甲
  【应用场景】 耐磨焊条
  【应用场景】 耐磨陶瓷
  【应用场景】 耐磨地坪
  【应用场景】 耐磨橡胶
  【应用场景】 耐磨管道
  【应用场景】 耐磨轴承
  【应用场景】 耐磨焊材
  【应用场景】 耐磨铸件
【词条关系】
 【层次关系】
  【材料-组织】 奥氏体
  【材料-组织】 马氏体
  【材料-组织】 贝氏体
  【概念-实例】 ZGMn13
  【概念-实例】 ZG45Mn2
  【概念-实例】 75MnCr2NiMo
  【概念-实例】 MQT6
  【概念-实例】 KmTBCr2Mo1Cu
  【概念-实例】 KmTBCr15Mo2Cu
  【概念-实例】 KmTBCr15Mo3
  【概念-实例】 KmTBCr20Mo2Cu1
  【概念-实例】 KmTBCr26
  【概念-实例】 KmTBCr9Ni5Si2
  【构成成分】 碳、锰、铬、钼、铁、镍
  【类分】 耐磨合金钢
  【类分】 合金白口铸铁
  【类分】 双金属复合材料
  【类分】 耐磨球
  【类分】 耐磨钢板
 【生产关系】
  【材料-工艺】 热处理
  【材料-工艺】 铸造
  【原料-材料】 微电子材料
  【原料-材料】 光电子材料
  【原料-材料】 传感器材料
  【原料-材料】 信息材料
  【原料-材料】 生物医用材料
  【原料-材料】 生态环境材料
  【原料-材料】 机敏材料

◎耐磨钢

【基本信息】
 【英文名】 wear-resistant steel; abrasion resistant steel
 【拼音】 nai mo gang
 【核心词】
【定义】
  耐磨损性能强的钢铁材料的总称,耐磨钢是当今耐磨材料中用量最大的一种。
 【来源】《中国冶金百科全书·金属材料》
【分类信息】
 【CLC 类目】
  (1) TB331 金属复合材料
  (2) TB331 工业部门经济
  (3) TB331 复合材料
 【IPC 类目】

（1）C21D9/36　用于滚珠;滚柱
　　（2）C21D9/36　汽缸的衬筒或冷却部件是不同部件或不同材料的
　　（3）C21D9/36　工作面;衬套〔3〕
　　（4）C21D9/36　淬火设备
　　（5）C21D9/36　卸料装置的配置〔4〕
【词条属性】
　【特征】
　　【数值】　含1.0%～1.3%碳
　　【数值】　含11%～14%锰
　　【优点】　强度高
　　【优点】　硬度高
　　【优点】　韧性好
　　【优点】　良好的减摩性
　　【优点】　优良的冲击韧性
　【状况】
　　【现状】　耐磨材料中用量最大的一种
　　【应用场景】　能抗磨损外尚须承受冲击或较高负荷的机械零件
　　【应用场景】　拖拉机履带
　　【应用场景】　铁路道岔
　　【应用场景】　破碎机颚板
　　【应用场景】　掘土机铲斗
　　【应用场景】　球磨机衬板
　　【应用场景】　球磨机滚球
　【时间】
　　【起始时间】　始于19世纪后半叶
　　【起始时间】　1883年英国人哈德菲尔德首先取得了高锰钢专利
【词条关系】
　【层次关系】
　　【并列】　渗氮钢
　　【材料-组织】　奥氏体
　　【材料-组织】　马氏体
　　【材料-组织】　贝氏体
　　【概念-实例】　Mn13
　　【概念-实例】　ZG30Cr2MnSiMoTi
　　【概念-实例】　ZG42Cr2MnSi2MoRE
　　【概念-实例】　ZG40CrMnSi2Mo
　　【概念-实例】　ZG30CrMnSiMoRE
　　【概念-实例】　ZG85CrMnSiMoCu
　　【构成成分】　碳、锰、铁、硅、铬、钼、钒、钨、镍、钛、硼、铜、稀土元素
　　【类分】　低合金高强度钢
　　【类分】　中碳钢
　　【类分】　中碳合金钢
　　【类分】　高碳钢
　　【类分】　合金工具钢
　　【类分】　中铬钢
　　【类分】　高铬钢
　　【类分】　耐气蚀钢
　　【类分】　耐磨蚀钢
　　【类分】　特殊耐磨钢
　　【类属】　高合金钢
　【应用关系】
　　【使用】　硬化
　【生产关系】
　　【材料-工艺】　铸造成型
　　【材料-工艺】　水韧处理
　　【材料-工艺】　转炉冶炼
　　【材料-工艺】　电炉冶炼
　　【材料-工艺】　锻压
　　【材料-工艺】　表面渗碳
　　【材料-工艺】　表面改性
　　【材料-工艺】　碳氮共渗
　　【材料-工艺】　表面强化
　　【材料-工艺】　气相沉积
　　【材料-工艺】　离子注入
　　【材料-工艺】　铸渗
　　【材料-工艺】　复合铸造
　　【材料-工艺】　堆焊
　　【材料-工艺】　电刷镀
　　【材料-工艺】　喷焊
　　【材料-工艺】　等粒子切割
　　【材料-工艺】　激光切割
　　【材料-工艺】　冷切割
　　【材料-工艺】　热切割

◎ 耐磨性

【基本信息】
　【英文名】　abrasive resistance;abrasion performance;wear resistance
　【拼音】　nai mo xing
　【核心词】
【定义】
　（1）材料在一定摩擦条件下抵抗磨损的能力。通常以磨损量或磨损率的倒数表示。
　【来源】《现代材料科学与工程辞典》
　（2）材料抵抗磨损的能力，可用磨损量表示，磨损量越小则说明耐磨性越好。
　【来源】《金属材料简明辞典》
【分类信息】
　【CLC类目】
　（1）TB331　金属复合材料
　（2）TB331　金属-非金属复合材料
　（3）TB331　轻有色金属及其合金
　（4）TB331　金属复层保护
　（5）TB331　钻头、钻具及工具
　【IPC类目】
　（1）B60C1/00　以化学成分或物理结构或其成分混合比为特点的轮胎〔4〕
　（2）B60C1/00　抵抗磨损（57/04 优先）〔7〕
　（3）B60C1/00　以碳化钨为基的〔4〕
　（4）B60C1/00　活塞环，如与活塞顶连在一起的
【词条属性】
　【特征】
　【特点】　用磨耗量或耐磨指数表示
　【特点】　材料的硬度越高，耐磨性越好
　【特点】　密排六方点阵金属材料摩擦因数为 0.2~0.4，磨损率较低
　【特点】　金属硬度通常随温度的上升而下降，所以温度升高，磨损率增加
　【特点】　温度的升高对增加氧化速度起着促进作用
　【特点】　塑性和韧性高说明材料可吸收的能量大，耐磨性好
　【特点】　相同硬度下，高强度耐磨材料具有更好的耐磨性
　【特点】　接触应力一定的条件下，表面粗糙度值越小，抗疲劳磨损能力越高
　【状况】
　【应用场景】　机械轴承件
　【应用场景】　滚轮滑轮
　【应用场景】　轮胎材料及表面
　【应用场景】　金工机械设备工作台
　【因素】
　【影响因素】　材料的组成
　【影响因素】　材料的硬度
　【影响因素】　材料的结构
　【影响因素】　材料的强度
　【影响因素】　材料孔隙度
　【影响因素】　热处理工艺
　【影响因素】　材料工作条件和环境
　【影响因素】　晶体结构的晶体的互溶性
　【影响因素】　温度
　【影响因素】　夹杂物等冶金缺陷
　【影响因素】　表面粗糙度
【词条关系】
　【等同关系】
　【基本等同】　抗磨性
　【基本等同】　耐磨耗性
　【层次关系】
　【并列】　耐候性
　【并列】　耐高温性
　【并列】　耐腐蚀性
　【概念-实例】　高锰钢
　【概念-实例】　变质中锰耐磨钢
　【应用关系】
　【使用】　磨料磨损试验机
　【使用】　磨粒磨损
　【使用】　黏着磨损
　【使用】　疲劳磨损
　【使用】　腐蚀磨损

◎ 耐热钢

【基本信息】
　【英文名】　heat resistant steel；refractory steel
　【拼音】　nai re gang
　【核心词】
【定义】
　　耐热钢是指在高温下具有较高强度和良好的化学稳定性的特殊钢。
【来源】　《中国冶金百科全书·金属材料》
【分类信息】
　【CLC类目】
　　（1）TG161　钢的热处理
　　（2）TG161　钢的组织与性能
　　（3）TG161　特种机械性质合金
　【IPC类目】
　　（1）C22C38/32　含硼的〔2〕
　　（2）C22C38/32　预热、焙烧、煅烧或冷却（水泥原料焙烧时的脱碳入7/43）〔4〕
　　（3）C22C38/32　涡流燃烧器，如用于旋流型燃烧设备的
　　（4）C22C38/32　铁基合金，如合金钢（铸铁合金入37/00）〔2〕
　　（5）C22C38/32　特殊材料的选用；防止侵蚀或腐蚀的措施
【词条属性】
　【特征】
　　【数值】　含碳量通常0.08%～0.15%
　　【特点】　合金元素总量不超过50%
　　【优点】　高温下具有较高强度
　　【优点】　高温下具有良好的化学稳定性
　　【优点】　高温下具有良好的抗氧化性
　　【优点】　高温下具有良好的抗腐蚀性
　　【优点】　具有良好的工艺性能
　【状况】
　　【应用场景】　石油蒸馏设备的管道
　　【应用场景】　石油蒸馏设备的容器
　　【应用场景】　工业上的热交换器
　　【应用场景】　过热蒸汽管道
　　【应用场景】　燃油泵
　　【应用场景】　汽车发动机的排油阀门
　　【应用场景】　机械零件
　　【应用场景】　压力容器
　　【应用场景】　锅炉
【词条关系】
　【等同关系】
　　【全称是】　耐热不起皮钢
　【层次关系】
　　【并列】　不锈钢
　　【材料-组织】　铁素体
　　【材料-组织】　马氏体
　　【材料-组织】　奥氏体
　　【材料-组织】　珠光体
　　【概念-实例】　15CrMo
　　【概念-实例】　12Cr2Mo
　　【概念-实例】　12Cr2MoWVTiB
　　【概念-实例】　25Cr2MoV
　　【概念-实例】　1Cr13
　　【概念-实例】　2Cr13
　　【概念-实例】　1Cr12WMoV
　　【概念-实例】　2Cr12NiMoWV
　　【概念-实例】　$Cr_{13}SiAl$
　　【概念-实例】　1Cr17
　　【概念-实例】　2Cr25N
　　【概念-实例】　1Cr18Ni9Ti
　　【概念-实例】　2Cr23Ni13
　　【概念-实例】　4Cr14Ni14W2M
　　【概念-实例】　5Cr21Mn9Ni4N
　　【构成成分】　铬、硅、镍、铌、锰、钒、钨、铝、碳、氮
　　【类分】　钼钢
　　【类分】　热稳定钢
　　【类分】　热强钢
　　【类分】　抗氧化钢
　　【类分】　汽阀钢
　　【类分】　铁素体耐热钢
　　【类分】　马氏体耐热钢
　　【类分】　奥氏体耐热钢
　　【类分】　热压力加工耐热钢

【类分】 冷切削用耐热钢
【类分】 热轧耐热钢
【类分】 锻轧耐热钢
【类分】 热处理耐热钢
【类属】 高合金钢
【类属】 合金钢
【类属】 特殊性能用钢
【类属】 特殊钢
【应用关系】
　【使用】 硬质合金
【生产关系】
　【材料-工艺】 埋弧焊
　【材料-工艺】 电渣重熔

◎ 耐热合金
【基本信息】
　【英文名】 heat-resisting alloy
　【拼音】 nai re he jin
　【核心词】
【定义】
　　在高温使用环境条件下，具有组织稳定和优良力学、物理、化学性能的合金。
【来源】《现代材料科学与工程辞典》
【分类信息】
　【CLC 类目】
　　（1）TG135　特种机械性质合金
　　（2）TG135　特种热性质合金
　　（3）TG135　合金学与各种性质合金
　【IPC 类目】
　　（1）C22C19/05　含铬的[2]
　　（2）C22C19/05　在回转窑中
　　（3）C22C19/05　吹制玻璃；空心玻璃制品的生产
　　（4）C22C19/05　卸料装置的配置[4]
　　（5）C22C19/05　氧化物、硼化物、碳化物、氮化物、硅化物或其混合物[4]
【词条属性】
　【特征】
　　【数值】 能在>700 ℃ 高温下工作

【优点】 高温下组织稳定
【优点】 高温下优良力学性能
【优点】 高温下优良物理性能
【优点】 高温下优良化学性能
【优点】 高温下能保持足够强度
【优点】 高温下良好的抗氧化性
【状况】
【应用场景】 板材
【应用场景】 棒材
【应用场景】 丝材
【应用场景】 箔材
【应用场景】 超高温交换器
【应用场景】 喷气发动机叶片
【词条关系】
【等同关系】
　【基本等同】 高温合金
【层次关系】
　【概念-实例】 $Cr_{20}Ni_{80}$
　【构成成分】 铬、硅、铝、钛、镍、铌、钨、硼、锆
　【类分】 耐热铝合金
　【类分】 耐热钛合金
　【类分】 难熔合金
　【类分】 粉末冶金耐热合金
　【类分】 铸造耐热合金
　【类分】 变形耐热合金
　【类分】 镍基耐热合金
　【类分】 定向凝固耐热合金
　【类属】 镍铬合金
【生产关系】
　【材料-工艺】 熔模铸造
　【材料-工艺】 熔炼
　【材料-工艺】 铸造
　【材料-工艺】 机械合金化
　【材料-工艺】 锻压
　【材料-工艺】 定向凝固
　【材料-工艺】 单晶技术
　【材料-工艺】 粉末冶金耐热合金
　【材料-工艺】 轧制

◎ 耐热性
【基本信息】
　【英文名】　heat resistance;thermal resistance
　【拼音】　nai re xing
　【核心词】
【定义】
　(1)材料耐热作用的能力。不同材料的耐热性含义不同。
　【来源】《中国土木建筑百科辞典·工程材料·上》
　(2)常用材料的最高使用温度来表征。对不同的材料有不同的标准和测试方法。
　(3)沥青混凝土的耐热性是指抵抗受热变形的能力。目前材料的耐热性尚无明确的统一测定方法和指标。
　【来源】《中国土木建筑百科辞典·工程材料·上》
【分类信息】
　【CLC类目】
　　(1)TQ324.2　元素有机聚合物塑料
　　(2)TQ324.2　非金属复合材料
　【IPC类目】
　　(1)G02B　光学元件、系统或仪器
　　(2)G02B　用作基片的材料的应用〔3〕
【词条属性】
　【特征】
　　【特点】　耐热钢最基本的力学性能就是蠕变特性
　　【特点】　耐热合金主要有镍基和钴基两种
　　【特点】　常用材料的最高使用温度来表征
　　【特点】　塑料一般用马丁耐热温度来表示
　　【特点】　涂非金属层提高耐热性
　【状况】
　　【应用场景】　发动机燃烧器
　　【应用场景】　定子叶片
　　【应用场景】　转动叶片
　【因素】
　　【影响因素】　化学元素钼
　　【影响因素】　化学元素铝
　　【影响因素】　化学元素锰
　　【影响因素】　化学元素磷
　　【影响因素】　化学元素硫
　　【影响因素】　材料的机械性能
　　【影响因素】　晶粒粗细程度
　　【影响因素】　材料蠕变极限
【词条关系】
　【等同关系】
　　【基本等同】　抗热性
　　【基本等同】　耐高温性
　　【全称是】　高温稳定性
　【层次关系】
　　【并列】　耐蚀性
　　【并列】　耐候性
　　【并列】　耐腐蚀性
　　【类分】　高温化学稳定性
　　【类分】　高温强度
　　【类分】　Y 90
　　【类分】　A 105
　　【类分】　E 120
　　【类分】　B 130
　　【类分】　F 155
　　【类分】　H 180
　　【类分】　C 180
　【应用关系】
　　【使用】　高温箱
　　【使用】　鼓风恒温烘箱
　　【使用】　盐雾试验

◎ 耐热铸铁
【基本信息】
　【英文名】　heat resisting cast iron
　【拼音】　nai re zhu tie
　【核心词】
【定义】
　适于在高温下工作的一类合金铸铁。
　【来源】《金属材料简明辞典》
【分类信息】

【IPC 类目】
　　（1）F23B5/00　带有能燃烧初始燃烧未燃尽物质的装置的燃烧设备（初始燃料使用粉末燃料的入 F23C9/00）
　　（2）F23B5/00　一般机器或发动机；一般的发动机装置；蒸汽机
　　（3）F23B5/00　铸铁合金〔2〕
　　（4）F23B5/00　将煤气发生炉和锅炉结合在一起的，如将煤气送回到火焰上（干馏入 C10B）
【词条属性】
　【特征】
　　【数值】　室温抗拉强度可达 540 MPa
　　【数值】　高温短时抗拉强度可达 900 MPa
　　【数值】　碳含量 1.6%～3.8%
　　【数值】　硅含量 1.5%～5.5%
　　【数值】　锰含量不大于 1.0%
　　【数值】　磷含量不大于 0.2%
　　【数值】　硅含量不大于 0.12%
　　【特点】　具有抗氧化
　　【特点】　适于在高温下工作
　　【优点】　熔制较易
　　【优点】　成本低廉
　【状况】
　　【应用场景】　锅炉用侧密封块
　　【应用场景】　烧结机箅条
　　【应用场景】　黄铁矿焙烧炉零件
　　【应用场景】　烧结机中后热筛板
　　【应用场景】　玻璃引上机墙板
　　【应用场景】　二硫化碳反应甑
　　【应用场景】　煤气炉内灰盒
　　【应用场景】　矿山烧结车挡板
　　【应用场景】　退火罐
　　【应用场景】　煤粉烧嘴
　　【应用场景】　炉栅
　　【应用场景】　加热炉两端管架
　　【应用场景】　链式加热炉炉爪
【词条关系】
　【层次关系】
　　【材料-组织】　铁素体
　　【材料-组织】　奥氏体
　　【概念-实例】　$RTQSi_4Mo$
　　【概念-实例】　RTCr
　　【概念-实例】　$RTQAl_{22}$
　　【概念-实例】　$RTSi_5$
　　【概念-实例】　$RTQAl_4Si_4$
　　【概念-实例】　$RTQAL_5Si_5$
　　【构成成分】　硅、铝、铬、铁、碳
　　【类分】　耐热球墨铸铁
　　【类分】　硅铸铁
　　【类分】　高铬铸铁
　　【类分】　镍铬硅铸铁
　　【类属】　铸铁
　　【类属】　合金铸铁
　【应用关系】
　　【用于】　炼油
　　【用于】　锅炉

◎ 耐蚀钢
【基本信息】
　【英文名】　CRES；corrosion resistant steel
　【拼音】　nai shi gang
　【核心词】
【定义】
　　在特定的腐蚀环境中能抵抗腐蚀的钢。
【来源】《中国农业百科全书·农业机械化卷》
【分类信息】
　【CLC 类目】
　　（1）U668.2　金属材料
　　（2）U668.2　船舶建造工艺
　【IPC 类目】
　　（1）C22C38/50　含钛或锆的〔2〕
【词条属性】
　【特征】
　　【数值】　碳含量 0.15%～1.35%
　　【数值】　硅含量 0.3%～1.8%
　　【数值】　锰含量 0.5%～19%

【数值】　铬含量0.5%～13%
【数值】　钼含量0.1%～1.2%
【数值】　镍含量不大于4.0%
【数值】　铜含量不大于1.0%
【数值】　硫含量不大于0.04%
【数值】　磷含量不大于0.06%
【优点】　较好的抗腐蚀性能
【优点】　能延长机器的寿命
【优点】　节省钢材消耗
【状况】
　　【现状】　中国主要应用奥氏体不锈钢
　　【现状】　奥氏体不锈钢在食品机械上有一定的应用
　　【应用场景】　厩肥撒播机的车厢
　　【应用场景】　农机具的顶板
　　【应用场景】　农机具的盖板
　　【应用场景】　农机具薄板件
　　【应用场景】　油船货油舱
　　【应用场景】　炼油厂设备用钢
【因素】
　　【影响因素】　腐蚀介质组成
　　【影响因素】　腐蚀介质浓度
　　【影响因素】　环境温度
　　【影响因素】　环境压力
【词条关系】
　　【层次关系】
　　　　【概念-实例】　ZGMS25Cr10MnSiMoNi
　　　　【概念-实例】　ZGMS30Mn2SiCr
　　　　【概念-实例】　ZGMS30Cr5Mo
　　　　【概念-实例】　ZGMS60Cr2MnMo
　　　　【概念-实例】　ZGMS120Mn13Ni3
　　【构成成分】　碳、硅、锰、铬、钼、镍、铜、硫、磷
　　【类分】　不锈钢
　　【类分】　低合金耐蚀钢
　　【类分】　海洋耐蚀钢
　　【类分】　耐大气腐蚀钢
　　【应用关系】
　　　　【材料-加工设备】　电炉
　　　　【用于】　食品机械
　　　　【用于】　农业机械
　　　　【用于】　建筑材料
　　【生产关系】
　　　　【材料-工艺】　电炉熔炼
　　　　【材料-工艺】　线切割
　　　　【材料-工艺】　硬度检验
　　　　【材料-工艺】　吸收冲击试验检验
　　　　【材料-工艺】　铸造
　　　　【材料-工艺】　热处理

◎耐蚀合金

【基本信息】
　　【英文名】　corrosion resistant alloy；anticorrosion alloy
　　【拼音】　nai shi he jin
　　【核心词】
【定义】
　　在腐蚀性环境介质中，具有良好的化学稳定性及足够的抗腐蚀性能的合金。
【来源】　《现代材料科学与工程辞典》
【分类信息】
　　【CLC类目】
　　　　（1）TG133　特种化学性质合金
　　　　（2）TG133　特种机械性质合金
　　【IPC类目】
　　　　（1）F04B1/12　具有轴线与主轴共轴的或平行的或倾斜于主轴的缸
　　　　（2）F04B1/12　含钴的[2]
　　　　（3）F04B1/12　锌做次主要成分的[2]
　　　　（4）F04B1/12　具有位于很深处的发动机泵组
　　　　（5）F04B1/12　以覆层材料为特征的[4]
【词条属性】
　　【特征】
　　　　【特点】　热力学稳定性高
　　　　【特点】　易于钝化的金属
　　　　【优点】　良好的化学稳定性
　　　　【优点】　足够的抗腐蚀性能

【状况】
　　【前景】　研究复杂苛刻腐蚀条件下的腐蚀行为与机理
　　【前景】　研究相关工业设备制造的成型、焊接、热处理等关键工艺参数
　　【应用场景】　双金属复合管
　　【应用场景】　油井管
　　【应用场景】　表面镀层
　　【应用场景】　海洋平台
【时间】
　　【起始时间】　1906年镍基耐蚀合金出现
【词条关系】
　　【层次关系】
　　　　【概念-实例】　0Cr17Ni4CuNb
　　　　【概念-实例】　Co50Cr20Ni10W15
　　　　【概念-实例】　Ti6Al4V
　　　　【概念-实例】　Ti5Mo5V8Cr3Al
　　　　【概念-实例】　Nb1Zr
　　　　【概念-实例】　Nb55TiAl
　　　　【概念-实例】　Nb10W10Ta
　　　　【构成成分】　铌、铝、铜、铬、镍、钼、钨、钒、锆、铊、氮、铁
　　　　【类分】　铁基耐蚀合金
　　　　【类分】　镍基耐蚀合金
　　　　【类分】　铌基耐蚀合金
　　【应用关系】
　　　　【用于】　石油化工
　　　　【用于】　合成纤维
　　　　【用于】　原子能
　　　　【用于】　钛基耐蚀合金
　　　　【用于】　钴基耐蚀合金
　　　　【用于】　航空航天
　　【生产关系】
　　　　【材料-工艺】　重熔
　　　　【材料-工艺】　电渣重熔

◎耐蚀性
【基本信息】
　　【英文名】　corrosion resistance
　　【拼音】　nai shi xing
　　【核心词】
【定义】
　　(1)给定腐蚀体系中,金属具有的抗腐蚀能力。
　　(2)金属材料抵抗周围介质腐蚀作用的能力,称为抗蚀性。
【来源】　《机械加工工艺辞典》
【分类信息】
　　【CLC类目】
　　　　(1) TG174.4　金属表面防护技术
　　　　(2) TG174.4　腐蚀的控制与防护
　　　　(3) TG174.4　氧化法
　　　　(4) TG174.4　电镀工业
　　　　(5) TG174.4　单一金属的电镀
　　【IPC类目】
　　　　(1) C25D11/30　镁或以其为基的合金的〔2〕
　　　　(2) C25D11/30　使用次磷酸盐的〔5〕
　　　　(3) C25D11/30　用铁、钴或镍其中一种镀覆;用这些金属其中一种与磷或硼所成的混合物镀覆〔4,5〕
　　　　(4) C25D11/30　球棍头
　　　　(5) C25D11/30　锌或镉或以其为基的合金〔4〕
【词条属性】
　　【特征】
　　　　【特点】　腐蚀速度为评定抗蚀性的主要指标
　　　　【特点】　金属材料的化学性能之一
　　　　【特点】　向钢中加入合金元素(如铬、硅、铝),使其表面形成致密的氧化物防护层
　　　　【特点】　向钢中加入合金元素(主要是铬),提高钢的电极电位
　　　　【特点】　减少或消除钢中的应力、组织、成分等不均的现象
　　　　【特点】　表面镀金属提高耐蚀性
　　　　【特点】　涂非金属层提高耐蚀性
　　　　【特点】　电化学保护提高耐蚀性

【特点】　改变腐蚀环境、介质提高耐蚀性
【词条关系】
　【等同关系】
　　【基本等同】　抗蚀性
　　【俗称为】　化学稳定性
　【层次关系】
　　【并列】　耐热性
　　【并列】　耐高温性
　　【概念-实例】　发蓝处理
　　【概念-实例】　磷化工艺
　　【概念-实例】　保护剂涂覆
　　【类分】　抗氧化性
　　【类分】　耐酸性
　　【类分】　抗化学腐蚀性
　　【类分】　抗电化学腐蚀性
　【应用关系】
　　【使用】　盐雾试验
　　【使用】　增重法
　　【使用】　电化学方法
　　【使用】　盐浴渗氮
　　【使用】　盐浴氮碳共渗
　　【使用】　QPQ 技术
　　【使用】　极化曲线法
　　【使用】　交流阻抗法
　　【使用】　浸泡法
　　【使用】　渗氮

◎能耗
【基本信息】
　【英文名】　energy consumption; power consumption
　【拼音】　neng hao
　【核心词】
【定义】
　　(1)能源消耗。表示能源利用的技术指标之一。
　【来源】　《新词语大词典》
　　(2)机械在运转过程中，为克服各种阻力所消耗的能量。
　【来源】　《中国土木建筑百科辞典·工程机械》
　　(3)能源消耗量的简称。单位产品的耗能量。分为单耗、综合能耗、可比能耗。
　【来源】　《中国百科大辞典》
【分类信息】
　【CLC 类目】
　　(1) TF821　铝
　　(2) TF821　炼油工艺过程
　　(3) TF821　其他设备
　　(4) TF821　碳化钙(电石)的生产
　　(5) TF821　空调器
【词条属性】
　【特征】
　　【特点】　能源利用的技术指标之一
　　【特点】　评价企业生产单位产量的指标
　　【特点】　产值所消耗的各种能源数量
【词条关系】
　【等同关系】
　　【全称是】　能源消耗
　【层次关系】
　　【类分】　单项能耗
　　【类分】　综合能耗
　　【类分】　实物能耗
　　【类分】　货币能耗
　　【类分】　可比能耗
　【应用关系】
　　【用于】　电能
　　【用于】　天然气
　　【用于】　煤

◎镍铬合金
【基本信息】
　【英文名】　nichrome; nicochrome; NiCr
　【拼音】　nie ge he jin
　【核心词】
【定义】
　　由 80%镍、20%铬两种金属组成。硬度较大，电阻大。用作电炉丝、教学用滑动变阻器的电阻等。
【来源】《化学物质辞典》
【分类信息】
　【CLC 类目】
　　TB383　特种结构材料
　【IPC 类目】
　　（1）H05K3/06　用化学或电解方法将导电材料去除的，如用光刻工艺
　　（2）H05K3/06　蚀刻其他金属材料用的〔4〕
　　（3）H05K3/06　金属材料的化学法蚀刻（制作印刷表面入 B41C；制作印刷线路入 H05K）〔2〕
　　（4）H05K3/06　局部蚀刻
　　（5）H05K3/06　电解浸蚀或抛光〔2〕
【词条属性】
　【特征】
　　【数值】　最高使用温度 1200 ℃
　　【数值】　含镍量约 80%
　　【数值】　含铬量约 20%
　　【特点】　电阻大
　　【特点】　长度及横截面积一定，温度越低电阻越大
　　【优点】　硬度较大
　　【优点】　抗腐蚀性
　【状况】
　　【现状】　最常用的电阻薄膜
　　【应用场景】　电炉丝
　　【应用场景】　教学用滑动变阻器的电阻
　　【应用场景】　切削工具
　　【应用场景】　电阻薄膜
　　【应用场景】　烤瓷牙
　　【应用场景】　电热元件
【词条关系】
　【层次关系】
　　【概念-实例】　Cr15Ni60
　　【概念-实例】　Cr20Ni80
　　【概念-实例】　Cr20Ni35
　　【构成成分】　碳、磷、硫、锰、硅、铬、镍、铝、钼、铁、铌
　【类分】　高电阻电热合金
　【类分】　不锈钢
　【类分】　特种合金
　【类分】　耐热合金
　【类分】　精密合金
　【类属】　电热合金
　【应用关系】
　　【用于】　家用电器
　　【用于】　远红外装置
　　【用于】　工业电炉
　【生产关系】
　　【材料-工艺】　电阻真空蒸发法
　　【材料-工艺】　溅射

◎ 镍合金
【基本信息】
　【英文名】　nickel alloy；nickel base alloy
　【拼音】　nie he jin
　【核心词】
【定义】
　以镍为基加入其他合金化元素组成的合金。
【来源】《材料大辞典》
【分类信息】
　【CLC 类目】
　　（1）TG146.1　重有色金属及其合金
　　（2）TG146.1　单一金属的电镀
　　（3）TG146.1　特种物理性质合金
　　（4）TG146.1　腐蚀的控制与防护
　　（5）TG146.1　复合材料
　【IPC 类目】
　　（1）C22C38/08　含镍的〔2〕
　　（2）C22C38/08　合金的〔2〕
　　（3）C22C38/08　从一种不同成分的金属材料基体上蚀刻金属材料的组合物〔4〕
　　（4）C22C38/08　含铬的〔2〕
　　（5）C22C38/08　蚀刻铁族金属用的〔4〕
【词条属性】

【特征】
　　【数值】　沸点可达 2732 ℃
　　【数值】　熔点可达 1453 ℃
　　【数值】　比重可达 2.4816
　　【优点】　抗氧化
　　【优点】　耐高温
　　【优点】　抗硫化作用
　　【优点】　高温强度高
　　【优点】　良好的力学性能
　　【优点】　良好的物理性能
　　【优点】　良好的化学性能
【状况】
　　【应用场景】　阀门密封件
　　【应用场景】　喷涂材料
　　【应用场景】　镍合金管材
　　【应用场景】　航空发动机叶片
　　【应用场景】　火箭发动机
　　【应用场景】　能源转换设备上的高温零部件
　　【应用场景】　耐腐蚀零部件
　　【应用场景】　人造心脏马达
　　【应用场景】　航天器上使用的自动张开结构件
　　【应用场景】　电阻器
　　【时间】
　　　　【起始时间】　1905 年
【词条关系】
　　【层次关系】
　　　　【构成成分】　镍、铜、钴、铁、铬、钼、钨、锰、铝、硅、铍、钛、锆、钒、铌、铪、钽、硼、镁、钙、锶、钡、碳
　　　　【类分】　电真空用镍合金
　　　　【类分】　热电偶用镍合金
　　　　【类分】　蒙乃尔合金
　　　　【类分】　镍铍合金
　　　　【类分】　合成金刚石用镍基触媒合金
　　　　【类分】　镍基高温合金
　　　　【类分】　镍基耐蚀合金
　　　　【类分】　镍基耐磨合金
　　　　【类分】　镍基精密合金
　　　　【类分】　镍基形状记忆合金
　　　　【类属】　高温合金
　　【应用关系】
　　　　【材料-加工设备】　热交换器
　　　　【用于】　电子电器
　　　　【用于】　石油化工
　　　　【用于】　机械制造
　　　　【用于】　医疗
　　　　【用于】　能源开发
　　　　【用于】　航海
　　　　【用于】　航空航天
　　【生产关系】
　　　　【材料-工艺】　真空熔铸法
　　　　【材料-工艺】　粉末冶金

◎ 镍基高温合金

【基本信息】
　　【英文名】　nickel-base superalloy; Ni-base superalloy; hastelloy material
　　【拼音】　nie ji gao wen he jin
　　【核心词】
　　【定义】
　　　一种使用最广的高温合金。含镍量一般大于 50%，在 650～1000 ℃ 范围内具有较高的强度和良好的抗氧化、抗燃气腐蚀能力。
　　【来源】　《金属材料简明辞典》
【分类信息】
　　【CLC 类目】
　　　（1）TG132.3　特种热性质合金
　　　（2）TG132.3　特种物理性质合金
　　　（3）TG132.3　重有色金属及其合金
　　　（4）TG132.3　腐蚀的控制与防护
　　【IPC 类目】
　　　（1）C23C14/28　波能法或粒子辐射法（14/32 至 14/48 优先）[4]
　　　（2）C23C14/28　在金属基体或在硼或硅基体上 [4]

(3) C23C14/28　真空蒸发〔4〕
　　(4) C23C14/28　含铬的〔2〕
　　(5) C23C14/28　以镀层材料为特征的 (14/04 优先)〔4〕
【词条属性】
　【特征】
　　【数值】　镍含量大于 50%
　　【数值】　工作温度 650～1000 ℃
　　【特点】　能保持较好的组织稳定性
　　【特点】　有效的强化
　　【特点】　更高的高温强度
　　【特点】　更好的抗氧化能力
　　【特点】　更好的抗燃气腐蚀能力
　　【特点】　工作温度较高
　　【特点】　组织稳定
　　【特点】　有害相少
　　【特点】　抗氧化腐蚀能力大
　【状况】
　　【应用场景】　制造航空喷气发动机
　　【应用场景】　工业燃气轮机最热端部件
　【时间】
　　【起始时间】　1941 年英国首先生产出镍基合金
　　【起始时间】　20 世纪 40 年代中期,美国研制出
　　【起始时间】　20 世纪 40 年代后期,苏联研制出
　　【起始时间】　20 世纪 50 年代中期,中国研制出镍基合金
【词条关系】
　【层次关系】
　　【材料-组织】　奥氏体
　　【材料-组织】　γ 相
　　【材料-组织】　二次碳化物
　　【材料-组织】　一次碳化物
　　【材料-组织】　硼化物
　　【概念-实例】　Udmet 500
　　【概念-实例】　GH3030
　　【概念-实例】　GH3039
　　【概念-实例】　GH3044
　　【概念-实例】　GH3128
　　【概念-实例】　GH3536
　　【构成成分】　镍、铬、钨、钼、钴、钒、铝、钛、铌、钽、硼、锆、镁
　　【构成成分】　稀土元素
　　【类分】　变形高温合金
　　【类分】　固溶强化型合金
　　【类分】　沉淀强化型合金
　　【类属】　镍合金
　　【类属】　高温合金
　【应用关系】
　　【用于】　航空航天
　　【用于】　石油工业
　　【用于】　化工工业
　　【用于】　舰船工业
　【生产关系】
　　【材料-工艺】　真空感应炉熔炼
　　【材料-工艺】　锻造
　　【材料-工艺】　轧制工艺
　　【材料-工艺】　固溶处理
　　【材料-工艺】　中间处理
　　【材料-工艺】　时效处理

◎ 凝固
【基本信息】
　【英文名】　freezing；solidification
　【拼音】　ning gu
　【核心词】
【定义】
　　(1)凝固是指物质从液相转变为固相的过程。
　【来源】　《现代药学名词手册》
　　(2)物质由液态到固态的相变称为凝固,凝固过程有时也称为结晶过程。
　【来源】　《固体物理学大辞典》
　　(3)单位质量的液态晶体凝固时放出的热量称为凝固热。凝固热在数值上等于熔解热。

【来源】 《中国中学教学百科全书·物理卷》
【分类信息】
　【CLC 类目】
　　（1） TB331　金属复合材料
　　（2） TB331　凝聚状态与相变
　　（3） TB331　金属-非金属复合材料
　　（4） TB331　硫及其无机化合物
　　（5） TB331　浇注及凝固
　【IPC 类目】
　　（1） C22B21/06　精炼
　　（2） C22B21/06　以使用的凝结剂为特征的〔2〕
【词条属性】
　【特征】
　　【特点】　晶体凝固在一定压强下有凝固点
　　【特点】　非晶体凝固无凝固点
　　【特点】　压强一定,任何晶体的凝固点与其熔点相同
　　【特点】　一般液态晶体凝固时,体积要变小
　　【特点】　少数物质（如水、锑、铋等）凝固时体积膨胀
　　【特点】　凝固过程中放出热量,但温度保持不变
　　【特点】　必要条件是必须有一定的凝固驱动力
　　【特点】　一种物质状态变化的现象
　　【特点】　凝固发生流动性消失
　　【特点】　凝固发生密度变化
【词条关系】
　【层次关系】
　　【并列】　沸腾
　　【并列】　升华
　　【并列】　熔化
　　【并列】　蒸发
　　【并列】　凝华
　　【类分】　晶体凝固

　　【类分】　非晶体凝固
　【应用关系】
　　【用于】　大气物理学
　　【用于】　材料
　　【用于】　化学
　　【用于】　物理

◎ **盘条**
【基本信息】
　【英文名】　wire rod；coil rod
　【拼音】　pan tiao
　【核心词】
【定义】
　　也叫线材,通常指成盘的小直径圆钢。盘条的直径在 5～19 mm 范围内（通常为 6～9 mm）,其下限值是热轧钢材断面的最小尺寸。
【分类信息】
　【CLC 类目】
　　TF76　各种钢的冶炼
　【IPC 类目】
　　（1） C23G1/04　用缓蚀剂
　　（2） C23G1/04　从合金中除去物质以生产不同成分的合金
　　（3） C23G1/04　轧制特种铁合金
　　（4） C23G1/04　用拉拔方式制造金属板、金属线、金属棒、金属管
　　（5） C23G1/04　通过变形改变铁或钢的物理性能（金属机械加工设备入 B21，B23，B24）
【词条属性】
　【特征】
　　【数值】　直径在 5～19 mm
　【状况】
　　【现状】　生产异形断面盘条
　　【现状】　直径上限扩大到 38 mm
　　【现状】　盘重增加到 3000 kg
　　【应用场景】　拉丝坯料
　　【应用场景】　建筑材料

【应用场景】 机械零件
【应用场景】 不锈钢丝
【应用场景】 不锈钢弹簧钢丝
【应用场景】 不锈顶锻钢丝
【应用场景】 不锈钢丝绳用钢丝
【应用场景】 IT行业
【词条关系】
【等同关系】
【俗称为】 线材
【层次关系】
【类分】 普通低碳钢热轧圆盘条
【类分】 优质碳素钢盘条
【类分】 碳素焊条盘条
【类分】 调质螺纹盘条
【类分】 制钢丝绳用盘条
【类分】 琴钢丝用盘条
【类分】 不锈钢盘条
【应用关系】
【部件成品-材料】 弹簧钢
【用于】 建筑用钢
【用于】 机械制造
【生产关系】
【材料-原料】 亚共析钢

◎膨胀合金
【基本信息】
【英文名】 expansion alloy
【拼音】 peng zhang he jin
【核心词】
【定义】
(1)具有反常热膨胀特性的一类精密合金,称为"膨胀合金"。
(2)主要要求检验平均线膨胀系数,对金相组织、晶粒度、磁导率也有严格要求。
【分类信息】
【IPC类目】
(1)E21B33/127 带可膨胀套筒的(33/122,33/124优先)
(2)E21B33/127 在井内下套管、滤网或衬管(向井眼中打入或压入套管,钻进与下套管同时进行入7/20;安装工具、封隔器或类似物入23/00;井口悬浮套管入33/04)
(3)E21B33/127 修复套管,如调直〔3〕
(4)E21B33/127 封闭装置是通过使密封径向变形被固定的管塞〔5〕
(5)E21B33/127 将玻璃直接熔化在金属上
【词条属性】
【特征】
【特点】 反常热膨胀特性
【特点】 特定热膨胀系数
【特点】 良好的封接性
【特点】 可焊性
【特点】 耐蚀性
【特点】 可加工性
【特点】 易切削性
【状况】
【应用场景】 电子工业
【应用场景】 精密量具
【应用场景】 精密仪表
【应用场景】 低温工程
【时间】
【起始时间】 1896年法国吉欧姆发现
【词条关系】
【层次关系】
【概念-实例】 4J29
【概念-实例】 4J42
【概念-实例】 4J33
【概念-实例】 4J34
【构成成分】 铁、钴、镍
【类分】 低膨胀合金
【类分】 定膨胀合金
【类分】 铁基合金
【类分】 铁镍基合金
【类分】 铁镍钴基合金
【类分】 镍基合金
【类分】 高膨胀合金
【类分】 封接合金

【类属】　精密合金
【生产关系】
　　【原料-材料】　冷拉丝材
　　【原料-材料】　冷轧带
　　【原料-材料】　冷拉棒
　　【原料-材料】　热轧棒
　　【原料-材料】　冷轧管
　　【原料-材料】　铁镍钴玻封合金
　　【原料-材料】　瓷封合金
　　【原料-材料】　因瓦合金

◎ 疲劳极限
【基本信息】
　　【英文名】　fatigue limit
　　【拼音】　pi lao ji xian
　　【核心词】
【定义】
　　（1）当材料承受的最大交变应力低于一定值时,应力交变无数次也不会再引起疲劳断裂,该应力临界值称为材料的"疲劳极限"。
　　【来源】《金属材料简明辞典》
　　（2）材料抵抗交变应力的能力,即材料承受近无限次应力循环（一般在 10^7 次以上）而不破坏的最大应力值。疲劳极限是设计承受交变应力构件（如机器传动轴和车轴等）的重要依据。
　　【来源】《中国百科大辞典》
【分类信息】
　　【CLC 类目】
　　（1）O346.2　疲劳理论
　　（2）O346.2　机械试验法
　　（3）O346.2　工程材料一般性问题
　　（4）O346.2　工程材料力学（材料强弱学）
　　（5）O346.2　汽车材料
　　【IPC 类目】
　　（1）B60B27/02　适合于配置在轴上旋转的
　　（2）B60B27/02　以传递转矩元件在轴壳中的轴承布置为特征的
　　（3）B60B27/02　带两列或多列滚珠的
　　（4）B60B27/02　因单向离合器或超越离合器本身的,或其上的一个零件与一固定安装的元件接触而分离
　　（5）B60B27/02　整体制造的（关于润滑的特征入 3/14,关于冷却的特征入 3/16）
【词条属性】
　　【特征】
　　【数值】　应力循环次数一般在 10^7 次以上
　　【特点】　影响因素有工作条件
　　【特点】　影响因素包括工件的几何形状
　　【特点】　持久极限与疲劳极限统称为疲劳极限
　　【特点】　影响因素包括工件表面状态
　　【特点】　影响因素包括材料的化学成分
　　【特点】　影响因素包括工件表面残余应力
　　【状况】
　　【前景】　增大圆角半径提高疲劳极限
　　【前景】　增加相连杆段横向尺寸差别提高疲劳极限
　　【前景】　将必要沟孔设置在低应力区提高疲劳极限
　　【前景】　采用凹槽和卸荷槽提高疲劳极限
　　【时间】
　　【起始时间】　1850—1860 年
【词条关系】
　　【等同关系】
　　【基本等同】　疲劳强度
　　【基本等同】　低周疲劳
　　【俗称为】　持久极限
　　【层次关系】
　　【类分】　持久极限
　　【类分】　拉伸疲劳极限
　　【类分】　弯曲疲劳极限
　　【类分】　扭转疲劳极限
　　【测度关系】

【物理量-单位】 兆帕(MPa)
【物理量-单位】 帕(Pa)
【物理量-度量工具】 疲劳试验机

◎疲劳裂纹
【基本信息】
　【英文名】 fatigue crack
　【拼音】 pi lao lie wen
　【核心词】
【定义】
　承受结构或元件,由于交变载荷的作用,或者由于载荷和环境侵蚀的联合作用,会产生微小的裂纹,裂纹将随着交变载荷周数的增加或环境浸蚀时间的延长而逐渐扩展,该裂纹称之为疲劳裂纹。
【分类信息】
　【CLC 类目】
　　(1) O346.1　断裂理论
　　(2) O346.1　钻井机械设备
　　(3) O346.1　强度理论的实验
　　(4) O346.1　走行部分
　　(5) O346.1　金属的蠕变和疲劳
　【IPC 类目】
　　(1) C22C21/16　含镁的〔2〕
　　(2) C22C21/16　以铜做次主要成分的合金的〔4〕
　　(3) C22C21/16　硬化(1/02 优先);随后回火或不回火的淬火(淬火设备入 1/62)〔3〕
　　(4) C22C21/16　直接电阻加热
　　(5) C22C21/16　组合或拼合,如半轴;桥的几个部分或部段之间的连接(B60G3/24 优先)
【词条属性】
　【特征】
　　【特点】 疲劳源与材料缺陷有关
　　【特点】 疲劳源较光亮
　　【特点】 疲劳源表面硬度大
　　【特点】 疲劳区有贝纹线
　　【特点】 瞬断区在疲劳源对侧

　　【特点】 裂纹呈晶粒状或纤维状
　　【特点】 主要原因是应力集中
　【时间】
　　【起始时间】 19 世纪
【词条关系】
　【层次关系】
　　【类分】 疲劳源
　　【类分】 疲劳裂纹扩展区
　　【类分】 瞬断区
　　【类属】 宏观裂纹

◎疲劳破坏
【基本信息】
　【英文名】 fatigue rupture;fatigue fracture;fatigue failure;fatigue breakdown
　【拼音】 pi lao po huai
　【核心词】
【定义】
　在远低于材料强度极限的交变应力作用下,材料发生破坏的现象。
【分类信息】
　【CLC 类目】
　　(1) P634.4　钻头、钻具及工具
　　(2) P634.4　黑色金属
　　(3) P634.4　非金属复合材料
　【IPC 类目】
　　(1) F16C1/08　端头连接
　　(2) F16C1/08　安全装置(借助控制燃烧的入 F23N5/24)
　　(3) F16C1/08　阀壳盖
　　(4) F16C1/08　在出现恶劣状况时的仃泵或阀门的操作
　　(5) F16C1/08　定长杆的结构
【词条属性】
　【特征】
　　【特点】 脆性断裂
　　【特点】 有寿命的断裂
　　【特点】 缺陷高度敏感性
　　【特点】 有明显疲劳源和疲劳扩展区

【特点】 断裂应力小于抗拉强度
【特点】 循环应力反复作用产生
【特点】 瞬断性
【特点】 局部性
【特点】 断口一般有光滑和粗粒状两部分
【词条关系】
　【等同关系】
　　【缩略为】 疲劳
　【层次关系】
　　【类分】 裂纹萌生阶段
　　【类分】 裂纹扩展阶段
　　【类分】 瞬断阶段
　　【类属】 低应力循环延时断裂

◎ 疲劳强度
【基本信息】
　【英文名】 fatigue strength；endurance strength；fatigue resistance
　【拼音】 pi lao qiang du
　【核心词】
【定义】
　材料在交变应力作用下，达到规定的循环次数时所能承受的最大应力。表示材料抵抗疲劳破坏的能力。
【来源】《现代材料科学与工程辞典》
【分类信息】
　【CLC 类目】
　　(1) TB301　工程材料力学(材料强弱学)
　　(2) TB301　挠性传动
　　(3) TB301　非轮轨系机车，磁浮、气浮动车
　　(4) TB301　金属的晶体缺陷理论
　　(5) TB301　应用力学
　【IPC 类目】
　　(1) C22C38/00　铁基合金，如合金钢(铸铁合金入 37/00)[2]
　　(2) C22C38/00　轴；轮轴
　　(3) C22C38/00　用于普通轴
　　(4) C22C38/00　主要由金属制成的滑动面(33/24 至 33/28 优先)
　　(5) C22C38/00　铬或铬基合金
【词条属性】
　【状况】
　　【前景】 提高构件表层材料强度
　　【前景】 改善表层应力状况
　　【前景】 采用渗碳提高疲劳强度
　　【前景】 采用渗氮提高疲劳强度
　　【前景】 采用高频淬火提高疲劳强度
　　【前景】 采用表面滚压提高疲劳强度
　　【前景】 采用喷丸提高疲劳强度
　【时间】
　　【起始时间】 1850—1860 年
【词条关系】
　【等同关系】
　　【基本等同】 疲劳极限
　【层次关系】
　　【类属】 强度指标
　　【类属】 力学性能
　【测度关系】
　　【物理量-单位】 兆帕(MPa)
　　【物理量-度量方法】 高周疲劳试验
　　【物理量-度量方法】 低周疲劳试验
　　【物理量-度量方法】 裂纹扩展寿命试验
　　【物理量-度量工具】 疲劳试验机

◎ 疲劳曲线
【基本信息】
　【英文名】 fatigue curve
　【拼音】 pi lao qu xian
　【核心词】
【定义】
　由试验确定的疲劳极限(或交变载荷)与对应的应力循环次数值组成的曲线。
【来源】《机械加工工艺辞典》
【分类信息】
　【CLC 类目】
　　(1) U668　造船用材料

（2）U668　工程材料力学（材料强弱学）

【词条属性】

【特征】

【数值】　黑色金属规定循环周次为 1.00E+07

【数值】　有色金属和某些高强度钢规定循环周次为 1.00E+08

【特点】　有色合金及某些高硬度合金钢的疲劳曲线为双曲线形状，没有水平部分

【特点】　纵坐标是最大交变应力 S

【特点】　横坐标是断裂前的应力循环周次 N

【特点】　发生应变时效现象的合金，如常温下的钢铁材料疲劳曲线，有水平部分

【特点】　规范中给出的各类构造细节的疲劳曲线，通常是其平均值或具有一定保证率的曲线

【特点】　材料所受交变应力越大，断裂时应力循环次数越少

【时间】

【起始时间】　1860 年

【因素】

【影响因素】　材料种类

【词条关系】

【等同关系】

【基本等同】　韦勒曲线

【层次关系】

【类分】　σ—N 曲线

【类分】　等寿命曲线

【类分】　疲劳寿命曲线

【应用关系】

【用于】　热工自动化

【用于】　电厂

【用于】　材料

◎ 疲劳寿命

【基本信息】

【英文名】　fatigue endurance; fatigue life

【拼音】　pi lao shou ming

【核心词】

【定义】

材料在疲劳破坏前所经历的应力循环数或时间称为疲劳寿命。

【分类信息】

【CLC 类目】

（1）TH132.3　挠性传动

（2）TH132.3　工程材料试验

（3）TH132.3　货车

（4）TH132.3　钻井机械设备

（5）TH132.3　强度理论

【IPC 类目】

（1）B21B1/40　用于轧制有特殊问题的薄箔，如由于太薄的问题

（2）B21B1/40　需要或允许专门轧制方法或程序的特殊成分合金材料的轧制（除由此获得的结构强化和机械性外，改变合金的特殊冶金性质入 C21D, C22F）

（3）B21B1/40　含有除渐开线齿或摆线齿以外的相互啮合元件的齿轮（1/16 优先）

（4）B21B1/40　含硼的单体〔4〕

（5）B21B1/40　以一种高分子化合物、一种非高分子化合物和一种结构未知的或不完全确定的化合物的混合物做添加剂为特征的润滑组合物，这些化合物的每一种均是主要成分〔4〕

【词条属性】

【特征】

【缺点】　疲劳裂纹形成寿命的预测方法之一的名义应力法，其主要不足之处为没有考虑缺口根部的局部塑性

【缺点】　名义应力法的主要不足之处还有标准试件和结构之间的等效关系的确定非常困难

【缺点】　局部应力应变法无法考虑缺口根部附近应力梯度和多轴应力的影响

【缺点】　变幅加载条件下的疲劳损伤累积规律尚不清楚，难以准确估计加载寿命效应

【缺点】 名义应力法在估算中低周疲劳寿命时精度很低
【缺点】 名义应力法不能正确考虑载荷的次序
【缺点】 名义应力法中很多参数的选取都是依赖于经验
【特点】 不同应力水平下材料具有不同疲劳寿命
【特点】 一般与疲劳强度成正比
【特点】 可通过定义损伤变量研究损伤演化规律来预测疲劳寿命
【状况】
【前景】 损伤力学有望成为工程结构寿命预测研究的重要的力学分析手段
【时间】
【起始时间】 1963 年 Paris 公式提供了估算裂纹扩展寿命的方法
【因素】
【影响因素】 应力
【影响因素】 应变水平
【影响因素】 应力循环数
【影响因素】 应力集中系数
【影响因素】 尺寸系数
【影响因素】 表面系数
【词条关系】
【层次关系】
【并列】 强度
【并列】 刚度
【参与组成】 疲劳寿命曲线
【类分】 应力疲劳寿命
【类分】 应变疲劳寿命
【类分】 裂纹形成寿命
【类分】 扩展寿命
【类属】 机械性质
【应用关系】
【使用】 有限元数值计算
【使用】 名义应力法
【使用】 局部应力应变法
【使用】 能量法
【使用】 场强法
【测度关系】
【物理量-单位】 次
【物理量-度量工具】 高频疲劳试验机
【物理量-度量工具】 疲劳寿命测试仪

◎ 疲劳
【基本信息】
【英文名】 fatigue
【拼音】 pi lao
【核心词】
【定义】
　　(1) 材料在循环(交变)载荷作用下发生损失乃至断裂的过程。
【来源】《材料大辞典》
　　(2) 材料、零件和构件在循环加载下,在某点或某些点产生局部的永久性损伤,并在一定循环次数后形成裂纹,或使裂纹进一步扩展直到完全断裂的现象。
【分类信息】
【CLC 类目】
　　(1) O346.2　疲劳理论
　　(2) O346.2　非金属复合材料
　　(3) O346.2　疲劳强度问题
　　(4) O346.2　机械试验法
　　(5) O346.2　金属的蠕变和疲劳
【词条属性】
【特征】
【特点】 一种潜在的时效方式
【特点】 机械失效有一半以上归因于疲劳破坏
【特点】 使材料力学性能下降
【时间】
【起始时间】 1839 年法国数学家彭赛列首先研究
【起始时间】 德国的 A·沃勒在 19 世纪 50—60 年代最早得到表征疲劳性能的 S—N 曲线并提出疲劳极限的概念
【起始时间】 1945 年美国迈因纳明确提

出了疲劳破坏的线性损伤累积理论,简称迈因纳定律
　　【因素】
　　　　【影响因素】　加载频率
　　　　【影响因素】　高温蠕变程度
　　　　【影响因素】　温度变化引起的热应力
　　　　【影响因素】　腐蚀介质
【词条关系】
　　【等同关系】
　　　　【全称是】　疲劳破坏
　　【层次关系】
　　　　【类分】　机械疲劳
　　　　【类分】　热疲劳
　　　　【类分】　腐蚀疲劳
　　　　【类分】　接触疲劳
　　　　【类分】　应力疲劳
　　　　【类分】　应变疲劳
　　　　【类分】　复合载荷疲劳
　　【应用关系】
　　　　【使用】　疲劳试验

◎ **偏析**
【基本信息】
　　【英文名】　segregation;aliquation
　　【拼音】　pian xi
　　【核心词】
【定义】
　　(1)金属锭坯内化学成分分布不均的内部缺陷。
　　【来源】《中国冶金百科全书·金属塑性加工》
　　(2)合金在凝固过程中形成的化学成分不均匀现象。
　　【来源】《中国百科大辞典》
【分类信息】
　　【CLC类目】
　　　　(1) TF651　钛铁
　　　　(2) TF651　铸锭
　　　　(3) TF651　铁合金冶炼机械与生产自动化
　　　　(4) TF651　小方坯连铸
　　　　(5) TF651　轻有色金属及其合金
　　【IPC类目】
　　　　(1) C22B21/06　精炼
　　　　(2) C22B21/06　镍或钴或以它们为基的合金
　　　　(3) C22B21/06　元素或合金的〔2〕
　　　　(4) C22B21/06　装料装置的配置〔4〕
　　　　(5) C22B21/06　纯化(用区域熔融入C30B13/00)〔5〕
【词条属性】
　　【特征】
　　　　【缺点】　影响铸件力学性能,使铸件难以加工
　　　　【缺点】　降低铸件塑性
　　　　【缺点】　影响铸件寿命和工作效果
　　　　【缺点】　偏析处钢的冲击韧性低
　　　　【特点】　元素结晶时分布不均匀
　　　　【特点】　扩散退火可减轻偏析程度
　　　　【特点】　热锻轧可减轻偏析程度
　　　　【特点】　沸腾钢偏析严重
　　　　【特点】　铸件的主要缺陷之一
　　　　【特点】　增加铸件在收缩过程中产生热裂的倾向
　　　　【特点】　焊缝中易出现
【词条关系】
　　【层次关系】
　　　　【类分】　宏观偏析
　　　　【类分】　微观偏析
　　　　【类分】　正偏析
　　　　【类分】　负偏析
　　　　【类分】　锭形偏析
　　　　【类分】　点状偏析
　　　　【类分】　中心偏析
　　　　【类分】　树枝状偏析
　　　　【类分】　成分偏析
　　　　【类分】　枝晶偏析
　　　　【类属】　冶金缺陷

【实例-概念】　低倍组织
【应用关系】
　　【使用】　电子探针
　　【使用】　化学浸蚀法

◎ 平衡碳
【基本信息】
　　【英文名】　balanced carbon
　　【拼音】　ping heng tan
　　【核心词】
【定义】
　　（1）高速钢中碳与碳化物形成元素数量上的相对配比有一定的关系。G. Steven 发表了碳量的"平衡"（Balance）计算法，国内通常称为"平衡碳"计算法。
　　（2）所谓平衡碳就是指钢中所有的碳化物形成元素按碳化物定比关系达到平衡的碳量，此时可产生最大的二次硬化效应。理论上计算平衡碳的公式为 $C = 0.033W + 0.063Mo + 0.06Cr + 0.2V$。根据平衡碳公式计算出的 C_s 与实际碳含量的差叫作平衡碳差值，用符合"ΔC"来表示。
【词条属性】
　　【特征】
　　　　【特点】　平衡碳差值差的产品红硬性差
　　　　【特点】　平衡碳差值差的产品二次硬化效果也差
　　【时间】
　　　　【起始时间】　20 世纪 50 年代末
【词条关系】
　　【等同关系】
　　　　【基本等同】　定比碳
　　【应用关系】
　　　　【用于】　超硬高速钢
　　　　【用于】　高碳高速钢
　　　　【用于】　$W_6Mo_5Cr_4V_2$
　　【测度关系】
　　　　【物理量-单位】　以百分比表示

◎ 平衡图
【基本信息】
　　【英文名】　equilibrium diagram
　　【拼音】　ping heng tu
　　【核心词】
【定义】
　　表示相平衡系统的状态与影响相平衡的强度因素关系的几何图形称为平衡状态图，简称相图、平衡图或状态图。它是描述多相系统的状态随温度、压力、组成等变量的改变而发生变化的几何图形。
【来源】　《中国成人教育百科全书·化学·化工》
【词条属性】
　　【特征】
　　　　【特点】　表示相平衡关系
　　　　【特点】　存在相区接触法则
　　　　【特点】　二元相图中三相平衡区必为一水平线
　　【状况】
　　　　【前景】　亚稳相图研究非晶材料
　　　　【前景】　亚稳相图研究准晶材料
　　　　【前景】　亚稳相图研究快冷技术
　　　　【现状】　研究金属和合金的成分的基础
　　　　【现状】　研究组织及性能的关系的基础
　　　　【现状】　不能说明平衡过程的动力学
　　　　【现状】　不能判断体系可能出现的亚稳相
　　　　【应用场景】　杠杆定律得各相相对数量
　　　　【应用场景】　杠杆定律得各相的成分
　　　　【应用场景】　分析合金冷凝过程
　　　　【应用场景】　分析合金室温组织
　　　　【应用场景】　确定热处理方法
　　　　【应用场景】　制定热处理工艺
　　　　【应用场景】　大致判定合金的性能
　　　　【应用场景】　确定热加工工艺
　　　　【应用场景】　选择合金材料
　　　　【应用场景】　新合金成分的配制和设计
　　　　【应用场景】　已有合金性能的提高

【时间】
　　【起始时间】　1900 年
【词条关系】
　　【等同关系】
　　　　【基本等同】　相图
　　　　【俗称为】　状态图
　　　　【俗称为】　组成图
　　【层次关系】
　　　　【类分】　二元相图
　　　　【类分】　三元相图
　　　　【类分】　匀晶相图
　　　　【类分】　共晶相图
　　　　【类分】　包晶相图
　　　　【类分】　偏晶相图
　　　　【类分】　亚稳相图
　　　　【类分】　单元相图
　　　　【类分】　四元相图
　　【应用关系】
　　　　【使用】　热分析法
　　　　【使用】　金相法
　　　　【使用】　X 射线法
　　　　【使用】　电阻法
　　　　【使用】　膨胀法
　　　　【使用】　磁性法
　　　　【使用】　硬度法
　　　　【使用】　热电势法
　　　　【使用】　力学性能法

◎ 坡莫合金

【基本信息】
　　【英文名】　permalloy；permeability alloy
　　【拼音】　po mo he jin
　　【核心词】
【定义】
　　（1）铁和镍的含量为 1∶4，并常加入其他金属的合金。磁导率高，广泛用来制造变压器磁芯薄片。
　　【来源】　《麦克米伦百科全书》
　　（2）含 35%～90% 镍的镍铁软磁合金。
　　【来源】　《金属功能材料词典》
　　（3）译"叵姆合金"，一种使用很广的软磁合金。为含有 45%～80% 镍的镍铁合金，并常加入少量钼、铜、铁、钒、锰等元素。
　　【来源】　《金属材料简明辞典》
【分类信息】
　　【CLC 类目】
　　　　（1）TL75　核设施和铀矿山的辐射监测防护和卫生
　　　　（2）TL75　特种电磁性质合金
　　　　（3）TL75　薄膜的性质
　　　　（4）TL75　其他特种性质合金
　　　　（5）TL75　量子论
　　【IPC 类目】
　　　　（1）H01F10/14　含有铁或镍的（10/13，10/16 优先）〔3，7〕
　　　　（2）H01F10/14　电解液的搅拌；挂具的移动〔2〕
　　　　（3）H01F10/14　含镍的〔2〕
　　　　（4）H01F10/14　金属材料、硼或硅〔4〕
　　　　（5）H01F10/14　电解镀覆用电解槽的结构件，或其组合件（将制件连续输入槽液中的装置入 B65G，如 B65G49/00；电气装置，见有关位置，如 H01B，H02G）〔2〕
【词条属性】
　　【特征】
　　　　【缺点】　力学性能不好
　　　　【缺点】　电阻率低
　　　　【数值】　铁和镍含量为 1∶4
　　　　【数值】　镍含量一般为 35%～90%
　　　　【数值】　饱和磁感应强度 0.6～1.0 T
　　　　【数值】　起始磁导率 μ_i 为 37.5～125 mH/m
　　　　【数值】　电阻率 ρ 为 60～85 $\mu\Omega\cdot$cm
　　　　【特点】　弱磁场中具有高磁导率
　　　　【特点】　弱磁场中具有低矫顽力
　　　　【优点】　软磁性能优异
　　【状况】
　　　　【应用场景】　变压器磁芯薄片

【应用场景】　电话继电器
　　【应用场景】　方波变压器
　　【应用场景】　直流变换器
　　【应用场景】　接地故障断路器
　　【应用场景】　电感元件
　　【应用场景】　磁放大器
【时间】
　　【起始时间】　1913 年
【词条关系】
　　【等同关系】
　　　　【基本等同】　铁镍合金
　　　　【基本等同】　叵姆合金
　　【层次关系】
　　　　【构成成分】　钼、铜、铁、钒、锰、镍、铌、钨、钛、硅、铝
　　　　【类分】　高磁导率坡莫合金
　　　　【类分】　矩磁坡莫合金
　　　　【类分】　恒磁导率坡莫合金
　　　　【类分】　非晶态钴基合金
　　　　【类分】　铁硅铝合金
　　　　【类属】　合金
　　　　【类属】　软磁合金
　　【应用关系】
　　　　【用于】　电信
　　　　【用于】　仪表
　　　　【用于】　自动化装置
　　【生产关系】
　　　　【材料-工艺】　真空感应炉熔炼
　　　　【材料-工艺】　轧制
　　　　【材料-工艺】　退火
　　　　【原料-材料】　圆形磁滞回线材料
　　　　【原料-材料】　矩形磁滞回线材料
　　　　【原料-材料】　扁平磁滞回线材料

◎ 普碳钢
【基本信息】
　　【英文名】　plain carbon steel
　　【拼音】　pu tan gang
　　【核心词】

【定义】
　　普通碳素钢是碳素结构钢中的一大类。这类钢的碳含量及硫、磷杂质含量限制较宽,冶炼质量较差。
【来源】　《机械加工工艺辞典》
【分类信息】
　　【IPC 类目】
　　　　（1）B22F9/20　从固体金属化合物开始〔3〕
　　　　（2）B22F9/20　制造金属粉末或其悬浮物
　　　　（3）B22F9/20　直接还原法炼海绵铁或液体钢
　　　　（4）B22F9/20　用磁场或电场的（1/46 优先）〔3〕
　　　　（5）B22F9/20　供燃烧用空气的加热
【词条属性】
　　【特征】
　　　　【数值】　含磷量≤0.045%
　　　　【数值】　含硫量≤0.055%
　　　　【数值】　含碳量以小于 0.25% 最为常用
　　　　【优点】　容易冶炼
　　　　【优点】　工艺性好
　　　　【优点】　价格低廉
　　【状况】
　　　　【应用场景】　焊接的钢结构件
　　　　【应用场景】　铆接的钢结构件
　　　　【应用场景】　栓接的钢结构件
　　　　【应用场景】　制作农业机械
　　　　【应用场景】　压力容器
【词条关系】
　　【等同关系】
　　　　【全称是】　普通碳素结构钢
　　【层次关系】
　　　　【并列】　耐候钢
　　　　【概念-实例】　Q195
　　　　【概念-实例】　Q235
　　　　【概念-实例】　Q215
　　　　【概念-实例】　Q255

【概念-实例】 Q275
　【类分】　甲类钢
　【类分】　乙类钢
　【类分】　特类钢
　【类分】　镇静钢
　【类分】　沸腾钢
　【类分】　半镇静钢
　【类属】　低碳钢
【应用关系】
　【材料-部件成品】　带钢
　【用于】　工程结构件
　【用于】　工业用钢
　【用于】　精密铸件
　【用于】　石油化工
【生产关系】
　【材料-工艺】　氧气转炉冶炼
　【材料-工艺】　平炉冶炼
　【材料-工艺】　电炉冶炼

◎气焊

【基本信息】
　【英文名】　gas welding; acetylene welding
　【拼音】　qi han
　【核心词】
【定义】
　（1）利用燃烧的气体火焰产生的热量进行焊接，称为气焊，或称氧-乙炔焊，它是一种化学焊。
　【来源】《机械加工工艺辞典》
　（2）利用气体火焰加热使两金属件连接处相熔合的一种焊接法。
　【来源】《金属材料简明辞典》
　（3）利用可燃气体如乙炔和氧气混合燃烧的高温火焰作为热源来熔化母材和填充金属的熔化焊。
　【来源】《中国土木建筑百科辞典·工程机械》
【分类信息】
　【IPC类目】

（1）B23K5/00　气体火焰焊接
（2）B23K5/00　用于焊接的（14/44优先）〔4〕
（3）B23K5/00　用于切割的（14/44优先）〔4〕
（4）B23K5/00　气体燃料；天然气；用不包括在小类C10G，C10K的方法得到的合成天然气；液化石油气〔5〕
（5）B23K5/00　用火焰进行切割、清理或除去表面层
【词条属性】
　【特征】
　　【缺点】　火焰温度低，加热速度慢，生产效率低
　　【缺点】　工件易变形
　　【缺点】　焊接质量难以保证
　　【缺点】　自动化程度低
　　【缺点】　热影响区大
　　【缺点】　焊缝质量差
　　【缺点】　采用焊接技术中火灾危险性最大的明火作业
　　【缺点】　热源比较分散
　　【特点】　以乙炔作为主要的可燃气体
　　【优点】　设备简单移动方便
　　【优点】　通用性强，适用于铸铁及有色金属的焊接
　　【优点】　无须电源
　　【优点】　成本费用低
　【状况】
　　【前景】　优质焊接方法推广使气焊应用量减小
　　【现状】　粉尘大危害操作人健康
　　【应用场景】　焊接黄铜
　　【应用场景】　焊接薄钢板
　　【应用场景】　焊补铸件
　　【应用场景】　焊接有色金属及其合金
　　【应用场景】　钎焊刀具
　　【应用场景】　热处理加热
　　【应用场景】　焊后缓冷

【应用场景】　焊件焊前预热
　　【应用场景】　焊接变形的矫正
　【时间】
　　【起始时间】　1901年
　【词条关系】
　　【等同关系】
　　　【基本等同】　风焊
　　　【俗称为】　氧-乙炔焊
　　【层次关系】
　　　【类属】　化学焊
　　　【类属】　焊接
　　　【类属】　熔焊
　　【应用关系】
　　　【使用】　保护气体
　　【生产关系】
　　　【工艺-设备工具】　氧气瓶
　　　【工艺-设备工具】　乙炔瓶
　　　【工艺-设备工具】　减压器
　　　【工艺-设备工具】　焊枪
　　　【工艺-设备工具】　胶管

◎气体保护焊
【基本信息】
　【英文名】　gas shielded welding
　【拼音】　qi ti bao hu han
　【核心词】
【定义】
　　利用气体作为电弧介质,并保护电弧和焊接区的电弧焊称为气体保护电弧焊,简称气体保护焊。
　【来源】《中国土木建筑百科辞典·桥梁工程》
【分类信息】
　【IPC类目】
　　（1）B23K9/16　使用保护气体
　　（2）B23K9/16　附件(接地装置入H01R)
　　（3）B23K9/16　以氧化硅为基料的[6]
　　（4）B23K9/16　挖掘部件用的小型金属件,如铲齿
　　（5）B23K9/16　过冷器,过热降温器或回热器[5]
　【词条属性】
　　【特征】
　　　【缺点】　高温电弧和强烈的紫外线作用下产生高浓度有害气体
　　　【缺点】　设备价格高
　　　【缺点】　电弧的光辐射很强
　　　【特点】　热影响区窄
　　　【特点】　可焊接镁、铝、铜及其合金
　　　【特点】　可焊接薄板
　　　【特点】　电流密度大、弧光强、温度高
　　　【优点】　电弧和熔池可见性好
　　　【优点】　焊接过程操作方便清洁
　　　【优点】　有利于焊接过程的机械化和自动化
　　【状况】
　　　【应用场景】　薄板焊接
　　　【应用场景】　卷边焊接
　　　【应用场景】　铝及铝合金不锈钢
　　　【应用场景】　汽车板焊接
　　　【应用场景】　耐热合金
　　　【应用场景】　铜合金
【词条关系】
　【等同关系】
　　【全称是】　气体保护电弧焊
　【层次关系】
　　【并列】　埋弧焊
　　【类分】　非熔化极惰性气体钨极保护焊
　　【类分】　熔化极气体保护焊
　　【类属】　电弧焊
　【生产关系】
　　【工艺-设备工具】　焊接电源
　　【工艺-设备工具】　焊枪
　　【工艺-设备工具】　送丝系统
　　【工艺-设备工具】　供气系统
　　【工艺-设备工具】　冷却水系统
　　【工艺-设备工具】　控制系统

◎ 气相沉积

【基本信息】
　【英文名】　PEVCD; vapor deposition
　【拼音】　qi xiang chen ji
　【核心词】
【定义】
　　气相沉积技术是利用气相中发生的物理、化学过程,在工件表面形成功能性或装饰性的金属、非金属或化合物涂层。
【来源】《现代材料科学与工程辞典》
【分类信息】
　【CLC 类目】
　　(1) TG174　腐蚀的控制与防护
　　(2) TG174　特种结构材料
　　(3) TG174　重有色金属及其合金
　　(4) TG174　模具
　　(5) TG174　薄膜的性质
　【IPC 类目】
　　(1) C23C14/34　溅射〔4〕
　　(2) C23C14/34　氧化物〔4〕
　　(3) C23C14/34　自有机金属化合物〔4〕
　　(4) C23C14/34　基座〔4〕
　　(5) C23C14/34　通过气态化合物分解且表面材料的反应产物不留存于镀层中的化学镀覆,如化学气相沉积(CVD)工艺(反应溅射或真空蒸发入 14/00)〔4,7〕
【词条属性】
　【特征】
　　【特点】　淀积温度低
　　【特点】　薄膜成分易控
　【状况】
　　【前景】　金属有机化学气相沉积法
　　【前景】　等离子体化学气相沉积法
　　【前景】　激光化学气相沉积法
　　【应用场景】　电子设备
　　【应用场景】　装饰性金属
　　【应用场景】　刀具(硬涂层)
　　【应用场景】　集成电路
　　【应用场景】　半导体外延层
　　【应用场景】　介质隔离
　　【应用场景】　扩散掩蔽层
　【时间】
　　【起始时间】　20 世纪初
【词条关系】
　【层次关系】
　　【类分】　化学气相沉积
　　【类分】　物理气相沉积
　　【类分】　等离子体气相沉积
　　【类属】　工艺技术
　【生产关系】
　　【工艺-材料】　耐磨钢

◎ 钎钢

【基本信息】
　【英文名】　rock drill steel
　【拼音】　qian gang
　【核心词】
【定义】
　　(1)指专门制造钎具用的钢材。
　　(2)钎钢是凿岩爆破中必不可少的工具。
【分类信息】
　【IPC 类目】
　　C22C38/24　含钒的〔2〕
【词条属性】
　【特征】
　　【特点】　高疲劳强度
　　【特点】　适当塑性和韧性
　　【特点】　较低疲劳缺口敏感性
　　【特点】　抗腐蚀性能强
　【状况】
　　【现状】　寿命短
　　【现状】　钢材浪费严重
　　【应用场景】　开采矿产资源
　　【应用场景】　能源交通建设
　【时间】
　　【起始时间】　20 世纪初
【词条关系】
　【等同关系】

【全称是】 中空钢
【俗称为】 钎子钢
【层次关系】
【概念-实例】 23CrNi3Mo
【类分】 实心钎钢
【类分】 空心钎钢
【类属】 钎杆用中空钢
【应用关系】
【用于】 钻爆作业
【生产关系】
【材料-工艺】 热挤压法
【材料-工艺】 热穿孔-拉拔法
【材料-工艺】 机械钻孔带芯热轧抽芯法
【材料-工艺】 涂料法
【材料-原料】 轴承钢
【材料-原料】 结构钢

◎钎焊

【基本信息】
【英文名】 braze
【拼音】 qian han
【核心词】
【定义】
（1）亦称为钎接，连接金属的一种方法。利用熔点较低的焊料（填充金属）和焊件连接处一同加热（用加热炉、电烙铁、气体火焰、电流等），焊料熔化后，渗入并填满连接处间隙而达到连接（焊件未经熔化）。
【来源】 《金属材料简明辞典》
（2）采用液相线温度比母材固相线温度低的金属材料做钎料，将焊件和钎料加热到钎料熔化，润湿母材，填充接头间隙，与母材相互溶解扩散，形成牢固结合的焊接方法。
【来源】 《现代材料科学与工程辞典》
【分类信息】
【CLC 类目】
（1）TG421 电焊材料
（2）TG421 金属材料的焊接
（3）TG421 钢
（4）TG421 各种金属材料和构件的焊接
（5）TG421 焊接接头的力学性能及其强度计算
【IPC 类目】
（1）B23K1/00 钎焊，如硬钎焊或脱焊（3/00 优先；仅以使用特殊材料或介质为特征的入 35/00；制造印刷电路的浸沾或波峰钎焊入 H05K3/34）〔5〕
（2）B23K1/00 有板状的或层压的通道〔4〕
（3）B23K1/00 用于两种交换介质的固定板或层压通道的热交换设备，各介质与通道不同的侧面接触
（4）B23K1/00 用焊接的
【词条属性】
【特征】
【缺点】 接头强度低
【缺点】 耐热性差
【缺点】 焊前清整要求严格
【缺点】 钎料价格较贵
【数值】 钎焊温度通常选高于钎料液相线温度 25～60 ℃
【数值】 接头的间隙范围是 0.05～0.2 mm
【特点】 母材不熔化，仅钎料熔化
【特点】 不对焊件施加压力
【特点】 形成的焊缝称为钎缝
【特点】 所用的填充金属称为钎料
【特点】 组织和机械性能变化小
【特点】 变形小
【特点】 工件尺寸精确
【特点】 加热温度较低
【特点】 接头光滑平整
【优点】 可焊异种材料
【优点】 对工件厚度差无严格限制
【优点】 可同时焊多焊件、多接头
【优点】 生产率很高
【优点】 设备简单，生产投资费用少

【优点】　气密性好
【状况】
　【应用场景】　硬质合金刀具
　【应用场景】　钻探采掘用钻具
　【应用场景】　各种导管
　【应用场景】　各种容器
　【应用场景】　汽车拖拉机水箱
　【应用场景】　各种换热器
　【应用场景】　电机部件
　【应用场景】　汽轮机的叶片
　【应用场景】　制造精密仪表
　【应用场景】　电气零部件
　【应用场景】　异种金属构件
　【应用场景】　复杂薄板结构
【时间】
　【起始时间】　5000年前和近4000年前，古埃及曾用银铜钎料钎焊管子，用金钎料钎焊护符盒
　【起始时间】　公元79年被火山爆发埋没的庞贝城的废墟中，发现由钎焊连接的钎制水管遗迹，钎料具有$m(Sn):m(Pb)=1:2$的成分比
　【起始时间】　公元前5世纪，战国初期使用锡铅合金钎料，秦始皇兵马俑青铜器马车大量采用钎焊技术
　【起始时间】　汉代班固《汉书》：胡桐泪盲似眼泪也可以韩金银也今工匠皆用之
　【起始时间】　1637年明代宋应星科技巨著《天工开物》中有记载
　【起始时间】　20世界30年代，在冶金和化工技术发展的基础上，钎焊技术发展迅速，形成现代钎焊技术
【词条关系】
　【层次关系】
　　【类分】　软钎焊
　　【类分】　硬钎焊
　　【类分】　高温钎焊
　　【类分】　中温钎焊
　　【类分】　低温钎焊
　　【类分】　火焰钎焊
　　【类分】　炉中钎焊
　　【类分】　感应钎焊
　　【类分】　电阻钎焊
　　【类分】　浸渍钎焊
　　【类分】　气相钎焊
　　【类分】　烙铁钎焊
　　【类分】　特种钎焊
　　【类分】　超声波钎焊
　　【类分】　钎剂钎焊
　　【类分】　无钎剂钎焊
　　【类分】　自钎剂钎焊
　　【类分】　气体保护钎焊
　　【类分】　真空钎焊
　　【类分】　毛细钎焊
　　【类分】　非毛细钎焊
　　【类分】　铝钎焊
　　【类分】　不锈钢钎焊
　　【类分】　钛合金钎焊
　　【类分】　高温合金钎焊
　　【类分】　陶瓷钎焊
　　【类分】　复合材料钎焊
　　【类分】　银钎焊
　　【类分】　铜钎焊
　【类属】　焊接

◎**强度比**
【基本信息】
　【英文名】　strength ratio
　【拼音】　qiang du bi
　【核心词】
【定义】
　　不同强度之间的比值。
【分类信息】
　【IPC类目】
　　（1）C22C38/00　铁基合金，如合金钢（铸铁合金入37/00）〔2〕
　　（2）C22C38/00　由氧化物或玻璃状氧化物，或以氧化物为基础的玻璃组成的无机层

〔2〕
【词条属性】
　【特征】
　　【数值】　碳素钢屈强比为0.60～0.65
　　【数值】　屈强比是衡量钢材强度储备的一个系数
　　【特点】　屈强比低表示材料的塑性较好
　　【特点】　屈强比高表示材料抗变形能力较强,不易发生塑性变形
　　【特点】　钢的屈强比严重影响焊接结构安全性
　　【特点】　钢的屈强比严重影响未加强和半刚性塑性设计连接件(如梁-柱结构)的极限承载能力
　　【特点】　钢的屈强比严重影响框架结构的变形能力和极限承载能力
【词条关系】
　【层次关系】
　　【类分】　屈强比
　　【类分】　抗压强度比
　　【类分】　预应力强度比
　　【类分】　抗拉强度比
　【测度关系】
　　【物理量-度量工具】　电子万能试验机
　　【物理量-度量工具】　引伸计
　　【物理量-度量工具】　游标卡尺
　　【物理量-度量工具】　图解法
　　【物理量-度量工具】　引伸计法

◎ **强度极限**
【基本信息】
　【英文名】　ultimate strength;breaking point
　【拼音】　qiang du ji xian
　【核心词】
　【定义】
　　材料在受力过程中,由开始加载至断裂为止,所能达到的最大应力值。抵抗拉伸变形的称为"抗拉强度极限";抵抗压缩变形的称为"抗压强度极限"。
　【来源】　《中国百科大辞典》
【分类信息】
　【CLC类目】
　　(1) O346.4　强度理论的实验
　　(2) O346.4　复合材料
　【IPC类目】
　　(1) C22F1/057　以铜做次主要成分的合金的〔4〕
　　(2) C22F1/057　用热处理法或用热加工或冷加工法改变有色金属或合金的物理结构(金属的机械加工设备入B21,B23,B24)
　　(3) C22F1/057　脱氧,如镇静钢〔2〕
【词条属性】
　【特征】
　　【特点】　进行静强度校核的重要数据
　　【特点】　反映材料的内在性能的一个本质指标
　　【特点】　通常所说的材料的强度极限一般是指在单向拉伸时的强度极限
　　【特点】　工程上也是材料的某些力学行为和工艺性能的大致度量
　　【特点】　强度极限低则冷加工成型性能和焊接性能就好
　　【特点】　强度设计值的主要依据
　【状况】
　　【应用场景】　零件安全强度极限的设计依据
　【因素】
　　【影响因素】　材料组织
　　【影响因素】　材料结构
　　【影响因素】　材料本身存在的缺陷
　　【影响因素】　服役温度
【词条关系】
　【等同关系】
　　【基本等同】　极限强度
　　【基本等同】　破坏应力
　　【俗称为】　破坏强度
　【层次关系】
　　【类分】　抗压强度极限

【类分】 抗拉强度极限
【类属】 强度
【应用关系】
【使用】 应力应变曲线
【测度关系】
【物理量-单位】 兆帕(MPa)
【物理量-单位】 牛/平方毫米(N/mm^2)
【物理量-度量方法】 图示法
【物理量-度量方法】 指针法
【物理量-度量工具】 测力度盘
【物理量-度量工具】 电子万能试验机
【物理量-度量工具】 引伸计
【物理量-度量工具】 游标卡尺
【物理量-度量工具】 夹具

◎ 强化相
【基本信息】
【英文名】 strengthening phase
【拼音】 qiang hua xiang
【核心词】
【定义】
　　以颗粒的形式分布在合金组织基体中起着强化作用的第二相。
【分类信息】
【IPC类目】
　　(1) B24C5/04　所用的喷嘴(一般喷嘴入B05B)
　　(2) B24C5/04　金属粉末与非金属粉末的混合物(1/08优先)〔2〕
　　(3) B24C5/04　改变传热的装置,如增加、减少(1/00至11/00优先)
　　(4) B24C5/04　瓷的或陶瓷的假牙〔4〕
　　(5) B24C5/04　以氧化铝为基料的〔6〕
【词条属性】
【特征】
【特点】 可变形粒子对材料塑形有很大影响
【特点】 可变形粒子使材料屈服强度明显提高
【特点】 可变形粒子使位错切过阻力逐渐降低
【特点】 沉淀相粒子使位错平面塞积德可能性降低
【特点】 沉淀相粒子使材料加工硬化率降低
【特点】 降低材料均匀延伸率
【特点】 可变形粒子强化相对局部延伸率影响不大
【特点】 不可变形粒子使材料塑形比固溶体下降
【优点】 增加了析出相的体积分数
【优点】 增加了溶质原子的过饱和度
【优点】 提高了固溶温度
【优点】 增加了淬火速度
【因素】
【影响因素】 晶粒度
【词条关系】
【层次关系】
【类分】 弥散强化相
【类分】 沉淀强化相
【类分】 可变形强化相
【类分】 不可变形粒子强化相
【类属】 相
【类属】 第二相
【应用关系】
【用于】 可变形粒子强化
【用于】 共格应变强化
【用于】 化学强化
【用于】 有序强化
【用于】 模量强化
【用于】 层错强化
【用于】 派-纳力强化
【用于】 弥散强化
【用于】 不可变形粒子强化

◎ 强韧化
【基本信息】
【英文名】 strengthening and toughening

【拼音】　qiang ren hua
【核心词】
【定义】
　　在给定外界条件下,通过不同的工艺过程,改变钢的内部构造,使钢的强度和韧性得以提高和改善的方法和效果。
【来源】　《中国冶金百科全书·金属材料》
【分类信息】
　【CLC类目】
　　(1) TG142.1　钢的组织与性能
　　(2) TG142.1　特种物理性质合金
　　(3) TG142.1　特种机械性质合金
　　(4) TG142.1　陶瓷工业
　　(5) TG142.1　金属复合材料
　【IPC类目】
　　(1) A61C7/20　弓丝(7/28优先)〔5〕
　　(2) A61C7/20　不包括在上述规定中的复合热处理
　　(3) A61C7/20　在低压或真空下〔3〕
　　(4) A61C7/20　轧辊(专门加工要求的工作面形状入1/00);使用时轧辊的润滑、冷却或加热
【词条属性】
　【特征】
　　【特点】　强度和韧性是一对矛盾
　　【特点】　强韧化机制包括变形强化
　　【特点】　强韧化机制包括晶界强化
　　【特点】　强韧化机制包括析出强化
　　【特点】　强韧化机制包括亚晶强化
　　【特点】　强韧化机制包括相变强化
　　【特点】　强韧化机制包括织构强化
　　【优点】　使材料的韧性提高
　　【优点】　使材料的强度增加
　【状况】
　　【应用场景】　模具强韧化
【词条关系】
　【层次关系】
　　【概念-实例】　细晶强化
　　【概念-实例】　形变热处理
　　【概念-实例】　复相热处理
　　【概念-实例】　固溶强化
　　【概念-实例】　位错强化
　【类分】　物理强韧化
　【类分】　化学强韧化
　【类分】　机械强韧化
　【类属】　强度
　【类属】　韧性
　【应用关系】
　　【用于】　钼
　　【用于】　复合材料
　　【用于】　镁合金
　【生产关系】
　　【工艺-材料】　深冲压板用钢
　　【工艺-材料】　高强度钢
　　【工艺-材料】　双相钢
　　【工艺-材料】　耐火钢
　　【工艺-材料】　Cr12MoV

◎ 强韧性

【基本信息】
　【英文名】　toughness;obdurability
　【拼音】　qiang ren xing
　【核心词】
【定义】
　　金属的强韧性能包括强度(屈服强度σ_s和抗拉强度σ_b)、塑性(延伸率δ和断面收缩率ψ)和韧性(脆性转变温度T_c和冲击功A_k)。
【来源】　《中国冶金百科全书·金属塑性加工》
【分类信息】
　【CLC类目】
　　(1) TG133　特种化学性质合金
　　(2) TG133　钢的组织与性能
　【IPC类目】
　　(1) C22C33/00　铁基合金的制造
　　(2) C22C33/00　含锰的〔2〕
　　(3) C22C33/00　含大于1.5%(质量分数)的锰〔2〕

（4）C22C33/00　含钨、钽、钼、钒或铌的〔2〕

　　（5）C22C33/00　添加处理剂去除杂质

【词条属性】

　【特征】

　　【特点】　材料具有的一种性能

　　【特点】　通过强韧化得到

　　【特点】　细化晶粒提高强韧性

　　【特点】　调整合金元素含量提高强韧性

　　【特点】　降低钢中碳含量提高强韧性

　　【特点】　降低有害元素含量提高强韧性

【词条关系】

　【层次关系】

　　【类分】　强度

　　【类分】　韧性

◎桥梁钢

【基本信息】

　【英文名】　bridge steel

　【拼音】　qiao liang gang

　【核心词】

【定义】

　　用来制造桥梁构件的一类结构钢，用符号Q表示。主要承受车辆的冲击载荷，要求具有一定的强度、韧性和良好的抗疲劳性能，对钢材的表面质量也有较高的要求。

【来源】　《金属材料简明辞典》

【词条属性】

　【特征】

　　【数值】　宽度 1.0～2.4 mm

　　【数值】　长度 2.0～16 mm

　　【数值】　厚度 6～80 mm

　　【数值】　屈服强度可达 420 MPa

　　【数值】　抗拉强度大于 570 MPa

　　【数值】　屈强比在 0.88 以内

　　【优点】　优异的低温韧性

　　【优点】　优异的焊接性能

　【状况】

　　【应用场景】　架造铁路

　　【应用场景】　公路桥梁

　　【应用场景】　跨海大桥

【词条关系】

　【层次关系】

　　【材料-组织】　贝氏体

　　【材料-组织】　铁素体

　　【材料-组织】　珠光体

　　【概念-实例】　16q

　　【概念-实例】　Q235q

　　【概念-实例】　15MnVN

　　【概念-实例】　15MnV

　　【概念-实例】　14MnNbq

　　【类分】　公路桥梁用钢

　　【类分】　铁路桥梁用钢

　　【类分】　跨海大桥用钢

　　【类分】　铆接用桥梁钢

　　【类分】　焊接用桥梁钢

　【生产关系】

　　【材料-工艺】　手工电弧焊

　　【材料-工艺】　埋弧自动焊

　　【材料-工艺】　CO_2 气体保护焊

　　【材料-工艺】　正火

　　【材料-工艺】　控制轧制

　　【材料-工艺】　热机械控制工艺

◎切变模量

【基本信息】

　【英文名】　shear modulus

　【拼音】　qie bian mu liang

　【核心词】

【定义】

　　即"剪切弹性模量"。在材料剪切弹性极限之内剪应力与相应的剪切应变之比值。亦称横向弹性模量或刚性模量。

【来源】　《金属功能材料词典》

【分类信息】

　【CLC 类目】

　　（1）O343　弹性力学

　　（2）O343　地震勘探

【词条属性】
　【特征】
　　【特点】　模量大表示材料刚性强
　　【特点】　力学性能指标之一
　　【特点】　材料抵抗切应变的能力
　　【特点】　计算构建扭转变形的基本参数之一
【词条关系】
　【等同关系】
　　【基本等同】　库仑模量
　　【俗称为】　刚性模量
　【层次关系】
　　【类属】　模量
　【测度关系】
　　【物理量-单位】　帕斯卡
　　【物理量-度量方法】　扭摆法
　　【物理量-度量方法】　电测法
　　【物理量-度量工具】　扭角仪

◎ 切削加工

【基本信息】
　【英文名】　machining;cutting
　【拼音】　qie xiao jia gong
　【核心词】
【定义】
　　用切削工具把坯料或工件上多余的材料层切去,使工件获得规定的几何形状、尺寸和表面质量的加工方法。
【来源】　《军事大辞海·上》
【分类信息】
　【CLC类目】
　　（1）TG506.7　各种材料切削加工
　　（2）TG506.7　金属切削加工工艺
　　（3）TG506.7　有机质材料
　　（4）TG506.7　黑色金属
　　（5）TG506.7　粉末冶金（金属陶瓷工艺）
　【IPC类目】
　　（1）B23Q11/10　刀具或工件的冷却或润滑装置的配置(结合在刀具中的见有关刀具的小类)
　　（2）B23Q11/10　改变曲轴与凸轮轴之间的角度关系,如用螺旋传动装置〔6〕
　　（3）B23Q11/10　特殊的制造方法
　　（4）B23Q11/10　以传递转矩元件在轴壳中的轴承布置为特征的
【词条属性】
　【特征】
　　【数值】　精度在0.1～10 um
　　【优点】　适应范围广
　　【优点】　精度高
　　【优点】　表面粗糙度低
　【状况】
　　【前景】　切削加工仿真技术
　　【前景】　高速切削加工
　【时间】
　　【起始时间】　中国在公元前13世纪就已能用研磨的方法加工铜镜
　　【起始时间】　19世纪70年代切削加工中开始使用电力
　　【起始时间】　19世纪50年代开始研究金属切削原理
【词条关系】
　【层次关系】
　　【类分】　车削
　　【类分】　钻削
　　【类分】　刨削
　　【类分】　铣削
　　【类分】　磨削
　　【类分】　拉削
　　【类分】　蜗轮加工
　　【类分】　螺纹加工
　　【类分】　抛光
　　【类分】　珩磨
　　【类分】　插削
　　【类分】　粗加工
　　【类分】　半精加工
　　【类分】　精加工
　　【类分】　精整加工

【类分】 修饰加工
【类分】 超精密加工
【类分】 刀尖轨迹法
【类分】 成型刀具法
【类分】 展成法
【类分】 高速切削
【类分】 强力切削
【类分】 等离子弧加热切削
【类分】 振动切削
【应用关系】
　【用于】 机械制造
　【用于】 汽车及零部件制造
　【用于】 模具制造
【生产关系】
　【工艺-材料】 木材
　【工艺-材料】 塑料
　【工艺-材料】 橡胶
　【工艺-材料】 花岗石
　【工艺-材料】 硬质合金
　【工艺-设备工具】 切削刀具
　【工艺-设备工具】 磨具
　【工艺-设备工具】 磨料
　【工艺-设备工具】 金属切削机床

◎ 切削速度
【基本信息】
　【英文名】 cutting speed；cutting velocity；cutting rate
　【拼音】 qie xiao su du
　【核心词】
【定义】
　（1）在进行切削加工时，刀具切削刃上的某一点相对于待加工表面在主运动方向上的瞬时速度。
　【来源】《机械加工工艺辞典》
　（2）在进行切削加工时，切削工具和工件在切削运动方向上的相对速度，如车床车削时工件旋转的圆周速度。
　【来源】《金属材料简明辞典》

【分类信息】
　【CLC类目】
　　（1）TB322　有机质材料
　　（2）TB322　非金属复合材料
　【IPC类目】
　　（1）C22C38/60　含铅、硒、碲或锑，或含大于0.04%（质量分数）的硫〔2〕
　　（2）C22C38/60　以立方氮化硼为基料的〔6〕
　　（3）C22C38/60　以碳化钛为基的〔4〕
　　（4）C22C38/60　以碳化物或碳氮化物为基的〔4〕
　　（5）C22C38/60　用热处理法或用热加工或冷加工法改变有色金属或合金的物理结构（金属的机械加工设备入B21，B23，B24）
【词条属性】
　【特征】
　　【数值】 可高达8000 mm/min
　　【特点】 通常粗加工切削速度低
　　【特点】 通常精加工切削速度高
　【时间】
　　【起始时间】 中国在20世纪80年代中期开始研究陶瓷刀具高速切削淬硬钢，并在生产中应用
　【因素】
　　【影响因素】 刀具材料
　　【影响因素】 刀具形状
　　【影响因素】 切削材料
　　【影响因素】 进给速度
【词条关系】
　【层次关系】
　　【并列】 进给速度
　　【类分】 车削速度
　　【类分】 钻削速度
　　【类分】 刨削速度
　　【类分】 铣削速度
　　【类分】 磨削速度
　　【类分】 拉削速度

【类分】 插削速度
【类分】 珩磨速度
【类分】 抛光速度
【应用关系】
【用于】 机械制造
【测度关系】
【物理量-单位】 转/分钟
【物理量-单位】 米/分钟

◎ 切削性能
【基本信息】
【英文名】 machinability；cutting properties
【拼音】 qie xiao xing neng
【核心词】
【定义】
对材料使用某种切削方法以获得优质制品的可能性或难易程度，是材料的一项重要的工艺性能，与材料的性质、热处理方法、切削加工方式等有关。
【来源】 《金属材料简明辞典》
【分类信息】
【CLC 类目】
（1）TG501 切削原理与计算
（2）TG501 各种材料刀具
（3）TG501 加工性试验法
（4）TG501 黑色金属
（5）TG501 粉末冶金制品及其应用
【IPC 类目】
（1）C22C38/60 含铅、硒、碲或锑，或含大于0.04%（质量分数）的硫[2]
（2）C22C38/60 含锰的[2]
（3）C22C38/60 锌做次主要成分的[2]
（4）C22C38/60 以硅做次主要成分的合金的[4]
（5）C22C38/60 镍或钴做次主要成分的[2]
【词条属性】
【特征】
【特点】 切削时切削抗力小，刀具寿命长，表面粗糙度值低，断屑性好，则表明该材料的切削加工性能好
【特点】 硬度和韧性过低或过高，切削加工性均不理想
【特点】 硬度在170～230 HBW，并有足够脆性的金属材料，其切削加工性良好
【特点】 在刀具和切削条件固定的条件下，钢的切削加工性能用刀具寿命来衡量
【特点】 铸铁比钢切削加工性能好
【特点】 一般碳钢比高合金钢切削加工性能好
【特点】 可用加工表面粗糙度或表面质量来衡量工件材料的切削加工性
【特点】 可用刀具耐用度来衡量工件材料的切削加工性
【特点】 可用切削力大小来衡量工件材料的切削加工性
【特点】 可用切削温度的高低来衡量工件材料的切削加工性
【因素】
【影响因素】 有益元素（硫、磷、铅、钙、硒、碲、铋等）的添加
【影响因素】 工件的化学成分
【影响因素】 工件的组织状态
【影响因素】 工件的硬度
【影响因素】 工件的塑性
【词条关系】
【等同关系】
【全称是】 切削加工性能

◎ 侵蚀
【基本信息】
【英文名】 erosion；corrosion
【拼音】 qin shi
【核心词】
【定义】
（1）流体或含有固体粒子的流体冲击零件，使零件表面出现破坏的一种磨损现象，亦称作冲蚀。

【来源】《中国成人教育百科全书·物理·机电》

(2) 指从电镀零件表面清除金属氧化物的过程。

【分类信息】

　　【CLC 类目】

　　　　(1) TF748　炼钢炉
　　　　(2) TF748　钻井技术
　　　　(3) TF748　基础理论
　　　　(4) TF748　有色冶金炉
　　　　(5) TF748　砌筑、维修

　　【IPC 类目】

　　　　(1) C04B35/66　含有或不含有黏土的整块耐火材料或耐火砂浆
　　　　(2) C04B35/66　以氧化镁为基料的〔6〕
　　　　(3) C04B35/66　以氧化铝为基料的〔6〕
　　　　(4) C04B35/66　含非氧化物耐火材料的，如碳（35/106 优先）〔6〕
　　　　(5) C04B35/66　阴离子中含硫的，如硫化物〔4〕

【词条属性】

　　【特征】

　　　　【数值】　固体粒子的大小一般小于 1000 μm
　　　　【数值】　冲击速度在 550 m/s 以内

　　【状况】

　　　　【应用场景】　去除热处理的不锈钢和耐热钢表面附有一层致密难溶的氧化皮
　　　　【应用场景】　光亮铜及铜合金零件表面
　　　　【应用场景】　铜及铜合金低温除油
　　　　【应用场景】　镁在电镀或氧化之前进行预处理

【词条关系】

　　【等同关系】

　　　　【基本等同】　冲蚀
　　　　【基本等同】　酸洗

　　【层次关系】

　　　　【类属】　喷砂式侵蚀
　　　　【类属】　泥浆侵蚀
　　　　【类属】　流体侵蚀
　　　　【类属】　一般浸蚀
　　　　【类属】　弱浸蚀
　　　　【类属】　光亮浸蚀

　　【生产关系】

　　　　【工艺–材料】　薄壁钢件

◎ 氢脆

【基本信息】

　　【英文名】　hydrogen embrittlement；hydrogen brittleness

　　【拼音】　qing cui

　　【核心词】

【定义】

(1) 材料在产生氢的环境中，由于氢原子进入材料中而引发的局部性金属腐蚀。

【来源】《中国冶金百科全书·金属材料》

(2) 指金属材料在腐蚀性溶液中由于氢原子进入金属内部，使材料韧性降低而引起脆变的现象。

【来源】《海洋化学辞典》

【分类信息】

　　【CLC 类目】

　　　　(1) TG135　特种机械性质合金
　　　　(2) TG135　电镀工业
　　　　(3) TG135　化学热处理
　　　　(4) TG135　钢
　　　　(5) TG135　海洋工程

　　【IPC 类目】

　　　　(1) C01B3/50　氢或含氢气体从混合气体中的分离，如净化（3/14 优先）〔3〕
　　　　(2) C01B3/50　加入腐蚀抑制剂〔6〕
　　　　(3) C01B3/50　含硫的
　　　　(4) C01B3/50　使用超声波的电镀〔2〕
　　　　(5) C01B3/50　在共同作用的零件之间有滚珠、滚柱，或类似元件；使用这些元件所必要的零件

【词条属性】

　　【特征】

【缺点】 氢致塑性损减
【缺点】 氢诱发裂纹
【缺点】 氢致滞后断裂
【特点】 一经产生,消除不了
【特点】 氢脆产生的机理有氢原子吸附理论
【特点】 氢脆产生的机理有氢气高压理论
【特点】 氢脆产生的机理有晶格脆变理论
【特点】 氢脆产生的机理有应力场集中理论
【特点】 内氢脆是可逆的
【时间】
　【起始时间】 1947 年提出氢脆的内压理论
　【起始时间】 1960 年提出氢脆的弱键理论
　【起始时间】 1951 年提出氢脆的位错输送理论
　【起始时间】 1975 年提出氢促进局部塑性变形理论
　【起始时间】 1952 年 Petch 提出了氢降低表面能理论
【因素】
　【影响因素】 形变速率
　【影响因素】 试验温度
　【影响因素】 成分
　【影响因素】 敏化处理
　【影响因素】 层错能
　【影响因素】 合金强度水平
　【影响因素】 晶粒尺寸
　【影响因素】 强化相与基体之间错配度
　【影响因素】 强化相尺寸
　【影响因素】 大尺寸沉淀相
　【影响因素】 焊接工艺
【词条关系】
　【等同关系】
　　【基本等同】 氢损伤
　　【基本等同】 氢脆开裂
　【俗称为】 白点
　【层次关系】
　　【类分】 氢脆源
　　【类属】 脆化

◎ 轻轨
【基本信息】
　【英文名】 light rail
　【拼音】 qing gui
　【核心词】
【定义】
　　是城市轨道建设的一种重要形式,也是当今世界上发展最为迅猛的轨道交通形式。轻轨的机车重量和载客量要比一般列车小,所使用的铁轨质量轻,每米只有 50 kg,因此叫作"轻轨"。
【来源】《现代科学技术名词选编》
【分类信息】
　【IPC 类目】
　　E01B29/42 不可拆卸地连接或固定轨道构件于轨道内或轨道上,如焊接、胶接;采用胶接方法预制组装轨道构件;用填料密封接缝(31/26 优先;单独加热设备入 31/18;焊接本身入 B23K;胶接金属构件本身入 F16B11/00)
【词条属性】
　【特征】
　　【数值】 轨距为 1345 mm
　　【数值】 每米弯曲度不大于 3 mm
　　【数值】 总弯曲度不大于 0.3%
　　【数值】 碳含量不大于 0.6%
　　【数值】 硅含量不大于 0.80%
　　【数值】 锰含量不小于 0.4%
　　【数值】 磷含量不大于 0.12%
　　【数值】 硫含量不大于 0.05%
　　【数值】 铜含量不大于 0.4%
　　【数值】 铬含量不大于 1.2%
　　【数值】 抗拉强度大于 685 MPa
　　【数值】 布氏硬度大于 197 HB

【特点】 "轻"指的是轻载重
【特点】 使用自动化信号系统
【特点】 使用专用轨道和车站
【特点】 最高时速可达 200 km/h
【特点】 最大编组为 4 节
【特点】 线路单向每小时运量为 1 万～3 万人(地铁可达 3 万～7 万人)
【优点】 交通量大
【优点】 速度快
【优点】 安全
【优点】 污染小
【优点】 低能耗
【优点】 方便舒适
【时间】
　【起始时间】 1904 年中国抚顺有了电铁
【词条关系】
　【层次关系】
　　【并列】 地铁
　　【并列】 有轨电车
　　【并列】 高铁
　　【并列】 重轨
　　【概念-实例】 50Q
　　【概念-实例】 55Q
　　【概念-实例】 45SiMnP
　　【概念-实例】 50SiMnP
　　【概念-实例】 36CuCrP
　　【构成成分】 碳、硅、锰、磷、硫、铜、铬
　　【类属】 钢轨
　【应用关系】
　　【使用】 精整
　　【用于】 交通运输

◎ **球化退火**
【基本信息】
　【英文名】 spheroidizing annealing
　【拼音】 qiu hua tui huo
　【核心词】
【定义】
　(1)使钢中片状渗碳体转化为球(粒)状渗碳体的退火工艺。适用于碳含量在 0.6% 以上的高碳钢件,轴承钢、碳素工具钢和部分合金工具钢及弹簧钢的一部分均属此类钢。
　【来源】 《中国冶金百科全书·金属材料》
　(2)将钢加热到 Ac_1 以上 20～30 ℃,保温一段时间,然后缓慢冷却到略低于 Ac_1 的温度,并停留一段时间,使组织转变完成,得到在铁素体基体上均匀分布的球状或颗粒状碳化物的组织。
　【来源】 《GB/T 7232—2012 金属热处理工艺术语》
【分类信息】
　【IPC 类目】
　　(1) C21D1/32 软化退火,如球化处理
　　(2) C21D1/32 含锰的[2]
　　(3) C21D1/32 含钼或钨的[2]
　　(4) C21D1/32 在加工过程中用于加热或冷却的装置(锻造或压制的金属坯料的准备入 B21J1/06;加热设备一般见相应小类,如 H05B)
　　(5) C21D1/32 螺栓、双头螺栓或类似件(螺纹制造入 1/56,U 形螺栓制造入 1/74)
【词条属性】
　【特征】
　　【特点】 一种热处理工艺
　　【优点】 利于塑性加工
　　【优点】 利于切削加工
　　【优点】 提高机械韧性
　　【优点】 使轴承钢淬火效果均一
　　【优点】 提高轴承钢淬火硬度
　　【优点】 提高工具钢耐磨性
　　【优点】 提高工具钢刀刃锋利程度
　　【优点】 提高工具钢使用寿命
　　【优点】 消除内应力
　　【优点】 细化晶粒
【词条关系】
　【层次关系】
　　【并列】 完全退火
　　【并列】 软化退火

【类分】 等温球化退火
【类分】 周期球化退火
【类分】 变形球化退火
【类分】 二次球化退火
【类分】 高温球化退火
【类属】 退火
【生产关系】
【工艺-材料】 碳素工具钢
【工艺-材料】 合金工具钢
【工艺-材料】 轴承钢
【工艺-材料】 共析钢
【工艺-材料】 过共析钢
【工艺-材料】 GCr15
【工艺-材料】 T8A
【工艺-材料】 9Cr18MoV
【工艺-材料】 Cr12MoV
【工艺-材料】 3Cr2W8V
【工艺-材料】 T12
【工艺-材料】 带钢
【工艺-材料】 结构钢
【工艺-设备工具】 球化退火炉
【工艺-设备工具】 氮基保护气氛退火炉

◎ 球磨机

【基本信息】
　【英文名】 ball mill; ball grinding mill; ball grinder
　【拼音】 qiu mo ji
　【核心词】
【定义】
　一种研磨机器。机身呈圆筒状,内装研磨体(常为球形)和物料,机身旋转产生离心力和摩擦力,将物料和研磨体同时带到一定高度后落下,经不断相互撞击和摩擦将物料磨成细粉,同时起混合作用。
【来源】《中国百科大辞典》
【分类信息】
　【CLC 类目】
　　(1) TD453　磨矿机
　　(2) TD453　生产过程与设备
　　(3) TD453　其他
　　(4) TD453　一般性问题
　　(5) TD453　生产过程与设备
　【IPC 类目】
　　(1) C04B35/622　形成工艺;准备制造陶瓷产品的无机化合物的加工粉末〔6〕
　　(2) C04B35/622　将轴承固定在轴承箱内(带有一个插入元件的入 35/07)〔3〕
　　(3) C04B35/622　融渣的处理(渣棉入 C03B;渣石入 C04B)
　　(4) C04B35/622　分别或作为配合料的制备或处理原料
　　(5) C04B35/622　焙烧或烧结工艺(33/32 优先)〔6〕
【词条属性】
　【特征】
　　【数值】 装机功率:90～3300 kW
　　【数值】 筒体直径:1.5～4.0 m
　　【优点】 适用范围广
　　【优点】 处理能力大
　　【优点】 连续作业优势明显
　　【优点】 工艺简单
　　【优点】 易于操作
　　【优点】 维护成本极低
　　【优点】 使用球磨机制得产品的成品率高
　【状况】
　　【应用场景】 水泥硅酸盐制品
　　【应用场景】 新型建筑材料
　　【应用场景】 耐火材料
　　【应用场景】 化肥
　　【应用场景】 金属选矿
【词条关系】
　【层次关系】
　　【类分】 棒式球磨机
　　【类分】 管式球磨机
　　【类分】 卧式球磨机
　　【类分】 水泥球磨机

【类分】 开路球磨机
【类分】 闭路球磨机
【类分】 圈流球磨机
【类分】 破碎磨
【类分】 高细磨
【类分】 超高细磨
【组成部件】 筒体
【组成部件】 衬板
【组成部件】 钢球
【组成部件】 电机
【组成部件】 减速机
【应用关系】
　【加工设备-材料】 水泥
　【加工设备-材料】 钢渣
　【加工设备-材料】 矿渣
　【加工设备-材料】 镍渣
　【加工设备-材料】 煤

◎球墨铸铁
【基本信息】
　【英文名】 nodular cast iron; spheroidal graphite cast iron
　【拼音】 qiu mo zhu tie
　【核心词】
【定义】
　（1）灰口铸铁铁水经球化和孕育处理，在铸态下获得球状或近似球状石墨的一种用途广泛的高强铸铁，简称球铁。
　【来源】《中国冶金百科全书·金属材料》
　（2）碳以球状石墨形式存在于组织中的一类铸铁。一般在浇注前，向铁液中加入少量球化剂（通常是镁、稀土硅镁合金或主要含有铈的稀土合金）和孕育剂（通常是硅铁），使凝固后在铸铁组织中形成球状石墨。
　【来源】《金属材料简明辞典》
　（3）含有球状石墨的铸铁。
【分类信息】
　【CLC 类目】
　　（1）TG255 球墨铸铁铸件
　　（2）TG255 金属的蠕变和疲劳
　【IPC 类目】
　　（1）C22C37/04 含球墨的
　　（2）C22C37/04 球墨铸铁的冶炼
　　（3）C22C37/04 包括添加镁的方法〔2〕
　　（4）C22C37/04 铸铁合金的制造〔2〕
　　（5）C22C37/04 铸铁合金〔2〕
【词条属性】
【特征】
　【缺点】 存在气孔缺陷
　【缺点】 流动性较差
　【缺点】 收缩较大
　【数值】 含碳量 3.0%～4.0%
　【数值】 含硅量 1.8%～3.2%
　【数值】 含锰、磷、硫总量不超过 3.0%
　【特点】 综合性能接近于钢
　【特点】 所谓"以铁代钢"，主要指球墨铸铁
　【优点】 高强度
　【优点】 塑性优秀
　【优点】 韧性好
　【优点】 耐磨性好
　【优点】 耐热性极好
　【优点】 耐机械冲击
　【优点】 耐高低温
　【优点】 耐腐蚀
　【优点】 尺寸稳定性好
【状况】
　【前景】 代替灰铸铁
　【前景】 代替可锻铸铁
　【前景】 代替铸银
　【应用场景】 铸造受力复杂的零件
　【应用场景】 铸造强度要求较高的零件
　【应用场景】 铸造韧性要求较高的零件
　【应用场景】 铸造耐磨性要求较高的零件
　【应用场景】 汽车的曲轴、凸轮轴
　【应用场景】 通用机械的冲压阀门
【时间】
　【起始时间】 20 世纪 50 年代发展起来

【起始时间】 约2000年前的西汉时期,中国铁器中的球状石墨,就已由低硅的生铁铸件经柔化退火的方法得到(古代球墨铸铁)

【起始时间】 1947年,莫罗(Morrogh)发现了铸态下存在球状石墨的铸铁(现代球墨铸铁)

【力学性能】
 【抗拉强度】 >800 N/mm^2
 【延伸率】 2%
【词条关系】
 【层次关系】
  【概念-实例】 QT 400-17
  【概念-实例】 KmQTMn6
  【概念-实例】 SQTAl15Si5
  【概念-实例】 RQTA16
  【构成成分】 碳、铁、硅、锰、磷、硫、稀土、镁、球化元素
  【类属】 铸铁
  【类属】 生铁
 【应用关系】
  【材料-部件成品】 曲轴
  【用于】 轧辊
 【生产关系】
  【材料-工艺】 熔模铸造
  【材料-工艺】 球化处理
  【材料-工艺】 孕育处理
  【材料-工艺】 退火
  【材料-工艺】 正火
  【材料-工艺】 调质
  【材料-工艺】 等温淬火
  【材料-原料】 工业生铁
  【材料-原料】 废钢

◎ 曲轴
【基本信息】
 【英文名】 crankshaft
 【拼音】 qu zhou
 【核心词】
【定义】 全称"曲柄轴",旧称"曲拐轴",能使往复运动和旋转运动相互转换并传输动力的机轴。
【来源】 《热工技术词典》
【分类信息】
 【CLC类目】
  (1) TG580 一般性问题
  (2) TG580 磨削加工工艺
  (3) TG580 黑色金属
  (4) TG580 钻探机械及仪表
  (5) TG580 机械试验法
 【IPC类目】
  (1) F02B75/32 在上述各大组中未特别指明的,以活塞和曲轴的连接为特征的发动机
  (2) F02B75/32 箱,如曲轴箱(一般发动机的箱入F16M)
  (3) F02B75/32 发动机与机械传动装置的组合(61/02,61/04优先)
  (4) F02B75/32 在同一汽缸中或基本上是同轴的多个汽缸中具有两个或更多个往复活塞的发动机(与主轴相对配置的入75/24)
  (5) F02B75/32 润滑系统,其特点为在曲轴或连杆中有润滑剂通道,如内孔(曲轴、连杆本身入F16C)
【词条属性】
 【特征】
  【特点】 足够的强度
  【特点】 足够的刚度
  【特点】 轴颈表面耐磨
  【特点】 轴颈表面工作均匀
  【特点】 轴颈表面平衡性好
  【特点】 发动机中最重要的部件
  【特点】 润滑良好
 【状况】
  【应用场景】 汽油机曲轴
  【应用场景】 柴油机曲轴
  【应用场景】 中重型发动机
 【时间】
  【起始时间】 14世纪西方发明
  【起始时间】 17世纪耶稣会传教士传入

中国
　【因素】
　　【影响因素】　旋转质量的离心力
　　【影响因素】　周期变化的气体惯性力
　　【影响因素】　往复惯性力
【词条关系】
　【等同关系】
　　【全称是】　曲柄轴
　　【俗称为】　曲拐轴
　【层次关系】
　　【材料-组织】　珠光体
　　【材料-组织】　渗碳体
　　【参与组成】　发动机
　　【参与组成】　内燃机
　　【构成成分】　碳、硅、锰、磷、硫、铜、钼、镁
　　【类属】　引擎旋转机件
　　【组成部件】　主轴销
　　【组成部件】　曲柄
　　【组成部件】　曲柄销
　　【组成部件】　前端轴
　　【组成部件】　连杆轴颈
　　【组成部件】　曲轴轴颈
　　【组成部件】　平衡重
　　【组成部件】　后端轴
　　【组成部件】　曲拐
　【应用关系】
　　【部件成品-材料】　球墨铸铁
　　【部件成品-材料】　锻钢
　　【部件成品-材料】　球铁
　　【用于】　汽车
　　【用于】　地铁
　【生产关系】
　　【材料-工艺】　高温回火
　　【设备工具-工艺】　熔炼
　　【设备工具-工艺】　造型
　　【设备工具-工艺】　电渣熔铸
　　【设备工具-工艺】　锻造
　　【设备工具-工艺】　车削
　　【设备工具-工艺】　内铣削
　　【设备工具-工艺】　车-拉削加工
　　【设备工具-工艺】　精磨加工
　　【设备工具-工艺】　中频感应淬火
　　【设备工具-工艺】　软氮化
　　【设备工具-工艺】　表面强化技术
　　【设备工具-工艺】　正火处理

◎ **屈服点**
【基本信息】
　【英文名】　yield point
　【拼音】　qu fu dian
　【核心词】
【定义】
　　(1) 物体在足够大压力下产生永久变形的极点。
　【来源】　《麦克米伦百科全书》
　　(2) 又称物理屈服点或物理屈服强度。
　【来源】　《现代材料科学与工程辞典》
【分类信息】
　【IPC 类目】
　　(1) C03C4/00　特殊性能玻璃的组成〔4〕
　　(2) C03C4/00　锌做次主要成分的〔2〕
　　(3) C03C4/00　含稀土元素〔4〕
　　(4) C03C4/00　含硼〔4〕
【词条属性】
　【特征】
　　【特点】　通常所说的材料的屈服点一般是指在单向拉伸时达到屈服强度的点
　　【特点】　对于屈服现象明显的材料,屈服强度就是屈服点的应力
　　【特点】　对于屈服现象不明显的材料,与应力—应变的直线关系的极限偏差达到规定值(通常为 0.2% 的原始标距)时的应力
　　【特点】　由于下屈服点的数值较为稳定,因此以它作为材料抗力的指标,称为屈服点或屈服强度
　　【特点】　反映材料的内在性能的一个本质指标屈服强度的直观测量点
　　【特点】　工程上也是材料的某些力学行

为和工艺性能的大致度量

【特点】 屈服点越高则对应力腐蚀和氢脆就敏感

【特点】 屈服点越低则冷加工成型性能和焊接性能就好

【特点】 根据屈服点所得的屈服强度是强度设计值的主要依据

【状况】

  【应用场景】 不锈钢使用极限的测量

  【应用场景】 工程钢使用极限的测量

  【应用场景】 结构钢使用极限的测量

  【应用场景】 弹簧钢使用极限的测量

【因素】

  【影响因素】 原子结合键

  【影响因素】 材料组织结构

  【影响因素】 原子本性

  【影响因素】 服役温度

  【影响因素】 应变速率

  【影响因素】 应力状态

  【影响因素】 材料溶质元素

  【影响因素】 第二相及其分布

【词条关系】

  【层次关系】

    【类分】 上屈服点

    【类分】 下屈服点

    【类分】 物理屈服点

    【类分】 条件屈服点

    【组成部件】 屈服强度

    【组成部件】 屈服应力

  【应用关系】

    【使用】 图示法

    【使用】 指针法

    【使用】 测力度盘

    【使用】 电子万能试验机

    【使用】 引伸计

◎ **屈服强度**

【基本信息】

  【英文名】 yield strength

  【拼音】 qu fu qiang du

  【核心词】

【定义】

  （1）材料开始产生宏观塑性变形所需的应力,抵抗塑性变形的能力。可分物理屈服强度和条件屈服强度。

  【来源】《现代材料科学与工程辞典》

  （2）对这些材料,规定以产生 0.2% 残余伸长的应力作为材料的屈服强度,记作 $\sigma_{0.2}$,亦称为"屈服极限"。

  【来源】《金属材料简明辞典》

  （3）又称屈服应力。在从材料拉伸试验得出的应力—应变曲线上,出现应力不变而应变继续增加时对应的点,称屈服点,又称流限。对应的应力即屈服强度。

  【来源】《中国土木建筑百科辞典·建筑结构》

【分类信息】

  【CLC 类目】

    （1）U674.13 货船

    （2）U674.13 船舶结构分析

    （3）U674.13 物理试验法

    （4）U674.13 钢

    （5）U674.13 转炉

  【IPC 类目】

    （1）C22C23/02 铝做次主要成分的〔2〕

    （2）C22C23/02 用熔炼法

    （3）C22C23/02 在生产钢板或带钢时（8/12 优先）〔3〕

    （4）C22C23/02 含锰的〔2〕

    （5）C22C23/02 铜或铜基合金

【词条属性】

  【特征】

    【特点】 反映材料的内在性能的一个本质指标

    【特点】 通常所说的材料的屈服强度一般是指在单向拉伸时的屈服强度

    【特点】 工程上也是材料的某些力学行为和工艺性能的大致度量

【特点】 屈服强度增高则对应力腐蚀和氢脆敏感
 【特点】 屈服强度低,则冷加工成型性能和焊接性能好
 【特点】 强度设计值的主要依据
【状况】
 【应用场景】 不锈钢使用极限
 【应用场景】 零件使用极限
【因素】
 【影响因素】 原子结合键
 【影响因素】 组织结构
 【影响因素】 温度
 【影响因素】 应变速率
 【影响因素】 应力状态
 【影响因素】 溶质元素
 【影响因素】 第二相
【词条关系】
 【等同关系】
  【基本等同】 屈服应力
  【俗称为】 屈服极限
 【层次关系】
  【并列】 弹性极限
  【并列】 比例极限
  【参与组成】 屈服点
  【类分】 物理屈服强度
  【类分】 条件屈服强度
  【类分】 上屈服强度
  【类分】 下屈服强度
 【应用关系】
  【使用】 应力—应变曲线
 【测度关系】
  【物理量-单位】 兆帕(MPa)
  【物理量-单位】 帕(Pa)
  【物理量-度量方法】 图示法
  【物理量-度量方法】 指针法
  【物理量-度量工具】 测力度盘
  【物理量-度量工具】 电子万能试验机
  【物理量-度量工具】 引伸计
  【物理量-度量工具】 游标卡尺

  【物理量-度量工具】 夹具

◎ **屈强比**
【基本信息】
 【英文名】 yield ratio
 【拼音】 qu qiang bi
 【核心词】
【定义】
 (1)材料的屈服强度 σ_s 与拉伸强度 σ_b 之比值。
 【来源】《现代材料科学与工程辞典》
 (2)屈服极限 σ_s 与强度极限 σ_b 之比,称为屈强比。
 【来源】《实用轧钢技术手册》
【分类信息】
 【CLC 类目】
  (1) TG665 光能加工设备及其加工
  (2) TG665 热轧
  (3) TG665 钢的组织与性能
  (4) TG665 黑色金属
 【IPC 类目】
  (1) B21B37/74 温度控制,如通过冷却或加热轧辊成产品(37/32,37/44 优先)〔6〕
  (2) B21B37/74 含铌或钽的〔2〕
  (3) B21B37/74 含铜的〔2〕
  (4) B21B37/74 含钼或钨的〔2〕
  (5) B21B37/74 在生产钢板或带钢时(8/12 优先)〔3〕
【词条属性】
 【特征】
  【数值】 碳素钢屈强比为 0.6~0.65
  【数值】 合金结构钢为 0.84~0.86
  【特点】 衡量钢材强度储备的一个系数
  【特点】 屈强比低表示材料的塑性较好
  【特点】 屈强比高表示材料抗变形能力较强,不易发生塑性变形
  【特点】 反映结构的安全可靠性
  【特点】 表征材料因过载而发生整体均匀塑性变形能力的力学参量

【特点】 与材料的加工硬化能力密切相关
【特点】 钢的屈强比严重影响框架结构的变形能力和极限承载能力
【特点】 钢的屈强比严重影响焊接结构安全性
【特点】 钢的屈强比严重影响未加强和半刚性塑性设计连接件(如梁-柱结构)的极限承载能力
【状况】
　　【应用场景】 结构钢抗震能力评价
　　【应用场景】 石油管线钢使用评价
　　【应用场景】 工字梁盖板安全设计
　　【应用场景】 低屈强比调质油罐钢生产设计
　　【应用场景】 锅炉压力容器设计
　　【应用场景】 机器零件设计
【因素】
　　【影响因素】 化学成分
　　【影响因素】 终冷温度
　　【影响因素】 冷却速度
　　【影响因素】 微观组织
　　【影响因素】 卷板厚度
　　【影响因素】 取样方向
　　【影响因素】 适当提高碳含量可以降低钢板屈强比
　　【影响因素】 铌含量适当降低有助于提高屈强比
【词条关系】
　　【层次关系】
　　　　【类属】 强度比
　　【测度关系】
　　　　【物理量-度量方法】 图解法
　　　　【物理量-度量方法】 引伸计法
　　　　【物理量-度量工具】 电子万能试验机
　　　　【物理量-度量工具】 引伸计
　　　　【物理量-度量工具】 游标卡尺

◎缺口敏感性
【基本信息】
　　【英文名】 notch sensitivity
　　【拼音】 que kou min gan xing
　　【核心词】
【定义】
　　衡量在静载荷下带有缺口或缺陷的材料,抵抗裂纹扩展倾向和能力大小的指标。
【来源】《中国土木建筑百科辞典·工程材料·下》
【分类信息】
　　【CLC 类目】
　　　　(1) TG132.3 特种热性质合金
　　　　(2) TG132.3 高分子材料
　　【IPC 类目】
　　　　(1) E04C2/08 用金属制作的,如金属薄板(2/26优先)
　　　　(2) E04C2/08 钢轨的接头(钢轨的电气连接入 B60M5/00)
　　　　(3) E04C2/08 抗弯能力低的,即基本上是一维或二维伸展的
　　　　(4) E04C2/08 转辙器;交叉(操作机械入 B61L)
　　　　(5) E04C2/08 含锰的〔2〕
【词条属性】
　　【特征】
　　　　【特点】 材料缺口越深,敏感性越大
　　　　【特点】 材料缺口越尖锐,敏感性越大
　　　　【特点】 缺口敏感性和缺口敏感度成反比
　　　　【特点】 材料缺口敏感性越大,材料对缺口就越敏感
　　　　【特点】 衡量金属性能的一个指标
　　　　【特点】 通常用缺口试样抗拉强度和光滑试样抗拉强度的比值作为缺口敏感性指标
　　　　【特点】 抗拉强度比值(缺口试样比光滑试样)大于等于1说明材料对缺口不敏感
　　　　【特点】 抗拉强度比值(缺口试样比光滑试样)小于1说明材料对缺口敏感
　　　　【特点】 实质上是材料在很硬的应力状态下和应力集中下的脆化倾向
　　　　【特点】 缺口试样强度和塑性的变化程

度可以反映敏感性
【因素】
　　【影响因素】　缺口深度
　　【影响因素】　缺口形状
　　【影响因素】　材料自身属性
　　【影响因素】　材料屈服强度
　　【影响因素】　材料断裂强度
　　【影响因素】　断面收缩率
　　【影响因素】　断后伸长率
【词条关系】
　　【层次关系】
　　　　【类属】　金属性能指标
　　【应用关系】
　　　　【使用】　静拉伸试验
　　　　【使用】　对比实验
　　　　【使用】　高温缓慢拉伸试验
　　　　【使用】　应力松弛试验机
　　　　【使用】　三点弯曲实验
　　　　【使用】　插销试验
　　　　【使用】　斜Y坡口焊接裂纹试验
　　　　【使用】　模拟HAZ粗晶粒区应力释放试验

◎ **缺口试样**
【基本信息】
　　【英文名】　notched specimen
　　【拼音】　que kou shi yang
　　【核心词】
【定义】
　　以缺口体为原始材料制备的含有缺口的试样称为缺口试样。广义地说,截面急剧变化的机件,如含有轴肩、螺纹、油孔、倒角、退刀槽及焊缝等的机件,均可视作缺口体。
【分类信息】
　　【CLC类目】
　　　（1）TB115　计算数学的应用
　　　（2）TB115　工程材料力学(材料强弱学)
　　【IPC类目】
　　　C22C37/04　含球墨的

【词条属性】
　　【特征】
　　　　【特点】　缺口处应力集中
　　【状况】
　　　　【现状】　主要运用于缺口效应实验,以便用来评定材料的缺口敏感度
　　　　【应用场景】　缺口静拉伸试验
　　　　【应用场景】　缺口斜偏拉伸试验
　　　　【应用场景】　缺口静弯曲试验
　　　　【应用场景】　缺口冲击弯曲试验
【词条关系】
　　【等同关系】
　　　　【学名是】　截面突变试样
　　【层次关系】
　　　　【类分】　标准夏比V形缺口冲击试样
　　　　【类分】　标准U形缺口冲击试样
　　　　【类分】　圆截面缺口试样
　　　　【类分】　薄板缺口试样
　　　　【类分】　厚板缺口试样
　　　　【类分】　矩形截面缺口试样
　　　　【组成部件】　缺口内宽度
　　　　【组成部件】　缺口外宽度
　　　　【组成部件】　顶端曲率半径
　　　　【组成部件】　张角
　　　　【组成部件】　深度
　　【应用关系】
　　　　【使用】　冲击试样缺口拉床
　　　　【使用】　拉刀
　　　　【用于】　缺口静拉伸试验
　　　　【用于】　缺口偏斜拉伸试验
　　　　【用于】　缺口静弯曲试验
　　　　【用于】　缺口冲击弯曲试验
　　　　【用于】　双缺口试样剪切试验

◎ **缺陷**
【基本信息】
　　【英文名】　defect
　　【拼音】　que xian
　　【核心词】

【定义】
　　(1)残损、欠缺或不完善的地方。
【来源】　《军事大辞海·下》
　　(2)晶体结构中质点排列的某种不规则性或不完善性。又称晶格缺陷。表现为晶体结构中局部范围内,质点的排布偏离周期性重复的空间格子规律而出现错乱的现象。
【分类信息】
　【CLC 类目】
　　(1) O77　晶体缺陷
　　(2) O77　固体缺陷
　　(3) O77　晶体学
　　(4) O77　材料结构及物理性质
　　(5) O77　铸锭
【词条属性】
　【特征】
　　【数值】　点缺陷引起的严重畸变局限在几个原子壳范围内
　　【数值】　线缺陷引起的严重畸变范围只涉及几个原子半径的距离
　　【数值】　面缺陷两侧严重畸变范围为几个原子厚度
　　【数值】　体缺陷引起的严重畸变范围是直径几十到几百个原子半径的球体积
　　【特点】　点缺陷是热力学稳定的
　　【特点】　淬火过程会产生体缺陷
　　【特点】　辐照过程也会产生体缺陷
　【因素】
　　【影响因素】　线缺陷的几何位置
　　【影响因素】　割面两侧的相对位移
　　【影响因素】　热处理
　　【影响因素】　辐照
　　【影响因素】　形变
　　【影响因素】　空位的沉积
【词条关系】
　【层次关系】
　　【概念–实例】　位错
　　【概念–实例】　向错
　　【概念–实例】　表面
　　【概念–实例】　界面
　　【概念–实例】　相界面
　　【概念–实例】　层错
　　【概念–实例】　反相畴界
　　【概念–实例】　半共格相界
　　【概念–实例】　非共格相界
　　【概念–实例】　倾转晶界
　　【概念–实例】　扭转晶界
　　【概念–实例】　奇异晶界
　　【概念–实例】　邻位晶界
　　【概念–实例】　小角度晶界
　　【概念–实例】　大角度晶界
　　【概念–实例】　空位
　　【类分】　点缺陷
　　【类分】　面缺陷
　　【类分】　体缺陷
　　【类分】　线缺陷
　　【类分】　弗兰克缺陷
　　【类分】　肖脱基缺陷
　　【类分】　禀性点缺陷
　　【类分】　非禀性点缺陷
　　【类分】　微裂纹
【应用关系】
　　【使用】　柏氏矢量
　　【使用】　单位切线矢量
　　【使用】　O 点阵
　　【使用】　CSL 点阵
　　【使用】　DSC 点阵
　　【使用】　超点阵

◎ 燃气轮机

【基本信息】
　　【英文名】　gas turbine; combustion gas turbine
　　【拼音】　ran qi lun ji
【核心词】
【定义】
　　(1)用加热的压缩气体作为工质,将燃料的能量转化成机械功,并通过转轴输出的涡轮机。

【来源】 《军事大辞海·下》
　　(2) 燃气轮机分为4个主要部分:压气机;燃烧室、喷油嘴、抽油机;透平;回热装置,也就是空气预热器。压气机将空气送至回热器,由废气预热后进入燃烧室的夹层继续加热,并与抽油机喷入的燃料混合燃烧,燃烧后的高温燃气进入透平膨胀做功,废气通过回热装置排出。压气机由透平驱动一起旋转;早期透平的转子与压气机是分开设计的,即两轴双支点结构,目前都设计成一个整体。
【来源】 《中国成人教育百科全书·物理·机电》
【分类信息】
　【CLC 类目】
　　(1) U664.131　燃气轮机
　　(2) U664.131　氨和铵盐工业
　　(3) U664.131　边界层(附面层)理论
　　(4) U664.131　航空、航天的应用
　【IPC 类目】
　　(1) F02C6/18　在燃气轮机装置的外部,利用该装置的余热,如燃气轮机热电厂(利用余热作为制冷设备能源的入 F25B27/02)〔3〕
　　(2) F02C6/18　应用液体或气体燃料的连续燃烧室〔3〕
　　(3) F02C6/18　介质是气态的,如空气
　　(4) F02C6/18　复式燃气轮机装置;燃气轮机装置与其他装置的组合(关于这些装置的主要状况见这些装置的有关的类);特殊用途的燃气轮机装置〔3〕
　　(5) F02C6/18　用一个循环的流体加热另一个循环的流体
【词条属性】
　【特征】
　　【缺点】　温度高
　　【缺点】　需要价格昂贵的耐热合金
　　【缺点】　加工困难
　　【缺点】　耗油量大
　　【缺点】　吸进的空气多
　　【缺点】　喷出的废气也多
　　【缺点】　影响环境卫生
　　【数值】　效率可达 50%～60%
　　【特点】　无须复杂的冷却水系统
　　【特点】　运行机动灵活
　　【特点】　可以担负峰荷运行
　　【优点】　重量轻
　　【优点】　体积小
　　【优点】　起动快
　　【优点】　润滑油耗量低
　　【优点】　几乎可以不消耗冷却水
　　【优点】　不需要连杆曲柄、飞轮等传动机构
　　【优点】　不需要蒸汽热机的锅炉装置
　【状况】
　　【前景】　采用耐高温合金和陶瓷材料
　　【前景】　先进的冷却技术来提高燃气初温
　　【前景】　发展高压缩比大流量压气机
　　【前景】　采用多种燃料
　　【前景】　新的调节控制系统
　　【应用场景】　1000 kW 以上的飞机和船舶
　　【应用场景】　作为数万千瓦的固定地面动力装置
　　【应用场景】　在严重缺水或缺煤的某些边远地区及应急场合还可用于发电
　【时间】
　　【起始时间】　690 年中国张遂用燃气推动铜轮,是燃气轮机的雏形
　　【起始时间】　1872 年德国斯托兹制造了第一台具有现代特征的燃气轮机
　　【起始时间】　1920 年德国霍尔兹瓦斯设计制造了第一台实际运行的 37 kW 的燃气轮机
　　【起始时间】　1938 年瑞士的阿默尔制成功率为 4000 kW 的定压燃烧的燃气轮机,热效率达 17.4%
　　【起始时间】　1939 年德国的霍兹华尔斯研制成功了功率为 2000 kW 的定容燃烧的燃

气轮机,热效率达到 20%;这时燃气轮机才达到实用阶段

　　【起始时间】　1941 年铁路机车开始采用燃气轮机

　　【起始时间】　1943 年出现了燃气轮喷气发动机

【词条关系】

　　【等同关系】

　　　　【基本等同】　燃气透平发动机

　　　　【全称是】　燃气涡轮发动机

　　　　【缩略为】　汽轮机

　　【层次关系】

　　　　【类分】　简单循环燃气轮机

　　　　【类分】　复杂循环燃气轮机

　　　　【类分】　普通燃气轮机

　　　　【类分】　空气轮机

　　　　【类分】　烟气轮机

　　　　【主体-附件】　高温性能

　　　　【组成部件】　燃烧室

　　　　【组成部件】　压缩机

　　　　【组成部件】　涡轮

　　【应用关系】

　　　　【部件成品-材料】　钴合金

　　　　【使用】　变形高温合金

　　　　【用于】　航空发动机

◎ 热成型

【基本信息】

　　【英文名】　hot forming; thermoforming; hot shaping

　　【拼音】　re cheng xing

　　【核心词】

　　【定义】

　　　　(1) 使坯料或工件在热状态下成型的方法。

　　【来源】　《机械加工工艺辞典》

　　　　(2) 热成型是在热力耦合作用下使材料变形并发生相变以获得特定组分的成型工艺过程。

【分类信息】

　　【CLC 类目】

　　　　(1) TG306　压力加工工艺

　　　　(2) TG306　黑色金属

　　【IPC 类目】

　　　　(1) C08K3/22　金属的[2]

　　　　(2) C08K3/22　用于物体或物料贮存或运输的容器,如袋、桶、瓶子、箱盒、罐头、纸板箱、板条箱、圆桶、罐、槽、料仓、运输容器;所用的附件、封口或配件;包装元件;包装件

　　　　(3) C08K3/22　防腐蚀或防垢的其他方法

　　　　(4) C08K3/22　含硅化合物[2]

　　　　(5) C08K3/22　对转子和定子的相对不正常位置敏感的停止装置,如监视这样的位置

【词条属性】

　　【特征】

　　　　【优点】　高强度

　　　　【优点】　消除回弹影响

　　　　【优点】　成型质量好

　　　　【优点】　降低压机吨位

　　　　【优点】　尺寸精度较高

　　　　【优点】　零件表面硬度好

　　　　【优点】　零件抗凹性好

　　　　【优点】　零件刚度好

　　【状况】

　　　　【前景】　热成型数值模拟

　　　　【前景】　热成型的有限元建模

　　　　【前景】　汽车车身轻量化设计

　　　　【现状】　冲压成型领域的前沿技术

　　　　【应用场景】　汽车前后保险杠

　　　　【应用场景】　车顶构架

　　　　【应用场景】　车底框架

　　　　【应用场景】　车门内板

　　　　【应用场景】　车门防撞梁

　　【时间】

　　　　【起始时间】　1977 年瑞典公司 Plannja 提出了一项热冲压成型专利用于制造锯片和割草机刀片

【起始时间】 1984 年 SAAB 汽车公司在 SAAB 9000 上首次采用了淬火硼钢材料经热成型生产的零件
【词条关系】
  【等同关系】
    【全称是】 热成型技术
  【层次关系】
    【概念-实例】 高强度硼合金钢
    【类分】 铸造成型
    【类分】 塑性加工
    【类分】 焊接
    【类分】 胶接
    【类分】 锻压
    【类分】 热冲压
    【类分】 间接成型工艺
    【类分】 直接成型工艺
  【生产关系】
    【工艺-材料】 热成型钢
    【工艺-材料】 超高强钢板

◎ **热处理炉**
【基本信息】
  【英文名】 heat treatment furnaces
  【拼音】 re chu li lu
  【核心词】
【定义】
  对金属材料和工件进行各种热处理的炉子。
【来源】《金属功能材料词典》
【分类信息】
  【CLC 类目】
    （1）TG132.3 特种热性质合金
    （2）TG132.3 热处理炉
    （3）TG132.3 热处理工艺
    （4）TG132.3 生产过程与设备
    （5）TG132.3 陶瓷工业
  【IPC 类目】
    （1）C21D9/56 带材或线材连续处理炉
    （2）C21D9/56 适用于在真空中或特殊气氛中处理炉料的
    （3）C21D9/56 热处理的一般方法或设备，如退火、硬化、淬火、回火（一般炉子入 F27；电加热本身入 H05B）
    （4）C21D9/56 在低压或真空下〔3〕
    （5）C21D9/56 用机械装置使气体循环
【词条属性】
  【特征】
    【特点】 炉内温度一般比加热炉低
    【特点】 较严格地控制炉温
    【特点】 较严格地控制炉内气氛
  【状况】
    【应用场景】 薄板垛的热处理
    【应用场景】 钢卷的热处理
    【应用场景】 热板材的热处理
    【应用场景】 型钢的热处理
    【应用场景】 管材的热处理
    【应用场景】 棒材的热处理
    【应用场景】 薄板坯轧制前加热
    【应用场景】 薄板常化处理
    【应用场景】 冷轧带钢的镀锡
    【应用场景】 冷轧带钢的镀锌
    【应用场景】 在热处理炉中进行硅钢的展开
    【应用场景】 在热处理炉中进行不锈钢的展开
    【应用场景】 深冲钢带的退火
【词条关系】
  【层次关系】
    【类分】 燃料炉
    【类分】 电炉
    【类分】 高温炉
    【类分】 中温炉
    【类分】 低温炉
    【类分】 空气炉
    【类分】 可控气氛炉
    【类分】 流动粒子炉
    【类分】 真空炉
    【类分】 辉光离子炉

【类分】 周期式作业炉
【类分】 半连续作业炉
【类分】 连续式作业炉
【类分】 正火炉
【类分】 退火炉
【类分】 回火炉
【类分】 淬火炉
【类分】 渗碳炉
【类分】 氮化炉
【类分】 箱式炉
【类分】 井式炉
【类分】 台车式炉
【类分】 推杆式炉
【类分】 转底式炉
【类分】 振底式炉
【类分】 输送带式炉
【类分】 通用炉
【类分】 专用炉
【类分】 盐浴炉
【类分】 罩式炉
【类分】 辊底式炉
【类分】 链式炉
【类分】 步进式炉
【类分】 牵引式热处理炉
【组成部件】 炉体
【组成部件】 加热装置
【组成部件】 机械装置
【组成部件】 电气设备

◎ **热处理制度**
【基本信息】
　【英文名】 heat treatment system
　【拼音】 re chu li zhi du
　【核心词】
【定义】
　　对材料进行热处理时需要遵守的规程或准则，一般包括加热温度、加热速度和加热时间3个基本工艺参数。
【分类信息】

【CLC 类目】
　　TM26　超导体、超导体材料
【IPC 类目】
　（1）C22C21/10　锌做次主要成分的〔2〕
　（2）C22C21/10　钛基合金〔2〕
　（3）C22C21/10　含钼或钨的〔2〕
【词条属性】
【状况】
　【应用场景】 弹簧钢的热处理
　【应用场景】 碳素结构钢的热处理
　【应用场景】 轴承钢的热处理
　【应用场景】 工具钢的热处理
　【应用场景】 不锈钢的热处理
　【应用场景】 模具钢的热处理
　【应用场景】 合金结构钢的热处理
　【应用场景】 耐热钢的热处理
【因素】
　【影响因素】 温度
　【影响因素】 载荷
　【影响因素】 时间
　【影响因素】 冷却方法
　【影响因素】 加工方法
【词条关系】
【等同关系】
　【基本等同】 热处理工艺
【层次关系】
　【概念-实例】 1Cr18Ni9Ti
　【概念-实例】 45
　【概念-实例】 GCr15
　【概念-实例】 T8
　【概念-实例】 1Cr13
　【概念-实例】 H13
　【概念-实例】 40Mn2
　【概念-实例】 5Cr21Mn9Ni4N
　【类分】 正火
　【类分】 淬火
　【类分】 回火
　【类分】 退火
【应用关系】

【工艺-组织】　奥氏体
　　【工艺-组织】　马氏体
　　【工艺-组织】　珠光体
　　【用于】　刀具制造
　　【用于】　汽车制造
【生产关系】
　　【工艺-设备工具】　加热炉
　　【工艺-设备工具】　锻机
　　【工艺-设备工具】　焊机
　　【工艺-设备工具】　冷却池
　　【工艺-设备工具】　热处理设备

◎ 热脆
【基本信息】
　　【英文名】　hot crisp
　　【拼音】　re cui
　　【核心词】
【定义】
　　金属在热变形温度或高温长期停留使用时性能变脆的现象。
　　【来源】《中国土木建筑百科辞典·工程材料·下》
【分类信息】
　　【CLC 类目】
　　　　TF77　铸锭
【词条属性】
　　【特征】
　　【缺点】　材料出现热脆现象机械性能降低
　　【缺点】　材料出现热脆现象时耐腐蚀性能降低
　　【缺点】　材料出现热脆现象时可焊接性能降低
　　【特点】　易出现热脆现象的材料不能热加工
　　【特点】　易出现热脆现象的材料在高温下呈现脆性
　　【特点】　易出现热脆现象的材料在晶界多存在低熔点相

　　【特点】　易出现热脆现象的材料在热加工过程中可能产生热裂
　　【特点】　高温下某些元素在晶界的偏析会导致材料出现热脆现象
　　【特点】　材料出现热脆现象时晶界结合能力下降
　　【特点】　高温下晶界处新相的形成易导致材料出现热脆现象
　　【因素】
　　【影响因素】　钢中的硫含量
　　【影响因素】　钢中的铜含量
　　【影响因素】　钢中的锡含量
　　【影响因素】　钢中的锑含量
　　【影响因素】　钢中的砷含量
　　【影响因素】　钢中的锰含量
　　【影响因素】　夹杂物形态
　　【影响因素】　稀土合金含量
【词条关系】
　　【等同关系】
　　　【基本等同】　红脆
　　【层次关系】
　　　【概念-实例】　低合金铬镍钢
　　　【概念-实例】　锰钢
　　　【概念-实例】　含铜钢

◎ 热弹性
【基本信息】
　　【英文名】　thermoelasticity
　　【拼音】　re tan xing
　　【核心词】
【定义】
　　（1）通过温度变化引起固体弹性模量的变化。
　　【来源】《金属功能材料》
　　（2）物体因受热而产生的弹性范围内的应力和变形。
　　【来源】《中国土木建筑百科辞典·工程力学》
【分类信息】

【CLC 类目】
　（1）O343　　弹性力学
　（2）O343　　工程材料试验
　（3）O343　　功能材料
【词条属性】
　【特征】
　　【特点】　由温度变化引起
　【状况】
　　【应用场景】　热核反应堆
　　【应用场景】　非线性热弹性理论
　　【应用场景】　电磁热弹性理论
　　【应用场景】　压电晶体
　　【应用场景】　各向异性材料
　　【应用场景】　复合材料
　　【应用场景】　热断裂问题
　【时间】
　　【起始时间】　19世纪上半叶
　【因素】
　　【影响因素】　温度
【词条关系】
　【层次关系】
　　【类分】　等温热弹性
　　【类分】　绝热热弹性
　　【类分】　耦合热弹性
　　【类分】　非耦合热弹性
　　【类属】　固体力学

◎ **热导率**
【基本信息】
　【英文名】　thermal conductivity
　【拼音】　re dao lü
　【核心词】
　【定义】
　　在单位时间内，单位温度梯度时，单位面积所通过的热量。
　【来源】　《中国冶金百科全书·耐火材料》
【分类信息】
　【CLC 类目】
　　（1）TB332　　非金属复合材料
　　（2）TB332　　特种结构材料
　　（3）TB332　　物质的热性质
　　（4）TB332　　金属-非金属复合材料
　　（5）TB332　　功能材料
　【IPC 类目】
　　（1）C04B35/64　　焙烧或烧结工艺（33/32优先）〔6〕
　　（2）C04B35/64　　以硫化物或硒化物为基料的〔6〕
　　（3）C04B35/64　　形成工艺；准备制造陶瓷产品的无机化合物的加工粉末〔6〕
　　（4）C04B35/64　　以氮化铝为基料的〔6〕
　　（5）C04B35/64　　没有不同材料结点的热电器件；热磁器件，如应用 Nernst－Ettinghausen 效应的；制造或处理这些器件或其部件所特有的方法或设备（由在一共用基片内或其上形成的多个固体组件组成的器件入 27/00；应用热电或热磁元件的温度计入 G01K7/00；用于磁强记录仪的材料的选择，如用于记录居里点的入 G03G5/00）〔2〕
【词条属性】
　【特征】
　　【特点】　表征物质热传导能力
　　【特点】　热导率一般与压力关系不大
　　【特点】　纯金属的热导率随温度的升高而降低
　　【特点】　大多数液体的热导率随温度的升高而降低
　　【特点】　非金属的热导率随温度的升高而增大
　　【特点】　气体的热导率随温度的升高而增大
　　【特点】　固态物料的热导率还与它的含湿量有关
　　【特点】　固态物料的热导率还与它的结构有关
　　【特点】　固态物料的热导率还与它的孔隙度有关
　【因素】

【影响因素】　温度梯度
　　【影响因素】　热量
　　【影响因素】　时间
　　【影响因素】　面积
【词条关系】
　　【等同关系】
　　　　【基本等同】　导热性
　　　　【基本等同】　热导系数
　　　　【缩略为】　K
　　　　【缩略为】　λ
　　【应用关系】
　　　　【用于】　科学实验
　　　　【用于】　工程技术
　　【测度关系】
　　　　【物理量-度量方法】　稳态法
　　　　【物理量-度量方法】　瞬时法

◎ **热电偶**
【基本信息】
　　【英文名】　thermocouple
　　【拼音】　re dian ou
　　【核心词】
【定义】
　　一种温度测量装置,亦称温差电偶。
【来源】《金属功能材料词典》
【分类信息】
　　【CLC类目】
　　　（1）TG402　焊接传热过程
　　　（2）TG402　矿井内气候条件与调节
　　　（3）TG402　温度的测量（测温学）
　　　（4）TG402　气化设备
　　　（5）TG402　薄膜物理学
　　【IPC类目】
　　　（1）F24C3/12　控制或安全装置的配置或安装(控制阀入F16K;燃烧器的安全装置入F23D;调节或控制燃烧入F23N)
　　　（2）F24C3/12　应用热电偶的
　　　（3）F24C3/12　专门供实验室用的
　　　（4）F24C3/12　安全装置,如燃气供给发生故障时运行的装置(管道系统的保护或观测装置入F17D5/00)〔4〕
　　　（5）F24C3/12　有一个通过电气装置,如延时继电器控制的时间程序
【词条属性】
　　【特征】
　　　　【特点】　利用温差电现象
　　　　【特点】　产生温差电势
　　　　【特点】　电偶数为偶数或成对
　　　　【特点】　电偶为两种不同的导体材料
　　　　【特点】　在回路中产生电流
　　　　【特点】　形成闭合电路
　　　　【特点】　利用热电效应
　　　　【优点】　测温范围宽
　　　　【优点】　性能比拟稳定
　　　　【优点】　丈量精度高
　　　　【优点】　机械强度好
　　　　【优点】　运用寿命长
　　　　【优点】　装置便当
　　【状况】
　　　　【应用场景】　测气温仪器
　　　　【应用场景】　测地温仪器
　　　　【应用场景】　测太阳辐射仪器
　　　　【应用场景】　测量火炉内火焰
　　　　【应用场景】　测量烟管内烟气的高温
　　　　【应用场景】　测量火炉外烟管外壁温度
　　　　【应用场景】　差热仪
　　　　【应用场景】　量热仪
　　　　【应用场景】　显示仪表
　　　　【应用场景】　记录仪表
　　　　【应用场景】　电子调节器配套
【词条关系】
　　【等同关系】
　　　　【基本等同】　温差电偶
　　【层次关系】
　　　　【参与组成】　热电偶温度计
　　　　【参与组成】　温差电池
　　　　【参与组成】　红外分光光度计
　　　　【参与组成】　红外光谱仪

【构成成分】　康铜、铜、铂、铂铑、镍铬、镍硅、镍铝、钨、Re-铼、金铁
　　【类分】　实体型的温差电偶
　　【类分】　薄膜型的温差电偶
　　【类分】　无固定装置式
　　【类分】　螺纹式
　　【类分】　固定法兰式
　　【类分】　活动法兰式
　　【类分】　活动法兰角尺形式
　　【类分】　锥形保护管式
　　【类分】　可拆卸式热电偶
　　【类分】　隔爆式热电偶
　　【类分】　铠装热电偶
　　【类分】　压弹簧固定式热电偶
　　【类属】　热电探测器件
　　【类属】　感温元件
　　【类属】　测温元件
　　【类属】　能量转换器
　　【组成部件】　金属
　　【组成部件】　半导体
　　【组成部件】　线状的实体
　　【组成部件】　条状的实体
　　【组成部件】　薄膜
　　【组成部件】　热电极
　　【组成部件】　热端
　　【组成部件】　冷端
　　【组成部件】　绝缘套保护管
　　【组成部件】　接线盒
　【生产关系】
　　【设备工具-工艺】　温度控制
　【测度关系】
　　【度量工具-物理量】　温度
　　【度量工具-物理量】　冷却速度

◎ 热锻
【基本信息】
　　【英文名】　forge hot;forging
　　【拼音】　re duan
　　【核心词】

【定义】
　　热锻是在高于坯料金属的再结晶温度上进行锻造加工的工艺。
【分类信息】
　　【CLC 类目】
　　　　O7　晶体学
　　【IPC 类目】
　　　　(1) C23C16/36　碳氮化物〔4〕
　　　　(2) C23C16/36　模锻;使用专用模具切边
　　　　(3) C23C16/36　用熔炼法〔2〕
　　　　(4) C23C16/36　球棍头
　　　　(5) C23C16/36　压力铸造或喷射模铸造,即铸造时金属是用高压压入铸模的〔3〕
【词条属性】
　　【特征】
　　　　【特点】　可减少变形抗力
　　　　【特点】　减少锻压设备吨位
　　　　【特点】　改变钢锭的铸态结构
　　　　【特点】　提高塑性
　　　　【特点】　热锻需在高于再结晶温度的条件下进行
　　　　【特点】　消除组织缺陷
　　【状况】
　　　　【前景】　热锻标准化操作
　　　　【应用场景】　大型轧钢机的轧辊的热锻
　　　　【应用场景】　人字齿轮的热锻
　　　　【应用场景】　汽轮发电机组的转子、叶轮的热锻
　　　　【应用场景】　水压机工作缸的热锻
　　　　【应用场景】　汽车曲轴的热锻
　　　　【应用场景】　汽车连杆的热锻
【词条关系】
　　【层次关系】
　　　　【并列】　冷锻
　　　　【概念-实例】　45 钢
　　　　【概念-实例】　1Cr18Ni9
　　　　【概念-实例】　GCr15
　　　　【概念-实例】　T8 钢
　　　　【概念-实例】　1Cr13

【概念-实例】　H13
【概念-实例】　40Mn2
【类属】　锻造
【生产关系】
　【工艺-材料】　碳素结构钢
　【工艺-材料】　合金结构钢
　【工艺-材料】　弹簧钢
　【工艺-材料】　轴承钢
　【工艺-材料】　工具钢
　【工艺-材料】　不锈钢
　【工艺-材料】　模具钢
　【工艺-材料】　精密电阻合金
　【工艺-设备工具】　锻锤
　【工艺-设备工具】　机械压力机
　【工艺-设备工具】　液压机
　【工艺-设备工具】　螺旋压力机
　【工艺-设备工具】　平锻机
　【工艺-设备工具】　锻造操作机

◎ 热腐蚀
【基本信息】
　【英文名】　heat corrosion; hot corrosion
　【拼音】　re fu shi
　【核心词】
【定义】
　在高温和熔融的沉积物作用下,氧和其他腐蚀性气体同时与材料作用产生的腐蚀。
【来源】　《金属材料简明辞典》
【分类信息】
　【CLC 类目】
　（1）TG132.3　特种热性质合金
　（2）TG132.3　合金学与各种性质合金
　（3）TG132.3　陶瓷工业
　【IPC 类目】
　（1）C23D3/00　涂瓷料前金属表面的化学处理(金属工件的清洗和脱脂入 C23G)
　（2）C23D3/00　搪瓷;釉(陶瓷用冷釉入 C04B41/86);含有非熔块添加剂的玻璃料熔封成分〔4〕
　（3）C23D3/00　回转筒;其所用支承
　（4）C23D3/00　包含镁、硼、铝、碳、硅、钛、锆或铪的元素,其氧化物或氢氧化物的催化剂〔2〕
　（5）C23D3/00　零部件、附件或这类炉的特有装置
【词条属性】
　【特征】
　　【缺点】　热腐蚀使材料疏松
　　【缺点】　热腐蚀使材料多孔
　　【缺点】　热腐蚀使材料易产生裂纹
　　【缺点】　热腐蚀使材料产生晶体缺陷
　　【缺点】　热腐蚀会造成金属材料损失
　　【缺点】　发生热腐蚀的材料或产品易出现生产事故
　　【缺点】　影响环保
　　【特点】　形成盐膜
　　【特点】　熔融状态
　　【特点】　不可逆
　　【特点】　化学反应
　【状况】
　　【应用场景】　燃气轮机的叶片
　　【应用场景】　热燃气通道部件
　　【应用场景】　能源
　　【应用场景】　省煤器
　　【应用场景】　空预器
【词条关系】
　【层次关系】
　　【并列】　应力腐蚀
　　【并列】　电化学腐蚀
　　【构成成分】　硫、钒、钼、氧、碳、氮
　　【类分】　高温热腐蚀
　　【类分】　低温热腐蚀
　　【类属】　腐蚀
　　【类属】　化学腐蚀

◎ 热挤压
【基本信息】
　【英文名】　hot extrusion

【拼音】　re ji ya
【核心词】
【定义】
　　将锭坯加热到再结晶温度以上的某一适当的温度进行的挤压。
【来源】《中国冶金百科全书·金属塑性加工》
【分类信息】
　【CLC 类目】
　　（1）TB331　金属复合材料
　　（2）TB331　热挤压
　　（3）TB331　金相学（金属的组织与性能）
　　（4）TB331　特种机械性质合金
　【IPC 类目】
　　（1）C22C1/05　金属粉末与非金属粉末的混合物（1/08 优先）〔2〕
　　（2）C22C1/05　镁或镁基合金
　　（3）C22C1/05　铜基合金
　　（4）C22C1/05　一般硝酸盐的制备方法（个别特殊的硝酸盐，见按其正离子分的 C01B 至 C01G 有关各组）
　　（5）C22C1/05　铝基合金
【词条属性】
　【特征】
　　【缺点】　热挤压后的钢材易氧化
　　【缺点】　热挤压后的钢材易脱碳
　　【缺点】　热挤压后的钢材表面粗糙
　　【缺点】　尺寸精度差
　　【特点】　在再结晶温度以上进行
　　【特点】　可以消除内应力
　　【特点】　不易产生加工硬化
　　【特点】　加热温度高
　　【特点】　需要预热
　　【优点】　经热挤压的材料塑性好
　　【优点】　可采用大变形量
　　【优点】　变形抗力低
　　【优点】　挤压机吨位小
　　【优点】　工艺简单
　　【优点】　机械性能好
　　【优点】　热挤压后的钢材的晶粒组织细
　【状况】
　　【应用场景】　生产铝
　　【应用场景】　生产铜
　　【应用场景】　生产管
　　【应用场景】　生产棒
　　【应用场景】　生产线材
　　【应用场景】　生产异形零件
　　【应用场景】　生产带凸缘的中空零件
　　【应用场景】　生产油杯
　　【应用场景】　生产空心排气门
【词条关系】
　【层次关系】
　　【类分】　正挤压
　　【类分】　反挤压
　　【类分】　复合挤压
　【应用关系】
　　【用于】　机械制造
　　【用于】　贮存装置
　　【用于】　钻井装置
　【生产关系】
　　【工艺-材料】　型材
　　【工艺-材料】　异型材
　　【工艺-材料】　双金属
　　【工艺-材料】　4Cr5MoSiV
　　【工艺-材料】　4Cr5MoSiV1
　　【工艺-材料】　W18Cr4V
　　【工艺-材料】　W6Mo5Cr4V2
　　【工艺-材料】　3Cr2W8V
　　【工艺-设备工具】　液压机
　　【工艺-设备工具】　曲轴锻压机
　　【工艺-设备工具】　高速锤
　　【工艺-设备工具】　精压机
　　【工艺-设备工具】　摩擦压力机
　　【工艺-设备工具】　冲床
　　【工艺-设备工具】　挤压筒
　　【工艺-设备工具】　压头
　　【工艺-设备工具】　挤压顶头
　　【工艺-设备工具】　垫块

【工艺-设备工具】 凹磨
【工艺-设备工具】 心棒

◎ 热加工性能
【基本信息】
　　【英文名】　thermal processing performance; hot-working character
　　【拼音】　re jia gong xing neng
　　【核心词】
【定义】
　　在金属学中,把高于金属再结晶温度的加工叫作热加工。热加工性能是对金属的延展性、流动性的一种检验。
【分类信息】
　　【IPC类目】
　　　　(1) C22C38/44　含钼或钨的〔2〕
　　　　(2) C22C38/44　片簧
　　　　(3) C22C38/44　铜基合金
　　　　(4) C22C38/44　电渣重熔〔3〕
　　　　(5) C22C38/44　含稀土元素〔4〕
【词条属性】
　　【特征】
　　　　【特点】　在高于再结晶温度条件下进行
　　　　【特点】　细化晶粒
　　　　【特点】　消除组织缺陷
　　　　【优点】　改善组织
　　　　【优点】　改善机械性能
　　　　【优点】　利切削加工
　　　　【优点】　利压力加工
　　　　【优点】　减少残余应力
　　　　【优点】　提高组织的均匀化
　　　　【优点】　提高成分的均匀化
　　【状况】
　　　　【应用场景】　变速齿轮的热加工
　　　　【应用场景】　凸轮轴的热加工
　　　　【应用场景】　活塞销的热加工
【词条关系】
　　【层次关系】
　　　　【并列】　冷加工性能

【类分】　铸造性
【类分】　流动性
【类分】　收缩性
【类分】　可锻性
【类分】　切削加工性
【类分】　焊接性
【应用关系】
　　【用于】　机械
【生产关系】
　　【工艺-材料】　螺纹钢
　　【工艺-材料】　盘螺
　　【工艺-材料】　无缝管
　　【工艺-材料】　焊管
　　【工艺-材料】　中厚板
　　【工艺-材料】　彩涂板
　　【工艺-材料】　带钢
　　【工艺-材料】　工角槽
　　【工艺-材料】　H形钢
　　【工艺-材料】　方钢
　　【工艺-材料】　球扁钢
　　【工艺-材料】　弹簧钢
　　【工艺-材料】　冷镦钢
　　【工艺-材料】　硬线
　　【工艺-设备工具】　浇注机
　　【工艺-设备工具】　锻机
　　【工艺-设备工具】　焊机

◎ 热交换器
【基本信息】
　　【英文名】　heat exchanger
　　【拼音】　re jiao huan qi
　　【核心词】
【定义】
　　又称换热器。借两种流体间的热量交换而实现加热或冷却等目的的设备。
【来源】《中学教师实用化学辞典》
【分类信息】
　　【CLC类目】
　　　　(1) TQ051.5　加热、冷却机械

（2）TQ051.5　机械与设备
（3）TQ051.5　汽车发动机
（4）TQ051.5　功能材料
【IPC类目】
（1）F24F1/00　室内装置，如接收来自集中式空调站一次空气的
（2）F24F1/00　以用室内装置随后处理一次空气的热交换流体供给装置为特征的（3/02优先）
（3）F24F1/00　热交换器的配置或安装〔6〕
（4）F24F1/00　单独的，即全部处理设备装在共同的外壳里
（5）F24F1/00　用于防止冷凝或排走冷凝液的装置〔5〕
【词条属性】
　【特征】
　　【特点】　一般具有固体间壁
　　【特点】　应用广泛
　【状况】
　　【前景】　自动化
　　【前景】　智能化
　　【应用场景】　核反应堆
　　【应用场景】　食品
　　【应用场景】　医药
　　【应用场景】　采暖
　　【应用场景】　生活用水
　　【应用场景】　空调回水
　　【应用场景】　热力发电厂
　　【应用场景】　核电站的循环水
　　【应用场景】　合成氨生产中的冷却水
　【时间】
　　【起始时间】　20世纪20年代
【词条关系】
　【等同关系】
　　【基本等同】　换热器
　　【基本等同】　变温器
　【层次关系】
　　【类分】　列管式
　　【类分】　套管式
　　【类分】　板式
　　【类分】　面式换热器
　　【类分】　混合式
　　【类分】　直接式
　　【类分】　蓄热式
　　【类分】　加热器
　　【类分】　冷却器
　　【类分】　冷凝器
　　【类分】　间壁式
　　【类分】　回热式
　　【类分】　紧凑式
　　【类分】　非紧凑式
　　【类分】　铸铁式
　　【类分】　筒式
　　【类分】　钢制式
　　【类分】　储水式
　　【类分】　蒸发器
　　【类分】　再沸器
【应用关系】
　【加工设备-材料】　碳素钢
　【加工设备-材料】　低合金钢
　【加工设备-材料】　不锈钢
　【加工设备-材料】　奥氏体不锈钢
　【加工设备-材料】　铜、铝及其合金
　【加工设备-材料】　镍合金
　【加工设备-材料】　非金属材料
【使用】　钢棒

◎热力学
【基本信息】
　【英文名】　thermodynamics
　【拼音】　re li xue
【核心词】
【定义】
　研究热现象及其规律的一门学科。
【来源】　《现代材料科学与工程辞典》
【分类信息】
　【CLC类目】

（1） X703　废水的处理与利用
（2） X703　技术方法
（3） X703　环境分析化学
（4） X703　高炉熔冶过程
（5） X703　金属复合材料
【IPC 类目】
（1） C07C　无环或碳环化合物
（2） C07C　裂解发生在芳脂键上〔3〕
（3） C07C　以立方氮化硼为基料的〔6〕
【词条属性】
【特征】
【特点】　从由实验总结出的宏观规律出发
【特点】　把得出的结论与实验相比较
【特点】　从能量的观点来研究热现象规律的
【特点】　揭示了自然界各种形式能量相互转换和传递的规律
【特点】　不涉及物质的微观结构及微观粒子的相互作用
【特点】　研究热现象中物态转变和能量转换规律
【特点】　研究物质的平衡状态及与平衡状态偏离不大的物理、化学过程
【优点】　具有高度的可靠性
【优点】　具有高度的普遍性
【状况】
【应用场景】　内燃机
【应用场景】　蒸汽机
【应用场景】　核电站
【应用场景】　普通电站
【应用场景】　发动机
【应用场景】　相变
【应用场景】　化学反应
【应用场景】　黑洞
【应用场景】　制冷机
【应用场景】　热泵
【因素】
【影响因素】　熵
【影响因素】　自由能
【影响因素】　化学势
【影响因素】　热力学势
【影响因素】　压力
【影响因素】　温度
【影响因素】　比容
【词条关系】
【等同关系】
【全称是】　热动力学
【层次关系】
【类分】　化学热力学
【类分】　冶金热力学
【类分】　材料热力学
【类分】　工程热力学
【类属】　统计学科
【类属】　物理学
【类属】　热学

◎ **热裂纹**
【基本信息】
【英文名】　thermal cracking
【拼音】　re lie wen
【核心词】
【定义】
　　铸造时在高温阶段由于收缩受阻而产生的裂纹。
【来源】《金属材料简明辞典》
【分类信息】
【IPC 类目】
（1） C22C37/00　铸铁合金〔2〕
（2） C22C37/00　阳极〔2〕
（3） C22C37/00　炉箅、燃烧器或加热元件的配置或安装（燃烧器入 F23D；炉箅入 F23H；电热元件入 H05B）
【词条属性】
【特征】
【特点】　表面带氧化色
【特点】　大多沿晶界裂开
【特点】　裂口外形曲折而不规则

【特点】　有时还具有分支裂纹
【状况】
　　【应用场景】　单相奥氏体不锈钢
　　【应用场景】　耐热钢
　　【应用场景】　镍基合金
　　【应用场景】　铝合金
【因素】
　　【影响因素】　金属性质
　　【影响因素】　铸型特性
　　【影响因素】　浇注工艺
　　【影响因素】　铸件结构
　　【影响因素】　钢中的硫的含量
　　【影响因素】　钢中的氧的含量
　　【影响因素】　钢中的磷的含量
　　【影响因素】　钢中的硅的含量
　　【影响因素】　钢中的碳的含量
【词条关系】
　　【层次关系】
　　　　【类分】　外裂纹
　　　　【类分】　内裂纹
　　　　【类分】　凝固裂纹
　　　　【类分】　液化裂纹
　　　　【类分】　多边化裂纹
　　　　【类分】　失塑裂纹
　　　　【类分】　结晶裂纹
　　　　【类分】　高温低塑性裂纹

◎ 热膨胀
【基本信息】
　　【英文名】　thermal expansion
　　【拼音】　re peng zhang
　　【核心词】
　　【定义】
　　　　温度改变时物体发生胀缩的现象。
　　【来源】　《金属材料简明辞典》
【分类信息】
　　【CLC类目】
　　　　（1）TB321　无机质材料
　　　　（2）TB321　金属—非金属复合材料
　　　　（3）TB321　超导体、超导体材料
　　　　（4）TB321　发射药
　　　　（5）TB321　物质的热性质
　　【IPC类目】
　　　　（1）C03C3/091　含铝〔4〕
　　　　（2）C03C3/091　含锌或锆〔4〕
　　　　（3）C03C3/091　碱土硅酸铝,如堇青石〔6〕
　　　　（4）C03C3/091　从含微球的组合物,如合成泡沫（微球制造入B01J13/02）〔2〕
　　　　（5）C03C3/091　含磷、铌或钽〔4〕
【词条属性】
　【特征】
　　【特点】　可用相对膨胀量表征
　　【特点】　可用平均线膨胀系数表征
　　【特点】　可用平均体膨胀系数表征
　　【特点】　改变材料体积
　　【特点】　常以热膨胀系数表示
　　【特点】　应用广泛
　【状况】
　　【应用场景】　水银温度计
　　【应用场景】　钢板制造船身
　　【应用场景】　温度控制器
　　【应用场景】　自动调节器
　　【应用场景】　开关脱扣器
　　【应用场景】　延时控制继电器
　　【应用场景】　铁路钢轨连接
　　【应用场景】　汽轮机叶轮
　　【应用场景】　铸铁浇模
　　【应用场景】　钟表
　【因素】
　　【影响因素】　温度
　　【影响因素】　压强
　　【影响因素】　离子之间的键力
　　【影响因素】　离子之间的配位数
　　【影响因素】　离子之间的电价
　　【影响因素】　离子间的距离
【词条关系】
　【层次关系】

【并列】 冷收缩
【类分】 固体热膨胀
【类分】 液体热膨胀
【类分】 气体热膨胀

◎ 热疲劳
【基本信息】
　【英文名】　thermal fatigue
　【拼音】　re pi lao
　【核心词】
【定义】
　　又称热应力疲劳。材料在热应力循环作用下导致的损伤与破裂过程。
【来源】 《现代材料科学与工程辞典》
【分类信息】
　【CLC 类目】
　　（1）TG115.5　机械性能（力学性能）试验
　　（2）TG115.5　发动机零部件
　　（3）TG115.5　特种机械性质合金
　　（4）TG115.5　合金学理论
　　（5）TG115.5　金属表面防护技术
　【IPC 类目】
　　（1）F16K31/42　用在液力马达的供给或排出导管中的电动元件（31/40 优先）
　　（2）F16K31/42　充气轮胎或内胎（1/00, 9/00 至 17/00 优先）〔4〕
　　（3）F16K31/42　以火焰管或燃烧室的排列或形式为特征的〔3〕
　　（4）F16K31/42　一般机器或发动机；一般的发动机装置；蒸汽机
　　（5）F16K31/42　法兰连接（13/00, 17/00, 19/00 优先；可调联接入 27/00；用于软管的入 33/00；快速型联接入 37/00；用于双壁或多通路管子，或组合管入 39/00；专用于与塑料制成的或由塑料制成的管的连接安装，或其他装配入 47/00；专用于脆性材料管入 49/00）
【词条属性】
　【特征】
　　【特点】 材料需经热应力循环
　　【特点】 材料发生热疲劳后晶粒粗大
　　【特点】 材料发生热疲劳后晶粒不均匀
　　【特点】 材料发生热疲劳产生裂纹呈龟裂状
　　【特点】 裂纹走向可以是沿晶型的
　　【特点】 裂纹走向也可以是穿晶型的
　　【特点】 材料发生热疲劳断裂后断口呈灰色
　　【特点】 断口为氧化物覆盖
　【因素】
　　【影响因素】 时间
　　【影响因素】 温度梯度
　　【影响因素】 温度变化频率
　　【影响因素】 热膨胀系数
　　【影响因素】 晶粒大小
　　【影响因素】 晶粒分布
　　【影响因素】 第二相质点
　　【影响因素】 材料的塑性
　　【影响因素】 零件的几何结构
【词条关系】
　【等同关系】
　　【基本等同】 热应力疲劳
　【层次关系】
　　【并列】 室温疲劳
　　【并列】 低温疲劳
　　【并列】 高温疲劳
　　【并列】 腐蚀疲劳
　　【并列】 接触疲劳
　　【并列】 微动磨损疲劳
　　【类分】 高温热疲劳
　　【类分】 低温热疲劳
　　【类属】 疲劳

◎ 热强钢
【基本信息】
　【英文名】　heat resistant steel
　【拼音】　re qiang gang
　【核心词】
【定义】

耐热钢的一类。高温下具有一定的抗氧化能力，较高的强度和良好的组织稳定性。
【来源】 《金属材料简明辞典》
【分类信息】
　【IPC类目】
　　（1）F27D3/14　液体或熔化材料的装料或卸料
　　（2）F27D3/14　金属铸造；用相同工艺或设备的其他物质的铸造
【词条属性】
　【特征】
　　【优点】　良好抗氧化能力
　　【优点】　具有较高的高温强度
　　【优点】　组织稳定
　【状况】
　　【应用场景】　汽轮机
　　【应用场景】　燃气轮机的转子
　　【应用场景】　燃气轮机的叶片
　　【应用场景】　锅炉过热器
　　【应用场景】　螺栓
　　【应用场景】　螺母
　　【应用场景】　弹簧
【词条关系】
　【层次关系】
　　【概念-实例】　ZG40GCr9Si2
　　【概念-实例】　ZG30Cr18Mn12Si2N
　　【概念-实例】　ZG35Cr24Ni7SiN
　　【概念-实例】　ZG35Ni24Cr18Si2
　　【概念-实例】　ZG30Cr26Ni5
　　【概念-实例】　ZG30Cr20Ni10
　　【概念-实例】　ZG35Cr26Ni12
　　【概念-实例】　ZG35Cr28Ni16
　　【概念-实例】　ZG40Cr25Ni20
　　【概念-实例】　ZG40Cr30Ni20
　　【概念-实例】　ZG30Ni35Cr15
　　【概念-实例】　ZG45Ni35Cr26
　　【概念-实例】　ZGCr28
　　【构成成分】　碳、硅、锰、铬、镍、钼、氮、磷、硫
　【类分】　珠光体热强钢
　【类分】　马氏体热强钢
　【类分】　奥氏体热强钢
　【类属】　耐热钢
【应用关系】
　【用于】　冶金

◎ **热双金属**
【基本信息】
　【英文名】　thermal bimetal
　【拼音】　re shuang jin shu
　【核心词】
【定义】
　　由两种或两种以上线膨胀系数差异较大的金属或合金复合而成，具有随温度变化而发生弯曲功能的热敏感功能材料
【来源】 《中国冶金百科全书·金属材料》
【分类信息】
　【CLC类目】
　　TG139　其他特种性质合金
　【IPC类目】
　　F23Q2/32　与其他物体结合在一起为特征的点火器（与吸烟器具结合在一起的入A24F）
【词条属性】
　【特征】
　　【特点】　膨胀系数不同
　　【优点】　结构相对简单
　　【优点】　成本相对低廉
　　【优点】　操作可靠性强
　【状况】
　　【前景】　更稳定的热双金属
　　【前景】　更可靠的热双金属
　　【前景】　提高热双金属一致性
　　【前景】　高分辨率热双金属
　　【前景】　高灵敏热双金属
　　【应用场景】　热敏感元件
　　【应用场景】　自控装置
　　【应用场景】　测量仪表

【应用场景】 温度测量
【应用场景】 温度控制
【应用场景】 温度补偿
【应用场景】 程序控制
【应用场景】 电气开关
【应用场景】 热继电器
【应用场景】 自动断路器
【应用场景】 指示计
【应用场景】 化油器
【应用场景】 控温器
【时间】
　【起始时间】 1766 年
【力学性能】
　【弹性模量】 ≥16 000 kgf/mm^2
【词条关系】
　【等同关系】
　　【基本等同】 双金属
　【层次关系】
　　【概念-实例】 5J20110
　　【概念-实例】 5J1480
　　【概念-实例】 5J1580
　　【概念-实例】 5J1380
　　【概念-实例】 5J1070
　　【概念-实例】 5J0756
　　【概念-实例】 5J14140
　　【概念-实例】 5J15120
　　【概念-实例】 5J1306
　　【概念-实例】 5J1411
　　【概念-实例】 5J1455
　　【概念-实例】 5JL017
　【构成成分】 镍、铁镍铬、铁镍锰、锰镍铜、锰、镍、铜、铬
　【类分】 高温型
　【类分】 中温型
　【类分】 低温型
　【类分】 高敏感型
　【类分】 耐蚀型
　【类分】 电阻型
　【类分】 速动型

【类属】 功能材料
【类属】 精密合金
【类属】 复合材料
【组成部件】 主动层
【组成部件】 被动层
【组成部件】 中间层

◎ **热塑性**
【基本信息】
　【英文名】 thermoplastic
　【拼音】 re su xing
　【核心词】
【定义】
　钢材在加热温度超过 600 ℃ 时的塑性性质。
【来源】《中国土木建筑百科辞典·建筑结构》
【分类信息】
　【CLC 类目】
　（1）TG26　钢件铸造
　（2）TG26　钢的组织与性能
　（3）TG26　原料与辅助物料
　【IPC 类目】
　C 08 L 51/04　接枝到橡胶上[2]
【词条属性】
　【特征】
　　【特点】 大多数线型聚合物均表现出热塑性
　　【特点】 具有热塑性的材料容易进行挤出
　　【特点】 具有热塑性的材料容易进行注射成型加工
　　【特点】 具有热塑性的材料容易进行吹塑成型加工
　【状况】
　　【应用场景】 塑料袋
　　【应用场景】 塑料衣挂
　　【应用场景】 封口
　　【应用场景】 黏合

【应用场景】	塑料
【应用场景】	工程塑料
【应用场景】	高性能工程塑料
【应用场景】	聚乙烯塑料
【应用场景】	聚乙烯塑料
【应用场景】	聚氯乙烯塑料
【应用场景】	雨衣
【应用场景】	食品袋
【应用场景】	包装袋

【因素】
 【影响因素】 温度
 【影响因素】 载荷

【词条关系】
 【应用关系】
  【用于】 压力容器

◎ 热稳定性

【基本信息】
 【英文名】 thermal stability
 【拼音】 re wen ding xing
 【核心词】

【定义】
 亦称为"高温稳定性",指材料在高温下抵抗介质浸蚀的能力。

【来源】 《金属材料简明辞典》

【分类信息】
 【CLC 类目】
  (1) TB383 特种结构材料
  (2) TB383 薄膜的性质
  (3) TB383 非金属复合材料
  (4) TB383 助剂
  (5) TB383 盐
 【IPC 类目】
  (1) C09K11/06 含有机发光材料〔2〕
  (2) C09K11/06 非晶态合金〔5〕

【词条属性】
 【状况】
  【应用场景】 耐热钢
  【应用场景】 高温合金钢

【因素】
 【影响因素】 热膨胀系数 α
 【影响因素】 弹性模量 E
 【影响因素】 热导率 λ
 【影响因素】 比热 C
 【影响因素】 抗张强度 P
 【影响因素】 温度
 【影响因素】 材料中气相的含量
 【影响因素】 材料中玻璃相的含量
 【影响因素】 晶相的粒度
 【影响因素】 键能
 【影响因素】 元素的金属性

【词条关系】
 【等同关系】
  【基本等同】 高温稳定性
  【基本等同】 耐热冲击强度
 【测度关系】
  【物理量-度量方法】 水浴法
  【物理量-度量方法】 气浴法
  【物理量-度量工具】 差热分析仪
  【物理量-度量工具】 差示扫描量热计
  【物理量-度量工具】 坩埚
  【物理量-度量工具】 铝坩埚
  【物理量-度量工具】 铜坩埚
  【物理量-度量工具】 铂坩埚
  【物理量-度量工具】 石墨坩埚
  【物理量-度量工具】 气源
  【物理量-度量工具】 冷却装置
  【物理量-度量工具】 煅烧的氧化铝
  【物理量-度量工具】 空容器
  【物理量-度量工具】 玻璃珠
  【物理量-度量工具】 硅油

◎ 热循环

【基本信息】
 【英文名】 thermal cycling
 【拼音】 re xun huan
 【核心词】

【定义】

热由一部分传递到另一部分的工作循环。
【分类信息】
　　【CLC 类目】
　　　　(1) TB331　金属复合材料
　　　　(2) TB331　试验、分析、鉴定
　　　　(3) TB331　力学性质与声学性质
　　　　(4) TB331　粉末成型、烧结及后处理
　　　　(5) TB331　热力学
　　【IPC 类目】
　　　　(1) F24J2/05　由透明外罩所包围的,如真空太阳能集热器[6]
　　　　(2) F24J2/05　太阳能集热器的构件、零部件或附件[4]
　　　　(3) F24J2/05　蒸馏或蒸发[3]
【词条属性】
　　【特征】
　　　　【特点】　应用广泛
　　【状况】
　　　　【应用场景】　内燃机
　　　　【应用场景】　发动机
　　　　【应用场景】　锅炉
　　　　【应用场景】　发电站
　　　　【应用场景】　机床
【词条关系】
　　【层次关系】
　　　　【参与组成】　热源
　　　　【参与组成】　热循环网
　　　　【参与组成】　散热设备

◎ 热影响区

【基本信息】
　　【英文名】　heat affected zone
　　【拼音】　re ying xiang qu
　　【核心词】
【定义】
　　焊接或切割过程中,母材因受热的影响(但未熔化)而发生金相组织和力学性能变化的区域。
　　【来源】《中国冶金百科全书·金属材料》

【分类信息】
　　【CLC 类目】
　　　　TG457.11　钢
　　【IPC 类目】
　　　　(1) C22C38/58　含大于 1.5%(质量分数)的锰[2]
　　　　(2) C22C38/58　电极[2]
　　　　(3) C22C38/58　丝;带;箔[2]
　　　　(4) C22C38/58　高熔点或难熔金属或以它们为基的合金
　　　　(5) C22C38/58　铁基合金,如合金钢(铸铁合金入 37/00)[2]
【词条属性】
　　【特征】
　　　　【缺点】　组织分布是不均匀的
　　　　【缺点】　塑性低
　　　　【缺点】　韧性差
　　　　【缺点】　材料热影响区易产生裂纹
　　　　【特点】　热影响区出现前提为区域温度处于 Ac_3 以上
　　　　【特点】　淬火组织为马氏体组织
　　　　【特点】　可能出现贝氏体
　　　　【特点】　有铁素体
　　　　【特点】　可能出现索氏体
　　【状况】
　　　　【应用场景】　碳素结构钢
　　　　【应用场景】　轴承钢
　　　　【应用场景】　工具钢
　　　　【应用场景】　不锈钢
　　　　【应用场景】　模具钢
　　　　【应用场景】　合金结构钢
　　【因素】
　　　　【影响因素】　含碳量
　　　　【影响因素】　含合金元素量
【词条关系】
　　【等同关系】
　　　　【缩略为】　HAZ
　　【层次关系】
　　　　【类分】　熔合区

【类分】 过热区
【类分】 正火区
【类分】 部分相变区
【类分】 完全淬火区
【类分】 不完全淬火区

◎热轧板

【基本信息】
　【英文名】 hot-rolled sheet
　【拼音】 re zha ban
　【核心词】
【定义】
　热轧板,即热轧钢板和钢带。宽度大于或等于 600 mm,厚度为 0.35～200 mm 的钢板和厚度为 1.2～25 mm 的钢带。
【分类信息】
　【CLC 类目】
　　(1) TG335.11 热轧
　　(2) TG335.11 工业部门经济
　【IPC 类目】
　　(1) C21D8/12 在生产具有特殊电磁性能的产品时[3]
　　(2) C21D8/12 含硅的[2]
　　(3) C21D8/12 通过热加工法
　　(4) C21D8/12 管或金属软管的;用于制造管的组合加工程序,如多壁管的制造(用于制管的弯板入 B21D5/00;用折叠合缝入 B21D39/02)
　　(5) C21D8/12 用于金属薄板
【词条属性】
　【特征】
　　【缺点】 热轧时非金属夹杂物出现分层(夹层)现象
　　【缺点】 热轧时不均匀冷却造成的残余应力
　　【数值】 宽度大于或等于 600 mm
　　【数值】 钢板厚度为 0.35～200 mm
　　【数值】 钢带厚度为 1.2～25 mm
　　【特点】 热轧板加工容易
　　【特点】 热轧板延展性能好
　　【特点】 热轧板强度相对较低
　　【特点】 热轧板表面质量差
　　【优点】 热轧破坏钢锭的铸造组织
　　【优点】 热轧细化钢材的晶粒
　　【优点】 通过热轧可消除显微组织的缺陷
　　【优点】 热轧使钢材组织密实
　　【优点】 提高热轧可是材料力学性能得到改善
【词条关系】
　【等同关系】
　　【俗称为】 热板
　【层次关系】
　　【并列】 冷轧板
　　【概念-实例】 Q235B
　　【概念-实例】 Q235
　　【概念-实例】 SPHC
　　【概念-实例】 SPHE
　　【概念-实例】 Q235A
　　【概念-实例】 304
　　【概念-实例】 SPHD
　　【概念-实例】 316
　　【概念-实例】 310S
　　【概念-实例】 316 L
　　【概念-实例】 420
　　【概念-实例】 304 L
　　【概念-实例】 309S
　　【概念-实例】 430
　　【概念-实例】 431
　　【概念-实例】 15CrMo
　　【概念-实例】 410
　　【概念-实例】 202
　　【概念-实例】 SUP7
　　【概念-实例】 SK5
　　【概念-实例】 55Si2MnB
　　【概念-实例】 60Si2CrA
　　【概念-实例】 440A
　　【概念-实例】 X70

【概念-实例】	45Cr	
【概念-实例】	409 L	
【概念-实例】	301	
【类分】	低合金钢	
【类分】	冷成型用钢	
【类分】	结构钢	
【类分】	汽车结构钢	
【类分】	耐腐蚀结构用钢	
【类分】	机械结构用钢	
【类分】	焊接气瓶	
【类分】	压力容器用钢	
【类分】	管线用钢	
【类属】	板材	

◎ **热作模具钢**

【基本信息】
　【英文名】　hot work die steel
　【拼音】　re zuo mu ju gang
　【核心词】
【定义】
　亦称为"热变形模具钢",主要用来制造在较高温度下工作的模具,工作温度一般高于 300 ℃。
　【来源】《金属材料简明辞典》
【分类信息】
　【CLC 类目】
　　（1）TG142　钢
　　（2）TG142　各种钢材:按用途区分
　【IPC 类目】
　　（1）C22C38/46　含钒的〔2〕
　　（2）C22C38/46　金属材料表面中仅渗入金属元素或硅的固渗〔4〕
　　（3）C22C38/46　离子注入〔4〕
　　（4）C22C38/46　含钴的〔2〕
【词条属性】
　【特征】
　　【特点】　含碳量大多在 0.3%～0.6%
　　【特点】　良好的红硬性
　　【特点】　导热性良好
　　【特点】　耐磨性良好
　　【优点】　抗回火稳定性好
　　【优点】　高温硬度
　　【优点】　高温强度
　　【优点】　有较好的耐热疲劳性
　　【优点】　有较好的冲击韧性
　　【优点】　有良好的淬透性
　　【优点】　有良好的导热性
　　【优点】　高的热塑变抗力
　　【优点】　高的热疲劳抗力
　【状况】
　　【应用场景】　轴承环热挤冲头
　　【应用场景】　气门挤压底模
　　【应用场景】　凹模
　　【应用场景】　压力机
　　【应用场景】　电机铅合金叶片
【词条关系】
　【等同关系】
　　【基本等同】　热变形模具钢
　【层次关系】
　　【概念-实例】　5CrNiMo
　　【概念-实例】　5CrMnMo
　　【概念-实例】　5CrNiW
　　【概念-实例】　5CrNiTi
　　【概念-实例】　5CrMnMoSiV
　　【概念-实例】　4CrW2Si
　　【概念-实例】　3Cr2W8V
　　【概念-实例】　40Cr
　　【概念-实例】　30CrMnSi
　　【概念-实例】　40CrMo
　　【概念-实例】　4Cr5MoSiV
　　【概念-实例】　45Cr2NiMoVSi
　　【概念-实例】　5Cr2NiMoVSi
　　【概念-实例】　3Cr2MoWVNi
　　【概念-实例】　3Cr2MoVNi
　　【概念-实例】　2Cr3Mo3VNb
　　【概念-实例】　4Cr3Mo2MnVB
　　【概念-实例】　3Cr3Mo3VNb
　　【概念-实例】　4Cr5Mo2MnVSi

【构成成分】 铬、钨、硅、镍、钼、锰、钒、钛、碳、铌
　　【类分】 锤锻模具钢
　　【类分】 压铸模用钢
　　【类分】 热挤压模用钢

◎韧脆转变温度
【基本信息】
　　【英文名】 ductile-brittle transition temperature
　　【拼音】 ren cui zhuan bian wen du
　　【核心词】
【定义】
　　金属材料(特别是低强度结构钢)的韧性随温度降低而降低,由韧性断裂向脆性断裂转变,称为韧脆转变,相应的特征转变点的温度称为韧脆转变温度。
【来源】 《固体物理学大辞典》
【词条属性】
　　【特征】
　　　　【特点】 韧脆转变时材料内部晶体结构发生改变
　　【状况】
　　　　【应用场景】 弹簧钢的韧脆转变
　　　　【应用场景】 碳素结构钢的韧脆转变
　　　　【应用场景】 轴承钢的韧脆转变
　　　　【应用场景】 工具钢的韧脆转变
　　　　【应用场景】 不锈钢的韧脆转变
　　　　【应用场景】 模具钢的韧脆转变
　　　　【应用场景】 合金结构钢的韧脆转变
　　　　【应用场景】 汽车配件材料的韧脆转变
　　　　【应用场景】 油气管道材料的韧脆转变
　　【因素】
　　　　【影响因素】 应变速率
　　　　【影响因素】 材料成分
【词条关系】
　　【等同关系】
　　　　【基本等同】 脆性转变温度
　　【层次关系】
　　　　【类属】 转变温度
　　【测度关系】
　　　　【物理量-度量方法】 一次摆锤冲击试验

◎韧性
【基本信息】
　　【英文名】 toughness
　　【拼音】 ren xing
　　【核心词】
【定义】
　　亦称为"韧度"。金属在断裂前吸收变形能量的能力。
【来源】 《金属材料简明辞典》
【分类信息】
　　【CLC类目】
　　　(1) TG257　合金铸铁铸件
　　　(2) TG257　工程材料力学(材料强弱学)
　　　(3) TG257　非金属复合材料
　　　(4) TG257　钢的组织与性能
　　　(5) TG257　特种性能钢
【词条属性】
　　【状况】
　　　　【应用场景】 弹簧钢
　　　　【应用场景】 碳素结构钢
　　　　【应用场景】 轴承钢
　　　　【应用场景】 工具钢
　　　　【应用场景】 不锈钢
　　　　【应用场景】 模具钢
　　　　【应用场景】 合金结构钢
　　　　【应用场景】 耐热钢
【词条关系】
　　【等同关系】
　　　　【基本等同】 韧度
　　【层次关系】
　　　　【并列】 塑性
　　　　【并列】 脆性
　　　　【类分】 低温韧性
　　　　【类属】 强韧性

【类属】 力学性能
【测度关系】
　【物理量-度量方法】 光滑试样拉伸试验
　【物理量-度量方法】 缺口试样冲击试样
　【物理量-度量方法】 断裂韧性试验

◎ 溶解度
【基本信息】
　【英文名】 solubility
　【拼音】 rong jie du
　【核心词】
【定义】
　　溶解度,在一定温度下,某固态物质在100 g 溶剂中达到饱和状态时所溶解的溶质的质量,叫作这种物质在这种溶剂中的溶解度。
【来源】 《科学技术社会辞典·化学》
【分类信息】
　【CLC 类目】
　　(1) O645.12　溶解度
　　(2) O645.12　铂(白金)
　　(3) O645.12　一般性问题
　【IPC 类目】
　　(1) C07D487/22　稠环系中含有 4 个或更多个杂环[2]
　　(2) C07D487/22　不包括在 1/00 至 35/00 组内的多糖类的制备;它们的衍生物(纤维素入 D21)[4]
　　(3) C07D487/22　由重氮化及偶合制备的单偶氮染料
【词条属性】
　【特征】
　　【特点】 物质溶解度存在的前提是达到饱和状态
　【状况】
　　【应用场景】 汽车配件
　　【应用场景】 油气管道
　　【应用场景】 车刀
　　【应用场景】 钢筋
　　【应用场景】 轴承钢
　　【应用场景】 工具钢
　　【应用场景】 不锈钢
　　【应用场景】 模具钢
　　【应用场景】 合金结构钢
　【因素】
　　【影响因素】 温度
　　【影响因素】 压强
　　【影响因素】 溶质
　　【影响因素】 溶剂
【词条关系】
　【等同关系】
　　【基本等同】 溶水度
　【层次关系】
　　【概念-实例】 1Cr18Ni9Ti
　　【概念-实例】 45
　　【概念-实例】 GCr15
　　【概念-实例】 T8
　　【概念-实例】 1Cr13
　　【概念-实例】 H13
　　【概念-实例】 40Mn2
　　【概念-实例】 5Cr21Mn9Ni4N
　【类分】 固体溶解度
　【类分】 气体溶解度
　【类分】 液体溶解度
【类属】 物理性质

◎ 溶质原子
【基本信息】
　【英文名】 solute atoms
　【拼音】 rong zhi yuan zi
　【核心词】
【定义】
　　溶液中被溶剂溶解的物质叫作溶质。溶质以原子的形式存在称为溶质原子。
【分类信息】
　【CLC 类目】
　　TG111　金属物理学
【词条属性】
　【特征】

【特点】 溶质原子的添加可改变材料强度
【特点】 溶质原子的添加可改变材料硬度
【特点】 溶质原子的添加可改变材料韧性
【特点】 溶质原子的添加可改变材料塑性
【特点】 溶质原子的添加可改变材料的耐磨性
【特点】 溶质原子的添加可改变材料的耐疲劳性
【状况】
　【应用场景】 锅炉管
　【应用场景】 煤气管
　【应用场景】 不锈钢
　【应用场景】 铝合金
　【应用场景】 油气管道
【词条关系】
　【层次关系】
　　【构成成分】硼、氮、铝、硅、钛、铬、锰、钼、镍、铜、铌
　　【概念-实例】 1Cr14Ni16
　　【概念-实例】 1Cr14Ni19W2Nb
　　【概念-实例】 1Cr13
　　【概念-实例】 1Cr18Ni9Ti

◎ 熔池
【基本信息】
　【英文名】 molten bath;molten pool
　【拼音】 rong chi
　【核心词】
【定义】
　熔焊时,在焊件热源作用下,焊件上形成具有一定形状(似小池)的液态金属部分。
【来源】 《集装箱运输业务技术辞典·上册》
【分类信息】
　【CLC 类目】

(1) TG441.3　焊缝方法
(2) TG441.3　焊接传热过程
(3) TG441.3　焊接自动化技术
【IPC 类目】
(1) C21B11/00　不用高炉的生铁冶炼
(2) C21B11/00　电炉炼钢(电加热本身入 H05B)
(3) C21B11/00　直接还原法炼海绵铁或液体钢
(4) C21B11/00　在床式炉中
【词条属性】
【状况】
　【应用场景】 碳素结构钢
　【应用场景】 工具钢的熔焊
　【应用场景】 不锈钢的熔焊
　【应用场景】 模具钢的熔焊
　【应用场景】 合金结构钢的熔焊
【因素】
　【影响因素】 热输入
　【影响因素】 热流分布
　【影响因素】 表面张力
　【影响因素】 重力
　【影响因素】 电磁力
　【影响因素】 电弧力
　【影响因素】 蒸发反作用力
　【影响因素】 电流大小
　【影响因素】 电压大小
　【影响因素】 焊枪的角度
　【影响因素】 焊接速度
　【影响因素】 焊材种类
　【影响因素】 母材本身的特性
【词条关系】
【层次关系】
　【概念-实例】 45
　【概念-实例】 T8
　【概念-实例】 1Cr13
　【概念-实例】 H13
　【概念-实例】 40Mn2

◎ **熔点**
【基本信息】
　【英文名】　melting point
　【拼音】　rong dian
　【核心词】
【定义】
　　晶体物质熔化时的温度,即该物质的固态和液态可以平衡共存的温度。
【来源】　《金属材料简明辞典》
【分类信息】
　【CLC 类目】
　　(1) O754　无定形态和琉璃态
　　(2) O754　特种结构材料
　　(3) O754　各种金属材料和构件的焊接
　　(4) O754　钢液二次精炼和炉外处理
　　(5) O754　特种热性质合金
　【IPC 类目】
　　(1) C 08 L 91/06　蜡〔2〕
　　(2) C 08 L 91/06　丙烯的均聚物或共聚物〔2〕
　　(3) C 08 L 91/06　由在主链中形成羧酸酰胺键合反应得到的聚酰胺的组合物(有关聚酰肼的组合物入 79/06;聚酰胺-酰亚胺或聚酰胺的组合物入 79/08);这些聚合物的衍生物的组合物〔2〕
　　(4) C 08 L 91/06　固体缩聚〔5〕
　　(5) C 08 L 91/06　相态变化是由液体到固体或相反〔2〕
【词条属性】
　【特征】
　　【特点】　物质固态和液态可以平衡共存的温度
　　【特点】　当达到熔点时固态的化学势和呈液态的化学势相等
　【状况】
　　【应用场景】　弹簧钢
　　【应用场景】　碳素结构钢
　　【应用场景】　轴承钢
　　【应用场景】　工具钢
　　【应用场景】　不锈钢
　　【应用场景】　模具钢
　　【应用场景】　合金结构钢
　　【应用场景】　耐热钢
　　【应用场景】　高温合金钢
　【因素】
　　【影响因素】　压强
　　【影响因素】　杂质
　　【影响因素】　化学成分
【词条关系】
　【等同关系】
　　【基本等同】　熔融温度
　　【缩略为】　T_m
　【层次关系】
　　【概念-实例】　1Cr18Ni9Ti
　　【概念-实例】　45
　　【概念-实例】　GCr15
　　【概念-实例】　T8
　　【概念-实例】　1Cr13
　　【概念-实例】　H13
　　【概念-实例】　40Mn2
　　【概念-实例】　5Cr21Mn9Ni4N
　　【类属】　物理性质
　　【实例-概念】　相变点

◎ **熔敷金属**
【基本信息】
　【英文名】　deposited metal
　【拼音】　rong fu jin shu
　【核心词】
【定义】
　　完全由填充金属熔化后所形成的焊缝金属,它不含母材成分。
【来源】　《中国冶金百科全书·金属材料》
【词条属性】
　【特征】
　　【缺点】　残余奥氏体
　　【缺点】　合金夹杂物
　　【缺点】　含硫

【缺点】　含磷
　　【特点】　焊缝金属不含母材成分
　　【特点】　大间隙的对接坡口
　　【特点】　强度高
　　【特点】　较大熔合比
【状况】
　　【前景】　熔敷金属洁净化
　　【前景】　低碳熔敷金属
　　【前景】　熔敷金属均匀化
　　【前景】　细晶粒熔敷金属
　　【前景】　高强韧性熔敷金属
　　【前景】　高强塑性熔敷金属
　　【前景】　高温力学性能
　　【应用场景】　轧辊
　　【应用场景】　船板
　　【应用场景】　汽车部件
　　【应用场景】　油气管道
【词条关系】
　　【层次关系】
　　【构成成分】　熔化的焊条、熔化的焊丝、钒、钼、钛、铌、钨、钴、氧、硅、锰、镍
　　【应用关系】
　　【材料-加工设备】　焊接控制系统
　　【材料-加工设备】　焊接机头
　　【材料-加工设备】　焊接能源设备

◎熔焊
【基本信息】
　　【英文名】　fusion welding
　　【拼音】　rong han
　　【核心词】
【定义】
　　(1)利用局部加热的方法,将焊件的结合处加热到熔化状态,使互相融合,冷凝后彼此结合的金属焊接方法。
　　【来源】《中国冶金百科全书·金属材料》
　　(2)利用两金属件连接处的加热熔化,以造成金属间原子或分子间的结合而得到永久连接的焊接方法。

　　【来源】《金属材料简明辞典》
【分类信息】
　　【CLC类目】
　　　X76　机械、仪表工业废物处理与综合利用
　　【IPC类目】
　　(1) H01H1/02　按所用材料区分
　　(2) H01H1/02　铜基合金
　　(3) H01H1/02　银基合金〔2〕
　　(4) H01H1/02　具有存在于接头内的电阻的焊接接头〔7〕
　　(5) H01H1/02　用于使之易于装配或拆卸的结构〔6〕
【词条属性】
　　【特征】
　　【特点】　能量集中
　　【特点】　熔化
【词条关系】
　　【等同关系】
　　【基本等同】　融化熔接
　　【基本等同】　熔化焊
　　【层次关系】
　　【类分】　气焊
　　【类分】　电弧焊
　　【类分】　电子束焊
　　【类分】　电渣焊
　　【类分】　激光焊
　　【类分】　铝热剂焊
　　【类分】　静熔焊
　　【类分】　动熔焊
　　【类分】　机械熔焊
　　【类分】　堆焊
　　【类属】　焊接
　　【组成部件】　可燃气体
　　【组成部件】　助燃气体
　　【组成部件】　焊粉
　　【组成部件】　焊丝
　　【生产关系】
　　【工艺-材料】　铸铁

【工艺-材料】　不锈钢
　　【工艺-材料】　薄钢板
　　【工艺-材料】　硬质合金刀具
　　【工艺-材料】　钢筋

◎熔炼
【基本信息】
　【英文名】　smelt；smelting
　【拼音】　rong lian
　【核心词】
【定义】
　　炉料在高温（1300～1600 K）炉内物料发生一定的物理、化学变化，产出粗金属或金属富集物和炉渣的火法冶金过程。
　【来源】《中国冶金百科全书·有色金属冶金》
【分类信息】
　【CLC类目】
　　（1）TF13　真空冶金
　　（2）TF13　锑
　　（3）TF13　锻造工艺
　　（4）TF13　有色冶金生产自动化
　　（5）TF13　铅
　【IPC类目】
　　（1）C22C1/02　用熔炼法
　　（2）C22C1/02　镁基合金
　　（3）C22C1/02　铜的提炼
　　（4）C22C1/02　使用母（中间）合金〔2〕
　　（5）C22C1/02　直接还原法炼海绵铁或液体钢
【词条属性】
　【特征】
　　【特点】　熔炼过程中发生物理变化
　　【特点】　熔炼过程中发生化学变化
　　【特点】　熔炉内自动分层
　　【特点】　熔炼时需调节合金元素含量
　　【特点】　熔炼过程中需调碳
　　【特点】　熔炼过程中需脱氧
　　【特点】　熔炼过程中需脱气

　　【特点】　熔炼过程中需脱掉非金属夹杂
　　【特点】　熔炼发生在高温条件下
【词条关系】
　【等同关系】
　　【全称是】　熔融冶炼
　【层次关系】
　　【概念-实例】　1Cr13
　　【概念-实例】　T8
　　【概念-实例】　1Cr18Ni9
　　【概念-实例】　GCr15
　　【概念-实例】　H13
　　【类分】　还原熔炼
　　【类分】　造硫熔炼
　　【类分】　沉淀熔炼
　　【类分】　氧化熔炼
　　【类分】　旋涡熔炼
　　【类分】　闪速熔炼
　　【类分】　真空电弧熔炼
　　【类分】　硫化还原熔炼
　　【类分】　鼓风炉熔炼
　　【类分】　反射炉熔炼
　　【类分】　电炉熔炼
　　【类分】　熔池熔炼
　　【类分】　富氧熔炼
　　【类分】　热风熔炼
　　【类分】　硫化精矿直接熔炼
　　【类分】　硫化精矿自热熔炼
　　【类分】　还原硫化熔炼
　　【类分】　挥发熔炼
　　【类分】　反应熔炼
　　【类属】　火法冶炼
　　【实例-概念】　冶炼
　　【组成部件】　原料
　　【组成部件】　熔剂
　【生产关系】
　　【工艺-材料】　钢铁材料
　　【工艺-材料】　铜
　　【工艺-材料】　铜合金
　　【工艺-材料】　铝

【工艺-材料】 铝合金
【工艺-材料】 钼合金
【工艺-材料】 耐热合金
【工艺-材料】 精密合金
【工艺-材料】 锰钢
【工艺-设备工具】 反射炉
【工艺-设备工具】 高炉
【工艺-设备工具】 鼓风炉
【工艺-设备工具】 电炉
【工艺-设备工具】 转炉
【工艺-设备工具】 闪速炉
【工艺-设备工具】 短窑
【工艺-设备工具】 新型熔池熔炼炉
【工艺-设备工具】 曲轴

◎ 熔模铸造

【基本信息】
　【英文名】　investment casting
　【拼音】　rong mu zhu zao
　【核心词】
【定义】
　　用易熔材料如蜡料制成模样,在模样上包覆若干层耐火涂料,制成型壳,熔出模样后经高温焙烧,即可浇注的铸造方法。
【来源】《机械加工工艺辞典》
【分类信息】
　【CLC 类目】
　　TQ433　合成胶粘剂
　【IPC 类目】
　　(1) C09J101/02　纤维素;改性纤维素〔5〕
　　(2) C09J101/02　淀粉衍生物〔5〕
　　(3) C09J101/02　镍基合金〔2〕
　　(4) C09J101/02　含锡的〔2〕
　　(5) C09J101/02　熔模
【词条属性】
　【特征】
　　【缺点】 生产工序较多
　　【缺点】 生产周期较长

【缺点】 费用高
【缺点】 所制工件不宜太长
【缺点】 所制工件不宜太重
【优点】 熔模铸造制得工件无分型面
【优点】 熔模铸造制得工件表面较光洁
【优点】 熔模铸造制得工件尺寸精确
【优点】 少切削
【状况】
【前景】 轻量化熔模铸造
【前景】 精整化熔模铸造
【前景】 净形化熔模铸造
【前景】 近净形化熔模铸造
【应用场景】 多种合金的中小型铸件
【应用场景】 多种合金的薄壁铸件
【应用场景】 多种合金的复杂铸件
【应用场景】 汽轮机
【应用场景】 燃气轮机的叶片和叶轮
【应用场景】 刀具
【应用场景】 汽车
【应用场景】 拖拉机
【应用场景】 风动工具
【应用场景】 机床的小型零件
【应用场景】 喷气式发动机的叶片
【时间】
【起始时间】 春秋时期
【词条关系】
【等同关系】
【基本等同】 失蜡铸造
【层次关系】
【并列】 泥型铸造
【并列】 铸造车间壳型铸造
【并列】 负压铸造
【并列】 实型铸造
【并列】 陶瓷型铸造
【类属】 精密铸造
【类属】 特种铸造
【组成部件】 易熔材料
【组成部件】 耐火材料

【组成部件】　耐高温黏结剂
　　【组成部件】　耐火砂粒
【生产关系】
　　【工艺-材料】　耐热合金
　　【工艺-材料】　磁钢
　　【工艺-材料】　碳素钢
　　【工艺-材料】　合金钢
　　【工艺-材料】　不锈钢
　　【工艺-材料】　精密合金
　　【工艺-材料】　永磁合金
　　【工艺-材料】　轴承合金
　　【工艺-材料】　铜合金
　　【工艺-材料】　铝合金
　　【工艺-材料】　钛合金
　　【工艺-材料】　球墨铸铁
　　【工艺-材料】　毛坯
　　【工艺-材料】　金属间化合物
　　【工艺-设备工具】　熔蜡机
　　【工艺-设备工具】　低温压蜡机
　　【工艺-设备工具】　淋砂机
　　【工艺-设备工具】　沾浆机
　　【工艺-设备工具】　浮砂机
　　【工艺-设备工具】　除尘机
　　【工艺-设备工具】　电能脱蜡焙烧炉
　　【工艺-设备工具】　熔模铸造模具
　　【工艺-设备工具】　熔模铸造工作台
　　【工艺-设备工具】　电烙铁
　　【工艺-设备工具】　双顶尖支架

◎蠕变极限
【基本信息】
　　【英文名】　creep limit
　　【拼音】　ru bian ji xian
　　【核心词】
【定义】
　　表征材料在高温长时载荷作用下对塑性变形抗力的指标。
　　【来源】《金属材料简明辞典》
【词条属性】

　　【状况】
　　　【应用场景】　耐热钢
　　　【应用场景】　高温合金
　　　【应用场景】　碳素结构钢
　　　【应用场景】　合金结构钢
　　　【应用场景】　工具钢
　　　【应用场景】　模具钢
　　【因素】
　　　【影响因素】　温度
　　　【影响因素】　载荷
　　　【影响因素】　时间
　　　【影响因素】　蠕变速率
　　　【影响因素】　位错的滑移
　　　【影响因素】　位错的攀移
　　　【影响因素】　晶界的位移
　　　【影响因素】　晶界的扩散
【词条关系】
　　【等同关系】
　　　【基本等同】　蠕变强度
　　【层次关系】
　　　【类属】　力学性能指标

◎蠕变抗力
【基本信息】
　　【英文名】　creep resistance
　　【拼音】　ru bian kang li
　　【核心词】
【定义】
　　在一定温度下和规定时间间隔内使试样产生规定伸长率的应力。
【分类信息】
　　【CLC 类目】
　　　TG132　特种物理性质合金
　　【IPC 类目】
　　　（1）C22F1/11　铬或铬基合金
　　　（2）C22F1/11　直接电阻加热
　　　（3）C22F1/11　合金〔3〕
　　　（4）C22F1/11　正常凝固法或温度梯度凝固法的单晶生长，如 Bridgman-Stockbarger 法

(13/00,15/00,17/00,19/00 优先;保护流体下的入 27/00)〔3〕

　　(5) C22F1/11　镁的提取〔2〕

【词条属性】
　【状况】
　　【应用场景】　耐热钢
　　【应用场景】　高温合金
　　【应用场景】　碳素结构钢
　　【应用场景】　合金结构钢
　　【应用场景】　工具钢
　　【应用场景】　模具钢
　【因素】
　　【影响因素】　温度
　　【影响因素】　时间
　　【影响因素】　载荷
　　【影响因素】　蠕变速率
【词条关系】
　【等同关系】
　　【基本等同】　潜移抗力
　【层次关系】
　　【概念-实例】　45
　　【概念-实例】　T8
　　【概念-实例】　H13
　　【概念-实例】　5Cr21Mn9Ni4N

◎ 蠕变强度
【基本信息】
　【英文名】　creep strength
　【拼音】　ru bian qiang du
　【核心词】
【定义】
　　蠕变强度是指材料在某一温度下,经过一定时间后,蠕变量不超过一定限度时的最大允许应力。
【来源】　《现代材料科学与工程辞典》
【分类信息】
　【CLC 类目】
　　TG13　合金学与各种性质合金
　【IPC 类目】

　　(1) C22C38/54　含硼的〔2〕
　　(2) C22C38/54　金属粉末与非金属粉末的混合物(1/08 优先)〔2〕
　　(3) C22C38/54　电弧焊接或电弧切割(电渣焊入 25/00;焊接变压器入 H01F;焊接发电机 H02K)
　　(4) C22C38/54　正火
【词条属性】
　【状况】
　　【应用场景】　耐热钢
　　【应用场景】　高温合金
　　【应用场景】　碳素结构钢
　　【应用场景】　合金结构钢
　　【应用场景】　工具钢
　　【应用场景】　模具钢
　【因素】
　　【影响因素】　温度
　　【影响因素】　载荷
　　【影响因素】　时间
　　【影响因素】　蠕变速率
　　【影响因素】　位错的滑移
　　【影响因素】　位错的攀移
　　【影响因素】　晶界的位移
　　【影响因素】　晶界的扩散
【词条关系】
　【等同关系】
　　【基本等同】　蠕变极限
　【层次关系】
　　【类属】　力学性能指标

◎ 蠕变速率
【基本信息】
　【英文名】　rate of creep
　【拼音】　ru bian su lü
　【核心词】
【定义】
　　蠕变试验中单位时间的蠕变变形。
【分类信息】
　【CLC 类目】

TF124　粉末成型、烧结及后处理
【IPC 类目】
　　(1) F01D19/02　取决于部件的温度,如透平外壳
　　(2) F01D19/02　熔铸法耐火材料[6]
　　(3) F01D19/02　也含氧化钛或钛酸盐的[3,6]
　　(4) F01D19/02　以氧化锆或氧化铪或锆酸盐或铪酸盐为基料的[6]
【词条属性】
　【状况】
　　【应用场景】　地热管材
　　【应用场景】　耐热钢
　　【应用场景】　高温合金
　　【应用场景】　碳素结构钢
　　【应用场景】　合金结构钢
　　【应用场景】　工具钢
　　【应用场景】　模具钢
　【因素】
　　【影响因素】　温度
　　【影响因素】　载荷
　　【影响因素】　时间
　　【影响因素】　位错的滑移
　　【影响因素】　位错的攀移
　　【影响因素】　晶界的位移
　　【影响因素】　晶界的扩散
【词条关系】
　【等同关系】
　　【基本等同】　蠕变曲线的斜率
　【层次关系】
　　【类分】　减速蠕变速率
　　【类分】　恒速蠕变速率
　　【类分】　加速蠕变速率

◎ **蠕变性能**
【基本信息】
　【英文名】　creep properties
　【拼音】　ru bian xing neng
　【核心词】

【定义】
　　指的是材料具有在恒载下(外界载荷不变)的情况下,变形程度随时间增加的性能。
【分类信息】
　【CLC 类目】
　　(1) TG146.2　轻有色金属及其合金
　　(2) TG146.2　特种物理性质合金
　　(3) TG146.2　合金学与各种性质合金
　　(4) TG146.2　金属复合材料
　　(5) TG146.2　非金属复合材料
　【IPC 类目】
　　(1) C22C23/02　铝做次主要成分的[2]
　　(2) C22C23/02　铸铝或铸镁
　　(3) C22C23/02　有加固或不加固的塑料的(9/16 至 9/22 优先)
　　(4) C22C23/02　门(10/00 优先;窗类入 1/00)[5]
　　(5) C22C23/02　锌或镉做次主要成分的[2]
【词条属性】
　【状况】
　　【应用场景】　耐热钢
　　【应用场景】　高温合金
　　【应用场景】　碳素结构钢
　　【应用场景】　合金结构钢
　　【应用场景】　工具钢
　　【应用场景】　模具钢
　【因素】
　　【影响因素】　温度
　　【影响因素】　载荷
　　【影响因素】　位错的滑移
　　【影响因素】　位错的攀移
　　【影响因素】　晶界的位移
　　【影响因素】　晶界的扩散
　　【影响因素】　时间
【词条关系】
　【等同关系】
　　【基本等同】　应力松弛性能

【俗称为】 徐变性能
【层次关系】
　　【并列】 力学性能
　　【并列】 耐疲劳性能
　　【并列】 耐腐蚀性能
　　【类分】 扩散蠕变性能
　　【类分】 对数蠕变性能
　　【类分】 回复蠕变性能
　　【类分】 滞弹性蠕变性能
　　【类属】 塑性性能
【应用关系】
　　【用于】 压力容器

◎ 蠕墨铸铁

【基本信息】
　　【英文名】 vermicular cast iron; compacted graphite cast iron
　　【拼音】 ru mo zhu tie
　　【核心词】
【定义】
　　具有片状和球状石墨之间的一种过渡形态的灰口铸铁。简称灰铸铁。
【来源】 《中国冶金百科全书·金属材料》
【分类信息】
　　【CLC 类目】
　　　　(1) U465.1　黑色金属
　　　　(2) U465.1　造船用材料
　　　　(3) U465.1　汽车发动机
　　【IPC 类目】
　　　　(1) C22C37/00　铸铁合金〔2〕
　　　　(2) C22C37/00　包括添加镁的方法〔2〕
　　　　(3) C22C37/00　铸铁合金的制造〔2〕
　　　　(4) C22C37/00　用于成型铸件的砂型或类似铸型
　　　　(5) C22C37/00　吹制玻璃的各种部件（用于人工吹制入 9/02），模具所用的材料
【词条属性】
　　【特征】
　　　　【特点】 力学性能较好
　　　　【特点】 导热性能较好
　　　　【特点】 断面敏感性小
　　　　【特点】 石墨呈蠕虫状
　　　　【特点】 蠕虫状石墨为互不连接的短片状
　　　　【特点】 石墨片的长厚比较小
　　　　【特点】 石墨片的端部较钝，
　　　　【特点】 其形态介于片状石墨和球状石墨之间
　　　　【特点】 抗拉强度、伸长率、弯曲疲劳强度优于灰铸铁
　　　　【特点】 耐磨性优于孕育铸铁和高磷耐磨铸铁
　　　　【特点】 厚大截面上的力学性能仍比较均匀
　　　　【特点】 断面敏感性较普通灰铸铁小得多
　　　　【特点】 导热性和耐热疲劳性比球墨铸铁高得多
　　　　【特点】 抗生长性和抗氧化性均较其他铸铁都高
　　　　【特点】 减振性能比球墨铸铁高，而不如灰铸铁
　　　　【特点】 良好的工艺性能
　　　　【优点】 减震性较好
　　【状况】
　　　　【应用场景】 钢锭模
　　　　【应用场景】 排气管
　　　　【应用场景】 气缸
　　　　【应用场景】 刹车鼓
　　　　【应用场景】 发动机零件
　　　　【应用场景】 气缸盖
　　　　【应用场景】 轴承盖
　　【时间】
　　　　【起始时间】 20 世纪 60 年代中期
　　【力学性能】
　　　　【抗拉强度】 (350～500) MPa
　　　　【延伸率】 1%～5%
【词条关系】

【层次关系】
　　【材料-组织】　珠光体
　　【材料-组织】　铁素体
　　【材料-组织】　渗碳体
　　【构成成分】　碳、硅、锰、磷、硫、稀有金属
　　【类属】　铸铁
　　【类属】　灰口铸铁
　　【类属】　工程结构材料

◎ **软磁合金**
【基本信息】
　　【英文名】　magnetically soft alloy
　　【拼音】　ruan ci he jin
　　【核心词】
【定义】
　　在外磁场作用下容易磁化,去除磁场后磁感应强度又基本消失的磁性合金。
【来源】　《金属材料简明辞典》
【分类信息】
　　【CLC类目】
　　　（1）TG132.2　特种电磁性质合金
　　　（2）TG132.2　合金学与各种性质合金
　　　（3）TG132.2　其他特种性质合金
　　　（4）TG132.2　功能材料
　　【IPC类目】
　　　（1）H01F1/147　按成分区分的合金〔5,6〕
　　　（2）H01F1/147　铁做主要成分的〔5〕
　　　（3）H01F1/147　用熔炼法〔2〕
　　　（4）H01F1/147　软磁材料的〔6〕
　　　（5）H01F1/147　含铝的〔2〕
【词条属性】
　　【特征】
　　　【特点】　矫顽力低
　　　【特点】　磁导率高
　　　【特点】　功率损耗低
　　　【特点】　磁化后撤去外磁场时磁性基本随之消失
　　　【特点】　应用广泛
　　　【特点】　磁滞回线面积小
　　【状况】
　　　【应用场景】　铁心
　　　【应用场景】　转子
　　　【应用场景】　定子
　　　【应用场景】　极头
　　　【应用场景】　极靴
　　　【应用场景】　磁导体
　　　【应用场景】　磁记录
　　　【应用场景】　磁屏蔽
　　　【应用场景】　继电器
　　　【应用场景】　通信工程的磁性元件
　　　【应用场景】　遥测遥感系统的磁性元件
　　　【应用场景】　仪器仪表的磁性元件
　　【因素】
　　　【影响因素】　化学成分
　　　【影响因素】　杂质
　　　【影响因素】　结构
　　　【影响因素】　应力大小
　　　【影响因素】　应力分布
　　　【影响因素】　表面形态
　　　【影响因素】　厚度
【词条关系】
　　【层次关系】
　　　【概念-实例】　1J46
　　　【概念-实例】　1J30
　　　【概念-实例】　1J36
　　　【概念-实例】　1J22
　　　【概念-实例】　1J87
　　　【概念-实例】　1J75
　　　【构成成分】　铁、镍、硅、铝、钴、铬
　　　【类分】　坡莫合金
　　　【类分】　电磁纯铁
　　　【类分】　电工钢
　　　【类分】　铁镍合金
　　　【类分】　铁钴合金
　　　【类分】　铁铝合金
　　　【类分】　铁硅铝合金
　　　【类分】　铁基非晶态合金

【类分】　钴基非晶态合金
【类分】　铁镍基非晶态合金
【类分】　钴镍基非晶态合金
【类分】　铁基纳米晶合金
【类分】　高起始磁导率合金
【类分】　高饱和磁感应强度合金
【类分】　高磁感低铁损合金
【类分】　高磁导率和较高饱和磁感应强度合金
【类分】　高硬度高电阻率高磁导率合金
【类分】　恒磁导率合金
【类分】　矩磁合金
【类分】　耐蚀软磁合金
【类分】　磁温度补偿合金
【类分】　磁致伸缩合金
【类属】　精密合金

◎软化退火
【基本信息】
　【英文名】　softening annealing
　【拼音】　ruan hua tui huo
　【核心词】
【定义】
　即再结晶退火。因退火后材料的强度降低,塑性升高。
　【来源】　《金属材料简明辞典》
【分类信息】
　【IPC类目】
　　(1) H01J　电子管或放电灯
　　(2) H01J　制造方法〔2〕
　　(3) H01J　碱性蓄电池电极〔2〕
　　(4) H01J　多孔制品或小孔制品,如筛网(1/10优先)〔2〕
　　(5) H01J　含镍的〔2〕
【词条属性】
　【特征】
　　【特点】　低于共析转变温度
　　【特点】　使钢件软化
　　【特点】　软化退火后材料易切削加工
　　【特点】　软化退火后易冷变形
　　【特点】　软化退火过程中发生回复
　　【特点】　软化退火后显微组织几乎没有变化
　　【特点】　消除内应力
　　【特点】　软化退火会降低硬度
　　【特点】　软化退火可以清理表面缺陷
【词条关系】
　【层次关系】
　　【并列】　球化退火
　　【并列】　均匀化退火
　　【概念-实例】　16MnCr5 钢
　　【概念-实例】　1Cr17Ni2
　　【概念-实例】　DT300
　　【概念-实例】　X45NiCrMo4
　　【概念-实例】　SUS304
　　【概念-实例】　304
　　【概念-实例】　NAK80
　　【概念-实例】　316
　　【类分】　再结晶退火
　　【类属】　退火
　　【类属】　低温退火
　　【类属】　中间退火
　　【类属】　消除应力退火
　【生产关系】
　　【工艺-材料】　低碳钢
　　【工艺-材料】　硅钢薄板
　　【工艺-材料】　板材
　　【工艺-材料】　管
　　【工艺-材料】　带材
　　【工艺-材料】　丝
　　【工艺-材料】　不锈钢
　　【工艺-材料】　工具钢
　　【工艺-材料】　模具钢
　　【工艺-材料】　合金钢
　　【工艺-设备工具】　退火炉
　　【工艺-设备工具】　开卷机
　　【工艺-设备工具】　焊机
　　【工艺-设备工具】　平整机

【工艺-设备工具】 矫直机
【工艺-设备工具】 剪切机
【工艺-设备工具】 卷取机
【工艺-设备工具】 活套

◎上贝氏体
【基本信息】
　【英文名】　upper bainite
　【拼音】　shang bei shi ti
　【核心词】
【定义】
　是一种两相混合组织,由过饱和铁素体和碳化物组成。
【来源】《金属材料简明辞典》
【分类信息】
　【IPC类目】
　　C21D8/00　通过伴随有变形的热处理或变形后再进行热处理来改变物理性能(除需成型的工件外不需要再加热的锻造,或轧制成型的硬化工件或材料入 1/02)〔3〕
【词条属性】
　【特征】
　　【缺点】　硬度不高
　　【缺点】　韧性差
　　【特点】　两相混合组织
　　【特点】　成束的、大致平行的过饱和铁素体板条沿奥氏体晶界的一侧或两侧长大
　　【特点】　碳化物分布于铁素体板条之间或板条内部
　　【特点】　从整体看呈羽毛状
　　【特点】　在贝氏体转变区的高温区形成
　　【特点】　上贝氏体与奥氏体之间符合 K-S 关系
　　【特点】　350～550 ℃ 范围内形成
　　【特点】　晶界为对称轴
　　【特点】　铁素体羽毛可呈针状
　　【特点】　铁素体羽毛可呈点状
　　【特点】　铁素体羽毛可呈块状
　　【特点】　塑性差
　　【特点】　体心立方点阵
　　【特点】　机械性能差
　【力学性能】
　　【硬度】　35～45 HRC
　【因素】
　　【影响因素】　钢的含碳量
　　【影响因素】　合金元素
　　【影响因素】　形成温度
【词条关系】
　【等同关系】
　　【基本等同】　高温贝氏体
　　【基本等同】　羽毛状贝氏体
　　【缩略为】　B上
　【层次关系】
　　【并列】　下贝氏体
　　【构成成分】　过饱和铁素体
　　【类属】　金相组织
　　【类属】　贝氏体
　　【组织-材料】　高碳高合金钢
　　【组织-材料】　中碳中合金钢
　　【组织-材料】　低碳低合金钢
　【应用关系】
　　【组织-工艺】　冷却速度

◎烧结焊剂
【基本信息】
　【英文名】　agglomerated flux;sintered flux
　【拼音】　shao jie han ji
　【核心词】
【定义】
　将各种粉料按配方规定的比例混拌在一起,然后加水玻璃制成湿料,再把湿料制成一定尺寸的颗粒料,经烘干(通常在 700～900 ℃)再粉碎成一定尺寸的颗粒使用。
【词条属性】
　【特征】
　　【优点】　优质
　　【优点】　高效

【优点】　节能
【优点】　环保
【优点】　无烟
【优点】　无味
【优点】　无弧
【优点】　无飞溅
【优点】　堆积密度小
【优点】　渣壳较薄
【优点】　焊剂消耗量少
【优点】　焊接生产成本较低
【优点】　碱度值调整范围大
【优点】　适用于可焊性较差的材料焊接
【优点】　满足焊缝超低氢
【优点】　满足焊缝高强高韧
【优点】　满足焊缝高洁度
【优点】　可以添加各类脱氧剂
【优点】　可以添加各类合金剂
【优点】　易于调整焊缝金属的化学成分
【优点】　在埋弧堆焊工艺技术中有独到的优势
【优点】　配制科学灵便
【优点】　焊接工艺适应性强
【优点】　脱渣性优良
【优点】　焊缝成型好
【优点】　大多为球形颗粒状
【优点】　便于焊剂在焊接过程中的输送
【优点】　便于焊剂在焊接过程中的回收
【状况】
　【应用场景】　核反应堆耐压壳体
　【应用场景】　加氢反应器
　【应用场景】　薄板焊接
　【应用场景】　角焊缝
　【应用场景】　超大规范焊接
　【应用场景】　高速焊接
　【应用场景】　多丝焊接
　【应用场景】　抗气孔焊接
　【应用场景】　窄间隙焊接
　【应用场景】　深坡口焊接
【词条关系】

【层次关系】
　【并列】　黏结焊剂
　【并列】　熔炼焊剂
　【构成成分】　锰、硅、氧、钙、镁、铝、钛、氟
　【类属】　焊剂
【应用关系】
　【用于】　高强钢
　【用于】　不锈钢

◎烧损
【基本信息】
　【英文名】　burning loss；ignition loss
　【拼音】　shao sun
　【核心词】
【定义】
　　钢在高温状态下因氧化而造成的损耗。
　【来源】　《中国冶金百科全书·金属塑性加工》
【分类信息】
　【CLC 类目】
　　TE624　炼油工艺过程
　【IPC 类目】
　　（1）C22C21/00　铝基合金
　　（2）C22C21/00　交流换热器的配置
　　（3）C22C21/00　预热燃烧空气或气体燃料的〔4〕
　　（4）C22C21/00　脱氧，如镇静钢〔2〕
　　（5）C22C21/00　按所用材料区分
【词条属性】
　【特征】
　　【特点】　高温状态
　　【特点】　氧化反应
　【状况】
　　【应用场景】　门
　　【应用场景】　窗
　　【应用场景】　室内水卫
　　【应用场景】　电照
　　【应用场景】　暖气
　　【应用场景】　煤气具

【应用场景】　消火栓
　　【应用场景】　避雷装置
　　【应用场景】　弹簧钢
　　【应用场景】　碳素结构钢
　　【应用场景】　轴承钢
　　【应用场景】　工具钢
　　【应用场景】　不锈钢
　　【应用场景】　模具钢
　　【应用场景】　合金结构钢
　【因素】
　　【影响因素】　加热温度
　　【影响因素】　加热时间
　　【影响因素】　炉内 CO_2 含量
　　【影响因素】　炉内 O_2 含量
　　【影响因素】　炉内 H_2O 含量
　　【影响因素】　化学成分
【词条关系】
　【层次关系】
　　【构成成分】　铁、硅、锰、氧气、二氧化碳、水
　　【类分】　轻微烧损
　　【类分】　一般烧损
　　【类分】　严重烧损

◎伸长率
【基本信息】
　【英文名】　elongation;extensibility
　【拼音】　shen chang lü
　【核心词】
【定义】
　金属材料在拉伸试验时,试样拉断后,其标距部分所增加的长度与原标距长度的百分比,称为伸长率。
　【来源】　《机械加工工艺辞典》
【分类信息】
　【CLC 类目】
　　（1）O212.1　一般数理统计
　　（2）O212.1　复合材料
　【IPC 类目】
　　（1）C25D1/04　丝;带;箔〔2〕
　　（2）C25D1/04　用于接头或盖的密封或包装（填充浆料入 C09D5/34）
【词条属性】
　【特征】
　　【特点】　衡量材料塑性大小的一种指标
　【状况】
　　【应用场景】　低碳钢
　　【应用场景】　铝
　　【应用场景】　铜
　　【应用场景】　铸铁
　　【应用场景】　玻璃
　　【应用场景】　陶瓷
【词条关系】
　【等同关系】
　　【基本等同】　延伸率
　　【缩略为】　δ
　【层次关系】
　　【并列】　截面收缩率
　　【类分】　定倍数 A5
　　【类分】　定倍数 A10
　　【类分】　定标距 A50
　　【类分】　定标距 A80
　　【类分】　定标距 A100
　【测度关系】
　　【物理量-单位】　以百分比计
　　【物理量-度量工具】　声速检测仪
　　【物理量-度量工具】　拉力机
　　【物理量-度量工具】　打磨机
　　【物理量-度量工具】　图像显示仪
　　【物理量-度量工具】　游标卡尺
　　【物理量-度量工具】　万能材料力学性能测试仪
　　【物理量-度量工具】　PE 塑料薄膜断裂伸长率检测仪
　　【物理量-度量工具】　铝箔胶带延伸率检验仪
　　【物理量-度量工具】　LDS-5KN 数显万能试验机

【物理量-度量工具】 止水带扯断伸长率检测设备

【物理量-度量工具】 塑料制品断裂伸长率检测设备

◎ 深冲性能
【基本信息】
　【英文名】　drawability
　【拼音】　shen chong xing neng
　【核心词】
【定义】
　　指钢板冲压成型时，钢板厚度方向上的变化和平面(长度和宽度方向)变化。
【分类信息】
　【CLC类目】
　　(1) TG33　轧制
　　(2) TG33　汽车材料
　【IPC类目】
　　(1) B21B37/16　厚度、宽度、直径或其他横向尺寸的控制(37/58 优先)[6]
　　(2) B21B37/16　用于轧制有特殊问题的薄箔,如由于太薄的问题
　　(3) B21B37/16　温度控制,如通过冷却或加热轧辊成产品(37/32,37/44 优先)[6]
　　(4) B21B37/16　需要或允许专门轧制方法或程序的特殊成分合金材料的轧制(除由此获得的结构强化和机械性质外,改变合金的特殊冶金性质入 C21D,C22F)
　　(5) B21B37/16　金属在连续浇铸后立即轧制(金属轧机机座入 13/22;连续铸造入 B22D11/00,若进入带滚子的铸型入 B22D11/06)[3]
【词条属性】
　【特征】
　　【特点】　含碳量低
　　【特点】　含硫量低
　　【特点】　适量的锰含量
　【状况】
　　【应用场景】　铝镇静钢板
　　【应用场景】　沸腾钢板
　　【应用场景】　高强度深冲钢板
　　【应用场景】　双相钢板
　【因素】
　　【影响因素】　起皱
　　【影响因素】　破裂
　　【影响因素】　压边力
　　【影响因素】　硬化指数
　　【影响因素】　摩擦力
　　【影响因素】　模具构造
　　【影响因素】　材料规格
　　【影响因素】　塑性应变比
　　【影响因素】　最小弯曲半径
　　【影响因素】　翻边性
　　【影响因素】　平均延伸率
　　【影响因素】　温度
　　【影响因素】　化学成分
　　【影响因素】　钢的洁净度
　　【影响因素】　热轧工艺
　　【影响因素】　冷轧工艺
【词条关系】
　【等同关系】
　　【基本等同】　拉深性能
　　【基本等同】　拉延性能
　【层次关系】
　　【概念-实例】　08AL
　　【概念-实例】　08AL-X
　　【概念-实例】　Q 195 L
　　【概念-实例】　Q 195 L D
　　【概念-实例】　09MnV
　　【概念-实例】　09MnAl
　　【概念-实例】　SPCD
　　【概念-实例】　SPCE
　　【概念-实例】　ST13
　　【概念-实例】　ST14
　　【概念-实例】　DC01
　　【概念-实例】　DC08
　　【类分】　弹性凹模深冲性能
　　【类分】　脉动深冲性能

【类分】 加热深冲性能
【类分】 深冷深冲性能
【类分】 周边加压的充液深冲性能
【类分】 摩擦深冲性能
【类属】 冲压性能
【类属】 塑性加工性能
【类属】 立体成型性能

◎ **深冷处理**
【基本信息】
　　【英文名】　cryothermal treat ment
　　【拼音】　shen leng chu li
　　【核心词】
【定义】
　　将工件置于制冷容器中冷却至零下（一般为 $-196 \sim -70\ ℃$）的钢铁材料中的马氏体转变一般为变温型，即在马氏体转变开始温度 M_s 以下随温度下降马氏体量增多，到马氏体转变终了温度 M_f 停止，与某温度下停留时间长短无关。
【来源】《中国冶金百科全书·金属材料》
【分类信息】
　　【CLC 类目】
　　TB332　非金属复合材料
　　【IPC 类目】
　　(1) C21D6/04　在 $0\ ℃$ 以下的冷却硬化〔2〕
　　(2) C21D6/04　专门作为电极使用的（用于电弧焊或电弧切割的导电嘴入 9/26）
　　(3) C21D6/04　铜或铜基合金
　　(4) C21D6/04　关于电极的特性（电极的形状或成分入 35/00）
　　(5) C21D6/04　不包括在上述规定中的复合热处理
【词条属性】
　　【特征】
　　　【特点】 在 $0\ ℃$ 以下的介质中冷却
　　　【优点】 提高钢的强度
　　　【优点】 提高钢的耐磨性
　　　【优点】 使工件尺寸稳定
　　　【优点】 残余奥氏体稳定
　　　【优点】 提高了硬度
　　　【优点】 提高冲击韧性
　　　【优点】 改善工件内应力分布
　　　【优点】 提高疲劳强度
　　　【优点】 提高耐腐蚀性能
　　　【优点】 增加了使用寿命
　　　【优点】 工艺简单方便
　　　【优点】 应用较为广泛
　　【状况】
　　　【应用场景】 碳化物
　　　【应用场景】 尼龙
　　　【应用场景】 铁氟龙
　　　【应用场景】 铝
　　　【应用场景】 陶瓷
　　　【应用场景】 钟表
　　　【应用场景】 刀具
　　　【应用场景】 磨具
　　　【应用场景】 特殊弹簧
　　　【应用场景】 轴承
　　　【应用场景】 齿轮
　　　【应用场景】 活塞
　　　【应用场景】 连杆
　　　【应用场景】 曲轴
　　　【应用场景】 丝攻
　　　【应用场景】 钻头
　　　【应用场景】 枪管
　　　【应用场景】 哥尔夫球头
　　　【应用场景】 棒球杆
　　　【应用场景】 乐器
　　【力学性能】
　　　【硬度】 $0.5 \sim 15\ \text{HRC}$
　　【因素】
　　　【影响因素】 M_f 温度
【词条关系】
　　【等同关系】
　　　【基本等同】 冰冷处理
　　　【基本等同】 低温处理
　　　【基本等同】 零下处理

【层次关系】
　　【概念-实例】　$W_{18}Cr_4V$
　　【类属】　　　冷处理
　　【类属】　　　热处理工艺
【应用关系】
　　【工艺-组织】　马氏体
【生产关系】
　　【工艺-材料】　合金钢
　　【工艺-材料】　高速工具钢
　　【工艺-材料】　高速钢
　　【工艺-材料】　模具钢
　　【工艺-材料】　硬质合金

◎ 渗氮钢
【基本信息】
　　【英文名】　nitrided steel；nitriding steel
　　【拼音】　　shen dan gang
　　【核心词】
【定义】
　　为了在钢表面获得高硬度和耐磨的渗氮层,就必须采用含有某些合金元素的合金钢进行渗氮,这是因为氮与某些合金元素生成的氮化物要比氮化铁稳定得多,并在渗氮层中以高弥散度状态分布,使渗氮层具有很高的硬度。
【分类信息】
　　【CLC类目】
　　　　TG142　钢
【词条属性】
　　【特征】
　　　　【特点】　低于钢铁材料临界点 Ac_1
　　　　【特点】　基体不发生相变
　　　　【优点】　表面硬度高
　　　　【优点】　耐磨性好
　　　　【优点】　高抗疲劳性能
　　　　【优点】　高红硬性
　　【状况】
　　　　【应用场景】　机床
　　　　【应用场景】　齿轮
　　　　【应用场景】　涡轮
　　　　【应用场景】　蜗杆
　　　　【应用场景】　轴
　　【因素】
　　　　【影响因素】　温度
　　　　【影响因素】　工件中被渗元素内外浓度差
　　　　【影响因素】　钢中合金元素含量
【词条关系】
　　【层次关系】
　　　　【并列】　　　弹簧钢
　　　　【并列】　　　耐磨钢
　　　　【并列】　　　渗碳钢
　　　　【并列】　　　渗硫钢
　　　　【概念-实例】　38CrMoAl
　　　　【概念-实例】　35CrAl
　　　　【概念-实例】　38CrAl
　　　　【概念-实例】　40CrNiMoA
　　　　【概念-实例】　18CrNiW
　　　　【概念-实例】　4Cr14Ni14W2Mo
　　　　【概念-实例】　4Cr10Si2Mo
　　　　【概念-实例】　3Cr2W8
　　　　【概念-实例】　50CrVA
　　　【构成成分】　铬、钼、钨、铝、钒、锰
　【应用关系】
　　　【材料-加工设备】　加热炉

◎ 渗硫
【基本信息】
　　【英文名】　sulfurize；sulphurize
　　【拼音】　　shen liu
　　【核心词】
【定义】
　　在含硫介质中加热,使工件表面形成以 FeS 为主的转化膜的化学热处理工艺。
【来源】《中国冶金百科全书·金属材料》
【分类信息】
　　【CLC类目】
　　　（1）TG132.3　特种热性质合金
　　　（2）TG132.3　汽车材料

【IPC 类目】

(1) C23C8/36 使用电离气体的,如离子氮化(带有放电物体或材料之引入装置的放电管本身入 H01J37/00)〔4〕

(2) C23C8/36 金属材料表面中仅渗入非金属元素的固渗(渗硅入 10/00);金属材料表面与反应气体反应、覆层中留存表面材料反应产物法表面化学处理,如转化层、金属的钝化(14/00 优先)〔4〕

(3) C23C8/36 仅渗一种元素〔4〕

(4) C23C8/36 一步法渗多种元素〔4〕

(5) C23C8/36 考虑到润滑的特殊部件或零件

【词条属性】

　【特征】

　　【特点】 形成 FeS 薄膜

　　【优点】 耐磨

　　【优点】 降低摩擦系数

　　【优点】 提高抗咬合性

　　【优点】 耐腐蚀

　　【优点】 高温抗氧化

　【状况】

　　【应用场景】 模具

　　【应用场景】 缸套

　　【应用场景】 活塞环

　　【应用场景】 齿轮

　　【应用场景】 液压系统零件

　　【应用场景】 泵的侧板

　　【应用场景】 断路器活塞

　　【应用场景】 汽缸体

　　【应用场景】 凸轮

　　【应用场景】 轴

　　【应用场景】 铣刀

　　【应用场景】 插齿刀

　　【应用场景】 丝锥

　　【应用场景】 油泵变量头

　　【应用场景】 针导槽

　　【应用场景】 冷冲模

【词条关系】

　【等同关系】

　　【基本等同】 硫化

　【层次关系】

　　【并列】 渗碳

　　【并列】 渗氮

　　【并列】 渗硼

　　【概念-实例】 ZF7

　　【概念-实例】 GCr15

　　【概念-实例】 20

　　【类分】 低温渗硫

　　【类分】 中温渗硫

　　【类分】 气体渗硫

　　【类分】 固体渗硫

　　【类分】 液体渗硫

　　【类属】 化学热处理

　【生产关系】

　　【工艺-材料】 碳素钢

　　【工艺-材料】 合金钢

　　【工艺-材料】 工具钢

　　【工艺-材料】 高速钢

　　【工艺-材料】 铸铁

　　【工艺-设备工具】 渗硫炉

◎ 渗硼

【基本信息】

　【英文名】 boriding

　【拼音】 shen peng

　【核心词】

【定义】

　在含硼介质中加热将硼渗入钢铁或分别以镍、钴、钛为基的合金件中的化学热处理工艺。

【来源】 《中国冶金百科全书·金属材料》

【分类信息】

　【CLC 类目】

　　P634.4 钻头、钻具及工具

　【IPC 类目】

(1) C23C8/68 渗硼〔4〕

(2) C23C8/68 金属材料表面中仅渗入非金属元素的固渗(渗硅入 10/00);金属材料

表面与反应气体反应、覆层中留存表面材料反应产物法表面化学处理,如转化层、金属的钝化（14/00 优先）[4]

　　(3) C23C8/68　仅用一种元素的[4]
　　(4) C23C8/68　黑色金属表面的[4]
　　(5) C23C8/68　仅渗一种元素[4]
【词条属性】
　【特征】
　　【特点】　温度 950～1000 ℃
　　【优点】　表面硬度高
　　【优点】　耐磨性好
　　【优点】　耐热性好
　　【优点】　耐蚀性好
　　【优点】　抗氧化性好
　【状况】
　　【应用场景】　结构件
　　【应用场景】　泥浆泵
　　【应用场景】　冲压模具
　　【应用场景】　拉丝模具
　　【应用场景】　小孔
　　【应用场景】　螺纹
　　【应用场景】　盲孔
　　【应用场景】　石油钻机牙轮
　　【应用场景】　缸套
　　【应用场景】　打捞公锥
　　【应用场景】　排污阀
　　【应用场景】　热作模具
　【力学性能】
　　【硬度】　HV 1500～2000
【词条关系】
　【等同关系】
　　【基本等同】　硼化
　【层次关系】
　　【并列】　渗碳
　　【并列】　渗硫
　　【概念-实例】　H13
　　【概念-实例】　Cr12Mo1V
　　【构成成分】　铬、钼、镍、钨、钛
　　【类分】　固体法
　　【类分】　气体法
　　【类分】　盐浴法
　　【类分】　盐浴电解法
　　【类属】　化学热处理
　　【类属】　渗镀品种
　【生产关系】
　　【工艺-材料】　模具钢
　　【工艺-设备工具】　加热炉
　　【工艺-设备工具】　分解器
　　【工艺-设备工具】　蒸发器
　　【工艺-设备工具】　过滤器

◎ 渗碳

【基本信息】
　【英文名】　carburization
　【拼音】　shen tan
　【核心词】
　【定义】
　　将低碳钢或低碳合金钢制的零件置于具有足够碳势的渗碳介质中,加热到奥氏体状态并保温,使碳元素渗入零件表层,在表面与心部间形成一个碳浓度梯度层,获得所需性能的金属热处理工艺。
　【来源】　《现代材料科学与工程辞典》
【分类信息】
　【CLC 类目】
　　(1) TG174.445　表面合金化(渗镀)
　　(2) TG174.445　特种热性质合金
　　(3) TG174.445　特种结构材料
　【IPC 类目】
　　(1) C23C8/20　渗碳[4]
　　(2) C23C8/20　黑色金属表面的[4]
　　(3) C23C8/20　适用于在真空中或特殊气氛中处理炉料的
　　(4) C23C8/20　黑色金属表面的[4]
【词条属性】
　【特征】
　　【特点】　加热到奥氏体状态并保温
　　【特点】　提高了耐磨性

【特点】　提高了接触疲劳抗力
【特点】　提高了硬度
【特点】　提高了强度
【特点】　提高了冲击韧性
【特点】　延长零件的使用寿命
【特点】　操作较简单
【特点】　成本较低廉
【状况】
　【应用场景】　齿轮
　【应用场景】　轴
　【应用场景】　凸轮轴
　【应用场景】　螺栓
　【应用场景】　活塞杆
　【应用场景】　万向接轴
【时间】
　【起始时间】　20世纪20年代在工业上得到广泛应用
【因素】
　【影响因素】　温度
　【影响因素】　工件中被渗元素内外浓度差
　【影响因素】　钢中合金元素含量
【词条关系】
　【等同关系】
　　【基本等同】　碳化
　【层次关系】
　　【并列】　渗氮
　　【并列】　渗硼
　　【并列】　渗硫
　　【概念-实例】　G20CrMo
　　【概念-实例】　G20CrNiMo
　　【概念-实例】　G20CrNi2Mo
　　【概念-实例】　G20CrNi3Mo
　　【类分】　固体渗碳
　　【类分】　液体渗碳
　　【类分】　气体渗碳
　　【类属】　化学热处理
　　【实例-概念】　固溶处理
　【应用关系】

【工艺-组织】　马氏体
【用于】　机械制造
【用于】　硬化
【生产关系】
　【工艺-材料】　渗碳钢
　【工艺-材料】　低碳钢
　【工艺-材料】　低碳合金钢
　【工艺-材料】　渗碳层
　【工艺-设备工具】　箱式炉
　【工艺-设备工具】　井式炉
　【工艺-设备工具】　连续贯通式炉

◎ 渗碳层
【基本信息】
　【英文名】　carburized layer
　【拼音】　shen tan ceng
　【核心词】
【定义】
　　渗碳层就是渗碳件中含碳量高于原材料的表层。
【分类信息】
　【CLC类目】
　　TG156.8　化学热处理
　【IPC类目】
　　(1) C23C8/20　渗碳〔4〕
　　(2) C23C8/20　抛光；腐蚀
　　(3) C23C8/20　碳氮共渗〔4〕
　　(4) C23C8/20　用酸溶液
　　(5) C23C8/20　万向接头，其挠性是借助于枢轴或滑动或滚动连接件产生的
【词条属性】
　【特征】
　　【特点】　碳原子渗入到钢表面层
　　【特点】　含碳量高于原材料的表层
　　【特点】　使低碳钢的工件具有高碳钢的表面层
　　【优点】　提高了硬度
　　【优点】　提高了耐磨性
　　【优点】　工件的中心部分仍然保持着低

碳钢的韧性
　　　【优点】　工件的中心部分仍然保持着低碳钢的塑性
　　【状况】
　　　【应用场景】　刀具
　　　【应用场景】　仪器仪表
　【词条关系】
　　【层次关系】
　　　【并列】　渗氮层
　　　【并列】　渗硼层
　　　【并列】　渗硫层
　　　【概念-实例】　4Cr13
　　　【概念-实例】　T10
　　　【概念-实例】　9CrSi
　　　【概念-实例】　40Cr
　　　【概念-实例】　12CrNiMo
　　　【概念-实例】　25
　　　【概念-实例】　20Cr
　　【应用关系】
　　　【材料-加工设备】　井式渗碳炉
　　　【材料-加工设备】　网氏渗碳炉
　　　【材料-加工设备】　可控气氛淬火炉
　　　【材料-加工设备】　低真空淬火炉
　　　【用于】　低碳合金钢
　　　【用于】　不锈钢
　　　【用于】　工具钢
　　　【用于】　模具钢
　　【生产关系】
　　　【材料-工艺】　渗碳

◎渗碳钢

【基本信息】
　【英文名】　carburized steel
　【拼音】　shen tan gang
　【核心词】
【定义】
　　一种机械结构钢。通常是含碳量较低（0.10%～0.25%）的碳素钢和合金钢（主要合金元素有铬、镍、锰、硼等）。

【来源】《金属材料简明辞典》
【分类信息】
　【IPC类目】
　　（1）C23C8/22　黑色金属表面的[4]
　　（2）C23C8/22　抛光；腐蚀
　　（3）C23C8/22　金属材料表面中至少渗入一种硅以外的非金属元素，以及至少一种金属元素或硅的固渗[4]
　　（4）C23C8/22　挺杆；推杆
　　（5）C23C8/22　用酸溶液
【词条属性】
　【特征】
　　【特点】　含碳量较低
　　【特点】　硬度高
　　【特点】　耐磨
　　【优点】　淬透性好
　　【优点】　渗碳能力好
　【状况】
　　【应用场景】　齿轮
　　【应用场景】　凸轮
　　【应用场景】　活塞销
　　【应用场景】　曲轴
　　【应用场景】　离合器轴
【词条关系】
　【层次关系】
　　【并列】　渗氮钢
　　【概念-实例】　15
　　【概念-实例】　20
　　【概念-实例】　20Cr
　　【概念-实例】　20Mn2B
　　【概念-实例】　20Cr2Ni4
　　【概念-实例】　18Cr2Ni4W
　　【概念-实例】　15Cr
　　【概念-实例】　20CrMnTi
　　【概念-实例】　20Mn2
　　【构成成分】　硼、镍、铬、锰、钨、钼、钒、钛
　　【类分】　低淬透性渗碳钢
　　【类分】　中淬透性渗碳钢
　　【类分】　高淬透性渗碳钢

【类属】 塑料模具钢
【类属】 机械结构钢
【生产关系】
　　【材料-工艺】 正火
　　【材料-工艺】 渗碳
　　【材料-工艺】 淬火
　　【材料-工艺】 回火

◎ 渗碳体
【基本信息】
　　【英文名】 cementite
　　【拼音】 shen tan ti
　　【核心词】
【定义】
　　即碳化铁(Fe_3C)，钢铁组织中的一种重要组成相，是一种具有极高硬度(HB 600 以上)而延伸率几乎为零的脆性化合物。
　　【来源】 《金属材料简明辞典》
【分类信息】
　　【CLC 类目】
　　　　(1) N04　术语规范及交流
　　　　(2) N04　磁性材料、铁氧体
　　【IPC 类目】
　　　　(1) C23C8/22　黑色金属表面的[4]
　　　　(2) C23C8/22　铁基合金，如合金钢(铸铁合金入 37/00)[2]
　　　　(3) C23C8/22　不用心轴的
　　　　(4) C23C8/22　带钎焊或焊接缝的管的制造(只包含一种钎焊或焊接加工的入 B23K)
　　　　(5) C23C8/22　铁基合金的热处理[2]
【词条属性】
　　【特征】
　　　　【数值】 含碳量为 6.69%
　　　　【特点】 晶格为复杂的正交晶格
　　　　【特点】 延伸率几乎为零
　　　　【特点】 脆性化合物
　　　　【特点】 可以呈片状
　　　　【特点】 可以呈球状
　　　　【特点】 可以呈网状
　　　　【特点】 其数量对钢铁的性能影响很大
　　　　【特点】 其形状对钢铁的性能影响很大
　　　　【特点】 其分布对钢铁的性能影响很大
　　　　【特点】 亚稳定化合物
　　　　【特点】 不发生同素异晶转变
　　　　【特点】 有磁性转变
　　　　【特点】 塑性低
　　　　【特点】 冲击韧性低
　　　　【特点】 可以呈块状
　　　　【特点】 可以呈骨骼状
　　　　【特点】 可以呈带状
　　　　【特点】 可以呈针状
　　【其他物理特性】
　　　　【熔点】 1227 ℃
　　【力学性能】
　　　　【硬度】 HB 600 以上
【词条关系】
　　【等同关系】
　　　　【缩略为】 符号 C
　　　　【缩略为】 符号 Fe_3C
　　【层次关系】
　　　　【并列】 珠光体
　　　　【并列】 马氏体
　　　　【参与组成】 莱氏体
　　　　【参与组成】 莱氏体钢(珠光体+渗碳体)
　　　　【构成成分】 铁
　　　　【类分】 一次渗碳体
　　　　【类分】 二次渗碳体
　　　　【类分】 三次渗碳体
　　　　【类分】 共晶渗碳体
　　　　【类分】 共析渗碳体
　　　　【类分】 先共析渗碳体
　　　　【类分】 初生渗碳体
　　　　【类属】 钢铁显微组织的组成相
　　　　【组织-材料】 过共析钢
　　　　【组织-材料】 铸铁
　　　　【组织-材料】 合金铸铁
　　　　【组织-材料】 钢铁材料
　　　　【组织-材料】 曲轴

【组织-材料】 9Cr18
【组织-材料】 Cr12
【组织-材料】 Cr12MoV
【组织-材料】 W18Cr4V
【组织-材料】 蠕墨铸铁
【应用关系】
　【组织-工艺】 低温回火脆性
　【组织-工艺】 脆化

◎ 生铁
【基本信息】
　【英文名】 pig iron
　【拼音】 sheng tie
　【核心词】
【定义】
　　含碳2%以上和一定数量的Si、Mn、P、S等元素的铁基合金。
【来源】《中国冶金百科全书·钢铁冶金》
【分类信息】
　【IPC类目】
　　（1）C21B5/00　高炉炼生铁
　　（2）C21B5/00　多步法
　　（3）C21B5/00　阳极〔2〕
　　（4）C21B5/00　直接还原法炼海绵铁或液体钢
　　（5）C21B5/00　碳钢的冶炼，如普通低碳钢、中碳钢，或铸钢
【词条属性】
　【特征】
　　【缺点】 杂质较高
　　【缺点】 韧性较差
　　【缺点】 不能塑性加工
　　【数值】 含碳2%以上
　　【优点】 强度高
　　【优点】 耐磨性好
　　【优点】 铸造性好
　【状况】
　　【现状】 工业生铁含碳量一般在2.11%~4.3%

　【应用场景】 炼钢
　【应用场景】 机床床座
　【应用场景】 铁管
　【应用场景】 曲轴
　【应用场景】 齿轮
　【应用场景】 活塞
【力学性能】
　【抗拉强度】 490 MPa以下
【词条关系】
【层次关系】
　【材料-组织】 莱氏体
　【构成成分】 硅、锰、磷、硫、铜、钒、镍、铬、钛、钼
　【类分】 炼钢生铁
　【类分】 铸造生铁
　【类分】 合金生铁
　【类分】 球墨铸铁
　【类分】 灰口铁
　【类分】 白口铁
【应用关系】
　【材料-加工设备】 高炉
　【材料-加工设备】 炉顶设备
　【材料-加工设备】 冷却壁
　【材料-加工设备】 炉顶放散
　【材料-加工设备】 造粒机
　【材料-加工设备】 混合机
　【材料-加工设备】 烧结机
　【材料-加工设备】 环冷机
　【材料-加工设备】 破碎机
　【材料-加工设备】 开口机
　【材料-加工设备】 热风阀门
　【材料-加工设备】 铁水罐
　【材料-加工设备】 渣罐
　【材料-加工设备】 称量设备
　【材料-加工设备】 传送带

◎ 时效处理
【基本信息】
　【英文名】 aging treatment

【拼音】 shi xiao chu li
【核心词】
【定义】
　　将淬火后的金属工件在一定温度下保持适当时间,使强度提高的热处理工艺。
【来源】 《现代汉语大词典·下册》
【分类信息】
　【CLC 类目】
　　(1) TG113　金相学(金属的组织与性能)
　　(2) TG113　时效处理
　　(3) TG113　金属的分析试验(金属材料试验)
　【IPC 类目】
　　(1) C22C9/00　铜基合金
　　(2) C22C9/00　铜或铜基合金
　　(3) C22C9/00　用热处理法或用热加工或冷加工法改变有色金属,或合金的物理结构(金属的机械加工设备入 B21,B23,B24)
　　(4) C22C9/00　通过伴随有变形的热处理或变形后再进行热处理来改变物理性能(除需成型的工件外不需要再加热的锻造,或轧制成型的硬化工件或材料入 1/02)〔3〕
　　(5) C22C9/00　含铬的〔2〕
【词条属性】
　【特征】
　　【特点】　经固溶处理
　　【特点】　在室温或一定温度下放置一定时间
　　【特点】　有第二相析出
　　【特点】　硬度显著增加
　　【特点】　塑性降低
　　【特点】　屈服强度提高
　　【特点】　抗拉强度提高
　　【特点】　伸长率降低
　　【特点】　冲击韧性降低
　　【特点】　内部组织发生变化
　　【特点】　过饱和状态
　【因素】
　　【影响因素】　化学成分
　　【影响因素】　时效时间
　　【影响因素】　溶解度
　　【影响因素】　温度
　　【影响因素】　扩散能力
【词条关系】
　【等同关系】
　　【基本等同】　时效脱溶
　　【基本等同】　时效沉淀强化
　【层次关系】
　　【类分】　自然时效
　　【类分】　人工时效
　　【类分】　淬火时效
　　【类分】　应变时效
　　【类属】　热处理方法
　【生产关系】
　　【工艺-材料】　恒弹性合金
　　【工艺-材料】　镍基高温合金
　　【工艺-材料】　钢铁材料
　　【工艺-材料】　合金钢
　　【工艺-材料】　塑料模具钢
　　【工艺-材料】　线材
　　【工艺-材料】　马氏体时效钢
　　【工艺-材料】　沉淀硬化不锈钢
　　【工艺-材料】　奥氏体-马氏体沉淀硬化不锈钢
　　【工艺-材料】　马氏体沉淀硬化不锈钢
　　【工艺-材料】　铝合金
　　【工艺-材料】　镁合金
　　【工艺-材料】　铜铍合金

◎时效硬化
【基本信息】
　【英文名】　age hardening
　【拼音】　shi xiao ying hua
　【核心词】
【定义】
　　经固溶处理的过饱和固溶体在室温或室温以上时效处理,硬度或强度显著增加的现象。
【来源】 《现代材料科学与工程辞典》

【分类信息】
  【CLC 类目】
    (1) TG142.7　特种性能钢
    (2) TG142.7　钢
    (3) TG142.7　特种机械性质合金
  【IPC 类目】
    (1) C22C9/06　镍或钴做次主要成分的〔2〕
    (2) C22C9/06　含铬的〔2〕
    (3) C22C9/06　以镁做次主要成分的合金的〔4〕
    (4) C22C9/06　硅和镁在比例上近似相等的 Al-Si-Mg 系合金的〔4〕
    (5) C22C9/06　稀土金属做次主要成分的〔2〕
【词条属性】
  【特征】
    【特点】　经固溶处理
    【特点】　过饱和状态
    【特点】　在室温或室温以上时效处理
    【特点】　硬度显著增加
    【特点】　塑性降低
    【特点】　屈服强度提高
    【特点】　抗拉强度提高
    【特点】　伸长率降低
    【特点】　冲击韧性降低
    【特点】　不同种类钢材的时效硬化过程不同
    【特点】　不同种类钢材的时效硬化时间长短不同
    【特点】　内部组织发生变化
    【特点】　有第二相析出
  【状况】
    【应用场景】　火箭发动机外壳
    【应用场景】　压铸模具
    【应用场景】　飞机机体的薄壁结构
    【应用场景】　飞机机体的蜂窝结构
    【应用场景】　燃料储箱
    【应用场景】　高压容器
    【应用场景】　核动力装置中的某些零件
  【因素】
    【影响因素】　化学成分
    【影响因素】　溶解度
    【影响因素】　扩散能力
    【影响因素】　温度
【词条关系】
  【层次关系】
    【参与组成】　应变时效
    【类分】　人工时效硬化
    【类分】　室温时效硬化
  【生产关系】
    【工艺-材料】　合金钢
    【工艺-材料】　塑料模具钢
    【工艺-材料】　线材
    【工艺-材料】　马氏体时效钢
    【工艺-材料】　沉淀硬化不锈钢
    【工艺-材料】　奥氏体-马氏体沉淀硬化不锈钢
    【工艺-材料】　马氏体沉淀硬化不锈钢
    【工艺-材料】　铝合金
    【工艺-材料】　镁合金
    【工艺-材料】　铜铍合金

◎**试样**
【基本信息】
  【英文名】　sample
  【拼音】　shi yang
  【核心词】
【定义】
　　一般指冶金工业中熔炼金属时采取的样品。
【来源】《金属材料简明辞典》
【分类信息】
  【CLC 类目】
    TQ171.72　建筑用玻璃
  【IPC 类目】
    (1) C12M1/34　用条件测量或信号传感方法测量或检验,如菌落计数器〔3〕

(2) C12M1/34　免疫测定法;生物特有的结合方法的测定;相应的生物物质(包含抗原或抗体的医用配制品入A61K;一般的半抗原参见C07类中相应的组;一般肽,如蛋白质入C07K)〔4〕

　　(3) C12M1/34　酶学或微生物学装置〔3〕

【词条属性】

　【特征】

　　【特点】　应用广泛

　　【特点】　具有代表性

　　【特点】　数据准确

　【状况】

　　【应用场景】　汽车配件研究

　　【应用场景】　油气管道研究

　　【应用场景】　车刀研究

　　【应用场景】　钢筋研究

　　【应用场景】　耐热钢研究

　　【应用场景】　合金结构钢研究

　　【应用场景】　模具钢研究

　　【应用场景】　不锈钢研究

　　【应用场景】　工具钢研究

　　【应用场景】　轴承钢研究

　　【应用场景】　碳素结构钢研究

　　【应用场景】　弹簧钢研究

【词条关系】

　【层次关系】

　　【概念-实例】　5Cr21Mn9Ni4N

　　【概念-实例】　40Mn2

　　【概念-实例】　H13

　　【概念-实例】　1Cr13

　　【概念-实例】　T8

　　【概念-实例】　GCr15

　　【概念-实例】　45

　　【概念-实例】　1Cr18Ni9Ti

◎ **收得率**

【基本信息】

　【英文名】　yield

　【拼音】　shou de lü

　【核心词】

【定义】

　　炼钢生产过程中,单位时间内生产的钢坯产量与生产这批钢坯所消耗的钢铁料和其他合金料的总和的比值称为此单位时间内的收得率。

【分类信息】

　【CLC类目】

　　(1) TF713.6　合金化

　　(2) TF713.6　电弧炉炼钢

　【IPC类目】

　　(1) C21C7/06　脱氧,如镇静钢〔2〕

　　(2) C21C7/06　铁或钢的母(中间)合金

　　(3) C21C7/06　甾族化合物,其环戊烷并(α)氢化菲骨架与杂环稠合(螺稠合的杂环入21/00,33/00,43/00)〔2〕

　　(4) C21C7/06　包括使用所述系统的模型或模拟器的系统(13/00,15/00,19/00优先;用于特定过程、系统或装置的模拟计算机,如模拟器,入G06G7/48)〔3〕

　　(5) C21C7/06　甾族化合物的一般制备〔4〕

【词条属性】

　【特征】

　　【特点】　反映炼钢过程中钢铁料和其他合金料的损耗

　【状况】

　　【应用场景】　炼铁

　　【应用场景】　炼钢

　　【应用场景】　铸造

　【因素】

　　【影响因素】　钢坯产量

　　【影响因素】　生产这批钢坯所消耗的钢铁料

　　【影响因素】　合金料

【词条关系】

　【等同关系】

　　【基本等同】　转化率

　　【基本等同】　产率

【层次关系】
　【类分】　合金收得率
　【类分】　金属收得率
　【类属】　炼钢设备工艺的指标
　【类属】　技术操作的指标

◎ 手工焊
【基本信息】
　【英文名】　manual welding；hand welding
　【拼音】　shou gong han
　【核心词】
【定义】
　　用手工操纵焊条的送条速度和运条前进速度的焊接方法。
【来源】《中国土木建筑百科辞典·桥梁工程》
【分类信息】
　【IPC 类目】
　　（1）F16L13/02　焊接接头
　　（2）F16L13/02　以所用材料为特征的涂层(58/16 优先；成分见有关类，如 C04B)〔2〕
　　（3）F16L13/02　用于管子或管系绝缘的装置(59/02 至 59/12 优先)
【词条属性】
　【特征】
　　【缺点】　不足之处是生产效率低劳动强度大
　　【特点】　热能由电弧提供
　　【特点】　电极为自耗电极
　　【特点】　金属电极外由矿物质熔剂包覆
　　【特点】　熔剂熔化时形成焊渣(药皮)盖住焊接熔池
　　【特点】　包覆的熔剂释放出气体保护焊接熔池
　　【特点】　含有合金元素用来补偿合金熔池的合金损失
　　【优点】　设备简单
　　【优点】　操作灵活方便
　　【优点】　能进行全位置焊接适合焊接多种材料
　【因素】
　　【影响因素】　弧焊电源
　　【影响因素】　焊条质量
　　【影响因素】　操作者技术熟练程度
　　【影响因素】　工艺施工方法
【词条关系】
　【层次关系】
　　【类分】　平焊
　　【类分】　横焊
　　【类分】　立焊
　　【类分】　仰焊
　　【类分】　水平固定
　　【类分】　45°固定
　　【类分】　手工电弧焊
　　【类分】　接触焊接
　　【类分】　加热气体焊接
　　【类分】　绕焊
　　【类分】　钩焊
　　【类分】　搭焊
　　【类分】　插焊
　　【类属】　焊接
　【生产关系】
　　【工艺-设备工具】　电焊条
　　【工艺-设备工具】　引弧板
　　【工艺-设备工具】　电焊机
　　【工艺-设备工具】　焊把线
　　【工艺-设备工具】　焊钳
　　【工艺-设备工具】　面罩
　　【工艺-设备工具】　小锤
　　【工艺-设备工具】　焊条烘箱
　　【工艺-设备工具】　焊条保温桶
　　【工艺-设备工具】　钢丝刷
　　【工艺-设备工具】　石棉条
　　【工艺-设备工具】　测温计
　　【工艺-设备工具】　烙铁嘴
　　【工艺-设备工具】　恒温系统
　　【工艺-设备工具】　限制温度系统
　　【工艺-设备工具】　控制温度系统

◎ 疏松
【基本信息】
　【英文名】　porosity；rarefaction
　【拼音】　shu song
　【核心词】
【定义】
　　铸锭中常见的一种显微缩孔，是一种铸锭缺陷。
　【来源】《金属功能材料词典》
【分类信息】
　【CLC 类目】
　　（1）TF771　铸锭理论
　　（2）TF771　板坯连铸
【词条属性】
　【特征】
　　【特点】　组织不致密
　　【特点】　有许多分散的孔隙和小黑点
　　【特点】　树枝状结晶粗大
　　【特点】　主干和各枝间致密度差别分明
　　【特点】　分布在晶界和晶臂间
　　【特点】　孔隙呈不规则多边形
　　【特点】　严重时呈海绵状
　【因素】
　　【影响因素】　凝固温度间隔
　　【影响因素】　浇注温度
　　【影响因素】　杂质含量
　　【影响因素】　晶粒细化元素
　　【影响因素】　浇注系统
　　【影响因素】　铸件结构
　　【影响因素】　冒口与铸件连接
　　【影响因素】　内浇道尺寸或位置
　　【影响因素】　浇注速度
　　【影响因素】　合金成分
　　【影响因素】　冒口的设置
　　【影响因素】　冷铁的设置
　　【影响因素】　补贴的设置
　　【影响因素】　溶解的气体的含量
　　【影响因素】　冒口数量
　　【影响因素】　冒口尺寸
　　【影响因素】　冒口形状
　　【影响因素】　冒口设置部位
　　【影响因素】　加工工艺
【词条关系】
　【等同关系】
　　【基本等同】　显微缩松
　【层次关系】
　　【类分】　一般疏松
　　【类分】　中心疏松
　　【类分】　缩松
　　【类分】　弥散性气孔
　　【类属】　冶金缺陷
　　【类属】　内部缺陷
　　【类属】　铸锭缺陷

◎ 双金属
【基本信息】
　【英文名】　bimetal
　【拼音】　shuang jin shu
　【核心词】
【定义】
　　双金属是由两种具有合适性能的金属或其他材料所组成的一种复合材料。
【分类信息】
　【CLC 类目】
　　（1）TB383　特种结构材料
　　（2）TB383　水体污染及其防治
　　（3）TB383　金属复合材料
　【IPC 类目】
　　（1）C08G65/26　由环醚及其他化合物〔2〕
　　（2）C08G65/26　氰化物〔2〕
　　（3）C08G65/26　以使用的催化剂为特征〔2〕
　　（4）C08G65/26　用氧
【词条属性】
　【特征】
　　【特点】　各组元层的热膨胀系数不同
　　【特点】　主动层的形变要大于被动层的

形变
  【特点】 曲率发生变化从而产生形变
  【特点】 依赖温度改变而发生形状变化
  【优点】 兼具双金属特性
  【优点】 节省高价金属
【状况】
  【应用场景】 继电器
  【应用场景】 控制器
  【应用场景】 起辉器
  【应用场景】 温度计
  【应用场景】 大跨距架空导线
  【应用场景】 电容器
  【应用场景】 晶体管
  【应用场景】 配电线
  【应用场景】 通信导线
  【应用场景】 二极管
  【应用场景】 整流器
  【应用场景】 荧光灯的密封线
  【应用场景】 高频电路同轴电缆
  【应用场景】 电极线
  【应用场景】 光导电缆
  【应用场景】 接触线
  【应用场景】 记忆合金
  【应用场景】 切割半导体
【因素】
  【影响因素】 比弯曲
  【影响因素】 电阻率
  【影响因素】 弹性模量
  【影响因素】 线性温度变化
【词条关系】
 【等同关系】
  【基本等同】 热双金属
 【层次关系】
  【构成成分】 锰镍铜合金、镍铬铁合金、镍锰铁合金、镍、镍铁合金
  【类分】 主动层
  【类分】 被动层
  【类分】 通用型
  【类分】 高灵敏度型
  【类分】 温度型
  【类分】 电阻型
  【类分】 双金属带
  【类分】 双金属线
 【应用关系】
  【用于】 电镀工业
 【生产关系】
  【材料-工艺】 热轧
  【材料-工艺】 冷轧
  【材料-工艺】 热挤压
  【材料-工艺】 铸造

◎ 双相不锈钢

【基本信息】
  【英文名】 duplex varieties stainless steel
  【拼音】 shuang xiang bu xiu gang
  【核心词】
【定义】
  一种在固溶组织中铁素体相和奥氏体相约各占一半的不锈钢。
  【来源】 《中国冶金百科全书·金属材料》
【分类信息】
 【CLC 类目】
  （1）TG174.2 耐蚀材料
  （2）TG174.2 特殊热处理
  （3）TG174.2 不锈钢、耐酸钢
  （4）TG174.2 专科目录
  （5）TG174.2 金属物理学
 【IPC 类目】
  （1）C22C38/44 含钼或钨的[2]
  （2）C22C38/44 含钴的[2]
  （3）C22C38/44 含硼的[2]
  （4）C22C38/44 含大于1.5%（质量分数）的锰[2]
  （5）C22C38/44 铁基合金,如合金钢（铸铁合金入37/00)[2]
【词条属性】
 【特征】
  【特点】 无室温脆性

【特点】　　导热系数高
　　【特点】　　超塑性
　　【特点】　　耐氯化物应力腐蚀
　　【特点】　　耐孔蚀性能良好
　　【特点】　　抗缝隙腐蚀
　　【特点】　　脆性转变温度低
　　【特点】　　线膨胀系数小
　　【优点】　　塑性高
　　【优点】　　韧性高
　　【优点】　　耐晶间腐蚀性能良好
　　【优点】　　焊接性能良好
　　【优点】　　强度高
【状况】
　　【应用场景】　输油管线
　　【应用场景】　输气管线
　　【应用场景】　造纸机械
　　【应用场景】　桥梁承重结构
【时间】
　　【起始时间】　20世纪40年代诞生
【力学性能】
　　【屈服强度】　（400～550）MPa
【因素】
　　【影响因素】　氮元素含量
【词条关系】
　　【层次关系】
　　　　【材料-组织】　σ 相
　　　　【概念-实例】　3RE60
　　　　【概念-实例】　SAF2304
　　　　【概念-实例】　SAF2205
　　　　【概念-实例】　SAF2507
　　　　【概念-实例】　UNS S32304
　　　　【概念-实例】　UNS S31803
　　　　【概念-实例】　UNSS32550
　　　　【概念-实例】　UNS S32750
　　　　【构成成分】　Cr、Ni、Mo、Cu、Nb、Ti、N
　　　　【类分】　　Cr18型
　　　　【类分】　　Cr23
　　　　【类分】　　Cr22
　　　　【类分】　　Cr25
　　　　【类分】　　低合金型
　　　　【类分】　　中合金型
　　　　【类分】　　高合金型
　　　　【类分】　　超级双相不锈钢型
　　　　【类属】　　不锈钢
　　　　【类属】　　节镍不锈钢

◎ 双相钢
【基本信息】
　　【英文名】　dual-phase steel
　　【拼音】　　shuang xiang gang
　　【核心词】
【定义】
　　显微组织主要由铁素体和马氏体所组成的低合金高强度钢。
　　【来源】　《中国冶金百科全书·金属材料》
【分类信息】
　　【CLC类目】
　　　（1）TB301　工程材料力学（材料强弱学）
　　　（2）TB301　冷轧
　　　（3）TB301　热轧
　　　（4）TB301　钢的组织与性能
　　　（5）TB301　金属的分析试验（金属材料试验）
　　【IPC类目】
　　　（1）C22C38/52　含钴的〔2〕
　　　（2）C22C38/52　含硼的〔2〕
　　　（3）C22C38/52　含大于1.5%（质量分数）的锰〔2〕
　　　（4）C22C38/52　含钼或钨的〔2〕
　　　（5）C22C38/52　用于轧制长度不定的带或板（1/42优先）
【词条属性】
　　【特征】
　　　　【特点】　　低合金
　　　　【特点】　　高强度
　　　　【特点】　　屈服点低
　　　　【特点】　　初始加工率高

【特点】 耐氯离子腐蚀
【特点】 耐应力腐蚀
【特点】 热膨胀系数较小
【优点】 强度和塑性匹配好
【优点】 强度和韧性匹配好
【优点】 成型性好
【状况】
　【应用场景】 汽车车身面板
　【应用场景】 车门内外板
　【应用场景】 车轮
　【应用场景】 大梁
　【应用场景】 控制臂
　【应用场景】 受力构件
　【应用场景】 管线钢
　【应用场景】 冷拔钢丝
　【应用场景】 复相钢
　【应用场景】 冷冲成型的复杂构件
　【应用场景】 深拉成型的复杂构件
　【应用场景】 链条
　【应用场景】 预应力钢筋等
【力学性能】
　【抗拉强度】 655 MPa
　【屈服强度】 310 MPa
【词条关系】
　【层次关系】
　　【概念-实例】 S32101
　　【概念-实例】 S32304
　　【概念-实例】 S32205
　　【概念-实例】 S31803
　　【概念-实例】 S32750
　　【概念-实例】 S32760
　　【类分】 热轧双相钢
　　【类分】 热处理双相钢
　　【类属】 低合金高强度钢
　　【实例-概念】 高强度钢
　【应用关系】
　　【使用】 冷冲压
　【生产关系】
　　【材料-工艺】 强韧化

◎水淬
【基本信息】
　【英文名】 water quenching; quench in water
　【拼音】 shui cui
　【核心词】
【定义】
　用水作淬火介质的热处理工艺。
【来源】《中国历史大辞典·上卷》
【分类信息】
　【CLC 类目】
　　（1） TF644　镍铁
　　（2） TF644　其他特种性质合金
　【IPC 类目】
　　（1） C21B3/06　融渣的处理（渣棉入 C03B；渣石入 C04B）
　　（2） C21B3/06　用于管状体或管子
　　（3） C21B3/06　用于喷液淬火的〔3〕
　　（4） C21B3/06　渣的冷却
【词条属性】
　【特征】
　　【缺点】 易出现硬度不均
　　【缺点】 易出现强度不均
　　【特点】 应用广泛
　　【特点】 可提高材料强度
　　【特点】 可提高材料硬度
　　【优点】 价格低廉
　　【优点】 易操作
　　【优点】 冷却能力强
　【状况】
　　【应用场景】 碳素结构钢
　　【应用场景】 工具钢
　　【应用场景】 合金结构钢
　【时间】
　　【起始时间】 至迟发明于春秋时期
【词条关系】
　【层次关系】
　　【概念-实例】 60
　　【概念-实例】 T8
　　【概念-实例】 T9

【概念-实例】　T10
　　【概念-实例】　40Mn2
　【应用关系】
　　【工艺-组织】　马氏体
　【生产关系】
　　【工艺-材料】　无磁钢

◎水冷
【基本信息】
　【英文名】　water cooling；water quenching
　【拼音】　shui leng
　【核心词】
【定义】
　　一种采用水冷却的方式。
【分类信息】
　【CLC 类目】
　　TF33　铁合金冶炼机械与生产自动化
　【IPC 类目】
　　（1）F01　一般机器或发动机；一般的发动机装置；蒸汽机
　　（2）F01　未列在 1/00 或 3/00 组的空气调节系统或设备
　　（3）F01　具有引导、导向，或分配液体流的装置的汽缸
【词条属性】
　【特征】
　　【缺点】　设备庞大
　　【缺点】　价格高
　　【缺点】　结构比风冷系统复杂
　　【缺点】　可靠性较差
　　【优点】　散热效果好
　　【优点】　灰尘少
　　【优点】　噪声小
　【状况】
　　【应用场景】　汽车发动机
　　【应用场景】　机械设备
　　【应用场景】　空调
　　【应用场景】　锅炉
【词条关系】

　【层次关系】
　　【类分】　主动式水冷
　　【类分】　被动式水冷
　　【类分】　内置水冷
　　【类分】　外置水冷
　　【类属】　连续冷却
　　【组成部件】　散热器
　　【组成部件】　水管
　　【组成部件】　水泵
　　【组成部件】　水源

◎塑料模具钢
【基本信息】
　【英文名】　plastic mold steel
　【拼音】　su liao mu ju gang
　【核心词】
【定义】
　　制造塑料制品的模具用钢。
【来源】　《金属材料简明辞典》
【分类信息】
　【IPC 类目】
　　（1）B29C　塑料的成型或连接；塑性状态物质的一般成型；已成型产品的后处理，如修整
　　（2）B29C　等温淬火，如贝氏体淬火〔3〕
　　（3）B29C　加热钢锭用的炉子，即均热炉
　　（4）B29C　热处理过程的控制或调节（一般控制或调节入 G05）〔2〕
　　（5）B29C　含钛或锆的〔2〕
【词条属性】
　【特征】
　　【特点】　高度光洁的加工表面
　　【特点】　良好的耐磨性
　　【特点】　良好的耐蚀性
　　【特点】　良好的强韧性
　　【特点】　热处理变形小
　　【特点】　用钢涵盖广泛
　　【特点】　易切削
　【状况】

【前景】	改善可加工性
【前景】	改善抛光性
【前景】	减少非金属杂质
【前景】	使金相组织细致均一
【前景】	进一步提高耐腐蚀性能
【前景】	进一步提高强度
【前景】	进一步提高韧度
【前景】	进一步提高耐磨性
【前景】	降低热膨胀系数
【前景】	延长寿命
【前景】	精密化
【前景】	大型化
【前景】	多腔化

【词条关系】
　【层次关系】
【概念-实例】	10
【概念-实例】	15
【概念-实例】	20
【概念-实例】	30Cr
【概念-实例】	T7A
【概念-实例】	T10A
【概念-实例】	9Mn2V
【概念-实例】	CrWMn
【概念-实例】	9CrWMn
【概念-实例】	Cr12
【概念-实例】	4Cr5MoSiV
【概念-实例】	Cr12MoV
【概念-实例】	18CrMnTi
【概念-实例】	12CrNi3A
【概念-实例】	12Cr2Ni4A
【概念-实例】	2Cr13
【概念-实例】	3Cr13
【概念-实例】	3Cr2Mo
【概念-实例】	3Cr2MnNiMo
【概念-实例】	45
【概念-实例】	55
【概念-实例】	SM45
【概念-实例】	SM55
【概念-实例】	40CrMo
【概念-实例】	42CrMo
【概念-实例】	38CrMoA1
【概念-实例】	5CrNiMo
【概念-实例】	5CrMnMo
【概念-实例】	P20
【概念-实例】	5NiSCa
【概念-实例】	SM2
【概念-实例】	PMS
【类分】	渗碳钢
【类分】	调质型模具钢
【类分】	预硬性塑料模具专用钢
【类属】	模具钢

【应用关系】
【材料-加工设备】	浇注系统
【材料-加工设备】	导向件
【材料-加工设备】	顶模板
【材料-加工设备】	顶出机构
【材料-加工设备】	支承件
【材料-加工设备】	型腔
【材料-加工设备】	型芯
【材料-加工设备】	嵌镶件

【生产关系】
| 【材料-工艺】 | 时效硬化 |
| 【材料-工艺】 | 时效处理 |

◎ 塑性
【基本信息】
　【英文名】　plasticity
　【拼音】　su xing
　【核心词】
【定义】
　　在应力作用下材料断裂前所经受最大的永久变形的能力。
【来源】《金属功能材料词典》
【分类信息】
　【CLC 类目】
　　（1）TG142.7　特种性能钢
　　（2）TG142.7　应力集中问题
　　（3）TG142.7　塑性力学

(4) TG142.7　弹塑性力学
　　(5) TG142.7　钢
【IPC 类目】
　　(1) B21B1/40　用于轧制有特殊问题的薄箔,如由于太薄的问题
　　(2) B21B1/40　钛基合金〔2〕
　　(3) B21B1/40　纤维状〔4〕
　　(4) B21B1/40　以添加剂是无机材料为特征的润滑组合物〔4〕
【词条属性】
【特征】
　　【特点】　产生永久变形
　　【特点】　材料不破坏
【状况】
　　【应用场景】　锻造
　　【应用场景】　挤压
　　【应用场景】　拉拔
　　【应用场景】　轧制
　　【应用场景】　钢板
　　【应用场景】　型钢
　　【应用场景】　钢管
　　【应用场景】　弹簧钢
　　【应用场景】　碳素结构钢
　　【应用场景】　轴承钢
　　【应用场景】　工具钢
　　【应用场景】　不锈钢
　　【应用场景】　模具钢
　　【应用场景】　合金结构钢
　　【应用场景】　耐热钢
【因素】
　　【影响因素】　延伸率
　　【影响因素】　断面收缩率
　　【影响因素】　温度
　　【影响因素】　应变率
【词条关系】
【等同关系】
　　【基本等同】　范性
　　【基本等同】　可塑性
【层次关系】
　　【并列】　韧性
　　【概念-实例】　1Cr18Ni9Ti
　　【概念-实例】　45
　　【概念-实例】　GCr15
　　【概念-实例】　T8
　　【概念-实例】　1Cr13
　　【概念-实例】　H13
　　【概念-实例】　40Mn2
　　【概念-实例】　5Cr21Mn9Ni4N
【类属】　力学性能

◎ 塑性变形

【基本信息】
　　【英文名】　plastic deformation
　　【拼音】　su xing bian xing
　　【核心词】
【定义】
　　固体材料在外力作用下发生的永久(不可恢复的)变形。
【来源】　《现代材料科学与工程辞典》
【分类信息】
【CLC 类目】
　　(1) TG113.25　机械性能(力学性能)
　　(2) TG113.25　轻有色金属及其合金
　　(3) TG113.25　金属复合材料
　　(4) TG113.25　断裂理论
【IPC 类目】
　　(1) F16L15/04　带有附加的密封〔2〕
　　(2) F16L15/04　用喷丸硬化或其他类似的方法
　　(3) F16L15/04　用特殊形状的工作接合面锁定,如有槽螺母或有齿螺母
　　(4) F16L15/04　表面的
　　(5) F16L15/04　制造支管管件,如 T 形管接头
【词条属性】
【特征】
　　【特点】　超过屈服极限
　　【特点】　材料尚未破坏

【特点】 物体不能完全恢复原来的形状
【特点】 位错增殖
【特点】 位错密度增加
【状况】
　【应用场景】 板材
　【应用场景】 线材
　【应用场景】 型材
　【应用场景】 管材
　【应用场景】 螺纹钢
【时间】
　【起始时间】 1864—1868年
【因素】
　【影响因素】 温度
　【影响因素】 围压
　【影响因素】 受力作用的时间
　【影响因素】 化学成分
　【影响因素】 内部组织结构
　【影响因素】 变形温度
　【影响因素】 变形速度
　【影响因素】 变形方式
【词条关系】
　【等同关系】
　　【基本等同】 范性变形
　　【俗称为】 残余变形
　【层次关系】
　　【类分】 扭折
　　【类分】 热变形
　　【类分】 轧制
　　【类分】 锻造
　　【类分】 冲压
　　【类分】 拉伸
　　【类分】 爆炸成型
　　【类分】 镦粗

◎ 酸洗
【基本信息】
　【英文名】 acid cleaning;pickling
　【拼音】 suan xi
　【核心词】

【定义】
　　使钢料表面的氧化铁皮与酸发生化学反应而被去除的工序。
【来源】《中国冶金百科全书·金属塑性加工》
【分类信息】
　【CLC类目】
　　（1）TQ135.1 钒副族（ⅤB族）元素的无机化合物
　　（2）TQ135.1 原料装卸和处理机械
　　（3）TQ135.1 技术方法
　【IPC类目】
　　（1）C23G1/36 废酸洗液的再生
　　（2）C23G1/36 连续清洗线材、带材、丝材用的
　　（3）C23G1/36 铁或钢
　　（4）C23G1/36 铁或钢的〔2〕
　　（5）C23G1/36 金属材料清洗或酸洗用的设备（用有机溶剂者入5/04）
【词条属性】
　【特征】
　　【特点】 化学反应
　　【优点】 金属表面光洁
　【状况】
　　【应用场景】 汽车大梁
　　【应用场景】 汽车副梁
　　【应用场景】 轮辋
　　【应用场景】 车厢底板
　　【应用场景】 保险杠
　　【应用场景】 刹车间闸套
　　【应用场景】 轿车的副车架
　　【应用场景】 车轮轮辐
　　【应用场景】 卡车箱板
　　【应用场景】 防护网
　　【应用场景】 冰箱
　　【应用场景】 空调
　　【应用场景】 压缩机壳体
　　【应用场景】 压缩机上下盖
　　【应用场景】 压力容器

【应用场景】　消声器
【应用场景】　鼓风机
【应用场景】　通风机
【应用场景】　热水器内胆
【应用场景】　自行车零件
【应用场景】　电气柜
【应用场景】　高速公路护栏
【应用场景】　超市货架
【词条关系】
　【等同关系】
　　【基本等同】　侵蚀
　【层次关系】
　　【概念-实例】　SAPH310
　　【概念-实例】　SAPH370
　　【概念-实例】　SAPH400
　　【概念-实例】　SAPH440
　　【概念-实例】　SAPH45
　　【概念-实例】　SS330
　　【概念-实例】　SS400
　　【类分】　浸渍酸洗法
　　【类分】　喷射酸洗法
　　【类分】　酸膏除锈法
　【应用关系】
　　【使用】　硫酸
　　【使用】　盐酸
　　【使用】　磷酸
　　【使用】　硝酸
　　【使用】　铬酸
　　【使用】　氢氟酸
　　【使用】　混合酸
　　【使用】　缓蚀剂
　【生产关系】
　　【工艺-材料】　硅钢
　　【工艺-材料】　精密电阻合金
　　【工艺-材料】　带钢
　　【工艺-材料】　冲压用钢
　　【工艺-材料】　汽车结构用钢
　　【工艺-材料】　钢带

◎ 缩孔
【基本信息】
　【英文名】　contraction cavity
　【拼音】　suo kong
　【核心词】
【定义】
　　一种铸锭缺陷,是由于金属在凝固过程中发生体积收缩得不到补缩而形成的孔洞。
【来源】　《金属材料简明辞典》
【分类信息】
　【CLC 类目】
　　（1）TG255　球墨铸铁铸件
　　（2）TG255　小方坯连铸
　　（3）TG255　板坯连铸
　　（4）TG255　造船厂、修船厂
　【IPC 类目】
　　（1）B29C44/38　供入封闭的空间,即制造定长的制品[6]
　　（2）B29C44/38　用于成型铸件的砂型或类似铸型
　　（3）B29C44/38　用于制动器的致动机构;在预定位置起动用的装置(制动器控制系统,其所用零件入 B60T)
　　（4）B29C44/38　用气相反应法[5]
　　（5）B29C44/38　锑或铋做次主要成分的[2]
【词条属性】
　【特征】
　　【特点】　杂质聚集
　　【特点】　成分偏析
　　【特点】　一次缩孔,表面氧化,塑性加工时难于焊合
　　【特点】　二次缩孔未接触空气,在高温大压缩比条件下进行热加工有可能焊合
　　【特点】　在铸件厚断面内部
　　【特点】　在两交界面的内部及厚断面和薄断面交接处的内部或表面
　　【特点】　有形状不规则的孔洞,孔内粗糙不平

【因素】
　【影响因素】　浇注系统和冒口的位置
　【影响因素】　液体金属顺序凝固
　【影响因素】　铸件结构
　【影响因素】　铸件壁厚
　【影响因素】　壁的过渡
　【影响因素】　冷铁的尺寸
　【影响因素】　冷铁的数量
　【影响因素】　冷铁放的位置
　【影响因素】　铁水化学成分
　【影响因素】　浇注温度
　【影响因素】　液态收缩率
　【影响因素】　凝固收缩率
　【影响因素】　固态收缩率
　【影响因素】　结晶温度区间
　【影响因素】　热导率
　【影响因素】　浇铸温度
　【影响因素】　浇铸速度
　【影响因素】　铸型激冷能力
　【影响因素】　型腔形状
【词条关系】
　【等同关系】
　　【基本等同】　陷坑
　　【俗称为】　抽
　　【俗称为】　缩眼
　　【俗称为】　缩空
　　【俗称为】　陷穴
　【层次关系】
　　【类分】　一次缩孔
　　【类分】　二次缩孔
　　【类属】　孔眼类缺陷
　　【实例-概念】　低倍组织

◎ 索氏体
【基本信息】
　【英文名】　sorbite;sorbide
　【拼音】　suo shi ti
　【核心词】
【定义】

索氏体是铁素体与渗碳体的混合物,不过它比珠光体要细得多,又称细珠光体。
【来源】《实用轧钢技术手册》
【分类信息】
　【IPC类目】
　　(1) F16H55/17　带齿的轮(蜗轮入55/22;链轮入55/30)〔3〕
　　(2) F16H55/17　用于齿轮、蜗轮或其他类似物
　　(3) F16H55/17　用于环;轴承座圈
　　(4) F16H55/17　含钒的〔2〕
　　(5) F16H55/17　含钨、钽、钼、钒或铌的〔2〕
【词条属性】
　【特征】
　　【数值】　平均片层间距为800～1500 Å
　　【特点】　发生珠光体转变得到的
　　【特点】　与普通片层状珠光体的塑性相近
　　【特点】　强度较好
　　【特点】　冲击韧性较好
　　【特点】　一种不稳定的组织
　　【特点】　片层较薄
　【力学性能】
　　【抗拉强度】　(700～1400) MPa
　　【延伸率】　10%～20%
　　【硬度】　硬度(HB)为250～320
【词条关系】
　【等同关系】
　　【基本等同】　细珠光体
　【层次关系】
　　【并列】　珠光体
　　【并列】　马氏体
　　【概念-实例】　42CrMoA
　　【概念-实例】　25Cr2MoV
　　【概念-实例】　45钢
　　【概念-实例】　82A
　　【概念-实例】　T12
　　【类分】　回火索氏体

【组织-材料】 灰铸铁
【组织-材料】 合金结构钢
【组织-材料】 弹簧钢丝
【组织-材料】 碳素钢
【组织-材料】 工具钢
【组织-材料】 高速线材

◎钛合金
【基本信息】
　　【英文名】 titanium alloy
　　【拼音】 tai he jin
　　【核心词】
【定义】
　　以钛为基含有其他合金元素和杂质的合金。
　　【来源】《中国冶金百科全书·金属材料》
【分类信息】
　　【CLC 类目】
　　（1）TF124　粉末成型、烧结及后处理
　　（2）TF124　金属表面防护技术
　　（3）TF124　各种金属及合金的腐蚀、防腐与表面处理
　　（4）TF124　轻有色金属及其合金
　　（5）TF124　表面合金化（渗镀）
　　【IPC 类目】
　　（1）C22C14/00　钛基合金〔2〕
　　（2）C22C14/00　使用母（中间）合金〔2〕
　　（3）C22C14/00　钒、铌或钽基合金〔2〕
　　（4）C22C14/00　高熔点或难熔金属或以它们为基的合金
　　（5）C22C14/00　钛或钛合金〔7〕
【词条属性】
　　【特征】
　　　【缺点】 价格昂贵
　　　【缺点】 成型性不好
　　　【缺点】 焊接性能差
　　　【优点】 比强度大
　　　【优点】 抗腐蚀能力强
　　　【优点】 高温下强度大
　　　【优点】 无铁磁性
　　　【优点】 导热性小
　　　【优点】 弹性模量低
　　　【优点】 抗氧化能力好
　　【状况】
　　　【应用场景】 飞机壳
　　　【应用场景】 压缩机轮盘
　　　【应用场景】 叶片
　　　【应用场景】 机件
　　　【应用场景】 发动机外壳
　　　【应用场景】 气缸
　　　【应用场景】 喷嘴
　　　【应用场景】 管路
　　　【应用场景】 船只
　　　【应用场景】 鱼雷的壳枢
　　　【应用场景】 潜水艇
　　　【应用场景】 轮盘
　　【时间】
　　　【起始时间】 钛的工业化生产是 1948 年开始
【词条关系】
　　【等同关系】
　　　【全称是】 钛基合金
　　【层次关系】
　　　【概念-实例】 Ti-6Al-4V
　　　【概念-实例】 Ti-5Al-2.5Sn
　　　【概念-实例】 Ti-2Al-2.5Zr
　　　【概念-实例】 Ti-32Mo
　　　【概念-实例】 Ti-Mo-Ni
　　　【概念-实例】 Ti-Pd
　　　【概念-实例】 SP-700
　　　【概念-实例】 Ti-6242
　　　【概念-实例】 Ti-10-5-3
　　　【概念-实例】 Ti-1023
　　　【概念-实例】 BT9
　　　【概念-实例】 BT20
　　　【概念-实例】 IMI829
　　　【概念-实例】 IMI834
　　　【构成成分】 铝、锡、锆、铜、锰、钒、铬、硅、钼

【类分】 耐热钛合金
【类分】 高强钛合金
【类分】 变形钛合金
【类分】 铸造钛合金
【类分】 粉末冶金钛合金
【类分】 耐蚀钛合金
【类分】 低温钛合金
【类分】 特殊功能钛合金
【应用关系】
【使用】 精锻机
【使用】 真空炉
【用于】 海水腐蚀
【用于】 超声仪器
【用于】 储氢材料
【生产关系】
【材料-工艺】 熔模铸造
【材料-工艺】 真空熔炼
【材料-工艺】 完全退火

◎ 弹簧钢
【基本信息】
【英文名】 spring steel
【拼音】 tan huang gang
【核心词】
【定义】
制造弹簧或类似性能零件的钢的总称,是钢按用途分类的名称。由于长期在周期性应力下工作并需承受冲击、震动等动荷载,因此要求具有高的弹性极限和疲劳极限,足够的塑性和韧性,一定的冷热加工性能和淬透性等。
【来源】 《中国电力百科全书·火力发电卷》
【分类信息】
【CLC 类目】
TF762 优质钢
【IPC 类目】
（1）C22C38/34 含大于 1.5%（质量分数）的硅[2]
（2）C22C38/34 用于弹簧
（3）C22C38/34 组合件,如有附加肋或凸缘（1/02 优先）
（4）C22C38/34 找出未爆炸装药
（5）C22C38/34 用于使表面致密,如喷丸（使金属板材、管或型材发生变形的入 B21D31/06；作为冶金处理入 C21D7/00, C22F1/00）[7]
【词条属性】
【特征】
【数值】 碳含量（质量分数）一般在 0.62%～0.90%
【数值】 锰含量又分为一般锰含量（质量分数为 0.50%～0.80%）
【数值】 较高锰含量（质量分数为 0.90%～1.20%）
【数值】 弹簧钢的淬火温度一般为 830～880 ℃,回火温度为 480～550 ℃
【特点】 具有优良的综合性能,弹簧钢具有优良的冶金质量（高的纯洁度与均匀性）、良好的表面质量（严格控制表面缺陷与脱碳）、精确的外形和尺寸
【状况】
【前景】 客观需要对弹簧及弹簧钢的要求愈来愈高,因而弹簧钢也必定为适应这些要求而不断发展,弹簧钢用量最大的汽车工业为了降低汽车自重,迫切要求提高弹簧钢的设计应力,因此必须提高钢的弹性减退抗力；此前在这方面已获得不少进展,但在今后这仍将是一个重要的研究课题
【前景】 开发综合性能优良的新型弹簧钢也将受到更多注意；许多用途需要不仅淬透性、力学性能好,而且断裂韧性、延迟断裂性能、疲劳性能和耐蚀性也好的弹簧钢,目前尚没有这样的理想牌号
【前景】 不锈弹簧钢也将会成为一个研究热点,因为机械、石油、化工、轻工、医疗等部门使用的不锈弹簧钢数量越来越多,种类也更全面；精密机械、仪表、电子机械等大量应用细小弹簧,所以不锈弹簧钢也必须向"轻薄细小"

发展;在品种上需开发高强无磁不锈弹簧钢、高导电不锈弹簧钢、彩色不锈弹簧钢等

【前景】 节能、节省资源仍将是弹簧钢今后的追求目标之一;充分利用多种微量元素如硼、铌、铝、稀土、锆、铜、钴、钙、镁、氮等,实现复合合金化,开发多元系(可达六元、七元)弹簧钢,不但性能可大幅度提高,而且节省贵重合金元素,合理、充分利用自然资源,使弹簧钢成本降低;已经有人研究和使用空冷贝氏体钢制造弹簧,不但大幅度简化生产工艺、缩短生产周期,而且价格便宜;感应加热处理用于弹簧钢生产也能兼有提高性能、节约能量、降低成本等优点;类似这样的研究具有很大吸引力,将会受到广泛重视

【应用场景】 广泛用在飞机、汽车、铁路车辆、拖拉机等运输机械及仪器仪表、家用电器等工业产品上

【时间】

【起始时间】 中国热轧弹簧钢正式生产始于20世纪50年代初期

【词条关系】

　【层次关系】

　　【并列】 渗氮钢

　　【材料-组织】 奥氏体

　　【材料-组织】 马氏体

　　【概念-实例】 65Mn

　　【概念-实例】 50CrMn

　　【概念-实例】 50CrVA

　　【概念-实例】 4Cr13

　　【概念-实例】 55Si2Mn

　　【概念-实例】 60Si2Mn

　　【概念-实例】 60Si2MnA

　　【概念-实例】 70Si3MnA

　　【概念-实例】 60Si2MnWA

　　【概念-实例】 30W4Cr2VA

　　【概念-实例】 55SiMnVB

　　【概念-实例】 65弹簧

　　【概念-实例】 70弹簧

　　【概念-实例】 75弹簧

　　【概念-实例】 60Si2CrA

　　【概念-实例】 55SiMnMoVNb

　　【构成成分】 碳、硅、锰、铁、铬、钨、钒、铌、硼、稀土元素、镍

　　【类分】 碳素弹簧钢

　　【类分】 合金弹簧钢

　　【类分】 不锈弹簧钢

　　【类分】 热轧弹簧钢

　　【类分】 冷拉弹簧钢

　　【类分】 锰弹簧钢

　　【类分】 含铬弹簧钢

　　【类分】 硅锰弹簧钢

　　【类分】 含钨弹簧钢

　　【类分】 含硼弹簧钢

　　【类属】 高合金钢

　　【主体-附件】 化学成分

　【应用关系】

　　【材料-部件成品】 弹簧

　　【材料-部件成品】 电器仪表

　　【材料-部件成品】 精密仪器

　　【材料-部件成品】 带钢

　　【材料-部件成品】 扁钢

　　【材料-部件成品】 圆钢

　　【材料-部件成品】 梯形钢

　　【材料-部件成品】 盘条

　　【材料-部件成品】 钢丝

　　【使用】 控制轧制

　　【使用】 钢丝

　　【使用】 真空炉

　　【使用】 脱碳层

　【生产关系】

　　【材料-工艺】 热加工性能

　　【材料-工艺】 热锻

　　【材料-工艺】 脱硫

　　【材料-工艺】 脱磷

◎弹簧钢丝

【基本信息】

　【英文名】 spring steel wire

【拼音】 tan huang gang si
【核心词】
【定义】
　　制造各种类型和用途弹簧的钢丝。主要种类有：供冷卷弹簧用的钢丝，这类弹簧冷卷成型后不经热处理或只经低温加热后应用，主要是碳素弹簧钢丝；卷簧后经热处理的弹簧钢丝，主要是合金弹簧钢丝；调质弹簧钢丝，又称油淬火-回火弹簧钢丝；不锈弹簧钢丝，这类钢丝大多由奥氏体不锈钢制作。
【来源】 《中国冶金百科全书·金属塑性加工》
【分类信息】
【IPC类目】
　　（1）F16F1/00　弹簧（用流体工作入5/00,9/00）
　　（2）F16F1/00　弹簧镶嵌材料（27/20优先）
　　（3）F16F1/00　有刚性框架或组成部分床架的弹簧床垫；无靠背的长沙发底架（无框架的弹簧组件入25/00；组成部分填充床垫的弹簧组件入27/00）
　　（4）F16F1/00　采用直接线性调整（65/56,65/58优先）
　　（5）F16F1/00　用压力弹簧的，如盘簧
【词条属性】
【特征】
　　【数值】　圆形弹簧钢丝的直径范围在0.08～20 mm
　　【数值】　合金弹簧钢一般含0.45%～0.70%的碳和一定量的Si,Mn,Cr,V,W及B等合金元素
　　【特点】　弹簧钢丝的截面形状一般为圆形，也有长方、方、卵形等形状，成品钢丝一般是一卷卷交付，也有按直条交付的情况
　　【特点】　冷拉弹簧钢丝和油淬火-回火弹簧钢丝都以供货状态钢丝直接绕制弹簧，弹簧成型后经消除应力处理直接使用；冷拉弹簧丝的抗拉强度要略高于油淬火-回火钢丝；大规格冷拉钢丝弹力太大，绕制弹簧很困难，所以冷拉弹簧钢丝使用规格一般小于8.0 mm，油淬火-回火钢丝使用规格一般小于13.0 mm；实际上直径13.0 mm弹簧多选用轻拉状态弹簧钢丝，冷拉绕制成型后再淬回火使用；直径15.0 mm以上钢丝大多采用加热绕制工艺制簧
　　【特点】　合金元素的加入改善弹簧钢的抗松弛性能，提高钢的韧性，同时显著提高钢的淬透性和使用温度，适用于制造较大截面、较高温度下使用的弹簧
【状况】
　　【应用场景】　工作在腐蚀介质中的弹簧要求有着良好的抗腐蚀性能；精密仪器中的弹簧要求具有长期的稳定性和灵敏性；高温环境中的弹簧要求有足够的弹性极限和抗蠕变性能
【力学性能】
　　【抗拉强度】　弹簧钢丝的抗拉强度一般为(1000～3000)MPa
【词条关系】
【层次关系】
　　【材料-组织】　珠光体
　　【材料-组织】　奥氏体
　　【材料-组织】　索氏体
　　【材料-组织】　回火马氏体
　　【构成成分】　碳、硅、锰、铬、钒、钨、硼
　　【类分】　床垫钢丝
　　【类分】　减震器用弹簧钢丝
　　【类分】　悬挂簧用弹簧钢丝
　　【类分】　发动机气门用弹簧钢丝
　　【类分】　相机快门用弹簧钢丝
　　【类分】　生拉弹簧钢丝
　　【类分】　铅淬火弹簧钢丝
　　【类分】　镀锌弹簧钢丝
　　【类分】　油淬火弹簧钢丝
【生产关系】
　　【材料-工艺】　表面处理
　　【材料-工艺】　拉丝
　　【材料-工艺】　热处理
　　【材料-工艺】　淬火

【材料-工艺】 退火
【材料-工艺】 淬火-回火

◎ 弹性合金
【基本信息】
　【英文名】　elastic alloy
　【拼音】　tan xing he jin
　【核心词】
【定义】
　　具有高的弹性极限、低的滞弹性效应的精密合金。
【来源】《现代材料科学与工程辞典》
【分类信息】
　【IPC 类目】
　　（1）F16J15/08　只带金属填料
　　（2）F16J15/08　在相对固定的面之间（15/46,15/48 优先）
　　（3）F16J15/08　金基合金〔2〕
【词条属性】
　【特征】
　　【特点】　除了具有良好的弹性性能之外，还具有无磁性、微塑性变形抗力高、硬度高、电阻率低、弹性模量温度系数小、内耗小等性能
　　【优点】　具有高的弹性极限、比例极限、持久极限，低的弹性后效、弹性滞后、应力松弛，具有一定的弹性模量和切变模量；有些合金还具有低的弹性模量（切变模量）温度系数高的机械品质因数
　【状况】
　　【前景】　综上所述,高弹性合金的发展动向主要包括两个方面：一是微量 合金化的途径研究；二是新型高弹性合金的研制，包括开发以稀有金属、稀土元素和金属间化合物为基的合金，发展具有形状记忆效应的合金，非晶态合金与微晶合金的应用及发展金属-金属型、金属-非金属型复合材料
　　【应用场景】　广泛用于制造电子工业、控制技术、信息技术、原子能和仪器仪表等领域中的弹性元件

【词条关系】
【层次关系】
　【概念-实例】　Ni36CrTiAl
　【概念-实例】　Ni36CrTiAlMo5
　【概念-实例】　Ni36CrTiAlMo8
　【概念-实例】　Co40NiCrMo
　【概念-实例】　Co40NiCrMoW
　【概念-实例】　Co40TiAl
　【概念-实例】　Elgiloy
　【概念-实例】　Nivaflex
　【概念-实例】　铍铜
　【概念-实例】　铜钛
　【概念-实例】　磷青铜
　【概念-实例】　德银
　【概念-实例】　NiBe2
　【概念-实例】　ЗП578
　【概念-实例】　Inconel 718
　【概念-实例】　Rene 95
　【概念-实例】　55NbTi-Al
　【概念-实例】　Nb25-Ti
　【概念-实例】　Nb-10Ti-5Mo
　【概念-实例】　Ni42CrTiAl
　【概念-实例】　Ni43CrTiAl
　【概念-实例】　Ni42CrTiAlMoCu
　【概念-实例】　Co-elinvar
　【概念-实例】　Nb-Zr 系
　【构成成分】　铁、镍、铬、铌、钛、铍、钴、铝、钼、铜、锰、钨、锗
　【类分】　恒弹性合金
　【类分】　高弹性合金
　【类分】　高温高弹性合金
　【类分】　高温恒弹性合金
　【类分】　耐蚀高弹性合金
　【类分】　耐蚀恒弹性合金
　【类分】　高导电高弹性合金
　【类分】　磁-弹合金
　【类分】　非铁磁性弹性合金
　【类分】　无磁或弱磁恒弹性合金
　【类属】　精密合金

【应用关系】
　【材料-部件成品】　弹簧
　【材料-部件成品】　膜盒
　【材料-部件成品】　膜片
　【材料-部件成品】　游丝
　【材料-部件成品】　发条
　【材料-部件成品】　张丝
　【材料-部件成品】　悬丝
　【材料-部件成品】　延迟线
　【材料-部件成品】　振子
　【材料-部件成品】　机械滤波器
　【使用】　真空炉
　【用于】　弹性元件
【生产关系】
　【材料-工艺】　机械合金化
　【材料-工艺】　粉末冶金法
　【材料-工艺】　快速凝固法
　【材料-工艺】　真空熔炼法

◎ 弹性极限
【基本信息】
　【英文名】　elastic limit
　【拼音】　tan xing ji xian
　【核心词】
【定义】
　（1）材料或构件在外力作用下产生变形后，保证在外力除去后变形全部消失而恢复原状的最大应力值。
　【来源】　《中国百科大辞典》
　（2）材料在拉伸试验时，弹性极限σ_e是材料产生完全弹性变形时所能承受的最大应力值，即$\sigma_e = P_e/F$。
【分类信息】
　【IPC类目】
　（1）C22C45/10　钼、钨、铌、钽、钛或锆作为主要成分的[5]
　（2）C22C45/10　非晶态合金[5]
　（3）C22C45/10　高熔点或难熔金属或以它们为基的合金

　（4）C22C45/10　钛基合金[2]
【词条属性】
　【特征】
　【特点】　公式：$\sigma B = PE/FO$
　【特点】　应力低于弹性极限时材料的变形是弹性的
　【特点】　应力超过此值时材料将出现残余变形，即进入塑性状态
　【特点】　在比例极限内（有时也称在弹性极限内）应力与应变成正比，这就是胡克定律
【词条关系】
　【等同关系】
　　【基本等同】　弹性限界
　　【基本等同】　弹性限度
　【层次关系】
　　【并列】　屈服强度

◎ 弹性模量
【基本信息】
　【英文名】　elastic modulus
　【拼音】　tan xing mu liang
　【核心词】
【定义】
　符号为E；等于物体的正应力与线应变之比（表征材料的刚度），$E = \sigma/\varepsilon$，E也称为杨氏模量。
　【来源】　《科技编辑大辞典》
【分类信息】
　【CLC类目】
　（1）TB332　非金属复合材料
　（2）TB332　复合材料
　（3）TB332　液体分子运动论
　（4）TB332　特种结构材料
　（5）TB332　机械试验法
　【IPC类目】
　（1）A61L27/06　钛或钛合金[7]
　（2）A61L27/06　钛基合金[2]
　（3）A61L27/06　在载体上
【词条属性】

【特征】
　　【特点】　弹性模量是工程材料重要的性能参数,从宏观角度来说,弹性模量是衡量物体抵抗弹性变形能力大小的尺度;从微观角度来说,则是原子、离子或分子之间键合强度的反映
　　【特点】　弹性模量越大,越不容易发生形变
【时间】
　　【起始时间】　始于1807年
【力学性能】
　　【弹性模量】　低碳钢杨氏模量 196 G～216 GPa
　　【弹性模量】　合金钢杨氏模量 186 G～216 GPa
　　【弹性模量】　低碳钢剪切弹性模量 78.4 G～81.2 GPa
　　【弹性模量】　合金钢剪切弹性模量 75 G～81.2 GPa
　　【弹性模量】　灰铸铁杨氏模量 78.5 G～157 GPa
　　【弹性模量】　灰铸铁剪切弹性模量 31.9 G～61.8 GPa
　　【弹性模量】　铜及其合金杨氏模量 72.6 G～128 GPa
　　【弹性模量】　铜及其合金剪切弹性模量 27.7 G～45.1 GPa
　　【弹性模量】　铝合金杨氏模量 70 GPa
　　【弹性模量】　铝合金剪切弹性模量 26.3 GPa
【因素】
　　【影响因素】　键合方式
　　【影响因素】　晶体结构
　　【影响因素】　化学成分
　　【影响因素】　微观组织
　　【影响因素】　温度
【词条关系】
　　【等同关系】
　　　【基本等同】　杨氏模量
　　　【基本等同】　弹性模数
　　　【基本等同】　弹性系数
　　【层次关系】
　　　【类分】　正弹性模量
　　　【类分】　剪切弹性模量
　　　【类分】　原点切线弹性模量
　　　【类分】　切线弹性模量
　　　【类分】　割线弹性模量
　　　【类分】　弦弹性模量
　　　【类分】　体积弹性模量
　　　【类分】　静态弹性模量
　　　【类分】　动态弹性模量
　　【测度关系】
　　　【物理量-度量方法】　直接拉伸法
　　　【物理量-度量方法】　电阻应变法
　　　【物理量-度量方法】　弯曲挠度法
　　　【物理量-度量方法】　柔度修正法
　　　【物理量-度量方法】　超声法
　　　【物理量-度量方法】　共振法
　　　【物理量-度量方法】　声频法

◎ 碳氮共渗

【基本信息】
　【英文名】　carbonitriding
　【拼音】　tan dan gong shen
　【核心词】
【定义】
　　以渗碳为主同时渗入氮的化学热处理工艺。
　【来源】《中国冶金百科全书·金属材料》
【分类信息】
　【IPC类目】
　　（1）C23C8/30　碳氮共渗〔4〕
　　（2）C23C8/30　用于环;轴承座圈
　　（3）C23C8/30　黑色金属表面的〔4〕
　　（4）C23C8/30　泵送装置或系统（31/00,35/00 优先）
　　（5）C23C8/30　多步法渗多种元素〔4〕
【词条属性】
　【特征】

【特点】 以渗碳为主
【特点】 渗入少量氮
【特点】 在保持心部高韧性的条件下获得高硬度的表面层
【特点】 氮的渗入提高了渗层中的碳浓度
【特点】 碳的渗入促进了渗层中氮化物的形成
【特点】 碳氮共渗降低了渗层的相变点
【特点】 渗层中碳和氮的浓度随共渗温度而变
【优点】 与渗碳相比,具有较快的渗入速度
【优点】 与渗碳相比,较高的渗层的淬透性
【优点】 与渗碳相比,较高的渗层的回火抗力
【优点】 与渗碳相比,较高的渗层的耐磨性
【优点】 与渗碳相比,较高的渗层的抗疲劳性能
【优点】 与渗碳相比,处理温度较低
【优点】 与渗碳相比,变形小
【优点】 与渗碳相比,可以直接淬火
【优点】 提高工模具寿命
【状况】
　【应用场景】 汽车齿轮
　【应用场景】 汽车涡轮
　【应用场景】 汽车蜗杆
　【应用场景】 汽车轴
【词条关系】
　【层次关系】
　　【构成成分】 滴煤油、乙醇、丙酮、氨、三乙醇胺、溶入尿素的醇
　　【类分】 气体法
　　【类分】 盐浴法
　　【类分】 高温碳氮共渗
　　【类分】 中温碳氮共渗
　　【类分】 低温碳氮共渗

　　【类分】 固体氰化
　　【类分】 膏剂氰化
　　【类分】 液体氰化
　　【类分】 气体氰化
　　【类分】 薄层氰化
　　【类分】 一般氰化
　　【类分】 深层氰化
　　【类属】 化学热处理
【生产关系】
　【工艺-材料】 耐磨钢
　【工艺-设备工具】 井式炉
　【工艺-设备工具】 密封箱式炉
　【工艺-设备工具】 可控气氛炉

◎ 碳当量
【基本信息】
　【英文名】 carbon equivalent
　【拼音】 tan dang liang
　【核心词】
【定义】
　　把钢材中含有的合金元素(包括碳)的含量,按其对焊接性能的作用和影响大小,换算成碳的相当含量的总和。
【来源】 《中国土木建筑百科辞典·桥梁工程》
【分类信息】
　【CLC类目】
　　TG401　焊接冶金问题
　【IPC类目】
　　(1) C22C38/24　含钒的[2]
　　(2) C22C38/24　含铌或钽的[2]
　　(3) C22C38/24　含钛或锆的[2]
　　(4) C22C38/24　加入熔渣中的成分(水除外);用气体或产生气体的材料处理,如为制取多孔矿渣[4]
　　(5) C22C38/24　专门适用于制造管状制品(通过拉拔将金属板弯成管形入B21D5/10)
【词条属性】
　【特征】

【特点】　影响组织
　　【特点】　影响性能
　　【特点】　决定强度
　　【特点】　决定可焊性
　　【特点】　可轻易判断其成分是过共晶、亚共晶还是共晶点
　【状况】
　　【应用场景】　高强钢
　　【应用场景】　不锈钢
　　【应用场景】　碳素钢
　　【应用场景】　轴承钢
　　【应用场景】　耐热钢
【词条关系】
　【层次关系】
　　【概念-实例】　35GrMo
　　【概念-实例】　45钢
　　【概念-实例】　Q345
　　【概念-实例】　H08
　　【概念-实例】　H08Mn2Si
　　【概念-实例】　H08A
　　【概念-实例】　H08Mn2SiA
　　【构成成分】　C、Mn、Cr、Mo、V、Ni、Cu
　　【类分】　拉伸强度碳当量
　　【类分】　屈服强度碳当量
　　【类分】　焊接碳当量

◎碳钢
【基本信息】
　【英文名】　carbon steel
　【拼音】　tan gang
　【核心词】
【定义】
　　含碳量在2%以下的钢。
　【来源】《军事大辞海·下》
【分类信息】
　【CLC类目】
　　（1）TG172.5　海水腐蚀、水腐蚀
　　（2）TG172.5　电化学、电解、磁化学
　　（3）TG172.5　金属腐蚀理论
　　（4）TG172.5　特殊用途钢
　　（5）TG172.5　金属防腐剂、缓蚀剂
　【IPC类目】
　　（1）C02F5/12　含氮的（5/14优先）〔3〕
　　（2）C02F5/12　在拧入螺钉的物体中形成螺纹的螺钉，如木螺钉、自身攻螺纹螺钉〔4〕
　　（3）C02F5/12　黑色金属表面的〔4〕
　　（4）C02F5/12　不包括在上述规定中的复合热处理
　　（5）C02F5/12　纵截面有折皱或有波纹的
【词条属性】
　【特征】
　　【特点】　用途广
　　【特点】　用量大
　　【特点】　含碳量较高硬度越大
　　【特点】　含碳量较高强度越高
　　【特点】　含碳量较高塑性较低
　【状况】
　　【应用场景】　金属结构
　　【应用场景】　机械零件
　　【应用场景】　切削工具
　　【应用场景】　量具
　　【应用场景】　模具
　　【应用场景】　煤气管
　　【应用场景】　螺钉
　　【应用场景】　螺母
　　【应用场景】　滑轮
　　【应用场景】　齿轮
　　【应用场景】　搅拌器骨架
　　【应用场景】　钢筋
　　【应用场景】　钢门
　　【应用场景】　钢窗
　　【应用场景】　农机具
　　【应用场景】　自行车
　　【应用场景】　缝纫机
　　【应用场景】　刀剪
　　【应用场景】　发夹
　　【应用场景】　机罩

【应用场景】　焊接容器
　　【应用场景】　连杆
　　【应用场景】　机床主轴
　　【应用场景】　弹簧
　　【应用场景】　机车轮缘
　　【应用场景】　冲头
　　【应用场景】　丝锥
　　【应用场景】　锉刀
【词条关系】
　【等同关系】
　　【基本等同】　碳素钢
　【层次关系】
　　【概念-实例】　Q235
　　【概念-实例】　45
　　【概念-实例】　65Mn
　　【概念-实例】　08F
　　【概念-实例】　T12
　　【构成成分】　铁、碳、硅、锰、硫、磷
　　【类分】　普通碳素钢
　　【类分】　优质碳素钢
　　【类分】　低碳钢
　　【类分】　中碳钢
　　【类分】　高碳钢
　　【类分】　平炉钢
　　【类分】　转炉钢
　　【类分】　沸腾钢
　　【类分】　半镇静钢
　　【类分】　特殊镇静钢
　　【类分】　碳素结构钢
　　【类分】　碳素工具钢
　　【类分】　易切削结构钢
　　【类属】　钢铁材料
　【应用关系】
　　【用于】　电器

◎ **碳化物**
【基本信息】
　【英文名】　carbide;carbonide
　【拼音】　tan hua wu

　【核心词】
【定义】
　　碳与金属或部分非金属组成的化合物。
【来源】　《现代汉语大词典·下册》
【分类信息】
　【CLC 类目】
　　（1）TG156.93　形变热处理
　　（2）TG156.93　灰口铸铁铸件
　　（3）TG156.93　离心铸造
　　（4）TG156.93　特种热性质合金
　　（5）TG156.93　化工机械与仪器、设备
　【IPC 类目】
　　（1）C22C29/08　以碳化钨为基的〔4〕
　　（2）C22C29/08　以碳化物为基料的〔4〕
　　（3）C22C29/08　专用于特定的固态原物料或特殊形式的固态原物料的干馏（泥煤的湿式碳化入 C10F）
　　（4）C22C29/08　铁基合金,如合金钢（铸铁合金入 37/00）〔2〕
　　（5）C22C29/08　含钒的〔2〕
【词条属性】
　【状况】
　　【应用场景】　磨具
　　【应用场景】　磨料
　　【应用场景】　金属陶瓷
　　【应用场景】　高温复合材料
　　【应用场景】　特殊耐火制品
　　【应用场景】　耐磨涂料
　　【应用场景】　耐酸涂料
　　【应用场景】　耐高温涂料
　　【应用场景】　硬质合金
　　【应用场景】　磨石
　　【应用场景】　砂轮
　　【应用场景】　高温燃气涡轮发动机叶片
　　【应用场景】　热交换材料
　　【应用场景】　电热元件
　　【应用场景】　切削工具
【词条关系】
　【层次关系】

【概念-实例】 TiC
【概念-实例】 VC
【概念-实例】 ZrC
【概念-实例】 Fe_3C
【概念-实例】 CrC_3
【概念-实例】 $Cr_{23}C_6$
【概念-实例】 $(Fe,Mn)_3C$
【概念-实例】 $(Fe,Cr)_3C$
【概念-实例】 $(Fe,Cr)_7C_3$
【概念-实例】 $(Fe,W)_6C$
【概念-实例】 $(Fe,Mo)_6C$
【类分】 碳化钛
【类分】 碳化铬
【类分】 碳化锆
【类分】 碳化铌
【类分】 碳化铝
【类分】 碳化铪
【类分】 碳化钽
【类分】 碳化钨
【类分】 碳化钒
【类分】 碳化硅
【类分】 碳化硼
【类分】 金属碳化物
【类分】 非金属碳化物
【类分】 碳化钙
【类分】 碳化铍
【类分】 共晶碳化物
【类分】 离子型碳化物
【类分】 共价型碳化物
【生产关系】
　【材料-工艺】 金属与炭粉直接化合
　【材料-工艺】 金属与含碳气体反应而得
　【材料-工艺】 碳和氧化物作用（碳还原法）

◎碳化物液析
【基本信息】
　【英文名】 carbide liquation
　【拼音】 tan hua wu ye xi
　【核心词】
【定义】
　某些高碳合金钢,如高碳铬轴承钢,由液态向固态转变时,最后凝固部分的碳及合金元素富集而产生亚稳定共晶莱氏体,这种碳化物偏析称为碳化物液析,也就是一次碳化物。
【来源】 《金属材料简明辞典》
【分类信息】
　【CLC类目】
　　TF762　优质钢
【词条属性】
　【特征】
　　【缺点】 降低轴承的耐磨性
　　【缺点】 降低轴承的疲劳极限
　　【缺点】 产生淬火裂纹
　　【特点】 在轴承钢中出现
　　【特点】 在钢液中碳和合金元素的富集处
　　【特点】 枝晶偏析产生的亚稳定莱氏体在热加工后破碎形成
　　【特点】 沿热加工方向分布的小块碳化物
　　【特点】 较大的碳化物颗粒
　　【特点】 棱角状的碳化物颗粒
　【因素】
　　【影响因素】 扩散退火导致
　　【影响因素】 碳化物颗粒尺寸
【词条关系】
　【层次关系】
　　【概念-实例】 GCr15
　　【概念-实例】 GCr15SiMn
　　【概念-实例】 ZGCr15
　　【概念-实例】 ZGCr15SiMn
　　【概念-实例】 9Cr18
　　【概念-实例】 9Cr18Mo
　　【概念-实例】 GCr9
　　【概念-实例】 GCr9SiMn
　　【概念-实例】 GCr18Mo
　　【概念-实例】 GCr15SiMo

【类属】 碳偏析缺陷

◎ 碳素钢
【基本信息】
  【英文名】 carbon steel
  【拼音】 tan su gang
  【核心词】
【定义】
  碳含量为 0.02%～1.35%,并有硅、锰、硫、磷及其他残余元素的铁碳合金,简称碳钢。
【来源】《中国冶金百科全书·金属材料》
【分类信息】
  【CLC 类目】
    TG142.31 碳钢
  【IPC 类目】
    (1) F16L9/02 金属的(9/16 至 9/22 优先;散热片管入 F28F)
    (2) F16L9/02 管状产品
    (3) F16L9/02 冷却;所用设备
    (4) F16L9/02 供料装置或壳破碎装置〔2〕
    (5) F16L9/02 用于旋转发动机或类似机器的
【词条属性】
  【特征】
    【缺点】 强度较低
    【特点】 使用广泛
    【优点】 冶炼方便
    【优点】 品种规格多
    【优点】 价格低廉
    【优点】 韧性优秀
    【优点】 深冲性优秀
    【优点】 焊接性好
  【状况】
    【应用场景】 焊接件
    【应用场景】 渗碳零件
    【应用场景】 冲压件
    【应用场景】 轴
    【应用场景】 齿轮
    【应用场景】 轴套
    【应用场景】 弹簧
    【应用场景】 镰刀
    【应用场景】 收获机械
    【应用场景】 青饲切碎机
    【应用场景】 铡草机
    【应用场景】 剪羊毛机
    【应用场景】 薄板
    【应用场景】 钢筋
    【应用场景】 焊接钢管
    【应用场景】 螺钉
    【应用场景】 铆钉
  【因素】
    【影响因素】 Mn 元素含量
    【影响因素】 Si 元素含量
    【影响因素】 S 元素含量
    【影响因素】 P 元素含量
【词条关系】
  【等同关系】
    【基本等同】 碳钢
  【层次关系】
    【材料-组织】 索氏体
    【概念-实例】 Q195
    【概念-实例】 Q215
    【概念-实例】 Q235
    【概念-实例】 Q275
    【构成成分】 碳、锰、硅、磷、硫
    【类分】 中碳钢
    【类分】 低碳钢
    【类分】 高碳钢
    【类分】 普通碳素钢
    【类分】 优质碳素钢
    【类分】 特殊质量碳素钢
    【类分】 碳素结构钢
    【类分】 碳素工具钢
    【类分】 沸腾钢
    【类分】 优质钢
    【类分】 共析钢
  【应用关系】

【材料-加工设备】 热交换器
【使用】 无损探伤
【用于】 刃具
【用于】 量具
【用于】 农机制造
【用于】 压力容器
【生产关系】
　【材料-工艺】 熔模铸造
　【材料-工艺】 脱气
　【材料-工艺】 电渣重熔
　【材料-工艺】 渗硫

◎碳素工具钢
【基本信息】
　【英文名】 carbon tool steel
　【拼音】 tan su gong ju gang
　【核心词】
【定义】
　用于制作刃具、模具和量具的碳素钢。
【来源】《中国冶金百科全书·金属材料》
【分类信息】
　【IPC 类目】
　　（1）C22C38/46 含钒的〔2〕
　　（2）C22C38/46 以镀层材料为特征的（14/04 优先）〔4〕
　　（3）C22C38/46 用于金属薄板
　　（4）C22C38/46 在生产钢板或带钢时（8/12 优先）〔3〕
　　（5）C22C38/46 含锰的〔2〕
【词条属性】
　【特征】
　　【缺点】 淬透性差
　　【缺点】 耐磨性低
　　【缺点】 热强度低
　　【特点】 含碳高
　　【特点】 硬度大
　　【特点】 高耐磨性
　　【特点】 易于锻造成型
　　【优点】 加工性良好
　　【优点】 价格低廉
　　【优点】 使用范围广泛
【状况】
　【应用场景】 钢印
　【应用场景】 冲头
　【应用场景】 锉刀
　【应用场景】 冷冲模
　【应用场景】 拉丝模
　【应用场景】 切边模
　【应用场景】 丝锥
　【应用场景】 锉刀
　【应用场景】 刻刀
　【应用场景】 剪刀
　【应用场景】 车刀
　【应用场景】 刨刀
　【应用场景】 锯条
　【应用场景】 斧
　【应用场景】 凿
　【应用场景】 带锯
　【应用场景】 镰刀
　【应用场景】 搓丝板
　【应用场景】 卡尺
　【应用场景】 塞规
　【应用场景】 刮刀
　【应用场景】 钻头
　【应用场景】 铰刀
　【应用场景】 扩孔钻
　【应用场景】 板牙
【力学性能】
　【硬度】 HRC 不小于 62
【词条关系】
　【等同关系】
　　【缩略为】 碳工钢
　【层次关系】
　　【概念-实例】 T7
　　【概念-实例】 T8
　　【概念-实例】 T9
　　【概念-实例】 T10
　　【概念-实例】 T11

【概念-实例】 T12
　【类分】 碳素刃具钢
　【类分】 碳素模具钢
　【类分】 碳素量具钢
　【类分】 共析钢
　【类属】 高合金钢
　【类属】 工具钢
　【类属】 特殊钢
　【类属】 碳素钢
　【类属】 优质钢
　【类属】 碳钢
【应用关系】
　【用于】 刀具
　【用于】 模具
　【用于】 量具
【生产关系】
　【材料-工艺】 球化退火

◎碳素结构钢

【基本信息】
　【英文名】 carbon structural steel
　【拼音】 tan su jie gou gang
　【核心词】
【定义】
　用于制作工程结构件和机械结构件的碳素钢。
【来源】《中国冶金百科全书·金属材料》
【分类信息】
　【CLC 类目】
　　（1）TF0　一般性问题
　　（2）TF0　转炉炼钢
　【IPC 类目】
　　（1）F 01 L 1/14　挺杆；推杆
　　（2）F 01 L 1/14　在生产钢板或带钢时（8/12 优先）〔3〕
　　（3）F 01 L 1/14　使气体、空气或蒸汽从液体浴槽上或浴槽里通过
　　（4）F 01 L 1/14　专门适用于金属轧机或其加工产品的控制设备或方法（专用于金属轧机的方法或设备 38/00）
　　（5）F 01 L 1/14　供料装置或壳破碎装置〔2〕
【词条属性】
　【特征】
　　【特点】 强度较低
　　【特点】 塑性好
　　【特点】 韧性好
　　【特点】 冷变形性能好
　【状况】
　　【应用场景】 厂房钢结构件
　　【应用场景】 桥梁钢结构件
　　【应用场景】 铁塔钢结构件
　　【应用场景】 屋面板
　　【应用场景】 建筑用钢管、钢板及钢筋
　　【应用场景】 螺栓
　　【应用场景】 拉杆
　　【应用场景】 主轴
　　【应用场景】 连杆
　　【应用场景】 曲轴
　　【应用场景】 齿轮
　　【应用场景】 弹簧
　　【应用场景】 轧辊
　　【应用场景】 链条
　　【应用场景】 铆钉
【词条关系】
　【层次关系】
　　【概念-实例】 Q195
　　【概念-实例】 Q215
　　【概念-实例】 Q235
　　【概念-实例】 Q255
　　【概念-实例】 Q275
　　【概念-实例】 40
　　【概念-实例】 45
　　【概念-实例】 40Mn
　　【概念-实例】 45Mn
　　【概念-实例】 65
　　【概念-实例】 70
　　【概念-实例】 85

【概念-实例】　65Mn
【概念-实例】　70Mn
【构成成分】　硫、磷、锰
【类分】　普通碳素结构钢
【类分】　优质碳素结构钢
【类分】　共析钢
【类属】　低碳钢
【类属】　中碳钢
【类属】　高碳钢
【类属】　碳素钢
【类属】　结构钢
【类属】　优质钢
【类属】　碳钢
【应用关系】
　【用于】　压力容器
【生产关系】
　【材料-工艺】　热锻
　【材料-工艺】　脱磷
　【材料-原料】　钢锭

◎ 特殊钢
【基本信息】
　【英文名】　special steel；special alloy steel
　【拼音】　te shu gang
　【核心词】
【定义】
　　一般认为特殊钢是指具有特殊的化学成分（合金化），采用特殊的工艺生产，具备特殊的组织与性能，能够满足特殊需要的钢类。
【来源】　《中国冶金百科全书·金属材料》
【分类信息】
　【CLC类目】
　　（1）TF704.5　脱碳
　　（2）TF704.5　方坯连铸
　　（3）TF704.5　熔炼过程及操作
　　（4）TF704.5　钢铁工业
　　（5）TF704.5　连续铸钢、近终形铸造
　【IPC类目】
　　（1）C23C8/72　一步法渗多种元素〔4〕
　　（2）C23C8/72　铬的提取〔2〕
　　（3）C23C8/72　具有轴线与主轴共轴的，或平行的或倾斜于主轴的缸
　　（4）C23C8/72　铸锭（熔融金属的运送设备入35/00）
　　（5）C23C8/72　金属铸造；用相同工艺或设备的其他物质的铸造
【词条属性】
　【特征】
　　【特点】　高强度
　　【特点】　高韧性
　　【特点】　良好物理性能
　　【特点】　高生物相容性
　　【特点】　高工艺性能
　【状况】
　　【应用场景】　机械连杆
　　【应用场景】　齿轮
　　【应用场景】　联轴节
　　【应用场景】　工业用刃具
　　【应用场景】　工业用模具
　　【应用场景】　工业用量具
　　【应用场景】　仪表外壳
　　【应用场景】　汽车上的冷冲压件
　　【应用场景】　调速弹簧
　　【应用场景】　柱塞弹簧
　　【应用场景】　冷卷弹簧
　　【应用场景】　滚珠、滚柱
　　【应用场景】　轴承套圈
　　【应用场景】　变压器
　　【应用场景】　锅炉
【词条关系】
　【层次关系】
　　【概念-实例】　Q195
　　【概念-实例】　Q215
　　【概念-实例】　Q235
　　【概念-实例】　Q255
　　【概念-实例】　Q275
　　【概念-实例】　08
　　【概念-实例】　10

【概念-实例】	15
【概念-实例】	20
【概念-实例】	25
【概念-实例】	55
【概念-实例】	60
【概念-实例】	65

【构成成分】 钨、钼、铬、钒、铅、碲、铋、锰、硅、硼、铌、磷、硫、镍、钛

【类分】	优质碳素钢
【类分】	碳素工具钢
【类分】	碳素弹簧钢
【类分】	合金弹簧钢
【类分】	合金结构钢
【类分】	滚珠轴承钢
【类分】	合金工具钢
【类分】	高合金工具钢
【类分】	高速工具钢
【类分】	不锈钢
【类分】	耐热钢
【类分】	精密合金
【类分】	电热合金
【类属】	钢铁

◎ 体心立方晶格

【基本信息】
　【英文名】　body centered cubic lattice
　【拼音】　ti xin li fang jing ge
　【核心词】

【定义】
　　晶胞是一个正立方体,在立方体的各个顶点上和立方体的中心,各有一个原子,这种晶格即称为体心立方晶格。

【来源】《机械加工工艺辞典》

【分类信息】
　【CLC类目】
　　TG139　其他特种性质合金

【词条属性】
　【特征】
　　【数值】　滑移系数 12

【特点】	晶胞形状为立方体
【特点】	每个顶点有一个原子
【特点】	体心有一个原子
【特点】	原子配位数 8
【特点】	晶体致密度 68%
【特点】	原子半径 $\sqrt{3}a/4$(a 为晶胞边长)
【特点】	滑移面为 {110}
【特点】	滑移方向为 <111>
【特点】	较大的四面体间隙
【特点】	较小的八面体间隙
【特点】	结构符号是 A_2
【特点】	Pearson 符号是 cI_2

【词条关系】
　【等同关系】
　　【缩略为】　bbc
　【层次关系】
　　【并列】　面心立方晶格
　　【并列】　密排六方晶格

【概念-实例】	钒
【概念-实例】	铬
【概念-实例】	钨
【概念-实例】	钼
【概念-实例】	α-Fe
【概念-实例】	钾
【概念-实例】	钡
【概念-实例】	β 钛
【概念-实例】	CuZn
【概念-实例】	TaH
【类属】	布喇菲点阵
【类属】	晶体结构

◎ 条钢

【基本信息】
　【英文名】　bar iron
　【拼音】　tiao gang
　【核心词】

【定义】
　　条钢是表面经过精加工的圆钢或钢丝(也叫银亮钢、银亮条钢)。

【分类信息】
　【IPC 类目】
　　（1）B01D46/24　采用刚性空心滤体的粒子分离器,如聚尘器
　　（2）B01D46/24　管子、电缆或护管的支持,如吊架、支持架、夹具、系缆墩、卡箍、托架（在地面或地下保持管子的铰链入 1/06；特别适用于吊架或支持架的噪声吸收器入 55/035；特别适用于支持绝缘层的入 59/12）〔5,7〕
　　（3）B01D46/24　含硼的〔2〕
　　（4）B01D46/24　处理烟或废气装置的配置（这些装置本身、处理烟或废气的方法见与处理有关分类,如 B01D53/00）
【词条属性】
　【状况】
　　【应用场景】　车轴方钢
　　【应用场景】　气瓶方钢
　　【应用场景】　模具钢
　　【应用场景】　齿轮钢
　　【应用场景】　转动轴
　　【应用场景】　芯棒
　　【应用场景】　钻杆
　　【应用场景】　高碳钢
　　【应用场景】　低碳钢
　　【应用场景】　冷镦钢
　　【应用场景】　PC 钢棒用
　　【应用场景】　焊丝用钢
　　【应用场景】　钢纤维用
　　【应用场景】　弹簧钢
【词条关系】
　【层次关系】
　　【概念-实例】　SWRH32
　　【概念-实例】　SWRM6
　　【概念-实例】　SWRCH10K
　　【概念-实例】　B30MnB
　　【概念-实例】　H10Mn2
　　【概念-实例】　B04XW
　　【概念-实例】　B55SiCr
　　【概念-实例】　SWRY11

　　【类分】　初轧商品坯材
　　【类分】　线材产品
【应用关系】
　【材料-加工设备】　电炉
　【材料-加工设备】　轧机
　【材料-加工设备】　切割机
　【材料-加工设备】　电机
　【材料-加工设备】　导轨

◎调质处理
【基本信息】
　【英文名】　quenched and tempered
　【拼音】　tiao zhi chu li
　【核心词】
【定义】
　　（1）钢件淬火及高温回火的复合热处理工艺。目的是使钢件得到一定的强度、硬度及良好塑性、韧性相配合的综合力学性能。
　【来源】《现代材料科学与工程辞典》
　　（2）中碳结构钢在正常淬火后进行 500～700 ℃ 的高温回火,又可称为调质处理,简称调质。
　【来源】《机械加工工艺辞典》
【分类信息】
　【IPC 类目】
　　（1）C11B1/10　萃取法
　　（2）C11B1/10　用于非接合目的,如堆焊
　　（3）C11B1/10　用于环；轴承座圈
　　（4）C11B1/10　用于传送旋转运动
　　（5）C11B1/10　上述各组中未提及的元件
【词条属性】
　【特征】
　　【数值】　含碳量控制在 0.30%～0.50%
　　【数值】　高温回火温度为 500～650 ℃
　　【特点】　碳化物的颗粒就增大
　　【特点】　屈服点下降
　　【特点】　拉伸强度下降
　　【特点】　降低硬度

【特点】 降低脆性
【特点】 延伸率升高
【特点】 收缩率升高
【特点】 淬火+高温回火
【优点】 调质处理后具有优良机械性能
【状况】
　【应用场景】 调质钢
　【应用场景】 45钢
　【应用场景】 40Cr
　【应用场景】 汽车的轴
　【应用场景】 齿轮
　【应用场景】 航空发动机的涡轮轴
　【应用场景】 压气机盘
　【应用场景】 对力学要求高的结构零部件都要进行调质处理
【词条关系】
　【层次关系】
　　【类属】 金属材料热处理工艺
　【应用关系】
　　【工艺-组织】 回火索氏体
　　【用于】 低合金铸钢
　　【用于】 中碳(低合金)结构钢
　　【用于】 合金结构钢
　【生产关系】
　　【工艺-材料】 调质钢
　　【工艺-材料】 亚共析钢
　　【工艺-材料】 中碳钢
　　【工艺-材料】 船舶用钢
　　【工艺-设备工具】 热处理调制设备
　　【工艺-设备工具】 加热炉
　　【工艺-设备工具】 燃料燃烧炉
　　【工艺-设备工具】 感应加热炉

◎ 调质钢
【基本信息】
　【英文名】 tempered steel
　【拼音】 tiao zhi gang
　【核心词】
【定义】 一种机械结构钢。包括具有中等含碳量(0.25%～0.55%)的碳素结构钢和合金结构钢。
【来源】 《金属材料简明辞典》
【分类信息】
　【IPC类目】
　　(1) C21D9/50　用于焊接接头
　　(2) C21D9/50　用热处理或变形以外的方法来改变物理性能[3]
　　(3) C21D9/50　含钴的[2]
　　(4) C21D9/50　含镍的[2]
　　(5) C21D9/50　含硼的[2]
【词条属性】
　【特征】
　　【数值】 碳 0.25%～0.5%
　　【数值】 在 500～650 ℃ 回火
　　【数值】 硬度值为 400 HB(抗拉强度约为 1400 MPa)时,屈强比值最高约 0.9
　　【特点】 具有较低或中等的合金化程度
　　【优点】 具有很好的综合机械性能
　　【优点】 较高的强度
　　【优点】 很好的塑性和韧性
　【状况】
　　【应用场景】 机器上的结构零件
　　【应用场景】 结构钢
　【力学性能】
　　【屈服强度】 在(490～1200) MPa
【词条关系】
　【层次关系】
　　【材料-组织】 回火索氏体
　　【概念-实例】 37CrNi3A
　　【概念-实例】 40CrMn
　　【概念-实例】 40CrSi
　　【概念-实例】 40CrNiMo
　　【概念-实例】 40Cr
　　【概念-实例】 42 Mn2V
　　【概念-实例】 ML30
　　【概念-实例】 30CrMnSi
　　【概念-实例】 37SiMn2MoWVA

【概念-实例】　　30Mn2MoWA
【概念-实例】　　ML42CrMo
【概念-实例】　　ML30CrMo
【构成成分】　　铬、镍、锰、硅、硼
【类分】　　铬系调质钢
【类分】　　铬锰系调质钢
【类分】　　铬镍系调质钢
【类分】　　含硼调质钢
【类分】　　45调质钢
【类分】　　合金调质钢
【类分】　　锰钨硼钢
【类分】　　硅锰钼钨钢
【类分】　　硅锰钼钨钒钢
【类分】　　锰钢
【类分】　　硅锰钢
【类分】　　硼钢
【类分】　　锰硼钢
【类分】　　锰钒硼钢
【类分】　　铬镍钼钒钢
【类属】　　中碳合金钢
【应用关系】
　【用于】　　汽车制造
　【用于】　　拖拉机
　【用于】　　机床
　【用于】　　轴类件
　【用于】　　连杆
　【用于】　　螺栓
【生产关系】
　【材料-工艺】　　调质处理

◎**铁磁性**
【基本信息】
　【英文名】　　ferromagnetism
　【拼音】　　tie ci xing
　【核心词】
【定义】
　在居里温度以下,物质中相邻原子的磁矩自发地平行排列而呈现的磁性。
【来源】　　《金属功能材料词典》

【分类信息】
　【CLC类目】
　（1）O484.1　薄膜的生长、结构和外延
　（2）O484.1　特种结构材料
　（3）O484.1　磁学性质
　（4）O484.1　各种磁性
　（5）O484.1　材料
　【IPC类目】
　（1）B01D35/06　利用电或磁的过滤器（超滤、微量过滤入61/14；电渗析、电渗透入61/42；包括过滤器和磁分离器的装置入B03C1/30）〔5〕
　（2）B01D35/06　分离或纯化（无机盐的分离入C01）〔2〕
　（3）B01D35/06　支承或连接到一物体上,如树
　（4）B01D35/06　零部件；附件（驱动机构入29/00）
　（5）B01D35/06　差动活塞机械或泵
【词条属性】
　【特征】
　【特点】　　磁化率很大且随外磁场强度而变化
　【特点】　　有一特征温度T_c,称为居里温度
　【特点】　　表现为磁滞现象
　【特点】　　原子本征磁矩不为零
　【特点】　　Rab/r之比大于3,使交换积分A为正
　【特点】　　在不大的磁场中即可达到饱和磁化
　【特点】　　随温度升高磁化程度降低
　【特点】　　磁化率大于顺磁性
　【特点】　　磁化率大于抗磁性
　【特点】　　电子的自旋趋于与相邻未配对电子的自旋呈相同方向
　【特点】　　磁畴内每个原子的未配对电子自旋倾向于平行排列
　【特点】　　磁畴内磁性是非常强的
　【特点】　　磁致伸缩

【特点】　磁各向异性
【状况】
　　【应用场景】　金属磁性材料
　　【应用场景】　铁氧体磁性材料
　　【应用场景】　有机高分子磁性材料
　　【应用场景】　软磁材料
　　【应用场景】　硬磁材料
　　【应用场景】　矩磁材料
　　【应用场景】　压磁材料
　　【应用场景】　旋磁材料
　　【应用场景】　工业纯铁
　　【应用场景】　硅钢片
　　【应用场景】　坡莫合金
　　【应用场景】　电机
　　【应用场景】　感应开关
　　【应用场景】　自动陀螺仪
　　【应用场景】　石英手表
　　【应用场景】　核磁共振扫描仪
【时间】
　　【起始时间】　1907 年
【词条关系】
　　【层次关系】
　　　　【并列】　顺磁性
　　　　【并列】　反磁性
　　　　【构成成分】　Fe、Co、Ni、Gd、Tb、Dy、Ho、Er
　　　　【类属】　强磁性
　　【应用关系】
　　　　【用于】　传动装置
　　　　【用于】　机械仪表

◎铁合金
【基本信息】
　　【英文名】　ferroalloy; iron alloy
　　【拼音】　tie he jin
　　【核心词】
【定义】
　　由合金元素与铁组成的二元或多元合金，是钢铁工业的基础炉料之一。
【来源】《中国冶金百科全书·钢铁冶金》

【分类信息】
【CLC 类目】
　　（1）F426　工业部门经济
　　（2）F426　各种铁合金冶炼
　　（3）F426　铁合金冶炼机械与生产自动化
【IPC 类目】
　　（1）C21C7/06　脱氧，如镇静钢〔2〕
　　（2）C21C7/06　铁或钢的母（中间）合金
　　（3）C21C7/06　用熔炼法〔2〕
　　（4）C21C7/06　合金〔2〕
　　（5）C21C7/06　铁基合金的制造
【词条属性】
【特征】
　　【缺点】　能耗高
　　【特点】　比纯金属熔点低
　　【特点】　比纯金属比重大
　　【特点】　改善钢的性能
　　【特点】　易于加入钢中
　　【特点】　较脆
　　【优点】　生产纯金属简单
　　【优点】　生产纯金属经济
【状况】
　　【前景】　控制总量规模
　　【前景】　淘汰落后产能
　　【前景】　提高整体装备水平
　　【前景】　优化产业布局和资源配置
　　【前景】　提高产业集中度
　　【前景】　实施"走出去"战略
　　【前景】　能增强国际竞争力
　　【前景】　可实现全面可持续发展
　　【前景】　提高金属收得率
　　【前景】　降低钢铁生产成本
　　【前景】　降低能耗
　　【应用场景】　作为炉料
　　【应用场景】　炼钢原料
　　【应用场景】　作为钢的脱氧剂
　　【应用场景】　合金钢的添加剂
　　【应用场景】　脱硫剂
　　【应用场景】　变性剂

【应用场景】　除气剂
　　【应用场景】　洁净剂
【时间】
　　【起始时间】　1860年
【词条关系】
　【层次关系】
　　【类分】　锰铁
　　【类分】　硅铁
　　【类分】　钨铁
　　【类分】　钛铁
　　【类分】　铬铁
　　【类分】　钼铁
　　【类分】　磷铁
　　【类分】　硼铁
　　【类分】　镍铁
　　【类分】　铌铁
　　【类分】　锆铁
　　【类分】　锰硅铝合金
　　【类分】　硅钙铝合金
　　【类分】　高炉铁合金
　　【类分】　电炉铁合金
　　【类分】　炉外法铁合金
　　【类分】　真空固态还原铁合金
　　【类分】　电解法铁合金
　　【类分】　氧化物压块与发热铁合金
　【应用关系】
　　【材料-加工设备】　转炉
　　【材料-加工设备】　高炉
　　【材料-加工设备】　电炉
　【生产关系】
　　【材料-工艺】　高温还原而得

◎ **铁基合金**
【基本信息】
　　【英文名】　iron-base alloy
　　【拼音】　tie ji he jin
　　【核心词】
【定义】
　　铁基合金是指以铁元素为基加入其他合金元素形成的合金。
【分类信息】
　【CLC类目】
　　（1）TG174　腐蚀的控制与防护
　　（2）TG174　脱磷
　　（3）TG174　特种热性质合金
　　（4）TG174　其他特种性质合金
　　（5）TG174　其他材料
　【IPC类目】
　　（1）C22C38/18　含铬的〔2〕
　　（2）C22C38/18　用粉末冶金法（金属粉末制造入B22F）
　　（3）C22C38/18　铁基合金,如合金钢（铸铁合金入37/00）〔2〕
　　（4）C22C38/18　含硼的〔2〕
【词条属性】
　【特征】
　　【优点】　应用广泛
　　【优点】　综合性能良好
　　【优点】　使用性能范围很宽
　　【优点】　价格低廉
　　【优点】　良好的机加工性能
　　【优点】　冲击韧性极好
　　【优点】　良好的耐应力疲劳
　　【优点】　良好的冷热疲劳性能
　【状况】
　　【应用场景】　热轧工作辊
　　【应用场景】　支撑辊
　　【应用场景】　连铸机辊
　　【应用场景】　导卫辊
　　【应用场景】　校直辊
　　【应用场景】　挖土机辊
　　【应用场景】　农机
　　【应用场景】　煤粉研磨机辊
　　【应用场景】　旋转轴
　　【应用场景】　堆焊过渡层
【词条关系】
　【层次关系】
　　【构成成分】　铬、硅、钼、锰、钒、钨

【类分】 马氏体合金钢
【类分】 高铬铸铁
【类分】 奥氏体锰钢
【类分】 马氏体不锈钢
【类分】 珠光体钢
【类属】 膨胀合金
【类属】 硬面材料

【构成成分】 Fe
【类分】 铁基非晶态合金
【类分】 铁基纳米晶合金
【类分】 铁基变形高温合金
【类分】 铁基高阻尼合金
【类分】 铁基形状记忆合金
【类分】 铁基铸造高温合金

◎ 铁基体
【基本信息】
　【英文名】 iron substrate
　【拼音】 tie ji ti
　【核心词】
【定义】
　以铁为基体的金属材料。
【分类信息】
　【CLC 类目】
　TQ153.1　单一金属的电镀
　【IPC 类目】
　（1）C22C43/00　含放射性物质的合金〔2〕
　（2）C22C43/00　白口铸铁的
　（3）C22C43/00　含镍的
　（4）C22C43/00　坩埚的
　（5）C22C43/00　含铬的〔2〕
【词条属性】
　【特征】
　　【特点】 应用广泛
　　【特点】 价格低廉
　　【特点】 良好的机加工性能
　　【特点】 冲击韧性极好
　【状况】
　　【应用场景】 轧辊
　　【应用场景】 农机
　　【应用场景】 旋转轴
　　【应用场景】 汽车配件
　　【应用场景】 钢筋
【词条关系】
　【层次关系】

◎ 铁矿石
【基本信息】
　【英文名】 ironstone；iron ore
　【拼音】 tie kuang shi
　【核心词】
【定义】
　由一种或几种含铁矿物和脉石组成的矿石。
【来源】《金属材料简明辞典》
【分类信息】
　【CLC 类目】
　（1）TF041　矿石
　（2）TF041　铁矿石
　（3）TF041　黑色金属矿选矿
　（4）TF041　垄断组织
　（5）TF041　炼钢生产自动化
　【IPC 类目】
　（1）C21B13/00　直接还原法炼海绵铁或液体钢
　（2）C21B13/00　烧结；结块
　（3）C21B13/00　多步法
　（4）C21B13/00　在床式炉中
　（5）C21B13/00　含矿渣的水泥
【词条属性】
　【状况】
　　【现状】 我国贫矿多
　　【现状】 我国多元素共生的复合矿石较多
【词条关系】
　【层次关系】
　　【参与构成】 炉料

【构成成分】 硫、磷、砷、钾、钠、氟
【类分】 赤铁矿石
【类分】 磁铁矿石
【类分】 褐铁矿石
【类分】 菱铁矿石
【类分】 富铁矿
【类分】 贫铁矿
【类分】 针铁矿
【类分】 纤铁矿
【类分】 赤色赤铁矿
【类分】 镜铁矿
【类分】 云母铁矿
【类分】 黏土质赤铁
【类分】 鳞铁矿
【生产关系】
　【材料-工艺】 破碎
　【材料-工艺】 磨碎
　【材料-工艺】 磁选
　【材料-工艺】 浮选
　【材料-工艺】 重选
　【原料-材料】 钢铁

◎ 铁水预处理
【基本信息】
　【英文名】 pretreatment of hot metal
　【拼音】 tie shui yu chu li
　【核心词】
【定义】
　在铁水进入炼钢炉冶炼前,除去其中的某些有害成分或提取其中某些有益成分的工艺过程。
【来源】 《中国冶金百科全书·钢铁冶金》
【分类信息】
　【CLC类目】
　　(1) TF704.4 脱磷
　　(2) TF704.4 高炉故障及防止
　　(3) TF704.4 生铁的脱硫
　　(4) TF704.4 钢铁冶炼(黑色金属冶炼)(总论)
　　(5) TF704.4 炉渣的物理性质
　【IPC类目】
　　(1) C21C7/064 脱磷;脱硫〔3〕
　　(2) C21C7/064 用流体喷入法〔2〕
　　(3) C21C7/064 添加处理剂去除杂质
　　(4) C21C7/064 混铁炉的构造
　　(5) C21C7/064 将流体喷射体或流束引入炉料(3/18优先)〔3〕
【词条属性】
　【特征】
　　【优点】 提高铁水质量
　　【优点】 减轻炼钢负担
　　【优点】 优化合金成分
【词条关系】
　【层次关系】
　　【类分】 脱磷
　　【类分】 普通铁水预处理
　　【类分】 特殊铁水预处理
　　【类分】 铁水预脱硫
　　【类分】 铁水预脱硅
　　【类分】 铁水提钒
　　【类分】 铁水提铌
　　【类分】 铁水包单吹颗粒镁脱硫工艺
　　【类分】 铁水包镁基复合喷吹脱硫工艺
　　【类分】 铁水罐KR脱硫工艺
　　【类分】 TDS法铁水脱硫工艺
　　【类分】 鱼雷罐喷粉脱磷工艺
　　【类分】 转炉双联工艺
　　【类分】 高炉出铁场铁水预脱硅工艺
　　【类分】 混铁车内铁水预脱硅技术
　　【类分】 铁水提钨
　　【类分】 去气体
　　【类分】 去夹杂
　　【类分】 铁水提铬
　【应用关系】
　　【使用】 铺撒法
　　【使用】 摇动法
　　【使用】 机械搅拌法
　　【使用】 吹气搅拌法

【使用】 喷射法
【使用】 钟罩加入法
【使用】 喂丝法
【使用】 铁水沟连续处理法
【使用】 H 炉法
【生产关系】
　【工艺-材料】 轴承钢
　【工艺-材料】 船板钢
　【工艺-材料】 油井管钢
　【工艺-材料】 深冲钢
　【工艺-材料】 电工钢
　【工艺-材料】 硅钢
　【工艺-设备工具】 高炉

◎ 铁素体
【基本信息】
　【英文名】 ferrite
　【拼音】 tie su ti
　【核心词】
【定义】
　　钢铁显微组织的组成相之一。碳或合金元素溶入 α-Fe 中形成的固溶体。溶入 δ-Fe 中形成的固溶体称为 δ 铁素体。
【来源】《金属材料简明辞典》
【分类信息】
　【CLC 类目】
　　（1）TG113.23　化学性能
　　（2）TG113.23　板材、带材、箔材轧制
　　（3）TG113.23　板坯连铸
　　（4）TG113.23　钢
　　（5）TG113.23　金属物理学
　【IPC 类目】
　　（1）C22C38/00　铁基合金,如合金钢(铸铁合金入 37/00)[2]
　　（2）C22C38/00　用于金属薄板
　　（3）C22C38/00　在生产钢板或带钢时(8/12 优先)[3]
　　（4）C22C38/00　含锰的[2]
　　（5）C22C38/00　含钛或锆的[2]

【词条属性】
　【特征】
　　【特点】 体心立方结构
　　【特点】 在金相显微镜下呈均匀明亮的多边形
　　【特点】 强度低
　　【特点】 硬度低
　　【特点】 塑性好
　　【特点】 韧性好
　　【特点】 Curie 点是 770 ℃
　　【特点】 铁磁性
　【力学性能】
　　【冲击韧性】 $160\sim200$ J/cm^2
　　【断面收缩率】 $70\%\sim80\%$
　　【抗拉强度】 $180\sim280$ mN/m^2
　　【屈服强度】 $100\sim170$ mN/m^2
　　【延伸率】 $30\%\sim50\%$
　　【硬度】 HB $50\sim80$
【词条关系】
　【层次关系】
　　【并列】 珠光体
　　【并列】 马氏体
　　【构成成分】 α-Fe
　　【构成成分】 δ-Fe
　　【类属】 间隙固溶体
　　【类属】 金相组织
　　【实例-概念】 固溶体
　　【主体-附件】 晶粒粗化
　　【组织-材料】 桥梁钢
　　【组织-材料】 电热合金
　　【组织-材料】 铸铁
　　【组织-材料】 合金铸铁
　　【组织-材料】 灰铸铁
　　【组织-材料】 低合金高强度钢
　　【组织-材料】 耐热钢
　　【组织-材料】 耐热铸铁
　　【组织-材料】 低温钢
　　【组织-材料】 铸钢
　　【组织-材料】 非调质钢

【组织-材料】 微合金钢
【组织-材料】 亚共析钢
【组织-材料】 蠕墨铸铁

◎铁素体不锈钢
【基本信息】
　　【英文名】　ferritic stainless steel
　　【拼音】　tie su ti bu xiu gang
　　【核心词】
【定义】
　　铬含量12%～30%，在高温和常温下均以体心立方晶格的铁素体为基体组织的不锈钢。
【来源】　《中国冶金百科全书·金属材料》
【分类信息】
　　【CLC 类目】
　　　　(1) TG142.1　钢的组织与性能
　　　　(2) TG142.1　不锈钢、耐酸钢
　　　　(3) TG142.1　特殊用途钢
　　　　(4) TG142.1　钢铁工业
　　　　(5) TG142.1　气化设备
　　【IPC 类目】
　　　　(1) C22C38/28　含钛或锆的[2]
　　　　(2) C22C38/28　金属的
　　　　(3) C22C38/28　含钼或钨的[2]
　　　　(4) C22C38/28　含铬的[2]
　　　　(5) C22C38/28　金属的(9/16 至 9/22 优先；散热片管入 F28F)
【词条属性】
　　【特征】
　　　　【缺点】　塑性差
　　　　【缺点】　焊后塑性低
　　　　【缺点】　焊后耐蚀性低
　　　　【特点】　铬含量大于10%
　　　　【特点】　体心立方晶格
　　　　【特点】　基体为铁素体
　　　　【特点】　一般不含镍
　　　　【特点】　硬度较低
　　　　【特点】　强度较低
　　　　【特点】　磁性
　　　　【优点】　抗腐蚀性强
　　　　【优点】　导热系数大
　　　　【优点】　膨胀系数小
　　　　【优点】　抗氧化性好
　　　　【优点】　抗应力腐蚀优良
　　　　【优点】　价格相对低
　　【状况】
　　　　【应用场景】　耐大气酸腐蚀零部件
　　　　【应用场景】　耐水蒸气腐蚀零部件
　　　　【应用场景】　耐氧化性零部件
　　　　【应用场景】　电子电器
　　　　【应用场景】　五金冲压件
　　　　【应用场景】　弹簧弹片
　　　　【应用场景】　垫膜片
　　　　【应用场景】　精密零部件
　　　　【应用场景】　波纹管
　　　　【应用场景】　密封件
　　　　【应用场景】　蚀刻件厨房设备
　　　　【应用场景】　洗涤槽
　　　　【应用场景】　煤气灶
　　　　【应用场景】　电冰箱
　　　　【应用场景】　电器用具
　　　　【应用场景】　洗衣机
　　　　【应用场景】　烘干机
　　　　【应用场景】　微波炉
　　　　【应用场景】　装饰管
　　　　【应用场景】　构造管
　　　　【应用场景】　窗户
　　　　【应用场景】　门材
　　　　【应用场景】　化学设备
　　　　【应用场景】　热交换器
　　　　【应用场景】　锅炉
　　　　【应用场景】　化学工业炉
　　　　【应用场景】　集装箱
　　　　【应用场景】　铁道
　　　　【应用场景】　显示器外框
　　　　【应用场景】　洗碗机
　　　　【应用场景】　锅、壶、罐等厨房用品
　　　　【应用场景】　水槽

【应用场景】　热交换管
　　【应用场景】　汽车排气系统
　　【应用场景】　洗衣机的焊接部位
　　【应用场景】　太阳能热水器
【词条关系】
　　【等同关系】
　　　【基本等同】　纯铁体不锈钢
　　【层次关系】
　　　【并列】　马氏体不锈钢
　　　【构成成分】　钼、钛、铌、碳
　　　【类属】　不锈钢
　　　【类属】　铁素体钢
　　　【类属】　高铬不锈钢
　　【应用关系】
　　　【用于】　工业设施
　　　【用于】　厨房设施
　　【生产关系】
　　　【材料-工艺】　冷变形

◎铁素体钢
【基本信息】
　　【英文名】　ferrite steel; ferritic steel
　　【拼音】　tie su ti gang
　　【核心词】
【定义】
　　固态下只具有铁素体组织的钢，一般含有较多的铁素体形成元素。
【来源】　《金属材料简明辞典》
【分类信息】
　　【CLC类目】
　　　F416.3　冶金工业
　　【IPC类目】
　　　(1) G04B37/22　制造怀表或手表外壳的材料或工艺〔3〕
　　　(2) G04B37/22　厚度、宽度、直径或其他横向尺寸的控制(37/58 优先)〔6〕
　　　(3) G04B37/22　含硼的〔2〕
　　　(4) G04B37/22　含铌或钽的〔2〕
　　　(5) G04B37/22　含钛或锆的〔2〕

【词条属性】
　　【特征】
　　　【缺点】　机械性能较差
　　　【缺点】　工艺性能较差
　　　【缺点】　强度低
　　　【缺点】　硬度低
　　　【数值】　含铬大于14%的低碳铬不锈钢
　　　【数值】　含铬大于27%的任何含碳量的铬不锈钢
　　　【特点】　磁性
　　　【特点】　体心立方晶格
　　　【特点】　含碳量很低
　　　【特点】　导热系数大
　　　【特点】　膨胀系数小
　　　【优点】　耐腐蚀性能较好
　　　【优点】　抗氧化性能较好
　　　【优点】　塑性好
　　　【优点】　韧性好
　　　【优点】　抗氧化性好
　　　【优点】　抗应力腐蚀
　　【状况】
　　　【应用场景】　耐酸结构
　　　【应用场景】　抗氧化钢
　　　【应用场景】　耐大气腐蚀的零部件
　　　【应用场景】　耐水蒸气腐蚀的零部件
　　　【应用场景】　耐氧化性腐蚀的零部件
　　　【应用场景】　焊管用钢
　　　【应用场景】　电梯材料
　　　【应用场景】　汽车排气系统
【词条关系】
　　【层次关系】
　　　【并列】　马氏体钢
　　　【并列】　莱氏体钢(珠光体+渗碳体)
　　　【材料-组织】　柱状晶
　　　【概念-实例】　Cr17
　　　【概念-实例】　Cr17Mo2Ti
　　　【概念-实例】　Cr25
　　　【概念-实例】　Cr25Mo3Ti
　　　【概念-实例】　Cr28

【概念-实例】 439
【概念-实例】 434
【概念-实例】 441
【概念-实例】 444
【概念-实例】 443
【概念-实例】 436
【构成成分】 铬、钼、钛、铌、硅、铝、钨、钒
【类分】 铁素体不锈钢
【类分】 高铬不锈钢
【生产关系】
　【材料-工艺】 冷变形

◎铁损
【基本信息】
　【英文名】 iron loss
　【拼音】 tie sun
　【核心词】
【定义】
　铁损是指磁性材料的磁滞损耗和涡流损耗及剩余损耗。
【分类信息】
　【CLC 类目】
　（1）TG139　其他特种性质合金
　（2）TG139　脱硫
　（3）TG139　特种电磁性质合金
　（4）TG139　磁性材料、铁氧体
　（5）TG139　特种结构材料
　【IPC 类目】
　（1）C21D8/12　在生产具有特殊电磁性能的产品时〔3〕
　（2）C21D8/12　薄片状的（1/147 优先）〔5,6〕
　（3）C21D8/12　铁基合金,如合金钢（铸铁合金入 37/00）〔2〕
　（4）C21D8/12　含铅、硒、碲或锑,或含大于 0.04%（质量分数）的硫〔2〕
　（5）C21D8/12　含锰的〔2〕
【词条属性】
　【特征】

【特点】 转化成热能
【特点】 磁滞现象
【特点】 使设备升温
【特点】 使设备效率降低
【状况】
　【应用场景】 硅钢片
　【应用场景】 变压器
　【应用场景】 电机
　【应用场景】 继电器
【因素】
　【影响因素】 化学成分
　【影响因素】 组织结构
　【影响因素】 晶粒大小
　【影响因素】 晶粒分布状态
　【影响因素】 杂质类型
　【影响因素】 杂质含量
　【影响因素】 应力分布
　【影响因素】 磁场的变化方式
　【影响因素】 导体的运动
　【影响因素】 导体的几何形状
　【影响因素】 导体的磁导率
　【影响因素】 电导率
【词条关系】
　【层次关系】
　【类分】 磁滞损耗
　【类分】 涡流损耗
　【类分】 剩余损耗
　【类分】 反常损耗
【生产关系】
　【工艺-材料】 电工钢
　【工艺-材料】 铁磁材料
【测度关系】
　【物理量-单位】 W/kg
　【物理量-度量方法】 定子铁损试验
　【物理量-度量工具】 铁损表

◎铁芯
【基本信息】
　【英文名】 iron-core

【拼音】 tie xin
【核心词】
【定义】
　　铁芯是变压器中主要的磁路部分。通常由含硅量较高,表面涂有绝缘漆的热轧或冷轧硅钢片叠装而成。
【分类信息】
　【CLC类目】
　　(1) TG139　其他特种性质合金
　　(2) TG139　结构动力学
　　(3) TG139　其他材料
　【IPC类目】
　　(1) F16K31/06　使用磁铁
　　(2) F16K31/06　提升阀,即带有闭合元件的切断装置,闭合元件至少有打开和闭合运动的分力垂直于闭合面(隔膜阀入7/00)
　　(3) F16K31/06　具有电感能量贮存器,如感应线圈装置
　　(4) F16K31/06　隔膜是流体压力操纵的
　　(5) F16K31/06　电磁铁;含有电磁铁的制动器〔6〕
【词条属性】
　【特征】
　　【特点】　产生磁滞损耗
　　【特点】　产生涡流损耗
　　【特点】　一般是彼此绝缘的硅钢片叠成
【词条关系】
　【层次关系】
　　【参与组成】　心柱
　　【参与组成】　铁轭
　　【参与组成】　铁芯本体
　　【参与组成】　磁导体
　　【参与组成】　电工钢片
　　【参与组成】　紧固件
　　【参与组成】　夹件
　　【参与组成】　螺杆
　　【参与组成】　玻璃绑扎带
　　【参与组成】　刚绑扎带
　　【参与组成】　垫块

　　【参与组成】　绝缘件
　　【参与组成】　夹件绝缘
　　【参与组成】　绝缘管
　　【参与组成】　绝缘垫
　　【参与组成】　接地片
　　【参与组成】　垫脚
　　【类分】　壳式
　　【类分】　芯式
　　【类分】　单项两柱式叠铁芯
　　【类分】　单相单柱旁轭式四柱铁芯
　　【类分】　单相双柱式叠铁芯
　　【类分】　单相辐射式叠铁芯
　　【类分】　三相柱式叠铁芯
　　【类分】　三相旁轭式五柱铁芯
　　【类分】　三相双框式叠铁芯
　　【类分】　三相电抗器叠铁芯
　　【类分】　立体式
　　【类分】　平面式
　　【类分】　辐射式
　　【类分】　渐开线式
　　【类分】　对称式
　　【类分】　叠铁芯
　　【类分】　卷铁芯
【应用关系】
　【部件成品-材料】　硅钢

◎涂层
【基本信息】
　【英文名】　coating
　【拼音】　tu ceng
　【核心词】
【定义】
　　涂层是涂料一次施涂所得到的以防护、绝缘、装饰等为目的的固态连续膜。
【分类信息】
　【CLC类目】
　　(1) TG174.4　金属表面防护技术
　　(2) TG174.4　腐蚀的控制与防护
　　(3) TG174.4　金属复层保护

（4）TG174.4　非金属复合材料
　　（5）TG174.4　材料腐蚀与保护
【IPC 类目】
　　（1）C08J7/04　涂层〔2〕
　　（2）C08J7/04　用至少两种不同成分的涂层（17/44 优先）〔3〕
　　（3）C08J7/04　聚氨酯〔5〕
　　（4）C08J7/04　基于无机物质的涂料组合物,如色漆、清漆或天然漆（C04B 优先,釉或搪瓷釉入 C03C）〔5〕
　　（5）C08J7/04　聚硅氧烷〔5〕
【词条属性】
　【特征】
　　【特点】　以防护、绝缘、装饰为目的
　【状况】
　　【应用场景】　蒙皮涂层
　　【应用场景】　温控涂层
　　【应用场景】　发动机涂层
　　【应用场景】　伪装涂层
　　【应用场景】　硬质合金涂层
　　【应用场景】　刀具涂层
　　【应用场景】　压气机转子静子叶片表面处理
　　【应用场景】　铣刀表面处理
　　【应用场景】　钻头表面处理
　　【应用场景】　铰刀表面处理
　　【应用场景】　丝锥表面处理
【词条关系】
　【层次关系】
　　【构成成分】　丙烯酸、聚氨酯涂料、有机硅、氧化锌、硅酸钾、氧化锆、氧化铝
　　【类分】　底漆层
　　【类分】　面漆层
　　【类分】　耐磨损涂层
　　【类分】　耐热抗氧化涂层
　　【类分】　抗大气和浸渍腐蚀涂层
　　【类分】　电导和电阻涂层
　　【类分】　恢复尺寸涂层
　　【类分】　机械部件间隙控制涂层

　　【类分】　耐化学腐蚀涂层
　　【类分】　隔热涂层
　　【类分】　耐磨涂层
　　【类分】　封严涂层
　　【实例-概念】　表面质量
【应用关系】
　【用于】　电机
　【用于】　电器

◎ **退磁**
【基本信息】
　【英文名】　demagnetization
　【拼音】　tui ci
　【核心词】
　【定义】
　　使磁体恢复到磁中性状态的过程,也可称为磁中性化。
　【来源】　《金属功能材料词典》
【分类信息】
　【IPC 类目】
　　（1）F25B21/00　应用电或磁效应的制冷机器、装置或系统
　　（2）F25B21/00　泵是电驱动的
　　（3）F25B21/00　通过电法或磁法
　　（4）F25B21/00　起动;防止汽阻
　　（5）F25B21/00　专门适用于储存极低温速冻物品的（11/02 优先）
【词条属性】
　【特征】
　　【特点】　加热到它的居里点以上
　　【特点】　在无磁场作用下冷却
　　【特点】　形成的磁畴的磁矩方向是均匀分布的
　　【特点】　把材料放在可使之饱和的交变磁场中
【词条关系】
　【等同关系】
　　【基本等同】　磁中性化
　　【基本等同】　去磁

【基本等同】　磁清洗
　【基本等同】　消磁
【层次关系】
　【类分】　彻底退磁
　【类分】　不彻底退磁
　【类分】　磁法磁清洗
　【类分】　热法磁清洗
　【类分】　化学磁清洗
【生产关系】
　【工艺-设备工具】　平面消磁器
　【工艺-设备工具】　超强力退磁器
　【工艺-设备工具】　台式退磁器
　【工艺-设备工具】　矩形退磁器
　【工艺-设备工具】　手持消磁器
　【工艺-设备工具】　棒型消磁器
　【工艺-设备工具】　笔形消磁器
　【工艺-设备工具】　圆形去磁器
　【工艺-设备工具】　隧道框式退磁机

◎退火
【基本信息】
　【英文名】　anneal;annealing
　【拼音】　tui huo
　【核心词】
【定义】
　　热处理工艺之一。铸造、锻造或塑性加工后的金属制品,以细化组织、消除内应力、降低硬度或消除枝晶偏析为目的而加热到高温保持一定时间,然后缓慢冷却。
【来源】《中国冶金百科全书·金属材料》
【分类信息】
　【CLC类目】
　　(1) O484.1　薄膜的生长、结构和外延
　　(2) O484.1　特种结构材料
　　(3) O484.1　薄膜物理学
　【IPC类目】
　　(1) C21D8/12　在生产具有特殊电磁性能的产品时[3]
　　(2) C21D8/12　退火方法
　　(3) C21D8/12　用于金属薄板
　　(4) C21D8/12　热处理(33/04,33/06优先)[5]
【词条属性】
　【特征】
　　【特点】　降低硬度
　　【特点】　增加塑性
　　【特点】　增加韧性
　　【优点】　均匀组织
　　【优点】　去除残余应力
　　【优点】　细化组织
　　【优点】　消除枝晶偏析
　　【优点】　降低脆性
　　【优点】　改善机械性能
　　【优点】　改善切削加工性
　　【优点】　改善内应力
　　【优点】　减少变形
　　【优点】　减少裂纹倾向
　【状况】
　　【应用场景】　耐热钢
　　【应用场景】　不锈耐酸钢
　　【应用场景】　薄钢板
　　【应用场景】　钛合金
　　【应用场景】　低碳钢
　　【应用场景】　中碳钢
　　【应用场景】　高碳钢
　　【应用场景】　低合金钢
　　【应用场景】　滚动轴承钢
【词条关系】
　【等同关系】
　　【俗称为】　焖火
　【层次关系】
　　【并列】　正火
　　【并列】　淬火
　　【类分】　扩散退火
　　【类分】　完全退火
　　【类分】　不完全退火
　　【类分】　再结晶退火
　　【类分】　去应力退火

【类分】 等温退火
【类分】 球化退火
【类分】 除氢退火
【类分】 晶粒粗化退火
【类分】 软化退火
【类分】 连续冷却退火
【类分】 临界区快速冷却后缓慢冷却的退火
【类分】 加热炉退火
【类分】 盐浴退火
【类分】 火焰退火
【类分】 感应退火
【类分】 磁场退火
【类分】 装箱退火
【类分】 包装退火
【类分】 真空退火
【类分】 氢气退火
【类分】 整体退火
【类分】 局部退火
【类分】 黑皮退火
【类分】 光亮退火
【类分】 脱碳退火
【类分】 石墨化退火
【类分】 不锈耐酸钢稳定化退火
【类分】 软磁合金磁场退火
【类分】 硅钢片氢气退火
【类分】 可锻铸铁可锻化退火
【类属】 热处理制度
【主体-附件】 加热时间
【应用关系】
　【工艺-组织】 马氏体
　【工艺-组织】 织构
　【工艺-组织】 孪晶
　【使用】 相变温度
【生产关系】
　【工艺-材料】 坡莫合金
　【工艺-材料】 厚钢板
　【工艺-材料】 硅钢
　【工艺-材料】 合金丝

【工艺-材料】 球墨铸铁
【工艺-材料】 马氏体不锈钢
【工艺-材料】 低碳钢
【工艺-材料】 铸钢
【工艺-材料】 带钢
【工艺-材料】 钢铁材料
【工艺-材料】 硬质合金
【工艺-材料】 弹簧钢丝
【工艺-材料】 亚共析钢
【工艺-设备工具】 WH-VI-300
【工艺-设备工具】 WH-VI-50
【工艺-设备工具】 真空炉

◎脱磷
【基本信息】
　【英文名】 dephosphorize；dephosphorization
　【拼音】 tuo lin
　【核心词】
【定义】
　　炼钢过程中，采用含高氧化铁的碱性渣，在适当温度下氧化钢液中的磷，使其转入炉渣中，此反应称为脱磷。
【来源】《中国百科大辞典》
【分类信息】
　【CLC 类目】
　　（1）TF704.4　脱磷
　　（2）TF704.4　一般性问题
　　（3）TF704.4　造渣
　　（4）TF704.4　黑色金属矿选矿
　　（5）TF704.4　吹炼
　【IPC 类目】
　　（1）C21C7/064　脱磷；脱硫〔3〕
　　（2）C21C7/064　好氧和厌氧工艺〔3〕
　　（3）C21C7/064　脱磷或脱硫
　　（4）C21C7/064　转炉炼钢
　　（5）C21C7/064　真空处理
【词条属性】
　【特征】
　　【优点】 可有效提高力学性能

【优点】　可有效改善晶界偏析
【优点】　可有效提高低温脆性
【优点】　可一定程度提高材料韧性
【状况】
　　【应用场景】　汽车配件材料的精炼
　　【应用场景】　油气管道材料的精炼
　　【应用场景】　车刀的精炼
　　【应用场景】　建筑用钢筋的精炼
【因素】
　　【影响因素】　脱磷剂的用量
　　【影响因素】　温度
　　【影响因素】　搅拌强度
　　【影响因素】　炉渣中氧化铁含量
　　【影响因素】　炉渣碱度
【词条关系】
　　【层次关系】
　　　　【概念-实例】　1Cr18Ni9Ti
　　　　【概念-实例】　GCr15
　　　　【概念-实例】　T8
　　　　【概念-实例】　1Cr13
　　　　【概念-实例】　H13
　　　　【概念-实例】　40Mn2
　　　　【概念-实例】　45
　　　　【类属】　精炼
　　　　【类属】　炼钢
　　　　【类属】　铁水预处理
　　【生产关系】
　　　　【工艺-材料】　沸腾钢
　　　　【工艺-材料】　不锈钢
　　　　【工艺-材料】　模具钢
　　　　【工艺-材料】　合金结构钢
　　　　【工艺-材料】　碳素结构钢
　　　　【工艺-材料】　弹簧钢
　　　　【工艺-材料】　轴承钢
　　　　【工艺-材料】　工具钢

◎ 脱硫
【基本信息】
　　【英文名】　desulphurization;desulfurization
　　【拼音】　tuo liu
　　【核心词】
【定义】
　　在冶炼过程中降低金属含硫量的生产过程。
【来源】　《金属材料简明辞典》
【分类信息】
　　【CLC类目】
　　　　（1）X701.3　脱硫与固硫
　　　　（2）X701.3　炼油工艺过程
　　　　（3）X701.3　煤气净制
　　　　（4）X701.3　脱硫
　　　　（5）X701.3　生铁的脱硫
　　【IPC类目】
　　　　（1）F23J15/00　处理烟或废气装置的配置（这些装置本身、处理烟或废气的方法参见与处理有关分类,如B01D53/00）
　　　　（2）F23J15/00　用清洗流体〔6〕
　　　　（3）F23J15/00　脱磷;脱硫〔3〕
　　　　（4）F23J15/00　喷洗
　　　　（5）F23J15/00　以所用的催化剂为特征的〔3〕
【词条属性】
　　【特征】
　　　　【特点】　还原气氛
　　　　【特点】　高碱度
　　　　【特点】　低氧化铁炉渣
　　【状况】
　　　　【现状】　设备易结垢、堵塞
　　　　【现状】　运行成本高
　　　　【现状】　设备使用设备短
　　　　【现状】　一次性投资大
　　【因素】
　　　　【影响因素】　矿石
　　　　【影响因素】　熔剂
　　　　【影响因素】　燃料
【词条关系】
　　【层次关系】
　　　　【类分】　高炉脱硫

【类分】 铁水预处理脱硫
【类分】 炼钢脱硫
【类分】 钢液二次冶金脱硫
【类分】 石灰-石膏湿法
【类分】 湿式镁法
【类分】 氨法
【类分】 循环流化床
【类分】 旋转喷雾干燥法
【类分】 湿法
【类分】 半干法
【类分】 干法
【类分】 抛弃法
【类分】 回收法
【应用关系】
　　【使用】 真空处理
【生产关系】
　　【工艺-材料】 微合金钢
　　【工艺-材料】 不锈钢
　　【工艺-材料】 模具钢
　　【工艺-材料】 合金结构钢
　　【工艺-材料】 弹簧钢
　　【工艺-材料】 轴承钢
　　【工艺-材料】 工具钢
　　【工艺-材料】 沸腾钢
　　【工艺-设备工具】 脱硫塔

◎脱气
【基本信息】
　　【英文名】 degassing;degasification
　　【拼音】 tuo qi
　　【核心词】
【定义】
　　在冶炼钢时脱除溶解于钢液中的氢和氮的过程。
【来源】《金属功能材料词典》
【分类信息】
　　【CLC 类目】
　　（1）TE624 炼油工艺过程
　　（2）TE624 预处理
　　（3）TE624 非金属材料
【IPC 类目】
　　（1）B01D19/00 液体的脱气
　　（2）B01D19/00 脱气法,即溶解气体的释放（一般液体脱气入 B01D19/00;锅炉给水中脱气装置设备入 F22D）〔3〕
　　（3）B01D19/00 真空处理
　　（4）B01D19/00 聚合后处理（8/00 优先；有关共轭二烯橡胶的入 C08C）〔2〕
　　（5）B01D19/00 与给水热力除氧结合的（由直接传热产生的除氧入 1/28;水的热力除氧本身入 B01D19/00，C02F1/20;通气阀入 F16K24/04）〔3〕
【词条属性】
【特征】
　　【特点】 沸腾现象
　　【特点】 炉外真空
　　【特点】 减轻成分偏析
　　【特点】 减轻铸件气孔
　　【特点】 减轻白点的产生
　　【特点】 减轻气泡的产生
　　【特点】 减少发纹
　　【特点】 减少钢锭上涨
　　【特点】 提高强度极限
　　【特点】 提高断面收缩率
　　【特点】 提高延伸率
　　【特点】 提高冲击韧性
　　【特点】 减轻时效脆化
　　【特点】 提高冲击韧性
　　【特点】 减少冷脆
【因素】
　　【影响因素】 气体的溶解度
　　【影响因素】 钢液上方该气体的分压力
【词条关系】
【层次关系】
　　【概念-实例】 X70
　　【概念-实例】 skd61
　　【概念-实例】 PX5
　　【概念-实例】 718H

【概念-实例】　5CrMnMo
【概念-实例】　1.2316
【概念-实例】　sus302
【概念-实例】　PX4
【概念-实例】　A48CPR
【构成成分】　氢、氮
【生产关系】
　【工艺-材料】　碳素钢
　【工艺-材料】　低合金钢
　【工艺-材料】　合金钢
　【工艺-材料】　轴承钢
　【工艺-材料】　模具钢
　【工艺-材料】　合金工具钢
　【工艺-设备工具】　真空脱气室
　【工艺-设备工具】　吹气管
　【工艺-设备工具】　抽气系统
　【工艺-设备工具】　自动测温仪
　【工艺-设备工具】　取样装置

◎脱溶
【基本信息】
　【英文名】　exsolution
　【拼音】　tuo rong
　【核心词】
【定义】
　（1）在过饱和的固溶体中,作为溶质的固相（杂质相）发生偏聚,并沉淀析出新相的现象。
　【来源】　《中国冶金百科全书·耐火材料》
　（2）自过饱和的溶液或固溶体中析出新相（固溶体、纯组元或化合物）的过程。脱溶过程使得过饱和母体的过饱和度减小。
　【来源】　《中国百科大辞典》
【分类信息】
　【IPC类目】
　　C11B1/10　萃取法
【词条属性】
　【特征】
　　【特点】　连续脱溶和不连续脱溶可同时产生

　【特点】　时效脱溶是一种金属强化的方法
　【特点】　从固溶体中不断析出第二相
　【特点】　脱溶过程中产生新相
【状况】
　【应用场景】　提高合金强度
【时间】
　【起始时间】　1906年
【词条关系】
　【等同关系】
　　【基本等同】　沉淀
　　【基本等同】　析出
　【层次关系】
　　【并列】　固溶
　　【类分】　平衡脱溶
　　【类分】　时效脱溶
　　【类分】　连续脱溶
　　【类分】　不连续脱溶
　　【类分】　单相脱溶
　　【类分】　均匀脱溶
　　【类分】　不均匀的脱溶
　【应用关系】
　　【使用】　相图
　　【使用】　固溶热处理
　　【使用】　淬火
　　【用于】　铝合金
　　【用于】　铜合金
　　【用于】　马氏体时效钢
　　【用于】　高温合金
　　【用于】　耐火材料

◎脱碳
【基本信息】
　【英文名】　decarbonization
　【拼音】　tuo tan
　【核心词】
【定义】
　（1）炼钢过程中碳的氧化反应。
　（2）指钢铁在加热时,由于炉内气氛的作

用而使表层失去碳分的现象。
【来源】 《中国百科大辞典》
【分类信息】
　【CLC 类目】
　　（1）TE644　预处理
　　（2）TE644　电力工业
　　（3）TE644　海洋石油机械设备的腐蚀与防护
　　（4）TE644　聚合反应过程
　　（5）TE644　电弧炉炼钢
　【IPC 类目】
　　（1）C21C7/068　脱碳〔3〕
　　（2）C21C7/068　真空处理
　　（3）C21C7/068　在生产具有特殊电磁性能的产品时〔3〕
　　（4）C21C7/068　用气体处理（7/06,7/064,7/068 优先）〔3〕
　　（5）C21C7/068　电炉炼钢（电加热本身入 H05B）
【词条属性】
　【特征】
　　【特点】　表面碳含量降低
　　【特点】　碳被氧化去除
　　【特点】　弱放热反应
　　【特点】　脱碳后表层硬度下降
　　【特点】　脱碳后耐磨性降低
　　【特点】　脱碳后强度降低
　【因素】
　　【影响因素】　吹入氧气的纯度
　　【影响因素】　吹入氧气的量
　　【影响因素】　加热介质成分
　　【影响因素】　加热真空度
　　【影响因素】　防氧化涂层的添加
　　【影响因素】　钢料的化学成分
　　【影响因素】　加热温度
　　【影响因素】　保温时间
　　【影响因素】　煤气成分
【词条关系】
　【层次关系】

　　【类分】　物理吸收法
　　【类分】　化学吸收法
　　【类分】　甲醇洗涤法
　　【类分】　碳酸丙烯酯法
　　【类分】　聚乙二醇二甲醚法
　　【类分】　乙醇胺法
　　【类分】　催化热钾碱法
　　【类分】　物理化学吸收法
　　【类属】　精炼
　【应用关系】
　　【使用】　脱碳层
　　【用于】　热处理
　　【用于】　炼钢
　【生产关系】
　　【工艺-材料】　沸腾钢
　　【工艺-设备工具】　盐浴炉
　　【工艺-设备工具】　普通箱式炉
　　【工艺-设备工具】　特殊设计加热炉
　　【工艺-设备工具】　真空感应炉

◎脱碳层
【基本信息】
　【英文名】　decarburized layer
　【拼音】　tuo tan ceng
　【核心词】
【定义】
　　含碳耐火材料经熔渣侵蚀后，工作面常附有一层渣层，其成分主要由熔渣与被熔渣熔蚀或冲蚀下来的耐火材料构成。紧接着附渣层的是熔渣与脱碳后的耐火材料相互作用而形成的反应层。在反应层内，相互作用生成的液相形成了连续基质，耐火材料的晶粒或颗粒一般多呈蚀损状态并被这些基质所包围。反应层与原砖之间则为脱碳层。
【来源】 《中国冶金百科全书·耐火材料》
【分类信息】
　【IPC 类目】
　　（1）C21D1/52　用火焰
　　（2）C21D1/52　加热装置的配置

(3) C21D1/52　　调节气氛的成分
　　(4) C21D1/52　　加热方法(1/06 优先)
　　(5) C21D1/52　　软化退火,如球化处理
【词条属性】
　【特征】
　　【特点】　表面的碳含量比内部减少
　　【特点】　表面硬度降低
　　【特点】　耐磨性降低
　　【特点】　切削性下降
　　【特点】　弹性降低
　　【特点】　组织和基体组织有差别
　　【特点】　气孔比率显著增大
【词条关系】
　【层次关系】
　　【类分】　全脱碳层
　　【类分】　部分脱碳层
　　【类分】　冷坩埚熔炼
　　【类分】　真空电弧双电极重熔
　　【组成部件】　引弧建立熔池期
　　【组成部件】　正常熔炼期
　　【组成部件】　头部补缩期
　【应用关系】
　　【用于】　滚动轴承钢
　　【用于】　工具钢
　　【用于】　弹簧钢
　　【用于】　铁基材料
　　【用于】　镍基材料
　　【用于】　脱碳
　　【用于】　热处理
　　【组织-工艺】　喷丸处理
　　【组织-工艺】　滚磨
　　【组织-工艺】　精磨
　【生产关系】
　　【工艺-设备工具】　真空自耗电极电弧炉
　　【工艺-设备工具】　电子束炉

◎脱氧剂

【基本信息】
　【英文名】　deoxidizer
　【拼音】　tuo yang ji
　【核心词】
【定义】
　　(1)用于脱除钢中氧的元素或合金。脱氧剂与氧的结合力较强,其氧化产物易从钢液中迅速排除并进入渣,从而使钢中氧含量降低,实现了脱氧的目的。
　【来源】　《铁合金辞典》
　　(2)冶炼后期用于脱氧的物质。易与液态金属中的氧结合成化合物析出。
　【来源】　《金属材料简明辞典》
【分类信息】
　【CLC 类目】
　　(1) TF704.1　　脱氧
　　(2) TF704.1　　催化反应过程
　【IPC 类目】
　　(1) C21C7/06　　脱氧,如镇静钢〔2〕
　　(2) C21C7/06　　熔融铁类合金的处理,如不包括在 1/00 到 5/00 组的钢(铸造成型过程中熔融金属的处理入 B22D1/00,27/00;黑色金属的重熔入 C22B)
　　(3) C21C7/06　　铁或钢的母(中间)合金
　　(4) C21C7/06　　合金〔2〕
　　(5) C21C7/06　　添加处理剂去除杂质
【词条属性】
　【特征】
　　【特点】　黑色粉末状
　　【特点】　可吸收氧气
　　【特点】　减缓氧化作用
　　【特点】　可做成袋状
　【状况】
　　【应用场景】　炼钢
　　【应用场景】　食品保鲜
【词条关系】
　【层次关系】
　　【类分】　硅铝钡钙铁
　　【类分】　硅钙包芯线
　　【类分】　铝线
　　【类分】　铝锰铁

【类分】　钢芯铝
　　【类分】　电石
　　【类分】　碳化硅
　　【类分】　复合脱氧剂
【应用关系】
　　【用于】　炼钢
　　【用于】　铸造
　　【用于】　VD 炉
　　【用于】　VOD 炉
　　【用于】　转炉
　　【用于】　电炉

◎ 完全退火
【基本信息】
　　【英文名】　complete annealing;full annealing
　　【拼音】　wan quan tui huo
　　【核心词】
【定义】
　　(1) 将亚共析钢加热至 Ac_3 以上 20～30 ℃,保温足够时间,经奥氏体化后缓慢冷却,经相变获得接近平衡组织的一种热处理工艺。
　　【来源】　《中国冶金百科全书·金属塑性加工》
　　(2) 钢加热到完全奥氏体化温度,保持一定时间,缓慢冷却至室温的退火工艺。主要用于亚共析钢及共析钢,亚共析钢的加热温度应高于 Ac_3。
　　【来源】　《现代材料科学与工程辞典》
【分类信息】
　　【IPC 类目】
　　(1) C21D10/00　用热处理或变形以外的方法来改变物理性能[3]
　　(2) C21D10/00　退火方法
【词条属性】
　　【特征】
　　　　【数值】　将钢加热到 Ac_3 以上 20～30 ℃
　　　　【数值】　保温后随炉冷却到 500 ℃ 以下
　　　　【特点】　应用广泛
　　　　【特点】　可细化晶粒

　　　　【特点】　可均匀组织
　　　　【特点】　可消除内应力
　　　　【特点】　降低材料硬度
　　　　【特点】　使材料易于切削加工
　　　　【特点】　可消除组织缺陷
　　　　【特点】　可减少变形与裂纹倾向
　　　　【特点】　可稳定尺寸
　　　　【特点】　过共析钢不宜采用,因完全退火时必须加热至 Accm 温度以上,缓冷后出现网状碳化物,使钢变脆
　　　　【特点】　完全退火后的组织:亚共析钢为珠光体和铁素体;共析钢为珠光体;过共析钢为珠光体和渗碳体;可用于降低钢的硬度,改善其组织和切削加工性能,消除钢中内应力等
　　【状况】
　　　　【应用场景】　金属材料
　　　　【应用场景】　非金属材料
　　　　【应用场景】　建筑用钢
　　　　【应用场景】　机械用钢
　　　　【应用场景】　工业生产用钢
　　　　【应用场景】　交通运输用钢
　　　　【应用场景】　航空航天用钢
【词条关系】
　　【等同关系】
　　　　【基本等同】　重结晶退火
　　【层次关系】
　　　　【并列】　球化退火
　　　　【并列】　去应力退火
　　　　【并列】　等温退火
　　　　【并列】　不完全退火
　　　　【并列】　石墨化退火
　　　　【并列】　扩散退火
　　　　【类属】　退火
　　　　【类属】　热处理工艺
　　【应用关系】
　　　　【用于】　亚共析钢锻件
　　　　【用于】　共析钢锻件
　　　　【用于】　轧件
　　　　【用于】　铸件

【生产关系】
　　【工艺-材料】　钛合金
　　【工艺-材料】　轴承钢
　　【工艺-材料】　铸铁
　　【工艺-材料】　铸钢
　　【工艺-材料】　重轨
　　【工艺-材料】　圆钢
　　【工艺-材料】　优质碳素结构钢
　　【工艺-材料】　型钢
　　【工艺-材料】　型材
　　【工艺-材料】　无缝钢管
　　【工艺-材料】　涡轮盘
　　【工艺-材料】　微合金钢
　　【工艺-设备工具】　加热炉
　　【工艺-设备工具】　退火炉

◎ 微合金钢
【基本信息】
　　【英文名】　microalloyed steel
　　【拼音】　wei he jin gang
　　【核心词】
【定义】
　　添加微合金元素(不大于0.20%)的低合金高强度钢。它是在软钢或低合金高强度钢基础上，添加微量合金元素(主要是强碳化物形成元素，如铌、钒、钛等)形成的合金钢。
　　【来源】　《中国冶金百科全书·金属材料》
【分类信息】
　　【CLC类目】
　　　（1）TG142　钢
　　　（2）TG142　钢的组织与性能
　　　（3）TG142　专科目录
　　　（4）TG142　期刊目录、报纸目录
　　　（5）TG142　工业部门经济
　　【IPC类目】
　　　（1）C22C35/00　铁或钢的母(中间)合金
　　　（2）C22C35/00　脱氧，如镇静钢〔2〕
　　　（3）C22C35/00　含铝的〔2〕
　　　（4）C22C35/00　通过伴随有变形的热处理或变形后再进行热处理来改变物理性能(除需成型的工件外不需要再加热的锻造，或轧制成型的硬化工件或材料入1/02)〔3〕
　　　（5）C22C35/00　含钛或锆的〔2〕
【词条属性】
　　【特征】
　　　【数值】　合金元素的添加量不多于0.20%
　　【特点】　良好的成型性能
　　【优点】　屈服强度高
　　【优点】　韧性好
　　【优点】　焊接性好
　　【优点】　耐大气腐蚀性好
　　【状况】
　　　【前景】　是我国实现钢铁强国目标的重要一环
　　　【现状】　近20年来世界钢铁工业最富活力和创造性进展
　　　【现状】　产量大
　　　【现状】　使用面广
　　【应用场景】　石油天然气
　　【应用场景】　铁道
　　【应用场景】　交通
　　【应用场景】　船舶
　　【应用场景】　建设
　　【应用场景】　电力
　　【应用场景】　煤炭
　　【应用场景】　石化
　　【应用场景】　机械制造
【词条关系】
　　【等同关系】
　　　【全称是】　微合金化的高强度低合金钢
　　【层次关系】
　　　【材料-组织】　铁素体
　　　【材料-组织】　珠光体
　　　【材料-组织】　马氏体
　　　【材料-组织】　铁素体+贝氏体
　　　【材料-组织】　铁素体+珠光体
　　　【材料-组织】　马氏体+贝氏体

【构成成分】 铌、钒、钛、铝
【类属】 低合金高强度钢
【应用关系】
　【材料-部件成品】 薄钢板
　【材料-部件成品】 中板
　【材料-部件成品】 无缝管
　【材料-部件成品】 线材
　【材料-部件成品】 中厚板
　【使用】 转炉
　【使用】 电弧炉
　【使用】 微合金化
　【用于】 大型桥梁建筑
　【用于】 车辆冲压构件
　【用于】 车辆安全构件
　【用于】 抗疲劳零件
　【用于】 焊接件
　【用于】 锅炉
　【用于】 高压容器
　【用于】 输油管线
　【用于】 输气管线
【生产关系】
　【材料-工艺】 脱氧
　【材料-工艺】 脱硫
　【材料-工艺】 冶炼
　【材料-工艺】 完全退火

◎ 微合金化
【基本信息】
　【英文名】 microalloying
　【拼音】 wei he jin hua
　【核心词】
【定义】
　通过加入一种或多种微量元素,使合金获得所需组织和性能的方法。
【来源】 《现代材料科学与工程辞典》
【分类信息】
　【CLC类目】
　　(1) TF748.4　电炉
　　(2) TF748.4　钢
　　(3) TF748.4　黑色金属
　　(4) TF748.4　金属材料
　　(5) TF748.4　薄膜技术
　【IPC类目】
　　(1) C22C38/12　含钨、钽、钼、钒或铌的〔2〕
　　(2) C22C38/12　铁或钢的母(中间)合金
　　(3) C22C38/12　用熔炼法〔2〕
　　(4) C22C38/12　用熔炼法
　　(5) C22C38/12　脱氧,如镇静钢〔2〕
【词条属性】
　【特征】
　　【数值】 特殊合金元素含量一般不大于0.2%
　　【数值】 铌添加量一般为0.015%～0.05%
　　【数值】 钒添加量一般为0.08%～0.12%
　　【数值】 钛添加量一般为0.1%～0.2%
　　【特点】 对力学性能有影响
　　【特点】 对耐蚀性起有利作用
　　【特点】 对耐热性起有利作用
　　【特点】 大幅度提高了微合金钢的强度
　【状况】
　　【应用场景】 材料科学技术
　　【应用场景】 金属材料
　　【应用场景】 钢铁材料
　　【应用场景】 钢铁材料生产技术
　【时间】
　　【起始时间】 20世纪70年代
【词条关系】
　【层次关系】
　　【类属】 物理冶金
　【应用关系】
　　【使用】 微合金元素
　　【使用】 铌
　　【使用】 钒
　　【使用】 硼
　　【使用】 钛
　　【使用】 铝

【用于】　微合金钢
【用于】　低碳钢
【用于】　中碳钢
【用于】　高碳钢
【生产关系】
　【工艺-材料】　贝氏体钢
　【工艺-材料】　非调质钢

◎ **微量元素**
【基本信息】
　【英文名】　trace element;microelement
　【拼音】　wei liang yuan su
　【核心词】
【定义】
　微量元素是相对主量元素(大量元素)来划分的,指相对于主量元素含量极低的元素。
　【来源】　百度百科
【分类信息】
　【CLC类目】
　　(1) P618.11　煤
　　(2) P618.11　原子发射光谱分析法
　　(3) P618.11　矿床水文地质学
　　(4) P618.11　矿床分类
　　(5) P618.11　光化学分析法(光谱分析法)
　【IPC类目】
　　C02F1/68　添加特定的物质,如微量元素以改善饮用水质(医药用水入A61K)〔3〕
【词条属性】
　【特征】
　　【特点】　在金属中含量极低
　　【特点】　可改善切削性能
　　【特点】　增加钢的强度
　　【特点】　提高钢的硬度
　　【特点】　提高钢的耐磨性
　　【特点】　增加钢的淬透性
　　【特点】　增加钢的耐热性
　　【特点】　增加钢的耐蚀性
　　【特点】　改善钢的高温性能

【词条关系】
　【层次关系】
　　【并列】　宏量元素
　　【并列】　常量元素
　　【概念-实例】　La
　　【概念-实例】　Ce
　　【概念-实例】　Pr
　　【概念-实例】　Nd
　　【概念-实例】　Pm
　　【概念-实例】　Sm
　　【概念-实例】　Eu
　　【概念-实例】　Gd
　　【概念-实例】　Tb
　　【概念-实例】　Dy
　　【概念-实例】　Ho
　　【概念-实例】　Er
　　【概念-实例】　Tm
　　【概念-实例】　Yb
　　【概念-实例】　Lu
　　【概念-实例】　Sc
　　【概念-实例】　Y
　　【概念-实例】　Ru
　　【概念-实例】　Rh
　　【概念-实例】　Pd
　　【概念-实例】　Os
　　【概念-实例】　Ir
　　【概念-实例】　Pt
　　【概念-实例】　Au
　　【概念-实例】　Ti
　　【概念-实例】　V
　　【概念-实例】　Cr
　　【概念-实例】　Mn
　　【概念-实例】　Fe
　　【概念-实例】　Co
　　【概念-实例】　Ni
　　【概念-实例】　Cu
　　【概念-实例】　Zn
　　【概念-实例】　Th
　　【概念-实例】　U

【概念-实例】 Zr
【概念-实例】 Hf
【概念-实例】 Nb
【概念-实例】 Ta
【类分】 稀土元素
【类分】 铂族元素
【类分】 过渡金属元素
【类分】 高场强元素
【类分】 低场强元素
【类分】 Cs
【类分】 Rb
【类分】 K
【类分】 Ba
【类分】 Sr
【类属】 元素
【应用关系】
　【用于】 冶炼
　【用于】 脱硫剂

◎ 微裂纹

【基本信息】
　【英文名】 microcrack；tiny crack
　【拼音】 wei lie wen
　【核心词】
【定义】
　指材料中微小的裂纹。其尺寸极小，只有用放大镜或显微镜才能观测到。
【来源】《现代材料科学与工程辞典》
【分类信息】
　【CLC 类目】
　　（1）TG111.8 金属的蠕变和疲劳
　　（2）TG111.8 金属—非金属复合材料
　　（3）TG111.8 复合材料
　　（4）TG111.8 单一金属的电镀
　　（5）TG111.8 第ⅢA族金属元素及其化合物
　【IPC 类目】
　　（1）B28D1/00 未列入其他类的、石头或类似石头的材料，如砖、混凝土的加工；所用的机械、装置、工具（宝石、宝石饰物、水晶的精加工入 5/00；磨削或抛光加工入 B24；用于精整或修整研磨面的装置或方法入 B24B53/00）
　　（2）B28D1/00 激光束的成形，如利用掩膜或多次聚焦（光学元件、系统或设备，一般入 G02B）〔3〕
　　（3）B28D1/00 采用从气相沉积〔7〕
　　（4）B28D1/00 在 7/02 至 7/34 一个组中未被包括的水硬性水泥〔4〕
【词条属性】
　【特征】
　　【数值】 长度小于 2 mm
　　【数值】 宽度小于 0.2 mm
　　【特点】 尺寸非常微小
　　【特点】 肉眼看不到
　　【特点】 基本普遍存在于各种材料中
　　【特点】 可扩展
　【时间】
　　【起始时间】 1920 年
【词条关系】
　【等同关系】
　　【基本等同】 "格里菲斯"微裂纹
　【层次关系】
　　【并列】 裂纹
　　【并列】 裂缝
　　【并列】 开裂
　　【类属】 缺陷
　【应用关系】
　　【使用】 X 射线探伤
　　【使用】 超声波探伤
　　【使用】 磁粉探伤
　　【使用】 渗透法
　　【使用】 荧光探伤

◎ 位错

【基本信息】
　【英文名】 dislocation
　【拼音】 wei cuo
　【核心词】

【定义】
　　晶体结构中的一种线缺陷。沿着晶体内的某条直线(位错线)附近,质点排列有较大的错乱,相当于晶格中某两部分之间存在一定的相对滑移关系。位错线是滑移部分和未滑移部分的界限。
【来源】《珠宝首饰英汉-汉英词典·下册》
【分类信息】
　【CLC 类目】
　　(1) O77　晶体缺陷
　　(2) O77　晶体生长工艺
　　(3) O77　特种结构材料
　【IPC 类目】
　　(1) C30B25/02　外延层生长〔3〕
　　(2) C30B25/02　自熔融液提拉法的单晶生长,如 Czochralski 法(在保护流体下的入 27/00)〔3〕
　　(3) C30B25/02　分子式为 $AMeO_3$ 的,其中 A 为稀土金属,Me 为 Fe、Ga、Sc、Cr、Co, 或 Al, 如正铁氧体〔3〕
　　(4) C30B25/02　应用气态化合物的还原或分解产生固态凝结物的,即化学沉积〔2〕
　　(5) C30B25/02　以衬底为特征的〔3〕
【词条属性】
　【特征】
　　【特点】　连续分布
　　【特点】　呈线状分布
　　【特点】　可进行滑移
　　【特点】　可进行攀移
　　【特点】　可进行增殖
　【时间】
　　【起始时间】　1905 年
【词条关系】
　【等同关系】
　　【俗称为】　差排
　　【俗称为】　线缺陷
　【层次关系】
　　【并列】　点缺陷
　　【并列】　堆垛层错

【并列】　孪晶
【类分】　刃型位错
【类分】　螺型位错
【类分】　混合位错
【类分】　主位错
【类分】　次位错
【类分】　全位错
【类分】　不全位错
【类分】　扩展位错
【类分】　晶界位错
【类分】　分位错
【类分】　Shockley 分位错
【类分】　Frank 分位错
【类分】　压杆位错
【类分】　梯毯杆位错
【类分】　梯杆位错
【类属】　晶体缺陷
【实例-概念】　缺陷
【应用关系】
　【使用】　伯氏矢量
　【使用】　位错密度
　【用于】　固溶强化
　【用于】　第二相粒子强化
　【用于】　加工硬化
　【用于】　应力腐蚀断裂

◎温度控制
【基本信息】
　【英文名】　thermal control; temperature control
　【拼音】　wen du kong zhi
　【核心词】
【定义】
　　金属材料在进行热处理或轧制等工艺进行处理时,需要考虑温度的影响而对温度进行的控制。
【分类信息】
　【CLC 类目】
　　(1) TQ139.2　其他复杂的无机化合物的

生产

　　(2) TQ139.2　仪器、设备
　　(3) TQ139.2　船舶机械
　　(4) TQ139.2　系统仿真
　　(5) TQ139.2　蓄电池
【IPC 类目】
　　(1) F25D29/00　控制或安全设备的配置或安装
　　(2) F25D29/00　有不同温度冷却间隔的
　　(3) F25D29/00　控制或安全装置的配置或安装
　　(4) F25D29/00　控制或安全装置的配置或安装(控制阀入 F16K;燃烧器的安全装置入 F23D;燃烧控制装置入 F23N;包括有加热器的系统的见有关小类,如控制供热系统的入 F24D19/10;电加热设备的自动转换入 H05B1/02)
　　(5) F25D29/00　控制系统或设备;安全系统或设备(控制阀本身入 F16K)〔3,7〕
【词条属性】
　【特征】
　　【特点】　轧制时控制轧制温度可获得理想的组织性能
　　【特点】　进行温度控制可影响材料的相变
　　【特点】　具有很高灵活性
　【状况】
　　【现状】　许多机械加工工艺方法都要使用温度控制
　　【应用场景】　冶金
　　【应用场景】　机械性能研究
　【因素】
　　【影响因素】　工艺参数
　　【影响因素】　预期组织性能
【词条关系】
　【应用关系】
　　【使用】　温度梯度
　　【用于】　开轧温度
　　【用于】　终轧温度

　　【用于】　轧制温度
　　【用于】　冷加工
　　【用于】　半液态加工
　　【用于】　温加工
　　【用于】　轧制
　　【用于】　铸造
【生产关系】
　　【工艺-设备工具】　温控仪表
　　【工艺-设备工具】　热电偶
　　【工艺-设备工具】　温度控制器

◎ **温度梯度**

【基本信息】
　【英文名】　temperature gradient
　【拼音】　wen du ti du
　【核心词】
【定义】
　　(1)垂直于等温面或等温线方向上,单位距离的温度差。它的方向是由高温指向低温。它定量地表明温度的空间分布特征——温度随距离的变化率。
　【来源】　《农业大词典》
　　(2)表示空间温度分布不均匀程度的向量。大小等于温度降低方向上,单位距离内温度降低的数值。冷暖空气交界处,空气温度差异明显,温度梯度很大。
　【来源】　《中国百科大辞典》
【分类信息】
　【CLC 类目】
　　(1) TM26　超导体、超导体材料
　　(2) TM26　再结晶
　　(3) TM26　浇注及凝固
　　(4) TM26　耐火材料制品
　　(5) TM26　物质分子运动论
　【IPC 类目】
　　(1) C30B29/06　硅〔3〕
　　(2) C30B29/06　自熔融液提拉法的单晶生长,如 Czochralski 法(在保护流体下的入 27/00)〔3〕

(3) C30B29/06　转动或移动熔体或晶体的机构(浮称法入15/28)〔3〕
　　(4) C30B29/06　熔融液或已结晶化材料的加热〔3〕
　　(5) C30B29/06　二元化合物〔3〕
【词条属性】
　【特征】
　　【特点】　温度阶梯式递增或递减
　　【特点】　是矢量
　　【特点】　通常把温度增加的方向作为它的正方向
　　【特点】　温度梯度越平缓，成分过冷区越大
　　【特点】　热流的方向与温度梯度的方向相反
　　【特点】　导热方向与温度梯度方向相反
　　【特点】　液态金属凝固过程中呈现温度梯度
【词条关系】
　【层次关系】
　　【类分】　垂直温度梯度
　　【类分】　水平温度梯度
　【应用关系】
　　【用于】　温度控制
　　【用于】　铸造

◎ 温度系数

【基本信息】
　【英文名】　temperature coefficient
　【拼音】　wen du xi shu
　【核心词】
　【定义】
　　(1)物理量对于温度的变化率。
　　【来源】　《军事大辞海·下》
　　(2)温度系数是材料的物理属性随着温度变化而变化的速率。
　　【来源】　百度百科
【分类信息】
　【CLC类目】
　　(1) P634.3　钻探机械及仪表
　　(2) P634.3　特种电磁性质合金
　　(3) P634.3　磁性材料、铁氧体
　　(4) P634.3　粉末技术
　　(5) P634.3　粉末成型、烧结及后处理
　【IPC类目】
　　(1) C04B35/462　以钛酸盐为基料的〔6〕
　　(2) C04B35/462　以氧化钒、氧化铌、氧化钽,氧化钼或氧化钨,或与其他氧化物的固溶体,如钒酸盐、铌酸盐、钽酸盐、钼酸盐或钨酸盐为基料的〔6〕
　　(3) C04B35/462　形成工艺;准备制造陶瓷产品的无机化合物的加工粉末〔6〕
　　(4) C04B35/462　介质谐振器〔3〕
【词条属性】
　【特征】
　　【数值】　紫铜的电阻温度系数为1/234.5 ℃
　　【特点】　一般可以通过实际试验测出
　　【特点】　在物体不同的温度下本身也是变化的
　　【特点】　随应用领域的不同而不同
　【状况】
　　【应用场景】　电阻随温度变化的研究
　【因素】
　　【影响因素】　材料本身属性
　　【影响因素】　外界环境
　　【影响因素】　实验测量方法
【词条关系】
　【等同关系】
　　【基本等同】　温度变化率
　【层次关系】
　　【类分】　电阻温度系数
　　【类分】　电压温度系数
　　【类分】　热导率温度系数
　　【类分】　密度温度系数
　　【类分】　负温度系数
　　【类分】　电阻的温度系数
　　【类分】　电阻的正温度系数

【类分】 电阻的负温度系数
【类分】 可逆温度系数
【类分】 核反应度的温度系数
【应用关系】
　【用于】 金属材料
　【用于】 半导体材料
　【用于】 非金属材料
【测度关系】
　【物理量-单位】 1/摄氏度(1/℃)

◎ 涡轮盘
【基本信息】
　【英文名】 turbine disk
　【拼音】 wo lun pan
　【核心词】
【定义】
　　发动机涡轮转子的承力构件，形状为圆盘形。
【来源】《现代材料科学与工程辞典》
【分类信息】
　【CLC 类目】
　　(1) V256　粉末冶金材料
　　(2) V256　模型锻造与胎模锻造
　　(3) V256　涡轮喷气发动机
　　(4) V256　疲劳与断裂
　　(5) V256　强度理论与计算
　【IPC 类目】
　　(1) F04D19/02　多级泵
　　(2) F04D19/02　将叶片固定在转子上；叶根
　　(3) F04D19/02　防止或减少工作流体的内部泄漏，如在两级之间(一般的密封入 F16J)
【词条属性】
　【特征】
　　【数值】 工作环境 500～700 ℃ 的高温
　　【数值】 转速在 10 000 r/min 以上
　　【数值】 承受最大应力达 5000 kg/cm²
　　【特点】 具有高的屈服强度
　　【特点】 具有高的塑性
　　【特点】 具有高温蠕变性能
　　【特点】 具有低循环疲劳性能
【词条关系】
　【层次关系】
　　【参与组成】 涡轮发动机
　　【实例-概念】 锻件
　　【组成部件】 轮缘
　　【组成部件】 辐板
　　【组成部件】 均压孔
　　【组成部件】 中心孔
　　【组成部件】 螺纹孔
　【应用关系】
　　【部件成品-材料】 变形高温合金
　　【部件成品-材料】 高温合金
　　【部件成品-材料】 变形高温合金 A286
　　【部件成品-材料】 变形高温合金 GH4133
　　【部件成品-材料】 变形高温合金 In901
　　【部件成品-材料】 变形高温合金 In718
　　【部件成品-材料】 粉末高温合金 In100
　　【部件成品-材料】 粉末高温合金 René95
　　【部件成品-材料】 粉末高温合金 PA101
　　【部件成品-材料】 高温粉末涡轮盘合金 MER76
　　【部件成品-材料】 高温粉末涡轮盘合金 René88DT
　　【部件成品-材料】 高温粉末涡轮盘合金 N18
　【生产关系】
　　【材料-工艺】 完全退火
　　【材料-工艺】 锻造
　　【材料-工艺】 镗孔
　　【材料-工艺】 热处理
　　【材料-工艺】 精车
　　【材料-工艺】 粗车
　　【材料-工艺】 钻孔
　　【材料-工艺】 钳工
　　【材料-工艺】 抛光型面
　　【材料-工艺】 喷丸

◎ 无磁钢
【基本信息】
　【英文名】　non-magnetic steel
　【拼音】　wu ci gang
　【核心词】
【定义】
　　无磁钢是一种钢铁材料,具有轻度磁性。
【来源】　互动百科
【词条属性】
　【特征】
　　【数值】　铸造收缩率取 2.2%～2.4%
　　【数值】　铸造温度 1450～1480 ℃
　　【特点】　磁导率低
　　【特点】　电阻率高
　　【特点】　具有轻度磁性
　　【优点】　组织稳定
　　【优点】　力学性能优良
　【状况】
　　【应用场景】　要求无磁性的零部件
【词条关系】
　【层次关系】
　　【材料-组织】　奥氏体
　　【概念-实例】　ZG25Mn18Cr4
　　【概念-实例】　ZG40Mn18Cr3
　　【概念-实例】　20Mn23AlV
　　【概念-实例】　30Mn20Al3
　　【概念-实例】　40Mn18Cr4V
　　【概念-实例】　50Mn18Cr4WN
　　【类分】　无磁铸钢
　【应用关系】
　　【材料-加工设备】　电炉
　　【材料-加工设备】　转炉
　　【材料-加工设备】　真空炉
　　【用于】　大中型变压器
　　【用于】　电磁铁
　　【用于】　无磁结构材料
　　【用于】　沿海消磁站
　　【用于】　电磁吸盘
　　【用于】　扫雷艇
　　【用于】　潜水艇防燃材料
　　【用于】　汽轮发电机无磁性护环锻件
　【生产关系】
　　【材料-工艺】　铸造
　　【材料-工艺】　水淬
　　【材料-工艺】　固溶处理
　　【材料-工艺】　炉外精炼
　　【材料-工艺】　正火
　　【材料-工艺】　回火
　　【材料-工艺】　抛丸处理
　　【材料-工艺】　热轧
　　【材料-工艺】　半热变形强化
　　【材料-工艺】　冷变形强化

◎ 无缝钢管
【基本信息】
　【英文名】　jointless steel pipe
　【拼音】　wu feng gang guan
　【核心词】
【定义】
　　由钢锭或钢坯经热轧或冷轧等工序制成的、断面上没有接缝的钢管。
【来源】　《铁合金辞典》
【分类信息】
　【CLC 类目】
　　F426　工业部门经济
　【IPC 类目】
　　(1) C21D9/08　用于管状体或管子
　　(2) C21D9/08　在生产管状体时〔3〕
　　(3) C21D9/08　金属的（9/16 至 9/22 优先;散热片管入 F28F）
　　(4) C21D9/08　在竖炉内〔2〕
【词条属性】
　【特征】
　　【特点】　具有中空截面
　　【特点】　输送某些固体物料
　　【特点】　输送能源
　　【特点】　重量较轻
　　【特点】　经济截面钢材

【特点】　提高材料利用率
　【特点】　简化制造工序
【状况】
　【应用场景】　输送石油
　【应用场景】　输送天然气
　【应用场景】　输送煤气
　【应用场景】　输送水
　【应用场景】　建筑行业
　【应用场景】　机械加工领域
　【应用场景】　电气类行业
【词条关系】
　【层次关系】
　　【类属】　钢管
　　【类属】　钢材
　【应用关系】
　　【用于】　输送石油
　　【用于】　输送天然气
　　【用于】　输送煤气
　　【用于】　输送水
　　【用于】　制造结构件
　　【用于】　机械零件
　　【用于】　石油钻杆
　　【用于】　汽车传动轴
　　【用于】　自行车架
　　【用于】　钢脚手架
　　【用于】　地下管道
　　【用于】　轴承套
　　【用于】　机械配件
　　【用于】　防静电管
　　【用于】　流体管道
　【生产关系】
　　【材料-工艺】　冷拔
　　【材料-工艺】　完全退火
　　【材料-原料】　优质钢
　　【材料-原料】　连铸坯

◎ 无损探伤

【基本信息】
　【英文名】　nondestructive inspection
　【拼音】　wu sun tan shang
　【核心词】
【定义】
　（1）在不损伤构件性能和完整性的前提下，探出构件内部或表面的缺陷，并测定缺陷的性质、尺寸及在构件中的位置的技术。
　【来源】　《中国电力百科全书·火力发电卷》
　（2）属无损检测技术。在不损伤或不破坏机器构件、产品和材料的情况下，对其表层或内部组织结构进行检测和评价。
　【来源】　《农业大词典》
【分类信息】
　【IPC 类目】
　　（1）H01L41/187　陶瓷合成物[5]
　　（2）H01L41/187　以钛酸钡为基料的[6]
　　（3）H01L41/187　也含钛酸盐的[6]
　　（4）H01L41/187　以钛酸盐为基料的[6]
　　（5）H01L41/187　X 射线对比用配制品[3]
【词条属性】
　【特征】
　　【数值】　X 射线波长为 $10^{-8} \sim 10^{-6}$ cm
　　【特点】　不损坏工件
　　【特点】　具有非破坏性
　　【特点】　具有全面性
　　【特点】　具有全程性
　【因素】
　　【影响因素】　缺陷的性质
　　【影响因素】　缺陷的大小
　　【影响因素】　缺陷的取向
　　【影响因素】　缺陷的所在部位
　　【影响因素】　结合生产工艺预估缺陷
【词条关系】
　【等同关系】
　　【基本等同】　探伤
　【层次关系】
　　【类分】　X 射线探伤
　　【类分】　超声波探伤

【类分】 磁粉探伤
【类分】 渗透探伤
【类分】 涡流探伤
【类分】 γ射线探伤
【应用关系】
　【使用】 物质的光
　【使用】 机械场
　【使用】 电磁场
　【使用】 磁场
　【使用】 电场
　【使用】 热场
　【使用】 声场
　【用于】 焊缝表面缺陷检查
　【用于】 内腔
　【用于】 状态检查
　【用于】 装配检查
　【用于】 多余物检查
　【用于】 铁磁材料镍
　【用于】 钴及其合金
　【用于】 碳素钢
　【用于】 蜗轮泵
　【用于】 发动机
　【用于】 锅炉
　【用于】 压力容器
【生产关系】
　【工艺-设备工具】 超声波探伤仪
　【工艺-设备工具】 磁粉探伤仪
　【工艺-设备工具】 X射线探伤仪
　【工艺-设备工具】 γ射线探伤仪
　【工艺-设备工具】 涡流检测仪
　【工艺-设备工具】 超声发射仪
　【工艺-设备工具】 磁记忆检测仪
　【工艺-设备工具】 渗透探伤剂

◎ 析出
【基本信息】
　【英文名】 deposition
　【拼音】 xi chu
　【核心词】

【定义】
　（1）指固体从液体中分离出来，如析出结晶。
　【来源】 《现代汉语大词典·下册》
　（2）在钢铁材料中析出通常指对金属内部结构微观组织结构的微粒或者晶粒进行析出、辨别，一般对钢的质量影响很大。
【分类信息】
　【CLC类目】
　（1）TF703.8　过程和终点成分控制
　（2）TF703.8　浇注及凝固
　（3）TF703.8　金属固体相结构和相转变
　（4）TF703.8　退火
　（5）TF703.8　特种电磁性质合金
　【IPC类目】
　（1）C01D15/08　碳酸盐,酸式碳酸盐[2]
　（2）C01D15/08　杂环不氢化,如黄酮[2]
　（3）C01D15/08　无环或碳环化合物
【词条属性】
　【特征】
　【特点】 溶质从溶液中分离出来
　【特点】 析出对钢的强度、韧性、塑性、深冲性、疲劳、磨损、断裂、腐蚀及许多重要的物理和化学性能均具有重要的影响
　【特点】 按与基体晶体之间的配合关系,析出相分为共格、半共格和非共格析出相
　【特点】 按运动位错越过析出相颗粒的机制,析出相分为可变形和不可变形析出相
　【特点】 按受到外力时与基体之间的结合被破坏的方式,析出相分为解聚型和断裂型析出相
　【特点】 按化学组成特征,可将析出相分为正常价化合物、单质、金属间化合物、间隙相和间隙化合物
　【特点】 析出过程通常使材料强化,有些有利,有些有害
　【因素】
　【影响因素】 形核温度

【影响因素】 形核时间
【影响因素】 形核衬底的数量
【影响因素】 析出新相与衬底润湿角
【词条关系】
　【等同关系】
　　【基本等同】 脱溶
　【层次关系】
　　【概念-实例】 碳化物析出
　　【概念-实例】 氮化物析出
　　【概念-实例】 硼化物析出
　　【类分】 平衡沉淀析出
　　【类分】 非平衡沉淀析出

◎稀土

【基本信息】
　【英文名】 tombarthite;rare earth
　【拼音】 xi tu
　【核心词】
【定义】
　（1）指所有原子序数在 57～71 的元素。稀土元素都是金属，它们的电子外壳结构和化学特性都十分相似。
　（2）指稀土金属，又称稀土元素，钪、钇及镧系元素的总称。银白色、质软，密度和熔点（除镧和镱外）随原子序数增加而增大。原子结构具有相同的特点，故化学性质很相似。
【分类信息】
　【CLC 类目】
　　（1）O614.33 镧系元素（稀土元素）
　　（2）O614.33 发光学
　　（3）O614.33 功能材料
　　（4）O614.33 稀土金属冶炼
　　（5）O614.33 其他特种性质合金
　【IPC 类目】
　　（1）C01F17/00 稀土金属，即钪、钇、镧，或镧系的化合物
　　（2）C01F17/00 含氧〔4〕
　　（3）C01F17/00 稀土金属的提取
　　（4）C01F17/00 晶状硅铝酸盐,如分子筛〔3〕
　　（5）C01F17/00 以稀土化合物为基料的
【词条属性】
　【特征】
　　【特点】 可脱氧
　　【特点】 去硫
　　【特点】 清除有害杂质
　　【特点】 细化晶粒
　　【特点】 减少枝晶偏析
　　【特点】 改善钢材韧性
　　【特点】 提高钢材质量
　　【特点】 具有亲氧性
　　【特点】 稀土矿物呈现非晶质状态
　【状况】
　　【现状】 当前稀土市场持续低迷
　　【现状】 产品价格长期低位
　　【应用场景】 石油
　　【应用场景】 化工
　　【应用场景】 冶金
　　【应用场景】 纺织
　　【应用场景】 陶瓷
　　【应用场景】 玻璃
　　【应用场景】 钢铁材料
　　【应用场景】 军事方面
　　【应用场景】 农业方面
【词条关系】
　【等同关系】
　　【基本等同】 稀土元素
　【层次关系】
　　【参与构成】 合金铸铁
　　【参与构成】 球墨铸铁
　　【参与构成】 低合金结构钢
　　【参与构成】 储氢
　　【类分】 镧
　　【类分】 铈
　　【类分】 镨

【类分】　钕
　　【类分】　钷
　　【类分】　钐
　　【类分】　铕
　　【类分】　钆
　　【类分】　铽
　　【类分】　镝
　　【类分】　钬
　　【类分】　铒
　　【类分】　铥
　　【类分】　镱
　　【类分】　镥
　　【类分】　钪
　　【类分】　钇
【应用关系】
　　【用于】　永磁材料
　　【用于】　永磁合金
【生产关系】
　　【材料-工艺】　选矿
　　【材料-工艺】　测定
　　【材料-工艺】　分解
　　【材料-工艺】　冶炼
　　【材料-工艺】　提纯

◎下贝氏体
【基本信息】
　　【英文名】　lower bainite
　　【拼音】　xia bei shi ti
　　【核心词】
【定义】
　　亦称为低温贝氏体。记作$B_下$，是一种两相混合组织，由铁素体和具有密集六方结构、成分未定的碳化物组成。
　　【来源】　《金属材料简明辞典》
【分类信息】
　　【IPC类目】
　　　（1）C21D8/02　在生产钢板或带钢时(8/12优先)〔3〕
　　　（2）C21D8/02　阶段冷却淬火〔3〕
　　　（3）C21D8/02　用于滚珠；滚柱
　　　（4）C21D8/02　等温淬火，如贝氏体淬火〔3〕
　　　（5）C21D8/02　铸铁合金〔2〕
【词条属性】
　　【特征】
　　　【数值】　形成温度230～350 ℃
　　　【特点】　空间形态呈双凸透镜状
　　　【特点】　呈片状
　　　【特点】　呈针状
　　　【特点】　黑色针状
　　　【特点】　竹叶状
　　　【特点】　内部碳化物细小弥散
　　　【特点】　内部碳化物呈粒状或短条状
　　　【特点】　具有高密度位错
　　　【特点】　强度高
　　　【特点】　硬度高
　　　【特点】　耐磨性好
　　　【特点】　耐腐蚀
　　　【特点】　脆性高
　　　【特点】　组织分布均匀
　　【力学性能】
　　　【抗拉强度】　600～1200 mN/m^2
　　　【屈服强度】　450～900 mN/m^2
　　【因素】
　　　【影响因素】　钢的化学成分
　　　【影响因素】　奥氏体晶粒大小
　　　【影响因素】　均匀化程度
　　　【影响因素】　奥氏体碳含量
　　　【影响因素】　等温转变温度
　　　【影响因素】　位错密度
【词条关系】
　　【等同关系】
　　　【基本等同】　低温贝氏体
　　　【缩略为】　$B_下$
　　【层次关系】
　　　【并列】　上贝氏体
　　　【并列】　粒状贝氏体
　　　【并列】　无碳贝氏体

【类分】 柱状贝氏体
【类属】 金相组织
【类属】 贝氏体
【应用关系】
【用于】 高碳钢研究
【组织-工艺】 冷却速度
【组织-工艺】 等温淬火

◎ **显微组织**
【基本信息】
【英文名】 microstructure
【拼音】 xian wei zu zhi
【核心词】
【定义】
在光学显微镜(放大几百至几千倍)和电子显微镜(放大几万至几十万倍)下观察到的材料组织。包括晶粒的形状和大小,相的种类、大小和分布,缺陷等。
【来源】《现代材料科学与工程辞典》
【分类信息】
【CLC 类目】
（1）TB331　金属复合材料
（2）TB331　金相学(金属的组织与性能)
（3）TB331　粉末成型、烧结及后处理
（4）TB331　复合材料
（5）TB331　焊接接头的力学性能及其强度计算
【IPC 类目】
（1）B22D19/14　制品为丝状或颗粒状(利用纤维或细丝与熔融金属接触,使合金中含有纤维或细丝入 C22C47/08)〔3〕
（2）B22D19/14　铝做次主要成分的〔2〕
（3）B22D19/14　用于线材;带材
【词条属性】
【特征】
【特点】 对材料的性能影响巨大
【特点】 广泛应用于材料性能的研究
【状况】
【应用场景】 金属材料热处理后性能研究
【应用场景】 金属材料冷凝后性能研究
【应用场景】 金属材料加工变形后性能研究
【词条关系】
【等同关系】
【基本等同】 高倍组织
【层次关系】
【并列】 宏观组织
【并列】 电镜组织
【并列】 超精细结构
【并列】 低倍组织
【类属】 金属组织
【应用关系】
【使用】 金相显微镜
【使用】 电子显微镜
【用于】 金相分析
【用于】 晶粒显示
【用于】 晶粒度大小
【用于】 相的种类
【用于】 相的分布
【用于】 内部缺陷

◎ **线材**
【基本信息】
【英文名】 wire
【拼音】 xian cai
【核心词】
【定义】
直径或边长很小的(如钢丝,通常直径在 9 mm 以下)成卷金属材料。俗称为盘条或盘圆。截面大多呈圆形,也有呈方形或异形的。
【来源】《金属材料简明辞典》
【分类信息】
【CLC 类目】
（1）TM26　超导体、超导体材料
（2）TM26　工业部门经济
【IPC 类目】

（1）C21D9/52　用于线材;带材
　　（2）C21D9/52　线材;管材〔4〕
　　（3）C21D9/52　使用光源串或带的装置或系统〔7〕
　　（4）C21D9/52　弹簧圈成圆柱形
【词条属性】
　【特征】
　　【数值】　直径为5～22 mm
　　【特点】　断面周长很小
　　【特点】　用量很大
　　【特点】　应用范围广
　【状况】
　　【现状】　中国是世界上最大的线材生产国
　　【应用场景】　建筑
　　【应用场景】　机械工具制造
　　【应用场景】　IT行业
【词条关系】
　【等同关系】
　　【学名是】　盘条
　【层次关系】
　　【类分】　高速线材
　　【类分】　普通线材
　　【类分】　普通低碳钢热轧圆盘条
　　【类分】　优质碳素钢盘条
　　【类分】　碳素焊条盘条
　　【类分】　调质螺纹盘条
　　【类分】　制钢丝绳用盘条
　　【类分】　琴钢丝用盘条
　　【类分】　不锈钢盘条
　　【类属】　钢材
　【应用关系】
　　【部件成品-材料】　微合金钢
　　【部件成品-材料】　热轧圆钢
　　【部件成品-材料】　异形钢
　　【部件成品-材料】　普通碳素钢
　　【部件成品-材料】　优质碳素钢
　　【材料-加工设备】　步进式加热炉
　　【材料-加工设备】　轧机
　　【材料-加工设备】　集卷器
　　【材料-加工设备】　打捆机
　　【材料-加工设备】　线材测试机
　　【使用】　精轧
　　【使用】　沸腾钢
　　【使用】　轧后余热处理
　　【用于】　钢丝
　　【用于】　建筑钢筋混凝土结构
　　【用于】　拉丝
　　【用于】　包装
　　【用于】　焊条
　　【用于】　螺栓
　　【用于】　螺丝
　　【用于】　螺母
　　【用于】　碳素弹簧钢丝
　　【用于】　油淬火回火碳素弹簧钢丝
　　【用于】　预应力钢丝
　　【用于】　高强度优质碳素结构钢丝
　　【用于】　镀锌钢丝
　　【用于】　镀锌绞线钢丝绳
　　【用于】　手工电弧焊焊芯
　　【用于】　螺旋弹簧
　　【用于】　晶粒取向
　【生产关系】
　　【材料-工艺】　冷变形
　　【材料-工艺】　冷拔
　　【材料-工艺】　控制轧制
　　【材料-工艺】　精整
　　【材料-工艺】　卷取
　　【材料-工艺】　时效硬化
　　【材料-工艺】　时效处理
　　【材料-工艺】　加热
　　【材料-工艺】　高压水除鳞
　　【材料-工艺】　粗轧
　　【材料-工艺】　精轧
　　【材料-工艺】　空冷
　　【材料-工艺】　热加工
　　【材料-原料】　方坯

◎ 线胀系数

【基本信息】
　【英文名】　linear expansion efficient
　【拼音】　xian zhang xi shu
　【核心词】
【定义】
　（1）物理概念。固态物质温度改变 1 ℃ 时，其长度的变化跟它在 0 ℃ 时长度的比值。
　【来源】《百科知识数据辞典》
　（2）固体（在一定压力下）温度上升 1 ℃ 时增加的长度，跟它在 0 ℃ 时的全长相比所得的值。
　【来源】《汉语同韵大词典》
【分类信息】
　【CLC 类目】
　　（1）TM215.4　绝缘漆（油）、胶合剂
　　（2）TM215.4　热学性质
　　（3）TM215.4　超导体、超导体材料
　【IPC 类目】
　　（1）C02F1/04　蒸馏或蒸发〔3〕
　　（2）C02F1/04　使用至少两根相互啮合的螺杆〔4〕
【词条属性】
　【特征】
　　【数值】　固体线胀系数数量级约为 10^{-5}
　　【数值】　混凝土（4.76～12.1）×10^{-6}
　　【数值】　玻璃（4～10）×10^{-6}
　　【数值】　钢 1.10×10^{-5}
　　【数值】　铁 1.22×10^{-5}
　　【数值】　铜 1.71×10^{-5}
　　【特点】　固体的线胀系数一般很小
　　【特点】　线胀系数约是其体胀系数的 1/3
　　【特点】　可以是膨胀产生
　　【特点】　可以是收缩产生
　　【特点】　可正可负
　　【特点】　一般线胀系数并不是一个常数
　【状况】
　　【应用场景】　工程技术中选择材料
　　【应用场景】　判定材料是否满足需求

【词条关系】
　【等同关系】
　　【全称是】　线性膨胀系数
　【层次关系】
　　【并列】　体胀系数
　【应用关系】
　　【用于】　热工机械
　　【用于】　建筑工程设计
　　【用于】　通信工程安装
　　【用于】　新型复合材料研制
　【测度关系】
　　【物理量-单位】　1/摄氏度（1/℃）
　　【物理量-度量方法】　液压微位移传递法
　　【物理量-度量方法】　霍尔传感器法
　　【物理量-度量方法】　光纤传感技术法
　　【物理量-度量方法】　光杠杆法
　　【物理量-度量方法】　激光杠杆法
　　【物理量-度量工具】　千分表
　　【物理量-度量工具】　螺旋测微仪
　　【物理量-度量工具】　光杠杆

◎ 相变

【基本信息】
　【英文名】　phase transformation
　【拼音】　xiang bian
　【核心词】
【定义】
　（1）在某一体系中，各相之间的相互转变称作相变。
　【来源】《中学教师实用化学辞典》
　（2）物质从一种相转变为另一种相的过程。
　【来源】　百度百科
【分类信息】
　【CLC 类目】
　　（1）TG139　其他特种性质合金
　　（2）TG139　特种结构材料
　　（3）TG139　相变
　　（4）TG139　固体理论

（5）TG139　金属固体相结构和相转变
【IPC 类目】
　　（1）F28D20/02　利用潜热的〔6〕
　　（2）F28D20/02　在使用时发生物理状态变化的材料（5/16,5/20 优先）〔2〕
　　（3）F28D20/02　相态变化是由液体到固体或相反〔2〕
【词条属性】
　【特征】
　　【特点】　引起相数目的变化
　　【特点】　引起相性质的变化
　　【特点】　是宏观态的变化
　　【特点】　系统自由能会发生变化
　　【特点】　可以形成新相
　　【特点】　广泛存在于各个领域
　【状况】
　　【应用场景】　化学
　　【应用场景】　物理化学
　　【应用场景】　化学工程
　　【应用场景】　化工热力学
　　【应用场景】　冶金学
　　【应用场景】　金属学
　　【应用场景】　物理学
　【因素】
　　【影响因素】　温度
　　【影响因素】　压强
　　【影响因素】　磁场强度
　　【影响因素】　系统内部性质
【词条关系】
　【等同关系】
　　【基本等同】　物态变化
　【层次关系】
　　【概念-实例】　马氏体相变
　　【概念-实例】　固态相变
　　【概念-实例】　奥氏体相变
　　【类分】　马氏体相变
　　【类分】　一级相变
　　【类分】　二级相变
　　【类分】　连续相变
　　【类分】　非连续相变
　　【类分】　扩散控制相变
　　【类分】　界面控制相变
　　【类分】　扩散相变
　　【类分】　无扩散相变
　　【类分】　传质控制的相变
　　【类分】　传热控制的相变
　　【类分】　重构型相变
　　【类分】　位移型相变
　【应用关系】
　　【使用】　相图
　　【使用】　相变点

◎ 相变点
【基本信息】
　【英文名】　phase transformation point
　【拼音】　xiang bian dian
　【核心词】
【定义】
　　发生相变的临界点。
【来源】《金属材料简明辞典》
【分类信息】
　【CLC 类目】
　　（1）TG139　其他特种性质合金
　　（2）TG139　特种结构材料
　【IPC 类目】
　　（1）C22C38/32　含硼的〔2〕
　　（2）C22C38/32　铁基合金,如合金钢（铸铁合金入 37/00）〔2〕
　　（3）C22C38/32　含大于 1.5%（质量分数）的硅〔2〕
【词条属性】
　【特征】
　　【特点】　相图上合金的成分垂线和相图上各线、面的交点均是相变点
　【状况】
　　【应用场景】　合金生产
　【因素】
　　【影响因素】　元素种类

【影响因素】　杂质含量
　　【影响因素】　生产工艺
　　【影响因素】　固溶温度
【词条关系】
　　【等同关系】
　　　　【基本等同】　相变温度
　　【层次关系】
　　　　【概念-实例】　熔点
　　　　【概念-实例】　沸点
　　　　【概念-实例】　同素异晶转变点
　　　　【概念-实例】　共晶点
　　　　【概念-实例】　包晶点
　　　　【概念-实例】　铁碳相图 A_1 点
　　　　【概念-实例】　铁碳相图 A_2 点
　　　　【概念-实例】　铁碳相图 A_3 点
　　　　【概念-实例】　铁碳相图 A_4 点
　　　　【概念-实例】　铁碳相图 Acm 点
　　【应用关系】
　　　　【用于】　相变
　　【测度关系】
　　　　【物理量-单位】　摄氏度
　　　　【物理量-度量方法】　用热分析法
　　　　【物理量-度量方法】　金相法
　　　　【物理量-度量方法】　X 射线衍射法
　　　　【物理量-度量方法】　电子显微分析法
　　　　【物理量-度量方法】　热膨胀法
　　　　【物理量-度量方法】　计算法

◎ **相变温度**
【基本信息】
　　【英文名】　transition temperature
　　【拼音】　xiang bian wen du
　　【核心词】
【定义】
　　指物质在不同相之间转变时的临界温度。
　　【来源】　百度百科
【分类信息】
　　【CLC 类目】
　　　（1）TG13　合金学与各种性质合金
　　　（2）TG13　其他特种性质合金
　　　（3）TG13　功能材料
　　　（4）TG13　相变
　　　（5）TG13　薄膜的性质
　　【IPC 类目】
　　　（1）C09K5/02　在使用时发生物理状态变化的材料（5/16,5/20 优先）〔2〕
　　　（2）C09K5/02　相态变化是由液体到固体或相反〔2〕
　　　（3）C09K5/02　含氧的
【词条属性】
　　【特征】
　　　　【数值】　水变成冰的相变温度是 0 ℃
　　　　【特点】　金属中第二相的析出需达到其对应相变温度
　　【状况】
　　　　【应用场景】　钢铁材料生产工艺
　　　　【应用场景】　钢铁材料加工工艺
　　【因素】
　　　　【影响因素】　加热速度
【词条关系】
　　【等同关系】
　　　　【基本等同】　相变点
　　【层次关系】
　　　　【类分】　Ac_1
　　　　【类分】　Ac_3
　　　　【类分】　Ac_4
　　　　【类分】　Accm
　　　　【类分】　Ar_1
　　　　【类分】　Ar_3
　　　　【类分】　Arcm
　　　　【类分】　铁碳相图 A_1 点
　　　　【类分】　铁碳相图 A_3 点
　　　　【类分】　铁碳相图 A_4 点
　　　　【类分】　铁碳相图 Acm 点
　　　　【类分】　Mb
　　　　【类分】　Md
　　　　【类分】　M_F
　　　　【类分】　Mf

【类分】　Mg
　　【类分】　Ms
　　【类分】　M_z
　　【类分】　马氏体相变温度
　　【类分】　奥氏体相变温度
【应用关系】
　　【用于】　回火
　　【用于】　退火
　　【用于】　淬火
　　【用于】　时效
【测度关系】
　　【物理量-度量方法】　计算法
　　【物理量-度量方法】　差示扫描量热法
　　【物理量-度量方法】　连续升温金相法

◎ 相结构
【基本信息】
　　【英文名】　phase structure
　　【拼音】　xiang jie gou
　　【核心词】
【定义】
　　(1) 固态金属和合金组织中各组成相的晶体结构。
　　【来源】　《金属材料简明辞典》
　　(2) 相结构是指相中的原子种类、比例和排布方式。它可以是晶体相，也可以是非晶体相。晶界和相界分别是相邻两晶粒和两相间的过渡相。
　　【来源】　百度百科
【分类信息】
　　【CLC 类目】
　　(1) TG139　其他特种性质合金
　　(2) TG139　薄膜物理学
　　(3) TG139　焊接冶金问题
　　(4) TG139　粉末的制造方法
　　(5) TG139　相变
　　【IPC 类目】
　　(1) C08L23/30　氧化〔2〕
　　(2) C08L23/30　氧化物〔3〕

【词条属性】
　【特征】
　　【特点】　纯金属具有由同一种原子组成的一定晶体结构
　　【特点】　有的纯金属在不同条件下具有不同的晶体结构
　　【特点】　合金的晶体由不同的原子组成
　　【特点】　材料都是由不同结构的各种相组成
【词条关系】
　【层次关系】
　　【概念-实例】　同素异构
　　【概念-实例】　中间相
　　【概念-实例】　固体纯金属
　　【概念-实例】　聚乙烯
　　【概念-实例】　普通陶瓷
　　【类分】　单相
　　【类分】　多相
　　【类分】　固溶体
　　【类分】　陶瓷晶体相
　　【类分】　玻璃相
　　【类分】　分子相
　　【类分】　α 相
　　【类分】　β 相
　　【类分】　γ 相
　　【类分】　δ 相
　　【类分】　η 相
【应用关系】
　　【使用】　X 射线结构分析法

◎ 相图
【基本信息】
　　【英文名】　phase diagram
　　【拼音】　xiang tu
　　【核心词】
【定义】
　　当体系中有多相存在时，把体系的相平衡规律用几何图形展现出来就成为相图。
　　【来源】　《中学教师实用化学辞典》

【分类信息】
  【CLC 类目】
    （1）TQ026.7　固体熔融、固体流态化
    （2）TQ026.7　硫及其无机化合物
    （3）TQ026.7　铬副族（第ⅥB族）元素的无机化合物
    （4）TQ026.7　凝聚态物理学
  【IPC 类目】
    （1）C03C1/02　经预处理的组分
    （2）C03C1/02　多步法渗多种元素〔4〕
【词条属性】
  【特征】
    【特点】　一般只描述体系平衡态
    【特点】　有一定局限性
    【特点】　在材料研究方面具有重要作用
    【特点】　根据实验数据绘制
    【特点】　不能从理论上推演
    【特点】　用途很广
  【状况】
    【应用场景】　物理化学
    【应用场景】　矿物学
    【应用场景】　材料科学
【词条关系】
  【等同关系】
    【基本等同】　平衡图
    【全称是】　相态图
    【全称是】　相平衡状态图
  【层次关系】
    【概念-实例】　压力—组成图
    【概念-实例】　温度—组成图
    【概念-实例】　蒸汽压—液相组成图
    【概念-实例】　溶解度图
    【概念-实例】　低共熔混合物相图
    【概念-实例】　铁碳相图
    【类分】　狭义相图
    【类分】　广义相图
    【类分】　二元相图
    【类分】　三元相图
    【类分】　多元相图
    【类分】　匀晶相图
    【类分】　共晶相图
    【类分】　包晶相图
    【类分】　熔晶相图
    【类分】　偏晶相图
    【类分】　合晶相图
    【主体-附件】　体系
    【主体-附件】　组元
    【主体-附件】　相
    【主体-附件】　自由度
    【主体-附件】　平衡
    【组成部件】　横坐标轴
    【组成部件】　纵坐标轴
    【组成部件】　特性点
    【组成部件】　相界限
    【组成部件】　相区
    【组成部件】　三相平衡的水平线
  【应用关系】
    【使用】　杠杆定律
    【使用】　热分析法
    【使用】　金相法
    【使用】　X射线法
    【使用】　电阻法
    【使用】　膨胀法
    【使用】　磁性法
    【使用】　硬度法
    【使用】　热电势法
    【用于】　分析合金的冷凝过程
    【用于】　分析合金的室温组织
    【用于】　计算各相和各组织组成物相对量
    【用于】　确定热处理方法
    【用于】　制定热处理工艺
    【用于】　大致判定合金的性能
    【用于】　确定热加工工艺
    【用于】　选择合金材料
    【用于】　相变
    【用于】　脱溶

◎ 形变强化

【基本信息】
　　【英文名】　strain strengthening
　　【拼音】　xing bian qiang hua
　　【核心词】
【定义】
　　(1) 塑性应变抗力随变形量增加而增大的现象。
　　【来源】《现代材料科学与工程辞典》
　　(2) 金属或合金在再结晶温度以下经塑性变形,随着变形量的增加,金属的流变强度和硬度都增加的现象。
　　【来源】《金属功能材料词典》
【分类信息】
　　【CLC 类目】
　　　　TG113.1　金属的组织
　　【IPC 类目】
　　(1) C21D8/06　在生产棒材料或线材时〔3〕
　　(2) C21D8/06　铝做次主要成分的〔2〕
　　(3) C21D8/06　通过伴随有变形的热处理或变形后再进行热处理来改变物理性能(除需成型的工件外不需要再加热的锻造,或轧制成型的硬化工件或材料入1/02)〔3〕
【词条属性】
　　【特征】
　　　　【特点】　增加金属屈服强度
　　　　【特点】　提高抗拉强度
　　　　【特点】　降低金属延性
　　　　【特点】　降低金属韧性
　　　　【特点】　提高硬度
　　　　【特点】　是一种重要的金属强化方法
　　【词条关系】
　　　　【等同关系】
　　　　　　【基本等同】　冷变形强化
　　　　　　【基本等同】　加工硬化
　　　　【层次关系】
　　　　　　【并列】　弥散强化
　　　　　　【并列】　形变热处理
　　　　　　【并列】　细晶强化
　　　　　　【并列】　固溶强化
　　　　　　【并列】　第二相强化
　　　　　　【概念-实例】　冷轧
　　　　　　【概念-实例】　爆炸成型
　　　　　　【概念-实例】　挤压
　　　　　　【概念-实例】　滚压
　　　　　　【概念-实例】　喷丸
　　　　　　【类分】　表面冷变形强化
　　　　　　【类属】　金属强化
　　【应用关系】
　　　　【用于】　不锈钢
　　　　【用于】　冷拉铝线
　　　　【用于】　冷拉铜线
　　　　【用于】　冷拔钢丝
　　　　【用于】　冲压成型件

◎ 形变热处理

【基本信息】
　　【英文名】　ausforming
　　【拼音】　xing bian re chu li
　　【核心词】
【定义】
　　(1) 将塑性变形同固态相变结合在一起,使经过微合金化的钢材获得所需外形和尺寸的同时,获得理想的内部组织和优异性能的热加工技术。也叫热机械处理。
　　【来源】《中国冶金百科全书·金属塑性加工》
　　(2) 形变热处理是压力加工与热处理相结合的金属热处理工艺,在金属材料上有效地综合利用形变强化和相变强化、将压力加工与热处理操作相结合、使成型工艺同获得最终性能统一起来的一种工艺方法。
　　【来源】　百度百科
【分类信息】
　　【CLC 类目】
　　(1) TG156.93　形变热处理
　　(2) TG156.93　铝及其合金的热处理

（3）TG156.93　特种机械性质合金
（4）TG156.93　材料结构及物理性质
（5）TG156.93　合金学与各种性质合金
【IPC 类目】
（1）C22C21/12　铜做次主要成分的〔2〕
（2）C22C21/12　通过伴随有变形的热处理或变形后再进行热处理来改变物理性能（除需成型的工件外不需要再加热的锻造，或轧制成型的硬化工件或材料入 1/02）〔3〕
（3）C22C21/12　用于弹簧
（4）C22C21/12　镍或钴基合金
（5）C22C21/12　在生产棒材料或线材时〔3〕
【词条属性】
　【特征】
　　【特点】　简化钢材或零件的生产流程
　　【特点】　节约成本
　　【特点】　使高强度、高塑性和高韧性达到良好配合
　　【特点】　节约能源消耗
　　【特点】　节约设备投资
【词条关系】
　【层次关系】
　　【类分】　高温形变热处理
　　【类分】　低温形变热处理
　　【类分】　复合形变热处理
　　【实例-概念】　强韧化
　　【组成部件】　相变强化
　　【组成部件】　金属材料的范性形变
　　【组成部件】　金属材料的固态相变
　【应用关系】
　　【使用】　应变诱导析出
　　【用于】　板材
　　【用于】　管材
　　【用于】　丝材
　　【用于】　板簧
　　【用于】　连杆
　　【用于】　叶片
　　【用于】　工具

　　【用于】　模具
　【生产关系】
　　【工艺-材料】　微合金化钢
　　【工艺-材料】　带材

◎形状记忆合金

【基本信息】
　【英文名】　shape memory alloy
　【拼音】　xing zhuang ji yi he jin
　【核心词】
【定义】
　　是一种具有形状记忆效应的新型功能材料。
【来源】　《现代科学技术名词选编》
【分类信息】
　【CLC 类目】
　　（1）TG139　其他特种性质合金
　　（2）TG139　金属复合材料
　　（3）TG139　合金学与各种性质合金
　　（4）TG139　智能材料
　【IPC 类目】
　　（1）C22C19/03　镍基合金〔2〕
　　（2）C22C19/03　每一种成分的重量都小于50%的合金〔2〕
　　（3）C22C19/03　钛基合金〔2〕
　　（4）C22C19/03　用热处理法，或用热加工或冷加工法改变有色金属或合金的物理结构（金属的机械加工设备入 B21,B23,B24）
【词条属性】
　【特征】
　　【特点】　具有超弹性
　　【特点】　无磁性
　　【特点】　耐磨耐蚀
　　【特点】　无毒性
　【状况】
　　【前景】　形状记忆合金在生物工程、医药、能源和自动化等方面也都有广阔的应用前景
　　【应用场景】　航空航天

【应用场景】　机械电子产品
　　【应用场景】　生物医疗
　　【应用场景】　建筑结构
　　【应用场景】　日常生活
　【时间】
　　【起始时间】　1932 年
　【因素】
　　【影响因素】　温度
【词条关系】
　【等同关系】
　　【缩略为】　记忆合金
　【层次关系】
　　【类分】　钛镍铜形状记忆合金
　　【类分】　钛镍铁形状记忆合金
　　【类分】　钛镍铬形状记忆合金
　　【类分】　铜镍系形状记忆合金
　　【类分】　铜铝系形状记忆合金
　　【类分】　铜锌系形状记忆合金
　　【类分】　铁系形状记忆合金
　　【类属】　精密合金
　【应用关系】
　　【使用】　形状记忆效应
　　【用于】　人造骨骼
　　【用于】　伤骨固定加压器
　　【用于】　牙科正畸器
　　【用于】　各类腔内支架
　　【用于】　栓塞器
　　【用于】　心脏修补器
　　【用于】　血栓过滤器
　　【用于】　介入导丝
　　【用于】　手术缝合线
　　【用于】　温度传感器触发器
　　【用于】　人造卫星天线
　　【用于】　防烫伤阀
　　【用于】　眼镜框架
　　【用于】　移动电话天线
　　【用于】　火灾检查阀门
　【生产关系】
　　【材料-原料】　镍合金
　　【材料-原料】　冷变形
　　【材料-原料】　钛合金

◎形状记忆效应

【基本信息】
　【英文名】　shape memory effect
　【拼音】　xing zhuang ji yi xiao ying
　【核心词】
【定义】
　　记忆在高温状态下形状的现象。
【来源】《现代材料科学与工程辞典》
【分类信息】
　【CLC 类目】
　　（1）TG139　其他特种性质合金
　　（2）TG139　合金学与各种性质合金
　　（3）TG139　金属复合材料
　　（4）TG139　固体性质
　　（5）TG139　非金属复合材料
　【IPC 类目】
　　（1）H01F1/04　金属或合金〔6〕
　　（2）H01F1/04　合金〔3〕
　　（3）H01F1/04　以其特殊功能为特点的回路元件
　　（4）H01F1/04　含锰的〔2〕
　　（5）H01F1/04　不可拆卸的管接头，如软焊、黏结，或嵌塞接头（用于硬塑料管的接头入47/00）
【词条属性】
　【特征】
　　【特点】　发生在马氏体相变过程中
　【状况】
　　【应用场景】　智能控制
　　【应用场景】　强化材料
　　【应用场景】　新功能材料
　　【应用场景】　高新产业领域
　　【应用场景】　医学应用
　【时间】
　　【起始时间】　1932 年
【词条关系】

【层次关系】
　　【类分】　单程记忆效应
　　【类分】　双程记忆效应
　　【类分】　全程记忆效应
　　【类分】　可逆形状记忆效应
　　【类分】　磁控形状记忆效应
【应用关系】
　　【使用】　拉伸
　　【使用】　压缩
　　【使用】　弯曲
　　【使用】　扭转
　　【用于】　形状记忆合金

◎ 型材
【基本信息】
　　【英文名】　extrudate
　　【拼音】　xing cai
　　【核心词】
【定义】
　　长度和截面周长之比相当大的直条金属材料，有时也包括不属于板材、管材和线材的金属塑性加工制品。
　　【来源】　《金属功能材料词典》
【分类信息】
　　【CLC 类目】
　　TG407　焊接接头的力学性能及其强度计算
　　【IPC 类目】
　　（1）F16S3/04　供在各种相对位置连接相似元件而设计的
　　（2）F16S3/04　细长元件，如成型件；其装配件；格栅或格子窗（由薄板或类似料形成的格栅或格子窗入 1/00，特殊的入 1/08；门、窗或类似构件的框架入 E061/00，3/00）
　　（3）F16S3/04　用加强或不加强的，薄片或条带绕制的
【词条属性】
　　【特征】
　　　　【特点】　具有一定几何形状

【特点】　型材原料具有一定强度
【特点】　型材原料具有一定韧性
【特点】　形状多样
【特点】　应用广泛
【特点】　适应性强
【特点】　功能多样
【状况】
【现状】　市场行情不佳
【现状】　生产部门出现亏损
【应用场景】　航空航天
【应用场景】　铁道铁路
【应用场景】　装饰建筑
【应用场景】　家居家具
【应用场景】　广告展示
【应用场景】　工艺礼品
【应用场景】　建材卫浴
【应用场景】　游艇泊船
【应用场景】　体育用材
【应用场景】　环卫工程
【词条关系】
【层次关系】
　　【类分】　中空钢
　　【类分】　中厚板
　　【类分】　中板
　　【类分】　型钢
　　【类分】　空心型材
　　【类分】　实心型材
　　【类分】　塑钢型材
　　【类分】　铝型材
　　【类属】　钢铁
【应用关系】
　　【部件成品-材料】　优质碳素结构钢
　　【材料-加工设备】　夹臂式型材加工中心
　　【材料-加工设备】　型材五轴加工中心
　　【材料-加工设备】　板材加工中心
　　【材料-加工设备】　桥式五轴加工中心
【生产关系】
　　【材料-工艺】　热挤压
　　【材料-工艺】　冷拔

【材料-工艺】	轧制		【特点】	结构稳定性高
【材料-工艺】	挤出		【特点】	残余应力低
【材料-工艺】	铸造		【特点】	表面质量好
【材料-工艺】	完全退火		【特点】	便于机械加工
【材料-原料】	钢锭		【状况】	
【材料-原料】	亚共析钢		【应用场景】	工业建筑
【材料-原料】	铁		【应用场景】	金属结构
【材料-原料】	钢		【应用场景】	机械零件
【材料-原料】	塑料		【应用场景】	农机器具
【材料-原料】	铝			

【材料-原料】 玻璃纤维

◎ 型钢

【基本信息】
　【英文名】　section steel；shaped steel
　【拼音】　xing gang
　【核心词】
【定义】
　具有一定几何形状截面的钢材。可分为简单截面型钢（方钢、圆钢等）和复杂截面型钢（槽钢、工字钢、钢轨等）。
【来源】　《中国百科大辞典》
【分类信息】
　【IPC类目】
　　（1）C09D5/18　防火涂料
　　（2）C09D5/18　不限于完全包括在一单类应用的其他结构件
　　（3）C09D5/18　处理工业废物的焚化炉或其他设备，如化学工业的（粪便焚化炉入A47K11/02；淤渣的氧化入C02F11/06；一般燃烧器、燃烧器零部件入F23D；放射性废料的焚化入G21F9/00）〔4〕
　　（4）C09D5/18　金属〔4〕
【词条属性】
　【特征】
　　【特点】　优良的力学性能
　　【特点】　优越的使用性能
　　【特点】　设计风格灵活
　　【特点】　结构自重轻

【词条关系】
　【层次关系】
　　【并列】　板钢
　　【并列】　管钢
　　【并列】　金属塑性加工制品
　　【类分】　简单断面型钢
　　【类分】　复杂断面型钢
　　【类分】　方钢
　　【类分】　圆钢
　　【类分】　扁钢
　　【类分】　角钢
　　【类分】　六角钢
　　【类分】　工字钢
　　【类分】　槽钢
　　【类分】　钢轨
　　【类分】　窗框钢
　　【类分】　弯曲型钢
　　【类分】　普通型钢
　　【类分】　优质型钢
　　【类分】　大型型钢
　　【类分】　中型型钢
　　【类分】　小型型钢
　　【类分】　中空钢
　　【类分】　中厚板
　　【类分】　中板
　　【类属】　钢材
　　【类属】　型材
　【应用关系】
　　【部件成品-材料】　优质碳素结构钢
　　【材料-加工设备】　转炉

【材料-加工设备】 平炉
【材料-加工设备】 电炉
【使用】 控制冷却
【使用】 沸腾钢
【使用】 方坯
【用于】 厂房
【用于】 桥梁
【用于】 船舶
【用于】 输电铁塔
【用于】 农机配件
【用于】 建筑钢筋
【用于】 汽轮机叶片
【生产关系】
　【材料-工艺】 热轧
　【材料-工艺】 锻制
　【材料-工艺】 冷拉
　【材料-工艺】 焊接
　【材料-工艺】 弯曲
　【材料-工艺】 挤压
　【材料-工艺】 拔制
　【材料-工艺】 完全退火

◎ 压力容器
【基本信息】
　【英文名】 pressure vessel
　【拼音】 ya li rong qi
　【核心词】
【定义】
　　内部或外部承受流体介质的工作压力大于 9.8×10^4 Pa，并对安全性有较高技术要求的密封容器。
【来源】《中国成人教育百科全书·物理·机电》
【分类信息】
　【CLC 类目】
　　(1) TQ051.3 加压工艺机械
　　(2) TQ051.3 热交换及其设备
　　(3) TQ051.3 压力容器
　　(4) TQ051.3 生产过程的安全技术

【IPC 类目】
　(1) F16J13/24 带安全装置，如在压力释放前可防止打开〔3〕
　(2) F16J13/24 一般压力容器(压力容器所用的盖入13/00；作为专门用途的，见有关小类，如 B01J，F17C，G21C)〔3〕
　(3) F16J13/24 压力容器，如气瓶、气罐、可替换的筒(除供贮存目的外，其他压力装置见有关小类，如 A62C，B05B；与车辆有关的见 B60 至 B64 类的适当小类；一般压力容器入F16J12/00)
　(4) F16J13/24 容器或容器装填排放的零部件
　(5) F16J13/24 设备；装置
【词条属性】
　【特征】
　　【特点】 应用广泛
　　【特点】 操作复杂
　　【特点】 安全要求高
　　【特点】 量大面广
　　【特点】 事故率高
　【状况】
　　【现状】 金属压力容器行业持续稳定发展
　　【现状】 具备了开拓国内外市场的核心竞争力
　【应用场景】 石油
　【应用场景】 化工
　【应用场景】 冶金
　【应用场景】 能源
　【应用场景】 机械
　【应用场景】 轻纺
　【应用场景】 医药
　【应用场景】 国防
【词条关系】
　【层次关系】
　　【类分】 低压容器
　　【类分】 中压容器
　　【类分】 高压容器

【类分】　超高压容器
【类分】　非易燃压力容器
【类分】　无毒压力容器
【类分】　易燃压力容器
【类分】　有毒压力容器
【类分】　剧毒压力容器
【类分】　反应容器
【类分】　换热容器
【类分】　分离容器
【类分】　贮运容器
【类分】　反应器
【类分】　反应釜
【类分】　冷却器
【类分】　加热器
【类分】　分离器
【类分】　过滤器
【组成部件】　筒体
【组成部件】　封头
【组成部件】　密封元件
【组成部件】　开孔
【组成部件】　接管
【组成部件】　附件
【组成部件】　支座
【应用关系】
【使用】　铬钼钢
【使用】　合金结构钢
【使用】　低合金高强度钢
【使用】　碳素结构钢
【使用】　碳素钢
【使用】　亚共析钢
【使用】　无损探伤
【使用】　蠕变性能
【使用】　热塑性
【生产关系】
【设备工具-工艺】　原材料验收工序
【设备工具-工艺】　画线工序
【设备工具-工艺】　切割工序
【设备工具-工艺】　除锈工序
【设备工具-工艺】　机加工工序
【设备工具-工艺】　滚制工序
【设备工具-工艺】　组对工序
【设备工具-工艺】　焊接工序
【设备工具-工艺】　无损检测工序
【设备工具-工艺】　开孔画线工序
【设备工具-工艺】　总检工序
【设备工具-工艺】　热处理工序
【设备工具-工艺】　压力试验工序
【设备工具-工艺】　防腐工序

◎ **压下量**
【基本信息】
【英文名】　drafts；draught
【拼音】　ya xia liang
【核心词】
【定义】
　　轧件轧制前的高度 H 与轧制后的高度 h 之差，一般以 Δh 表示，因此有 $\Delta h = H - h$。它是表示轧制时轧件高度方向绝对压缩变形程度的变形参数。
【来源】《中国冶金百科全书·金属塑性加工》
【分类信息】
　【IPC 类目】
　　（1）C21D8/02　在生产钢板或带钢时（8/12 优先）〔3〕
　　（2）C21D8/02　金属轧制的方法或制造实心半成品或成型截面的轧机（17/00 至 23/00 优先；与被轧材料成分有关的入 3/00；通过同时在两个或多个区段轧制延展封闭形金属带入 5/00；作为部件的金属轧机机座入 13/00；在用移动轧辊形成铸型壁的铸型中连续铸造入 B22D11/06）；轧机机列内的加工序列；轧制车间的布置，如机座的分组、轧道的顺序或分轧道变换的顺序
　　（3）C21D8/02　需要或允许专门轧制方法或程序的特殊成分合金材料的轧制（除由此获得的结构强化和机械性质外，改变合金的特殊冶金性质入 C21D，C22F）

（4）C21D8/02　利用喷射熔融金属，如喷射烧结、喷射铸造〔6〕

（5）C21D8/02　通过伴随有变形的热处理或变形后再进行热处理来改变物理性能（除需成型的工件外不需要再加热的锻造，或轧制成型的硬化工件或材料入1/02)〔3〕

【词条属性】
　【特征】
　　【特点】　产生于受压方向
　　【特点】　压下量越大，相应的延伸和宽展也越大
　　【特点】　轧制后轧件高度的减少量
　　【特点】　压下量对加工工件的尺寸准确性影响很大
　　【特点】　压下量的选择需慎重
　　【特点】　用工件在轧辊前的厚度减去辊轧后的厚度之差就是压下量
　　【特点】　在制定粗轧压下规程时候需要得到道次最大压下量，保证设备、轧制工艺正常进行
　　【特点】　单位压下量随轧辊送进角的增大而迅速增大
　【因素】
　　【影响因素】　轧制工艺参数
　　【影响因素】　轧制道次
【词条关系】
　【等同关系】
　　【基本等同】　绝对变形量
　【层次关系】
　　【类分】　绝对压下量
　　【类分】　相对压下量
　　【类分】　单位压下量
　　【类分】　总绝对压下量

◎压下率
【基本信息】
　【英文名】　relative-draught
　【拼音】　ya xia lü
　【核心词】

【定义】
　　压下量 Δh 与轧件轧制前的高度 H 或轧制后高度 h 之比的百分数(%)，即 $\Delta h/H \times 100\%$ 或 $\Delta h/h \times 100\%$。它是表示轧制时高度方向相对压缩变形程度的变形参数。
【来源】《中国冶金百科全书·金属塑性加工》
【分类信息】
　【CLC类目】
　　（1）TF777.2　方坯连铸
　　（2）TF777.2　其他特种性质合金
　　（3）TF777.2　金属复合材料
　【IPC类目】
　　（1）C22C38/14　含钛或锆的〔2〕
　　（2）C22C38/14　在生产钢板或带钢时(8/12优先)〔3〕
　　（3）C22C38/14　在生产具有特殊电磁性能的产品时〔3〕
　　（4）C22C38/14　用于金属薄板
　　（5）C22C38/14　电子管或放电灯
【词条属性】
　【特征】
　　【特点】　压下率越大相应的延伸和宽展也越大
　　【特点】　压下率对加工工件的尺寸准确性影响很大
　　【特点】　压下率影响轧制成品的性能
　　【特点】　表示为 $\Delta h/h \times 100\%$
　　【特点】　压下率对轧板冲压成型性能有很大影响
　【因素】
　　【影响因素】　轧制工艺参数
　　【影响因素】　轧制道次
【词条关系】
　【等同关系】
　　【基本等同】　轧制加工率
　　【基本等同】　相对压下量
　【层次关系】
　　【类分】　冷轧压下率

【类分】 热轧压下率
【类分】 道次压下率
【应用关系】
 【用于】 轧制
 【用于】 锻压
【测度关系】
 【物理量-单位】 百分数

◎ 压应力
【基本信息】
 【英文名】 compressing stress
 【拼音】 ya ying li
 【核心词】
【定义】
 使一弹性物体在施加载荷方向上引起压缩变形的应力。
【来源】《金属功能材料词典》
【分类信息】
 【CLC 类目】
  (1) O482.4 电学性质
  (2) O482.4 特种结构材料
  (3) O482.4 石油、天然气
 【IPC 类目】
  (1) C21D7/04 表面的
  (2) C21D7/04 用喷丸硬化或其他类似的方法
  (3) C21D7/04 用热处理或变形以外的方法来改变物理性能〔3〕
  (4) C21D7/04 电子管或放电灯
【词条属性】
 【特征】
  【数值】 $1\ \text{MPa} = 10^6\ \text{Pa}$
  【数值】 $1\ \text{GPa} = 10^9\ \text{Pa}$
  【特点】 任何产生压缩变形的情况都会有压应力
  【特点】 一般沿轴线方向
  【特点】 一般都具有破坏性
  【特点】 使物体尺寸有变小的趋势
 【状况】
  【应用场景】 材料力学
  【应用场景】 理论力学
  【应用场景】 物体受力情况分析
【词条关系】
 【层次关系】
  【并列】 拉应力
  【并列】 剪应力
  【并列】 切应力
  【类属】 正应力
  【类属】 力
【测度关系】
 【物理量-单位】 帕斯卡
 【物理量-单位】 兆帕
 【物理量-单位】 吉帕
 【物理量-度量工具】 应力测试仪
 【物理量-度量工具】 应力片
 【物理量-度量工具】 传感器
 【物理量-度量工具】 应力机

◎ 亚共析钢
【基本信息】
 【英文名】 hypoeutectoid steel
 【拼音】 ya gong xi gang
 【核心词】
【定义】
 含碳量低于 0.77% 的铁、碳相图上 S 点左侧的碳素钢。
【来源】《现代材料科学与工程辞典》
【词条属性】
 【特征】
  【数值】 含碳量在 0.0218%~0.77% 的结构钢
  【特点】 化学成分低于共析成分
  【特点】 室温平衡组织为铁素体加珠光体
  【特点】 价格便宜
  【特点】 产量大
 【状况】
  【应用场景】 金属结构建筑材料

【应用场景】　重要机械零件
　　【应用场景】　耐磨性和弹性的零件
【词条关系】
　【层次关系】
　　【并列】　共析钢
　　【并列】　过共析钢
　　【并列】　珠光体钢
　　【并列】　贝氏体钢
　　【并列】　奥氏体钢
　　【材料-组织】　铁素体
　　【材料-组织】　珠光体
　　【材料-组织】　铁素体+珠光体
　　【类属】　结构钢
　【应用关系】
　　【材料-加工设备】　转炉
　　【用于】　建筑构件
　　【用于】　工程构件
　　【用于】　机械零件
　　【用于】　冲压件
　　【用于】　焊接结构件
　　【用于】　深冲器件
　　【用于】　压力容器
　　【用于】　法兰盘
　　【用于】　螺钉
　　【用于】　垫圈
　　【用于】　连杆
　　【用于】　齿轮
　　【用于】　联轴
　　【用于】　气门弹簧
　【生产关系】
　　【材料-工艺】　退火
　　【材料-工艺】　调质处理
　　【材料-工艺】　常化处理
　　【材料-工艺】　表面硬化处理
　　【材料-工艺】　热处理
　　【材料-工艺】　冶炼
　　【材料-工艺】　连铸连轧
　　【材料-工艺】　等温退火
　　【原料-材料】　钢棒

　　【原料-材料】　钢板
　　【原料-材料】　型材
　　【原料-材料】　管材
　　【原料-材料】　盘条
　　【原料-材料】　丝材

◎氩弧焊
【基本信息】
　【英文名】　argon arc welding
　【拼音】　ya hu han
　【核心词】
【定义】
　　用氩气做保护气体的气体保护电弧焊。
【来源】　《中国电力百科全书·用电卷》
【分类信息】
　【IPC类目】
　　（1）F16H25/10　带可调行程（可调凸轮入53/04）
　　（2）F16H25/10　气体火焰焊接
　　（3）F16H25/10　金属的
　　（4）F16H25/10　一般机器或发动机；一般的发动机装置；蒸汽机
　　（5）F16H25/10　电弧焊接或电弧切割（电渣焊入25/00；焊接变压器入H01F；焊接发电机H02K）
【词条属性】
　【特征】
　　【缺点】　焊件结合力不够
　　【缺点】　内应力损伤
　　【缺点】　对人身体的伤害程度高
　　【缺点】　不能焊低熔点和易蒸发的金属
　　【缺点】　放射性
　　【缺点】　高频电磁场
　　【缺点】　有害气体
　　【特点】　力学性能好
　　【特点】　焊接接头组织致密
　　【特点】　电流密度大
　　【特点】　热量集中
　　【特点】　熔敷率高

【特点】　焊接速度快
【特点】　容易引弧
【优点】　减少合金元素的烧损
【优点】　操作、观察方便
【优点】　不受焊件位置限制
【优点】　几乎能焊接所有金属
【优点】　电极损耗小
【优点】　容易实现机械化和自动化
【优点】　热影响区窄
【优点】　焊件应力小
【优点】　焊件裂纹倾向小
【优点】　焊件变形小
【状况】
　【应用场景】　核能
　【应用场景】　航空航天
　【应用场景】　船舶
　【应用场景】　电子
　【应用场景】　冶金
【词条关系】
　【等同关系】
　　【全称是】　氩气体保护焊
　【层次关系】
　　【类分】　熔化极氩弧焊
　　【类分】　非熔化极氩弧焊
　　【类属】　焊接
　　【组成部件】　填充细棒
　　【组成部件】　喷嘴
　　【组成部件】　导电嘴
　　【组成部件】　焊枪
　　【组成部件】　钨极
　　【组成部件】　焊枪手柄
　　【组成部件】　氩气流
　　【组成部件】　焊接电弧
　　【组成部件】　金属熔池
　　【组成部件】　焊丝盘
　　【组成部件】　送丝机构
　　【组成部件】　焊丝
　【应用关系】
　　【使用】　保护气体
　　【使用】　氩气
　　【用于】　不锈钢
　　【用于】　铁类五金金属
　　【用于】　镁
　　【用于】　钛
　　【用于】　钼
　　【用于】　锆
　　【用于】　铝
　【生产关系】
　　【工艺-设备工具】　氩弧焊机

◎ 延迟断裂
【基本信息】
　【英文名】　delayed fracture
　【拼音】　yan chi duan lie
　【核心词】
【定义】
　（1）在介质中材料受静应力作用一定时间后所发生的断裂现象。一般由氢原子驱入裂纹尖端后产生,是低应变速率下的破坏。
　【来源】《中国土木建筑百科辞典·建筑结构》
　（2）材料承受的应力低于静载断裂强度,但由于应力腐蚀、疲劳、蠕变等方面的原因,经一段时间后发生的断裂。
　【来源】　百度百科
【分类信息】
　【CLC 类目】
　　（1）TG161　钢的热处理
　　（2）TG161　板坯连铸
　　（3）TG161　非金属复合材料
　【IPC 类目】
　　（1）C22C38/28　含钛或锆的〔2〕
　　（2）C22C38/28　螺栓;支撑螺栓;双头螺栓;螺钉;止动螺钉(切割螺纹的螺钉入 25/00)
　　（3）C22C38/28　热处理,如适合于特殊产品的退火、硬化、淬火、回火;所用的炉子(一般炉子入 F27)

（4）C22C38/28 含钒的〔2〕

（5）C22C38/28 在加工过程中用于加热或冷却的装置（锻造或压制的金属坯料的准备入 B21J1/06；加热设备一般见相应小类，如 H05B）

【词条属性】
　【特征】
　　【特点】　常发生于马氏体组织
　　【特点】　开裂具有延迟性
　　【特点】　开裂具有滞后性
　【状况】
　　【应用场景】　材料科学技术
　　【应用场景】　材料科学基础
　　【应用场景】　材料的表征与测试
　【因素】
　　【影响因素】　材质
　　【影响因素】　热处理工艺
　　【影响因素】　应力作用
　　【影响因素】　回火不足
　　【影响因素】　表面增碳
　　【影响因素】　氢脆
【词条关系】
　【层次关系】
　　【概念-实例】　汉德桥螺母批量开裂
　　【概念-实例】　弹性垫圈断裂
　　【概念-实例】　齿型弹片断裂
　　【概念-实例】　扭杆断裂
　　【概念-实例】　主动椎齿轮螺纹头部断裂
　　【类分】　氢致开裂
　　【类分】　应力腐蚀
　　【组成部件】　裂纹萌生
　　【组成部件】　稳定扩展
　　【组成部件】　失稳扩展

◎ 氧化膜

【基本信息】
　【英文名】　oxide film
　【拼音】　yang hua mo
　【核心词】

【定义】
　　金属钝化理论认为，钝化是由于表面生成覆盖性良好的致密的钝化膜。大多数钝化膜是由金属氧化物组成，故称氧化膜。
【来源】　百度百科
【分类信息】
　【CLC 类目】
　　（1）TL349　其他
　　（2）TL349　金属腐蚀与保护、金属表面处理
　　（3）TL349　特种热性质合金
　　（4）TL349　材料腐蚀与保护
　　（5）TL349　金属表面防护技术
　【IPC 类目】
　　（1）C25D11/02　阳极氧化〔2〕
　　（2）C25D11/02　含有 $Cr(VI)$ 化合物的〔4,5〕
　　（3）C25D11/02　难熔金属或以其为基的合金的〔2〕
　　（4）C25D11/02　后处理〔4〕
【词条属性】
　【特征】
　　【数值】　厚度一般为 $10^{-10} \sim 10^{-9}$ m
　　【特点】　在半导体制造上十分重要
　　【特点】　非常致密
　　【特点】　可隔绝外界空气
　　【特点】　很多材料较容易形成
　【状况】
　　【应用场景】　半导体器件的制造
　【因素】
　　【影响因素】　温度
　　【影响因素】　时间
　　【影响因素】　水蒸气的流量
【词条关系】
　【等同关系】
　　【基本等同】　钝化膜
　【层次关系】
　　【并列】　绝缘膜
　　【并列】　钝化作用膜

【概念-实例】　$\gamma\text{-}Fe_2O_3$
【概念-实例】　Fe_3O_4
【概念-实例】　$\gamma\text{-}Al_2O_3$
【类分】　热氧化膜
【类分】　氧化铝薄膜
【应用关系】
　【用于】　MoS 晶体管的棚级氧化膜
　【用于】　PN 接合部的保护膜
　【用于】　杂质扩散的光罩
【生产关系】
　【材料-工艺】　热氧化法
　【材料-工艺】　气相成长法
　【材料-工艺】　CVD 法
　【材料-工艺】　化学处理
　【材料-工艺】　电化学处理

◎ 氧化物夹杂
【基本信息】
　【英文名】　oxide inclusion
　【拼音】　yang hua wu jia za
　【核心词】
【定义】
　　在炼钢过程中,少量炉渣、耐火材料及冶炼中反应产物可能进入钢液,形成非金属夹杂物,其主要为氧化物夹杂。
　【来源】　百度百科
【分类信息】
　【IPC 类目】
　　（1）C22C38/06　含铝的〔2〕
　　（2）C22C38/06　用渣或熔剂作为处理剂(7/06,7/064,7/068 优先)〔3〕
　　（3）C22C38/06　脱氧,如镇静钢〔2〕
　　（4）C22C38/06　含铅、硒、碲或锑,或含大于 0.04%(质量分数)的硫〔2〕
　　（5）C22C38/06　添加处理剂去除杂质
【词条属性】
　【特征】
　　【特点】　常常以球形聚集
　　【特点】　呈颗粒状成串分布

　【特点】　破坏了钢基体的连续性
　【特点】　导致了应力集中
　【特点】　降低了钢的塑性
　【特点】　降低了钢的韧性
　【特点】　降低了钢的抗疲劳性能
　【特点】　钢的切削性能下降
　【特点】　使材料具有各向异性
　【特点】　破坏了金属的完整性
【词条关系】
　【层次关系】
　　【并列】　硫化物夹杂
　　【并列】　氮化物夹杂
　　【并列】　硅酸盐
　　【概念-实例】　Al_2O_3
　　【概念-实例】　SiO_2
　　【概念-实例】　Cr_2O_3
　　【概念-实例】　MnO
　　【概念-实例】　Fe_2O_3
　　【概念-实例】　FeO
　　【类分】　简单氧化物
　　【类分】　复杂氧化物
　　【类分】　氧化铝类
　　【类分】　球状氧化物类
　　【类分】　单颗粒球状类
　　【类属】　非金属夹杂物

◎ 药芯焊丝
【基本信息】
　【英文名】　flux-cored wire
　【拼音】　yao xin han si
　【核心词】
【定义】
　　药芯焊丝也称为管状焊丝,或可以通过调整药粉的合金成分种类和比例,很方便地设计出各种不同用途(耐磨、高强、耐热、耐蚀、耐低温等)的焊接材料。
　【来源】　百度百科
【分类信息】
　【CLC 类目】

TG131　合金学理论
【IPC 类目】
（1）E02F9/28　挖掘部件用的小型金属件,如铲齿
（2）E02F9/28　含硼的〔2〕
【词条属性】
【特征】
　　【缺点】　焊丝制造过程复杂
　　【缺点】　焊接时送丝较困难
　　【缺点】　焊丝外表容易锈蚀
　　【特点】　合金成分可灵活方便地调整
　　【特点】　焊接工艺性能良好
　　【特点】　焊接效率高
　　【特点】　把断续的焊接过程变为连续的生产方式
　　【特点】　提高焊缝质量
　　【特点】　提高生产效率
　　【特点】　节约能源
　　【优点】　对各种钢材的焊接适应性强
　　【优点】　工艺性能好
　　【优点】　焊缝成型美观
　　【优点】　熔敷速度快
【状况】
　　【现状】　国产药芯焊丝的品种和用量与日俱增
【时间】
　　【起始时间】　20 世纪 50 年代初
【词条关系】
【等同关系】
　　【俗称为】　管状焊丝
【层次关系】
　　【并列】　手工焊条
　　【并列】　氩弧焊丝
　　【并列】　碳钢焊丝
　　【并列】　低合金结构钢焊丝
　　【并列】　合金结构钢焊丝
　　【并列】　不锈钢焊丝
　　【并列】　有色金属焊丝
　　【并列】　钴铬钨焊丝

【概念-实例】　气体保护药芯焊丝 LQ122
【概念-实例】　自保护药芯焊丝 LZ409
【概念-实例】　埋弧堆焊药芯焊丝 LM001
【类分】　气体保护药芯焊丝
【类分】　自保护药芯焊丝
【类分】　埋弧堆焊药芯焊丝
【类分】　不锈钢用气保护焊药性焊丝
【类分】　耐热钢系列药芯焊丝
【类分】　钛型渣系的药芯焊丝
【类分】　碱型渣系的药芯焊丝
【类分】　气体保护堆焊药芯焊丝
【类分】　无缝药芯焊丝
【类分】　有缝药芯焊丝
【类属】　焊丝
【应用关系】
　　【用于】　二氧化碳气体保护焊
　　【用于】　埋弧焊
　　【用于】　电渣焊

◎ 冶金缺陷

【基本信息】
　　【英文名】　metallurgical defect
　　【拼音】　ye jin que xian
　　【核心词】
【定义】
　　在矿石中提取金属或金属化合物,用各种加工方法将金属制成具有一定性能的金属材料的过程中产生的各种缺陷统称为冶金缺陷。
【来源】《中国冶金百科全书·金属材料》
【词条属性】
【特征】
　　【特点】　极容易形成
　　【特点】　可通过不同处理方法消除
【因素】
　　【影响因素】　样品的制备
　　【影响因素】　样品的处理
　　【影响因素】　样品自身性质
　　【影响因素】　外界环境因素

【词条关系】
　【层次关系】
　　【类分】　偏析
　　【类分】　裂纹
　　【类分】　重皮
　　【类分】　折叠
　　【类分】　气泡
　　【类分】　疏松
　　【类分】　缩孔残余
　　【类分】　非金属夹杂物
　　【类分】　金属夹杂物
　　【类分】　过烧
　　【类分】　起层
　　【类分】　未焊透
　　【类分】　晶粒粗大
　　【类分】　弯头
　　【类分】　表面夹杂
　　【类分】　分层
　　【类分】　尺寸偏差
　　【类分】　划伤
　　【类分】　缺肉
　　【类分】　扭转
　【应用关系】
　　【使用】　无损检测

◎ 冶炼
【基本信息】
　【英文名】　smelt
　【拼音】　ye lian
　【核心词】
【定义】
　　从矿石或其他含有金属的物料里,把有用的成分提取出来或进一步精炼。
　【来源】　《汉语倒排词典》
【分类信息】
　【CLC 类目】
　　（1）TF762　优质钢
　　（2）TF762　造渣
　　（3）TF762　钒铁
　　（4）TF762　锰铁和锰合金
　　（5）TF762　镁
　【IPC 类目】
　　（1）C22C33/04　用熔炼法〔2〕
　　（2）C22C33/04　电炉炼钢（电加热本身入 H05B）
　　（3）C22C33/04　脱氧,如镇静钢〔2〕
　　（4）C22C33/04　使用母（中间）合金〔2〕
　　（5）C22C33/04　处理炉渣的
【词条属性】
　【特征】
　　【特点】　一种提炼技术
　　【特点】　适用于非常低品位矿石
　　【特点】　可分离难分离的相似金属
　　【特点】　操作较简便
　【状况】
　　【前景】　稀土金属冶炼行业发展前景较好
　　【现状】　全国稀土矿开采、冶炼分离的企业有 200 多家
　　【应用场景】　工业金属生产
　　【应用场景】　金属成分分析
　　【应用场景】　气体成分的分析测量
　　【应用场景】　各类分析仪表的应用
【词条关系】
　【层次关系】
　　【并列】　提纯
　　【概念-实例】　熔炼
　　【类分】　火法冶炼
　　【类分】　湿法提取
　　【类分】　电化学沉积
　　【类分】　钢冶炼
　【应用关系】
　　【使用】　碳
　　【使用】　一氧化碳
　　【使用】　氢气
　　【使用】　微量元素
　【生产关系】
　　【工艺-材料】　硅钢
　　【工艺-材料】　马氏体时效钢

【工艺-材料】　微合金钢
【工艺-材料】　易切削钢
【工艺-材料】　亚共析钢
【工艺-材料】　优质钢
【工艺-材料】　锌
【工艺-材料】　镉
【工艺-材料】　镍-钴稀土
【工艺-材料】　锆-铪稀土
【工艺-材料】　钽-铌稀土
【工艺-材料】　稀土金属
【工艺-材料】　镍-钴
【工艺-材料】　锆-铪
【工艺-材料】　钽-铌
【工艺-材料】　铜
【工艺-材料】　铝
【工艺-材料】　铀
【工艺-材料】　氧化铝
【工艺-材料】　氧化铀
【工艺-材料】　中锰钢
【工艺-材料】　稀土
【工艺-设备工具】　高炉
【工艺-设备工具】　转炉
【工艺-设备工具】　平炉
【工艺-设备工具】　电弧炉

◎ 易切削钢
【基本信息】
　【英文名】　free-cutting steel
　【拼音】　yi qie xiao gang
　【核心词】
【定义】
　　在钢中加入一定数量的一种或一种以上的硫、磷、铅、钙、硒、碲等易切削元素，以改善其切削性的合金钢。又称自动机床加工用钢，简称自动钢。
　【来源】《中国冶金百科全书·金属材料》
【分类信息】
　【CLC 类目】
　　（1）TF762　优质钢
　　（2）TF762　粉末冶金制品及其应用
　【IPC 类目】
　　（1）C22C38/60　含铅、硒、碲或锑，或含大于 0.04%（质量分数）的硫〔2〕
　　（2）C22C38/60　含锰的〔2〕
　　（3）C22C38/60　含钛或锆的〔2〕
　　（4）C22C38/60　用于浇注的（11/20 优先）〔4〕
　　（5）C22C38/60　铁基合金，如合金钢（铸铁合金入 37/00）〔2〕
【词条属性】
　【特征】
　　【特点】　可用较高的切削速度切削加工
　　【特点】　可用较大的切削深度进行切削加工
　　【特点】　切削抗力小
　　【特点】　切削时易断屑
　　【特点】　可提高刀具寿命
　　【特点】　可提高生产效率
　　【特点】　可满足部件高尺寸要求
　　【特点】　可满足部件高光洁度要求
　　【优点】　加工性能好
　　【优点】　电镀性能好
　　【优点】　光洁性好
　　【优点】　材质优良
　　【优点】　化学成分稳定
　【状况】
　　【现状】　产量大
　　【现状】　用途广
　　【应用场景】　机械设备
　　【应用场景】　电器产品部件
　　【应用场景】　家具
　　【应用场景】　金属器具
　【时间】
　　【起始时间】　1914—1918 年
【词条关系】
　【等同关系】
　　【基本等同】　自动机床加工用钢
　　【缩略为】　自动钢

【层次关系】
　　【材料-组织】　粗大铁素体+珠光体
　　【材料-组织】　铁素体+珠光体
　　【材料-组织】　铁素体+粗珠光体
　　【材料-组织】　粗珠光体+粗球化组织
　　【材料-组织】　球化组织
　　【构成成分】　碲、钙脱氧、钛脱氧、碳、锰、硅、铝、氧、氮
　　【类分】　硫易切削钢
　　【类分】　铅易切削钢
　　【类分】　钙易切削钢
　　【类分】　铋易切削钢
　　【类分】　硒易切削钢
　　【类分】　碲易切削钢
　　【类属】　结构钢
【应用关系】
　　【材料-加工设备】　炼钢炉
　　【材料-加工设备】　转炉
　　【用于】　仪器仪表
　　【用于】　手表零件
　　【用于】　汽车
　　【用于】　机床
　　【用于】　齿轮
　　【用于】　轴
　　【用于】　螺栓
　　【用于】　阀门
　　【用于】　衬套
　　【用于】　销钉
　　【用于】　管接头
　　【用于】　机床丝杠
　　【用于】　塑料成型模具
　　【用于】　牙科手续用具
【生产关系】
　　【材料-工艺】　冶炼
　　【材料-工艺】　脱氧

◎ 因瓦合金
【基本信息】
　　【英文名】　invar alloy
　　【拼音】　yin wa he jin
　　【核心词】
【定义】
　　含35.0%～37.0%镍,其余为铁的低膨胀合金。
【来源】《金属功能材料词典》
【分类信息】
　　【IPC类目】
　　（1）C22C38/08　含镍的[2]
　　（2）C22C38/08　轧制特种铁合金
　　（3）C22C38/08　用拉拔方式制造金属板、金属线、金属棒、金属管
　　（4）C22C38/08　带材或线材连续处理炉
　　（5）C22C38/08　电子管或放电灯
【词条属性】
　　【特征】
　　　【数值】　含镍36%
　　　【数值】　含铁63.8%
　　　【数值】　含碳0.2%
　　　【特点】　热膨胀系数极低
　　　【特点】　在很宽的温度范围内保持固定长度
　　　【特点】　强度不高
　　　【特点】　硬度不高
　　　【特点】　塑性高
　　　【特点】　韧性高
　　　【特点】　膨胀系数极低
　　　【特点】　具有铁磁性
　　　【特点】　微观组织为面心立方结构
　　【时间】
　　　【起始时间】　1896年
　　【其他物理特性】
　　　【热导率】　导热系数为 0.026～0.032 cal/(cm·sec·℃)
　　【力学性能】
　　　【冲击韧性】　a_K 为 18～33 (kg·m)/cm
　　　【抗拉强度】　517 MPa 左右
　　　【屈服强度】　276 MPa 左右
　　　【延伸率】　δ 为 25%～35%

【硬度】　维氏硬度 160 左右
【词条关系】
　【等同关系】
　　【俗称为】　殷钢
　　【俗称为】　不变钢
　【层次关系】
　　【材料-组织】　奥氏体
　　【类属】　铁基高镍合金
　【应用关系】
　　【用于】　测量元件
　　【用于】　电器元件
　　【用于】　硬玻璃
　　【用于】　软玻璃
　　【用于】　玻封合金
　　【用于】　无线电
　　【用于】　精密仪表
　　【用于】　精密仪器
　　【用于】　微波谐振腔
　　【用于】　双金属片被动层
　　【用于】　测温计
　　【用于】　测距仪
　　【用于】　钟表摆轮
　　【用于】　光学仪器零件
　【生产关系】
　　【材料-工艺】　熔融法
　　【材料-原料】　膨胀合金

◎应变电阻合金
【基本信息】
　【英文名】　strain electrical resistance alloy
　【拼音】　ying bian dian zu he jin
　【核心词】
【定义】
　　电阻应变灵敏系数大,电阻温度系数绝对值小的电阻合金。
【来源】　《金属功能材料词典》
【词条属性】
　【特征】
　　【数值】　电阻应变灵敏系数 K 为 0.45～

4.6
　　【数值】　工作温度 -269～800 ℃
　　【特点】　电阻应变灵敏系数大
　　【特点】　电阻温度系数小
　【其他物理特性】
　　【电阻率】　49～180 μΩ·cm
　　【电阻温度系数】　(0～260)×10^{-6}/℃
　【力学性能】
　　【抗拉强度】　(390～1705) MPa
【词条关系】
　【层次关系】
　　【类分】　铜镍系应变电阻合金
　　【类分】　镍铬系应变电阻合金
　　【类分】　镍钼系应变电阻合金
　　【类分】　铁铬铝系应变电阻合金
　　【类分】　铁钴锰系应变电阻合金
　　【类分】　铁钴铬应变电阻合金
　　【类分】　铅基应变电阻合金
　　【类分】　金基应变电阻合金
　　【类属】　电阻合金
　　【类属】　合金
　　【类属】　功能材料
　【应用关系】
　　【用于】　低温应变计
　　【用于】　常温应变计
　　【用于】　中温应变计
　　【用于】　高温应变计
　　【用于】　弹塑性应变计
　　【用于】　塑性应变计
　　【用于】　温度自补偿应变计
　　【用于】　全桥式应变计
　　【用于】　半桥式应变计
　【生产关系】
　　【材料-工艺】　回火

◎应变时效
【基本信息】
　【英文名】　strain-aging
　【拼音】　ying bian shi xiao

【核心词】
【定义】
（1）合金在变形时一种与屈服现象联系在一起的，使金属材料强度升高、塑性下降的行为。
【来源】 《中国冶金百科全书·金属塑性加工》
（2）应变力作用下，材料的组织性能随时间发生变化，当退火状态的低碳钢试样拉伸到超过屈服点，发生少量塑性变形后卸载，然后立即重新加载拉伸，则可见其拉伸曲线不再出现屈服点，此时试样不会发生屈服现象。如果将预变性试样在常温下放置几天或经200 ℃左右短时加热后再行拉伸，则屈服现象又复出现，且屈服应力进一步提高。此现象通常称为应变时效。
【来源】 百度百科
【分类信息】
【CLC 类目】
TF703.5　精炼
【IPC 类目】
（1）C21D9/46　用于金属薄板
（2）C21D9/46　含铝的〔2〕
（3）C21D9/46　铁基合金，如合金钢（铸铁合金入37/00）〔2〕
（4）C21D9/46　含大于1.5%（质量分数）的锰〔2〕
（5）C21D9/46　用于线材；带材
【词条属性】
【特征】
【特点】 常温冲击功值下降
【特点】 使材料塑性下降
【特点】 能使材料硬度提高
【特点】 经过应变时效材料的屈服应力进一步提高
【特点】 应变时效使塑性变形后晶格出现了滑移层而扭曲
【特点】 使固溶合金元素的溶解能力下降

【特点】 加热状态下原子活力增加，促使固溶体内过饱和物质加速析出，也会引起时效
【特点】 应变时效主要发生在低碳钢中
【特点】 钢中的碳、氮、磷等元素均促进应变时效
【特点】 材料经过淬火后再进行冷加工，将加速其应变时效过程
【因素】
【影响因素】 溶质组元
【影响因素】 位错弹性
【词条关系】
【层次关系】
【附件-主体】 冷拉
【附件-主体】 冷拔
【附件-主体】 冷压
【类属】 时效处理
【组成部件】 冷作硬化
【组成部件】 时效硬化
【应用关系】
【使用】 应变时效冲击值检验

◎ 应变速率
【基本信息】
【英文名】 strain rate
【拼音】 ying bian su lü
【核心词】
【定义】
应变对时间的变化率，也称应变速度。
【来源】 《中国冶金百科全书·金属塑性加工》
【分类信息】
【CLC 类目】
（1）TG172.8　特殊状态的腐蚀
（2）TG172.8　不锈钢、耐酸钢
（3）TG172.8　压力加工工艺
（4）TG172.8　黑色金属
（5）TG172.8　薄膜测量与分析
【IPC 类目】
（1）C21D8/00　通过伴随有变形的热处

理或变形后再进行热处理来改变物理性能(除需成型的工件外不需要再加热的锻造,或轧制成型的硬化工件或材料入1/02)〔3〕

(2) C21D8/00 通过粉末冶金,即通过加工金属粉末与纤维或细丝的混合物〔7〕

(3) C21D8/00 通过变形改变铁或钢的物理性能(金属机械加工设备入 B21, B23, B24)

(4) C21D8/00 以硅做次主要成分的合金的〔4〕

【词条属性】
　【特征】
　　【特点】 拉伸变形时应变速率为正
　　【特点】 压缩变形时应变速率为负
　　【特点】 是应变的一阶导数
　【状况】
　　【应用场景】 材料力学性能的研究
　　【应用场景】 拉伸剪切实验
【词条关系】
　【等同关系】
　　【基本等同】 应变速度
　【层次关系】
　　【类分】 线应变速率
　　【类分】 切应变速率
　　【类分】 一点附近的应变速率
　　【类分】 平均应变速率
　　【类分】 正交曲线坐标的应变速率
　【测度关系】
　　【物理量-单位】 毫米/分钟(mm/min)
　　【物理量-度量方法】 流线理论
　　【物理量-度量方法】 应变速率法
　　【物理量-度量方法】 恒应变速率应力腐蚀试验方法

◎ 应变诱导析出
【基本信息】
　【英文名】 strain induced precipitation
　【拼音】 ying bian you dao xi chu
　【核心词】

【定义】
　　指钢中奥氏体因变形而诱发碳氮化合物加快析出的现象,是一种表明变形与析出之间关系的行为。
【分类信息】
　【CLC类目】
　　TG111.5 金属固体相结构和相转变
【词条属性】
　【特征】
　　【特点】 温度越低,析出相的尺寸越小
　　【特点】 析出相随着钢的温度降低而逐渐析出
　　【特点】 这一固溶与析出过程将遵守各自元素的溶度积公式
　　【特点】 会产生位错和亚结构
　　【特点】 可以影响钢材的强度、韧性及塑性
　【状况】
　　【应用场景】 控制轧制工艺
　　【应用场景】 研制新的钢材品种
　　【应用场景】 开发新的生产工艺
　【时间】
　　【起始时间】 20世纪70年代
　【因素】
　　【影响因素】 生产工艺参数
　　【影响因素】 钢材冷却时的变形
　　【影响因素】 钢材的卷曲温度
　　【影响因素】 微量元素的含量
【词条关系】
　【层次关系】
　　【主体-附件】 Nb
　　【主体-附件】 V
　　【主体-附件】 Ti
　【应用关系】
　　【用于】 轧制
　　【用于】 形变热处理

◎ 应力腐蚀
【基本信息】
　【英文名】 stress corrosion

【拼音】 ying li fu shi
【核心词】
【定义】
由残余或外加应力导致的应变和腐蚀联合作用所产生的局部性金属腐蚀。
【来源】《中国冶金百科全书·金属材料》
【分类信息】
【CLC类目】
（1）O346.2　疲劳理论
（2）O346.2　特殊状态的腐蚀
（3）O346.2　钢的组织与性能
（4）O346.2　其他腐蚀
（5）O346.2　物相变化工艺机械
【IPC类目】
（1）F28F21/08　金属的
（2）F28F21/08　结构与管件成整体的（1/32优先）
（3）F28F21/08　含钼或钨的[2]
（4）F28F21/08　含铬的[2]
（5）F28F21/08　在生产管状体时[3]
【词条属性】
【特征】
【特点】 引起应力腐蚀断裂
【特点】 产生时具有外力作用
【特点】 导致材料的破坏
【特点】 预防措施：为防止零件的应力腐蚀，首先应合理选材，避免使用对应力腐蚀敏感的材料，可以采用抗应力腐蚀开裂的不锈钢系列，如高镍奥氏体钢、高纯奥氏体钢、超纯高铬铁素体钢等；其次应合理设计零件和构件，减少应力集中；改善腐蚀环境，如在腐蚀介质中添加缓蚀剂，也是防止应力腐蚀的措施；采用金属或非金属保护层，可以隔绝腐蚀介质的作用；此外，采用阴极保护法见电化学保护，也可减小或停止应力腐蚀
【因素】
【影响因素】 阳极电流
【影响因素】 阴极电流
【影响因素】 压应力
【影响因素】 拉应力
【影响因素】 外界环境因素
【影响因素】 材料本身
【词条关系】
【等同关系】
【基本等同】 穿晶腐蚀
【层次关系】
【并列】 热腐蚀
【附件-主体】 应力腐蚀断裂
【类分】 氢致开裂
【类属】 腐蚀
【类属】 材料失效
【类属】 延迟断裂
【应用关系】
【使用】 恒变形试验
【使用】 恒载荷试验
【使用】 慢应变速率试验
【使用】 断裂力学试验

◎ 应力腐蚀断裂

【基本信息】
【英文名】 stress corrosion cracking
【拼音】 ying li fu shi duan lie
【核心词】
【定义】
应力与腐蚀介质共同作用下引起的金属材料断裂现象。
【来源】《金属材料简明辞典》
【分类信息】
【CLC类目】
　　TG172.9　其他腐蚀
【词条属性】
【特征】
【特点】 应力腐蚀断裂是时间的函数
【特点】 只有在某些介质-金属组合的情况下才会发生
【特点】 断裂速度在纯腐蚀和纯力学破坏之间
【特点】 断口一般为脆断型

【特点】　裂纹与疲劳裂纹相似
　　【特点】　断口有亚稳扩展区,最后瞬断区
【因素】
　　【影响因素】　外应力
　　【影响因素】　残余应力
　　【影响因素】　化学介质
　　【影响因素】　材料化学成分
　　【影响因素】　材料显微组织
　　【影响因素】　材料的强化程度
【词条关系】
　　【层次关系】
　　　　【并列】　氢脆断裂
　　　　【类属】　局部腐蚀
　　　　【类属】　断裂破坏
　　　　【主体-附件】　应力腐蚀
　　【应用关系】
　　　　【使用】　应力腐蚀实验
　　　　【使用】　位错
　　　　【用于】　低碳钢

◎应力腐蚀试验

【基本信息】
　　【英文名】　stress corrosion test
　　【拼音】　ying li fu shi shi yan
　　【核心词】
【定义】
　　评价材料应力腐蚀敏感性的金属腐蚀试验方法。
【来源】《中国冶金百科全书·金属材料》
【分类信息】
　　【CLC类目】
　　　（1）TG133　特种化学性质合金
　　　（2）TG133　绝缘子和套管
【词条属性】
　　【特征】
　　　　【特点】　应力腐蚀试样类型有光滑试样
　　　　【特点】　应力腐蚀试样类型有带缺口试样
　　　　【特点】　应力腐蚀试样类型有预裂纹试样
　　　　【特点】　恒变形法常用裂纹发生时间和裂纹深度来评价应力腐蚀敏感性
　　　　【特点】　恒变形法对筛选试验和现场试验都很方便
　　　　【特点】　恒载荷法易于定量评价
　　　　【特点】　不同材料对应力腐蚀试验环境必须有针对性选择
　　【因素】
　　　　【影响因素】　试样类型
　　　　【影响因素】　加载系统
　　　　【影响因素】　环境系统
【词条关系】
　　【层次关系】
　　　　【类分】　实验室试验
　　　　【类分】　现场试验
　　　　【类分】　实物试验
　　【应用关系】
　　　　【使用】　恒变形法
　　　　【使用】　恒载荷法
　　　　【使用】　慢应变速率法
　　　　【使用】　断裂力学法
　　　　【用于】　不锈钢
　　　　【用于】　铁铬镍合金
　　　　【用于】　低合金钢

◎应力集中

【基本信息】
　　【英文名】　stress concentration
　　【拼音】　ying li ji zhong
　　【核心词】
【定义】
　　受力零件或构件材料内部特殊部位应力急剧增大的现象。
【来源】《中国成人教育百科全书·物理·机电》
【分类信息】
　　【CLC类目】
　　　（1）TB33　复合材料

（2）TB33　航空器结构力学
（3）TB33　冲击地压
（4）TB33　发动机结构力学
【IPC类目】
（1）F25B21/02　应用珀耳贴效应；应用能斯特-厄廷豪森效应（热电元件入H01L35/00,37/00）
（2）F25B21/02　为将螺栓固定在一物体上或物体内，带有特殊形状的头或杆（通过用辅助零件将螺栓锁定在物体内以防转动入39/00）
（3）F25B21/02　元件结构为叠装的，如元件可以拆开以便于清洗
（4）F25B21/02　联管箱；端板
（5）F25B21/02　不限于完全包括在一单类应用的其他结构件
【词条属性】
【特征】
　　【特点】　容易使脆性材料断裂
　　【特点】　引起塑性材料局部屈服
　　【特点】　应力从邻近区域到应力集中的部位迅速达到峰值
　　【特点】　易出现于缺口处
　　【特点】　易出现于孔洞处
　　【特点】　易出现于沟槽处
　　【特点】　易出现于有刚性约束处
　　【特点】　金属的破坏往往最先从应力集中的地方开始
　　【特点】　应力集中防止措施：①表面强化；②避免尖角；③改善零件外形；④孔边局部加强；⑤适当选择开孔位置和方向；⑥提高低应力区应力；⑦利用残余应力
【状况】
　　【应用场景】　弹性力学
【时间】
　　【起始时间】　1898年
【因素】
　　【影响因素】　物体的几何形状
　　【影响因素】　加载方式

【词条关系】
【应用关系】
　　【使用】　应力集中系数
【测度关系】
　　【物理量-度量方法】　电测法
　　【物理量-度量方法】　光弹性法
　　【物理量-度量方法】　散斑干涉法
　　【物理量-度量方法】　云纹法
　　【物理量-度量方法】　有限元法
　　【物理量-度量方法】　边界元法

◎ **去应力退火**
【基本信息】
　　【英文名】　stress relief annealing
　　【拼音】　qu ying li tui huo
　　【核心词】
【定义】
　　将工件加热到一定温度（通常在相变温度或再结晶温度以下），保温一段时间，然后缓慢冷却，以消除各种内应力的退火工艺。
【来源】　《中国冶金百科全书·金属材料》
【分类信息】
【IPC类目】
（1）C23C22/03　含有磷化合物的[4]
（2）C23C22/03　消除应力
（3）C23C22/03　待被覆材料的预处理（8/04优先）[4]
（4）C23C22/03　仅为无机非金属材料覆层[4]
【词条属性】
【特征】
　　【数值】　灰口铸铁去应力退火温度为500～550 ℃
　　【数值】　钢去应力退火温度为500～650 ℃
　　【特点】　不改变组织状态
　　【特点】　保留冷作硬化能力
　　【特点】　保留热作硬化能力
　　【特点】　减小变形开裂倾向

【特点】 可去除内应力
【特点】 将工件加热至 Ac_1 以下某一温度
【因素】
　【影响因素】 材料成分
　【影响因素】 加工方法
　【影响因素】 内应力大小及分布
　【影响因素】 去除程度要求
【词条关系】
　【等同关系】
　　【基本等同】 时效
　【层次关系】
　　【并列】 完全退火
　　【并列】 去应力回火
　　【并列】 不完全退火
　　【类属】 退火
　　【类属】 热处理工序
　【应用关系】
　　【用于】 冷变形加工
　　【用于】 切削
　　【用于】 切割
　【生产关系】
　　【工艺-材料】 铸铁
　　【工艺-设备工具】 轧辊
　　【工艺-设备工具】 连续式热风回火电炉
　　【工艺-设备工具】 热风循环回火电炉
　　【工艺-设备工具】 箱式电炉
　　【工艺-设备工具】 盐式回火炉
　　【工艺-设备工具】 退火炉
　　【工艺-设备工具】 去应力退火炉

◎ 硬度
【基本信息】
　【英文名】 hardness
　【拼音】 ying du
　【核心词】
【定义】
　固体材料表面抵抗弹性变形、塑性变形或断裂的能力。硬度值常用来衡量材料的软硬程度。
【来源】 《中国成人教育百科全书·物理·机电》
【分类信息】
　【CLC 类目】
　　（1） TB383　特种结构材料
　　（2） TB383　金属复合材料
　　（3） TB383　薄膜中的力学效应
　　（4） TB383　金属-非金属复合材料
　　（5） TB383　合金铸铁铸件
　【IPC 类目】
　　（1） C09D5/28　用于起皱、裂纹状、橘皮状或类似装饰效果的
　　（2） C09D5/28　通过直接使用电能或波能;通过特殊射线〔3〕
　　（3） C09D5/28　含磷的〔3〕
　　（4） C09D5/28　使用次磷酸盐的〔5〕
【词条属性】
【特征】
　【缺点】 存在一定误差
　【缺点】 有些工件不易测量
　【数值】 肖氏硬度 HS<100
　【数值】 布氏硬度 HBW 3~660
　【数值】 洛氏硬度 HRC 20~70
　【数值】 洛氏硬度 HRA 20~88
　【数值】 洛氏硬度 HRB 20~100
　【数值】 洛氏硬度 HR15N 70~94
　【数值】 洛氏硬度 HR30N 42~86
　【数值】 洛氏硬度 HR45N 20~77
　【数值】 洛氏硬度 HR15T 67~93
　【数值】 洛氏硬度 HR30T 29~82
　【数值】 洛氏硬度 HR45T 10~72
　【数值】 维氏硬度 HV<4000
　【特点】 测量方法众多
　【特点】 可满足不同测量要求
　【优点】 操作简便
　【优点】 实验数据稳定
　【优点】 工作效率较高
【时间】

【起始时间】 1722 年
【词条关系】
【层次关系】
　【类分】 划痕硬度
　【类分】 压入硬度
　【类分】 布氏硬度
　【类分】 洛氏硬度
　【类分】 维氏硬度
　【类分】 显微硬度
　【类分】 肖氏硬度
　【类分】 里氏硬度
　【类分】 巴氏硬度
　【类分】 努氏硬度
　【类分】 韦氏硬度
　【类属】 力学性能
【应用关系】
　【用于】 热处理硬质钢材
　【用于】 渗碳冶炼物
　【用于】 退火深冷处理钢材
　【用于】 冲拉材料钢
　【用于】 深冲钢带料
　【用于】 铸铁
　【用于】 淬火硬化层
　【用于】 非铁合金
【测度关系】
　【物理量-单位】 HB
　【物理量-单位】 HRA
　【物理量-单位】 HRB
　【物理量-单位】 HRC
　【物理量-单位】 HV
　【物理量-单位】 HBW
　【物理量-单位】 HS
　【物理量-单位】 HK
　【物理量-度量方法】 静负荷压入法
　【物理量-度量方法】 回跳法
　【物理量-度量工具】 里氏硬度计
　【物理量-度量工具】 布氏硬度计
　【物理量-度量工具】 洛氏硬度计
　【物理量-度量工具】 邵氏硬度计
　【物理量-度量工具】 肖氏硬度计
　【物理量-度量工具】 巴氏硬度计
　【物理量-度量工具】 显微硬度计
　【物理量-度量工具】 摩氏硬度计
　【物理量-度量工具】 维氏硬度计

◎ 硬化
【基本信息】
　【英文名】 hardening
　【拼音】 ying hua
　【核心词】
【定义】
　（1）材料由软变硬的过程。
　【来源】 《军事大辞海·下》
　（2）硬化通常指金属材料强度和硬度指标都有所提高，但塑性、韧性有所下降。
【分类信息】
　【IPC 类目】
　　C07D401/12 被含有杂原子的链作为键链连接的〔2〕
【词条属性】
　【特征】
　　【特点】 有些硬化过程是晶粒发生滑移，出现位错的缠结
　　【特点】 有些是金属内部产生了残余应力
　【因素】
　　【影响因素】 元素性质
　　【影响因素】 点阵类型
　　【影响因素】 变形温度
　　【影响因素】 变形速度
　　【影响因素】 变形程度
　　【影响因素】 淬火温度
【词条关系】
　【层次关系】
　　【并列】 脆化
　　【类分】 加工硬化
　　【类分】 时效强化
　　【类分】 淬火强化

【类分】 冷作硬化
【类分】 表面硬化
【应用关系】
【使用】 淬火
【使用】 渗碳
【使用】 氮化
【使用】 冷拉
【使用】 滚压
【使用】 喷丸
【使用】 冲压
【用于】 硬化钢
【用于】 淬火钢
【用于】 耐磨钢
【用于】 表面硬化钢
【测度关系】
【物理量-度量方法】 小能量多次冲击
【物理量-度量方法】 静载荷拉伸压缩

◎ 硬质合金
【基本信息】
【英文名】 hard alloy
【拼音】 ying zhi he jin
【核心词】
【定义】
　　主要由高熔点金属（钨、钽、钛、钼、钒等）的碳化物、氮化物、硼化物及硅化物组成的合金的总称。
【来源】 《中国百科大辞典》
【分类信息】
【CLC 类目】
（1）TG135　特种机械性质合金
（2）TG135　粉末冶金制品及其应用
（3）TG135　粉末成型、烧结及后处理
（4）TG135　合金学与各种性质合金
（5）TG135　粉末的制造方法
【IPC 类目】
（1）C22C29/08　以碳化钨为基的〔4〕
（2）C22C29/08　用粉末冶金法（1/08 优先）〔2〕
（3）C22C29/08　仅沉积金刚石〔7〕
（4）C22C29/08　流体是黏性的或非均匀的
（5）C22C29/08　金属粉末与非金属粉末的混合物（1/08 优先）〔2〕
【词条属性】
【特征】
【缺点】 脆性大
【缺点】 难切削加工
【特点】 硬度高
【特点】 机械强度高
【特点】 耐氧化性
【特点】 耐酸
【特点】 耐碱
【特点】 线胀系数小
【优点】 耐磨
【优点】 耐热
【优点】 耐腐蚀
【优点】 韧性好
【状况】
【现状】 企业规模较小
【现状】 产业集中度不高
【现状】 科技投入较少
【现状】 产品质量水平较低
【应用场景】 工业生产
【应用场景】 采矿
【应用场景】 地下建筑
【应用场景】 采煤
【应用场景】 石油钻探
【应用场景】 地质钻探
【时间】
【起始时间】 1923 年
【其他物理特性】
【熔点】 熔点都在 3273 K 以下
【力学性能】
【硬度】 86~93 HRA，相当于 69~81 HRC
【词条关系】
【层次关系】
【概念-实例】 YG3X
【概念-实例】 YG8C

【概念-实例】	YT5
【概念-实例】	YW1
【概念-实例】	YN05
【概念-实例】	YE65
【构成成分】	镍、钴、钼
【类分】	钴合金
【类分】	钨钴类硬质合金
【类分】	钨钴钛类硬质合金
【类分】	通用合金类硬质合金
【类分】	碳化钛基类硬质合金
【类分】	钢结类硬质合金
【类属】	合金

【应用关系】

【材料-部件成品】	车刀
【材料-部件成品】	铣刀
【材料-部件成品】	刨刀
【材料-部件成品】	镗刀
【材料-部件成品】	钻头
【材料-加工设备】	湿式球磨机
【使用】	冷处理
【使用】	真空炉
【使用】	粉末冶金
【用于】	切削刀具
【用于】	冲压模具
【用于】	耐磨零件
【用于】	量具
【用于】	地质钻探工具
【用于】	耐热钢
【用于】	电钻钻头
【用于】	轧辊

【生产关系】

【材料-工艺】	退火
【材料-工艺】	切削加工
【材料-工艺】	淬火
【材料-工艺】	回火
【材料-工艺】	锻打
【材料-工艺】	车削加工
【材料-工艺】	磨削加工
【材料-工艺】	深冷处理

◎ 永磁材料

【基本信息】

　【英文名】　permanent-magnet material

　【拼音】　yong ci cai liao

　【核心词】

【定义】

　（1）一旦磁化后就能抵抗外来去磁力而保持其磁性的铁磁材料，亦即需要极高的矫顽力才能去除磁性。

　【来源】《英汉电子学精解辞典》

　（2）永磁材料又称硬磁材料，它是具有强的抗退磁能力和高的剩磁强度的强磁性材料，在去掉磁化场后能"永久"保持磁性，并在其周围特定的空间产生一个稳定的磁场。

　【来源】《精细化工辞典》

【分类信息】

　【CLC 类目】

　　（1）TM27　磁性材料、铁氧体

　　（2）TM27　磁性材料、铁磁材料

　　（3）TM27　永磁材料、永久磁铁

　　（4）TM27　磁选、电选机

　【IPC 类目】

　　（1）H01F13/00　磁化或去磁的设备或方法（用于船只消磁的入 B63G9/06；用于钟或表消磁的入 G04D9/00；彩色电视的去磁装置入 H04N9/29）

　　（2）H01F13/00　专用于制造或装配列入本小类的装置的设备或方法

　　（3）H01F13/00　压制的、烧结的或黏结在一起的〔6〕

　　（4）H01F13/00　用磁场或电场的（1/46 优先）〔3〕

　　（5）H01F13/00　和第ⅢA族元素，如 $Nd_2Fe_{14}B$〔6〕

【词条属性】

　【特征】

　　【特点】　具有宽磁滞回线

　　【特点】　高矫顽力

　　【特点】　高剩磁

【特点】　具有低温度系数
　　【特点】　磁性稳定
　　【特点】　加工性能好
　　【特点】　电阻率高
　【状况】
　　【现状】　磁铁的应用越来越广泛
　　【现状】　目前应用最为广泛的是钕铁硼强磁和铁氧体磁铁
　　【应用场景】　医疗
　　【应用场景】　机械
　　【应用场景】　日常用品
　　【应用场景】　仪表
　　【应用场景】　能源
　　【应用场景】　电力
　【时间】
　　【起始时间】　1967年
【词条关系】
　【等同关系】
　　【基本等同】　硬磁材料
　【层次关系】
　　【概念-实例】　钕铁硼
　　【构成成分】　铁、镍、铝、铜、钴、钛、硅、铈、镨、镧、钕
　　【类分】　铝镍钴系永磁合金
　　【类分】　铁铬钴系永磁合金
　　【类分】　永磁铁氧体
　　【类分】　稀土永磁材料
　　【类分】　复合永磁材料
　　【类分】　粉末烧结合金
　　【类分】　合金永磁材料
　　【类分】　橡胶磁
　　【类属】　磁性材料
　【应用关系】
　　【使用】　稀土
　　【用于】　磁电系仪表
　　【用于】　流量计
　　【用于】　微特电机
　　【用于】　继电器
　　【用于】　低速转矩电动机
　　【用于】　启动电动机
　　【用于】　传感器
　　【用于】　磁推轴承
　　【用于】　通信设备
　　【用于】　旋转机械
　　【用于】　磁疗器械
　　【用于】　体育用品

◎ **永磁合金**
【基本信息】
　【英文名】　permanent-magnet alloy
　【拼音】　yong ci he jin
　【核心词】
【定义】
　　经充磁后,在撤掉外磁场时仍能保留较高剩磁的磁性合金。
　【来源】　《中国冶金百科全书·金属材料》
【分类信息】
　【CLC类目】
　　（1）TB383　特种结构材料
　　（2）TB383　特种电磁性质合金
　　（3）TB383　永磁材料、永久磁铁
　　（4）TB383　磁性材料、铁氧体
　【IPC类目】
　　（1）B22F3/00　由金属粉末制造工件或制品,其特点为用压实或烧结的方法;所用的专用设备
　　（2）B22F3/00　适宜用于在真空中或特殊气氛中处理炉料的
　　（3）B22F3/00　压制的、烧结的或黏结在一起的〔6〕
　　（4）B22F3/00　金属或合金〔6〕
　　（5）B22F3/00　用铸造方法,如通过筛或注入水中,用雾化或喷雾方法（利用放电入9/14）〔3〕
【词条属性】
　【特征】
　　【数值】　矫顽力值大于20 kA/m
　　【特点】　高的硬度

【特点】	高的力学性能		【应用关系】	
【特点】	强的抗去磁能力		【使用】	稀土
【特点】	矫顽力值高		【用于】	永磁电动机
【特点】	磁性"硬"		【用于】	直流电机
【状况】			【用于】	同步电机
【应用场景】	现代工业		【用于】	回转电机
【应用场景】	科学技术领域		【用于】	线性电机
【应用场景】	机电设备和装置		【用于】	伺服电机
【应用场景】	声波换能器		【用于】	永磁发电机
【应用场景】	磁力机械		【用于】	脉冲发电机
【应用场景】	微波装置		【用于】	多相同步机
【应用场景】	传感器和电信号转换器		【用于】	打印机打字头驱动器
【应用场景】	医用电子仪器		【用于】	计算机软盘驱动器
【应用场景】	生物工程		【用于】	录像机
【时间】			【用于】	扬声器
【起始时间】	1880年		【用于】	耳机
【词条关系】			【用于】	声音接收器
【等同关系】			【用于】	电磁起重机
【俗称为】	硬磁合金		【用于】	机床夹盘
【层次关系】			【用于】	磁悬浮列车
【类分】	钨钢		【用于】	正交场放大器
【类分】	铬钢		【用于】	粒子加速器
【类分】	钴钢		【用于】	永磁转换器
【类分】	铁镍铝基弥散硬化合金		【用于】	物理量测量传感器
【类分】	铝镍钴系永磁合金		【用于】	核磁共振成像装置
【类分】	铁钴钨系永磁合金		【用于】	起搏器
【类分】	铁钴钼系永磁合金		【用于】	微型助听器
【类分】	铂钴合金		【用于】	磁锁
【类分】	铜镍铁合金		【生产关系】	
【类分】	铁铬钴系永磁合金		【材料-工艺】	熔模铸造
【类分】	锰铝碳系永磁合金		【材料-工艺】	高温淬火
【类分】	稀土钴永磁合金		【材料-工艺】	磁场热处理
【类分】	钕铁硼永磁合金		【材料-工艺】	定向结晶凝固
【类分】	稀土永磁合金		【材料-工艺】	铸造
【类分】	可变形永磁合金		【材料-工艺】	变形加工
【类分】	锰铝碳永磁合金		【材料-工艺】	粉末冶金制造
【类分】	黏结稀土永磁合金		【材料-工艺】	黏结工艺
【类属】	功能材料		【材料-工艺】	温挤压工艺

◎优质钢

【基本信息】
　【英文名】　high-grade steel, fine steel
　【拼音】　you zhi gang
　【核心词】
【定义】
　（1）在冶炼质量、化学成分等方面要求较严格的钢的总称。
　【来源】《百科知识数据辞典》
　（2）优质钢的硫含量不大于 0.035%、磷含量不大于 0.035%，且要保证机械性能，还可根据使用要求规定检查低倍组织。优质钢又有碳素钢与合金钢之分。
　【来源】《实用轧钢技术手册》
【分类信息】
　【CLC 类目】
　　TF762　优质钢
　【IPC 类目】
　　（1）C21C7/064　脱磷；脱硫[3]
　　（2）C21C7/064　其所用盖子
　　（3）C21C7/064　配置成联合工作的
　　（4）C21C7/064　耐磨或耐压管
　　（5）C21C7/064　由端部有相互配合的套管搭接组成的管接头[5]
【词条属性】
　【特征】
　　【数值】　硫含量不大于 0.04%
　　【数值】　磷含量不大于 0.04%
　　【特点】　杂质含量较少
　　【特点】　品质优良
　　【特点】　性能优良
　　【特点】　对元素含量要求高
　【状况】
　　【应用场景】　机械结构零件
　　【应用场景】　机械工具
【词条关系】
　【等同关系】
　　【俗称为】　优钢

【层次关系】
　　【并列】　普通钢
　　【并列】　高级优质钢
　　【类分】　镇静钢
　　【类分】　碳素结构钢
　　【类分】　碳素工具钢
　　【类属】　碳素钢
【应用关系】
　　【使用】　低倍酸检验
　　【使用】　断口检验
　　【使用】　硫印试验
　　【使用】　塔形试验
　　【使用】　超声检验
　　【使用】　高倍金相检验
　　【用于】　电焊条
　　【用于】　锅炉管
　　【用于】　冲锻模件
　　【用于】　螺栓
　　【用于】　螺钉
　　【用于】　轴套
　　【用于】　起重机钩
　　【用于】　辊子
　　【用于】　连接器
　　【用于】　汽缸
　　【用于】　汽轮机机架
　　【用于】　飞轮
　　【用于】　铸造齿轮
　　【用于】　弹簧
　　【用于】　发条
　　【用于】　掣动踏板
　　【用于】　犁铧
　　【用于】　滚子
　　【用于】　齿轮轴
【生产关系】
　　【材料-工艺】　冶炼
　　【材料-工艺】　热加工
　　【材料-工艺】　热处理

◎ 优质碳素结构钢
【基本信息】
　　【英文名】　carbon structure quality steel
　　【拼音】　you zhi tan su jie gou gang
　　【核心词】
【定义】
　　主要用于制作机械结构件的碳素结构钢。其质量等级较高，钢中硫、磷含量均不大于0.035%。这类钢除了碳含量低的少数牌号的钢轧成薄板制作冲压制件外，大多数牌号的钢热轧或热锻制成钢条，用于制作需要热处理的机械零件。
　　【来源】　《中国冶金百科全书·金属材料》
【分类信息】
　　【CLC类目】
　　　　F426　工业部门经济
　　【IPC类目】
　　　（1）F24F13/28　过滤器的配置或安装〔6〕
　　　（2）F24F13/28　温度控制，如通过冷却或加热轧辊成产品（37/32,37/44 优先）〔6〕
　　　（3）F24F13/28　含钛或锆的〔2〕
　　　（4）F24F13/28　用熔炼法〔2〕
【词条属性】
　　【特征】
　　　　【数值】　含碳小于0.8%
　　　　【特点】　含硫少
　　　　【特点】　含磷少
　　　　【特点】　非金属夹杂物较少
　　　　【特点】　机械性能较为优良
　　　　【特点】　产量较大
　　　　【特点】　用途广泛
　　【状况】
　　　　【应用场景】　一般结构零部件
　　　　【应用场景】　机械结构零部件
　　　　【应用场景】　建筑结构件
　　　　【应用场景】　输送流体用管道
【词条关系】
　　【层次关系】
　　　　【并列】　高级优质钢
　　　　【并列】　特级优质钢
　　　　【概念-实例】　08F
　　　　【概念-实例】　08AL
　　　　【概念-实例】　05F
　　　　【概念-实例】　25Mn
　　　　【概念-实例】　55
　　　　【概念-实例】　10
　　　　【概念-实例】　75
　　　　【概念-实例】　60Mn
　　　　【构成成分】　碳、硅、锰、磷、硫
　　　　【类分】　低碳优质碳素结构钢
　　　　【类分】　中碳优质碳素结构钢
　　　　【类分】　高碳优质碳素结构钢
　　　　【类属】　碳素结构钢
　　　　【类属】　中碳钢
　　【应用关系】
　　　　【材料-部件成品】　型材
　　　　【材料-部件成品】　板材
　　　　【材料-部件成品】　型钢
　　　　【材料-部件成品】　螺钉
　　　　【材料-部件成品】　螺母
　　　　【材料-部件成品】　垫圈
　　　　【材料-部件成品】　小轴
　　　　【材料-部件成品】　冲压件
　　　　【材料-部件成品】　焊接件
　　　　【材料-部件成品】　渗碳件
　　　　【材料-部件成品】　钢丝绳
　　　　【材料-部件成品】　小弹簧
　　　　【材料-部件成品】　发条
　　　　【材料-部件成品】　轧辊
　　　　【用于】　预应力砼用钢丝
　　　　【用于】　钢绞线
　　　　【用于】　锚具
　　　　【用于】　高强度螺栓
　　　　【用于】　重要结构钢铸件
　　【生产关系】
　　　　【材料-工艺】　热处理
　　　　【材料-工艺】　正火

【材料-工艺】 调质
【材料-工艺】 拉拔
【材料-工艺】 冲压
【材料-工艺】 挤压
【材料-工艺】 锻造
【材料-工艺】 焊接
【材料-工艺】 完全退火

◎ 预应力钢筋
【基本信息】
　【英文名】 prestressed reinforcement
　【拼音】 yu ying li gang jin
　【核心词】
【定义】
　用于混凝土结构构件中施加预应力的钢筋、钢丝和钢绞线的总称。
【来源】 《工程建设常用专业词汇手册》
【分类信息】
　【IPC类目】
　（1）F16L9/08　带加强或不加强的混凝土、水泥或石棉水泥的（9/16 至 9/22 优先）
　（2）F16L9/08　管子是分段组成的（1/038 优先）〔6〕
　（3）F16L9/08　含硫化合物〔4〕
【词条属性】
　【特征】
　　【缺点】 构件的施工复杂
　　【缺点】 延性较差
　　【缺点】 钢材易发生脆性破坏
　　【缺点】 构件的构造较复杂
　　【特点】 调整容易
　　【特点】 大幅度缩短了施工时间
　　【特点】 使得浇筑砼方便
　　【特点】 更换预应力钢筋方便易行
　　【优点】 提高构件的抗裂性
　　【优点】 提高材料的刚度
　　【优点】 提高材料的抗渗性
　　【优点】 充分发挥材料的性能
　　【优点】 节约钢材
　　【优点】 增加构件的耐久性
　　【优点】 推迟裂纹出现的时间
　【状况】
　　【应用场景】 桥梁
　　【应用场景】 建筑
　　【应用场景】 混凝土结构中
　　【应用场景】 工程结构构件
【词条关系】
　【应用关系】
　　【材料-加工设备】 砂轮锯
　　【材料-加工设备】 千斤顶
　　【材料-加工设备】 连接器
　　【材料-加工设备】 镦头锚具
　　【用于】 大跨度桥梁
　　【用于】 阳台的挑台
　　【用于】 楼板
　　【用于】 地下室底板
　　【用于】 预应力管桩
　　【用于】 吊车梁
　　【用于】 屋架
　　【用于】 民用建筑空心楼板
　【生产关系】
　　【材料-工艺】 波纹管加工
　　【材料-工艺】 钢绞线加工
　　【材料-工艺】 钢绞线安装
　　【材料-工艺】 钢绞线张拉
　　【材料-工艺】 孔道压浆
　　【材料-工艺】 封顶
　　【材料-原料】 钢筋
　　【材料-原料】 钢绞线

◎ 圆钢
【基本信息】
　【英文名】 steel strip
　【拼音】 yuan gang
　【核心词】
【定义】
　圆钢是指圆形断面的钢材,其规格用直径表示。圆钢又分热轧、锻造和冷拉 3 种。

【来源】 《实用轧钢技术手册》
【分类信息】
　【IPC 类目】
　　（1）F02N1/00　具有手动摇把的起动装置
　　（2）F02N1/00　用于弹簧
　　（3）F02N1/00　具有与主轴轴线共轴的，或平行或倾斜于主轴轴线的缸
　　（4）F02N1/00　阳极〔2〕
　　（5）F02N1/00　从固定的油箱或类似件内将润滑油或非特殊的润滑剂供给机器，或被润滑件之内或其上的装置（铁路车辆的轴箱润滑入 B61F17/00）
【词条属性】
　【特征】
　　【数值】　规格为 5.5～250 mm
　　【数值】　碳量小于 1.35%
　　【特点】　截面为圆形
　　【特点】　外形光圆
　　【特点】　无纹无肋
　　【特点】　强度较低
　　【特点】　塑性较强
　【状况】
　　【应用场景】　制造各种机械零件
【词条关系】
　【等同关系】
　　【基本等同】　圆铁
　【层次关系】
　　【概念-实例】　Q195
　　【概念-实例】　Q235
　　【概念-实例】　10#
　　【概念-实例】　20#
　　【概念-实例】　12Cr1MoV
　　【概念-实例】　15CrMo
　　【概念-实例】　65Mn
　　【概念-实例】　3Cr2W8V
　　【概念-实例】　5CrMnMo
　　【构成成分】　铁、碳、硅、锰、磷、硫
　　【类分】　低碳圆钢

　　【类分】　中碳圆钢
　　【类分】　高碳圆钢
　　【类分】　热轧圆钢
　　【类分】　锻造圆钢
　　【类分】　冷拉圆钢
　　【类属】　工业原料
　　【类属】　型钢
　　【类属】　低碳钢
　　【实例-概念】　钢材
　【应用关系】
　　【部件成品-材料】　弹簧钢
　　【用于】　机械零件
　　【用于】　无缝钢管的管坯
　　【用于】　螺栓
　　【用于】　钢拉杆
　　【用于】　钢筋
　【生产关系】
　　【材料-工艺】　热轧
　　【材料-工艺】　锻制
　　【材料-工艺】　冷拉
　　【材料-工艺】　锻造
　　【材料-工艺】　焊接
　　【材料-工艺】　切削
　　【材料-工艺】　完全退火

◎杂质
【基本信息】
　【英文名】　impurity
　【拼音】　za zhi
　【核心词】
【定义】
　　材料中不希望有的（往往是有害的）物质。或是本来就存在于原料中，在制备过程中未被除尽，或是在材料制备过程中带入。
【来源】 《现代材料科学与工程辞典》
【分类信息】
　【CLC 类目】
　　（1）TN244　激光材料及工作物质
　　（2）TN244　粉末的制造方法

（3）TN244　固体理论
（4）TN244　等离子体诊断（测量）
（5）TN244　裂变
【IPC类目】
（1）C22C38/00　铁基合金，如合金钢（铸铁合金入37/00）〔2〕
（2）C22C38/00　渗析法、渗透法或反渗透法〔3〕
（3）C22C38/00　用于金属薄板
（4）C22C38/00　管塞、龙头或栓的过滤器
（5）C22C38/00　包括分离步骤〔7〕
【词条属性】
【特征】
【特点】　固体颗粒状
【特点】　纤维状
【特点】　软质胶状
【特点】　多数为有害物质
【特点】　有些对钢材性能起有利作用
【特点】　硫杂质炼钢时不能除尽
【特点】　磷杂质炼钢时不能除尽
【特点】　氮在冶炼时进入钢中
【词条关系】
【层次关系】
【概念-实例】　氢
【概念-实例】　钨
【概念-实例】　铬
【概念-实例】　硼
【概念-实例】　铝
【概念-实例】　硫化物
【概念-实例】　磷化物
【概念-实例】　氧化物
【概念-实例】　氮化物
【概念-实例】　硅化物
【应用关系】
【使用】　异物分析
【使用】　材料分析
【使用】　成分分析
【使用】　金属检测

◎ 再结晶温度

【基本信息】
　【英文名】　recrystallization temperature
　【拼音】　zai jie jing wen du
　【核心词】
【定义】
　　（1）使材料在规定的时间内全部发生再结晶所需的退火温度。在实际中人们往往规定，使95%的材料在1小时内发生再结晶所需的退火温度称为再结晶温度。
　【来源】　《现代材料科学与工程辞典》
　　（2）工程上规定，经过大的冷塑性变形（变形是在70%以上）的金属，在1小时保温时间内能完成再结晶过程的最低温度，称为再结晶温度。
　【来源】　百度百科
【分类信息】
　【CLC类目】
　　（1）O731　晶体的物理性质
　　（2）O731　特种物理性质合金
　【IPC类目】
　　（1）C21D9/02　用于弹簧
　　（2）C21D9/02　通过伴随有变形的热处理或变形后再进行热处理来改变物理性能（除需成型的工件外不需要再加热的锻造，或轧制成型的硬化工件或材料入1/02）〔3〕
　　（3）C21D9/02　铅酸蓄电池载体的多工序制造方法（单工序制造方法见有关小类，如B21D, B22D）〔2〕
　　（4）C21D9/02　用于轧制长度限定的板，如折叠板、叠合板（1/40优先；轧制前将板折叠或轧制后分离成层入47/00）〔2〕
　　（5）C21D9/02　铅或铅基合金
【词条属性】
　【特征】
　　【数值】　钢的再结晶温度约为460 ℃
　　【特点】　经过大的冷塑性变形
　【因素】
　　【影响因素】　合金成分

【影响因素】　形变程度
　　【影响因素】　原始晶粒度
　　【影响因素】　退火温度
　　【影响因素】　加热速度
　　【影响因素】　保温时间
　　【影响因素】　钢带的化学成分
　　【影响因素】　冷轧时的形变程度
【词条关系】
　　【层次关系】
　　　　【并列】　回复温度
　　　　【类分】　开始再结晶温度
　　　　【类分】　终了再结晶温度
　　　　【类分】　完全再结晶温度
　　【应用关系】
　　　　【用于】　再结晶
　　　　【用于】　热处理
　　【测度关系】
　　　　【物理量-度量方法】　金相法
　　　　【物理量-度量方法】　硬度法

◎ 轧钢
【基本信息】
　　【英文名】　steel rolling
　　【拼音】　zha gang
　　【核心词】
【定义】
　　把钢坯压制成规定形状的钢材。
　　【来源】　《汉语倒排词典》
【分类信息】
　　【IPC类目】
　　（1）C21D9/70　加热钢锭用的炉子，即均热炉
　　（2）C21D9/70　氧化铁（Fe_2O_3）
　　（3）C21D9/70　含生产焦结块用碳质材料的〔2〕
　　（4）C21D9/70　将煤气发生炉和锅炉结合在一起的，如将煤气送回到火焰上（干馏入C10B）
【词条属性】

　　【特征】
　　　　【数值】　1150～1300 ℃ 进行轧制的称为热轧
　　　　【特点】　钢铁行业应用广泛
　　　　【特点】　改善钢材的质量和性能
　　　　【特点】　室温轧制为冷轧
　　【状况】
　　　　【现状】　钢铁行业应用广泛
　　　　【应用场景】　钢铁加工行业
【词条关系】
　　【层次关系】
　　　　【类分】　热轧
　　　　【类分】　冷轧
　　　　【类分】　纵轧
　　　　【类分】　横轧
　　　　【类分】　斜轧
　　　　【类分】　一般轧制
　　　　【类分】　特殊轧制
　　　　【类分】　周期轧制
　　　　【类分】　旋压轧制
　　　　【类分】　弯曲成型
　　【生产关系】
　　　　【工艺-材料】　汽车板
　　　　【工艺-材料】　锅炉钢
　　　　【工艺-材料】　管线钢
　　　　【工艺-材料】　螺纹钢
　　　　【工艺-材料】　钢筋
　　　　【工艺-材料】　电工硅钢
　　　　【工艺-材料】　镀锌板
　　　　【工艺-材料】　镀锡板
　　　　【工艺-材料】　火车轮
　　　　【工艺-设备工具】　上料台架
　　　　【工艺-设备工具】　加热炉
　　　　【工艺-设备工具】　夹送辊
　　　　【工艺-设备工具】　轧机
　　　　【工艺-设备工具】　精整设备
　　　　【工艺-设备工具】　剪切设备
　　　　【工艺-设备工具】　收集设备

◎ 轧辊
【基本信息】
　【英文名】　roller
　【拼音】　zha gun
　【核心词】
【定义】
　　轧钢机的重要构成部分,是一对转动方向相反的辊子,两辊间是有一定形状的缝或孔,钢坯在其间被轧过就成了钢材。
【来源】　《汉语倒排词典》
【分类信息】
　【CLC 类目】
　　（1）TF125　粉末冶金制品及其应用
　　（2）TF125　堆焊及补焊
　　（3）TF125　轧辊及轧辊轴承
　　（4）TF125　单一金属的电镀
　【IPC 类目】
　　（1）B21B31/07　轧辊轴承的采用（一般轴承入 F16C）〔2〕
　　（2）B21B31/07　用于辊体
　　（3）B21B31/07　轧辊（专门加工要求的工作面形状入 1/00）；使用时轧辊的润滑、冷却或加热
　　（4）B21B31/07　控制燃料床厚度的
【词条属性】
　【特征】
　　【特点】　硬度较高
　　【特点】　强度较高
　　【特点】　耐磨性能优良
　　【特点】　种类较多
　　【特点】　是轧机重要的组成部件
　【力学性能】
　　【硬度】　HS 45～105
　　【硬度】　HB 190～270
　【因素】
　　【影响因素】　轧制时的动静载荷
　　【影响因素】　磨损
　　【影响因素】　温度变化
【词条关系】

【层次关系】
　【参与组成】　轧机
　【类分】　铸钢轧辊
　【类分】　铸铁轧辊
　【类分】　锻造轧辊
　【类分】　硬质合金轧辊
　【类分】　锻造合金钢轧辊
　【类分】　锻造半钢轧辊
　【类分】　锻造半高速钢轧辊
　【类分】　锻造白口铸铁轧辊
　【类分】　整体铸造轧辊
　【类分】　复合铸造轧辊
　【类分】　整体轧辊
　【类分】　冶金复合轧辊
　【类分】　组合轧辊
　【类分】　钢板轧辊
　【类分】　型钢轧辊
　【类分】　冷轧辊
　【类分】　热轧辊
　【类分】　钢管轧辊
　【类分】　除鳞辊
　【类分】　开坯辊
　【类分】　平整辊
　【类分】　工作辊
　【类分】　支撑辊
　【组成部件】　辊身
　【组成部件】　辊颈
　【组成部件】　接头
【应用关系】
　【部件成品-材料】　9Cr2
　【部件成品-材料】　9Cr
　【部件成品-材料】　9Crv
　【部件成品-材料】　8CrMoV
　【部件成品-材料】　55Mn2
　【部件成品-材料】　55Cr
　【部件成品-材料】　60CrMnMo
　【部件成品-材料】　60SiMnMo
　【部件成品-材料】　优质碳素结构钢
　【使用】　铸钢

【使用】	锻钢
【使用】	合金钢
【使用】	球墨铸铁
【使用】	硬质合金
【使用】	结构钢
【用于】	开坯加工
【用于】	厚板加工
【用于】	型钢加工

【生产关系】

【设备工具-工艺】	正火
【设备工具-工艺】	淬火
【设备工具-工艺】	去应力退火
【设备工具-工艺】	等温球化退火
【设备工具-工艺】	扩散退火
【设备工具-工艺】	回火
【设备工具-工艺】	半冲洗复合铸造
【设备工具-工艺】	溢流复合铸造
【设备工具-工艺】	离心复合铸造
【设备工具-工艺】	连续浇铸包覆
【设备工具-工艺】	喷射沉积法
【设备工具-工艺】	热等静压
【设备工具-工艺】	电渣熔焊

◎轧后余热处理

【基本信息】
　【英文名】　remained heat treatment after rolling
　【拼音】　zha hou yu re chu li
　【核心词】
【定义】
　利用轧制余热在轧钢作业线上直接进行热处理,它有机地将热轧和热处理结合在一起,节约热处理成本。
【词条属性】
　【特征】
　　【特点】　具有巨大的经济效益和社会效益
　　【特点】　通过控制钢筋显微组织和表面淬硬层面积所占比例,提高钢铁材料力学性能
　　【特点】　轧后余热处理工艺稳定
　　【特点】　能适应大生产的要求
　　【优点】　可节约能源
　　【优点】　节约材料
　　【优点】　降低成本
　【状况】
　　【前景】　是前景发展广阔的实用技术
　　【现状】　近年来,轧后余热处理工艺在钢材生产方面的应用越来越受到重视
　【应用场景】　钢材生产
【词条关系】
　【层次关系】

【附件-主体】	粗轧
【附件-主体】	精轧
【主体-附件】	自回火处理
【主体-附件】	穿水淬火

　【应用关系】

【用于】	热扎余热处理钢筋
【用于】	线材
【用于】	钢管
【用于】	钢板

　【生产关系】

【工艺-设备工具】	轧机
【工艺-设备工具】	夹送辊
【工艺-设备工具】	冷却装置
【工艺-设备工具】	检测系统

◎轧机

【基本信息】
　【英文名】　rolling mill
　【拼音】　zha ji
　【核心词】
【定义】
　(1)实现金属轧制过程、完成金属塑性变形的设备。
　【来源】　《中国冶金百科全书·金属塑性加工》
　(2)轧制金属材料(或某些非金属材料)的

机械设备。
　【来源】　《中国百科大辞典》
【分类信息】
　【CLC 类目】
　　（1）TG333.15　轧机传动装置
　　（2）TG333.15　轧机主列机构和设备
　　（3）TG333.15　轧钢机械设备
　　（4）TG333.15　近似计算
　　（5）TG333.15　消烟除尘
　【IPC 类目】
　　（1）B21B31/07　轧辊轴承的采用（一般轴承入 F16C）〔2〕
　　（2）B21B31/07　密封（一般密封入 F16J）
　　（3）B21B31/07　带两列或多列滚柱
　　（4）B21B31/07　金属轧制的方法或制造实心半成品或成型截面的轧机（17/00 至 23/00 优先；与被轧材料成分有关的入 3/00；通过同时在两个或多个区段轧制延展封闭形金属带入 5/00；作为部件的金属轧机机座入 13/00；在用移动轧辊形成铸型壁的铸型中连续铸造入 B22D11/06）；轧机机列内的加工序列；轧制车间的布置，如机座的分组、轧道的顺序或分轧道变换的顺序
　　（5）B21B31/07　需要或允许专门轧制方法或程序的特殊成分合金材料的轧制（除由此获得的结构强化和机械性质外，改变合金的特殊冶金性质入 C21D，C22F）
【词条属性】
　【特征】
　　【特点】　应用广泛
　　【特点】　适应性强
　　【特点】　可满足不同工况要求
　【状况】
　　【应用场景】　机械加工
　　【应用场景】　板材轧制
　【时间】
　　【起始时间】　14 世纪
【词条关系】
　【层次关系】

【类分】　二辊轧机
【类分】　三辊轧机
【类分】　劳特式三辊轧机
【类分】　四辊轧机
【类分】　五辊轧机
【类分】　六辊轧机
【类分】　偏八辊轧机
【类分】　多辊轧机
【类分】　万能轧机
【类分】　热轧轧机
【类分】　冷轧轧机
【类分】　粗轧轧机
【类分】　精轧轧机
【类分】　横列式轧机
【类分】　纵列式轧机
【类分】　连续式轧机
【组成部件】　起重运输设备
【组成部件】　工作机座
【组成部件】　轧辊
【组成部件】　轧辊轴承
【组成部件】　机架
【组成部件】　轨座
【组成部件】　传动装置
【应用关系】
　【加工设备-材料】　铝板
　【加工设备-材料】　钢板
　【加工设备-材料】　铅板
　【加工设备-材料】　锌板
　【加工设备-材料】　铜板
　【加工设备-材料】　螺纹钢
　【加工设备-材料】　中板
　【加工设备-材料】　线材
　【加工设备-材料】　条钢
　【加工设备-材料】　船板
【生产关系】
　【设备工具-工艺】　金属轧制
　【设备工具-工艺】　轧钢
　【设备工具-工艺】　轧后余热处理
　【设备工具-工艺】　热加工

◎ 轧制温度

【基本信息】
　【英文名】　rolling temperature
　【拼音】　zha zhi wen du
　【核心词】
【定义】
　　坯料轧制时的温度称为轧制温度,通常包括开轧温度和终轧温度。
【分类信息】
　【CLC类目】
　　　TB331　金属复合材料
　【IPC类目】
　　（1）C21D8/06　在生产棒材料或线材时〔3〕
　　（2）C21D8/06　加热钢锭用的炉子,即均热炉
　　（3）C21D8/06　轧制特殊截面形状的工件,如钢轨、工字梁、U形铁、角钢（轧制专用于制造特种产品的形状重复而长度不定的金属入B21H8/00）
　　（4）C21D8/06　在不连续过程中
　　（5）C21D8/06　在特殊条件下,如处于真空状态或处于惰性气体中以防工件氧化的条件下,进行轧制加工的方法;排除轧机烟尘的专门措施
【词条属性】
　【特征】
　　【特点】　通常情况下轧制过程中温度逐步下降
　　【特点】　热轧生产过程中轧制温度是一个极为重要的工艺参数
　　【特点】　轧制温度影响金属在各机架中的变形抗力
　　【特点】　轧制温度影响轧制压力
　　【特点】　对成品的金相组织有很大影响
　　【特点】　对晶粒度有直接的影响
　　【特点】　对机械性能有很大影响
　　【特点】　对带钢的表面状态具有直接影响
　　【特点】　轧制过程中温度的变化是一个很复杂的过程
　【因素】
　　【影响因素】　加热温度
　　【影响因素】　轧制速度
【词条关系】
　【层次关系】
　　【类分】　终轧温度
　　【类分】　开轧温度
　　【类分】　卷取温度
　【应用关系】
　　【使用】　温度控制

◎ 真空处理

【基本信息】
　【英文名】　vacuum treatment
　【拼音】　zhen kong chu li
　【核心词】
【定义】
　　提高金属铸锭质量的一种技术。金属液在浇铸前,先在真空下保持一定时间,以排除其中大部分气体和非金属夹杂物,从而提高铸锭质量。
【来源】　《金属材料简明辞典》
【分类信息】
　【CLC类目】
　　（1）TF841.6　钽、铌
　　（2）TF841.6　钢液真空处理
　【IPC类目】
　　（1）C21C7/10　真空处理
　　（2）C21C7/10　连续镀覆的专用设备;维持真空的装置,如真空锁定器〔4〕
　　（3）C21C7/10　熔融铁类合金的处理,如不包括在1/00到5/00组的钢（铸造成型过程中熔融金属的处理入B22D1/00,27/00;黑色金属的重熔入C22B）
　　（4）C21C7/10　连续镀覆的专用设备〔4〕
　　（5）C21C7/10　其材料是非金属的
【词条属性】
　【特征】
　　【特点】　排除金属中大部分气体

【特点】　排除金属中的夹杂物
【特点】　可提高金属质量
【特点】　能防止氧化脱碳
【词条关系】
　【层次关系】
　　【类分】　低真空处理
　　【类分】　中等真空处理
　　【类分】　高真空处理
　　【类分】　超高真空处理
　【应用关系】
　　【使用】　脱气处理
　　【使用】　RH 法
　　【使用】　DH 法
　　【使用】　真空吹氩法
　　【使用】　真空脱气
　　【使用】　真空处理炉
　　【用于】　脱氧
　　【用于】　脱硫
　　【用于】　去除杂质
　　【用于】　脱氢
　　【用于】　脱氮
　【生产关系】
　　【工艺-材料】　硅钢
　　【工艺-设备工具】　真空容器

◎真空电弧
【基本信息】
　【英文名】　vacuum arc
　【拼音】　zhen kong dian hu
　【核心词】
【定义】
　真空间隙放电后主要依靠触头电极的金属蒸气维持燃弧的电弧。
【分类信息】
　【CLC 类目】
　　TB383　特种结构材料
　【IPC 类目】
　　（1）C22C45/00　非晶态合金[5]
　　（2）C22C45/00　真空蒸发[4]
　　（3）C22C45/00　电子轰击法[4]
　　（4）C22C45/00　爆炸法；蒸发及随后的气化物电离法（14/34 至 14/48 优先）[4]
　　（5）C22C45/00　以镀覆工艺为特征的[4]
【词条属性】
　【特征】
　　【特点】　功率很高
　　【特点】　在真空环境下产生
　　【特点】　电弧由两级之间离子游离产生
　　【特点】　真空电弧的形成是一个电离的过程
　　【特点】　温度高
　　【特点】　能量集中
　　【特点】　导电性强
　　【特点】　亮度大
　　【特点】　质量轻
　　【特点】　易变性
　【因素】
　　【影响因素】　真空度
　　【影响因素】　电压
　　【影响因素】　两级距离
【词条关系】
　【层次关系】
　　【类分】　集聚形真空电弧
　　【类分】　扩散形真空电弧
　【应用关系】
　　【用于】　真空电弧炉
　　【用于】　二次熔铸金属锭
　　【用于】　制取大型圆锭
　　【用于】　制取大型扁锭
　　【用于】　制取异形铸件
　　【用于】　离子镀技术
　　【用于】　离子涂覆技术
　　【用于】　真空电弧凝壳炉
　　【用于】　真空电弧熔炼炉

◎真空感应炉
【基本信息】
　【英文名】　vacuum induction furnace

【拼音】 zhen kong gan ying lu
【核心词】
【定义】
　　装在真空室内的高频或中频无芯感应电炉，锭模或铸模也放在真空室内，可在真空或保护气氛下加料、熔炼和浇铸，防止合金中的活性元素被氧化。
【来源】《金属功能材料词典》
【分类信息】
　【CLC 类目】
　　TB332　非金属复合材料
　【IPC 类目】
　　（1）H01C17/12　用溅射法〔2〕
　　（2）H01C17/12　用熔炼法
　　（3）H01C17/12　合金的制造（不特别限定用于合金制造的粉末冶金设备或方法入 B22F；用电热法入 C22B4/00；用电解法入 C25C）
　　（4）H01C17/12　金属或合金〔7〕
　　（5）H01C17/12　脱磷；脱硫〔3〕
【词条属性】
　【特征】
　　【特点】　生产为间歇式操作
　　【特点】　产品性能优良
　　【特点】　成分准确
　　【特点】　气体和非金属夹杂物含量低
【词条关系】
　【层次关系】
　　【类分】　高频真空感应电炉
　　【类分】　有芯真空感应电炉
　　【类分】　无芯真空感应电炉
　　【类分】　中频真空感应电炉
　　【类属】　真空炉
　【生产关系】
　　【工艺-材料】　电热合金
　　【设备工具-工艺】　炼制特种合金
　　【设备工具-工艺】　熔炼软磁合金
　　【设备工具-工艺】　冶炼导热合金
　　【设备工具-工艺】　熔炼高温合金
　　【设备工具-工艺】　熔炼高强度钢
　　【设备工具-工艺】　熔炼超高强度钢
　　【设备工具-工艺】　熔炼特殊不锈钢
　　【设备工具-工艺】　熔炼特殊合金
　　【设备工具-工艺】　脱碳

◎ 真空炉

【基本信息】
　【英文名】　vacuum furnace
　【拼音】　zhen kong lu
　【核心词】
【定义】
　　为了加快反应速度，防止电极或者合金成分的氧化在真空状态下进行冶炼的一种炉型，有竖式、卧式之分，均以电力为主要能源，因其配电和工艺不同延伸为真空电阻炉、真空感应炉、真空自耗炉等多种炉型。
【来源】《铁合金辞典》
【分类信息】
　【IPC 类目】
　　（1）C23C8/36　使用电离气体的，如离子氮化（带有放电物体或材料引入装置的放电管本身入 H01J37/00）〔4〕
　　（2）C23C8/36　在低压或真空下〔3〕
　　（3）C23C8/36　零部件、附件或这类炉的特有装置
　　（4）C23C8/36　真空精炼〔3〕
　　（5）C23C8/36　有一层或多层不用粉末制造，如用整体金属制造
【词条属性】
　【特征】
　　【数值】　炉膛真空度可达 $133 \times (10^{-4} \sim 10^{-2})$ Pa
　　【数值】　最高温度可达 3000 ℃ 左右
　　【优点】　完全消除了加热过程中工件表面的氧化和脱碳
　　【优点】　可获得无变质层的清洁表面
　　【优点】　对环境无污染
　　【优点】　炉温测定、监控精度明显提高

【优点】 机电一体化程度高
【优点】 能耗显著低于盐浴炉
【时间】
　【起始时间】 20世纪30年代前后
【词条关系】
　【等同关系】
　　【全称是】 真空热处理炉
　【层次关系】
　　【类分】 真空淬火炉
　　【类分】 真空钎焊炉
　　【类分】 真空退火炉
　　【类分】 真空加磁炉
　　【类分】 真空回火炉
　　【类分】 真空烧结炉
　　【类分】 真空扩散焊炉
　　【类分】 真空渗碳炉
　　【类分】 真空电阻炉
　　【类分】 真空感应炉
　　【类分】 真空电弧炉
　　【类分】 真空自耗电弧炉
　　【类分】 电子束炉
　　【类分】 等离子炉
　　【类属】 热处理炉
　　【组成部件】 真空泵
　　【组成部件】 真空测量装置
　　【组成部件】 真空阀门
　　【组成部件】 主机
　　【组成部件】 炉膛
　　【组成部件】 电热装置
　　【组成部件】 密封炉壳
　　【组成部件】 真空系统
　　【组成部件】 供电系统
　　【组成部件】 控温系统
　　【组成部件】 炉外运输车
【应用关系】
　【加工设备-材料】 无磁钢
　【用于】 冷、热作模具钢
　【用于】 高速钢
　【用于】 弹性合金

【用于】 高温合金
【用于】 不锈钢
【用于】 钛合金
【用于】 磁性材料
【用于】 弹簧钢
【用于】 轴承钢
【用于】 模具钢
【用于】 工具钢
【用于】 硬质合金
【生产关系】
　【设备工具-工艺】 固溶退火
　【设备工具-工艺】 真空淬火
　【设备工具-工艺】 真空回火
　【设备工具-工艺】 真空退火
　【设备工具-工艺】 真空钎焊
　【设备工具-工艺】 真空烧结
　【设备工具-工艺】 真空加磁
　【设备工具-工艺】 陶瓷烧成
　【设备工具-工艺】 真空冶炼
　【设备工具-工艺】 电真空零件除气
　【设备工具-工艺】 退火
　【设备工具-工艺】 金属件的钎焊
　【设备工具-工艺】 陶瓷—金属封接
　【设备工具-工艺】 真空熔炼

◎真空熔炼
【基本信息】
　【英文名】 vacuum melting；vacuum refining
　【拼音】 zhen kong rong lian
　【核心词】
【定义】
　（1）在真空条件下进行金属与合金熔炼的特种熔炼技术。主要包括真空感应熔炼、真空电弧重熔和电子束熔炼。
　【来源】《中国冶金百科全书·钢铁冶金》
　（2）一种真空冶金工艺。其特点是炉料与大气隔绝，可以熔炼在高温下易与氧、氮等气体化合成为其污染的金属。
　【来源】《金属材料简明辞典》

【分类信息】
　【CLC类目】
　　（1）TF13　真空冶金
　　（2）TF13　粉末冶金制品及其应用
　【IPC类目】
　　（1）F27B14/04　适宜用于在真空中或特殊气氛中处理炉料的
　　（2）F27B14/04　注入带移动壁的铸型，如用辊子、板、皮带、履带(11/07优先)〔3〕
　　（3）F27B14/04　铜基合金
　　（4）F27B14/04　金属或合金〔6〕
　　（5）F27B14/04　薄片状的(1/147优先)〔5,6〕
【词条属性】
　【特征】
　　【数值】　常用的真空度0.01～1 Pa
　　【特点】　炉料与大气隔绝
　　【特点】　除去金属中蒸气压较高的微量杂质
　　【特点】　可加入较多的活性元素
　　【特点】　可提高材料合金性能
　　【特点】　发展新型合金
　【状况】
　　【现状】　真空熔炼技术取得很大进展
　　【应用场景】　金属冶炼行业
　　【应用场景】　工业生产
　【因素】
　　【影响因素】　自耗电极
　　【影响因素】　真空度
　　【影响因素】　漏气率
　　【影响因素】　熔炼电压
　　【影响因素】　熔炼电流
【词条关系】
　【层次关系】
　　【并列】　真空冶炼
　　【类分】　真空感应熔炼
　　【类分】　真空电弧重熔
　　【类分】　电子束熔炼
　【生产关系】

　　【工艺-材料】　模具钢
　　【工艺-材料】　钛合金
　　【工艺-设备工具】　真空炉
　　【工艺-设备工具】　抽真空设备
　　【工艺-设备工具】　真空自耗电极电弧炉
　　【工艺-设备工具】　电子束炉

◎**真空脱气**
【基本信息】
　【英文名】　vacuum degassing
　【拼音】　zhen kong tuo qi
　【核心词】
【定义】
　　将金属液放在真空容器中以除去其中气体的工艺方法。主要用于钢液的脱氢、脱氧、脱碳等。
　【来源】　《金属材料简明辞典》
【分类信息】
　【IPC类目】
　　（1）C03B5/225　澄清(5/18优先)〔3〕
　　（2）C03B5/225　真空处理
　　（3）C03B5/225　电子管或放电灯
　　（4）C03B5/225　液体的脱气
【词条属性】
　【特征】
　　【数值】　真空度可达(0.0907～0.0933)MPa
　　【特点】　抽取不凝性气体
　　【特点】　主要去除氧气
　　【特点】　抑制褐变
　　【特点】　防止氧化
　　【特点】　起到防腐蚀的作用
　　【优点】　安全
　　【优点】　省时
　【状况】
　　【应用场景】　工业生产
　　【应用场景】　制药
　　【应用场景】　化工
　　【应用场景】　金属处理
　　【应用场景】　电工制造业

【词条关系】
　【应用关系】
　　【使用】　真空抽吸作用
　　【用于】　真空处理
　　【用于】　真空精炼
　　【用于】　陶瓷制品
　　【用于】　真空热处理
　【生产关系】
　　【工艺-设备工具】　真空脱气仪
　　【工艺-设备工具】　锚式搅拌脱气装置
　　【工艺-设备工具】　薄膜脱气装置
　　【工艺-设备工具】　喷淋式脱气装置
　　【工艺-设备工具】　真空脱气机

◎ 镇静钢
【基本信息】
　【英文名】　killed steel
　【拼音】　zhen jing gang
　【核心词】
【定义】
　　指脱氧完全的钢。钢水凝固时没有明显的气体析出，钢水面呈平静状态。
【来源】　《中国冶金百科全书·钢铁冶金》
【分类信息】
　【CLC 类目】
　　TQ175　耐火材料工业
　【IPC 类目】
　　（1）C21C7/06　脱氧,如镇静钢〔2〕
　　（2）C21C7/06　用渣或熔剂作为处理剂（7/06,7/064,7/068 优先）〔3〕
　　（3）C21C7/06　脱磷；脱硫〔3〕
　　（4）C21C7/06　含铝的〔2〕
　　（5）C21C7/06　含有或不含有黏土的整块耐火材料或耐火砂浆
【词条属性】
　【特征】
　　【数值】　氧的质量分数不超过 0.01%
　　【特点】　完全脱氧的钢
　　【特点】　收缩率低
　　【特点】　组织致密
　　【特点】　偏析小
　　【特点】　质量均匀
　　【特点】　硅铝镇静钢
　　【特点】　成本较高
　　【特点】　含硫量较少
　　【特点】　性能稳定
　　【特点】　质量好
　【状况】
　　【应用场景】　重要结构工程
【词条关系】
　【层次关系】
　　【并列】　沸腾钢
　　【并列】　半镇静钢
　　【并列】　特殊镇静钢
　　【类分】　硅镇静钢
　　【类分】　铝镇静钢
　　【类属】　普碳钢
　　【类属】　中碳钢
　　【类属】　优质钢
　　【类属】　合金钢
　【应用关系】
　　【使用】　锰铁脱氧剂
　　【使用】　硅铁脱氧剂
　　【使用】　铝锭脱氧剂
　　【用于】　厚板
　　【用于】　高级管材
　　【用于】　硬线
　　【用于】　钢轨
　　【用于】　车轴

◎ 正火
【基本信息】
　【英文名】　normalizing
　【拼音】　zheng huo
　【核心词】
【定义】
　　将钢件加热到上临界点（Ac_3 或 Acm）以上 40～60 ℃ 或更高的温度，保温达到完全奥氏体化后,在空气中冷却的一种简便经济的热处理工艺。俗称常化。其主要目的是细化晶粒以改善钢的力学性能,并可作最终热处理用。

【来源】 《中国电力百科全书·火力发电卷》
【分类信息】
  【IPC 类目】
    (1) C21D1/28　正火
    (2) C21D1/28　含铌或钽的〔2〕
    (3) C21D1/28　含钼或钨的〔2〕
    (4) C21D1/28　含大于 1.5%(质量分数)的锰〔2〕
    (5) C21D1/28　用于曲轴;凸轮轴
【词条属性】
  【特征】
    【数值】　加热温度在 727~912 ℃
    【特点】　简便经济
    【特点】　使钢组织均匀化
    【特点】　细化晶粒
    【特点】　消除魏氏组织
    【特点】　消除带状组织
    【特点】　改善钢材的力学性能
    【特点】　消除网状碳化物
    【特点】　生产周期短
    【特点】　成本低
    【特点】　工艺简单
    【特点】　操作方便
  【状况】
    【应用场景】　机械用钢
    【应用场景】　建筑用钢
【词条关系】
  【等同关系】
    【俗称为】　常化
    【缩略为】　Z
  【层次关系】
    【并列】　退火
    【并列】　淬火
    【并列】　回火
    【并列】　化学热处理
    【并列】　时效

【类属】　热处理工艺
【类属】　热处理制度
【主体-附件】　加热时间
【应用关系】
  【工艺-组织】　低合金钢
  【工艺-组织】　高合金钢
【生产关系】
  【工艺-材料】　渗碳钢
  【工艺-材料】　桥梁钢
  【工艺-材料】　铸态组织
  【工艺-材料】　厚钢板
  【工艺-材料】　高强度低合金钢
  【工艺-材料】　高强度钢
  【工艺-材料】　球墨铸铁
  【工艺-材料】　低温钢
  【工艺-材料】　铸钢
  【工艺-材料】　中碳钢
  【工艺-材料】　优质碳素结构钢
  【工艺-材料】　无磁钢
  【工艺-设备工具】　轧辊

◎ 织构
【基本信息】
  【英文名】　texture
  【拼音】　zhi gou
  【核心词】
【定义】
  (1)多晶体取向分布状态明显偏离随机分布的结构,称为织构。
【来源】 百度百科
  (2)织构是在多晶体中晶粒取向的一种择优取向现象。这种结构的各向异性直接由形变获得的称为形变织构,由再结晶获得的称为再结晶织构。
【来源】 《固体物理学大辞典》
【分类信息】
  【CLC 类目】
    (1) TG335.12　冷轧
    (2) TG335.12　金相学(金属的组织与性

能）
　　（3）TG335.12　薄膜的性质
　　（4）TG335.12　X射线分析
　　（5）TG335.12　研磨加工
【IPC类目】
　　（1）H01L39/24　制造或处理列入39/00组内的器件或其部件所特有的方法或设备（对此非特有的方法或设备入21/00，从其他材料分离出超导材料的磁性分离，如用Meissner效应的入B03C1/00）〔2〕
　　（2）H01L39/24　陶瓷合成物〔5〕
　　（3）H01L39/24　复合氧化物〔3〕
　　（4）H01L39/24　在基体上或线芯上的薄膜或线〔4〕
　　（5）H01L39/24　以氧化铜或与其他氧化物的固溶体为基料的〔6〕
【词条属性】
　【特征】
　　【特点】　各向异性
　　【特点】　多晶集合体中的各晶粒沿着某些方向排列
　　【特点】　呈现出或多或少的统计不均匀分布
　　【特点】　出现在某些方向上聚集排列
　【状况】
　　【应用场景】　应用在对材料的检测分析领域
　【因素】
　　【影响因素】　成型后受到不同的加工工艺的影响
　　【影响因素】　外界力
　　【影响因素】　外界热
　　【影响因素】　外界电
　　【影响因素】　外界磁
　　【影响因素】　变形程度
　　【影响因素】　加热温度
【词条关系】
　【层次关系】
　　【类分】　面织构

　　【类分】　板织构
　　【类分】　凝固织构
　　【类分】　铸造织构
　　【类分】　形变织构
　　【类分】　丝织构
　　【类分】　再结晶织构
　　【类分】　退火织构
　　【类属】　组织形态
【应用关系】
　　【组织-工艺】　退火
　　【组织-工艺】　轧制
　　【组织-工艺】　再结晶退火
　　【组织-工艺】　铸造

◎ 中板
【基本信息】
　　【英文名】　moderato
　　【拼音】　zhong ban
　　【核心词】
【定义】
　　（1）板材厚度为19～35 mm的称为中板。
【来源】　《中国工艺美术大辞典》
　　（2）厚度为4～20 mm的钢板。
【来源】　《金属材料简明辞典》
【分类信息】
　【IPC类目】
　　（1）F23Q2/52　装填装置（一般的入B67D）
　　（2）F23Q2/52　在机器或装置之内或之上收集、保留或排放润滑油的装置（从废蒸气中回收油的油分离器入F22G）
　　（3）F23Q2/52　通过被润滑元件的泵作用或机器轴的泵作用；离心润滑
　　（4）F23Q2/52　只有圆锥齿轮
　　（5）F23Q2/52　用流体喷射清除碎片的（1/12优先）
【词条属性】
　【特征】
　　【数值】　厚度不大于25 mm

【特点】　宽厚比大
【特点】　表面积大
【特点】　有很大的覆盖能力
【特点】　有很大的包容能力
【特点】　可提高材料利用率
【特点】　可节约材料
【状况】
　【现状】　对钢板的要求急剧增长
　【应用场景】　应用于建筑行业
　【应用场景】　用于生产机械加工设备
【词条关系】
　【层次关系】
　　【并列】　薄钢板
　　【并列】　厚钢板
　　【并列】　特厚板
　　【并列】　钢带
　　【并列】　中厚板
　　【参与构成】　机械零件
　　【参与构成】　焊接型钢
　　【概念-实例】　Q235
　　【概念-实例】　20#
　　【概念-实例】　16Mn
　　【概念-实例】　304
　　【概念-实例】　316
　　【类属】　板材
　　【类属】　中厚钢板
　　【类属】　型钢
　　【类属】　型材
　【应用关系】
　　【部件成品-材料】　微合金钢
　　【材料-加工设备】　轧机
　　【材料-加工设备】　加热炉
　　【使用】　沸腾钢
　　【用于】　屋面板
　　【用于】　苫盖材料
　　【用于】　制造容器
　　【用于】　储油罐
　　【用于】　包装箱
　　【用于】　火车车厢
　　【用于】　汽车外壳
　　【用于】　工业炉壳体
　　【用于】　锅炉
　　【用于】　容器
　　【用于】　冲制汽车外壳
　　【用于】　民用器皿
　　【用于】　器具
　　【用于】　焊接钢管
　　【用于】　冷弯型钢的坯料
　【生产关系】
　　【材料-工艺】　弯曲成型
　　【材料-工艺】　冲压成型
　　【材料-工艺】　轧制精除鳞
　　【材料-工艺】　钢板矫直

◎ 中厚板
【基本信息】
　【英文名】　moderate thick plate
　【拼音】　zhong hou ban
　【核心词】
【定义】
　　板厚与板面的最小特征尺寸(长度、宽度或直径)之比超过1/5的板。
【来源】《中国土木建筑百科辞典·工程力学》
【分类信息】
　【CLC类目】
　　(1) TG335.5　板材、带材、箔材轧制
　　(2) TG335.5　钢板热处理
　　(3) TG335.5　热处理机械与设备
　　(4) TG335.5　热处理工艺
　【IPC类目】
　　(1) C21D9/70　加热钢锭用的炉子,即均热炉
　　(2) C21D9/70　移动台上的装料机或卸料机
　　(3) C21D9/70　碳钢的冶炼,如普通低碳钢、中碳钢,或铸钢
　　(4) C21D9/70　通过热加工法

（5）C21D9/70　含钛或锆的〔2〕
【词条属性】
　【特征】
　　【数值】　厚度 4.5～25 mm 的钢板
　　【特点】　厚度远小于平面尺寸
　　【特点】　横向剪力所引起的变形和弯曲
变形属于同一量级
　　【特点】　在机械工业中早已广泛应用
　　【特点】　强度高
　　【特点】　焊接性好
　　【特点】　耐蚀
　　【特点】　冷弯性能好
　【状况】
　　【现状】　工程中板的厚度有所增加
　　【应用场景】　建筑工程
　　【应用场景】　机械制造
　　【应用场景】　容器制造
　　【应用场景】　造船
　　【应用场景】　桥梁建造
【词条关系】
　【层次关系】
　　【并列】　薄钢板
　　【并列】　中板
　　【并列】　厚钢板
　　【并列】　特厚板
　　【概念-实例】　304 不锈钢中厚板
　　【概念-实例】　321 不锈钢中厚板
　　【概念-实例】　316L 不锈钢中厚板
　　【类分】　普碳板
　　【类分】　优碳板
　　【类分】　低合金板
　　【类分】　船板
　　【类分】　桥梁板
　　【类分】　锅炉板
　　【类分】　容器板
　　【类属】　板材
　　【类属】　型钢
　　【类属】　型材
　【应用关系】

　　【部件成品-材料】　微合金钢
　　【材料-加工设备】　立辊轧机
　　【材料-加工设备】　四辊轧机
　　【材料-加工设备】　矫直机
　　【材料-加工设备】　定尺剪
　　【材料-加工设备】　双边剪
　　【材料-加工设备】　剖分剪
　　【材料-加工设备】　快速冷速装置
　　【材料-加工设备】　加热炉
　　【材料-加工设备】　热矫直机
　　【材料-加工设备】　滚盘式冷床
　　【材料-加工设备】　粗除鳞机
　　【材料-加工设备】　入炉推钢机
　　【用于】　容器
　　【用于】　炉壳
　　【用于】　炉板
　　【用于】　桥梁
　　【用于】　汽车静钢钢板
　　【用于】　低合金钢钢板
　　【用于】　造船钢板
　　【用于】　锅炉钢板
　　【用于】　压力容器钢板
　　【用于】　花纹钢板
　　【用于】　汽车大梁钢板
　　【用于】　拖拉机零件
　　【用于】　焊接构件
　【生产关系】
　　【材料-工艺】　热加工性能
　　【材料-工艺】　上料
　　【材料-工艺】　板坯加热
　　【材料-工艺】　除鳞
　　【材料-工艺】　控轧控冷
　　【材料-工艺】　热矫直
　　【材料-工艺】　检查修磨
　　【材料-工艺】　切头

◎ **中空钢**
【基本信息】
　【英文名】　hollow steel

【拼音】　zhong kong gang
【核心词】
【定义】
　　中心贯有圆孔的型钢,又称中空钎钢(简称钎子钢或钎钢)。其断面形状一般为圆形、正六角形等,圆孔直径为 5～16 mm,主要用于制作凿岩爆破工程用。
【来源】　《中国冶金百科全书·金属材料》
【分类信息】
　【CLC 类目】
　　(1) TG454　钎焊
　　(2) TG454　优质钢
　　(3) TG454　轧制工艺
【词条属性】
　【特征】
　　【数值】　圆孔直径为 5～16 mm
　　【特点】　断面为圆形
　　【特点】　断面为正六角形
　　【特点】　中心有圆孔道
　【状况】
　　【应用场景】　矿山采掘
　　【应用场景】　修建铁路
　　【应用场景】　修建公路
　　【应用场景】　修建水渠
　　【应用场景】　修建水坝
　　【应用场景】　国防战备工程建设
【词条关系】
　【等同关系】
　　【基本等同】　中空钎钢
　　【缩略为】　钎子钢
　　【缩略为】　钎钢
　【层次关系】
　　【概念-实例】　B19
　　【概念-实例】　D38
　　【类分】　碳素中空钢
　　【类分】　合金中空钢
　　【类分】　深孔凿岩连接钎杆用中空钢
　　【类分】　浅孔凿岩钎杆用中空钢
　　【类分】　特种用途钎杆用中空钢
　　【类分】　复合中空钢
　　【类属】　型钢
　　【类属】　型材
【应用关系】
　　【用于】　凿岩钎杆
【生产关系】
　　【材料-工艺】　铸管法
　　【材料-工艺】　钻孔法
　　【材料-工艺】　穿孔-拔制法
　　【材料-工艺】　穿孔-热轧法
　　【材料-工艺】　涂料法
　　【材料-工艺】　热挤压法
　　【材料-工艺】　砂芯法
　　【材料-工艺】　合金管铸管
　　【材料-工艺】　普通管铸管
　　【材料-工艺】　热穿孔减径
　　【材料-工艺】　热拔

◎ 中锰钢
【基本信息】
　【英文名】　medium manganese steel
　【拼音】　zhong meng gang
　【核心词】
【定义】
　　中锰钢是指含锰量在 8%～10% 的合金钢。
【词条属性】
　【特征】
　　【数值】　Mn 含量 8%～10%
　　【数值】　C 含量 0.5%～0.8%
　　【特点】　韧性优于高锰钢
　　【特点】　具有高冷作硬化能力
　　【特点】　耐磨性好
　　【特点】　屈服强度高于高锰钢
　　【特点】　加工硬化能力强于高锰钢
　　【特点】　奥氏体稳定性低于高锰钢
　　【特点】　焊接性能优于高锰钢
【词条关系】
　【层次关系】

【并列】　高锰钢
　　【材料-组织】　奥氏体
　　【材料-组织】　马氏体
　　【类属】　合金钢
　　【类属】　锰钢
　【应用关系】
　　【材料-加工设备】　碱性炉衬中频感应炉
　　【用于】　耐磨机械设备
　【生产关系】
　　【材料-工艺】　冶炼
　　【材料-工艺】　熔炼
　　【材料-工艺】　铸造
　　【材料-工艺】　锻造
　　【材料-工艺】　机加工
　　【材料-工艺】　水韧处理
　　【材料-工艺】　回火
　　【材料-工艺】　二次回火

◎ 中碳钢
【基本信息】
　【英文名】　medium carbon steel
　【拼音】　zhong tan gang
　【核心词】
【定义】
　　碳含量为 0.25%~0.65% 的碳素钢。它包括大部分优质碳素结构钢和一部分普通碳素结构钢。此类钢大多用于制作各种机械零件,有的用于制作工程结构件。
【来源】　《中国冶金百科全书·金属材料》
【分类信息】
　【CLC 类目】
　　(1) TG115.5　机械性能(力学性能)试验
　　(2) TG115.5　金属固体相结构和相转变
　　(3) TG115.5　腐蚀的控制与防护
　【IPC 类目】
　　(1) C22C38/38　含大于1.5%(质量分数)的锰[2]
　　(2) C22C38/38　含钼或钨的[2]
　　(3) C22C38/38　组合或拼合,如半轴;桥的几个部分或部段之间的连接(B60G3/24 优先)
　　(4) C22C38/38　活塞杆,即刚性连接到活塞的杆件(两端装在枢轴上的连杆或类似杆件入 F16C7/00)
　　(5) C22C38/38　含有锌阳离子的[4,5]
【词条属性】
　【特征】
　　【缺点】　焊接性能较差
　　【数值】　含碳量 0.25%~0.65%
　　【数值】　可含锰 0.70%~1.20%
　　【特点】　强度高于低碳钢
　　【特点】　硬度高于低碳钢
　　【特点】　塑性低于低碳钢
　　【特点】　韧性低于低碳钢
　　【优点】　热加工性能良好
　　【优点】　切削性能良好
　【状况】
　　【应用场景】　建筑材料
　　【应用场景】　机械零件
　【力学性能】
　　【抗拉强度】　σ_b 为(600~1100)MPa
　　【硬度】　最高 HRC 55
　　【硬度】　最高 HB 538
【词条关系】
　【层次关系】
　　【并列】　低碳钢
　　【并列】　高碳钢
　　【构成成分】　碳、锰
　　【类分】　镇静钢
　　【类分】　半镇静钢
　　【类分】　沸腾钢
　　【类分】　碳素结构钢
　　【类分】　普通碳素结构钢
　　【类分】　优质碳素结构钢
　　【类属】　建筑用钢
　　【类属】　碳素钢
　　【类属】　耐磨钢
　　【类属】　碳钢

【类属】　结构钢
【应用关系】
　【使用】　冷挤压
　【使用】　微合金化
　【用于】　空气压缩机
　【用于】　活塞
　【用于】　蒸汽透平机叶轮
　【用于】　重型机械轴
　【用于】　蜗杆
　【用于】　齿轮
　【用于】　机床主轴
　【用于】　滚筒
　【用于】　钳工工具
【生产关系】
　【材料-工艺】　淬火
　【材料-工艺】　回火
　【材料-工艺】　正火
　【材料-工艺】　调质处理
　【原料-材料】　热轧材
　【原料-材料】　冷轧材

◎ 终轧温度
【基本信息】
　【英文名】　finishing temperature
　【拼音】　zhong zha wen du
　【核心词】
【定义】
　　终轧温度是指热轧生产的终了温度。
【来源】《实用轧钢技术手册》
【分类信息】
　【IPC 类目】
　　（1）C21D8/02　在生产钢板或带钢时（8/12 优先）[3]
　　（2）C21D8/02　用于金属薄板
　　（3）C21D8/02　通过热加工法
　　（4）C21D8/02　金属轧制的方法或制造实心半成品或成型截面的轧机（17/00 至 23/00 优先；与被轧材料成分有关的入 3/00；通过同时在两个或多个区段轧制延展封闭形金属带入 5/00；作为部件的金属轧机机座入 13/00；在用移动轧辊形成铸型壁的铸型中连续铸造入 B22D11/06）；轧机机列内的加工序列；轧制车间的布置，如机座的分组、轧道的顺序或分轧道变换的顺序
　　（5）C21D8/02　用熔炼法[2]
【词条属性】
　【特征】
　　【数值】　亚共析钢的终轧温度应高于线 50～100 ℃
　　【数值】　高速钢的终轧温度应在 900 ℃ 以上
　　【数值】　铁素体不锈钢的终轧温度应为 750～800 ℃
　　【特点】　对产量有显著影响
　　【特点】　对质量有显著影响
　　【特点】　对轧后成材金相组织影响极大
　　【特点】　对轧后成材晶粒大小影响极大
　　【特点】　对轧后成材机械性能影响巨大
　【状况】
　　【应用场景】　应用于控制轧制技术
　　【应用场景】　应用于控制冷却技术
　　【应用场景】　用于高速线材生产
　　【应用场景】　不同钢种轧制生产
　【因素】
　　【影响因素】　烧钢温度
　　【影响因素】　轧制速度
　　【影响因素】　道次设置
　　【影响因素】　工艺参数
　　【影响因素】　轧辊冷却水流量
　　【影响因素】　钢种
【词条关系】
　【层次关系】
　　【并列】　开轧温度
　　【并列】　卷取温度
　　【类属】　轧制工艺参数
　　【类属】　轧制温度
　【应用关系】
　　【使用】　温度控制

【用于】 轧制工艺

◎ 重轨
【基本信息】
　【英文名】 heavy rail
　【拼音】 zhong gui
　【核心词】
【定义】
　　是指重量较大的热轧铁路用钢轨,截面为工字形,由轨头、轨腰和轨底三部分所组成,规格以每米大致重量而定,可分为 38 kg/m、43 kg/m、50 kg/m、60 kg/m 4 种。
【来源】 《中国土木建筑百科辞典·工程材料·下》
【分类信息】
　【CLC 类目】
　　F426　工业部门经济
　【IPC 类目】
　　C21C7/06　脱氧,如镇静钢[2]
【词条属性】
　【特征】
　　【数值】 一般每米公称重量大于 60 kg
　　【数值】 $\omega(C) = 0.65\% \sim 0.75\%$
　　【数值】 $\omega(Mn) = 0.8\% \sim 1.0\%$
　　【数值】 $\omega(Si) = 0.20\% \sim 0.25\%$
　【特点】 断面大
　【特点】 能够承受更大的力
　【特点】 高强度
　【特点】 高耐磨性
　【特点】 良好的表面质量
　【状况】
　　【应用场景】 铁路运输
【词条关系】
　【层次关系】
　　【并列】 轻轨
　　【并列】 工业升降机用导轨
　　【并列】 起重机用轨
　　【并列】 导电轨
　　【并列】 道岔轨

【参与组成】 地铁
【概念-实例】 普通含锰钢钢轨
【概念-实例】 含铜普碳钢钢轨
【概念-实例】 高硅含铜钢钢轨
【概念-实例】 铜轨
【概念-实例】 锰轨
【概念-实例】 硅轨
【类分】 一般钢轨
【类分】 起重机轨
【类属】 钢轨
【类属】 钢材
【应用关系】
　【材料-加工设备】 平炉
　【材料-加工设备】 氧气转炉
【生产关系】
　【材料-工艺】 淬火处理
　【材料-工艺】 模铸
　【材料-工艺】 连铸
　【材料-工艺】 完全退火
　【材料-工艺】 轧制
　【材料-工艺】 铸造

◎ 轴承钢
【基本信息】
　【英文名】 bearing steel
　【拼音】 zhou cheng gang
　【核心词】
【定义】
　　用于制造滚珠和滚柱轴承的钢叫作轴承钢。通常为高碳的铬钢。
【来源】 《实用轧钢技术手册》
【分类信息】
　【CLC 类目】
　　(1) TF762　优质钢
　　(2) TF762　一般性问题
　　(3) TF762　电炉炼钢
　　(4) TF762　熔炼过程及操作
　　(5) TF762　钢液二次精炼和炉外处理
　【IPC 类目】

（1）F16C33/32　　滚珠
　　（2）F16C33/32　　材料的选择
　　（3）F16C33/32　　用于环；轴承座圈
　　（4）F16C33/32　　电炉炼钢（电加热本身入 H05B）
　　（5）F16C33/32　　带两列或多列滚珠的
【词条属性】
　【特征】
　　【数值】　含碳量 $w(C)$ 为 1% 左右
　　【数值】　含铬量 $w(Cr)$ 为 0.5%～1.65%
　　【特点】　高硬度
　　【特点】　高耐磨性
　　【特点】　高弹性极限
　　【优点】　化学成分均匀
　【时间】
　　【起始时间】　1976 年
【词条关系】
　【等同关系】
　　【基本等同】　高碳铬钢
　【层次关系】
　　【类分】　全淬透型轴承钢
　　【类分】　表面硬化型轴承钢
　　【类分】　不锈轴承钢
　　【类分】　高温轴承钢
　　【类分】　高碳铬轴承钢
　　【类分】　无铬轴承钢
　　【类分】　渗碳轴承钢
　　【类分】　中高温轴承钢
　　【类分】　防磁轴承钢
　　【类属】　高合金钢
　【应用关系】
　　【使用】　真空炉
　　【用于】　滚珠
　　【用于】　滚柱
　　【用于】　轴承套圈
　　【用于】　精密量具
　　【用于】　冷冲模
　　【用于】　机床丝杠
　【生产关系】

　　【材料-工艺】　球化退火
　　【材料-工艺】　锻造成型
　　【材料-工艺】　冷镦
　　【材料-工艺】　热轧成型
　　【材料-工艺】　热锻
　　【材料-工艺】　脱气
　　【材料-工艺】　电渣重熔
　　【材料-工艺】　脱硫
　　【材料-工艺】　脱磷
　　【材料-工艺】　铁水预处理
　　【材料-工艺】　完全退火
　　【原料-材料】　钎钢

◎珠光体

【基本信息】
　【英文名】　pearlite；perlite
　【拼音】　zhu guang ti
　【核心词】
【定义】
　　共析成分合金冷却到共析反应温度以下析出的片层状产物叫珠光体，它因其薄片试样磨光腐蚀后具有珠母贝的光泽而得名，在钢中，它是由片状铁素体和渗碳体相互交替排列的层状组织。
【来源】《固体物理学大辞典》
【分类信息】
　【CLC 类目】
　　TG142.1　钢的组织与性能
　【IPC 类目】
　　（1）C22C38/00　　铁基合金，如合金钢（铸铁合金入 37/00）〔2〕
　　（2）C22C38/00　　含锰的〔2〕
　　（3）C22C38/00　　用于钢轨（现场铁路钢轨热处理设备入 E01B31/18）
　　（4）C22C38/00　　含钒的〔2〕
　　（5）C22C38/00　　铸铁的热处理
【词条属性】
　【特征】
　　【数值】　含碳量约为 0.77%

【数值】　一般铁素体占 88%，渗碳体占 12%
　　【特点】　片状
　　【特点】　黑白相间
　　【特点】　强韧性较好
　　【特点】　条纹状
　【力学性能】
　　【冲击韧性】　24～32 J
　　【抗拉强度】　（750～900）MPa
　　【延伸率】　20%～25%
　　【硬度】　180～280 HBS
　【因素】
　　【影响因素】　温度是影响片间距大小的一个主要因素
　　【影响因素】　化学成分
　　【影响因素】　组织结构
　　【影响因素】　保温时间
　　【影响因素】　奥氏体晶粒度
　　【影响因素】　应力和塑性变形
【词条关系】
　【等同关系】
　　【缩略为】　P
　【层次关系】
　　【并列】　索氏体
　　【并列】　托氏体
　　【并列】　铁素体
　　【并列】　奥氏体
　　【并列】　渗碳体
　　【并列】　莱氏体
　　【并列】　马氏体
　　【参与组成】　莱氏体钢（珠光体+渗碳体）
　　【类属】　金相组织
　　【类属】　复相组织
　　【组织-材料】　桥梁钢
　　【组织-材料】　铸铁
　　【组织-材料】　合金铸铁
　　【组织-材料】　共析钢
　　【组织-材料】　灰铸铁
　　【组织-材料】　合金结构钢
　　【组织-材料】　低合金高强度钢
　　【组织-材料】　低合金钢
　　【组织-材料】　耐热钢
　　【组织-材料】　铸钢
　　【组织-材料】　非调质钢
　　【组织-材料】　微合金钢
　　【组织-材料】　珠光体耐热钢
　　【组织-材料】　珠光体球墨铸铁
　　【组织-材料】　弹簧钢丝
　　【组织-材料】　亚共析钢
　　【组织-材料】　曲轴
　　【组织-材料】　蠕墨铸铁
　【应用关系】
　　【组织-工艺】　共析转变
　　【组织-工艺】　热处理制度
　　【组织-工艺】　脆化

◎ 柱状晶

【基本信息】
　【英文名】　columnar crystal；columnar grain
　【拼音】　zhu zhuang jing
　【核心词】
【定义】
　（1）一种晶体形态。指晶体在结晶过程中，沿散热相反的方向得到特别发展的晶体或晶粒，如在金属铸锭中。其表层为极薄的细晶区，中心为等轴晶区，两者之间即为柱状晶区。柱状晶比较致密，力学性能较高，但往往对钢铁塑性加工有不利的影响。
　【来源】　《金属材料简明辞典》
　（2）一种晶体形态。晶体在结晶过程中，沿散热相反的方向得到特别发展的晶体或晶粒。例如，液态金属或合金凝固时，其表层由于过冷而形成细小的等轴晶层，以后液体金属的冷却主要靠缓慢的传热，晶体便沿着平行于热流方向朝与热流相反的方向生长，成为垂直于模壁向中心生长的柱状晶。
　【来源】　《金属功能材料词典》
【分类信息】

【CLC 类目】
　　(1) TG174.4　金属表面防护技术
　　(2) TG174.4　合金学与各种性质合金
　　(3) TG174.4　其他特种性质合金
　　(4) TG174.4　连续铸钢、近终形铸造
　　(5) TG174.4　特种结构材料
【IPC 类目】
　　(1) B22F9/08　用铸造方法,如通过筛或注入水中;用雾化或喷雾方法(利用放电入9/14)〔3〕
　　(2) B22F9/08　注入带移动壁的铸型,如用辊子、板、皮带、履带(11/07 优先)〔3〕
　　(3) B22F9/08　适宜用于在真空中或特殊气氛中处理炉料的
　　(4) B22F9/08　按其矫顽力区分的〔6〕
　　(5) B22F9/08　无环或碳环化合物
【词条属性】
　【特征】
　　【缺点】　容易导致再热加工破裂
　　【特点】　偏析比等轴晶少
　　【特点】　结构致密
　　【特点】　具有抗蠕变能力
　　【特点】　具有抗疲劳能力
　　【特点】　有方向性
　　【优点】　有较好的各向异性性能
　【因素】
　　【影响因素】　定向凝固
　　【影响因素】　等轴晶晶核
　　【影响因素】　成分过冷度
　　【影响因素】　凝固条件
　　【影响因素】　浇注温度
　　【影响因素】　浇注方式
　　【影响因素】　冷却条件
　　【影响因素】　孕育处理
【词条关系】
　【层次关系】
　　【并列】　等轴晶
　　【并列】　树枝晶
　　【并列】　平面晶
　　【并列】　胞状晶
　　【并列】　激冷层
　　【组织-材料】　铸锭
　　【组织-材料】　铁素体钢
　　【组织-材料】　钼
　　【组织-材料】　铊
　　【组织-材料】　奥氏体钢
　　【组织-材料】　铝
　　【组织-材料】　金
　　【组织-材料】　铜
　　【组织-材料】　金属合金
　　【组织-材料】　连铸钢
　　【组织-材料】　磁性材料
　　【组织-材料】　发动机叶片
　　【组织-材料】　螺旋桨叶片

◎铸锭
【基本信息】
　【英文名】　ingot casting
　【拼音】　zhu ding
　【核心词】
【定义】
　　炼钢生产过程中最后一道重要工序,即将冶炼好的钢水浇铸成一定形状的钢坯(钢锭)。炼钢炉炼好的钢液,除了极少部分直接用于铸造外,绝大多数都要铸成钢锭,然后送至轧钢车间轧成各种钢材。
【来源】　《中国成人教育百科全书·化学·化工》
【分类信息】
【CLC 类目】
　　TF771　铸锭理论
【IPC 类目】
　　(1) C22C1/02　用熔炼法
　　(2) C22C1/02　高熔点或难熔金属或以它们为基的合金
　　(3) C22C1/02　硅做次主要成分的〔2〕
　　(4) C22C1/02　镍基合金〔2〕
　　(5) C22C1/02　钛基合金〔2〕

【词条属性】
  【特征】
    【缺点】　易形成缩孔
    【缺点】　易形成缩松
    【缺点】　易产生气孔
    【缺点】　易形成偏析
    【特点】　铸锭是铸态组织
    【特点】　有较大的柱状晶
    【特点】　有较大的疏松中心
    【特点】　塑性较差
    【特点】　常聚集易熔杂质
    【特点】　常聚集非金属夹杂物
  【因素】
    【影响因素】　浇注温度
    【影响因素】　浇注方式
    【影响因素】　浇注手段
    【影响因素】　截面的不匀
    【影响因素】　冷铁的应用
    【影响因素】　浇注条件
【词条关系】
  【层次关系】
    【材料-组织】　铸态组织
    【材料-组织】　柱状晶
    【材料-组织】　细晶
    【材料-组织】　等轴晶
    【参与组成】　铸造合金
    【概念-实例】　钢铸锭
    【概念-实例】　铝合金铸锭
    【概念-实例】　钛合金铸锭
    【概念-实例】　铜铸锭
    【概念-实例】　真空铸锭
    【类分】　静态铸锭
    【类分】　半连续铸锭
    【类分】　直冷式铸锭
    【类分】　连续铸锭
  【应用关系】
    【材料-加工设备】　浇注机
    【材料-加工设备】　造型机
    【材料-加工设备】　造芯机
    【材料-加工设备】　抛丸机
    【材料-加工设备】　落砂机
    【材料-加工设备】　混砂机
    【材料-加工设备】　压块机
    【材料-加工设备】　铸锭机
  【生产关系】
    【材料-工艺】　铸造
    【材料-工艺】　定向凝固
    【材料-原料】　铁
    【材料-原料】　碳
    【材料-原料】　铝
    【材料-原料】　铜
    【材料-原料】　钛
    【材料-原料】　锰
    【材料-原料】　硅

◎铸钢

【基本信息】
  【英文名】　cast steel
  【拼音】　zhu gang
  【核心词】
【定义】
　　铸钢是在凝固过程中不经历共晶转变的用于生产铸件的铁基合金的总称。铸造合金的一种。
  【来源】　百度百科
【分类信息】
  【CLC 类目】
    TF771.2　钢锭缺陷
  【IPC 类目】
    (1) C21B7/10　冷却;所用设备
    (2) C21B7/10　不限于单一主组包括的铸造工艺的铸件的冷却(金属连续铸造的铸坯的冷却附属设备入 11/124;金属连续铸造中的控制或调节冷却铸坯的工艺或操作入 11/22;冷硬铸造入 15/00)〔5〕
    (3) C21B7/10　用于异型铸件的铸型
    (4) C21B7/10　活塞(一般的入 F16J)
    (5) C21B7/10　操作或运行的控制或调

节〔2〕
【词条属性】
　【特征】
　　【缺点】　成本较高
　　【缺点】　焊接过程中容易变形
　　【缺点】　难形成流线型结构
　　【缺点】　焊接过程中内部应力高
　　【数值】　碳含量 0～2%
　　【特点】　大范围的重量变化
　　【优点】　设计灵活性
　　【优点】　可变性高
　　【优点】　提高整体结构强度
　【状况】
　　【现状】　应用广泛
　　【应用场景】　冶金
　　【应用场景】　电力
　　【应用场景】　石油
　　【应用场景】　化工
　　【应用场景】　工业部门
　【因素】
　　【影响因素】　凝固成型过程中的冷却速度
　　【影响因素】　碳含量
【词条关系】
　【层次关系】
　　【并列】　铸铁
　　【材料-组织】　奥氏体
　　【材料-组织】　马氏体
　　【材料-组织】　铁素体
　　【材料-组织】　珠光体
　　【概念-实例】　304 不锈钢
　　【概念-实例】　316 不锈钢
　　【概念-实例】　ZG35SiMn
　　【概念-实例】　ZG4Cr9Si2
　　【概念-实例】　ZGCr28
　　【构成成分】　铁、碳
　　【类分】　铸造碳钢
　　【类分】　铸造低合金钢
　　【类分】　铸造特种钢
　　【类分】　耐蚀铸钢
　　【类分】　耐热铸钢
　　【类分】　无磁铸钢
　　【类属】　铸造合金
　　【类属】　钢铁
　　【类属】　钢铁材料
　【应用关系】
　　【使用】　冷脆
　　【用于】　轧钢机机架
　　【用于】　水压机底座
　　【用于】　火车车轮
　　【用于】　火车车钩
　　【用于】　化工用阀体
　　【用于】　泵
　　【用于】　汽轮机壳体
　　【用于】　高强度齿轮
　　【用于】　齿轮圈
　　【用于】　轧辊
　【生产关系】
　　【材料-工艺】　铸造
　　【材料-工艺】　退火
　　【材料-工艺】　正火
　　【材料-工艺】　回火
　　【材料-工艺】　调质
　　【材料-工艺】　表面化学热处理
　　【材料-工艺】　连轧
　　【材料-工艺】　完全退火

◎ **铸件**
【基本信息】
　【英文名】　casting
　【拼音】　zhu jian
　【核心词】
【定义】
　　用铸造方法获得的金属物体的总称。铸件可以是毛坯、半成品和成品。
　【来源】　《中国成人教育百科全书·物理·机电》
【分类信息】

【CLC 类目】
   （1）TG27   合金铸造
   （2）TG27   灰口铸铁铸件
   （3）TG27   浇注及凝固
   （4）TG27   铝的无机化合物
【IPC 类目】
   （1）C22C33/08   铸铁合金的制造〔2〕
   （2）C22C33/08   含球墨的
   （3）C22C33/08   含铝或硅的
   （4）C22C33/08   外接合或内接合制动器用的鼓轮
【词条属性】
  【特征】
    【缺点】   难以精确控制
    【缺点】   质量不够稳定
    【缺点】   组织疏松
    【缺点】   晶粒粗大
    【缺点】   内部易产生缩孔
    【缺点】   机械性能较低
    【缺点】   内部易产生缩松
    【缺点】   内部易产生气孔
    【数值】   重量由几克到几百吨
    【数值】   壁厚由 0.5～1 m
    【特点】   重量范围很宽
    【特点】   尺寸范围很宽
    【优点】   可形成内腔、外形很复杂的毛坯
    【优点】   工艺灵活性大
    【优点】   适应性广
    【优点】   制造成本较低
【词条关系】
  【层次关系】
    【类分】   铸钢件
    【类分】   铸铁件
    【类分】   铸铜件
    【类分】   铸铝件
    【类分】   铸锌件
    【类分】   铸钛件
    【类分】   铸镁件
    【类分】   可锻铸铁件
    【类分】   蠕墨铸铁件
    【类分】   球墨铸铁件
    【类分】   灰铸铁件
    【类分】   合金铸铁件
    【类分】   双金属铸件
    【类分】   电渣重熔铸件
    【类分】   陶瓷型铸件
    【类分】   熔模铸件
    【类分】   连续浇注件
    【类分】   离心铸件
    【类分】   压铸件
    【类分】   金属型铸件
    【类分】   普通砂型铸件
    【类属】   毛坯
  【应用关系】
    【使用】   完全退火
    【用于】   建筑
    【用于】   五金
    【用于】   机床
    【用于】   船舶
    【用于】   航空航天
    【用于】   汽车
    【用于】   机车
    【用于】   计算机
  【生产关系】
    【材料-工艺】   铸造
    【材料-工艺】   浇注
    【材料-原料】   钢水

◎ 铸态组织
【基本信息】
  【英文名】   cast structure
  【拼音】   zhu tai zu zhi
  【核心词】
【定义】
    铸态组织是指金属(多指合金)材料在熔炼过程中,从金属熔体转变为固体(术语:浇铸)后形成的微观组织。
  【来源】   百度百科

【分类信息】
　【CLC 类目】
　　（1）TG292　　轻金属铸造
　　（2）TG292　　合金铸造
　【IPC 类目】
　　（1）C22C21/12　　铜做次主要成分的〔2〕
　　（2）C22C21/12　　用熔炼法
　　（3）C22C21/12　　挖掘部件用的小型金属件，如铲齿
　　（4）C22C21/12　　金属材料表面中至少渗入一种硅以外的非金属元素，以及至少一种金属元素或硅的固渗〔4〕
　　（5）C22C21/12　　锌基合金〔2〕
【词条属性】
　【特征】
　　【缺点】　　缩孔
　　【缺点】　　缩松
　　【缺点】　　气孔
　　【缺点】　　偏析
　　【缺点】　　夹杂
　　【特点】　　枝晶结构
　　【特点】　　通过浇注直接形成
　【因素】
　　【影响因素】　　材料组分
　　【影响因素】　　温度
　　【影响因素】　　浇铸时的冷却速率
【词条关系】
　【层次关系】
　　【构成成分】　　晶体、杂相
　　【类分】　　铁素体铸态组织
　　【类分】　　马氏体铸态组织
　　【类分】　　珠光体铸态组织
　　【类分】　　晶粒的形态
　　【类分】　　晶粒的大小
　　【类分】　　晶粒缺陷
　　【类分】　　界面形貌
　　【组成部件】　　表面细晶粒层
　　【组成部件】　　中间柱状晶粒层
　　【组成部件】　　中心等轴晶粒层

　　【组织-材料】　　铸锭
　【应用关系】
　　【组织-工艺】　　铸造
　【生产关系】
　　【材料-工艺】　　正火

◎ 铸铁
【基本信息】
　【英文名】　　cast iron
　【拼音】　　zhu tie
　【核心词】
【定义】
　　（1）用铁矿石炼成的铁。含碳量在1.7%～4.5%，并含有磷、硫、硅等杂质。质脆，不能锻压，是炼钢和铸造器物的原料。又叫作生铁、铣铁。
　【来源】《汉语倒排词典》
　　（2）一种不纯的铁，含碳2.5%～4.5%。高碳含量使之变得较硬、较脆，在拉力作用下易断裂。浇铸生铁（pigiron）并调节其成分以提高强度，由此制得铸铁。铸铁用于浇铸形状复杂的部件。
　【来源】《麦克米伦百科全书》
【分类信息】
　【CLC 类目】
　　（1）TG172.4　　土壤腐蚀
　　（2）TG172.4　　特种结构材料
　　（3）TG172.4　　金属复合材料
　【IPC 类目】
　　（1）C22C37/10　　含铝或硅的
　　（2）C22C37/10　　铸铁合金的制造〔2〕
　　（3）C22C37/10　　附有热水装置的〔4〕
　　（4）C22C37/10　　含镍的
　　（5）C22C37/10　　汽缸盖
【词条属性】
　【特征】
　　【缺点】　　塑性差
　　【缺点】　　组织不均匀
　　【缺点】　　焊接性差

【数值】　　含碳量2%以上的铁碳合金
【数值】　　熔点1145～1250 ℃
【特点】　　含碳量高
【特点】　　断口亮白色
【特点】　　硬而脆
【优点】　　强度高
【优点】　　耐磨性好
【状况】
　　【应用场景】　　工业
　　【应用场景】　　农业
　　【应用场景】　　航空航天
　　【应用场景】　　交通运输
　　【应用场景】　　建筑
【时间】
　　【起始时间】　　公元前477—前221年
【其他物理特性】
　　【比热容】　　0.1～0.15 cal/(g·℃)
　　【电阻率】　　15～105 μΩ·cm
　　【密度】　　6.8～7.73 g/cm^3
　　【热膨胀系数】　　(10.6～13.5)/10^6℃
【力学性能】
　　【弹性模量】　　(0.6～2)×10^5 MPa
　　【抗拉强度】　　(100～800) MPa
　　【疲劳极限】　　(6.5～270) MPa
　　【屈服强度】　　(190～560) MPa
　　【硬度】　　120～321 HB
【词条关系】
　　【层次关系】
　　　　【并列】　　铸钢
　　　　【材料-组织】　　石墨
　　　　【材料-组织】　　渗碳体
　　　　【材料-组织】　　铁素体
　　　　【材料-组织】　　珠光体
　　　　【材料-组织】　　马氏体
　　　　【材料-组织】　　奥氏体
　　　　【材料-组织】　　莱氏体
　　　　【材料-组织】　　磷共晶
　　　　【构成成分】　　铁、碳、硅、锰、磷、硫
　　　　【类分】　　灰口铸铁
　　　　【类分】　　白口铸铁
　　　　【类分】　　可锻铸铁
　　　　【类分】　　球墨铸铁
　　　　【类分】　　蠕墨铸铁
　　　　【类分】　　合金铸铁件
　　　　【类分】　　耐磨铸铁
　　　　【类分】　　耐热铸铁
　　　　【类分】　　耐蚀铸铁
　　　　【类分】　　冷硬铸铁
　　　　【类属】　　合金
　　　　【类属】　　铸造合金
　　【应用关系】
　　　　【材料-加工设备】　　冲天炉
　　　　【材料-加工设备】　　感应电炉
　　　　【材料-加工设备】　　电弧炉
　　　　【使用】　　金相组织
　　　　【使用】　　硬度
　　　　【使用】　　氮化钒
　　　　【用于】　　高强度齿轮
　　　　【用于】　　机床导轨
　　　　【用于】　　机床床身
　　　　【用于】　　齿轮
　　　　【用于】　　活塞
　　　　【用于】　　农机具
　　　　【用于】　　汽车外壳
　　　　【用于】　　铁道
　　　　【用于】　　桥梁
　　　　【用于】　　管道
　　　　【用于】　　泵体
　　【生产关系】
　　　　【材料-工艺】　　铸造
　　　　【材料-工艺】　　去应力退火
　　　　【材料-工艺】　　石墨化退火
　　　　【材料-工艺】　　等温淬火
　　　　【材料-工艺】　　表面淬火
　　　　【材料-工艺】　　化学热处理
　　　　【材料-工艺】　　熔焊
　　　　【材料-工艺】　　连轧
　　　　【材料-工艺】　　渗硫

【材料-工艺】 完全退火

◎铸造
【基本信息】
　【英文名】　cast
　【拼音】　zhu zao
　【核心词】
【定义】
　（1）把金属熔化浇入铸型中而形成预定物件的过程和方法。包括制造铸型、熔化金属、浇铸、清理工作等。用砂制作的铸型应用较为广泛，所以铸造又称为翻砂。
　【来源】　《汉语倒排词典》
　（2）将金属熔炼成符合一定要求的液体并浇进铸模里，经冷却凝固、清整处理后得到有预定形状、尺寸和性能的铸件热加工。
　【来源】　《军事大辞海·下》
【分类信息】
　【CLC类目】
　　（1）TB331　金属复合材料
　　（2）TB331　锻、铸造、压力加工、成型工艺
　　（3）TB331　钢件铸造
　　（4）TB331　熔剂、辅助材料
　　（5）TB331　其他特种铸造
　【IPC类目】
　　（1）C22C23/02　铝做次主要成分的〔2〕
　　（2）C22C23/02　用熔炼法
　　（3）C22C23/02　金属铸造；用相同工艺或设备的其他物质的铸造
　　（4）C22C23/02　精炼
　　（5）C22C23/02　铝基合金
【词条属性】
　【特征】
　　【缺点】　机械性能差
　　【缺点】　缺陷多
　　【缺点】　质量不稳定
　　【优点】　可以生产形状复杂的零件
　　【优点】　适应性广
　　【优点】　原材料来源广
　　【优点】　价格低廉
　　【优点】　形状接近
　　【优点】　应用广泛
　【时间】
　　【起始时间】　公元前513年
【词条关系】
　【层次关系】
　　【并列】　焊接
　　【并列】　锻压
　　【类分】　砂型铸造
　　【类分】　造型
　　【类分】　造芯
　　【类分】　模铸
　　【类分】　连铸
　　【类属】　材料加工
　【应用关系】
　　【工艺-组织】　铸态组织
　　【工艺-组织】　织构
　　【使用】　重熔
　　【使用】　脱氧剂
　　【使用】　高锰钢
　　【使用】　温度控制
　　【使用】　浇注温度
　　【使用】　温度梯度
　【生产关系】
　　【工艺-材料】　铸造金属
　　【工艺-材料】　焦炭
　　【工艺-材料】　木材
　　【工艺-材料】　塑料
　　【工艺-材料】　造型材料
　　【工艺-材料】　铸铁
　　【工艺-材料】　铸件
　　【工艺-材料】　耐大气腐蚀钢
　　【工艺-材料】　耐热合金
　　【工艺-材料】　精密电阻合金
　　【工艺-材料】　铸钢
　　【工艺-材料】　无磁钢
　　【工艺-材料】　钢铁

【工艺-材料】 耐蚀钢
【工艺-材料】 铸锭
【工艺-材料】 方坯
【工艺-材料】 永磁合金
【工艺-材料】 型材
【工艺-材料】 耐磨材料
【工艺-材料】 双金属
【工艺-材料】 中锰钢
【工艺-材料】 重轨
【工艺-材料】 莱氏体钢（珠光体＋渗碳体）
【工艺-设备工具】 金属冶炼炉
【工艺-设备工具】 混砂机
【工艺-设备工具】 造型机

◎转变温度

【基本信息】
　　【英文名】 transformation temperature；transition temperature
　　【拼音】 zhuan bian wen du
　　【核心词】
【定义】
　　（1）这是指纯物质在一定压力下能有两相并存的平衡温度。例如，在一个大气压下，水和冰的转变温度为 0 ℃，水和蒸汽的转变温度为 100 ℃。转变温度是一个广义名词，对某种特殊平衡来说，可以有不同的名词，如水和冰的转变温度可以称为水的凝固温度或"凝固点"，亦可以称为冰的溶化温度为"溶解点"。
　　【来源】《现代药学名词手册》
　　（2）纯物质在一定压力下两相达到相平衡时的温度。是一广义名词，对某种特殊平衡来说，可以有不同的名称。例如，液相与固相共存时，称为"凝固点"或"熔点"，液相与气相共存时称为"沸点"。无特殊名称的则统称为"转变温度"。又如，两种不同晶型如正交型硫与斜方型硫的固体共存平衡时，其温度称为"转变温度"或"晶型转变温度"。
　　【来源】《化学词典》

【分类信息】
　【CLC 类目】
　　（1）TG139 其他特种性质合金
　　（2）TG139 超导体、超导体材料
　　（3）TG139 半导体理论
　　（4）TG139 特种机械性质合金
【词条属性】
　【特征】
　　【数值】 铅的转变温度是 $T_c = 7.0 K$
　　【数值】 水银的转变温度是 $T_c = 4.2 K$
　　【数值】 铝的转变温度是 $T_c = 1.2 K$
　　【数值】 镉的转变温度是 $T_c = 0.6 K$
　　【特点】 易受外界因素影响
　　【特点】 对于材料转变性能的研究有重要作用
　【状况】
　　【应用场景】 构件材料性能的考核
　【时间】
　　【起始时间】 1986 年
　【因素】
　　【影响因素】 晶体结构
　　【影响因素】 化学成分
　　【影响因素】 显微组织
　　【影响因素】 晶粒大小
　　【影响因素】 夹杂物
　　【影响因素】 试样尺寸
　　【影响因素】 加载方式
　　【影响因素】 加载速度
【词条关系】
　【等同关系】
　　【基本等同】 临界温度
　【层次关系】
　　【类分】 结晶熔融温度
　　【类分】 玻璃化转变温度
　　【类分】 韧脆转变温度
　　【类分】 马氏体转变温度
　　【类分】 奥氏体转变温度
　　【类分】 冷脆转变温度
　　【类分】 超导转变温度

【类分】 低温脆性转变温度
【应用关系】
　【用于】 超导
【测度关系】
　【物理量-度量方法】 能量准则法
　【物理量-度量方法】 断口形貌准则法
　【物理量-度量方法】 落锤试验法

◎ **转炉**
【基本信息】
　【英文名】 converter
　【拼音】 zhuan lu
　【核心词】
【定义】
　　一种冶金炉，以炉体能绕轴倾动而得名。它利用鼓入的空气、纯氧或纯氧加燃料油，氧化液态金属中的杂质，并产生所需的热能。
【来源】《中国百科大辞典》
【分类信息】
　【CLC类目】
　　（1）TF748.2　转炉
　　（2）TF748.2　熔炼过程及操作
　　（3）TF748.2　转炉机械设备
　　（4）TF748.2　转炉炼钢
　　（5）TF748.2　炼钢生产自动化
　【IPC类目】
　　（1）C21C5/46　零件或辅助设备
　　（2）C21C5/46　转炉炼钢
　　（3）C21C5/46　有旋转筒或振动筒的〔4〕
　　（4）C21C5/46　转炉的炉底或风嘴
　　（5）C21C5/46　吹炼的调节或控制
【词条属性】
　【特征】
　　【特点】 炉体圆筒形
　　【特点】 可以转动
　　【特点】 主要靠铁液本身的物理热和铁液组分间化学反应产生热量
　　【优点】 生产速度快
　　【优点】 生产费用低
　【时间】
　　【起始时间】 1856年
【词条关系】
　【层次关系】
　　【类分】 碱性转炉
　　【类分】 酸性转炉
　　【类分】 底吹转炉
　　【类分】 顶吹转炉
　　【类分】 侧吹转炉
　　【类分】 氧气转炉
　　【类分】 空气转炉
　　【类属】 炼钢炉
　　【主体-附件】 耐火材料
　　【组成部件】 炉壳
　　【组成部件】 炉衬
　　【组成部件】 炉帽
　　【组成部件】 炉身
　　【组成部件】 炉底
　【应用关系】
　　【加工设备-材料】 液态生铁
　　【加工设备-材料】 铁水
　　【加工设备-材料】 废钢
　　【加工设备-材料】 铁合金
　　【加工设备-材料】 易切削钢
　　【加工设备-材料】 亚共析钢
　　【加工设备-材料】 型钢
　　【加工设备-材料】 无磁钢
　　【使用】 造渣料
　　【使用】 转炉煤气
　　【使用】 脱氧剂
　　【用于】 微合金钢
　【生产关系】
　　【设备工具-工艺】 炼钢
　　【设备工具-工艺】 熔炼
　　【设备工具-工艺】 炼铜
　　【设备工具-工艺】 冶炼

第四部分

附　录

A 实例词条音序

A
奥氏体
奥氏体不锈钢

B
白口铸铁
板材
板坯
棒材
薄板坯
保护气氛
保护气体
贝氏体
贝氏体钢
扁钢
变形高温合金
变形合金
变形抗力
变形温度
表面质量
泊松比
不锈钢

C
残余奥氏体
残余应力
层错
超低碳
超高强度钢
超塑性
沉淀强化
沉淀相
沉淀硬化
成材率
成分设计
成型性能
持久强度
冲击韧性
冲击韧性试验
冲击试样
冲击载荷
冲击值
冲压成型
重熔
储能
储氢
传感器
船板
船舶用钢
磁场
磁导率
磁感应强度
磁各向异性
磁化强度
磁化曲线
磁能积
磁性材料
磁致伸缩
磁滞回线
脆化
脆性断裂
脆性转变温度
淬火
淬透性
淬硬性

D
大气腐蚀
带材
带钢
带状组织
氮化钒
氮化钛
氮化物
导电性
导热性
等温淬火
等温退火
等温转变曲线
低倍组织
低合金钢
低合金高强度钢
低合金结构钢
低碳钢
低温钢
低温回火脆性
低温韧性
低周疲劳
点焊
点蚀
电磁搅拌
电镀
电工钢
电焊条
电弧焊
电弧炉
电炉
电热合金
电渣重熔
电渣炉
电阻合金
电阻率
电阻温度系数
定向凝固
动态再结晶
断口
断裂强度
断裂韧性
断面收缩率
锻钢
锻件
锻造
堆焊

E

二次淬火
二次硬化

F

方坯
非调质钢
废钢
沸腾钢
粉末冶金
缝焊
缝隙腐蚀
腐蚀
腐蚀疲劳
腐蚀试验
复合材料
复相组织

G

感应加热
钢板
钢棒
钢包
钢材
钢带
钢锭
钢管
钢轨
钢号
钢绞线
钢结构
钢筋
钢坯
钢水
钢丝
钢铁
钢铁材料
钢铁工业
高电阻电热合金
高铬铸铁
高合金钢

高炉
高锰钢
高强度低合金钢
高强度钢
高速钢
高弹性合金
高碳钢
高温持久强度
高温淬火
高温腐蚀
高温合金
高温回火
高温回火脆性
高温强度
高温性能
高周疲劳
铬钢
铬钼钒钢
铬钼钢
铬镍钼钢
铬铁
工具钢
工业纯铁
工艺参数
工艺技术
工艺流程
工艺性能
工字钢
共晶合金
共晶碳化物
共析钢
钴合金
钴基高温合金
固溶处理
固溶强化
固溶体
管材
管线
硅钢
硅锰钢

贵金属
过渡金属
过共析钢
过冷奥氏体
过时效

H

海水腐蚀
焊道
焊缝
焊管
焊剂
焊接
焊接材料
焊丝
焊条
合金钢
合金工具钢
合金化
合金结构钢
合金牌号
合金丝
合金元素
合金铸铁
恒弹性合金
红硬性
厚钢板
化学成分
化学热处理
灰铸铁
回火脆性

J

界面
金相
金相组织
金属材料
金属间化合物
晶格常数
晶格畸变
晶间腐蚀
晶界强化

晶界析出
晶粒长大
晶粒尺寸
晶粒粗化
晶粒度
晶粒取向
晶粒细化
晶体结构
晶体缺陷
精锻机
精炼
精密电阻合金
精密合金
精密铸造
精轧
精整
居里点
居里温度
局部腐蚀
卷取
均热
均匀化退火
加工硬化
加热炉
加热时间
加热温度
夹杂物
减振合金
剪切强度
建筑用钢
舰船用钢
浇注温度
浇铸
矫顽力
纯净度
洁净钢
结构钢
结构件
结晶器

K

开坯

开轧温度
抗腐蚀性
抗剪强度
抗拉强度
抗磨性
抗弯强度
抗压强度
抗氧化性
可锻铸铁
可焊性
可靠性
空冷
控制冷却
控制轧制
扩散退火
扩散系数

L

拉伸试验
莱氏体钢（珠光体+渗碳体）
莱氏体
莱氏体钢
冷拔
冷拔棒
冷拔材
冷变形
冷成型
冷冲压
冷处理
冷脆
冷镦
冷挤压
冷加工性能
冷加工硬化
冷拉棒
冷却介质
冷却曲线
冷却速度
冷硬铸铁
冷轧板
冷轧带

冷作模具钢
力学性能
连续冷却
连轧
连铸
连铸坯
炼钢
裂纹扩展速率
裂纹敏感性
临界点
临界温度
硫化物
炉料
炉外精炼
炉温
孪晶

M

马氏体
马氏体不锈钢
马氏体钢
马氏体时效钢
马氏体相变
埋弧焊
毛坯
锰钢
弥散强化
密度
面心立方晶格
敏化处理
模锻
模具钢
模铸
母合金
钼钢
钼合金

N

耐大气腐蚀钢
耐腐蚀性
耐高温性
耐候钢

耐火材料
耐磨材料
耐磨钢
耐磨性
耐热钢
耐热合金
耐热性
耐热铸铁
耐蚀钢
耐蚀合金
耐蚀性
能耗
镍铬合金
镍合金
镍基高温合金
凝固

P

盘条
膨胀合金
疲劳极限
疲劳裂纹
疲劳破坏
疲劳强度
疲劳曲线
疲劳寿命
疲劳
偏析
平衡碳
平衡图
坡莫合金
普碳钢

Q

去应力退火
气焊
气体保护焊
气相沉积
钎钢
钎焊
强度比
强度极限

强化相
强韧化
强韧性
桥梁钢
切变模量
切削加工
切削速度
切削性能
侵蚀
氢脆
轻轨
球化退火
球磨机
球墨铸铁
曲轴
屈服点
屈服强度
屈强比
缺口敏感性
缺口试样
缺陷

R

燃气轮机
热成型
热处理炉
热处理制度
热脆
热弹性
热导率
热电偶
热锻
热腐蚀
热挤压
热加工性能
热交换器
热力学
热裂纹
热膨胀
热疲劳
热强钢

热双金属
热塑性
热稳定性
热循环
热影响区
热轧板
热作模具钢
韧脆转变温度
韧性
溶解度
溶质原子
熔池
熔点
熔敷金属
熔焊
熔炼
熔模铸造
蠕变极限
蠕变抗力
蠕变强度
蠕变速率
蠕变性能
蠕墨铸铁
软磁合金
软化退火

S

酸洗
缩孔
索氏体
上贝氏体
烧结焊剂
烧损
伸长率
深冲性能
深冷处理
渗氮钢
渗硫
渗硼
渗碳
渗碳层

渗碳钢
渗碳体
生铁
时效处理
时效硬化
试样
收得率
手工焊
疏松
双金属
双相不锈钢
双相钢
水淬
水冷
塑料模具钢
塑性
塑性变形

T

钛合金
弹簧钢
弹簧钢丝
弹性合金
弹性极限
弹性模量
碳氮共渗
碳当量
碳钢
碳化物
碳化物液析
碳素钢
碳素工具钢
碳素结构钢
特殊钢
体心立方晶格
条钢
调质处理
调质钢
铁磁性
铁合金
铁基合金

铁基体
铁矿石
铁水预处理
铁素体
铁素体不锈钢
铁素体钢
铁损
铁芯
涂层
退磁
退火
脱磷
脱硫
脱气
脱溶
脱碳
脱碳层
脱氧剂

W

完全退火
微合金钢
微合金化
微量元素
微裂纹
位错
温度控制
温度梯度
温度系数
涡轮盘
无磁钢
无缝钢管
无损探伤

X

析出
稀土
下贝氏体
显微组织
线材
线胀系数
相变

相变点
相变温度
相结构
相图
形变强化
形变热处理
形状记忆合金
形状记忆效应
型材
型钢

Y

压力容器
压下量
压下率
压应力
亚共析钢
氩弧焊
延迟断裂
氧化膜
氧化物夹杂
药芯焊丝
冶金缺陷
冶炼
易切削钢
因瓦合金
应变电阻合金
应变时效
应变速率
应变诱导析出
应力腐蚀
应力腐蚀断裂
应力腐蚀试验
应力集中
硬度
硬化
硬质合金
永磁材料
永磁合金
优质钢
优质碳素结构钢

预应力钢筋
圆钢

Z

杂质
再结晶温度
轧钢
轧辊
轧后余热处理
轧机
轧制温度
真空处理
真空电弧
真空感应炉
真空炉
真空熔炼
真空脱气
镇静钢
正火
织构
中板
中厚板
中空钢
中锰钢
中碳钢
终轧温度
重轨
轴承钢
珠光体
柱状晶
铸锭
铸钢
铸件
铸态组织
铸铁
铸造
转变温度
转炉

其他

α 相
β 相
γ 相
δ 相
η 相
σ 相

B 实例词条笔画索引

二画
- 二次淬火
- 二次硬化
- 力学性能

三画
- 工艺技术
- 工艺性能
- 工艺参数
- 工艺流程
- 工业纯铁
- 工字钢
- 工具钢
- 下贝氏体
- 大气腐蚀
- 上贝氏体
- 马氏体
- 马氏体不锈钢
- 马氏体时效钢
- 马氏体相变
- 马氏体钢

四画
- 开轧温度
- 开坯
- 无损探伤
- 无缝钢管
- 无磁钢
- 不锈钢
- 切变模量
- 切削加工
- 切削性能
- 切削速度
- 中板
- 中空钢
- 中厚板
- 中锰钢
- 中碳钢
- 水冷
- 水淬

- 贝氏体
- 贝氏体钢
- 手工焊
- 毛坯
- 气体保护焊
- 气相沉积
- 气焊
- 化学成分
- 化学热处理
- 方坯
- 双金属
- 双相不锈钢
- 双相钢

五画
- 正火
- 去应力退火
- 可焊性
- 可锻铸铁
- 可靠性
- 平衡图
- 平衡碳
- 轧机
- 轧后余热处理
- 轧制温度
- 轧钢
- 轧辊
- 电工钢
- 电阻合金
- 电阻率
- 电阻温度系数
- 电炉
- 电弧炉
- 电弧焊
- 电热合金
- 电焊条
- 电渣炉
- 电渣重熔
- 电磁搅拌
- 电镀

- 生铁
- 白口铸铁
- 永磁合金
- 永磁材料
- 加工硬化
- 加热时间
- 加热炉
- 加热温度
- 母合金

六画
- 动态再结晶
- 扩散系数
- 扩散退火
- 共析钢
- 共晶合金
- 共晶碳化物
- 亚共析钢
- 过共析钢
- 过时效
- 过冷奥氏体
- 过渡金属
- 再结晶温度
- 压力容器
- 压下率
- 压下量
- 压应力
- 灰铸铁
- 成分设计
- 成型性能
- 成材率
- 夹杂物
- 曲轴
- 因瓦合金
- 回火脆性
- 传感器
- 优质钢
- 优质碳素结构钢
- 延迟断裂
- 合金工具钢

合金元素
合金化
合金丝
合金钢
合金结构钢
合金铸铁
合金牌号
杂质
冲击韧性
冲击韧性试验
冲击试样
冲击载荷
冲击值
冲压成型
导电性
导热性
收得率
红硬性

七画

形状记忆合金
形状记忆效应
形变热处理
形变强化
韧性
韧脆转变温度
均匀化退火
均热
抗压强度
抗拉强度
抗弯强度
抗氧化性
抗剪强度
抗腐蚀性
抗磨性
连轧
连续冷却
连铸
连铸坯
时效处理
时效硬化
体心立方晶格
伸长率
低合金钢

低合金结构钢
低合金高强度钢
低周疲劳
低倍组织
低温回火脆性
低温韧性
低温钢
低碳钢
位错
条钢
应力集中
应力腐蚀
应力腐蚀试验
应力腐蚀断裂
应变电阻合金
应变时效
应变诱导析出
应变速率
冷轧板
冷轧带
冷处理
冷加工性能
冷加工硬化
冷成型
冷冲压
冷却介质
冷却曲线
冷却速度
冷作模具钢
冷拔
冷拔材
冷拔棒
冷拉棒
冷变形
冷挤压
冷脆
冷硬铸铁
冷镦
冶金缺陷
冶炼
沉淀相
沉淀硬化
沉淀强化

完全退火
层错
局部腐蚀
纯净度

八画

表面质量
拉伸试验
坡莫合金
析出
板材
板坯
转变温度
转炉
软化退火
软磁合金
非调质钢
易切削钢
固溶处理
固溶体
固溶强化
钎钢
钎焊
金相
金相组织
金属材料
金属间化合物
变形合金
变形抗力
变形高温合金
变形温度
废钢
卷取
炉外精炼
炉料
炉温
泊松比
沸腾钢
定向凝固
空冷
试样
建筑用钢
居里点
居里温度

屈服点
屈服强度
屈强比
弥散强化
线材
线胀系数
织构
终轧温度

九画

型材
型钢
持久强度
带材
带状组织
带钢
药芯焊丝
相图
相变
相变点
相变温度
相结构
柱状晶
厚钢板
面心立方晶格
耐大气腐蚀钢
耐火材料
耐蚀合金
耐蚀性
耐蚀钢
耐热合金
耐热性
耐热钢
耐热铸铁
耐候钢
耐高温性
耐腐蚀性
耐磨材料
耐磨性
耐磨钢
残余应力
残余奥氏体
轴承钢
轻轨

点蚀
点焊
临界点
临界温度
显微组织
贵金属
界面
钛合金
钢水
钢号
钢包
钢丝
钢轨
钢材
钢坯
钢板
钢带
钢结构
钢绞线
钢铁
钢铁工业
钢铁材料
钢棒
钢筋
钢锭
钢管
氢脆
重轨
重熔
复合材料
复相组织
保护气体
保护气氛
侵蚀
孪晶
炼钢
洁净钢
浇注温度
浇铸
恒弹性合金
扁钢
退火
退磁

结构件
结构钢
结晶器

十画

珠光体
埋弧焊
热力学
热双金属
热轧板
热电偶
热处理制度
热处理炉
热加工性能
热成型
热交换器
热导率
热作模具钢
热挤压
热脆
热疲劳
热弹性
热裂纹
热循环
热强钢
热塑性
热锻
热稳定性
热腐蚀
热影响区
热膨胀
莱氏体
莱氏体钢
莱氏体钢(珠光体+渗碳体)
真空电弧
真空处理
真空炉
真空脱气
真空感应炉
真空熔炼
桥梁钢
索氏体
圆钢
钴合金

钴基高温合金
钼合金
钼钢
铁水预处理
铁合金
铁芯
铁矿石
铁素体
铁素体不锈钢
铁素体钢
铁损
铁基合金
铁基体
铁磁性
缺口试样
缺口敏感性
缺陷
氩弧焊
氧化物夹杂
氧化膜
特殊钢
舰船用钢
脆化
脆性转变温度
脆性断裂
高电阻电热合金
高合金钢
高周疲劳
高炉
高速钢
高铬铸铁
高弹性合金
高温回火
高温回火脆性
高温合金
高温性能
高温持久强度
高温淬火
高温强度
高温腐蚀
高强度低合金钢
高强度钢
高锰钢

高碳钢
疲劳
疲劳曲线
疲劳寿命
疲劳极限
疲劳破坏
疲劳裂纹
疲劳强度
粉末冶金
烧结焊剂
烧损
涡轮盘
海水腐蚀
涂层
调质处理
调质钢
能耗
预应力钢筋

十一画

球化退火
球墨铸铁
球磨机
堆焊
控制轧制
控制冷却
硅钢
硅锰钢
铬钢
铬钼钒钢
铬钼钢
铬铁
铬镍钼钢
矫顽力
敏化处理
偏析
盘条
船板
船舶用钢
脱气
脱氧剂
脱硫
脱溶
脱碳

脱碳层
脱磷
减振合金
断口
断面收缩率
断裂韧性
断裂强度
剪切强度
焊丝
焊条
焊剂
焊接
焊接材料
焊道
焊缝
焊管
淬火
淬透性
淬硬性
深冲性能
深冷处理
渗硫
渗氮钢
渗硼
渗碳
渗碳体
渗碳层
渗碳钢
密度
弹性合金
弹性极限
弹性模量
弹簧钢
弹簧钢丝

十二画

超低碳
超高强度钢
超塑性
棒材
硬化
硬质合金
硬度
硫化物

裂纹扩展速率
裂纹敏感性
晶体结构
晶体缺陷
晶间腐蚀
晶界析出
晶界强化
晶格常数
晶格畸变
晶粒长大
晶粒尺寸
晶粒取向
晶粒细化
晶粒度
晶粒粗化
铸件
铸态组织
铸钢
铸铁
铸造
铸锭
氮化钒
氮化物
氮化钛
稀土
等温转变曲线
等温退火
等温淬火
储氢
储能
奥氏体
奥氏体不锈钢
普碳钢
温度系数
温度控制
温度梯度
强化相
强韧化
强韧性
强度比
强度极限
疏松

十三画

感应加热
锰钢
微合金化
微合金钢
微裂纹
微量元素
塑性
塑性变形
塑料模具钢
溶质原子
溶解度
缝焊
缝隙腐蚀

十四画

模具钢
模铸
模锻
酸洗
碳化物
碳化物液析
碳当量
碳钢
碳素工具钢
碳素钢
碳素结构钢
碳氮共渗
磁化曲线
磁化强度
磁场
磁各向异性
磁导率
磁性材料
磁致伸缩
磁能积
磁滞回线
磁感应强度
锻件
锻钢
锻造
管材
管线

腐蚀
腐蚀试验
腐蚀疲劳
精轧
精炼
精密电阻合金
精密合金
精密铸造
精锻机
精整
熔池
熔点
熔炼
熔焊
熔模铸造
熔敷金属
缩孔

十五画

镇静钢
镍合金
镍基高温合金
镍铬合金

十六画

薄板坯
膨胀合金
凝固
燃气轮机

二十画

蠕变抗力
蠕变极限
蠕变性能
蠕变速率
蠕变强度
蠕墨铸铁

其他

α 相
β 相
γ 相
δ 相
η 相
σ 相